Les prodigieux SECRETS de la NATURE

Les prodigieux SECRETS de la NATURE

Sélection du Reader's Digest

PARIS • BRUXELLES • MONTRÉAL • ZURICH

Les Prodigieux SECRETS de la NATURE

est une réalisation de Sélection du Reader's Digest.

Nous remercions tous ceux qui ont collaboré à cet ouvrage.

CONSULTANTS :

Philippe Dubois, ingénieur écologue et ornithologue
Jean-Claude Bousquet, docteur ès sciences

AUTEURS :

Vincent Albouy, entomologiste
Jean-Claude Bousquet, docteur ès sciences
Jean-Marie Dautria, géologue, universitaire
Frédéric Denhez, journaliste scientifique
Philippe Dubois, ingénieur écologue et ornithologue
Serge Lallemand, directeur de recherches au CNRS, tectonicien spécialiste de la subduction
Jacques Malavieille, docteur ès sciences, directeur de recherches au CNRS
Philippe Masson, professeur à l'université de Paris-Sud
Marc Morell, ingénieur hydrologue
Bernard Pellequer, docteur en astrophysique, directeur de Géospace
Patrick Piro, journaliste, spécialiste des questions d'environnement

MAQUETTE :

Mathias Durvie

ILLUSTRATIONS :

Christine Adam, Régis Mac, Jean Soutif, Jean-Louis Verdier

NOUS REMERCIONS ÉGALEMENT :

Colman Cohen (effets graphiques)
Marie-Claude Germain (réécriture)
Alain Le Saux (lecture-correction)
Véronique Masini (iconographie)
Marie-Thérèse Ménager (index)
Marie-France Naslednikof (iconographie)
Marie-Christine Petit (iconographie)
Vanina Pialot (glossaire)
Hélène Werner (réécriture)

ÉQUIPE DE SÉLECTION DU READER'S DIGEST

Direction éditoriale : **Gérard Chenuet**
Direction artistique : **Dominique Charliat**
Secrétariat général : **Elizabeth Glachant**

RÉALISATION DE L'OUVRAGE

Responsable du projet : **Camille Duvigneau,** assistée de **Brigitte Nérou**
Lecture-correction : **Béatrice Le Squer-Argentier, Catherine Decayeux, Emmanuelle Dunoyer**
Iconographie : **Danielle Burnichon**
Fabrication : **Yves d'Aviau de Ternay**
Pré-presse : **Isabelle Lévy**

Code projet : US 3564/G-FR

PREMIÈRE ÉDITION

Premier tirage

ISBN : 2-7098-1297-5

Sommaire

1. Au commencement de toutes choses

2. Tout se transforme, tout doit disparaître

3. Perpétuer la vie

4. Le monde inconnu et le monde invisible

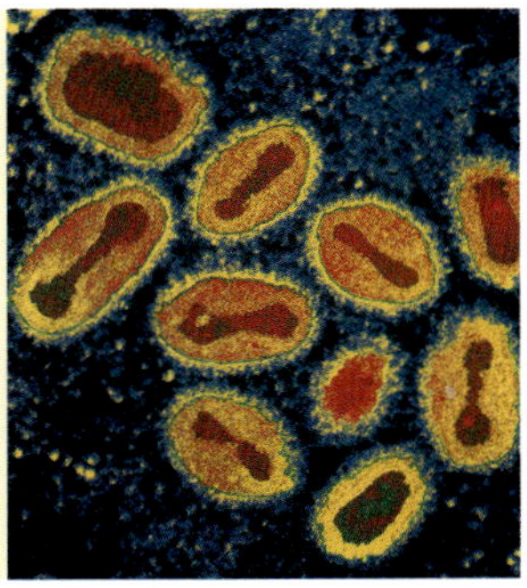

5. La maîtrise de l'espace

6. Le prix de la survie

7. Spectacles de la nature

8. Tout coule...

9. Le ciel, un monde féerique

10. Les grands chantiers de la nature

11. Un toit sur la tête

12. L'empire des sens

13. Cris, murmures et chuchotements

14. Bienfaits de la nature

15. La faim et les moyens

16. Les grandes colères de la nature

17. Trêves, alliances et solidarité

18. Les champions du monde de la nature

Chapitre

1

La naissance

Au commencement de toutes choses

Éclosion d'un crocodile du Nil au Botswana.

LA NAISSANCE DES ÉTOILES

Pouponnières célestes

D'énormes nuages de gaz hydrogène sont de véritables viviers qui, avec l'aide de la force de gravité, donneront naissance à des milliers d'étoiles.

En 1995, dans la constellation du Serpent, à 7 000 années-lumière de notre Terre. Le super-télescope Hubble (HST) analyse un immense amas de gaz et de poussières, la nébuleuse de l'Aigle, et dévoile dans sa partie centrale des discontinuités évoquant des nuages plus sombres sur un fond clair.
Entre la région brillante – composée d'hydrogène – et le reste du nuage sombre – appelé nuage moléculaire –, trois piliers de gaz très dense se déploient sur plus de 1 année-lumière de long.

◀ *Dans la constellation du Serpent, la nébuleuse de l'Aigle – qui doit son nom à la forme de ses vastes nuages de gaz hydrogène ionisé – abrite des bébés étoiles.*

Une multitude d'embryons

Ces zones sont de véritables pouponnières célestes au sein desquelles les étoiles naissent en groupes : certaines sont énormes (plus de 8 masses solaires), d'autres beaucoup plus petites. Les jeunes étoiles, très énergétiques, émettent un fort rayonnement dans l'ultraviolet.
Agissant comme une sorte de vent solaire, ce rayonnement nettoie l'espace environnant de toutes les poussières opacifiantes. Dans la région photographiée, il a ainsi dispersé la plus grande partie de la matière voisine, ne laissant que trois immenses colonnes. C'est là que Hubble a révélé la présence de petits globules de quelques centaines d'unités astronomiques, embryons de futures étoiles. L'unité astronomique représente la distance de la Terre au Soleil, soit environ

▼ *La galaxie des Chiens de Chasse, dans la Grande Ourse. Les bébés étoiles naissent dans les bras des galaxies.*

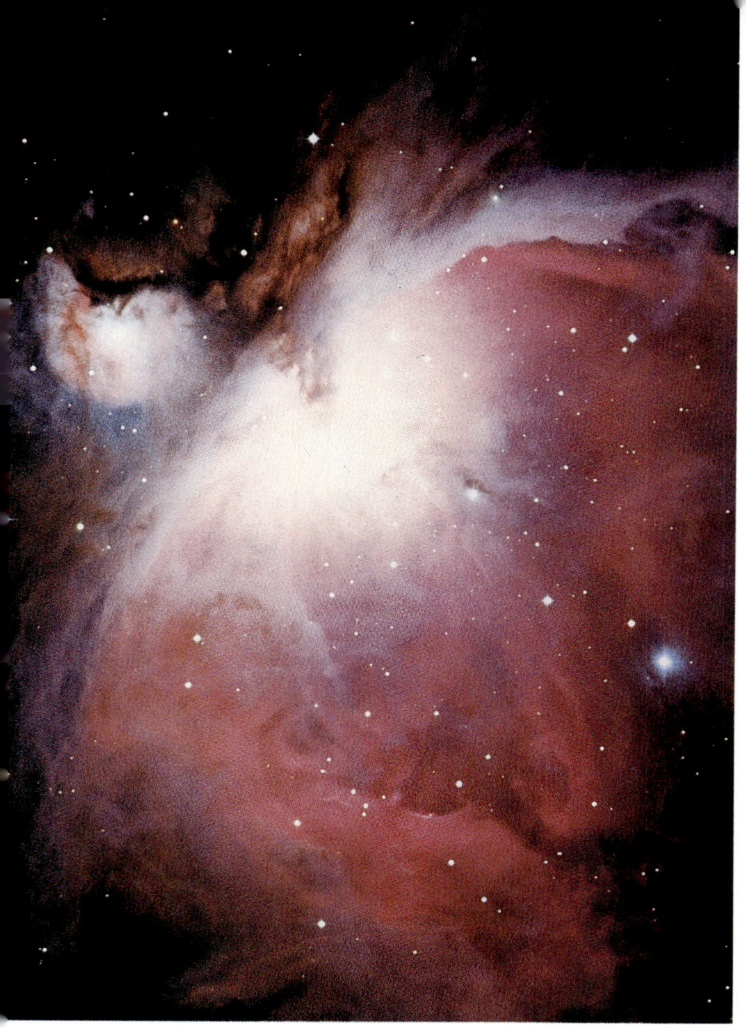

▲ *Dans les galaxies, l'hydrogène (en rose) indique la présence de nuages gazeux, véritables nurseries de l'espace.*

149 millions de kilomètres. La taille de ces globules correspond donc à de petits systèmes solaires en puissance.

Réactions en chaîne

À mesure que les piliers gazeux s'évaporent, ces « œufs » d'étoiles, formés essentiellement d'hydrogène, deviennent visibles. Soumis, comme le reste de l'Univers, à la force de gravité, ils se transforment peu à peu. Le gaz, d'abord peu dense, est progressivement compacté. La matière se concentre en même temps que la densité et la température augmentent : ces changements sont la conséquence de l'effondrement gravitationnel, qui ne pourra être arrêté que par l'apparition de la force thermonucléaire.

En effet, lorsque la température atteint 15 à 20 millions de degrés, l'hydrogène fusionne pour donner de l'hélium : c'est à ce stade que s'amorcent les réactions thermonucléaires. La force de gravité vient de donner naissance à une nouvelle force qui lui est opposée. La vie de l'étoile est assurée par la lutte permanente que se livrent ces deux forces : si l'une faiblit, l'autre prend le dessus.

Les ratés du système

Mais tous ces embryons ne brilleront pas systématiquement. Ils peuvent rester à l'état de petites sphères sombres. La quantité de matière est alors insuffisante pour produire une force gravitationnelle telle que les réactions thermonucléaires se déclenchent.

Ces étoiles mort-nées, nommées aussi naines brunes, intéressent au plus haut point les astronomes. Ce sont peut-être des composants importants de ce que l'on appelle la matière sombre, fort recherchée en raison des informations qu'elle contient. L'expansion ou non de l'Univers dépend de la quantité de cette matière invisible : s'il y en a peu, son expansion sera infinie, s'il y en a beaucoup, sa recontraction est probable.

▲ *Une étoile ne naît que pour mourir un jour. Le futur de notre Soleil ressemblera à celui de cette nébuleuse planétaire, Dumbell…*

Une mort annoncée

Au cœur de l'étoile, la chaudière est en marche : elle transforme à chaque seconde des centaines de millions de tonnes d'hydrogène en hélium et dégage une énergie colossale. Mais, en même temps qu'elle alimente la vie de l'étoile, elle sera à l'origine de sa mort. Inéluctablement, avec une échéance d'autant plus lointaine que la masse de l'étoile est faible, la destruction est au rendez-vous… Elle s'effectuera dans une explosion de supernova – dont certains éléments pourront peut-être ensemencer d'autres nuages moléculaires – ou encore sous forme de nébuleuse planétaire. Il ne restera alors plus qu'un cadavre stellaire, comme en témoignent les milliers d'enregistrements disponibles… Mais c'est une autre histoire !

LA NAISSANCE DU SOLEIL

La vie de notre Soleil, comme celle de toute autre étoile, est déterminée par l'équilibre entre deux forces antagonistes, la force de gravité et la force thermonucléaire. Ainsi, il y a 4,7 milliards d'années, dans la banlieue de la galaxie de la Voie lactée, un nuage de matière interstellaire s'est condensé… Au cœur du système, la densité était telle que la température atteignit 15 à 20 millions de degrés. La fusion de l'hydrogène en hélium libéra alors une énergie colossale dont les effets s'opposèrent à la poursuite de l'effondrement. Sous l'effet de la rotation de l'étoile centrale, le gaz qui restait en périphérie s'aplatit, prenant la forme d'un disque dans lequel des grains de matière se rassemblèrent en planétésimaux, qui s'agglomérèrent en planétoïdes, lesquels formèrent les planètes… En 30 millions d'années, sous l'effet de la seule force de gravité, le système solaire était né.

Un continent se brise, un océan naît

Il y a 20 millions d'années, l'Arabie a commencé à se détacher du continent africain. Les deux blocs, qui depuis lors s'écartent de 1 cm par an, ont laissé place à la mer Rouge.

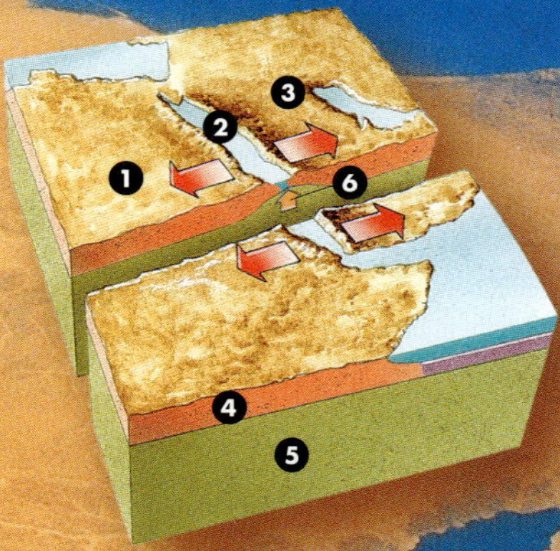

▲ *La péninsule du Sinaï, bordée à l'ouest par le golfe de Suez (qui la sépare du continent africain), à l'est par le golfe d'Aqaba (qui la sépare de la péninsule Arabique), et au sud par la mer Rouge.*

L'Est africain, il y a 20 millions d'années. Tout est si tranquille. Les saisons succèdent aux saisons, les pluies et les tempêtes au calme d'un ciel d'azur. Et puis les choses se mettent à changer. De grands séismes accompagnent la naissance d'immenses falaises abruptes.

Un très long fossé se forme, au bord duquel s'alignent des lacs. Des volcans surgissent, crachant leurs cendres et vomissant leurs laves. Ils illuminent de rouge les ciels du soir. Il se passe sûrement quelque chose en dessous…

Une fontaine solide jaillie des profondeurs

Un lent mais formidable processus est en effet en marche. Quelque chose comme une « fontaine solide » de roches à très haute température vient jaillir sous le continent. Issues de la profondeur du manteau, les roches les plus chaudes remontent à des vitesses de quelques centimètres par an. C'est gigantesque, cela part de ce qui est aujourd'hui le golfe de Suez et s'étend sur près de 2 000 km jusqu'à l'actuelle Djibouti. Des « coins » de manteau chaud pénètrent à la base de la croûte continentale et la fragmentent, tandis qu'en surface le continent distendu se déchire et se couvre d'une multitude de volcans. En effet, au cours de sa lente remontée, une fraction (5 %) du manteau solide a fondu et donné naissance au basalte liquide qui s'injecte à la faveur des fractures et vient s'épancher à la surface.

▲ **La naissance de la mer Rouge**
1. *Afrique*
2. *Mer Rouge*
3. *Asie*
4. *Continent*
5. *Manteau*
6. *Zone centrale où remontent les roches les plus chaudes du manteau*

Un océan en devenir

Il y a 5 millions d'années, l'Arabie a alors rompu les amarres et commence à s'éloigner de l'Afrique. Le fossé s'ouvre de plus en plus et la mer l'envahit : la mer Rouge est née. L'écartement se poursuivant, le continent s'amincit et, bientôt, ce sont les roches du manteau lui-même et les laves qu'il exsude qui affleurent au fond de la mer. La mer Rouge n'est plus une simple mer, mais un jeune océan. Car, en son milieu, une dorsale fabrique du fond océanique en continu. Nul ne peut dire combien durera cette ouverture ni la taille de l'océan qui en naîtra.

LE LIVRE OUVERT DE ZABARGAD

Les roches de cet îlot mythique situé au milieu de la mer Rouge ont archivé toute l'histoire de l'ouverture de la mer Rouge. Des gneiss, refroidis voilà 400 millions d'années, appartiennent à l'ancien continent Afrique-Arabie d'avant la rupture. Les premiers craquements ont fait remonter la péridotite du manteau (ci-contre), constituée en majorité d'olivine, qui renferme de précieuses gemmes recherchées depuis l'Antiquité. On trouve encore des conglomérats, témoins des sédiments qui s'accumulaient dans les fossés créés par l'ouverture, et enfin des laves : les basaltes du plancher océanique.

Naissance d'un volcan

Surgi des profondeurs

La naissance d'un volcan est un événement spectaculaire. Aujourd'hui, on sait en détecter les signes annonciateurs, les mesurer et les interpréter.

Un clocher de village émerge encore du champ de lave qui s'étend autour du Paricutín, au Mexique. Car, le 20 février 1943, les choses se sont passées fort rapidement. Quelle ne fut pas la surprise de ce paysan – l'histoire est devenue légendaire – quand il vit le sol qu'il labourait trembler, puis se fissurer, et un flot de vapeur s'échapper des sillons ! En un rien de temps, son village ne fut plus que ruines, ravagé par un tremblement de terre, et son champ, un immense trou d'où s'échappaient cendres, vapeurs et blocs incandescents. Le lendemain, un cône volcanique haut de 8 m avait pris sa place. Le Paricutín était né. Au bout d'un an, il atteignait 450 m de haut. Un cycle éruptif venait de s'enclencher, qui allait durer neuf ans. Plusieurs coulées de lave s'échappèrent de ce nouveau volcan, dont l'une ensevelit littéralement le village.
Assister à la naissance d'un volcan est un événement exceptionnel. Les nouveau-nés s'édifient toujours au voisinage de comparses plus anciens, actifs ou en sommeil, dans des zones bien connues pour leur activité volcanique et dont l'emplacement est déterminé par la géométrie des plaques constituant l'écorce terrestre et les forces profondes qui régissent leurs mouvements.

En direct de Surtsey

Aux premiers temps de son éruption, en 1963, l'île volcanique de Surtsey, en Islande, se présentait comme une longue ride coupée d'un bout à l'autre par une fissure béante ; la mer y pénétrait et se mélangeait avec le magma pour former de gigantesques panaches de vapeur d'eau en forme de cyprès ou de queues de coq pouvant s'élever jusqu'à 8 km d'altitude. Quand le cône fut assez élevé pour empêcher la pénétration de l'eau de mer, l'activité devint plus calme et essentiellement effusive : plusieurs coulées de lave dévalèrent les pentes du jeune volcan pour se jeter dans la mer en générant d'immenses rideaux de vapeur. Le cycle éruptif de Surtsey devait durer près de trois ans et se propager vers le nord-est.

◀ *Au fil de son développement, le Paricutín a rapidement enseveli le village voisin, dont ne subsiste, enfouie dans un champ de lave, que l'église San Juan.*

▼ *Naissance en direct. L'émersion du volcan Surtsey, en 1963, dans un panache de vapeur et de fragments de lave vitrifiée.*

Signes annonciateurs

Toute éruption est précédée par une multitude de signes précurseurs. Certains sont nettement perceptibles, comme le soulèvement et le bombement du sol, l'apparition de fumerolles, la succession rapide de séismes de faible intensité, ces derniers précédant souvent de plusieurs semaines l'arrivée du magma en surface.
D'autres ne sont discernables qu'à l'aide d'instruments adéquats : réchauffement des terrains, modification locale du champ de pesanteur et du champ magnétique, changement de composition des fumerolles (enrichissement, par exemple, en soufre et en gaz carbonique).
Des instruments de mesure automatique sont aujourd'hui installés sur des flancs de volcans-laboratoires comme ceux d'Hawaii ou de la Réunion ou sur ceux dont les reprises d'activité sont à craindre. Les mesures, effectuées en continu, sont instantanément communiquées par satellite aux laboratoires de surveillance. Grâce à la télédétection infrarouge, par exemple, on dispose en permanence d'une image thermique du volcan dans son intégralité.

▼ *Surtsey, trente ans après : une île d'un peu plus de 2 km², dont les cônes de scories sont encerclés par un anneau continu de coulées basaltiques.*

LA DISSÉMINATION DES GRAINES

Les plantes commencent par voyager

Les végétaux doivent se déplacer pour perpétuer leur espèce. Cette phase mobile est réservée aux graines. L'air, l'eau ou les animaux leur servent de véhicule.

▲ *Le fruit très épineux de la bardane s'accroche facilement au pelage des animaux, qui, en la frôlant au passage, se transforment sans le savoir en taxis !*

Un cocotier qui s'incline vers la mer sur une plage de sable fin. Voilà bien une photo très appréciée des vacanciers. Mais où donc a-t-elle été prise ? Aux Antilles ? En Afrique ? Aux Seychelles ? En Indonésie ? En Polynésie ?
Difficile à savoir, car cet arbre, symbole du farniente au soleil, est présent sur toutes les plages des régions tropicales. Comment un arbre enraciné dans son sol natal a-t-il pu faire le tour du monde ?

Les navigateurs

La solution du cocotier, c'est l'eau de la mer. Car les courants sont une voie de dispersion pratique pour la végétation des rives. L'épaisse coque fibreuse de la noix de coco constitue un excellent flotteur, qui peut résister longtemps à l'agression des vagues.
Les noix dérivent plusieurs jours, plusieurs mois, voire plusieurs années. Nombreuses sont celles à se perdre en route. Mais certaines finissent par échouer sur une plage accueillante pour y germer.

L'aulne, un arbre des sites inondés, confie sa graine à la rivière. Elle flotte grâce à sa richesse en huile et peut encore germer après un an de séjour aquatique. Mais les rivières ont un défaut : elles coulent toujours dans le même sens. Aussi la semence des aulnes doit-elle également être dispersée par le vent, pour conquérir de nouveaux sites vers l'amont.

Les aéronautes

Le vent, qui souffle partout, est le principal moyen de dissémination des graines. Les plantes ont inventé des systèmes très divers. Le parachute est l'un des plus efficaces et des plus économes.
Celui du pissenlit, fait d'une fine aigrette de poils surmontant la graine, est un modèle du genre. Quand la graine est mûre et sèche, l'aigrette s'épanouit et, à la première brise, le parachute s'envole. La graine, plus lourde, parvient la première au sol et germe ainsi plus facilement. Ce système de dissémination, plus ou moins complexe selon les espèces, est très fréquent. Parfois, le parachute n'est

▼ *Échouée sur une plage de sable fin, cette noix de coco commence à germer grâce aux réserves qu'elle a embarquées à bord.*

constitué que d'une simple touffe de poils, comme la bourre du coton – nous l'avons récupérée à notre profit pour tisser les vêtements.
Autre technique, l'hélice. La graine, lourde, est surmontée d'un appendice large et légèrement cintré, comme une hélice. Quand elle tombe, elle tournoie et sa chute s'en trouve ralentie. Si le vent se met à souffler, elle peut être emportée très loin. C'est grâce à leurs graines à hélice que les érables colonisent toujours de nouveaux territoires et sont de ce fait largement répandus dans le monde. D'autres semences se contentent d'ailes plates, qui offrent ainsi suffisamment de prise au vent pour être transportées au loin.

◀▲ *Pissenlit. Son parachute (ci-contre) s'envole à la moindre brise. Mais c'est parfois une fourmi moissonneuse (ci-dessus) qui l'emporte au loin.*

Les auto-stoppeurs

Les plantes sont rivées au sol, mais les mammifères qui les côtoient se déplacent avec facilité, parfois très loin. Alors pourquoi ne pas utiliser ces véhicules de passage ? La technique est simple : s'accrocher au pelage pour tomber ensuite au hasard, dans un endroit peut-être favorable.
Prenons la bardane, grande plante des friches d'Europe et d'Amérique, et légume cultivé pour sa racine au Japon. Son fruit, contenant les graines, est une grosse capsule hérissée de crochets qui harponnent au passage la toison des gros mammifères. Comme elle est ouverte sur le dessus, les graines se dispersent peu à peu. Des poils urticants mêlés aux graines provoquent en outre des démangeaisons, incitant l'animal à se gratter et à faire tomber les graines au sol.
Bon nombre de graines – c'est le cas par exemple des noix, des noisettes et des graines de graminées – sont disséminées par les animaux qui les transportent pour se nourrir : parmi celles qu'emportent des rongeurs ou des fourmis, certaines sont égarées en route, et celles qui sont stockées demeurent parfois oubliées dans leur cachette, leur propriétaire ayant perdu ses repères ou s'étant fait manger.

▲ *Les baies charnues (ici, une ronce rampante) font le régal de nombreux animaux, en particulier les oiseaux. Les graines de la baie, qui résistent à la digestion, seront dispersées par l'intermédiaire des fientes, parfois très loin.*

◀ *Fleur de coton. Ses fibres, utilisées par l'homme pour tisser des vêtements, sont produites pour mieux disperser ses graines.*

◀ *Les graines ne sont pas les seules à voyager. Le pollen de cette fleur* (Nanocnide japonica) *est expulsé dans l'air.*

Des passagers digérés

Un plumage lisse se prête mal à l'accrochage clandestin. Pourtant, parcourant d'un coup d'aile de grandes distances, les oiseaux sont des disséminateurs très efficaces. Alors les plantes ont dû

faire des efforts et payer leurs services. Les innombrables baies et fruits charnus et sucrés qui mûrissent de la toundra arctique à la forêt équatoriale sont le salaire payé aux oiseaux et autres animaux qui, en se nourrissant, en transportent les graines, qu'ils rejettent ensuite dans leurs fientes.

Dans la forêt pluviale d'Amérique du Sud, le quetzal consomme le fruit des avocatiers sauvages. La pulpe huileuse est une nourriture très riche, mais l'oiseau avale également la grosse graine centrale. Le lendemain, il rejette dans sa fiente la graine, qui pourra alors germer. Avocatier et quetzal dépendent étroitement l'un de l'autre pour survivre. Sans les quetzals, les avocatiers ne pourraient se disperser. Sans les avocatiers semés par les générations précédentes, les quetzals n'auraient plus de nourriture.

Ingénieurs en herbe

L'ecballium, ou cornichon sauvage, a inventé la seringue sous pression pour envoyer ses graines au loin. Cette grande fleur jaune des friches du bassin méditerranéen, de la famille des courges, donne un fruit charnu et poilu de la forme et de la taille d'un gros cornichon. En mûrissant, il se remplit de liquide. Quand il est arrivé à maturité, les graines flottent dans ce milieu fortement comprimé. Au moindre choc, le fruit se détache, et liquide et graines jaillissent à son extrémité comme le ferait un bouchon de champagne. Le fruit reste entier, mais vide.

Les déplacements que permettent les seules ressources de la plante ne dépassent pas quelques mètres, mais c'est souvent suffisant pour les plantes herbacées. Les techniques employées sont variées et dignes des plus ingénieuses machines inventées par l'homme. Le système de catapultage des graines, par exemple, repose sur la déformation des tissus, qui se dessèchent en se rétractant, puis se détendent brusquement quand l'attache des graines cède. Les impatientes, dont certaines espèces sont cultivées dans les jardins, doivent leur nom à cette faculté d'éjecter les graines en crépitant : le mécanisme se déclenche dès qu'on effleure leurs fruits secs.

▲ *Le fruit sec de la balsamine* (Impatiens balsamina) *s'ouvre et se détend brusquement au moindre ébranlement : les graines sont expulsées au loin avec un petit claquement.*

Voyageurs dans le temps

La nielle produit de grosses graines rondes qui ne peuvent que tomber au pied de la plante. Aucun système de déplacement n'est prévu. Comment pallie-t-elle ce défaut de mobilité ? En voyageant… dans le temps.

Tombées au sol, ces graines vont se mettre en sommeil et attendre pour germer que la concurrence des autres espèces s'affaiblisse, à la suite d'une crue ou d'un labour par exemple. Après plusieurs années, voire plusieurs dizaines d'années, la graine germera dans un environnement très différent de celui qui existait quand elle est tombée au sol.

Même le sable le plus aride est susceptible de contenir des graines en sommeil. Le désert verdit dans les jours qui suivent un orage. Les plantes poussent, fleurissent, fructifient et meurent en quelques semaines. Les graines produites attendront patiemment les prochaines pluies.

TOUT EST DANS LA GRAINE

La plante produit des graines pour se reproduire, pour perpétuer l'espèce. Toute graine, même sous forme de fine poussière comme chez les orchidées, contient un embryon capable de donner une nouvelle plante entière : dans la coupe de graine de ricin ci-contre, on distingue, à l'intérieur du tégument (1), les embryons accolés des deux futures feuilles (2), ainsi que les futures tige et racine (3). Une graine renferme aussi des réserves nutritives pour aider au développement de la jeune plantule (4). Ces réserves sont bien plus importantes dans le gland d'un chêne que dans la graine d'une orchidée, mais le principe est le même.

LES DÉBUTS DE LA VIE CHEZ LES VIVIPARES

Naître déjà formé

Les mammifères, quelques reptiles et amphibiens, certains invertébrés et nombre de requins mettent au monde des jeunes déjà formés. Fruits d'une gestation longue, ceux-ci naissent avec de bonnes chances de survie.

▲ *Chez les girafes, la naissance est une épreuve plutôt brutale, dont il faut par ailleurs se remettre au plus vite : s'il arrive à suivre rapidement sa mère, le girafon n'aura qu'environ 10 % de risques d'être dévoré par un prédateur.*

Lorsque le futur girafon informe sa mère, par un message hormonal, qu'il est temps pour elle de mettre bas, il ne se doute pas de ce qui l'attend. Celle-ci le met au monde… à 2 m du sol. Il s'affale lourdement et se met debout après une vingtaine de minutes. Au bout d'une heure, il tète déjà. Il pèse alors entre 45 et 70 kg et mesure près de 1,90 m.

Naître au plus vite pour ne pas mourir

La mise bas est un acte d'une extrême complexité. Une fois les contractions utérines engagées, le facteur temps est vital. La circulation sanguine de l'embryon se coupe de celle de la mère. Ses poumons deviennent actifs et doivent, très vite, s'emplir d'air. Son système digestif se prépare à recevoir une nourriture qui, jusque-là, arrivait au sang via le cordon ombilical. Voilà pourquoi les petits des animaux qui vivent sur la terre ferme naissent la tête la première : pour respirer. À l'inverse, les dauphins nouveau-nés voient le jour la queue en avant ; celle-ci les aide à sortir. D'ailleurs, doués pour l'apnée, les cétacés risquent moins l'asphyxie.

Presque autonomes

Comme la plupart des autres mammifères ongulés, les girafes donnent naissance à leurs petits au vu et au su des prédateurs. Pour leur sécurité, les girafons se doivent donc d'être quasi autonomes dès leur naissance. Après une gestation de treize à seize mois, ils arrivent au monde comme des adultes en réduction, pesant plus de 10 % du poids de leur mère. Bien formés, très rapidement actifs, ils ne sont pas sans ressources face à leurs prédateurs. C'est le cas également des mammifères marins ou des lièvres.

Après la gestation la plus longue du monde animal – elle dure vingt-deux mois ! –, l'éléphanteau tombe à terre. Malgré ses 100 kg, il se relève rapidement et rejoint sa mère pour, parfois, six longues années d'allaitement. Pris en charge par un groupe de femelles, il n'est jamais isolé. Et la taille de ses aînées a un effet dissuasif sur les prédateurs.

En revanche, les animaux de terrier, tels les lapins, qui viennent au monde à l'abri, naissent sans poil, presque aveugles, faibles et minuscules. Un ourson nouveau-né pèse ainsi quelque 500 g, près de mille fois moins que sa mère !

▶ *Contrairement aux nouveau-nés des mammifères, les jeunes requins sont tout de suite livrés à eux-mêmes.*

La viviparité, un luxe

Beaucoup de requins mettent également bas. Les femelles requins citrons, par exemple, se rendent toujours dans les mêmes lagons pour donner la vie. Au contraire des mammifères, dont les petits ne sont que semi-autonomes, les jeunes requins se mettent à chasser très tôt.

En fait, la viviparité est assez répandue chez les animaux dits supérieurs, dont le fonctionnement physiologique et le mode de relation sont élaborés, et qui sont capables de s'adapter aux changements brusques de leur environnement. La plupart connaissent des conditions de vie à peu près stables et ne doivent affronter que peu de risques au cours de leur existence. Ainsi peuvent-ils consacrer beaucoup d'énergie à quelques embryons qui auront les meilleures chances de survie à leur naissance. Même les minuscules daphnies, des arthropodes, y parviennent.

La naissance de l'Univers

Imaginons toute la matière rassemblée, imaginons toute la lumière concentrée, imaginons l'impensable pour nos esprits limités à trois dimensions… La matière n'existait peut-être pas, la lumière n'était pas révélée car c'était une époque antérieure au big bang. L'Univers tel que nous le comprenons est né de ce point originel, est entré dans un mouvement d'expansion et s'est peu à peu structuré. En quinze milliards d'années, il a donné ces immenses champs de galaxies, peuplées de centaines de milliards d'étoiles et de planètes… Depuis le début du xxe siècle, les chercheurs reconstituent patiemment l'histoire de ces quinze milliards d'années. Des premières constatations d'Edwin Hubble aux toutes dernières missions spatiales, la connaissance de notre Univers ne fait que commencer…

Des anomalies révélatrices

1924. Edwin Hubble, astronome américain, poursuivant ses recherches sur les galaxies, met en évidence une particularité étonnante : en décomposant la lumière qui provient des étoiles, il remarque qu'elle est décalée vers le rouge (là où l'on s'attendait à trouver des raies bleues, elles sont jaunes, et là où on les attendait jaunes, elles sont rouges), c'est-à-dire vers les grandes longueurs d'onde. Comme si l'émetteur de la lumière était en mouvement. Hubble comprend qu'il y a une relation entre ce décalage et la vitesse d'éloignement des galaxies. En fait, ce ne sont pas vraiment les galaxies qui s'éloignent mais la distance qui devient plus grande… ce qui est interprété comme une expansion rapide de l'Univers.
1965. L'émission radio que les Américains Penzias et Wilson viennent de découvrir est continue : d'où que l'on écoute, le signal est d'égale intensité. Rien ne peut expliquer une telle régularité et aucun objet ne peut y être attaché, car ce rayonnement est partout. La découverte est de taille ! Elle met en évidence l'existence de ce que l'on appelle le fond diffus cosmologique, reste du temps où la lumière commence à se propager dans l'Univers primitif. Le reste fossile de ce rayonnement peut être perçu aujourd'hui (image ci-contre du ciel observable depuis la Terre, fournie par le satellite Cobe).

Et la lumière fut…

Il y eut un moment **(1)** où tout fut très chaud, très dense, que l'on appela big bang.
Les particules, en interaction perpétuelle les unes avec les autres, constituent un milieu dans lequel on retrouve des quarks, des photons, des neutrinos et des électrons **(2)**. Les trois premières minutes après le big bang, ces particules se combinent en permanence : des protons et neutrons naissent des quarks **(3)**. Quand la température commence à baisser, ils parviennent à se combiner pour former les premiers noyaux **(4)**. Les atomes des éléments les plus légers sont synthétisés, en particulier l'hydrogène et l'hélium.
Ainsi se sont mises en place les briques de base de l'Univers. Tout ce milieu est si dense que les photons, en nombre gigantesque, rencontrent toujours un obstacle et ne peuvent se disperser : l'Univers est alors opaque. Trois cent mille ans plus tard, la matière devient électriquement neutre, la densité diminue, les photons se propagent enfin… C'est la révélation de la lumière ! Ces mêmes photons, dilués dans un espace en expansion, constituent aujourd'hui le fond diffus cosmologique : le fameux rayonnement « fossile ».

L'EXPANSION DE L'UNIVERS SELON LE MODÈLE DU BIG BANG

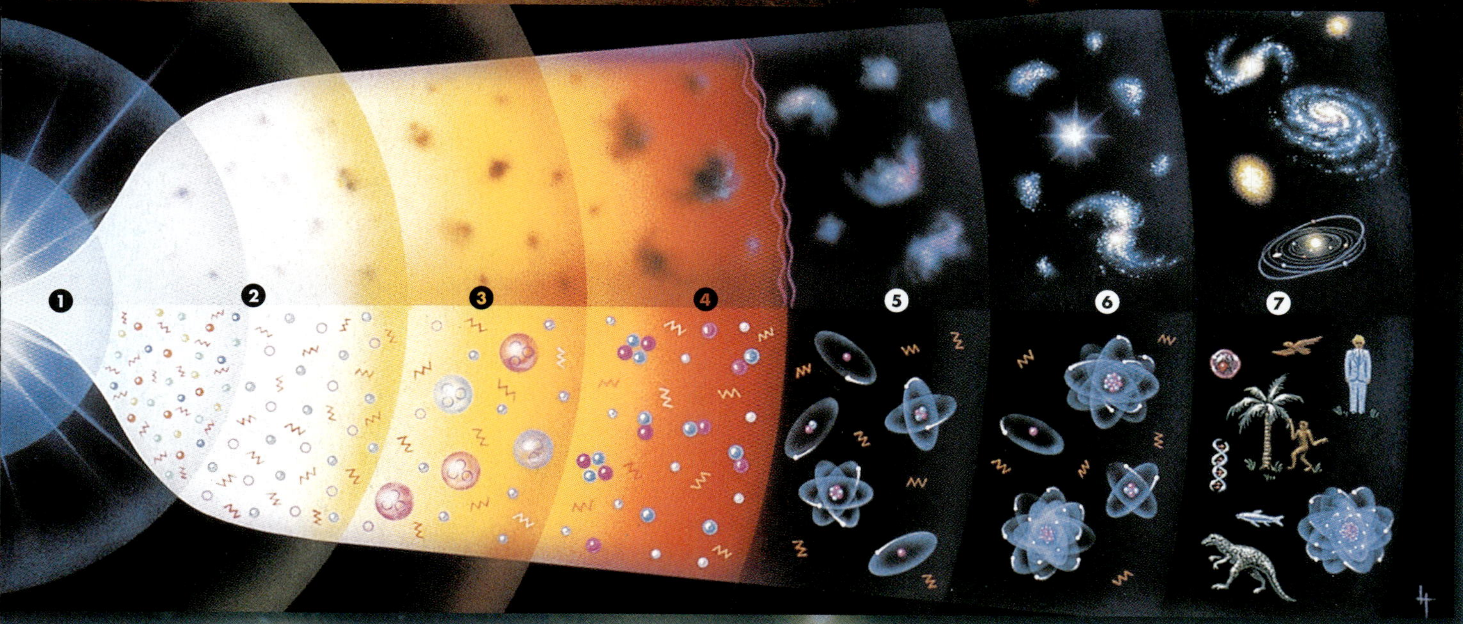

À la recherche de la matière perdue

Après le big bang, l'expansion domine tout pendant un milliard d'années. Matière et énergie étant découplées, l'Univers se construit patiemment à partir de l'hydrogène (90 % de la matière) et de l'hélium (10 %) **[5]**. Peu à peu, des régions légèrement plus denses se révèlent. Elles donnent naissance aux précurseurs des galaxies **(6)**. Sous l'influence de la force de gravité, la matière achève de se structurer. Ce phénomène va « freiner » l'expansion de l'Univers. Mais pour aboutir à un Univers tel qu'il est aujourd'hui **(7)**, il faudrait qu'il y ait eu beaucoup plus de matière que celle que nous connaissons. En fait, nous ne la « voyons » pas : on l'appelle la matière sombre. Mais en quelle quantité existe-t-elle et de quoi est-elle faite ? Les théories sont nombreuses : antiparticules, neutrinos, neutralinos...

Est-ce qu'elle cache des mauviettes (traduction de WIMP, *Weakly Interacting Massive Particle*), particules élémentaires massives mais peu actives ? Ou peut-être des MACHO *(Massive Astronomical Compact Halo Object)*, des étoiles « avortées » ou mortes ? La solution pourrait ainsi surgir des recherches conjointes menées sur l'infiniment petit et le très, très grand...

Big bang/big crunch/big bang...

Comme un gigantesque mouvement de pulsation, l'Univers serait-il rythmé ? Ou est-il – et sera-t-il – toujours en expansion ? Tout dépend de la valeur de la densité de la matière. Trop de densité signifie trop de gravité. Et trop de gravité aurait pour conséquence un renversement de l'expansion : les galaxies attirées par cette force de gravité entreraient alors en collision. C'est ce que l'on appelle la théorie du big crunch. Mais, si la densité est inférieure à une certaine valeur critique, l'Univers pourrait poursuivre son expansion, jusqu'à une mort thermique. Certains chercheurs émettent l'hypothèse que l'Univers pourrait vivre au rythme d'un battement : il serait soumis successivement à une expansion (big bang) et à une rétractation (big crunch). Notre big bang succède-t-il à un big crunch ? Nous sommes encore loin de pouvoir répondre à cette question.

Le ciel observable depuis la Terre

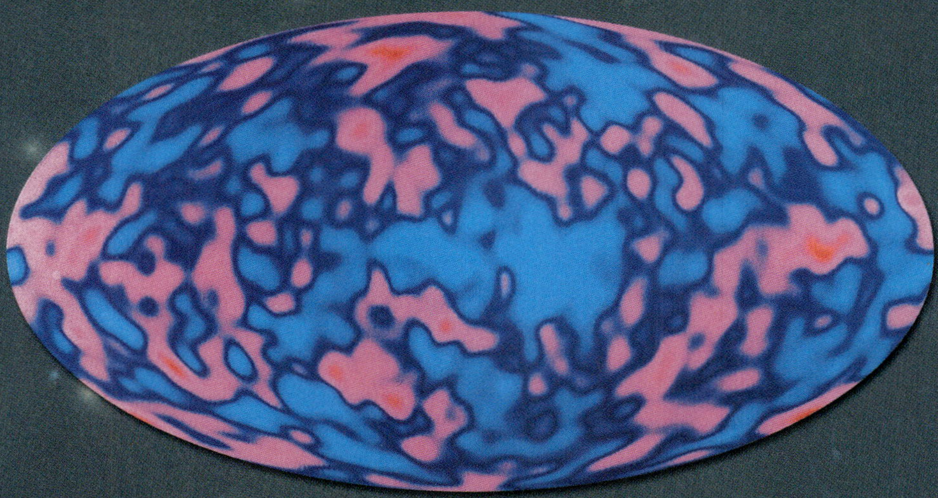

L'ÉCLOSION

Un délicat art de naître

Poissons, amphibiens, reptiles et oiseaux doivent briser leur coquille pour venir au monde. Une tâche qui n'est pas toujours aisée et qui requiert parfois l'aide de leurs parents.

▶ *Naissance d'un crocodile du Nil. Bien souvent, la femelle aide le jeune, qui s'est manifesté par de petits cris, à briser sa coquille en la roulant entre sa langue et son palais.*

Cette femelle de crocodile du Nil semble nerveuse. Elle tourne et retourne autour d'une sorte de monticule de sable. L'heure est proche. Dans quelques minutes sans doute, les jeunes vont venir au monde. Oh, pas comme ça, d'un seul coup ! Non, le rite initiatique du grand voyage vers la vie va prendre encore quelques heures.

Œufs mous à déchirer

Après l'accouplement, la femelle crocodile a creusé un trou avec ses pattes arrière. Elle a ensuite déposé ses œufs – entre 15 et 80 – dans ce nid. Parfois, chez certaines espèces, les femelles y ajoutent des végétaux qui, en se décomposant, entretiennent la chaleur nécessaire à l'incubation, qui dure de 2 à 3 mois. Car madame ne couve pas : elle se contente de veiller jalousement sur son nid, n'hésitant pas à attaquer un intrus trop curieux. Tout à coup, la mère s'approche de l'un des œufs. Si l'on pouvait s'approcher également, on percevrait nettement, à travers la coquille, de petits cris et de petits grondements. La femelle s'active alors à gratter la fine couche de sable pour mettre l'œuf au jour. Puis, délicatement, si le jeune n'arrive pas à se dégager tout seul de la coque, elle fait rouler l'œuf entre sa langue et son palais jusqu'à ce que la coquille se déchire, ce que permet sa consistance semi-molle. Elle va ainsi répéter ce scénario pour toute la nichée (mais tous les œufs n'éclosent pas). Ensuite, avec la même délicatesse, elle transportera sa progéniture jusqu'à l'eau toute proche pour lui faire prendre son premier bain.

Chapelets flottants

Au printemps, les crapauds communs ont pondu dans la mare. Un long ruban flotte entre deux eaux, s'accrochant parfois à la végétation aquatique. Ce sont des milliers d'œufs, chacun formé d'un embryon enveloppé dans une sorte de gélatine, qui s'agglutinent pour former un chapelet. S'ils n'ont pas été dévorés par un poisson affamé, les grains du chapelet perdront peu à peu leur gélatine – dont les embryons se nourrissent pour se développer – afin de donner naissance à une myriade de têtards ; mais beaucoup n'atteindront pas l'âge adulte, victimes eux aussi de l'appétit des habitants de la mare. En promenade, on voit souvent dans des flaques d'eau ces grappes d'œufs gélatineux avec au centre de minuscules points noirs : les embryons des futures grenouilles.

▲ *Crapaud commun. Cette espèce pond chaque année des milliers d'œufs dans les mares. Peu sont destinés à éclore : une bonne partie servira de nourriture aux poissons.*

CHAUFFAGE CENTRAL POUR CROCODILE

Une espèce de caïman d'Amérique du Sud (ci-contre) pond en plein cœur de la forêt tropicale, là où le soleil pénètre rarement jusque sous les frondaisons. La femelle fait alors son nid près d'une termitière, laquelle procure suffisamment de chaleur pour permettre l'éclosion. Cependant, les termites, eux, ne traînent pas pour englober le nid dans la termitière – si bien que la femelle doit en partie détruire celle-ci avant de briser les œufs pour que les petits puissent se dégager.

◀ La naissance d'une autruche. Après six semaines d'incubation, le jeune cherche à s'extirper de sa coquille. Avant l'éclosion, il a émis des pépiements qui ont alerté ses parents. S'extraire de son épaisse gangue de calcaire est un combat difficile. Il est toutefois bien rare que l'histoire se termine mal.

À chacun son outil

Nul n'ignore que tous les oiseaux pondent des œufs. C'est un moment extrêmement important que de sortir d'une coque dure, faite de calcaire, pour découvrir tout à coup le monde. Comment un poussin, si fragile et complètement recroquevillé sur lui-même, peut-il briser cette gangue ? Comme les crocodiles (dont ils sont finalement assez proches sur le plan évolutif), les poussins émettent des pépiements avant de naître. Ainsi, les parents (le plus souvent la femelle) les entendent et s'activent autour des œufs, mais la plupart des espèces ne vont cependant pas jusqu'à briser la coquille. Car les poussins sont munis d'un outil bien pratique pour s'extraire de l'œuf : une dent ! En fait, il s'agit d'une saillie cornée, située à l'extrémité de la mandibule supérieure, que l'on appelle diamant et qui disparaît rapidement après la naissance. Évidemment, quand on est un autruchon, il faut un sacré coup de bec pour briser la coquille, particulièrement épaisse chez cette espèce.

Les jeunes d'une seiche géante d'Australie ont, quant à eux, une curieuse façon de briser la coquille. Après quatre mois – pas moins ! – passés dans un œuf gélatineux, la jeune seiche se libère grâce à une sorte de brossette qu'elle possède au bout de la queue et qui agit un peu comme une râpe. Cette petite brosse, elle aussi, disparaît rapidement après la naissance.

▼ Œuf de roussette. Riche en substances nutritives, il permet à l'embryon de se développer pendant plusieurs mois. Cette gestation très longue est propre aux requins ovipares et unique chez les poissons.

Bébés requins en capsules

La roussette est un petit requin ovipare bien connu sur les côtes européennes. La femelle pond des œufs engainés dans une enveloppe cornée, quadrangulaire et molle, prolongée par de longs filaments. Ces derniers permettent ainsi à l'œuf de s'accrocher aux algues.

Sitôt le jeune né – il s'extirpe tout seul de l'enveloppe grâce à ses dents –, la capsule flotte et finit fréquemment sur la laisse de mer des plages. On en voit donc souvent, semblables à de grosses cosses noires où subsistent, formant quatre pointes, les restes des filaments.

▼ Après l'éclosion. Mouillé, épuisé, l'autruchon a besoin de longues minutes pour recouvrer ses esprits.

▲ *Les flamants roses vivent en groupes. Un sens de la communauté développé dès leur plus jeune âge, puisque les petits sont élevés dans des « crèches » collectives.*

L'ÉLEVAGE DES JEUNES DANS LE RÈGNE ANIMAL

Crèches et baby-sitters

Élever ses jeunes n'est pas une sinécure. La période est délicate, les périls nombreux. Alors, pourquoi ne pas trouver des astuces pour que cette phase primordiale se passe le mieux possible ?

Bien avant de la voir, on l'entend déjà. La grande colonie de flamants roses regroupe plusieurs milliers d'adultes. En ce mois de juillet, ils ont fini de se reproduire et les jeunes ont quitté le nid. Mais où sont-ils donc ? On ne distingue que des adultes, dont la livrée rose tranche contre le blanc et le bleu des salines.

La reproduction aurait-elle échoué ? Pas du tout ! Là, de l'autre côté du chemin, voici une troupe compacte de flamants au plumage brun. Ce sont des jeunes. Il sont des centaines qui marchent dans l'eau peu profonde sous l'œil attentif de quelques aînés.

Crèche rose

Le flamant rose, comme d'autres oiseaux, pratique un système de « crèche ». Dès que les jeunes sont suffisamment grands pour pouvoir se déplacer, ils se regroupent ensemble sous la conduite d'adultes. Mais leurs parents ne les ont pas pour autant abandonnés : ils vont et viennent tout autour d'eux pour les nourrir tant qu'ils sont encore dépendants et reconnaissent leur progéniture à leurs seuls pépiements. C'est dire si chacun a son propre appel ! Sachant que dans certaines crèches du flamant nain, espèce vivant en Afrique tropicale, le nombre de jeunes peut atteindre 30 000, on imagine l'incroyable « oreille » que possèdent les flamants… Au fur et à mesure de leur croissance, les liens entre parents et jeunes se distendent jusqu'à ce que ces derniers

LES PAPAS POULES DE LA MER

De nombreuses espèces d'apogons (poissons vivant surtout dans les eaux tropicales) pratiquent l'incubation buccale, c'est-à-dire que la femelle vient pondre ses œufs dans la bouche du mâle. Ce dernier les garde ainsi à l'abri pendant toute la période d'incubation, en général une quinzaine de jours, cette période variant selon les espèces. Certains observateurs affirment que, parfois, les alevins viennent s'y réfugier en cas de danger. Les scientifiques doutent encore cependant de la réalité de ce comportement.

soient capables de se nourrir seuls et quittent la crèche. Mais pendant tout le temps qu'a duré cette vie en collectivité, les jeunes ont été mieux protégés contre les prédateurs : il est beaucoup plus difficile de se saisir d'un jeune dans une telle foule que d'en attraper un qui se serait quelque peu éloigné de ses parents.

D'autres espèces d'oiseaux procèdent de la même manière : les manchots en Antarctique ou les sternes (ou hirondelles de mer), notamment les sternes caugeks ou royales. Là encore, les adultes repèrent leur jeune aux cris qu'il émet. Chez un canard, le tadorne de Belon, plusieurs familles se regroupent de la même façon, et l'on peut voir, par exemple, deux adultes suivis d'une quarantaine de jeunes. On s'étonne alors qu'il puisse exister de telles familles nombreuses !

Ce mode de regroupement des jeunes dans une crèche se retrouve aussi chez certaines chauves-souris et même chez les grands mammifères marins, notamment les baleines à bosse.

▲ *Une ribambelle de jeunes mésanges bleues réclame sa pitance à un adulte. Ces petits oiseaux familiers, habitants des bois, se rencontrent en Europe, en Afrique du Nord et au Moyen-Orient.*

Baby-sitting

Les oiseaux connaissent une véritable entraide familiale. Chez les geais de Floride comme chez les guêpiers d'Europe, les jeunes nés l'année précédente aident fréquemment leurs parents à nourrir la nouvelle couvée, assurant parfois jusqu'à 30 % du nourrissage. Certains chercheurs pensent qu'il s'agit là d'un apprentissage à la future vie parentale.

Chez la gallinule poule-d'eau d'Europe, ce sont même les jeunes de la première couvée du printemps qui aident parfois les parents pour la deuxième, qui a lieu quelques semaines plus tard.

Protecteurs en tout genre

Les espèces qui vivent en société, souvent très complexes, connaissent de nombreux modes d'entraide et de protection pour élever les jeunes. Chez les lions, plusieurs femelles vivent ensemble ; une mère peut sans problème allaiter un jeune d'une autre portée que la sienne.

Chez de nombreuses espèces de chauves-souris, les femelles vivent à l'écart des mâles ; si l'une d'elles part chasser et laisse son jeune, il arrive qu'elle allaite au retour le premier jeune qui se présente ! Cependant, le plus souvent, et malgré le nombre d'individus, elle est capable, grâce aux ultrasons, de retrouver son petit dans le bruit et la noirceur d'une grotte.

De même, chez les loups, les petits peuvent être confiés à un « protecteur », mâle ou femelle, quand la femelle part en chasse.

Dans un groupe d'éléphants, hormis les jeunes, point de mâles. Arrivés à l'âge adulte, ceux-ci vivent en solitaire. La harde, sous la conduite d'une vieille femelle, ne comprend que des sœurs, filles et petites-filles.

Quand survient une naissance, toutes se regroupent autour du jeune et barrissent. Plus tard, elles s'occupent de lui avec autant de ferveur que la mère, l'aidant notamment à franchir des obstacles et lui prodiguant mille soins.

◀▲ *Éléphants et lions : deux espèces chez lesquelles les femelles font cause commune pour l'élevage des petits, et n'hésitent pas à prodiguer des soins à des jeunes autres que les leurs.*

▼ *Lorsqu'il est encore très jeune, le baleineau se déplace en nageant tout contre sa mère. Une façon de se protéger de l'éventuelle attaque d'orques.*

◀ *Pendant quelques semaines, ce jeune flamant sera nourri par ses parents. Ensuite, il ira à la « crèche », où il retrouvera des congénères de son âge.*

PLUS GROS QUE SES PARENTS

Chez certains oiseaux comme le manchot ou le fou de Bassan, les jeunes sont tellement nourris par leurs parents que, peu de temps avant leur émancipation, ils sont plus lourds que ces derniers. Explication : une fois indépendants, les jeunes devront se débrouiller tout seuls et, chez les fous notamment, ils seront incapables de s'alimenter convenablement pendant la première semaine. Alors, mieux vaut faire des réserves et vivre dessus pendant quelque temps !

Il faut bien commencer à manger !

Chez certains animaux, les jeunes sont nourris par leurs parents jusqu'à ce qu'ils puissent s'alimenter seuls. D'autres, au contraire, sont autonomes dès leur naissance. Chez les mammifères, l'allaitement est une étape supplémentaire entre la naissance et l'émancipation des jeunes.

▲ *Une fois sevrés, les louveteaux reçoivent toute leur nourriture de leurs aînés. Ceux-ci leur apportent des morceaux entiers, un peu attendris, que les petits mâchent eux-mêmes.*

▲ *Ce pélican gris adulte fait le plein de poissons pour nourrir ses petits, restés au nid.*

Un jour de mai sur la côte californienne. La grande réserve en bordure du Pacifique résonne de milliers de cris. Ce sont les jeunes et les adultes de nombreuses espèces d'oiseaux, tout affairés à une activité primordiale pour les poussins : l'alimentation.

Ici, les jeunes pélicans bruns, hirsutes, tendent leur bec vers l'adulte qui régurgite la pêche qu'il a stockée dans une poche, sous sa mandibule inférieure. Les poussins, âgés de quelques jours, un rare duvet sur le corps, restent pendant la plus grande partie de la journée blottis au fond du nid posé à même le sol.

Là, une famille d'avocettes – petits échassiers au long bec retroussé – arpente tranquillement l'eau peu profonde d'un marais salant. Les poussins, couverts de duvet, ont quitté le nid dès la naissance et marchent allègrement à la suite de leurs parents… se nourrissant tout seuls. Au début, les choses ne sont pas faciles et les coups de bec, rarement gagnants. Les parents aident souvent les jeunes par des cris ou en leur montrant les zones riches en nourriture.

Nidicoles et nidifuges

Les pélicans sont nidicoles, comme beaucoup d'espèces d'oiseaux : les poussins naissent nus et aveugles, et grandissent dans le nid, où leurs parents les nourrissent jusqu'à leur envol, quand ils sont bien emplumés. En revanche, les avocettes sont nidifuges. Sitôt nés, les poussins quittent le nid et s'alimentent tout seuls. C'est que, chez les nidicoles, le développement embryonnaire n'est pas terminé à la naissance tandis que, chez les nidifuges, il est achevé (ou quasiment).

Allaiter, l'affaire des mammifères

Spécificité des mammifères : les femelles allaitent leur progéniture. En période normale, les mamelles sont surtout formées de tissu adipeux. Dès qu'un embryon s'installe dans l'utérus, les hormones sexuelles – œstrogènes et progestérone – provoquent la formation de canaux excréteurs et de glandes mammaires. Ces dernières sont organisées comme les raisins dans une grappe. Il en existe plusieurs, chacune étant formée de cellules qui fabriquent le lait et le déversent dans une série de conduits. Lesquels débouchent dans des canaux qui aboutissent aux tétons.

Les glandes mammaires ne deviennent actives qu'après la naissance du jeune. C'est la montée de lait : le taux d'œstrogènes et de progestérone ayant chuté, celui de la prolactine augmente brutalement et entraîne la sécrétion du précieux liquide. La tétée stimule encore la production de cette prolactine, ainsi que la synthèse d'une autre hormone, l'ocytocine, dont le rôle est de favoriser la contraction des muscles mammaires, nécessaire à l'expulsion du lait. Lorsque la femelle cesse

▼ *Les jeunes furets naissent nus et aveugles ; ils sont allaités plusieurs semaines avant de découvrir le monde.*

UNE MOUCHE QUI ALLAITE

La mouche tsé-tsé – de sinistre réputation – ne donne naissance qu'à un jeune à la fois. Mais celui-ci est choyé. La femelle le porte dans une sorte de poche et le nourrit d'un liquide qu'elle fabrique et qui suinte de son abdomen. La larve respire par une paire de tubes qui débouche au niveau du cloaque de la mère et mue périodiquement dans son ventre. Quand elle est suffisamment grosse, elle sort pour se transformer en pupe – stade immobile –, qui donnera naissance à la mouche adulte.

définitivement d'allaiter, la fabrication du lait se trouve elle aussi stoppée, et les mamelles retrouvent alors leur état d'origine.
Chez les mammifères marins, dépourvus de lèvres, les bébés ne peuvent pas téter. Des muscles très puissants entourent les mamelles ; en se contractant, ils propulsent à haute pression le lait dans la bouche des petits. Ce qui évite également au liquide nourricier de se diluer dans l'eau de mer.

Le lait : des composants variables

Hautement nutritif, le lait est composé d'eau, de protéines (dont la très digeste caséine), de sucres et de lipides. La proportion de ces composants – en général, les sucres varient en proportion inverse des lipides et des protéines – dépend des conditions de vie et des besoins du petit allaité.
Le lait des animaux vivant dans des milieux secs, tels que la savane, est ainsi beaucoup plus riche en eau que celui des mammifères des plaines d'Europe de l'Ouest. Quant aux animaux marins et à ceux des milieux froids, ils nourrissent leurs petits avec un lait particulièrement riche en lipides.
Les graisses sont en effet le meilleur combustible pour alimenter leur chaufferie interne. C'est qu'en mer, de même qu'aux pôles, les petits doivent impérativement grandir très vite pour ne pas succomber aux éprouvantes conditions de vie de leur milieu. Leurs besoins énergétiques, énormes, ne peuvent alors être comblés que par un régime alimentaire à haute teneur en lipides.
Mais le lait n'est pas tout. Une fois sevrés, les petits mammifères doivent se nourrir. Les herbivores le font tout seuls, car cela ne leur demande pas beaucoup d'efforts : il suffit de se baisser pour brouter. Pour les prédateurs, parvenir à s'alimenter est une affaire plus complexe. Les parents nourrissent leurs petits en régurgitant une partie de ce qu'ils ont chassé, mâché et prédigéré. Puis commence l'apprentissage de la chasse.

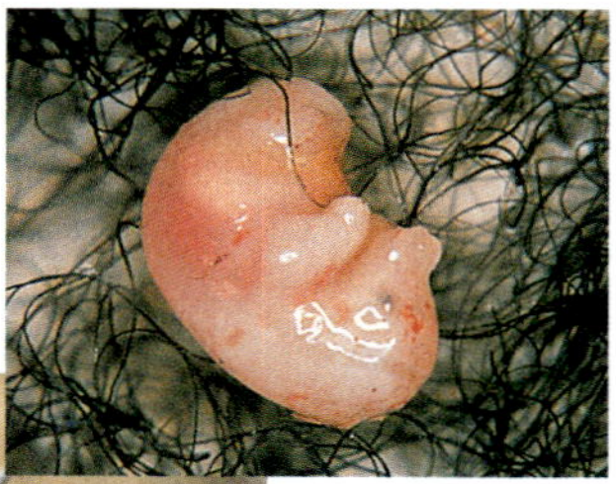

▼▶ *Chez l'échidné d'Australie, l'embryon n'achève pas sa croissance dans le corps maternel : la femelle est ovipare et, après éclosion, le petit (ci-contre) se réfugie dans une poche incubatrice où il continue à se développer.*

Du lait pour pigeon

Les petits des pigeons et des tourterelles ne pourraient survivre sans « lait de pigeon ». En fait de lait, il s'agit d'une pâtée liquide et blanchâtre qui évoque le fromage blanc et qui est produite par le jabot sous l'influence d'une hormone, la prolactine. Les cellules de la paroi du jabot, gorgées de cette sécrétion qui rappelle véritablement le lait des mammifères, se détachent et sont absorbées par les jeunes, qui vont les chercher au fond du bec de l'adulte.

Dévoré vivant

Autres genres, autres mœurs. Les guêpes parasites, les ichneumonidés, pondent leurs œufs dans des chenilles de papillons. Les larves se développent en dévorant leur hôte de l'intérieur, tout en le maintenant en vie. Elles y effectuent toutes leurs mues jusqu'à la dernière, s'y transforment en nymphes en même temps que la chenille devient chrysalide (mais celle-ci ne survivra pas) et en ressortent adultes. Certains ichneumonidés parasitent d'autres ichneumonidés, qui parasitent eux-mêmes des chenilles !

Chapitre
2

Le vieillissement et la mort

Tout se transforme, tout doit disparaître

Pin de Jeffrey (Yosemite Valley, Californie).

LA MUE

Changer de peau

La mue, à ne pas confondre avec la métamorphose, est un phénomène cyclique ou régulier qui affecte le poil, la plume, la peau ou la carapace des animaux.

▲ *Chez le traquet motteux mâle, une mue totale des plumes survient à l'automne. Elle permet le passage d'un plumage nuptial gris-bleu, blanc et noir (en haut) à une livrée d'hiver roussâtre (en bas).*

Fin d'été au Groenland. Le traquet motteux a fini d'élever ses jeunes. Il doit à présent entreprendre une migration considérable qui le mènera jusqu'en Afrique tropicale, où il passera l'hiver. Pas question de partir avec des plumes de vol qui ont été usées par la couvaison et la lumière continue du Grand Nord : la mue dite postnuptiale arrive à point nommé.

Plumes de vol, plumes de fête

Mais tous les oiseaux migrateurs ne muent pas forcément avant le grand voyage. Certaines espèces, comme la mouette de Sabine, préfèrent miser sur le plein de réserves de graisse et muer plus tard, une fois parvenues dans leurs quartiers d'hiver.

Les oiseaux sont en tout cas le groupe d'animaux chez qui la mue prend les formes les plus diversifiées. Les plumes, puisqu'il s'agit d'elles, jouent comme on le sait un grand rôle dans la vie des volatiles. Avec le temps, elles s'usent ; aussi doivent-elles être régulièrement remplacées. Dès sa jeunesse, l'oiseau effectue sa première mue : le passage du duvet au plumage. Chez l'adulte, la mue, très variable, peut avoir lieu une ou deux fois par an (parfois trois, voire quatre fois, comme chez le lagopède !). À ces occasions, il ne renouvelle pas la totalité de son plumage, ce qui lui permet de continuer à voler.

Chez les canards et les oies, mais aussi chez les grues ou certains râles, toutes les plumes de vol (les rémiges) tombent en même temps au moment de la mue postnuptiale, si bien que, pendant un certain laps de temps, les oiseaux, incapables de voler, sont très vulnérables aux prédateurs. Ils se regroupent alors sur des plans d'eau inaccessibles ou dans des marais impénétrables.

Chez d'autres canards encore, tels le colvert, le pilet, le souchet, mais aussi le garrot albéole, le harle couronné ou le splendide canard mandarin, l'hiver est l'occasion pour les mâles de revêtir leur plus belle parure de noces. Car déjà chacun recherche sa chacune... Ce plumage richement coloré a évidemment des vertus de séduction ; les femelles, au contraire, adoptent plutôt des couleurs ternes pour pouvoir couver ensuite bien à l'abri du danger. À la fin de l'hiver, le mâle met son plumage en valeur au cours d'une parade. Passé cette période, les mâles subissent une nouvelle mue et leur plumage devient alors aussi terne que celui des femelles : c'est le plumage d'éclipse.

Un habit neuf pour passer inaperçu

La mue est aussi l'occasion de changer complètement de couleur. Certaines espèces vivant dans les montagnes ou la toundra prennent en automne une parure immaculée pour se fondre dans la neige ; ils retrouveront au printemps un plumage ou un pelage aux couleurs des lichens et des rochers leur permettant de se soustraire le plus possible au regard des prédateurs. C'est le cas, par exemple, du lagopède alpin, une espèce proche des perdrix, ou encore de l'hermine, petit mammifère carnivore au corps mince et allongé dont le pelage est brun en été tandis qu'en hiver il devient blanc (sauf le bout de la queue, qui reste noir). Il en va de même pour le renard polaire. Ainsi, les prédateurs jouent aussi avec les saisons et modifient, grâce à la mue, la couleur de leur manteau. Pour passer à leur tour inaperçus de leurs proies !

◀ *Le renard polaire possède deux pelages : au printemps, il troque sa tenue d'hiver, toute blanche, contre une plus sombre, gris-brun. Il se fond ainsi en toute saison dans son environnement.*

LE RÔLE DE LA LUMIÈRE

Certaines espèces muent de nombreuses fois au cours de leur existence, d'autres, très peu. On ne connaît pas de manière précise ce qui déclenche ce phénomène complexe. On pense néammoins aujourd'hui que l'accroissement de la lumière diurne joue un rôle primordial dans le processus. L'hypophyse est alors stimulée, ce qui déclenche la production de certaines hormones ; celles-ci vont provoquer l'activité de glandes, dont la thyroïde, qui jouent un rôle dans la croissance des tissus et la pigmentation du plumage.

À l'étroit dans sa carapace

Beaucoup d'invertébrés muent essentiellement au stade adulte. Les arthropodes, par exemple, qui regroupent notamment les araignées, les insectes, les crustacés et les mille-pattes, possèdent ce que l'on appelle un exosquelette, sorte de carapace qui les protège. Leur croissance, qui dure toute la vie, s'effectue par une succession de mues – ou exuviations – au cours desquelles l'animal se débarrasse de son ancienne carapace pour en reconstituer une nouvelle… d'une pointure au-dessus ! Chez les cloportes, par exemple, la mue se produit en deux étapes : la partie postérieure du corps, puis, quelques heures plus tard, la partie antérieure. Chez certains mille-pattes, les mues ne se produisent plus au stade adulte. À chaque mue, un nouveau segment du corps apparaît ; une fois le nombre définitif d'anneaux atteint, l'animal ne croît plus et devient sexuellement mature.

▼ *Non, cette couleuvre n'est pas en train de se faire dévorer par un congénère, mais tout simplement de muer !*

▲ *Pour grandir, les mygales doivent régulièrement abandonner leur carapace, devenue trop exiguë. Cette mygale vient d'achever sa mue. Elle abandonne sa vieille peau, sous laquelle se trouve une carapace toute neuve mais encore souple.*

Une peau que l'on ôte comme un gant

Chez les serpents, la mue – annuelle le plus souvent – n'est pas progressive comme chez les oiseaux : périodiquement, ils se débarrassent en une fois de toute la couche superficielle de leur peau. Peu de temps avant que survienne la mue, ils perdent de leur vitalité, leurs couleurs ternissent, ils ne se nourrissent plus et certains passent beaucoup de temps dans l'eau, peut-être pour faire ramollir leur peau.

Lors de la mue proprement dite, les serpents se frottent contre une pierre ou tout objet rugueux pour déchirer cette couche superficielle à partir de la tête. Sitôt celle-ci dégagée, le reste de la peau s'enlève d'une seule pièce, comme lorsque l'on retourne un gant. Dès que la vieille peau est partie – on l'appelle exuvie –, l'animal reprend des couleurs !

Deux corps en une seule vie

La larve et l'insecte d'une même espèce sont parfois si différents qu'il est difficile de croire qu'il s'agit bien du même animal. L'adulte est une larve métamorphosée, bouleversée dans son anatomie.

Pendant longtemps, l'homme a cru que la viande avariée fabriquait les asticots. Il a pris ces vers blancs pour des animaux différents des mouches. De même, il est difficile d'imaginer qu'une chenille velue puisse se transformer en un magnifique papillon. Pourtant, cette métamorphose concerne tous les insectes.

DU TÊTARD À LA GRENOUILLE

La métamorphose de la larve des grenouilles, le têtard, semble résumer la conquête de la terre ferme par les poissons il y a 350 millions d'années. Le têtard est nageur et purement aquatique. Il respire grâce à des branchies internes. Il se repère dans son environnement au moyen du même organe que les poissons, la ligne latérale. En grandissant, il se dote d'une, puis de deux paires de pattes. Et, finalement, il se métamorphose en une grenouille miniature qui respire par les poumons et la peau. La larve des salamandres et des tritons respire grâce à des branchies externes. Elle quitte l'eau pour se métamorphoser à l'âge de 2-3 mois. Mais certaines larves ne se transforment pas. C'est le cas de l'axolotl, un amphibien cavernicole mexicain, dont les larves grandissent et se reproduisent sans jamais passer au stade adulte. On appelle ce phénomène, d'origine hormonale, la néoténie.

▲ *Pour parvenir au stade adulte, la grenouille, comme les insectes, se métamorphose : elle naît têtard et vit dans l'eau, avant de se doter de pattes et de respirer à l'air libre.*

Grandir dans une boîte

Les insectes, merveilleuses machines articulées, sont emprisonnés dans leur corps. Celui-ci est une sorte de boîte à la paroi épaisse, faite d'une protéine appelée chitine – que l'on retrouve dans nos cheveux. Pour croître, l'insecte doit donc régulièrement détruire cette armure avant d'en ajuster une autre à sa nouvelle taille : il lui faut muer. La larve (ou jeune) change peu entre chacune de ses nombreuses mues, et ce n'est qu'au cours de la dernière qu'elle devient vraiment un adulte. C'est la métamorphose, plus ou moins radicale selon les espèces.

Transformation progressive...

Les larves des sauterelles et des grillons vivent aux mêmes endroits que les adultes et se nourrissent de la même manière qu'eux. Elles muent quatre ou cinq fois avant de se métamorphoser. Leur développement est très progressif : d'abord les yeux et les antennes, puis les ébauches des ailes, qui grandissent à chaque mue. Les jeunes des punaises subissent la même évolution. Leurs ailes n'apparaissent qu'au quatrième stade. Après cinq mues, ils ressemblent de plus en plus aux adultes.

... ou radicale

Pour les éphémères et les libellules, la vie de la larve est tout autre. Elle ne ressemble en rien à l'adulte et ne vit pas dans les mêmes habitats. La métamorphose de la libellule est spectaculaire : l'insecte est aérien, alors que sa larve est aquatique. Dans l'eau, celle-ci est connue pour sa voracité : sa lèvre inférieure, modifiée en un « masque » affreux, est capable de se déployer pour attraper des petits poissons ! Après une dizaine de mues et un peu moins d'un an passé dans l'eau, le jeune cesse de manger : il se transforme. Mais vu de l'extérieur, rien ne laisse deviner ce qui s'opère à l'intérieur de sa « boîte » rigide. Enfin, il sort de l'eau et s'accroche à une feuille. Sa carapace se fendille sur le dos. L'adulte en sort, tête la première. Puis, en se pliant en deux, il extirpe son thorax de sa gangue, et enfin ses pattes et ses ailes. La tête en bas, à l'envers par rapport à son ancien corps, il attend que ses pattes lui donnent l'impulsion nécessaire pour se retourner. Il peut alors se poser, à l'endroit, sur ce qu'il était, afin d'extraire son abdomen. Au bout d'une heure, sous l'effet de la pression sanguine, les ailes se sont déployées et l'abdomen s'est tendu. La libellule peut s'envoler pour sa vie d'adulte, plus courte que sa vie larvaire. Elle laisse quelque part son ancien corps qui, sous le nom d'exuvie, n'attend plus que d'être emporté par le vent.

▲ *Métamorphose d'un anax empereur. Devenue adulte, la larve quitte son ancien corps. Cette libellule est l'un des plus grands insectes d'Europe (une dizaine de centimètres) et un redoutable prédateur des eaux courantes.*

La nymphe, un stade de plus

Les coléoptères, les mouches, les moustiques, les abeilles, les puces, les fourmis et les papillons connaissent un stade de mue intermédiaire, la nymphe. Prodigieusement complexe, celui-ci vient s'intercaler entre le dernier stade larvaire et la mue qui donne l'adulte. La nymphe est, en fait, une phase de repos : la larve s'emballe dans une coque où son corps subit un remaniement presque total, déjà engagé au cours du précédent stade larvaire. Chez tous ces insectes, la métamorphose est, à terme, complète : les larves ne ressemblent pas du tout aux adultes. Elle est aussi et surtout terminale : à chaque mue, les larves ont changé de taille, rien de plus ; il faut vraiment attendre la dernière pour constater un changement.

▲ *La nymphe est un stade de mue caractéristique de différents insectes, dont les abeilles. Ici, la nymphe d'une future reine, douze jours après l'éclosion de l'œuf.*

Et quel changement ! Regardez le fourmilion. L'adulte ressemble à une libellule qui volerait, lentement, de nuit. Alors que la larve possède un gros abdomen qu'a du mal à porter un tout petit thorax mu par trois paires de pattes. Au bout, une tête équipée d'impressionnantes mandibules. Enfouie au fond d'un trou creusé en entonnoir, patiemment, la larve du fourmilion attend qu'une fourmi étourdie lui tombe dessus. Aussitôt saisi, l'insecte est dépecé et avalé.

▲ *L'anax empereur adulte est capable de voler une journée entière sans se poser.*

▲ *À l'état larvaire (en haut), les phryganes, des papillons de nuit, vivent dans l'eau, à l'intérieur d'étuis de soie sur lesquels viennent se coller de petits cailloux et des coquilles. En encart, phrygane adulte.*

Un maillot de soie : la chrysalide

Les larves des papillons de jour et de nuit sont des chenilles qui se déplacent sur cinq paires de fausses pattes abdominales et trois paires de vraies pattes thoraciques. Après trois ou quatre mues, elles s'emmaillotent dans une nymphe appelée chrysalide. C'est une coque qui peut être constituée de fils de soie comme chez le ver à soie ou bombyx. Les larves des phryganes produisent aussi de la soie, mais seulement pour garnir leur abri. Certaines ressemblent à des chenilles, d'autres ont des pattes. La plupart s'emballent dans un fourreau de soie sur lequel s'agrègent des débris végétaux et des petits cailloux. Ainsi protégée et alourdie, la larve de phrygane peut tenter d'échapper aux truites et de résister au courant des torrents où elle vit. Après cinq à sept mues, elle ferme son fourreau et devient nymphe. Bientôt métamorphosée, elle en sort pour se transformer en adulte à la surface de l'eau. C'est alors un nouvel insecte, proche des papillons, aux antennes démesurées et adaptées à la vie nocturne.

◀ ▲ *Les larves du moustique* Culex pipiens *(ci-contre) respirent à la surface de l'eau par l'anus, grâce à un siphon. Ci-dessus, le moustique adulte.*

Les asticots, des larves sans pattes

Et les asticots ? Après les larves à pattes, les larves à fausses pattes (les chenilles), voici les larves sans pattes. Il n'y a que les diptères – qui regroupent les mouches et les moustiques – pour donner de telles larves. Certaines ont une belle tête (chez les moustiques), d'autres n'en ont pas (chez les mouches) ! Mais toutes, après quatre ou huit mues (respectivement chez le moustique et chez la mouche), s'enferment dans la dernière exuvie.
Appelée pupe, celle-ci est d'aspect peu engageant ; c'est elle qui abritera leur métamorphose. Pour sortir de la pupe, l'adulte va la faire éclater en gonflant une poche sur sa tête. Il conservera de cette sortie explosive une légère déformation en U à la base des antennes.
Si le phénomène de la métamorphose n'est pas propre aux insectes – les larves des invertébrés marins, les têtards des amphibiens et même les alevins des poissons plats en connaissent une –, ceux-ci sont les seuls à se transformer aussi radicalement, et parfois totalement, à la fin d'un processus long et répétitif.

LA CURIEUSE MÉTAMORPHOSE DU POISSON PLAT

Les larves des poissons plats (plie, sole, turbot…) ont l'air de poissons « normaux », avec un corps symétrique et un œil de chaque côté. Elles subissent ensuite une véritable métamorphose : le corps s'arrondit, le ventre prend du volume, et l'un des yeux migre d'un côté à l'autre (ci-contre, un turbot âgé de 1 mois). La larve cesse alors de nager pour aller se poser au fond de l'eau, sur le flanc désormais aveugle. Le processus se termine par la dépigmentation de ce côté et l'aplatissement du poisson.

▲ De gauche à droite : schiste métamorphique ; lame mince d'argile non métamorphique (les petites taches claires sont des grains de quartz) ; la même roche transformée en micaschiste par métamorphisme – les minéraux de recristallisation (quartz en gris et blanc, micas en jaune orangé) ont acquis une grande taille et se sont orientés selon la schistosité.

LE MÉTAMORPHISME

Du calcaire au marbre

Lorsque deux plaques lithosphériques s'affrontent, l'une s'enfouit dans les profondeurs de l'écorce terrestre. Là, elle recristallise et réapparaît beaucoup plus tard... « métamorphosée ».

Aujourd'hui, le marbre est exploité dans des carrières à ciel ouvert. Pourtant, il fait partie de ces roches qui se sont constituées à plusieurs kilomètres de profondeur. La formation du marbre – mais aussi celle des ardoises et des micaschistes – est tout à fait particulière, puisqu'elle est le résultat de la métamorphose d'anciennes roches (des calcaires dans le cas du marbre, des argiles dans celui des ardoises et des micaschistes) entraînées en profondeur. On les appelle d'ailleurs des roches métamorphiques. Si elles affleurent actuellement en surface, c'est que les kilomètres de matériaux qui se trouvaient initialement au-dessus d'elles ont été dégagés par l'érosion.

Entraînées vers les profondeurs

La lithosphère, couche la plus externe de notre planète, est constituée de roches rigides et fragmentées en plaques animées d'un perpétuel mouvement. Parfois, ces plaques s'écartent les unes des autres ; d'autres fois, elles s'affrontent. Cet affrontement se résout le plus souvent par l'enfoncement de l'une des plaques sous l'autre et la formation, en surface, d'une chaîne de montagnes. Les roches de la plaque qui s'enfonce vont alors s'enfouir progressivement au sein de l'écorce terrestre jusqu'à des profondeurs qui se comptent en dizaines de kilomètres. Elles sont soumises non seulement à une augmentation de pression importante (environ 300 atmosphères par kilomètre) mais aussi à une augmentation de température (environ 30 °C par kilomètre). Par ailleurs, comme ces roches s'enfouissent au cours des affrontements entre les plaques, elles subissent des poussées colossales qui les plissent et leur font acquérir un débit mécanique en feuillets perpendiculaires à ces poussées, débit que l'on appelle schistosité.

Déformation et recristallisation

Réchauffement, augmentation de pression et déformation vont généralement de pair et ont pour résultat une recristallisation complète des roches ; celles-ci ne changent donc pas de composition chimique, mais simplement de composition minéralogique. Les nouveaux minéraux se développent avec une orientation préférentielle qui accentue le débit des roches en feuillets.

LA FORMATION DES ROCHES MÉTAMORPHIQUES

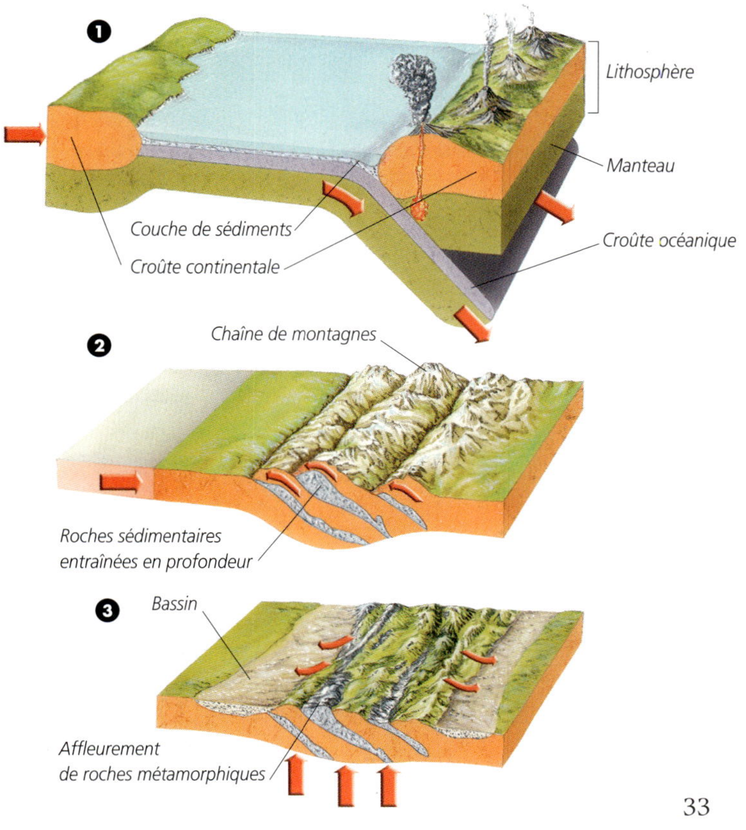

▶ **1.** Avant la collision, les deux continents se rapprochent grâce au mécanisme de subduction.
2. La collision entraîne la surrection d'une chaîne montagneuse et l'enfouissement des sédiments qui recouvraient initialement les fonds océaniques.
3. Après la collision, l'érosion des reliefs conduit à une exhumation progressive des roches métamorphisées.

Le secret de la longévité

Contrairement aux animaux, les plantes grandissent toute leur vie par empilement d'un même élément de base. Car leurs tissus sont régulièrement renouvelés.

▲ *Le tronc d'un vieil arbre est de la même nature qu'une fine tige émergeant du sol. Il résulte de l'accumulation de bois, produit pendant des centaines d'années.*

Dans le petit village normand d'Allouville-Bellefosse s'élève un vieux chêne si chargé d'ans qu'il a dû être étayé pour résister aux outrages du temps. Le tronc creux est large de plus de 4 m à sa base, pour une quinzaine de mètres de circonférence. Une chapelle dédiée à Notre-Dame de la Paix y a été aménagée en 1696, surmontée d'un oratoire. Son faîte, plusieurs fois frappé par la foudre, est recouvert d'un bardage de bois et couronné d'une croix comme un clocher d'église. Il a probablement germé sous le règne de Charlemagne, ce qui lui donnerait quelque 1 200 ans d'âge. Pourtant, chaque année, les grosses branches survivantes continuent à se couvrir de feuilles et à produire une abondante glandée.

Une renaissance assurée

Le chêne d'Allouville a certainement perdu des branches au cours de sa longue vie. Même s'il avait été coupé à la base du tronc, il n'en serait pas mort pour autant mais aurait fait de nouvelles pousses. Car le chêne, comme toutes les plantes, a un atout considérable : il garde toujours en réserve un tissu juvénile capable de produire un nouvel individu complet, des racines aux feuilles. Ce tissu, appelé méristème, se concentre dans les bourgeons et au bout des racines. Tant qu'il existe, la plante peut se reconstituer. Cet avantage est largement exploité par l'homme avec le bouturage, le greffage ou le clonage.

Rien à voir donc avec l'animal, qui, lui, se développe grâce à la différenciation de ses tissus embryonnaires ; ces derniers évoluent en organes distincts et, très vite, cette différenciation est irrémédiable. Qu'un de ses organes vitaux soit détruit et c'est la mort assurée, car il ne peut être régénéré. La plante, elle, n'a pas d'organes très spécialisés – les grandes fonctions comme la respiration, l'absorption de l'eau ou la photosynthèse sont dissociées.

◀ *Le bananier pousse très vite et ne vit que quelques mois. Contrairement au chêne centenaire, il n'accumule pas de bois : son « tronc » est fait de tiges et de feuilles étroitement imbriquées les unes dans les autres.*

Le Meccano du végétal

Grâce au méristème, la croissance de la plante est souple et décentralisée. Elle se fait par accumulation d'éléments de base constitués chacun d'un morceau de tige, d'une ou de plusieurs feuilles et d'un bourgeon. Tige et feuille(s) représentent la

GRANDIR OU FLEURIR

Les plantes évoluent constamment, selon une architecture conditionnée par le développement des bourgeons en feuille ou en fleur.

1 à 5. Bourgeons
6 et 7. Nouvelles unités tige-feuille-bourgeon
8. Fleur

*Les bourgeons **1 et 2** et le bourgeon terminal **(5)** ont provoqué la croissance de la plante en générant de nouvelles unités tige-feuille-bourgeon **(6 et 7)**. Le bourgeon **4** est resté latent, « en réserve ». Le bourgeon **3** a donné une fleur **(8)** pour la reproduction par graines.*

génération actuelle ; le bourgeon est l'espoir de la génération future, car il possède une zone de méristème.

Un chêne, un bananier, un pissenlit sont des plantes très différentes. Mais leur mode de croissance est identique ; seul diffère l'élément de base qui les constitue. Chez le chêne, la tige est longue par rapport à la feuille, et l'arbre âgé arbore une couronne majestueuse. Chez le pissenlit, la tige est très courte et les feuilles se succèdent en se touchant presque, formant une rosette au ras du sol. Le bananier est intermédiaire entre ces deux formes. Toute plante peut être ainsi décomposée en éléments de base, tel un Meccano, dont la forme et l'aspect donnent la silhouette finale de la plante.

▲ *Un bourgeon peut donner une tige et une feuille : c'est la reproduction végétative. Il peut aussi donner une fleur, qui produira des graines : c'est la reproduction sexuée.*

REPRODUCTION VÉGÉTATIVE ET REPRODUCTION SEXUÉE

Les plantes connaissent une croissance continue, mais finissent par atteindre une taille « adulte ». Un mécanisme leur permet alors d'évoluer : la reproduction sexuée. Le méristème de certains bourgeons produit non plus un nouvel élément tige-feuille-bourgeon, mais une fleur, qui produit à son tour du pollen (mâle) et/ou des ovules (femelles) ; la rencontre du pollen et de l'ovule de deux individus en donnera un troisième, différent des deux premiers. Et les graines se déplacent parfois très loin. Mais, n'ayant pas créé de nouveau bourgeon capable de continuer le cycle, le méristème disparaît ; et si tous les bourgeons d'une plante donnent des fleurs (c'est le cas des plantes annuelles, par exemple), celle-ci meurt quand les graines sont produites. De ces deux stratégies, reproductions végétative et sexuée, l'une est donc garante de la survie de l'individu, l'autre de celle de l'espèce.

Toujours jeunes… mais mortels

Dans un arbre, seuls les rameaux et les feuilles de l'année, les bourgeons et une mince couche de cellules entre l'écorce et le bois sont vivants. Grâce au méristème, ces tissus sont toujours jeunes car régulièrement renouvelés. Le reste du tronc et de la ramure n'est que bois mort. Aussi un arbre peut-il pourrir par l'intérieur de son tronc et continuer à prospérer.

Le méristème autorise une extraordinaire longévité. Les plus vieux vertébrés sont des tortues terrestres qui n'atteignent pas 200 ans. Les plus vieux arbres, conifères d'Amérique ou d'Australie à croissance lente, portent avec aisance 4 000 ans ou plus. Le doyen enregistré par les scientifiques est un pin du Colorado de 4 765 ans. Il est né peu avant la construction des pyramides de Gizeh !

Tout arbre finit quand même par mourir de vieillesse, rongé de l'intérieur, abattu par une tempête, effondré sous son propre poids. Même le méristème finit par disparaître. La reproduction végétative ne permet pas à la plante de s'adapter aux changements du milieu. Que le climat évolue, le sol s'épuise : la plante non adaptée, immobile, disparaît.

▶ *Même les pins les plus vigoureux finissent par mourir, certaines espèces étant pourtant célèbres pour leur longévité (pins aristés, parmi lesquels se trouvent les plus vieux arbres d'Amérique du Nord).*

▲ *Plante de prairie, le pissenlit ne produit qu'une très courte tige, et ses feuilles sont imbriquées les unes dans les autres. Néanmoins, sa croissance obéit aux mêmes lois que celles d'un chêne ou d'un bananier.*

Quand la mort nourrit la vie

Dans la nature, toute vie conduit à la mort mais la mort, à son tour, alimente la vie. Lorsqu'un herbivore est dévoré par un carnivore, il entre dans un processus de recyclage qui permettra à ses propres congénères de vivre et de donner la vie. C'est par ce processus que le cycle de la matière perdure et, avec lui, l'ensemble des écosystèmes. Grâce aux nécrophages puis aux décomposeurs (bactéries et champignons), les cadavres d'animaux sont lentement transformés et dégradés en éléments de plus en plus simples, assimilables par les végétaux. La boucle est alors bouclée, les végétaux, qui forment la base alimentaire des herbivores, se nourrissant à leur tour des restes de ceux qui les ont absorbés.

▼ 1. La curée des prédateurs
Des guépards et leurs jeunes dévorent leur proie. Mais ils ne mangeront pas tout. Voici qu'arrivent d'autres carnivores : les hyènes. La lutte s'annonce âpre. Le jour, les hyènes sont plutôt charognardes et viennent quérir leur part de l'animal tué par des prédateurs. En bande, la hyène tachetée, par exemple, est capable de mettre des lions en déroute pour s'approprier leur victime. La nuit, les hyènes chassent également en groupe et deviennent alors prédatrices au même titre que le lion, la panthère ou le guépard. Quant au chacal, plus petit, il attend son heure. Comme la hyène, c'est un chasseur, mais aussi un charognard opportuniste. Il devra pourtant se contenter du troisième service… c'est-à-dire des bas morceaux que lui auront laissés les hyènes.

▶ 3. Le festin des insectes
Il ne reste plus que des lambeaux de chair sur quelques os, des poils et de la peau, difficiles à digérer. Tout ce que la savane compte de petits carnivores, à pattes ou ailés, en profite. Puis le cadavre est livré aux insectes. Les mouches sont toujours les premières. Elles ne mangent pas : elles pondent. Leurs larves vermiformes (ci-contre) dévoreront la charogne avant de se transformer en adultes. Puis c'est au tour des coléoptères, tels les dermestes, les silphidés – les meilleurs fossoyeurs de la nature peut-être –, les nécrophores et les histéridés, qui nettoient proprement le cadavre. Des diptères et d'autres coléoptères terminent le travail. Mais les os ne seront blanchis, la terre vraiment nette qu'après le passage des acariens, qui tirent profit de toute forme de matière organique. Leurs déchets alimenteront enfin les bactéries, qui les transformeront en macromolécules puis en molécules, nutriments assimilables par les plantes.

4. Le voyage des restes
Nombre d'insectes, de vers, de mammifères et d'oiseaux transportent des morceaux de cadavre pour les manger ailleurs. La femelle du bousier, par exemple, agglomère quelques grammes de déchets organiques en une boule qu'elle transporte jusqu'à un terrier. Puis elle la mange ou y pond – ce sont alors ses larves qui la dévorent. Les nécrophores arrachent des morceaux de chair, les enfouissent dans la terre, puis en font des boules qu'ils placent dans de petites loges. Les œufs pondus dans les galeries menant à ces loges donneront des larves qui s'en repaîtront. Enfin, les déchets des décomposeurs, et tout ce qu'ils n'ont pas mangé, passent dans le tube digestif d'insectes minuscules, de vers et d'acariens.

▲ 2. Le ballet des vautours
Le cadavre gît dans la savane depuis plusieurs jours, mais on s'active encore autour de la dépouille. Dans un concert de grognements, le cou et le bec maculés de sang, les vautours tirent sur les restes de viande, bondissent et écartent les ailes pour s'intimider.
Les premiers sur les lieux sont les vautours à dos blanc et les vautours de Rüppell. Grâce à leur long bec et à leur long cou, ils s'attaquent aux viscères et aux lambeaux de muscles qui restent sur la carcasse. Puis viennent les grands vautours, comme l'oricou et le vautour à tête blanche, dont le bec massif permet d'entamer le cuir et de couper les tendons. Enfin, le vautour percnoptère et le vautour charognard, nettement plus petits que les autres, se contentent de curer les os. Un peu plus loin se tiennent les marabouts, grands oiseaux ressemblant à des cigognes et se nourrissant des détritus laissés par les vautours.

De l'arbre au sous-bois

Dans les forêts tempérées, un arbre mort disparaît en dix à quinze ans. La face du tronc en contact avec le sol humide est rapidement colonisée par des milliers de bactéries et de champignons, qui pénètrent jusqu'au cœur du tronc, où ils digèrent la cellulose. Arrivent ensuite des insectes comme les collemboles, les blattes et les perce-oreilles. En compagnie de mille-pattes, de lombrics et de cloportes, ils dévorent les tissus déjà abîmés. En pénétrant dans le tronc, ils rencontrent d'autres insectes – lucanes et autres cétoines – qui, eux, y pondent. Leurs larves se nourriront du bois jusqu'à leur métamorphose. Progressivement, le tronc se fragilise. En le grignotant, les décomposeurs venus du sol créent une voûte qui, quand elle atteint la face du tronc située à l'opposé du sol, provoque l'effondrement de l'arbre mort : il ne reste plus de lui que des morceaux d'écorce et un tas de particules. Ce terreau, à son tour digéré par des acariens et des bactéries, redonne au sol des sous-bois les minéraux indispensables à la vie végétale.

Les montagnes, géantes mortelles

Rien ne résiste à l'érosion, pas même les plus hautes montagnes. Les roches anciennes des continents appartenaient à des chaînes de montagnes dont les reliefs ont été peu à peu rabotés. Parfois, un coup de jeune leur donne une nouvelle vigueur.

Qui pourrait deviner, en parcourant la Bretagne ou la région des Appalaches, à l'est des États-Unis, que, il y a 300 millions d'années, leurs roches appartenaient à la même chaîne de montagnes, avant que ne s'ouvre l'océan Atlantique ? C'était alors une chaîne dite hercynienne, dont le relief était tout autre, ressemblant peut-être en certains endroits à l'actuel Himalaya !

▲ *Les Appalaches. Cette partie d'une très ancienne chaîne hercynienne s'est érodée avant d'être rajeunie par un soulèvement plus récent.*

Un travail de Sisyphe

Dès que cette chaîne de montagnes a commencé à se dresser, les forces de construction et de destruction ont engagé une véritable lutte. L'affrontement des plaques *(voir p. 192-193)* poursuit son œuvre de plissements et de chevauchements avec, comme conséquence, un épaississement de la croûte sous les montagnes. Ce qui provoque un déséquilibre, car elle est plus légère que le manteau sous-jacent. Mais elle ne remonte pas aussitôt, tel un bouchon plongé dans l'eau : le soulèvement continu se poursuit lentement et ne s'achève que lorsque la croûte retrouve son épaisseur primitive, l'érosion faisant disparaître le surplus au fur et à mesure.

Les reliefs de cette chaîne hercynienne ont mis près de 60 millions d'années à être remplacés par une grande surface topographique presque plane, la pénéplaine antétriasique. Elle a été recouverte par les dépôts du début de l'ère secondaire, il y a environ 240 millions d'années. Pourtant, en Bretagne, et plus encore dans les Appalaches, où des sommets dépassent les 1 000 m, on chercherait en vain la « presque plaine ». Un soulèvement modéré et récent (à l'échelle des temps géologiques) y a provoqué une reprise de l'érosion, plus ou moins conséquente suivant la nature des roches.

Cette cure de rajeunissement peut être bien plus sévère : bien des sommets des Pyrénées et des Alpes sont formés de roches anciennes ayant aussi appartenu à la chaîne hercynienne. C'est le cas par exemple du granite du massif du Mont-Blanc, repris dans la construction de la chaîne alpine.

LE PROCESSUS DE NIVELLEMENT

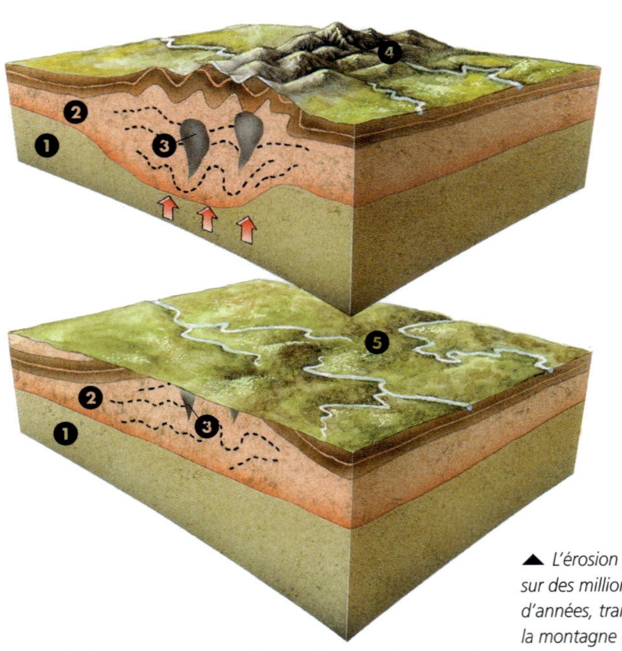

▲ L'érosion peut, sur des millions d'années, transformer la montagne **(4)** en pénéplaine **(5)** : les poussées subies par le manteau **(1)** font remonter la croûte continentale **(2)** et ses granites **(3)**, tandis que le travail des agents atmosphériques rabote le relief en surface.

▼ *Les monts d'Arrée, en Bretagne, appartenaient à la même chaîne hercynienne. Ses roches plissées ont été rabotées à la fin de l'ère primaire.*

Une mort annoncée

Dans cinq milliards d'années, notre soleil amorcera sa destruction, qui entraînera celle des planètes qui l'entourent. Ce sera la fin de la Terre.

Gonflé démesurément, le Soleil, âgé de près de neuf milliards d'années, commence à se dérégler. La formidable machine qui nous a fait profiter si longtemps de son énergie bienfaisante brûle ses dernières réserves d'hydrogène. Son cœur atteint 100 millions de degrés. Son rayonnement est de plus en plus intense. Sa lumière vire au rouge... L'étoile vient de se changer en géante rouge. Une étape à laquelle les Terriens n'assistent pas : les planètes du système solaire les plus proches du Soleil se sont déjà transformées en fournaise.

Retour vers le futur

Sur Terre, les catastrophes se sont enchaînées depuis longtemps. La température s'est élevée progressivement, les calottes polaires ont fondu, les régions désertiques se sont étendues tandis que tornades, cyclones et trombes ont ravagé l'espace. Les glaciers ayant disparu et les lacs s'étant asséchés, la végétation puis tous les êtres vivants, incapables de subsister, s'éteignent les uns après les autres. Les individus les plus primitifs, ceux qui dépendent le moins des voisins, qui pourront résister à la chaleur, aux rayonnements, à l'absence d'eau, survivront pendant un certain temps. Mais l'homme ne fait pas partie de ceux-là...
Quant à l'étoile à l'agonie, elle poursuivra sa dilatation mortelle et enflera tellement qu'elle englobera aussi la Terre dans ses couches extérieures. Portée à 4 000 °C, notre planète sera alors définitivement inhabitable et sa surface retrouvera l'état de fusion qu'elle avait connu à sa naissance, dix milliards d'années plus tôt...

Que le ciel ne nous tombe pas sur la tête

Ce scénario apocalyptique et « prévu » n'aura peut-être pas l'occasion de se produire. D'ici les quatre prochains milliards d'années, bien d'autres changements peuvent survenir... La chute d'un astéroïde ou l'impact d'une comète, par exemple. Sans faire exploser complètement la Terre, de tels événements affecteraient durablement son équilibre et déclencheraient des catastrophes : éruptions volcaniques en série, montée des océans, atmosphère dégradée... Tous ces cataclysmes pourraient annoncer à plus ou moins long terme la fin de la Terre.
Et de l'humanité ? Les humains seront peut-être condamnés à l'exode dans une armada de vaisseaux en quête d'une nouvelle planète : voilà un thème prisé de nombreux auteurs de science-fiction mais qui fait aujourd'hui partie de certains programmes spatiaux.
Les habitants de la Terre ont réussi à comprendre le futur du système solaire. Mais ils ont aussi acquis de gigantesques moyens de destruction massive... Si bien que le devenir de notre planète appartient maintenant davantage aux hommes qu'aux fureurs du Soleil.

▼ Dans cinq milliards d'années, un Soleil démesuré va peu à peu stériliser le système solaire. Le sol de la Terre sera désolé et sans vie. Les êtres humains seront morts... ou déjà loin.

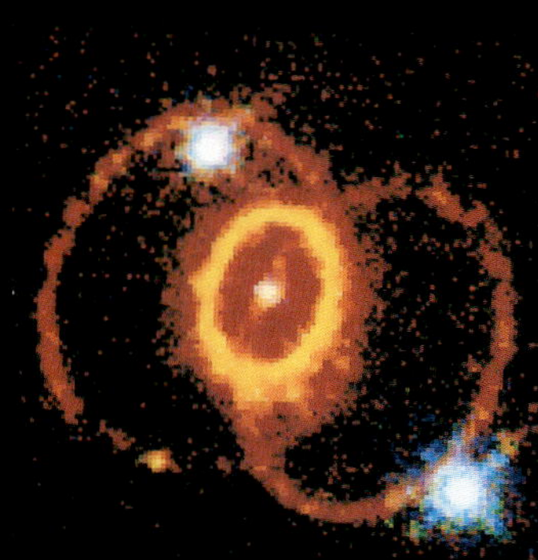

La mort des étoiles

Explosions dans l'espace

Toutes les étoiles sont condamnées à mourir un jour. Leur durée de vie et leur façon de mourir dépendent essentiellement de leur taille à la naissance.

▲ *Le reste de la supernova détectée le 24 février 1987 dans le nuage de Magellan.*

24 février 1987, dans l'hémisphère Sud. Un observateur constate la présence d'une étoile inhabituelle. En comparant avec des clichés plus anciens de cette région, le doute n'est plus possible : une supernova déploie ses mille feux. L'étoile est en train de mourir dans une gigantesque explosion d'énergie. L'événement est spectaculaire car relativement proche... à 170 000 années-lumière. Aujourd'hui, il est encore suivi par les télescopes de la planète : la matière toujours en expansion exprime la violence du phénomène.

Au cœur de l'étoile, une chaudière...

Mais comment une étoile qui, pour nous, n'est qu'un petit point lumineux dans le ciel, peut-elle générer un tel feu d'artifice ? En fait, le mécanisme qui conduit à cette mort explosive est en marche dès la naissance de l'astre.

Tout démarre à partir d'un nuage de gaz très dense où se forment des sortes de globules constitués essentiellement d'hydrogène. Sous l'influence de la force de gravité se produit ce que l'on appelle un effondrement gravitationnel : la matière s'écroule vers un centre attractif. En même temps, la température et la densité augmentent au point de permettre la fusion de l'élément le plus simple : l'hydrogène. Une force antagoniste à la force de gravité apparaît alors : la force thermonucléaire. Si l'une tend à réduire le diamètre de l'étoile, l'autre tend à l'accroître. De leur équilibre dépend la stabilité de l'étoile. À ce stade, le cœur n'est qu'une chaudière brûlant un combustible particulier, l'hydrogène, le produit de cette combustion étant l'hélium.

Chaud dedans, froid dehors

L'hélium ainsi produit encombre lentement le cœur de l'étoile. Alors, les réactions de fusion diminuent et la force de gravité reprend le dessus, provoquant la contraction du cœur. L'étoile commence à être déstabilisée. La pression et la température augmentent encore ; ce surplus d'énergie est évacué vers la surface de l'étoile, dont les couches extérieures se dilatent. Nous retrouvons là le mécanisme de régulation de l'énergie dans l'étoile : le diamètre du cœur a diminué, celui de l'astre a augmenté. Paradoxalement, alors que la température du cœur augmente, celle de la surface diminue. La lumière vire au rouge. L'étoile est devenue une géante rouge.

Un flash brutal

Au cœur de cette étoile, la température passe de 20 à 100 millions de degrés, une chaleur suffisante pour que l'hélium fusionne à son tour, produisant du carbone. L'étoile change : elle passe à un stade où le cœur produit du carbone à partir de l'hélium tandis qu'en périphérie de l'hydrogène brûle pour donner de l'hélium. Et lorsqu'une très grande quantité d'hélium fusionne, le phénomène peut être très brutal : on dit alors qu'il y a flash de l'hélium. C'est le stade ultime de fusion pour des petites étoiles comme le Soleil. Les plus grosses, dont la masse est supérieure à six fois celle du Soleil, vont continuer leur violente agonie.

Naine blanche, supernova...

Petites et grosses étoiles ne connaissent donc pas le même sort. Lorsque leur masse, à la naissance, est inférieure à six fois celle du Soleil, le mécanisme cesse car il n'y a pas assez d'énergie pour fusionner le carbone. Après une étape très lumineuse, où l'étoile est appelée supergéante rouge, les couches extérieures sont éjectées. Elles forment ce que l'on

▼ *Naine blanche. Cette nébuleuse planétaire, dans la constellation des Gémeaux, a été baptisée « tête de clown » par les astronomes. La naine blanche est le point brillant central.*

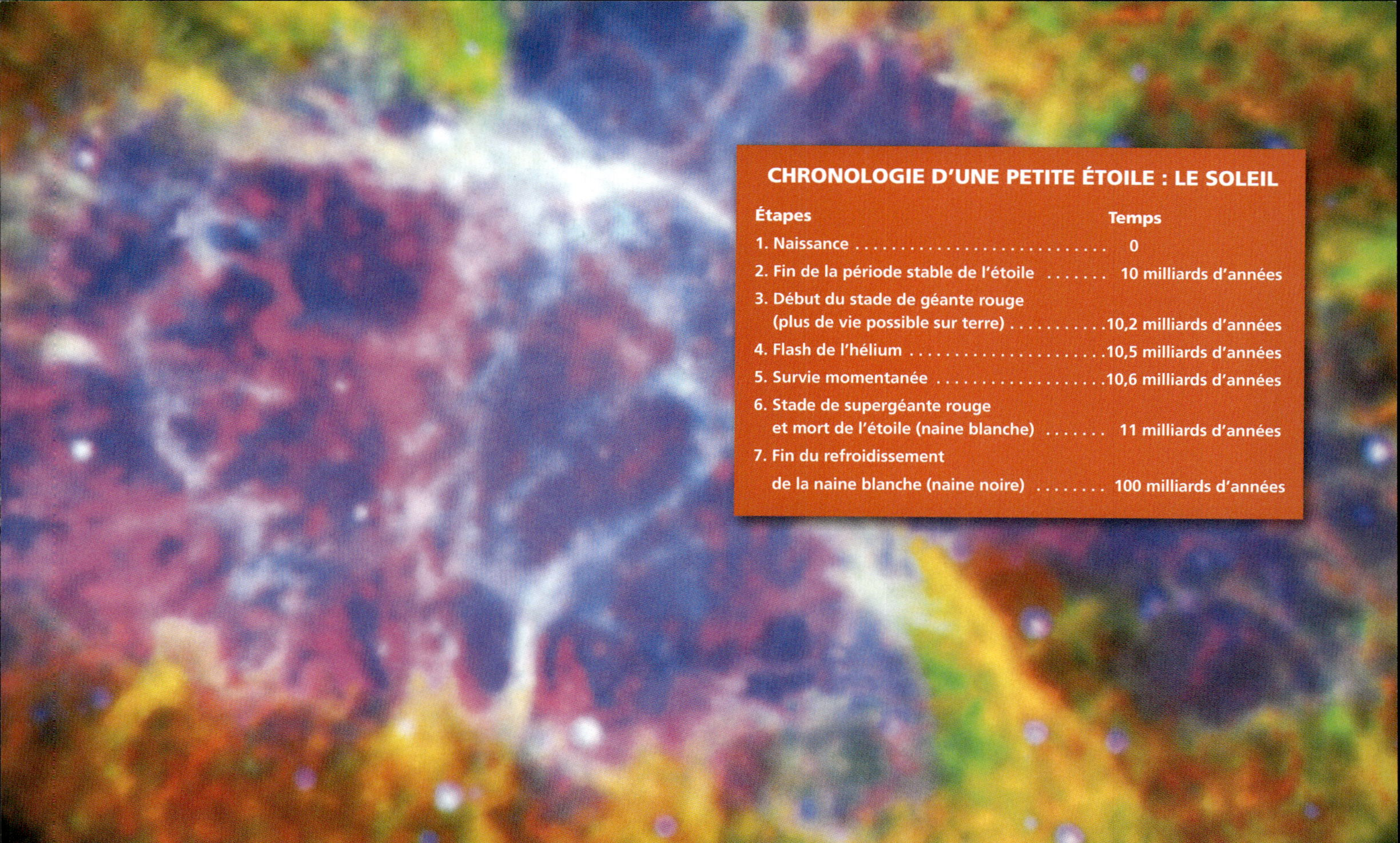

CHRONOLOGIE D'UNE PETITE ÉTOILE : LE SOLEIL

Étapes	Temps
1. Naissance	0
2. Fin de la période stable de l'étoile	10 milliards d'années
3. Début du stade de géante rouge (plus de vie possible sur terre)	10,2 milliards d'années
4. Flash de l'hélium	10,5 milliards d'années
5. Survie momentanée	10,6 milliards d'années
6. Stade de supergéante rouge et mort de l'étoile (naine blanche)	11 milliards d'années
7. Fin du refroidissement de la naine blanche (naine noire)	100 milliards d'années

appelle une nébuleuse planétaire autour de ce qui reste de l'étoile : une naine blanche. La densité y atteint le million de tonnes au centimètre cube ! Plusieurs milliards d'années plus tard, la naine blanche deviendra une naine noire.

Les grosses étoiles, dont la masse initiale est supérieure à six fois celle du Soleil, ont une fin encore plus brutale. Les réactions de fusion continuent et synthétisent tous les éléments jusqu'au fer. L'étoile explose dans une débauche d'énergie sous forme de supernova. Le cœur central subit la loi de la force de gravité mais de façon massive. Il s'écroule jusqu'à ce que les constituants mêmes du noyau soient au contact les uns des autres : c'est l'étoile à neutrons, dont la densité est de 1 milliard de tonnes au centimètre cube ! Sa vitesse de rotation, de l'ordre de la milliseconde, transforme l'étoile en une sorte de phare surpuissant dont on perçoit à intervalles réguliers les bouffées d'énergie. Ces *pulsating stars* ont donné, par contraction du mot, les célèbres pulsars.

... et trou noir

Pour de très grosses étoiles, l'écroulement ne peut être freiné, les noyaux atomiques ne résistant pas toujours à des masses plus importantes. Le cœur qui subsiste est alors si dense que rien ne peut s'en échapper, pas même la lumière. Si un faisceau lumineux pouvait être émis depuis un tel objet, il reviendrait, inexorablement attiré par son émetteur. C'est en raison de cet extraordinaire champ de gravité que cet objet a été appelé trou noir.

▲ *La nébuleuse du Crabe, à 500 années-lumière de nous. En l'an 1054, les Chinois détectèrent cette « nouvelle étoile ». Sa matière déstructurée témoigne de la violence de l'explosion en supernova.*

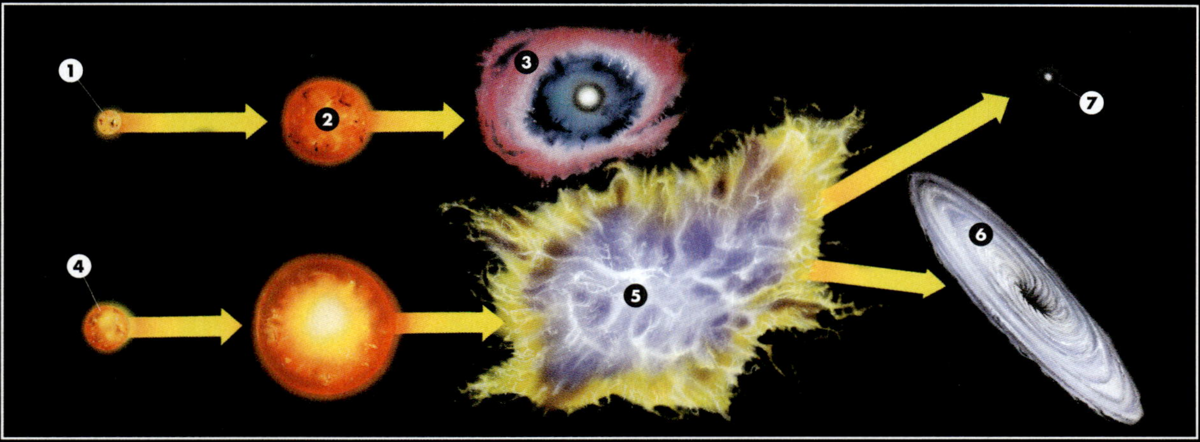

▶ *Les étoiles les plus petites* **(1)** *se transforment en supergéantes rouges* **(2)** *puis en nébuleuses planétaires autour d'une naine blanche* **(3)**. *Les plus grosses* **(4)** *parviennent au stade de supernova* **(5)** *puis donnent naissance à des trous noirs* **(6)** *ou se contractent en étoiles à neutrons* **(7)**.

LE VIEILLISSEMENT

Ô vieillesse ennemie…

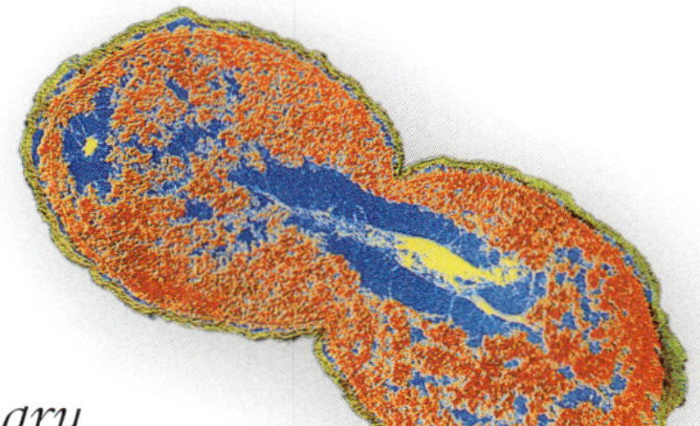

Pourquoi vieillit-on ? Le phénomène, largement inexpliqué, serait apparu au cours de l'évolution des espèces. Ses mécanismes sont cependant activement explorés. Espoir : pouvoir vivre plus longtemps et mieux.

▲ *Les bactéries (ici,* Haemophilus influenzae*) se reproduisent par division. Ce mode de reproduction, qui permet la transmission sans modification du patrimoine génétique, assure une immortalité théorique à ce type d'organisme.*

▲ *Vieille femme mongole. On estime que la limite biologique de longévité chez les êtres humains se situe autour de 150 ans. Une limite impossible à repousser en l'état actuel des connaissances scientifiques.*

Un rat ne vit pas au-delà de 3 ans. Un éléphant peut espérer atteindre 70 ans, une baleine, 200 ans. La Française Jeanne Calment, doyenne officielle de l'humanité jusqu'à présent, s'est éteinte à 122 printemps. Ces quatre cas illustrent le même phénomène : le vieillissement, ensemble de dégradations intervenant dans certains organismes quand ils prennent de l'âge. Mais peut-on parler de vieillissement pour une bactérie se reproduisant par simple division ? Si un tel organisme se dégradait, il le ferait continûment de division en division. Et il aurait déjà disparu depuis longtemps. Une bactérie est donc potentiellement immortelle, et toujours jeune, quel que soit son âge !

Un processus inéluctable et encore mystérieux

Au contraire, les organismes pratiquant la reproduction par le biais de cellules dites germinales (les spermatozoïdes et les ovules chez les humains) peuvent subir un vieillissement puisqu'il naît un nouvel individu à chaque procréation. C'est le cas de tout le genre animal ou presque.

Le phénomène du vieillissement semble donc étroitement lié aux mécanismes de reproduction des espèces. On peut même constater qu'il n'intervient qu'après la maturation sexuelle. Et, s'agissant d'un phénomène touchant systématiquement tous les organismes, il est naturel de lui attribuer une origine génétique.

Si les dégradations du vieillissement touchaient des individus avant qu'ils aient atteint l'âge de procréer, la transmission de leur lignée, et donc de leurs gènes, serait plus incertaine que pour des individus en bonne santé. Et ils disparaîtraient. Si elles interviennent après l'âge de la maturité sexuelle, en revanche, les modifications défavorables dues au vieillissement ne sont pas éliminées par la sélection naturelle, et les gènes qui les provoquent se transmettent, passivement, de génération en génération. C'est la théorie du biologiste anglais Medawar. Le biologiste nord-américain Williams va plus loin : il pense que si un tel caractère est universellement répandu, c'est que la sélection naturelle intervient activement pour qu'il se conserve. Il va donc jusqu'à supposer que les gènes responsables du vieillissement ont des effets positifs, lors de la jeunesse de l'individu, par exemple celui d'améliorer sa fécondité.

Un autre biologiste anglais, Kirkwood, suppose quant à lui que l'organisme alloue prioritairement ses ressources énergétiques aux processus de reproduction, au détriment des fonctions de maintenance de l'organisme, ce qui provoque le vieillissement.

Ces trois principales hypothèses, dont on perçoit la complémentarité, forment pour le moment l'assise théorique des explications données au phénomène. Car il faut admettre que les causes fondamentales du vieillissement gardent de nombreux mystères.

Plus gros, plus vieux

L'étude de la longévité chez les animaux apporte un éclairage utile quant à la compréhension du rôle du vieillissement. Pourquoi les éléphants vivent-ils plus vieux que les souris ? En premier lieu parce qu'ils ont moins de prédateurs. Quand la compétition pour la vie est rude, on ne compte guère de vieillards dans le monde. Et les souris ont à craindre plus de dents adverses que les gros mammifères. Les chauves-souris,

◀ *Les tortues éléphantines des Galápagos, presque invulnérables sous leur carapace, vivent fréquemment au-delà de cent ans.*

▼ *Ce couple de grands hérons bleus assure, comme la plupart des animaux, sa descendance par une reproduction sexuée. Une « décision » de la nature qui autoriserait l'apparition du vieillissement.*

▲ *Orang-outan de Sumatra. Les bajoues sont un caractère sexuel secondaire chez le mâle ; elles se développent avec l'âge.*

qui dorment cachées dans des grottes et volent la nuit, parviennent à vivre jusqu'à 15 ans. Les tortues, presque invulnérables sous leur carapace, vivent plus que centenaires.

Pour autant, même en milieu protégé, on ne verra pas de souris vivre centenaire. Une forte longévité n'a donc pas été retenue par la sélection naturelle chez les espèces n'ayant aucune chance de vivre bien longtemps dans la nature, probablement parce que cela aurait été sans intérêt pour leur survie en tant qu'espèce. On constate par ailleurs qu'un ensemble cohérent de raisons explique que les plus gros – pour les espèces, pas pour les individus – vivent plus longtemps que les plus petits. Plus un animal est imposant, plus il met de temps à grandir et à parvenir à maturité. Il est donc naturel qu'un éléphant vieillisse plus tard qu'une souris, d'autant que sa progéniture met, elle aussi, plus de temps à acquérir son autonomie. L'unique éléphanteau qui naît à chaque portée, et qui porte les espoirs de perpétuation de sa lignée, a besoin de ses parents plus longtemps que le souriceau, qui risque une mort précoce mais dont la lignée est défendue par des portées prolifiques.

À la recherche de l'élixir de jouvence ?

Mais au-delà de considérations sur l'évolution des espèces, le vieillissement fait aussi l'objet d'études très concrètes. Et, à défaut de percer le secret de l'immortalité, la recherche poursuit toujours quelques buts vieux comme le monde : contrarier l'apparition des stigmates de l'âge et repousser l'heure de la mort.

On a désormais renoncé à isoler pour les manipuler une poignée de gènes directement responsables de la longévité. Hypothèse trop simpliste : l'âge limite qu'un individu peut espérer atteindre est le résultat d'interactions complexes où interviennent aussi bien son patrimoine génétique que ses conditions de vie. Malgré tout, l'espoir de remèdes miracles entretient les illusions… et alimente un commerce fructueux. Les antioxydants, qui luttent contre la présence des radicaux libres, molécules au fort potentiel agressif sur les tissus vivants, ont été hâtivement encensés : aucun résultat ne conclut définitivement à leur efficacité. La diminution de la ration calorique chez des rats augmente leur longévité. Mais pas chez la mouche drosophile. L'injection de DHEA, une molécule synthétisée par les glandes surrénales, a montré quelques effets positifs, mais dans certains cas seulement. Le raccourcissement des télomères – ces bouts de chaînes d'ADN – lors des divisions cellulaires ne semble pas non plus constituer le facteur clef du vieillissement.

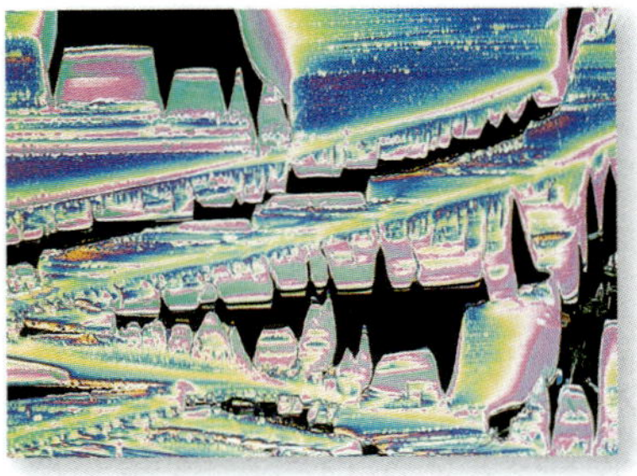

▲ *Cristal de DHEA. Cette molécule aurait, dans certaines conditions, des propriétés anti-vieillissement. Mais il n'existe pas de potion miracle contre les outrages du temps…*

L'époque des élixirs de jouvence semble donc bien révolue, du moins dans l'esprit des chercheurs. Si l'on en croit le dynamisme des différentes branches de la gérontologie, les prochaines années verront sans nul doute de nouveaux développements fructueux dans la compréhension des mécanismes du vieillissement…

PROGERIA : LA TERRIBLE MALADIE DES ENFANTS-VIEILLARDS

La progeria affecte les enfants, qui voient certaines de leurs fonctions biologiques se dégrader à grande vitesse, au point qu'ils meurent avant 12 ans, avec l'apparence de vieillards. Cependant, leurs fonctions cognitives n'étant pas touchées, il ne s'agit pas à proprement parler de vieillissement. Cette maladie n'est pas transmissible, dans la mesure où les enfants qui en sont atteints décèdent avant d'être en âge de procréer. Elle apparaît à la suite de mutations spontanées, et ne touchait, en 1990, que dix-sept enfants dans le monde. De fait, son étude n'a pas, pour l'instant, permis de faire progresser la connaissance du phénomène du vieillissement.

Chapitre
3

Sexe et reproduction

Perpétuer la vie

Orchidées de Madagascar.

Avec et sans sexe

Méduses, anémones et coraux ont un point commun : ils se reproduisent à la fois par division et au moyen de cellules sexuelles, le tout sous deux formes différentes.

▲ *Deux animaux du groupe des cnidaires et de forme polype : l'anémone de mer (ci-dessus) et les coraux (ci-dessous).*

Prenez une méduse. Retournez-la pour la fixer, à l'envers, sur un caillou. La cloche en bas, les tentacules en haut, elle ressemble maintenant à... une anémone de mer. Normal : méduses et anémones, comme les coraux, les gorgones et les hydres, font partie du même groupe zoologique, celui des cnidaires. Chacun est doté d'un corps en forme de cloche, d'une bouche et de tentacules urticants. Nageur, le cnidaire est une méduse. Fixe, on l'appelle polype. Mais rien n'est figé chez les cnidaires : beaucoup passent d'un état à l'autre, pour les besoins de leur reproduction.

Une méduse, un polype, le même animal

Chez les cnidaires primitifs, l'obélie par exemple, la forme méduse et la forme polype ont la même importance. La forme méduse ne sert qu'à produire et à disséminer les cellules sexuelles.

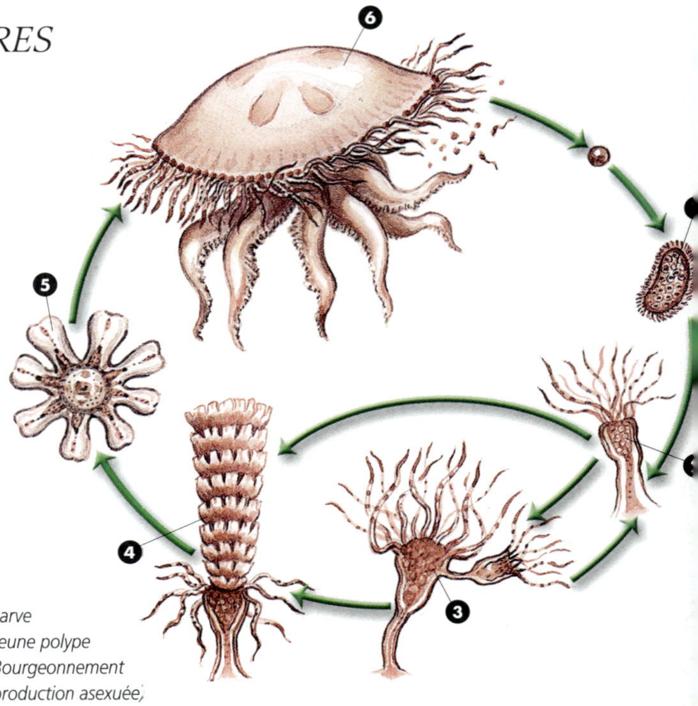

1. *Larve*
2. *Jeune polype*
3. *Bourgeonnement (reproduction asexuée)*
4. *Polype produisant des méduses (reproduction sexuée)*
5. *Jeune méduse*
6. *Méduse adulte*

LE CYCLE REPRODUCTIF D'UNE MÉDUSE
Cette Aurelia passe par deux formes pour se reproduire : la méduse (nageuse) donne des larves qui se transforment en polypes (fixes), producteurs de méduses.

Fécondées par les spermatozoïdes, les ovules donnent des larves qui vont se fixer sur le fond marin. Puis les larves deviennent des polypes, qui donnent ensuite, après de multiples divisions, de nouvelles méduses. Les méduses dites vraies (aurélies, rhizostomes, pélagies...) se reproduisent d'une façon semblable mais, chez elles, la phase polype, qui dure peu, est invisible, et la phase méduse prédomine.

Pour presque tous les autres cnidaires, seule la phase polype existe. Les hydres d'eau douce, les coraux de feu, mais aussi et surtout les anémones, les gorgones et les coraux, ne connaissent ainsi jamais la forme méduse. Leurs larves, nageuses, se collent quand même au substrat pour donner des polypes qui, en bourgeonnant, peuvent donner naissance à des colonies et libérer à nouveau des cellules sexuelles.

Entre la sexualité et la reproduction par division, le groupe des cnidaires, l'un des plus diversifiés qui soit, n'a pas choisi. D'une certaine façon, il se sert de la première pour se disséminer et de la seconde pour s'installer sur de nouveaux territoires aquatiques (rochers, coquillages, coques de bateau).

▲ *La physalie, ou galère portugaise, est une fausse méduse. Elle est formée d'une colonie de polypes suspendus à un flotteur. Chaque polype a une fonction précise : protection, digestion, reproduction.*

▲ *Chez les éléphants de mer, le mâle peut atteindre un poids impressionnant (4 tonnes), soit plus de trois fois celui de sa femelle ! Stature sans doute indispensable à l'âpre défense de son harem…*

Le dimorphisme sexuel

Séduire par la différence

Au sein de chaque espèce, mâles et femelles ne se ressemblent pas et possèdent chacun des caractères morphologiques propres. Certains de ces caractères sont très visibles, dans un but souvent lié à la reproduction : séduire, montrer sa force, perpétuer l'espèce.

Dans la forêt humide, quelque part entre le Zaïre et le Rwanda. Une troupe de gorilles de montagne se déplace à travers un fouillis végétal inextricable. En tête, des jeunes qui sautent et vont de droite et de gauche. Puis des femelles, auxquelles se cramponnent parfois de très jeunes rejetons.
Un peu à l'écart, et semblant prendre son temps, un individu nettement plus gros que les autres. C'est le mâle de la tribu. Outre sa taille impressionnante, qui tranche nettement sur celle des femelles, on distingue une sorte de crête au sommet de son crâne, des arcades sourcilières plus marquées et un dos d'un gris velouté qui contraste avec le reste du pelage, de couleur noire. Ce sont des caractères morphologiques qui distinguent le mâle de la femelle, et qui constituent le dimorphisme sexuel.

Grands et forts

Ce dimorphisme n'est pas innocent. Il a une signification très claire. Tout d'abord, visuelle. Un prédateur, ou simplement un autre mâle, reconnaîtra immédiatement un mâle à sa taille, à sa coloration, à certains traits particuliers.
A fortiori, il distinguera également une femelle, souvent plus menue ou moins colorée. Dans le

◀ *Chez les mantes religieuses, le mâle risque fort d'être dévoré après l'accouplement : la femelle, lorsqu'elle est affamée, considère les mâles de son espèce comme des proies parmi d'autres.*

cas du gorille, la taille, la carrure du mâle avertiront évidemment un antagoniste éventuel, prédateur ou concurrent.

Dans la savane, le lion se distingue des lionnes par une structure plus puissante, une taille plus haute, des traits plus marqués. Mais également, en Afrique de l'Est, par une grande crinière brune – les lions d'Afrique de l'Ouest, au contraire, ne possèdent qu'une crinière modeste. Ainsi un zèbre, ou un autre lion, se servira-t-il, au moins en partie, de ces particularités morphologiques pour le distinguer d'une lionne.

▲ *Chez le manucode royal, un oiseau de Nouvelle-Guinée, le mâle porte un plumage blanc et rouge vif qui tranche singulièrement sur celui de la femelle, brun olive.*

Chez les mammifères marins, le dimorphisme sexuel peut être vraiment exagéré « en faveur » du mâle. C'est le cas, par exemple, des otaries ou des éléphants de mer, chez lesquels monsieur peut être trois fois plus gros que madame. Il faut dire qu'il s'agit d'espèces polygynes (un mâle pour plusieurs femelles), dont les mâles sont à la tête de véritables harems ! Il vaut mieux être grand et gros pour impressionner les concurrents potentiels...

Plumes colorées pour une mâle séduction

Chez les oiseaux, le dimorphisme sexuel passe par la parure plus que par la taille. Certes, les mâles de certaines espèces sont plus grands que les femelles, mais cela n'est pas une règle générale. Ce qui caractérise le dimorphisme d'un grand nombre d'espèces d'oiseaux, ce sont les couleurs du plumage qu'arbore le mâle, nettement plus vives que chez la femelle, ou encore des plumes très particulières, sur la nuque, au bout de la queue ou sur le dos. Tout cela dans un seul but : la séduction ! Car c'est en général au moment de la période de reproduction que les mâles revêtent ce brillant plumage. Les canards s'ornent de plumes multicolores, de nombreux passereaux chanteurs font de même. Et, avec le chant, les voilà parés pour séduire une belle.

Habits de charme, trilles ravageurs

D'autres espèces portent quasiment en permanence ces habits de lumière, notamment les gallinacés comme les coqs sauvages, les faisans ou les paons. Chez ces derniers, les longues plumes de la queue, qui traînent la plupart du temps, sont utilisées au moment de la parade pour attirer l'attention de la femelle. Le mâle les relève et les étale : il fait la roue, superbe éventail qui ne laisse pas indifférentes les femelles du secteur... De même, les oiseaux de paradis, ou paradisiers, rivalisent dans l'ornementation des plumes. C'est à qui montrera les plus colorées et les plus stylisées.

Chez certaines espèces, en revanche, le dimorphisme sexuel n'est pas marqué : on ne peut distinguer un mâle d'une femelle. C'est le cas, par exemple, du rossignol philomèle, des pouillots ou des grives. Dans ce cas, c'est le chant du mâle, au printemps, qui fait la différence... et quelle différence !

Vamps ou grisettes

Les femelles de bien des espèces d'oiseaux ont, quant à elles, un plumage terne, souvent brunâtre et écailleux. Une livrée peu esthétique, mais qui a un avantage de poids : elle permet à la femelle d'échapper à l'œil du prédateur quand elle couve ses œufs, tant elle se confond avec son environnement.

Chez d'autres, notamment de petits échassiers comme les phalaropes ou le pluvier guignard, non seulement les femelles sont plus grandes, mais

▼ *Chez le phalarope à bec étroit, un oiseau de la famille des chevaliers et bécassines, c'est la femelle (en bas) qui possède le plumage le plus coloré. Le mâle (en haut), quant à lui, couve et élève les jeunes.*

elles portent aussi un plumage nuptial richement coloré. Mieux encore, les femelles peuvent s'accoupler à plusieurs mâles : une fois qu'elles ont pondu dans le nid construit par… le mâle, c'est ce dernier qui assure la couvaison et l'élevage des jeunes, pendant que la femelle s'accouple avec un autre partenaire.

TROP PETIT POUR VIVRE SEUL

Chez certains animaux, le dimorphisme sexuel est si important que l'on se demande si l'on a affaire à une ou à deux espèces. La femelle du ver marin du genre *Bonellia*, qui possède une trompe lui permettant de chasser, mesure en général une dizaine de centimètres de longueur. Quant au mâle, il ne dépasse guère 1 mm. Chez l'espèce *Bonellia viridis*, la femelle (ci-contre) peut atteindre 1,50 m et le mâle est mille fois plus petit. Ce dernier est d'abord une larve et ne se transforme en mâle qu'une fois fixé en parasite sur le corps de la femelle !

Grosse madame, petit bonhomme

Un dimorphisme sexuel peut également exister « en faveur » des femelles. C'est le cas d'un grand nombre d'insectes chez qui la femelle est plus grosse. Bien souvent, c'est parce que leur investissement dans la reproduction est important – elles portent un grand nombre d'œufs – et qu'il demande beaucoup plus d'énergie. Chez les termites, par exemple, la reine est énorme car elle porte des millions d'œufs.

Cette différence de taille est également considérable chez les mantes religieuses ou encore chez les araignées du genre *Nephila*. Le mâle court alors le risque de se faire dévorer par la femelle sitôt l'accouplement terminé. Chez les mantes, il semble bien que ce sacrifice nuptial permette en réalité la pérennisation de l'espèce : ayant mangé son mâle, et donc repue, la femelle pourra alors pondre rapidement ses œufs !

Autre explication, qui n'est pas en contradiction avec la première : chez les insectes, les mâles ne sont pas dévolus à la protection de la famille ou du groupe et sont rarement en compétition entre eux. Dès lors, rien n'impose une taille supérieure au représentant du « sexe fort ».

◀ Le cerf d'Europe mâle est plus grand que la femelle. Son chef s'orne de bois dont il se sert pour combattre au moment du rut.

L'HERMAPHRODISME

Mâle et femelle à la fois

Entre individus d'une même espèce, les rencontres sont parfois difficiles. L'hermaphrodisme peut être considéré comme l'un des moyens que la nature a trouvés pour assurer la survie de certaines espèces.

▲ *Les limaces sont hermaphrodites : lorsqu'elles s'accouplent, chacune déploie son pénis, puis les deux animaux échangent leur sperme.*

Quand deux limaces s'accouplent, elles sécrètent d'abord un abondant mucus. Puis chacune sort… son pénis. Ceux-ci s'entortillent avant d'échanger leur sperme. Après quoi, chaque pénis se rétracte pour aller déposer la semence du partenaire dans son propre organe femelle. Car les limaces sont hermaphrodites : elles sont équipées d'un seul organe sexuel, comportant au même endroit un pénis et un semi-vagin.

Il faut quand même être deux

La reproduction sexuée, aussi efficace soit-elle pour assurer la diversité génétique de la génération suivante, oblige mâles et femelles à se rencontrer.
Or, c'est parfois fort difficile. Dans le milieu marin notamment, où les distances entre les membres d'une même espèce sont souvent considérables. Ainsi peut-on émettre l'hypothèse que l'hermaphrodisme est une approche très pragmatique de la sexualité : en portant à la fois les sexes mâle et femelle, les animaux hermaphrodites permettent la reproduction sexuée à chaque rencontre entre deux individus. Et la survie de l'espèce peut être assurée. C'est le cas chez beaucoup d'invertébrés, en particulier les vers et les mollusques comme les limaces. Il s'agit presque toujours d'animaux marins ou aquatiques.
Théoriquement, ces animaux peuvent s'autoféconder. Un hermaphrodite, en se reproduisant lui-même, assurerait à lui seul la fabrication d'une génération nouvelle ; mais ses rejetons lui seraient génétiquement identiques. L'anatomie génitale de ces animaux, qu'il s'agisse de la forme des organes ou de la distance entre ceux-ci, empêche donc en général l'autofécondation.

Quand la solitude n'est pas un obstacle

Toutefois, certains animaux pratiquent l'autofécondation. Le ténia, par exemple, ou ver solitaire, qui parasite les intestins des bovins et de l'homme. Il est formé d'une centaine d'anneaux, chacun portant un appareil génital à la fois mâle et femelle. Si le ver est vraiment seul, il se contente de se replier sur lui-même pour se reproduire. En contact les uns avec les autres, les anneaux s'échangent leur sperme et le tour est joué !
Les poissons du genre *Serranus* peuvent aussi, à l'occasion, s'autoféconder. Le serran-écriture, par exemple. Il lui arrive de fertiliser ses propres œufs, au début de l'été. Cette pratique rare ne semble pas avoir mis en danger la survie de l'espèce.

Changer de sexe au gré des nécessités

Plus subtil est l'hermaphrodisme successif. Il consiste en un changement de sexe en fonction des besoins. Le but ? Contourner l'immuable parité entre mâles et femelles. Le sexe étant déterminé par la génétique, le ratio entre les deux sexes est toujours, quelle que soit l'espèce, proche de

LA DAPHNIE, FEMELLE QUAND TOUT VA BIEN

La daphnie est un minuscule invertébré commun dans les mares et les lacs. Ce crustacé primitif a un cycle reproductif remarquablement adapté à ses conditions de vie. Lorsque celles-ci sont normales, les daphnies sont toutes femelles. Leurs œufs se développent sans avoir été fécondés (parthénogenèse) et ne donnent naissance qu'à des larves femelles. Si les conditions de vie empirent, quelques œufs donnent des daphnies mâles qui fécondent les femelles. Chacune d'elles pond alors un ou deux œufs très résistants, des œufs de réserve en quelque sorte, qui tombent au fond de l'eau, où ils attendent de meilleures conditions pour germer.

▲ *Le ténia, ver parasite de l'intestin, est l'un des rares animaux hermaphrodites capables de s'autoféconder.*

50 %. Or, ce qui est mesurable à l'échelle d'une espèce ne l'est que rarement à celle d'une population. Isolé, un groupe d'animaux de la même espèce et du même sexe peut se retrouver dans une impasse dès qu'il est question de se reproduire.

Que faire ? Pour conjurer le sort, la nature a inventé la transsexualité. C'est encore plus efficace dans une population de femelles, car il suffira d'un seul mâle pour toutes les féconder. Beaucoup de poissons pratiquent cette inversion, les labridés, les sparidés et les serranidés notamment. Le mérou brun de Méditerranée naît ainsi à la fois mâle et femelle. Cette sexualité non déclarée dure à peu près cinq ans, jusqu'à ce qu'il mesure environ 40 cm. Il devient alors femelle. Entre 14 et 17 ans, alors que sa taille a doublé, le mérou peut se transformer en mâle. La transformation dépend surtout de la densité de population locale de l'espèce : quand le mérou brun est trop chassé, les plus vieux individus restent femelles jusqu'à leur mort pour assurer la survie de l'espèce.

Elle devient mâle quand elle s'attache

▲ *Crépidules. Ces mollusques hermaphrodites s'empilent pour se reproduire, et finissent par former de véritables barrières aux courants. Le sédiment s'accumule derrière leurs édifices et le milieu s'envase.*

Ces contraintes démographiques ne concernent pas la crépidule. Ce mollusque, qui pullule dangereusement dans la Manche, se reproduit en s'empilant et forme des colonies. C'est d'abord une larve qui se fixe sur un rocher. En se transformant en adulte, elle devient une crépidule femelle – parce qu'elle est encore seule. La larve qui vient se fixer sur elle devient mâle et la féconde. Il en va de même pour la larve suivante, la première femelle masculinisant successivement les larves qui s'empilent au-dessus d'elle. Le premier mâle, qui n'a alors plus d'utilité, devient une crépidule au sexe indéterminé.

La reproduction repose ainsi sur les individus les plus jeunes et les plus petits, toujours mâles, installés au sommet de ces empilements, qui fécondent les mêmes femelles, en bas (au moyen d'un long pénis), les premières arrivées et les plus grosses. Entre les deux, des crépidules au sexe indéterminé. Chez ces mollusques, la virilité dépend de l'attachement à une autre crépidule : qu'une crépidule se détache et elle se transforme en femelle !

▼ *Parade de mérous en Méditerranée : le mâle (livrée argentée), tourne autour de la femelle pour l'inciter à monter avec lui à la surface, où il pourra la féconder.*

La vie à tout prix

Dans la forêt de Nouvelle-Guinée, les cris des paradisiers redoublent d'intensité. Ces oiseaux colorés semblent extrêmement agités et ont un comportement plutôt bizarre. Rien de très alarmant, pourtant : monsieur cherche madame ! Tous les moyens sont bons pour attirer la belle. N'oublions pas que la séduction chez les animaux est une affaire très sérieuse : il s'agit ni plus ni moins d'assurer la survie de l'espèce. Et, pour avoir la chance de se reproduire, il faut d'abord conquérir. Parade, combat, chant, parure, offrande et démonstrations variées, toutes sortes de stratégies sont mises en œuvre pour charmer sa – ou son – partenaire. Ceux qui n'y parviennent pas ont du souci à se faire : au mieux, ils restent sur le pas de la porte, au pire, ils disparaissent. Car la lutte pour la vie se manifeste aussi lors du rituel de la reproduction.

▼ Le bal des grues du Japon
Chez les grues du Japon, l'élégance est de mise lors de la formation des couples, à la fin de l'hiver. En livrée blanche et noire, avec un soupçon de rouge au sommet du crâne, les partenaires exécutent de véritables danses aériennes. Ils battent des ailes, sautent et poussent des cris aigus. Et quand plusieurs couples paradent, l'ensemble donne l'impression d'un véritable corps de ballet ! Le spectacle est d'autant plus saisissant que cette chorégraphie se déroule souvent dans une nature hivernale où le noir des troncs d'arbres tranche sur le blanc éclatant de la neige. Un spectacle qui a inspiré bien des artistes japonais.

▲ Combats pour des harems

Dans les premières nuits fraîches de l'automne, entre mi-septembre et mi-octobre, les sous-bois résonnent de puissantes plaintes : les cerfs s'interpellent. Le brame annonce le début de la saison des amours, une période qui n'est pas de tout repos pour les mâles. Car, chez le cerf d'Europe, là encore, tout commence par des combats. Les mâles doivent constituer leur harem, mais la concurrence est rude… Entre deux mâles, les rixes ne sont pas rares – mais exceptionnellement meurtrières –, et les bois s'entrechoquent avec violence. Le plus faible laissera la place au vainqueur et s'en ira tenter sa chance ailleurs !

▼ L'accenteur, un adepte de l'amour libre

Le charmant petit passereau à la livrée modeste qui volette dans nos jardins cache bien son jeu. L'accenteur mouchet, en effet, ne connaît pas de barrière amoureuse. Lors de la saison de reproduction, si le terrain est large et les individus nombreux, mâles et femelles s'accouplent indistinctement ; le mâle peut s'accoupler à plusieurs femelles et une femelle être fécondée par plusieurs mâles. Après deux semaines de couvaison, assurée par les femelles, on peut alors voir des couples venir régulièrement nourrir leurs jeunes. Mais ces derniers ne seront jamais certains de l'identité de leur père !

▲ Le labre, mâle ou femelle ?

Prévenant et protecteur, le labre mâle construit des nids où la femelle pourra venir déposer ses œufs. Certains, parmi les 500 espèces qui vivent sur notre planète, construisent des nids d'algues ; d'autres les bâtissent avec des débris, constitués notamment de posidonies en mer Méditerranée. Parfois, une fissure dans un rocher fait l'affaire. Et, dans tous les cas, le nid est bien défendu contre l'intrus qui s'aventurerait dans les parages. Vraiment, le labre est aux petits soins pour sa compagne. Rien d'étonnant à cela : avant d'être mâle, il était lui-même femelle. La transformation se fait en vieillissant et s'accompagne toujours d'un changement… de robe.

▶ Les jeux d'eau de la baleine

Les baleines à bosse choisissent les mers chaudes, au large de la Basse-Californie, sur les bords du Pacifique, pour se retrouver en hiver. Le spectacle de leurs amours est grandiose : les mâles se disputent les faveurs des femelles dans des jaillissements d'écume. Ils exécutent des sauts, parfois en sortant complètement de l'eau, et se laissent lourdement retomber. Et 25 tonnes… ça éclabousse ! D'autant qu'ils n'hésitent pas à se battre violemment pour être le premier. Mais l'arme secrète de ces grands séducteurs, ce sont leurs chants : chaque mâle possède le sien.

▲ **La salamandre : séduire avec des crottes !**

La salamandre à dos rouge d'Amérique du Nord a de bien curieuses manières. Les mâles attirent les femelles grâce à la richesse de leurs… crottes. Au début de la période de reproduction, ils restent dans leur terrier et déposent leurs excréments à l'entrée. Quand passe une femelle, elle inspecte ces déchets pour voir ce qu'a mangé leur propriétaire. La présence de reliefs de termites – nourriture de choix pour l'espèce – démontre la supériorité du mâle : s'il se nourrit d'aliments si riches, il ne peut qu'être un bon reproducteur. Ce sera donc l'élu. S'il n'a mangé que des fourmis, moins digestes, ses chances sont plus minces !

▲ **Le grand jeu du paradisier**

Les paradisiers mâles sont polygames, et ils ont fort à faire lorsque commence la saison des amours. Arborant un plumage coloré d'une richesse rarement égalée chez les oiseaux, ils paradent tous ensemble dans les arbres. Les forêts de Nouvelle-Guinée sont alors le théâtre de leurs spectaculaires démonstrations, les mâles clamant haut et fort leur présence pour attirer les femelles. Lorsqu'elles arrivent, c'est à celui qui déploiera le plus majestueusement ses plumes, battra le plus fort des ailes, fera les plus beaux sauts ou acrobaties, comme se laisser pendre la tête en bas ! Madame choisira son partenaire en s'accroupissant devant lui.

▲ **Les joutes du lièvre**

Dès la fin de l'hiver, les courses-poursuites des lièvres se multiplient ; on en voit fréquemment dans les plaines cultivées. C'est la période du rut ! Les mâles – les bouquins –, souvent en surnombre, courent à plusieurs derrière une femelle, appelée hase. Mais cela n'est pas toujours suffisant pour désigner l'heureux élu. Les mâles se livrent alors à des joutes. Debout sur leurs pattes arrière, ils boxent avec leurs pattes de devant : c'est le bouquinage. Les combats des kangourous d'Australie se passent de la même façon et pour une raison similaire : séduire la femelle.

▼ **Le cadeau de fiançailles de la sterne**

Regroupées sur les îlots rocheux ou dans les lagunes, les femelles des sternes, ou hirondelles de mer, se laissent séduire par les démonstrations des mâles. Ceux-ci volent lentement en criant, puis se posent près d'elles en pointant le bec vers le ciel et en écartant légèrement les ailes. Mais cela ne suffit pas à convaincre la femelle. Le mâle repart alors et va pêcher un poisson, qu'il vient donner à celle qu'il convoite. Ce petit cadeau est souvent apprécié, et il sera le sésame de l'accouplement. Bien d'autres oiseaux font de même, tel le guêpier mâle, qui offre une libellule ou un autre insecte à la dame de ses pensées.

▶ Girafes cou contre cou

Solidement campés sur leurs pattes écartées, deux mâles s'affrontent à grands coups de cou ! Avant d'entamer sa cour, le mâle doit éliminer ses rivaux. Les combats sont souvent violents. Les protagonistes balancent leur tête avec force contre leur adversaire jusqu'à ce que l'un des deux prenne la fuite.
Le vainqueur se dirige alors vers la femelle et entame un ballet beaucoup plus pacifique. Les approches peuvent durer plusieurs heures ; cette fois, le long cou sera un instrument de séduction. Le mâle s'en sert pour se frotter à la femelle, lui prodiguer des caresses et même lui donner des petits coups… affectueux.

▼ Le chef-d'œuvre de l'oiseau-jardinier

Pour charmer les femelles, les oiseaux-jardiniers font preuve d'une imagination peu commune. Ces proches cousins des paradisiers mettent à profit leurs talents d'horticulteurs. Allée en forêt, couloir de branches entrelacées ou constructions complexes le long de troncs d'arbres… c'est à celui qui fera preuve de la plus grande habileté. À peu près tous ornent leur chef-d'œuvre – qui n'est pas un nid ! – de mille cadeaux pour attirer leur promise : cailloux, coquillages, os polis, cristaux, objets brillants (y compris métalliques s'ils en trouvent), et même plumes volées chez leurs voisins, les paradisiers…

Quand une génération chasse l'autre

Chez certaines espèces, donner la vie signifie également mourir. Car la vie entière de chaque individu est consacrée à la pérennisation de l'espèce. Une fois sa tâche accomplie, il disparaît.

▼ Ces saumons nerkas, ou saumons rouges, sont sur le point de frayer. Le mâle (à l'arrière-plan) présente un dos plus bossu et des mâchoires plus déformées que la femelle (au premier plan).

L'hiver est encore là. Ici, au Kamtchatka, dans l'extrême est de la Sibérie, la neige est présente une grande partie de l'année. Dans cette nature tranquille et endormie où rien ne semble bouger, une petite rivière offre un curieux spectacle : l'eau bouillonne comme s'il y avait des sources chaudes ; la vie est abondante, exubérante, multiple. Dans la solitude qui règne alentour, seuls de grands rapaces, au bec énorme, sont à l'affût : ce sont des pygargues. Et qu'attendent-ils ? Ils attendent que les saumons meurent…

Les saumons rouges ont remonté la rivière voici quelques semaines. Pour un dernier voyage. Celui qui donne la vie, avant de donner la mort.

L'appel du large

Revenons en arrière. Il y a quelques années, des œufs de saumon ont été pondus dans cette rivière. Ils ont éclos et ont donné des alevins, qui, pendant une bonne année, ont vécu dans ce milieu « maternel ». Le temps d'engranger mille détails visuels et olfactifs. Puis, lentement, ils ont commencé à descendre la rivière, puis le fleuve Zhupanova jusqu'à l'embouchure, là où commence l'océan Pacifique. Ce voyage, qui dure entre quatre et six mois, est périlleux : prédateurs, pollution, pêcheurs, barrages sont autant d'embûches que le jeune saumon va rencontrer sur son trajet.

Puis c'est la mer immense. Le saumon rouge reste d'abord dans les eaux côtières. Il migre ensuite vers l'est ou le nord-est, au beau milieu du Pacifique Nord et vers le froid détroit de Béring. Pendant environ quatre ans, il va croître pour devenir un saumon adulte. L'été, il fréquente les eaux septentrionales, tandis qu'en hiver, il redescend plus au sud, pour trouver des conditions plus clémentes. Durant toute cette période, il se nourrit de zooplancton et de petits poissons.

Retour aux sources

C'est à présent le grand retour vers la terre natale. Le saumon adulte se rapproche des côtes et grâce, notamment, à des repères olfactifs, il va retrouver l'estuaire du fleuve qu'il a quitté il y a plusieurs années. C'est alors qu'il commence à être l'objet de spectaculaires changements morphologiques. Sous influence endocrinienne, il prend une teinte rouge,

▲ La « danse » des saumons lors du frai (en haut), période pendant laquelle les œufs sont pondus et fécondés (en bas à gauche). Après leur éclosion, les alevins (ci-dessus) vont grandir sur leur lieu de naissance avant d'accomplir à leur tour un long périple.

▲ En période de frai, les ours se régalent des cadavres de saumons qui jonchent les rivières.

qui – chez le mâle – devient presque écarlate. Sa bouche subit elle aussi une curieuse transformation : elle se développe, se courbe et prend peu à peu la forme d'une excroissance où chaque mandibule est terminée par un hameçon, tandis que les dents se développent. De même, son dos s'arrondit et forme une bosse. Tout cela concourt à donner, surtout au mâle, une apparence quelque peu effrayante.

Mais avant cela, il faut remonter le courant, passer des chutes d'eau, parfois des barrages, où l'on perd des forces, éviter la serre d'un aigle pêcheur ou la griffe d'un ours, friands de saumon. Si bien qu'arrivés enfin sur leur lieu de naissance, les saumons adultes sont déjà épuisés, d'autant que leur bouche déformée les empêche de se nourrir correctement.

L'ultime combat

C'est la fin du voyage. Les mâles commencent à se battre pour les femelles, qui creusent de petites dépressions où elles déposeront leur ponte. C'est à qui fertilisera le premier les œufs à la suite d'un combat souvent acharné. Les femelles, elles non plus, ne sont pas en reste. Elles défendent vigoureusement le lieu qu'elles ont choisi contre d'autres femelles à la recherche d'un bon endroit pour pondre.

Entre deux combats, les mâles restent immobiles, exsangues. Là encore, le risque d'être chassé est grand. Mais bientôt, alors que la rivière retrouve peu à peu son calme, les saumons rouges, épuisés, se laissent mourir. Bientôt, il n'en subsistera plus aucun. Ils sont devenus des proies faciles pour les spectateurs patients que sont les rapaces et les carnivores… Mais, bien dissimulés dans une excavation, les œufs de la prochaine génération attendent d'éclore.

L'anguille : un voyage inverse

L'anguille a une vie un peu similaire à celle des saumons. Mais, au contraire de ceux-ci, elle naît en pleine mer – dans la mer des Sargasses, située au large des Antilles, en ce qui concernent les individus européens – puis, après une migration de plusieurs années, elle aborde les côtes avant de s'élancer à la conquête des fleuves et des rivières. Elle va passer là plusieurs années, jusqu'au jour où, adulte, elle entamera le chemin inverse, non sans avoir modifié son corps (allongement, mâchoires plus grosses…) et surtout sa robe, qui prend une couleur noire.

Elle retournera vers sa mer natale pour se reproduire et donner la vie avant qu'à son tour, elle meure au fond de l'océan.

▲ L'anguille effectue aussi un long périple avant de revenir à ses eaux natales pour se reproduire.

UNE REPRODUCTION FATALE AUX MÂLES

Chez les abeilles, il ne fait pas bon être mâle. Au moment de la reproduction, l'étreinte est si forte que le mâle perd souvent une partie de son abdomen et meurt… Celui qui en réchappe est mis à la porte de la ruche et finit par mourir : l'exclusion de la société de ses pairs lui est fatale. Le plus souvent, il est poignardé par les ouvrières à l'entrée de la ruche et succombe sous le venin de leurs piqûres. Ce comportement, qui peut paraître cruel, n'est encore qu'une façon d'assurer la survie de l'espèce : le mâle a rempli sa mission et n'est plus alors qu'une bouche inutile.

LES MARSUPIAUX

Menace sur les bébés de poche

Vestiges des temps anciens, les marsupiaux sont des mammifères moins armés que les autres en raison de leur gestation particulière, qui expose les fœtus aux dangers de l'environnement. Prospères en Australie jusqu'à l'arrivée des Européens, beaucoup d'entre eux sont aujourd'hui menacés de disparition.

Notre Terre, il y a 100 millions d'années. Les dinosaures dominent le monde. Nous sommes à la fin du crétacé. Voici qu'apparaissent de curieux animaux, proches des opossums actuels d'Amérique du Sud : ce sont des alphadons.

Ces bestioles sont des mammifères marsupiaux, comme les kangourous que l'on voit aujourd'hui bondir dans le bush australien. L'aventure des marsupiaux commence.

▲ *Jusqu'à l'âge de 8 mois, les jeunes kangourous regagnent la poche de leur mère au moindre danger.*

En tétant dans une poche

Le groupe des marsupiaux est en quelque sorte intermédiaire entre les mammifères monotrèmes, qui pondent encore des œufs, et les mammifères placentaires, dont la gestation est un chef-d'œuvre d'adaptation.

Prenons l'exemple des kangourous. Une fois fécondée, la femelle met bas, au bout d'une quarantaine de jours, une petite larve à peine formée, pesant… 1 g. La femelle s'assied sur son postérieur, ce qui permet à l'embryon de s'agripper à la fourrure de sa mère pour gagner sa fameuse poche ventrale, appelée marsupium. Ce déplacement prend quelques minutes et l'embryon se fixe immédiatement à l'une des tétines. C'est là qu'il va finir de croître, jusqu'à ce qu'il soit viable. Un beau jour, il sortira la tête de la poche maternelle et découvrira enfin le monde. Chez le kangourou rouge, par exemple, le jeune quitte la mamelle de sa mère pour la première fois à 70 jours, pointe la tête hors de la poche vers 150 jours, sort temporairement à partir de 190 jours. Entre 190 et 235 jours, date à laquelle il la quitte définitivement, cette poche reste encore son refuge.

Autre particularité des marsupiaux, les femelles de la plupart des espèces, sitôt la larve parvenue dans le marsupium, s'accouplent de nouveau. Un nouvel œuf est donc fécondé. Mais la présence du premier embryon a une action inhibitrice, si bien que le développement de l'œuf est interrompu jusqu'à ce que le premier petit quitte la poche.

Ce phénomène, que l'on appelle diapause embryonnaire, a quand même un avantage certain. Si le

▲ *Comme tous les marsupiaux, le koala femelle possède une poche pour l'élevage des jeunes.*

▶ *À sa naissance, le kangourou pèse 1 g et ne mesure que quelques millimètres. Sitôt né, il s'accroche fermement à une tétine qu'il ne quitte plus pendant au moins deux mois.*

▲ *Ces jeunes diables de Tasmanie font partie d'une espèce marsupiale aujourd'hui menacée.*

▲ *L'opossum-souris nain est l'une des plus petites espèces marsupiales au monde. Sa taille ne dépasse pas une dizaine de centimètres.*

premier jeune vient à disparaître, le second prend immédiatement le relais...

Menacés par les mammifères

De nos jours, il ne reste plus guère de marsupiaux sur notre planète en dehors de l'Australie et, localement, en Amérique et en Asie.

Probablement partis d'Amérique du Sud, les marsupiaux ont conquis le monde. Mais, parallèlement, d'autres mammifères ont émergé : les mammifères placentaires, dont le fœtus est mieux protégé que celui des marsupiaux, et qui sont ainsi plus armés que ces derniers face à la vie. Devant cette concurrence, les marsupiaux ont été progressivement éliminés. Au tertiaire (entre –65 et –1,8 million d'années), ils ont disparu de nombreuses régions. On estime que ce groupe de mammifères s'est éteint en Europe il y a environ 20 millions d'années. En Amérique, quelques espèces ont résisté. Mais c'est surtout en Australie et dans ses alentours qu'ils ont pu prospérer. Cette île-continent n'avait pas été colonisée par les mammifères placentaires ; les marsupiaux s'y sont donc diversifiés en occupant la plupart des milieux.

Un avenir incertain

Mais l'arrivée des Européens sur le continent australien favorise l'introduction de certaines espèces de mammifères placentaires – jusqu'alors, seul le dingo, un chien sauvage, avait suivi les premiers Aborigènes. C'est une catastrophe : lapins, chèvres, chiens, chats et rats deviennent rapidement les concurrents impitoyables des marsupiaux ; tandis que les hommes les chassent, car certains menacent les animaux d'élevage, comme les moutons.

▲ *Les hommes ont eu raison du loup de Tasmanie. Puissant prédateur, il fut chassé sans relâche par les colons d'Australie jusqu'à totale disparition, car il lui arrivait de s'attaquer aux moutons.*

Beaucoup d'espèces disparaissent entre le XIXe et le début du XXe siècle. La plus célèbre disparition est sans doute celle du fameux loup de Tasmanie, ou thylacine, qui fut pourchassé sans relâche par les hommes jusqu'à son extinction dans les années 1930.

De nos jours, beaucoup de marsupiaux sont menacés, y compris des espèces autrefois communes comme les kangourous gris et roux. Des programmes de conservation ont été mis en place pour des espèces symboliques comme le koala ou le diable de Tasmanie. En Asie, les phalangers volants ou, en Amérique, les opossums, survivants d'un autre monde, ont, pour certains du moins, un avenir plutôt sombre.

DES MAMMIFÈRES QUI PONDENT DES ŒUFS

Les monotrèmes sont des mammifères très primitifs, inféodés à la région australienne, qui pondent des œufs. Ils comptent parmi eux les échidnés (2 à 5 espèces selon les spécialistes) et le fameux ornithorynque à pattes palmées, à bec de canard et à queue de castor (ci-contre). Lorsque le premier individu est arrivé naturalisé en Europe, les scientifiques ont cru à un canular ! Chez les monotrèmes, les femelles couvent les œufs, à l'instar des oiseaux, mais allaitent leurs jeunes comme le reste des mammifères.

Cette femelle de tortue verte s'est hissée sur la plage puis a creusé un trou de ses nageoires pour y déposer sa ponte avant de reprendre la mer. Épuisante aventure !

Comportement des géniteurs chez les ovipares

Drôles de parents

Si certaines espèces d'ovipares laissent faire la nature, d'autres déploient des trésors d'ingéniosité pour faire vivre leurs progéniture. Bien des animaux sont même prêts à tout pour la survie de leurs petits !

En cette chaude nuit de juin, les abords du marais résonnent de mille bruits, d'appels et de chants nocturnes. Sur les bas-côtés, un promeneur curieux et pourvu d'une lampe-torche pourrait tomber nez à nez avec un petit crapaud à l'air étonné. Immobile et un peu recroquevillé, il porte sur son dos… des œufs. Il s'agit de l'alyte – également appelé crapaud accoucheur, car cette espèce a la curieuse habitude de transporter ses œufs jusqu'à la naissance des têtards. Sympathique femelle, direz-vous. Eh bien, pas du tout ! Ce travail revient en fait au mâle. En effet, pendant l'accouplement, celui-ci aide la femelle à se délivrer de ses œufs puis les féconde, tout en les enroulant – ils forment un cordon gélatineux – autour de ses pattes arrière. Le voici transformé en incubateur mobile, allant régulièrement à l'eau pour humidifier les œufs jusqu'à leur éclosion.

Couveuses naturelles…

D'autres espèces ne sont pas aussi prévenantes pour leur progéniture et choisissent de laisser faire la nature. Il en est ainsi des tortues marines comme la tortue-luth ou la tortue verte.

Au moment de la ponte, les femelles viennent à terre enfouir leurs œufs dans le sable d'une plage. Après maints efforts pour creuser un trou suffi-

À peine nées, les jeunes tortues marines entreprennent un périlleux voyage vers la mer. Si elles ne sont pas la proie d'un prédateur terrestre, les dangers viendront de l'océan…

▲ *Chez l'alyte, ou crapaud acccoucheur, c'est le mâle qui prend en charge l'incubation des œufs. Il sert ainsi de « père porteur » pendant trois semaines, avant de se libérer de ses œufs dans une mare, où ils écloront.*

samment profond, elles libèrent leur ponte, la recouvrent de sable et repartent vers l'océan, exténuées. Les œufs ainsi enfermés dans cet incubateur naturel vont se développer grâce à la chaleur du soleil. Et un jour émergeront du sable de petites têtes de tortues marines qui, bien vite, rejoindront – si les prédateurs à l'affût ne les mangent pas – l'univers marin.

… ou végétales

Les oiseaux sont attentifs à leurs œufs et les couvent avec assiduité. Pourtant, il en est qui ne suivent pas la règle. Il s'agit des mégapodes, oiseaux proches des dindons, qui vivent dans la région australienne. Ces grands oiseaux ne couvent pas : ils emploient un système ingénieux mais contraignant. Le mâle, après avoir creusé un grand trou, le remplit de feuilles, de brindilles et de tout autre matériau mouillé, puis le recouvre d'un dôme de sable pouvant atteindre 1 m de haut. Quand la femelle vient pondre, le mâle gratte le dôme pour qu'elle puisse déposer un œuf là où se trouve la matière végétale en décomposition. Et, comme il se passe plusieurs jours entre les pontes, le mâle réitère la manœuvre. Puis les œufs incubent grâce au dégagement de chaleur produit par la décomposition. Quand la température est trop élevée, le mâle pratique des bouches d'aération. Mais il peut aussi rajouter feuilles et branchages s'il fait trop froid. L'opération est d'envergure : entre la préparation, l'entretien et l'incubation proprement dite, il se sera écoulé onze mois.

Hippocampe incubateur

Même dans l'univers des poissons, l'amour parental existe. C'est le cas chez les hippocampes. Et, là encore, le mâle donne beaucoup de lui-même. Au moment de l'accouplement, la femelle libère ses œufs et les introduit dans une sorte de poche que possède le mâle au niveau du bas-ventre. Celui-ci en profite pour les féconder. Les œufs, une fois installés dans cette poche, vont être incubés in situ par le mâle. Une modification en profondeur du tissu conjonctif de la poche permet alors d'oxygéner correctement la progéniture. Celle-ci naît au bout d'environ deux mois, le mâle expulsant avec difficulté les minuscules alevins. Les syngnathes et autres poissons-trompettes, espèces proches des hippocampes, font à peu près de même.

▲ *Difficile d'être meilleure mère que l'hippocampe… mâle, qui incube les jeunes dans sa poche abdominale.*

Chez des poissons comme la perche d'Amérique ou l'épinoche, le mâle surveille de près la ponte pendant toute l'incubation, ventile les œufs et chasse avec vigueur tout intrus.

Chez le poisson-disque, les jeunes à peine nés se réfugient dans la bouche des parents s'il y a danger ou pour aller d'un endroit à un autre. De plus, les alevins se nourrissent en suçant les écailles de leurs géniteurs, qui produisent une substance nutritive énergétique.

Maman pond et papa couve

Chez les oiseaux, ce sont en général les parents qui s'occupent des jeunes. Souvent, mais pas toujours, la femelle couve seule les œufs et le mâle participe au nourrissage des oisillons. Chez

▼ *La couveuse de ce mégapode – un leipoa ocellé – est un incubateur de terre et de végétaux qu'il bâtit lui-même.*

UNE MÈRE EXEMPLAIRE

Qui pourrait croire que le perce-oreille – ou forficule – possède un véritable instinct maternel ? La femelle pond ses œufs dans un abri bien protégé. Mais au lieu de les laisser se développer tout seuls, elle les surveille constamment et, mieux encore, les brosse régulièrement pour éviter que des champignons microscopiques ne viennent s'y accrocher et s'y développer. Quand naissent les jeunes, la femelle veille sur eux et les protège face à un danger. Chez certaines espèces, la femelle va jusqu'à nourrir elle-même ses petits. Et pourquoi s'arrêter là ? On a observé que des femelles pouvaient prendre en charge la ponte d'une congénère et même celles d'espèces différentes !

certaines espèces de petits échassiers (phalaropes, mais aussi petits bécasseaux), le soin des jeunes est laissé uniquement au mâle.

Esprit de sacrifice

Chez les manchots, particulièrement chez le manchot empereur, l'attention portée à l'œuf, puis au jeune, est immense.
Le manchot empereur se reproduit en plein hiver austral, très loin à l'intérieur du continent antarctique : pas facile pour trouver de la nourriture ! Sitôt pondu son œuf unique, la femelle entame un long périple, atteignant parfois 160 kilomètres, pour rejoindre l'océan et s'y nourrir.

Pendant ce temps, le mâle, qui, lui, a fait de bonnes réserves, couve l'œuf, par des températures glaciales, pouvant atteindre –20 °C. Pour ce faire, car il se trouve à même la glace, il pose l'œuf sur ses pieds et laisse la peau de son bas-ventre le recouvrir presque entièrement. Ainsi maintenu à la température corporelle de l'adulte, l'embryon peut se développer. L'éclosion a lieu au moment du retour de la femelle, chargée de nourriture.

Le mâle peut alors à son tour rejoindre la mer : il a jeûné pendant plus de cent jours. Et tous deux renouvelleront les allers-retours pour nourrir leur jeune jusqu'à ce que ce dernier soit autonome, sachant qu'il peut lui aussi jeûner jusqu'à une trentaine de jours.

Les mâles disposent d'une autre astuce : ils se rassemblent en grandes troupes et, par un système de rotation, se retrouvent alternativement à l'intérieur et à l'extérieur du groupe. Ce qui permet de réduire fortement les pertes de chaleur.

▼ *Que regardent donc ces manchots empereurs ? Leurs pattes, sur lesquelles incube tranquillement leur progéniture !*

Macabre garde-manger

Les nécrophores sont des coléoptères aux mœurs curieuses. Au moment de la reproduction, mâle et femelle partent à la recherche du cadavre d'un de ces petits animaux dont ils se nourrissent habituellement, une souris par exemple.
Quand ils en ont trouvé un, ils creusent tout d'abord une excavation, puis se mettent sur le dos et se glissent sous l'animal ; ils font avancer le cadavre jusqu'au trou en « pédalant » avec les pattes – travail titanesque.

Une fois l'animal tombé dans le trou et enterré, les nécrophores sécrètent une substance chimique qui permet une décomposition telle que bientôt le cadavre n'est plus qu'une boule compacte.

Ensuite ils creusent une galerie au-dessus de ce garde-manger, où la femelle pond ses œufs. Lorsque ceux-ci éclosent, les adultes attirent les larves vers la source de nourriture en émettant des stridulations particulières.

LA COUVEUSE DES NÉCROPHORES

Le cadavre d'un petit animal…

est traîné dans un trou…

… et enfoui sous terre.

Des substances sécrétées par les nécrophores le réduisent en une boule compacte,

détectée par les larves grâce aux stridulations émises par leurs géniteurs.

Chapitre
4

L'INFINIMENT GRAND ET L'INFINIMENT PETIT

le monde inconnu et le monde invisible

Virus de la variole vus en coupe (en rouge, le noyau cellulaire contenant l'ADN).

▲ *Partie centrale d'une galaxie spirale – comme la nôtre. Plus de 200 milliards d'étoiles se déploient tels des bras, ce qui est la caractéristique des galaxies spirales.*

▶ *Une superbe vue par la tranche de la galaxie elliptique du Sombrero.*

LA VOIE LACTÉE

Un chemin parmi les étoiles

Longue traînée blanchâtre dans le ciel, la Voie lactée est l'élément visible d'un gigantesque rassemblement d'étoiles : notre galaxie. C'est l'une des briques qui, avec des centaines de milliards d'autres, constituent l'Univers.

Par une belle nuit d'été, levez les yeux : vous verrez certainement comme une bande claire barrant le ciel. Ce que vous contemplez est en fait la trace d'un ensemble de milliards d'étoiles : la Voie lactée.
Après avoir fait travailler l'imagination des poètes, celle-ci a été l'objet de toute l'attention des scientifiques. La « goutte de lait tombée du sein de Junon », le « chemin menant au paradis » s'est révélé être la banlieue proche de notre système solaire, une simple partie d'un ensemble beaucoup plus vaste composé entre autres d'étoiles et de nébuleuses.

▲ *Notre galaxie vue de l'intérieur, depuis la Terre (et en fausses couleurs). On distingue parfaitement la bande de la Voie lactée ainsi que le bulbe, au centre.*

200 milliards de soleils... nos voisins

La Voie lactée n'est donc rien d'autre que notre galaxie vue de l'intérieur et par la tranche. De ce point d'observation, les étoiles y apparaissent plus nombreuses qu'ailleurs. Et, comme nous ne sommes pas situés au centre de la galaxie, en été, nous bénéficions d'une vue privilégiée vers les zones les plus denses.
Nous cohabitons dans cet ensemble avec plus de 200 milliards d'autres soleils ; un ensemble qui a l'aspect d'un disque de 100 000 années-lumière de diamètre. Lorsque nous regardons perpendiculairement au plan de ce disque, peu d'étoiles gênent notre vision vers « l'extérieur ». En revanche, tout regard dans le plan même se heurte à une forte concentration d'étoiles. Ainsi se comprend facilement cette grande bande laiteuse.

Le centre : à 28 360 années-lumière

Connaître la forme de notre galaxie, ainsi que la localisation précise de son centre, n'était pas chose facile. D'autant que le rayonnement visible est fortement absorbé par le gaz interstellaire et par une multitude de poussières. Sur une zone de 1 000 années-lumière de diamètre, centrée sur le système solaire, toute une gamme d'instruments explorent une quantité d'étoiles représentant près de 10 milliards de masses solaires.
L'observation du halo galactique entourant notre galaxie a révélé la présence d'amas globulaires. Ces ensembles sphériques de plusieurs millions

▼ *Toutes les galaxies n'ont pas la même forme. Ici, de gauche à droite : NGC 7742 (elliptique), NGC 1365 (spirale barrée) et M 51 (spirale), dans la Grande Ourse.*

▲ *Notre galaxie schématisée, vue de profil (en haut) et de face (en bas). Notre Soleil se situe aux deux tiers en partant du centre : nous sommes des banlieusards de la Voie lactée !*

d'étoiles sont les vestiges d'une époque où la galaxie ne s'était pas encore rassemblée en un disque. Le calcul de leur position a permis aux scientifiques de préciser la situation du centre galactique : il est localisé à 28 360 années lumière de nous, dans la direction de la constellation du Sagittaire.

Un cœur, un bulbe et des bras

Cette galaxie qui nous apparaît comme une bande est en fait une galaxie spirale, c'est-à-dire qu'autour du cœur se déploient des « bras » qui évoquent certains feux d'artifice. Il faut imaginer le cœur comme la partie la plus centrale de ce que l'on nomme le bulbe, sorte de renflement d'une immense assiette. Aplati, ce bulbe a un diamètre de 20 000 années-lumière et une épaisseur d'environ 3 200 années-lumière.

Bien que difficile d'accès, le cœur présente un bilan énergétique tel que les astrophysiciens peuvent imaginer toutes sortes de scénarios. Notamment que la forte densité d'étoiles dans ces régions pourrait, par effondrement, provoquer la constitution de trous noirs supermassifs, véritables aspirateurs de matière environnante.

Les bras sont des zones riches en étoiles de toute sorte et de tout âge : des vieilles, des jeunes à forte luminosité, et même de futures étoiles, car la matière y est très compressée du fait de l'énorme force de gravité. Le système solaire, dont fait partie la toute petite Terre, est situé dans l'un de ces bras. Et, comme la Terre tourne autour du Soleil, le système solaire tourne autour du cœur de la galaxie en compagnie de nombreuses autres étoiles. Tout cet ensemble bien organisé n'est lui aussi qu'une partie d'un autre ensemble bien plus vaste.

Le bestiaire galactique

Les progrès réalisés dans le domaine de l'instrumentation astronomique ont en effet permis de détailler les images du ciel, notamment celles des nébuleuses, dont on ignorait complètement la nature. Sous ce mot générique se cachaient des amas d'étoiles, des cadavres stellaires, des nuages de gaz, mais aussi des galaxies. Et parmi les millions et les millions d'étoiles visibles sur les plaques photographiques, ces structures oblongues à l'aspect flou se distinguaient de plus en plus nettement. Il était même possible d'en donner la taille et la distance depuis la Terre.

La forme des galaxies fournit le qualificatif pour les désigner : spirales, spirales barrées, elliptiques, irrégulières... Chacune contient entre 100 et 400 milliards d'étoiles. La mesure de leur distance permet de leur assigner une position dans l'espace et de constater que les galaxies vivent en amas, eux-mêmes regroupés en superamas, qui sont répartis le long de structures complexes proposées par les modèles de la cosmologie moderne. On peut donc affirmer que l'Univers contient actuellement beaucoup plus de galaxies qu'il n'y a d'étoiles dans une galaxie ! Chaque étoile est une brique de base parmi plus de 100 milliards d'autres formant une galaxie, laquelle, avec des centaines de milliards d'autres encore, constitue l'Univers. En observant la Voie lactée, banlieue d'un Univers si vaste et si complexe, il y a de quoi être pris de vertige !

LES CATÉGORIES D'ÉTOILES DE LA GALAXIE

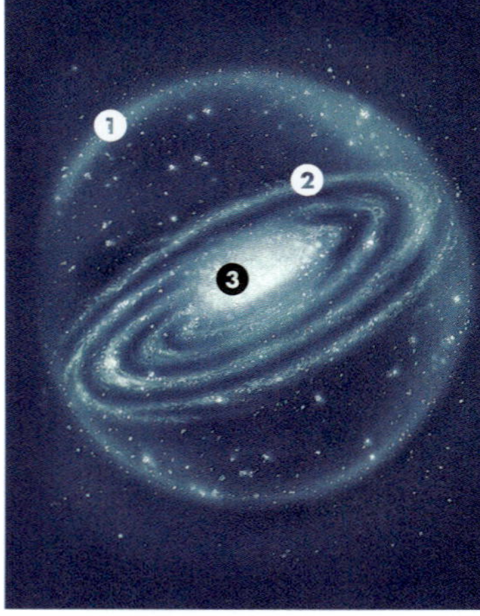

1. Les étoiles du halo, ou sphère globale, qui ne font pas partie du disque galactique. Elles sont très âgées et riches essentiellement en hydrogène et en hélium (étoiles de population II).

2. Les étoiles du disque (sauf le bulbe), qui constituent la population I. On y trouve tous les âges depuis les plus jeunes (quelques millions d'années) jusqu'à des étoiles aussi âgées que celles du halo.

3. Les étoiles du bulbe, de faible masse et très âgées (comme pour le halo), qui sont donc de couleur plutôt jaunâtre.

Une planète exceptionnelle

Depuis leur naissance au sein du système solaire, la Terre et ses huit sœurs ont eu des destinées très différentes. Issue de la même matière que les autres, notre planète s'est distinguée… plutôt en bien ! Heureusement, sinon nous n'aurions pas la chance d'y vivre…

Le 4 juillet 1997, en direct de Mars, Sojourner, le petit robot de la NASA, livre aux médias du monde entier de fantastiques images de la planète rouge. L'événement fait la une. Il n'est cependant qu'une étape dans l'exploration de notre système solaire, commencée au début des années 1960. La somme des images et des échantillons rapportés par les nombreuses missions spatiales est impressionnante : les satellites et les anneaux de Saturne ou d'Uranus, l'atmosphère brûlante de Vénus, le « ciel rose » de Mars… Étranges planètes réparties en deux grandes familles, si différentes de la Terre et qui pourtant sont nées avec elle.

Une étoile, neuf planètes… et bien d'autres objets

Il y a 4,5 milliards d'années, quelque part dans la Voie lactée, à partir d'un nuage de gaz et de poussières, une étoile se forme parmi des centaines de milliards d'autres. Très vite, elle quitte la nébuleuse pour vivre sa propre vie et entraîne dans sa course des grains de matière ; peu à peu, ceux-ci se rassemblent (phase d'accrétion) et commencent à former les futures planètes…

C'est ainsi que débute l'histoire du Soleil et du système qui s'organise sous son influence. L'ensemble est bien structuré. Autour de l'étoile gravitent neuf planètes : Mercure, Vénus, la Terre, Mars, Jupiter, Saturne, Uranus, Neptune et Pluton (dans l'ordre croissant de distance).

Les quatre premières appartiennent au système solaire interne. Plus petites que les autres (Mercure a un rayon de 2434 km, la Terre de 6370 km), ce sont des planètes telluriques : composées de roches silicatées et de fer, elles sont solides. Elles possèdent une densité moyenne assez proche (3,9 pour Mars, 5,4 pour Mercure et 5,52 pour la Terre). Jupiter, Saturne, Uranus et Neptune appartiennent au système solaire externe. Ce sont des planètes géantes (le rayon de Neptune est de 24 750 km, celui de Jupiter, de 71 600 km), essentiellement gazeuses (hydrogène et hélium). Quant à la petite Pluton, mal connue, elle représente un cas à part dans le système solaire externe.

Autour de ces planètes gravitent de nombreux satellites naturels : soixante-six sont actuellement connus, mais il en existe vraisemblablement d'autres autour des planètes les plus lointaines. La Lune est l'unique satellite naturel de la Terre. Il y a encore bien d'autres catégories d'objets dans le système solaire : les astéroïdes – petits corps solides de tailles diverses – regroupés en ceinture entre les orbites de Mars et de Jupiter, les comètes, sans oublier les systèmes d'anneaux autour des planètes géantes.

▲ *Un cliché de la planète bleue pris en décembre 1972 par l'équipage de la mission Apollo 17 en route vers la Lune. On y voit l'Antarctique, l'Afrique, Madagascar et l'Arabie, ainsi que l'Atlantique Sud et l'océan Indien, recouverts de grosses masses nuageuses.*

▲ *Photomontage des planètes Jupiter (en arrière-plan) et Neptune (au premier plan). L'atmosphère de ces deux planètes gazeuzes est caractérisée par la circulation très rapide des masses nuageuses, ce qui engendre des cyclones permanents. La grande tache rouge sur Jupiter en est un exemple spectaculaire.*

4,5 milliards d'années et toujours en forme !

La Terre est naturellement la planète que nous connaissons le mieux. Si on la compare aux autres planètes telluriques, ainsi qu'à la Lune, elle est la plus variée. Elle possède une atmosphère protectrice, de grandes quantités d'eau conservée à l'état liquide – les trois quarts de sa surface sont recouverts par des océans… Rien à voir avec le désert grêlé de Mercure, par exemple. Alors pourquoi la Terre, formée en même temps et à partir de la même matière que les autres, a-t-elle évolué de façon si différente ?

Les planètes sont comme des machines géologiques dont le moteur fonctionne grâce à la chaleur produite en leur cœur. Il s'agit en fait de deux formes de chaleur : celle que crée l'accrétion, et qui est emmagasinée, et celle que dégage la désintégration des éléments radioactifs accumulés au moment de la formation de la planète. En fonction de la taille et de la masse de celle-ci, les sources de chaleur seront plus ou moins importantes, et donc plus ou moins rapidement épuisées. Les objets les plus petits du système solaire interne sont ainsi aujourd'hui géologiquement morts, alors que la Terre, le plus gros de ces objets, demeure active. En quelque sorte, cette activité constante la maintient en forme ! Elle est même la cause de son rajeunissement de surface… En effet, pendant les 700 millions d'années qui ont suivi leur formation, toutes les planètes du système solaire ont subi un bombardement catastrophique de météorites qui ont creusé profondément leur sol. Ces blessures sont encore visibles sur la Lune, sur Mercure et en partie sur Mars, mais ont complètement disparu de la surface terrestre. Les mouvements des plaques lithosphériques, le volcanisme, l'érosion – effets de l'activité géologique – se sont chargés d'effacer les cicatrices de ces événements passés. Le volcanisme a certainement joué ce rôle sur Vénus et Mars, dont respectivement 75 % et 50 % de la surface sont recouverts par des matériaux volcaniques. Mais, aujourd'hui, ces planètes ne présentent plus de signes d'une quelconque activité.

▲ *Mars observée par la sonde Viking 1 en 1976. Son hémisphère Sud est criblé de cratères d'impact de météorites ; l'hémisphère Nord, recouvert par d'importantes coulées de laves, en semble dépourvu.*

De l'air !

Ciel couvert chargé de nuages… température ambiante de 450 °C… Les conditions atmosphériques vénusiennes ont de quoi faire frémir n'importe quel Terrien ! Pourtant, Vénus aurait pu être une sœur jumelle de la Terre : de même masse et même diamètre, elle a conservé son atmosphère primitive. Chaque planète connaît après sa nais-

◀ *Saturne (en fausses couleurs) vue par la sonde Voyager 2 en 1981. Les bandes de couleurs vives au-dessous du plan des anneaux correspondent aux masses nuageuses de la haute atmosphère.*

sance une phase de différenciation, qui correspond en fait à la formation des différentes couches (croûte, manteau, noyau) de sa structure interne. Cette phase s'accompagne d'un important dégagement de chaleur et d'un dégazage intense de la croûte. Le dégazage donne naissance à l'atmosphère primitive des planètes telluriques, qui, en fonction de leur masse, pourront ou non la retenir. Ainsi, Mercure, petite planète, a perdu son atmosphère, qui s'est entièrement dissipée dans l'espace. Mars, un peu plus massive, a réussi à en conserver une faible partie, presque uniquement constituée de dioxyde de carbone. En revanche, la Terre et Vénus, beaucoup plus massives, ont gardé une atmosphère importante. Mais l'atmosphère vénusienne, composée elle aussi essentiellement de dioxyde de carbone et longtemps entretenue par le volcanisme, n'a pas connu de renouvellement. Enfermée sous une couverture nuageuse permanente, Mars est complètement opaque : la chaleur ne peut donc pas se dissiper et provoque un effet de serre qui exclut toute possibilité de vie. Dans le cas de la Terre, grâce à un processus chimique particulier, une grande partie du dioxyde de carbone atmosphérique s'est retrouvée fixée dans les roches. Le travail de « purification » s'est ensuite poursuivi avec l'apparition de la photosynthèse… pour aboutir à l'atmosphère actuelle, indispensable à la vie.

SOMMES-NOUS VRAIMENT SEULS ?

Après plusieurs décennies d'exploration spatiale, il semble bien que la Terre soit la seule planète du système solaire sur laquelle la vie existe. Mais en a-t-il toujours été de même ? Rien n'est moins sûr. D'abondantes quantités d'eau semblent avoir coulé autrefois sur Mars. Alors, les éléments permettant une activité biologique ont-ils été réunis sur la planète rouge ? Il faudrait encore déterminer sous quelle forme ! Aujourd'hui, les conditions qui règnent sur cette planète ne permettent pas à la vie d'exister… du moins si l'on se réfère à ce que nous connaissons sur la Terre. Peut-être existe-t-il des traces fossiles de vie martienne ? L'exploration de cette planète nous réserve peut-être des surprises qui pourraient nous aider à comprendre comment la vie est apparue dans le système solaire, et par conséquent sur la Terre.

▼ *Le système solaire vu de l'extérieur. Au premier plan du dessin, les orbites de Pluton, Neptune, Uranus, Saturne et Jupiter. Au-delà de l'orbite de Jupiter, la ceinture des astéroïdes constitue la frontière séparant le système solaire externe du système solaire interne, où se trouvent Mars, la Terre, Vénus et Mercure.*

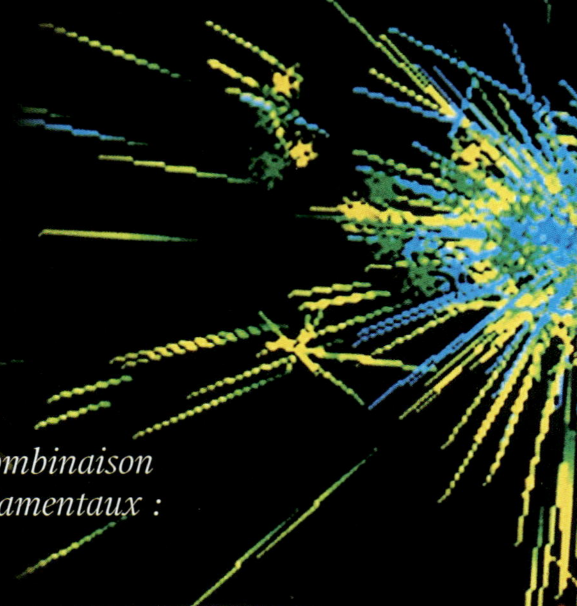

Quatre-vingt-douze éléments tout simples

Quelle que soit la forme qu'elle prend, la matière est une combinaison en plus ou moins grande quantité des mêmes éléments fondamentaux : les atomes. On en a répertorié 92 à ce jour.

Imaginez un peu : pratiquement tout ce qui est dans l'Univers est fabriqué avec le même matériel de base ! La Terre, les êtres humains, les végétaux… Et ce matériel ne date pas d'hier. D'après ce que nous savons, il a commencé à se constituer peu après le big bang, il y a 15 milliards d'années. Au moment où la lumière et la matière se séparaient, et en même temps que l'Univers entrait en expansion. Les conditions étaient alors réunies pour que les particules, les éléments de base de la matière telle que nous la connaissons, puissent se former.

◄ *Ce sont les étoiles qui, au sein des galaxies, permettent la complexification de la matière et la production de tous les éléments.*

Les bons ingrédients

Avant, l'Univers n'était qu'une soupe indescriptible, même avec les outils de la physique moderne. Le temps et l'espace n'y avaient pas le sens que nous leur donnons. La température y prenait des valeurs infinies. Lumière et matière ne faisaient qu'un. De cette soupe initiale (aussi appelée primitive ou primordiale), les quarks, constituants fondamentaux de la matière connus à ce jour, se rassemblèrent pour former des neutrons (particules sans charge), des électrons (particules chargées négativement) et des protons (particules chargées positivement). Dans les trois premières minutes de cette débauche d'énergie, les atomes les plus légers s'assemblèrent. Le plus simple, l'hydrogène, est constitué d'un seul proton autour duquel tourne un électron. Un cousin proche, le deutérium, est formé d'un proton, d'un neutron et toujours d'un électron autour. Et enfin, l'hélium, qui comprend un noyau fait de deux neutrons et de deux protons, et deux électrons périphériques. À cette époque, aucune structure complexe n'est encore constituée. Mais la matière de l'Univers est là : environ 90 % de deutérium, 10 % d'hélium et un peu de lithium…

▼ *L'obsession des physiciens des particules : casser les noyaux pour mieux en comprendre la composition.*

Le rêve des alchimistes

Sous l'effet de la force de gravité, cette matière désorganisée se structure peu à peu en galaxies, à l'intérieur desquelles la gravité agit à nouveau pour former les futures étoiles.

Le cœur de chaque étoile fonctionne comme un réacteur nucléaire où se produit la fusion de la matière : de nouveaux éléments s'élaborent alors à partir de l'hydrogène. L'étoile est donc un vaste

◀ *Simulation numérique du proton, constituant de base de tous les noyaux atomiques. Selon le modèle actuel, il est composé de trois quarks.*

creuset à l'intérieur duquel la matière devient de plus en plus complexe : les réactions de fusion donnent successivement le carbone, l'oxygène, le silicium, le fer et bien d'autres éléments.

Au-delà du fer, les réactions de fusion ne sont plus possibles. La fabrication des éléments lourds (ceux qui vont du fer à l'uranium) ne pourra s'effectuer que dans l'explosion finale de l'astre. C'est donc au fil de l'évolution des étoiles que la matière passe des éléments légers aux plus lourds, de la simplicité élémentaire à la complexité.

Une simplicité apparente

Aujourd'hui, 92 éléments sont identifiés, étudiés et rangés. La première véritable classification des éléments a été proposée par le Russe Dmitri Ivanovitch Mendeleïev en 1869. Mais il ne prend pas en compte la présence de l'électron et sa classification est encore un peu empirique. Il faudra attendre le Danois Niels Bohr, en 1922, pour avoir une classification plus complète. Aujourd'hui, de l'hydrogène à l'uranium, tous les éléments simples ont été identifiés, et aucun autre n'a été mis en évidence dans l'Univers.

Mais les scientifiques aiment bien aller toujours plus loin. Ils essaient donc de pousser la matière dans ses derniers retranchements et explorent l'intérieur de l'atome à la recherche des particules élémentaires constitutives des atomes – quark, électron, gluon et autres bosons…

Ils proposent aujourd'hui un modèle standard de ce qui constitue la matière et les forces qui assurent sa cohésion. Ce modèle met en scène 17 particules – sortes de briques nécessaires à la construction de tous les atomes… Dix-sept multipliés par deux ! Car chaque particule possède son antiparticule : le proton a son antiproton, le neutron, son antineutron, l'électron, son positron. Les photons (particules sans masse véhiculant la lumière), quant à eux, font bande à part, car ils semblent être à la fois particules et antiparticules.

SOUVENIR D'HÉLIOS

En décomposant la lumière qui provient des étoiles, on obtient un spectre dans lequel se distinguent des raies, les longueurs d'onde. Ces traits sont les signatures des éléments composant l'objet visé. Dans les années 1880, des spectres pris au cours d'une éclipse solaire révélèrent la présence d'un nouvel élément inconnu jusqu'alors. En référence à la source lumineuse (le soleil, *hêlios* en grec) qui l'avait révélé, cet élément fut appelé hélium. (Ci-contre, un atome d'hélium et ses électrons.)

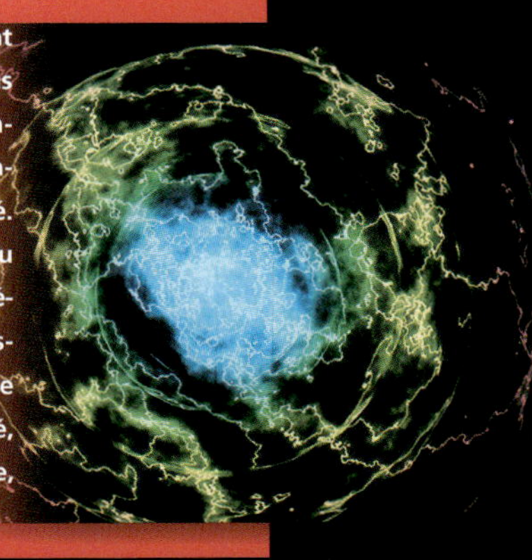

LA NAISSANCE DE LA TERRE

Avec un peu de gaz et de poussière…

Sous-produit de son étoile, le Soleil, la jeune Terre est une planète en ébullition dont les vapeurs ont créé une atmosphère sans laquelle la vie n'aurait pas pu apparaître.

▲ *Comme les autres planètes, la Terre est née de l'agrégation de la matière présente dans la nébuleuse solaire après la formation du Soleil. Elle s'est peu à peu développée par l'accrétion de nombreux planétoïdes, qui se trouvaient dans son voisinage et sont venus la grossir pendant des centaines de millions d'années.*

Tout a commencé par un nuage… Du gaz (hydrogène et hélium) et de tout petits grains de matière qui peu à peu se sont condensés pour donner naissance au Soleil.

Entraîné dans une valse folle avec cette jeune étoile, le reste du nuage (moins de 1 %) a rapidement formé un disque aplati, appelé nébuleuse solaire. Là se sont formées neuf planètes, dont la Terre. C'était il y a 4,55 milliards d'années environ.

Une naissance turbulente

Dans la nébuleuse, c'est le grand chambardement. Difficile de savoir comment de ces éléments aussi simples ont pu naître les planètes que nous connaissons aujourd'hui.

Y a-t-il eu formation de grandes protoplanètes gazeuses, sortes d'ébauches possédant un noyau central solide ? Des particules de plus en plus grandes se sont-elles assemblées à partir des poussières présentes dans la nébuleuse ? Dans les années 1970, l'astronome russe Safronov a proposé une théorie selon laquelle les planètes se seraient formées en trois phases :

- Au cours de la phase initiale, assez courte (1 000 ans environ), une multitude de planétoïdes solides, c'est-à-dire des planètes en formation de 1 à 5 km de diamètre, se sont constitués à partir des poussières de la nébuleuse. Ce petit monde

◀ *Les météorites sont des fragments rocheux ou métalliques venus de l'espace qui ont heurté la Terre et survécu à la traversée de l'atmosphère.*

devait être assez turbulent et en son sein, les rencontres, plus ou moins brutales, très fréquentes.

- Lors de la phase intermédiaire, à la faveur de collisions entre eux et grâce au phénomène d'accrétion – comme lorsque vous balayez et que les poussières s'agglutinent les unes aux autres –, les planétoïdes se sont développés pour former des embryons de planètes.

- La phase finale est caractérisée par la croissance des embryons. Ils sont de plus en plus gros (de 1 000 à 2 000 km de diamètre), leur masse augmente et avec elle leur force d'attraction. Ils peuvent alors « avaler » les planétoïdes passant dans leur domaine d'influence, jusqu'à devenir des planètes.

Ces deux dernières phases ont dû prendre environ 100 millions d'années.

Des jeunes années mouvementées

▲ *Météorite ferreuse. Uniquement constituées d'alliages de fer et de nickel, les météorites de fer sont probablement des morceaux de noyaux de planétésimaux qui se brisèrent lors de collisions dans la ceinture d'astéroïdes.*

La Terre primitive avait peu de chose à voir avec la planète bleue qui émerveille les astronautes en mission. Constamment bombardée par des planétoïdes en folie, elle possédait une température ambiante de 2 000 °C, alimentée tout à la fois par ledit bombardement, par sa propre contraction et par la radioactivité naturelle des éléments qui la constituaient.

Dans cette masse de magma en fusion, des échanges et des transferts de matière se sont produits. C'est ainsi que l'intérieur de la Terre s'est différencié : les éléments les plus lourds, comme le fer, se sont concentrés au centre pour constituer son noyau, alors que les éléments les plus légers sont remontés vers la surface, créant le manteau et la croûte. Les éléments qui composent essentiellement la Terre – fer, oxygène, silicium, magnésium – ont donc été distribués de façon hétérogène. Le fer, par exemple, représente 35 % de la masse terrestre, mais la croûte en contient peu (c'est son quatrième élément par ordre d'importance), elle est surtout constituée de silicates.

Une machine à vapeur ?

La toute jeune planète est en pleine ébullition… La chaleur est telle que les éléments les plus légers contenus dans les roches s'échappent. Ce dégazage, qui s'est produit au moment où la Terre se différenciait, a donné naissance à une atmosphère primitive. Celle-ci devait être constituée d'oxyde de carbone (CO), de dioxyde de carbone (CO_2), de diazote (N_2) et d'eau (H_2O). Il est fort possible qu'une partie de l'eau ait été « apportée » par des éléments extraterrestres : les comètes, qui viennent des régions les plus éloignées du Soleil et sont constituées essentiellement de glace – et contiennent par ailleurs des éléments comme le carbone et l'azote. Dans cette atmosphère, le gaz carbonique (également libéré au moment où la phase du volcanisme bat son plein) devait aussi être largement majoritaire. Il le serait encore aujourd'hui, comme sur Vénus ou sur Mars, s'il n'avait été dissous au cours des temps, au fond des océans, sous forme de carbonate de calcium. L'apparition de la vie, sans doute dans les océans, a ultérieurement joué un rôle important dans la transformation de l'atmosphère.

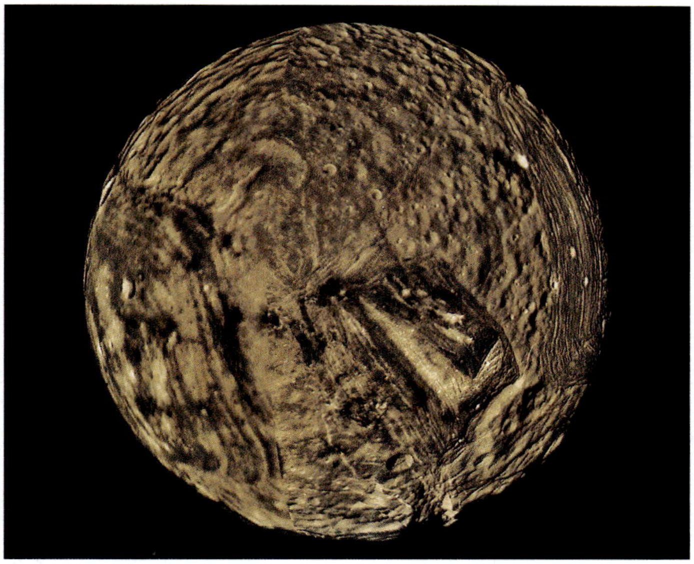

▲ *Miranda, satellite de Saturne, illustre le processus d'accrétion, dont témoigne sa surface irrégulière.*

▲ *Les plus anciennes traces de croûte terrestre (4,2 milliards d'années) ont été trouvées dans un minéral, le zircon.*

DE L'EAU, DE L'AIR… LA VIE !

Trouver les origines de la vie… Une grande aventure qui passionne les hommes depuis longtemps. Si on ne sait toujours pas avec certitude comment est apparue la vie, on a quand même émis quelques hypothèses. Les premières molécules sont sans doute nées dans les océans. Le dégagement d'oxygène moléculaire (auparavant absent de l'atmosphère primitive) qui s'en est suivi a été une étape déterminante dans la conservation de la vie. La dissociation de l'oxygène par le rayonnement solaire a en effet entraîné la formation d'une couche d'ozone, capable d'absorber le rayonnement ultraviolet. Un rayonnement qui aurait détruit les molécules organiques, en particulier l'ADN, et par conséquent aurait empêché le développement de toute vie à la surface de la Terre !

Galaxie 10^{23}

Voyage au pays des extrêmes

Bouclez votre ceinture et accrochez-vous. Nous vous emmenons dans un monde vertigineux, déstabilisant, dont les dimensions n'ont plus rien à voir avec ce que vous connaissez, où les unités de mesure alignent des séries de zéros… D'un Univers composé d'un nombre encore inconnu de galaxies, elles-mêmes formées de centaines de milliards d'étoiles, le voyage continuera à la découverte de la plus infime particule, au cœur de toute matière : le quark. Ce parcours aux confins de nos connaissances est impressionnant car notre cerveau humain a un peu de mal à intégrer tout ce qui l'entoure. Pourtant, de l'infiniment grand à l'infiniment petit, la nature semble obéir à des lois simples…

Jeux de construction et colle forte

Point de départ : la Terre, petite poussière logée dans un bras de la Voie lactée.
Avec huit autres planètes, elle tourne autour du Soleil, son étoile. Cet ensemble, le système solaire, est lancé dans le grand ballet de notre galaxie avec quelques centaines de milliards d'autres étoiles. Les galaxies se regroupent en amas, les amas en superamas, les superamas dans l'Univers. Chacun de ces éléments est lié aux autres par un système simple mais aussi efficace que la meilleure des colles : la force de gravité.
Et, maintenant, ajustons notre vue (à l'aide de supermicroscopes et même d'accélérateurs de particules) vers le plus petit. Pratiquement tout ce qui nous entoure est constitué de molécules. La molécule est elle-même composée d'atomes faits d'un noyau autour duquel gravitent les électrons. À l'intérieur du noyau, des neutrons et des protons.
Et, à l'intérieur de chaque neutron et de chaque proton : trois quarks, les briques de base actuelles de toute matière. Ce petit monde est parfaitement organisé. Ainsi, certaines particules (gluons, photons, bosons) jouent les « porteurs de force » : c'est-à-dire que leur rôle revient à cimenter ou à coller les briques de base entre elles pour former les neutrons, les protons, les atomes, les molécules, etc.

Des zéros et 1 petit pois

0,000000000000000001 m (mètre). C'est ainsi que l'on peut noter la taille d'un quark. Pour éviter la tâche fastidieuse d'aligner les zéros, nous avons besoin d'un petit raccourci de notation. Ainsi plutôt que d'écrire 100 000, on peut décomposer le chiffre : 10 x 10 x 10 x 10 x 10 et compter les zéros. On écrit donc 100 000 = 10^5 (dix puissance cinq). Comme on peut le constater, l'avantage est immense lorsqu'il s'agit d'écrire 10^{16} soit 10 000 000 000 000 000 ou 10^{-18} 0,000 000 000 000 000 001 m. Car 1 mm = 0,001 m ou 10^{-3} m. On a toujours le nombre de zéros donné par l'exposant mais il ne faut pas oublier la virgule. Tous ces nombres peuvent être multipliés, et 4,5 mm deviennent : 4,5 10^{-3} m, tandis que 563 km s'écrivent 5,63 10^5 m.
Mais il reste encore difficile de se représenter de telles dimensions. Si l'on prend par exemple le système solaire : la Terre a un diamètre de 12 600 km ; celui du Soleil est de 1,4 million de kilomètres. Réduisons le tout : il reste un petit pois à côté d'un ballon de football… Perdu dans un espace dix fois plus grand qu'un terrain de foot, ce fameux petit pois pourrait également représenter le noyau de l'atome…

Quark 10^{-15}

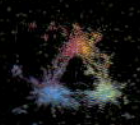

Noyau atomique 10^{-14}

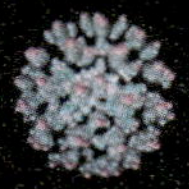

Atome 10^{-9}

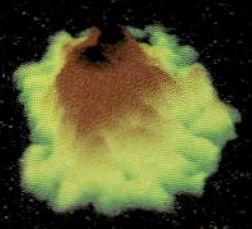

Virus du sida 1

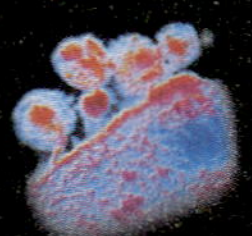

Du pareil au même ?
Une sphère, des satellites, une force très attractive… Quel ensemble suggère ce système ? Celui de l'Univers ? Ou celui de l'atome ? À un (gigantesque) changement d'échelle près, la similitude est étonnante. Et les forces qui structurent la matière suggèrent une organisation du quark à l'univers observable. La nature fourmille d'ailleurs d'exemples où les liens de ressemblance entre le plus grand et le plus petit sont évidents. Prenez une des « fleurs » d'un chou-fleur : elle ressemble comme deux gouttes d'eau, en plus petit, au chou-fleur entier…

La brique de la vie

Tout organisme vivant, qu'il soit microscopique ou gigantesque, est constitué de cellules. Véritable usine miniature, la cellule puise dans son environnement ce dont elle a besoin pour fabriquer son énergie.

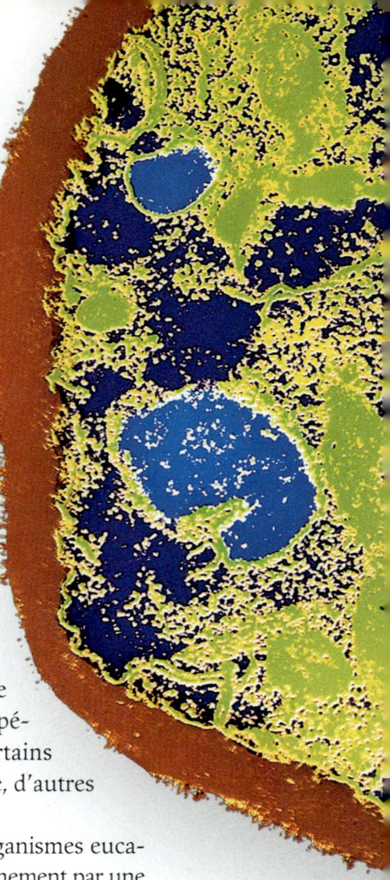

▲ *Cellule eucaryote (ici, de la levure de bière). En rouge, le noyau ; en vert, les mitochondries ; en marron, la paroi cellulaire : une véritable usine faite de machines, les organites, qui fabriquent protéines et énergie.*

Qu'ont en commun une levure et une baleine bleue ? Toutes deux sont constituées de cellules, unités de base de la vie. Le fonctionnement de la cellule est codifié par un programme génétique contenu dans une molécule aussi complexe que longue – l'ADN (acide désoxyribonucléique) – et dirigé par des protéines. Celles-ci sont contrôlées et fabriquées par ce même programme génétique.
Dans le monde vivant, il existe deux types d'organisation cellulaire : celle des procaryotes, organismes dont l'ADN est libre (les bactéries, les algues bleues, monocellulaires) ; et les eucaryotes, dont l'ADN est enfermé dans un noyau (tout le reste, des levures monocellulaires à la girafe).

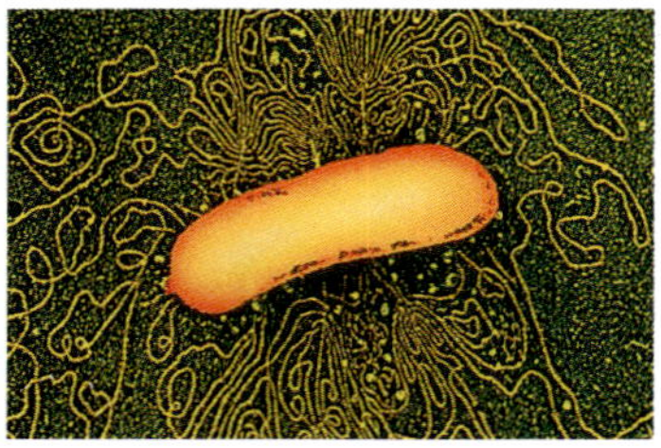

▲ *Après traitement chimique, cette bactérie a libéré sa longue molécule d'ADN, normalement pelotonnée au sein même de la cellule.*

Un organisme plutôt fruste…

La cellule d'un procaryote est assez simple. Elle est enfermée dans une membrane de quelques millionièmes de millimètre d'épaisseur, appelée membrane plasmique, qui la protège de son environnement.
Constituée d'un assemblage de lipides et de protéines, cette « peau » contrôle grâce à des pores les échanges de molécules entre l'intérieur et l'extérieur de la cellule. L'intérieur est empli d'une substance visqueuse, le cytoplasme, très riche en protéines et en particules appelées ribosomes, qui sont des assemblages d'enzymes – des protéines activant les réactions biochimiques – et d'ARN (acide ribonucléique), un dérivé de l'ADN. Les ribosomes ont pour fonction de fabriquer des protéines à partir d'acides aminés enchaînés les uns aux autres suivant un ordre déterminé par les gènes de l'ADN.
Tout le fonctionnement de la cellule procaryote s'effectue dans son cytoplasme. C'est une machinerie assez fruste et peu efficace.

… et un modèle élaboré

À l'inverse, les organismes eucaryotes sont beaucoup plus complexes. Les tâches, très compartimentées, sont assurées au sein de leurs cellules par des machines spécialisées appelées organites. Certains s'occupent de fabriquer l'énergie, d'autres assurent la photosynthèse, etc.
Comme toutes les cellules, les organismes eucaryotes sont séparés de leur environnement par une membrane. À l'intérieur, dans le cytoplasme, baignent les organites (dont le plus gros est le noyau), eux-mêmes limités par des membranes isolant des compartiments où s'effectuent des réactions moléculaires particulières.
C'est dans les replis d'un réseau de membranes spécifique, appelé réticulum endoplasmique, que toutes les protéines et certaines molécules sont fabriquées. Elles sont ensuite stockées dans les cavités du réticulum avant d'être enfermées dans des vésicules de transition. Dans ces colis étanches, elles sont envoyées à un autre organite, l'appareil de Golgi : les protéines « brutes » y sont modifiées pour devenir opérationnelles. Cela fait, elles quittent l'appareil de Golgi dans de nouveaux emballages, les vésicules de sécrétion, et sont livrées sous cette forme à l'extérieur de la cellule.

LA DIVERSITÉ DES CELLULES

Les fonctions de la cellule des eucaryotes sont très compartimentées. Cela lui permet de se spécialiser en privilégiant le travail de tels ou tels organites. Par exemple, les cellules qui fabriquent des hormones (donc des protéines) sont caractérisées par l'énorme développement de la portion de réticulum porteuse de ribosomes, le réticulum endoplasmique rugueux, et par un nombre considérable de vésicules de sécrétion. À l'inverse, les cellules musculaires (ci-contre), demandeuses d'énergie, sont extrêmement riches en mitochondries. Tout comme les spermatozoïdes, dont les centrosomes jouent un rôle primordial.

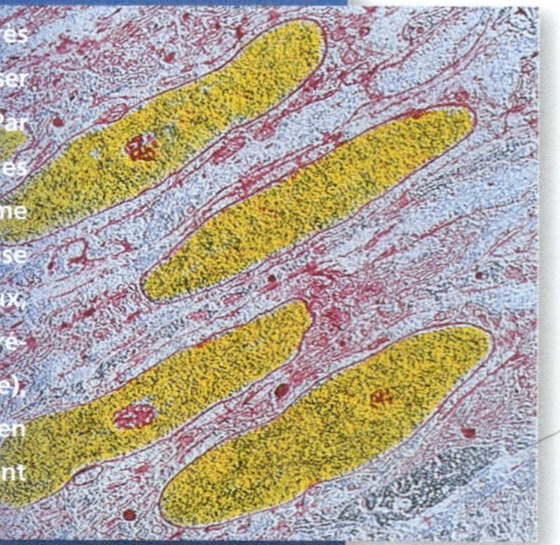

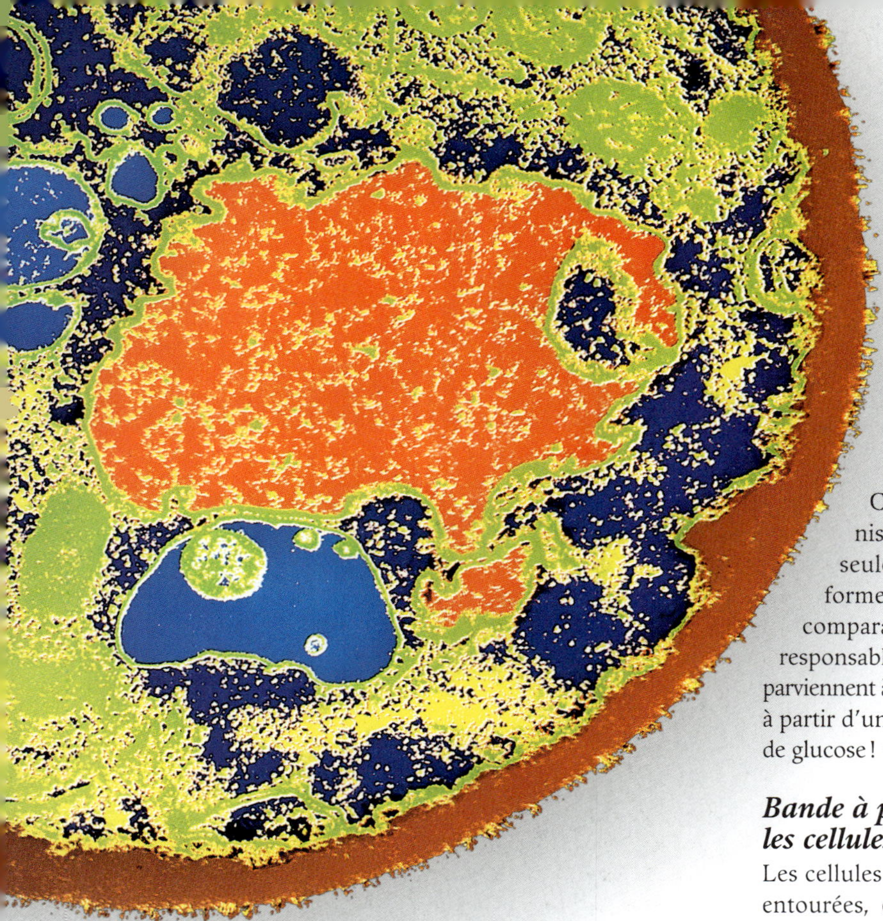

Une mini-usine biochimique

Toute cette machinerie réclame de l'énergie, qui est produite par un ensemble de centrales énergétiques, les mitochondries. Ce sont de petits organites quasi autonomes dotés d'un peu d'ADN. Les mitochondries activent une molécule, l'ATP (adénosine triphosphate), qui, en se dissociant, fournit l'énergie indispensable au fonctionnement de la cellule. Pour renouveler ce carburant, les mitochondries parviennent à dégrader en leur sein glucides et lipides grâce à la présence d'oxygène. C'est la respiration cellulaire. Un mécanisme très efficace : l'oxydation d'une seule molécule de glucose suffit pour former trente-six molécules d'ATP. Par comparaison, les bactéries (procaryotes) responsables de la fermentation alcoolique ne parviennent à produire que deux malheureux ATP à partir d'une seule molécule de glucose !

▲ *Les champignons (ici, les spores d'un* Aspergillus*) ne sont ni des végétaux ni des animaux. Ce sont néanmoins des eucaryotes.*

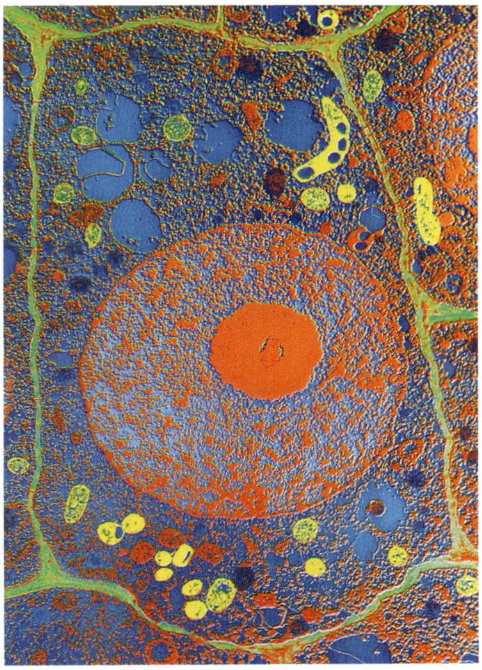

▶ *Les cellules végétales (ici, du maïs) sont entourées d'une seconde paroi quasi géométrique, faite de cellulose (en jaune).*

Bande à part : les cellules végétales

Les cellules des plantes sont entourées, en plus de leur membrane, d'une paroi rigide faite de cellulose. Par ailleurs, pour produire leur énergie, elles disposent d'un système supplémentaire, le chloroplaste. Cette cellule assure également la photosynthèse. Grâce à ses molécules de chlorophylle, elle transforme la lumière en une énergie indispensable à la réaction entre gaz carbonique et eau. Les sucres produits sont stockés sous forme d'amidon, qui permet aux mitochondries de fabriquer l'ATP. Et la boucle est bouclée : les plantes, contrairement aux animaux et aux champignons, sont totalement autonomes. Leurs cellules fabriquent leur propre carburant et le régénèrent.

Enfin, les cellules végétales ne disposent pas des organites qui permettent aux cellules animales de se déplacer : les acrosomes. Non seulement ces microfilaments assurent le déplacement de matériaux au sein des cellules, mais ils jouent également un rôle central dans la séparation des chromosomes au cours de la division cellulaire (la mitose). Lorsqu'ils se prolongent à l'extérieur de leurs cellules sous forme de flagelle, ils permettent à ces cellules de se déplacer. Sans eux, il n'y aurait pas de spermatozoïdes…

LA CELLULE ANIMALE

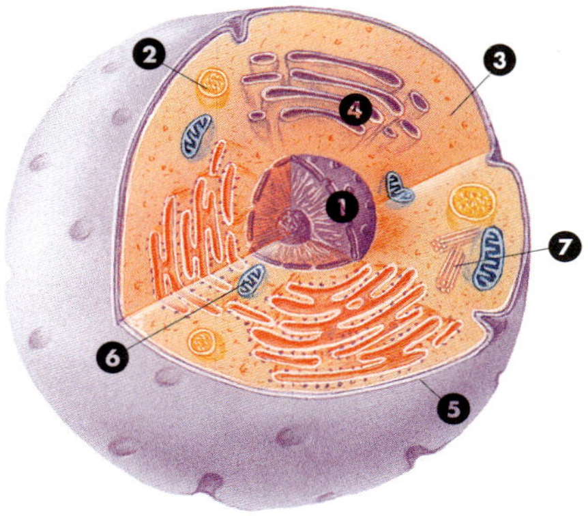

LA CELLULE VÉGÉTALE

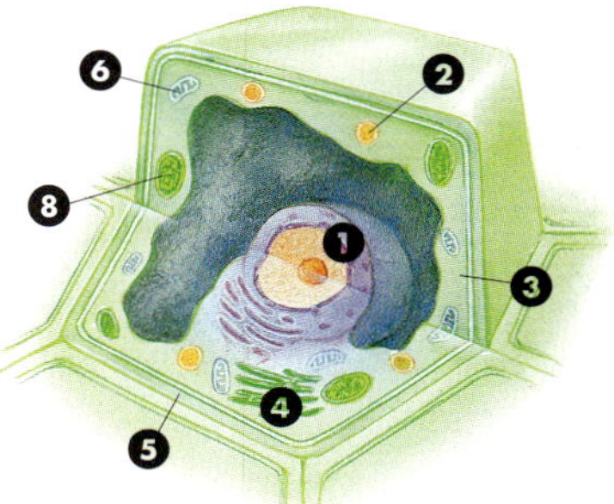

▲
1. Noyau
2. Lysosome (digestion-excrétion)
3. Cytoplasme
4. Appareil de Golgi (transfert et concentration des protéines)
5. Membrane plasmique
6. Mitochondrie (nutrition-respiration)
7. Centrioles
8. Chloroplaste

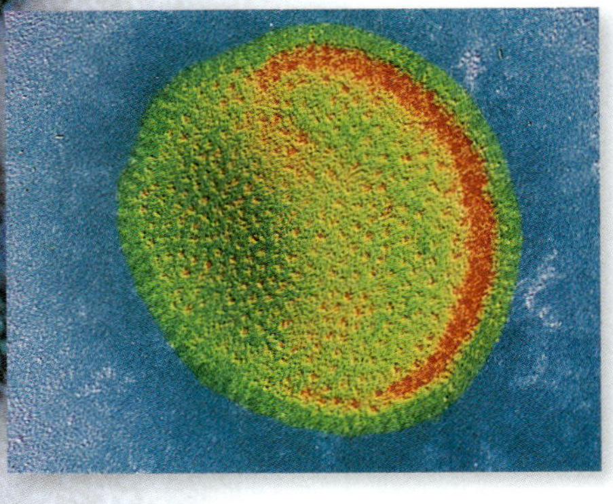

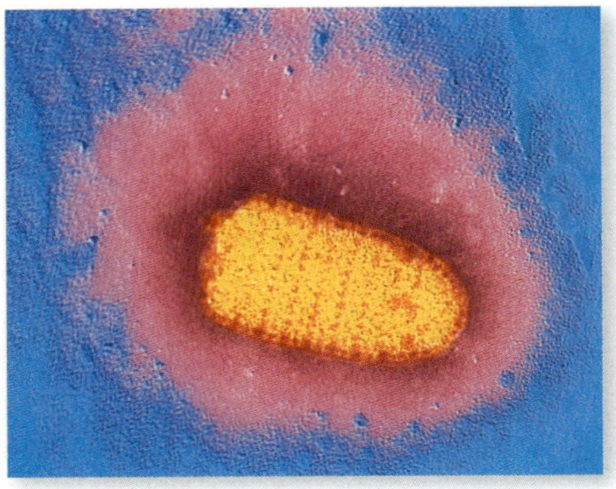

LES MICRO-ORGANISMES

On a toujours besoin d'un plus petit que soi

Les microbes sont présents dans toute la biosphère, du fond des océans à l'intérieur de notre corps, du sol profond à l'atmosphère. Ils sont indispensables à la vie.

▲ *Pris sur le vif, le bourgeonnement du virus du sida sur un lymphocyte, cellule sanguine qui assure nos défenses immunitaires. On ne meurt pas directement du sida, mais d'une maladie infectieuse quelconque que le système immunitaire affaibli est incapable de combattre.*

Depuis Pasteur, nous croyons volontiers que les micro-organismes, les microbes, sont responsables de tous nos maux. Pourtant, la majorité d'entre eux nous rend service. Leur point commun : ils sont minuscules et composés d'une cellule unique.

D'étranges formes de vie

Les bactéries sont la première forme de vie apparue sur la Terre, il y a 3,5 milliards d'années. Leur organisation est très simple : une molécule d'ADN – leur matériel génétique – sans noyau pour la protéger. Elles ont longtemps régné seules sur notre planète et ont tout inventé, de la respiration de l'oxygène à la chlorophylle – certaines se nourrissent grâce à la photosynthèse –, en passant par une forme de sexualité (échange et recombinaison de leur matériel génétique). La plupart des bactéries se développent en jouant un rôle dans le cycle de la matière : c'est grâce à elles que les molécules complexes se dégradent en molécules simples.

Les protistes, eux, sont les descendants d'une cellule complexe formée de la fusion de plusieurs bactéries. Leurs gènes sont isolés dans un noyau, et des organites, vestiges de bactéries autrefois libres, effectuent des tâches spéciali-

CONCRÉTIONS VIVANTES

Dans la baie d'Hamelin Pool, en Australie, ainsi qu'aux Bahamas, on rencontre d'étranges concrétions rocheuses, appelées stromatolithes et formées par des colonies d'algues bleues. Ces algues sont des cyanobactéries photosynthétiques qui se développent dans les eaux marines peu profondes et très salées et agglomèrent des sédiments, des matériaux organiques et des cristaux de carbonate de calcium. Très communs dans les premiers âges du monde, les stromatolithes ne furent longtemps connus que sous forme de fossiles. Certains remontent à plus de 3,5 milliards d'années, premières traces visibles de la vie sur terre.

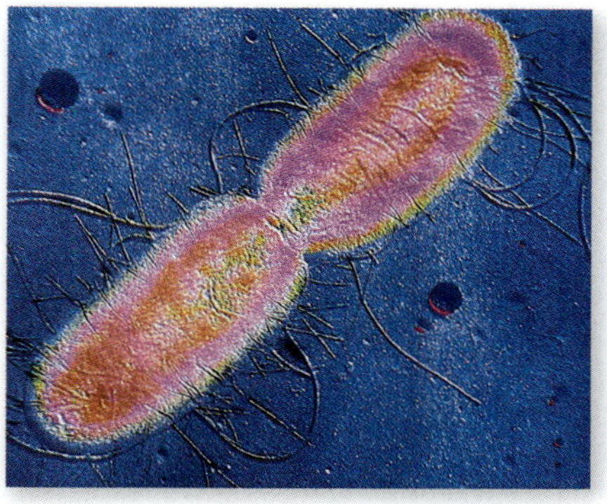
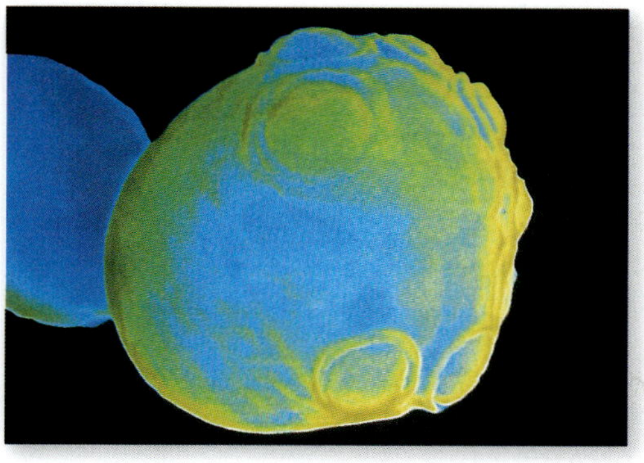
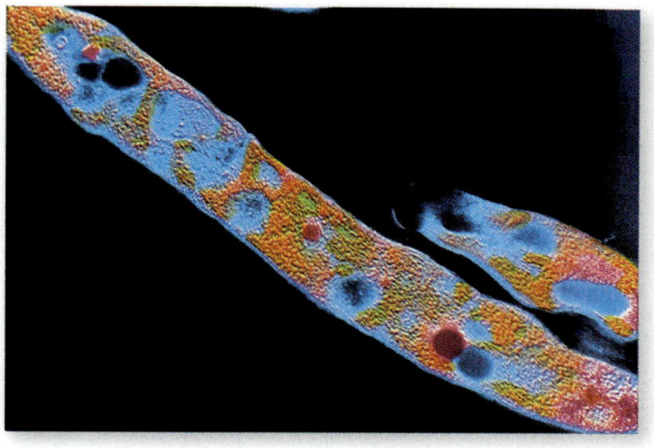

▲ *Une galerie de portraits, bons et méchants microbes confondus. De gauche à droite : le virus de la rage, celui de la grippe, le collibacille, la levure de bière et le bacille de Koch (responsable de la tuberculose).*

sées. Certains sont des végétaux, comme le pseudocoque, une algue qui verdit les troncs des arbres, d'autres des champignons, telles les levures, d'autres encore des animaux – c'est le cas des protozoaires (amibe…).
Les virus, les viroïdes et les prions sont aux frontières de la vie. Ce sont des molécules ou des ensembles de molécules qui ne peuvent se reproduire qu'en s'introduisant dans une cellule vivante, car ils n'ont pas de métabolisme propre. Vivant en parasites, ils causent de nombreuses maladies.

Des milliards au mètre cube

Le nombre de microbes sur terre dépasse nos possibilités de calcul. Il y en aurait autant dans 2,5 g de terre fertile que d'hommes sur terre, soit 6 milliards. Si la plus grosse des bactéries frôle 1 mm, si certains protistes comme les foraminifères dépassent le centimètre, la masse des microbes est invisible à l'œil nu. La taille moyenne de la majorité d'entre eux se situe entre 0,1 et 0,001 mm. Le record de petitesse appartient aux virus, dont quelques-uns ne dépassent pas 0,000006 mm de diamètre ! Cette petite taille leur permet de s'infiltrer partout. Certains, témoins d'un temps éloigné où l'atmosphère ne contenait pas d'oxygène, vivent dans des milieux d'où ce gaz est absent. Les bactéries du sol profond, qui lui donnent sa fertilité, celles qui pullulent dans notre intestin et prédigèrent ce que nous avalons, les levures responsables de la fermentation du jus de raisin ou de la bière font partie de ces espèces dites anaérobies.

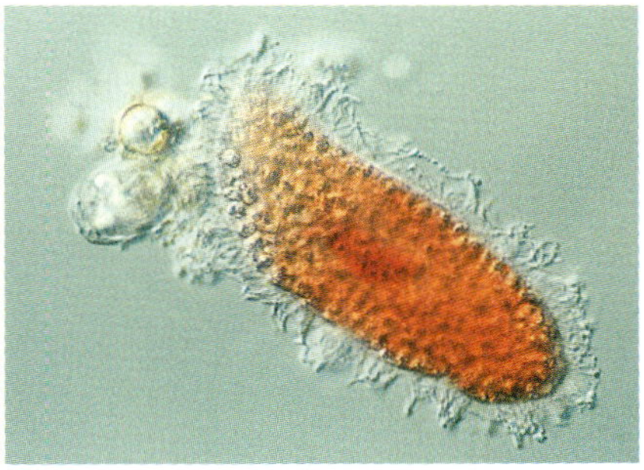

▲ *La paramécie est un protozoaire, un « pré-animal » constitué d'une unique cellule. Grâce à ses cils vibratoires, elle se déplace activement à la recherche de proies. À l'échelle d'une goutte d'eau, c'est un prédateur féroce !*

Les records de l'extrême

Les archéobactéries se sont maintenues depuis les premiers temps de la Terre là où règnent des conditions de vie primitives. Certaines prospèrent dans les croûtes de sel des marais salants ou dans des sources chaudes et chargées de soufre. D'autres prolifèrent dans des lacs volcaniques d'acide presque pur, ou sur des roches brûlantes dont la température atteint 113 °C ! Et que dire de celles qui s'accommodent de sources chaudes volcaniques à plusieurs milliers de mètres de profondeur sous les océans, où la pression est énorme ?

Vive les microbes !

L'alimentation humaine dépend des microbes. Sans les bactéries et les levures, pas de vin, de bière, d'alcool de riz, de pain, de saucisson, de tofu, de fromage, de yaourt, de choucroute. Sans les bactéries et les levures du ventre de la vache qui l'aident à digérer l'herbe, pas de lait. Sans la microflore du sol qui recycle la matière organique morte pour la rendre assimilable par les plantes, pas de blé, pas de fruits. Et sans notre flore intestinale, nous serions incapables de digérer nos repas.
Même les microbes causant des maladies sont utiles. Ceux qui s'attaquent à des ravageurs des cultures, comme le bacille de Thuringe, sont d'efficaces insecticides naturels. Même ceux qui s'attaquent à nous sont indispensables en petite quantité. Les médecins se sont aperçus que, dans un univers trop aseptisé, notre système immunitaire, fait pour repousser des attaques extérieures, se dérègle. Ainsi apparaissent des maladies dites auto-immunes, de plus en plus fréquentes aujourd'hui, comme les allergies ou certains diabètes.

▼ *Ci-dessous : les algues vertes doivent leur couleur à la présence de chlorophylle, qui utilise l'énergie du soleil, de l'eau, du gaz carbonique et des sels minéraux pour synthétiser les sucres.*

▼ *Photo de fond : seuls des micro-organismes peuvent vivre dans les eaux de la mer Morte, dont le taux de salinité est voisin de 30 %.*

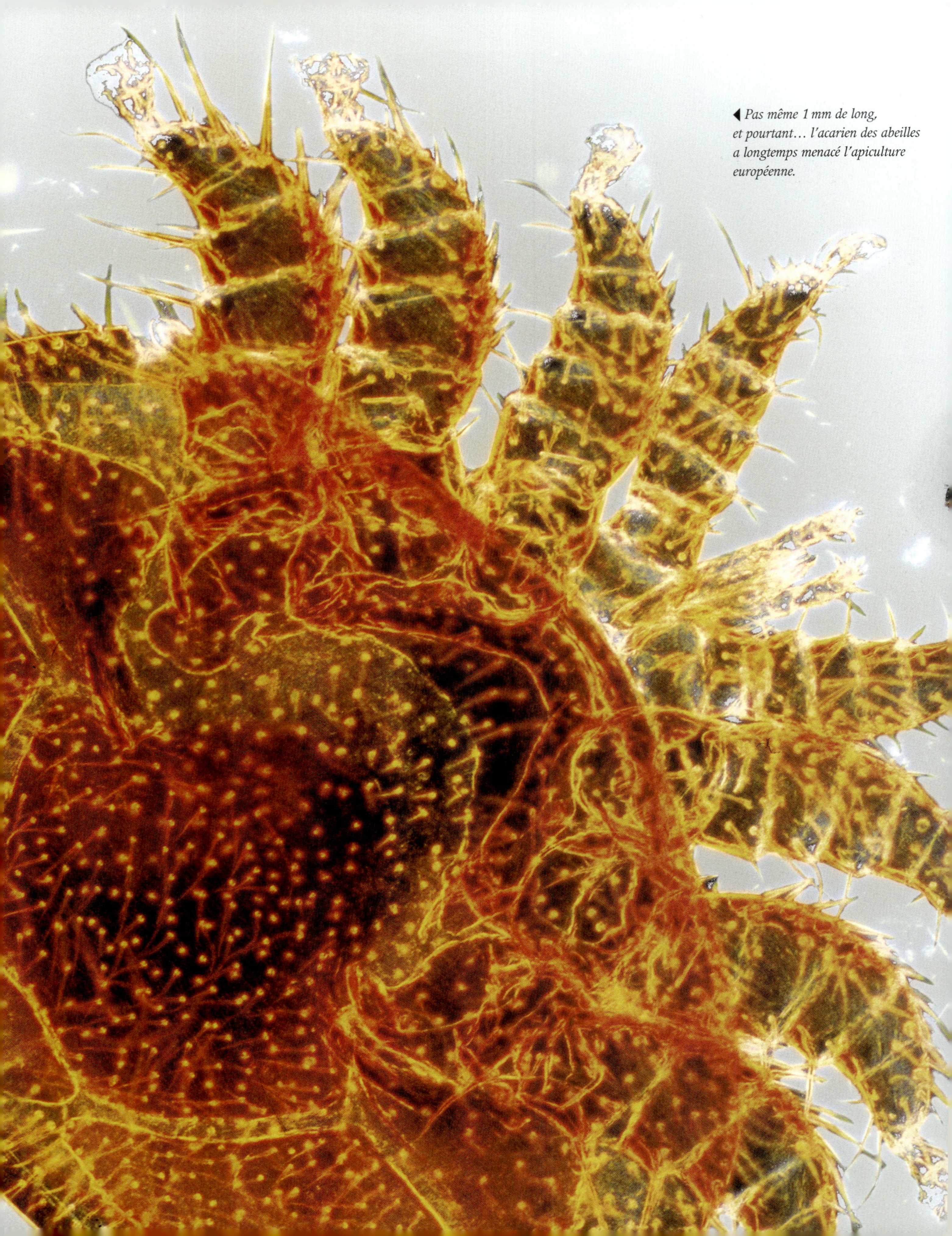

◀ *Pas même 1 mm de long, et pourtant… l'acarien des abeilles a longtemps menacé l'apiculture européenne.*

LES ESPÈCES MINUSCULES DU RÈGNE ANIMAL

Utiles ou nuisibles ?

▲ *Aoûtat. Il pullule dans les herbes en été et en automne et peut, au contact de la peau, enfoncer son rostre, provoquant des démangeaisons et parfois des réactions allergiques. Larves et adultes piquent, les premières plus rarement mais plus profondément.*

Ils sont petits mais tellement nombreux qu'ils finissent par peser lourd. Le rôle des animaux minuscules est capital dans le fonctionnement de beaucoup d'écosystèmes. Dans la propagation de certaines maladies également.

▲ *Le pou de l'homme est un insecte qui se nourrit du sang de son hôte, occasionnant des démangeaisons.*

Les apiculteurs d'Europe ont failli ne pas s'en relever. Les larves et les nymphes de leurs abeilles mouraient. C'est que, pendant des années, un acarien avait infesté les ruches. Répondant au nom de *Varroa jacobsini*, ce parasite de moins de 1 mm de long a fini par reculer. Mais son cousin *Acarapis woodi*, encore plus petit, continue de donner la gale aux abeilles. Les acariens, qu'ils se trouvent dans les ruches, les fromages ou les matelas, sont invisibles. Mais, vu leur nombre, ils pèsent énormément dans la biomasse terrestre.

Habitants des poussières

Ils sont tout petits, mais ils sont bien là ! Dans un matelas, vous en trouverez entre 2 000 et 15 000 par gramme de poussière. Pour les asthmatiques, c'est embêtant. Car les déjections de l'acarien des poussières, qui se nourrit des peaux mortes, sont responsables d'allergies. Comme les 7 000 autres espèces d'acariens, qui dépassent rarement 1 mm de long, l'acarien des poussières est un spécialiste du recyclage.

Cousins très proches des araignées, membres à ce titre du groupe zoologique des arthropodes – crustacés, insectes, myriapodes, arachnides… –, les acariens forment un maillon indispensable de l'écosystème planétaire. Avec plus de 300 000 individus au sol par mètre carré, ils transforment les débris de toute sorte en excréments, lesquels nourrissent des bactéries qui finissent de séparer la matière organique en ses éléments les plus simples. On les trouve également dans le fromage – c'est le ciron, qui, attiré par la fermentation, en mange la croûte – et aussi comme parasites.

Tout un chacun a fait l'expérience des piqûres d'aoûtats, de gros acariens rouges, qui provoquent des démangeaisons sur les jambes. Mais les tiques et les terribles sarcoptes, responsables des affreuses irritations de la gale, sont aussi des acariens. Finalement, les adolescents les connaissent peut-être mieux que quiconque, même s'ils ne les voient pas : c'est le demodex, un acarien parasite des follicules pileux, qui est à l'origine de leurs points noirs !

▶ *Parasite de l'animal et de l'homme, la tique se nourrit de sang. Elle est vectrice de différentes maladies infectieuses.*

Résidents des poils et des plumes

Puces et poux sont des insectes sans ailes. Pas bien grands : de 0,8 à 6 mm de long tout au plus, mais équipés pour la vie de parasite. Les puces sont apparentées aux mouches et aux moustiques. Elles pondent le même type de larves blanchâtres dépourvues de pattes et néanmoins très mobiles. Livrées à elles-mêmes, celles-ci quittent l'hôte sur lequel elles sont nées pour se nourrir, ailleurs, de matières organiques. Il leur faut s'installer dans les poils d'un mammifère ou les plumes d'un oiseau pour se métamorphoser. Sinon, elles peuvent attendre plusieurs mois dans leur cocon de soie avant de devenir nymphes, puis adultes. La puce est alors parfaitement adaptée à son rôle de parasite. Elle a perdu ses ailes, inutiles, mais ses pattes se sont allongées, devenues plus efficaces : grâce à elles, elle peut sauter 20 cm en hauteur et 40 cm en longueur. Son corps s'est comprimé latéralement pour passer entre les poils ou les plumes de ses hôtes. Elle a des yeux non fonctionnels et une bouche faite pour sucer le sang.

ESSENTIEL À LA VIE, LE PLANCTON

Base de la chaîne alimentaire, le plancton est constitué de tous les organismes aquatiques vivants entraînés par le moindre mouvement de l'eau. Le plancton végétal profite des matières nutritives brutes dissoutes dans l'eau ; le plancton animal se nourrit du précédent. On y trouve énormément d'alevins et de larves, mais aussi une multitude d'animaux minuscules, voire invisibles. Le plancton végétal, formé essentiellement d'algues, pullule dans les eaux froides, riches en matières nutritives – raison pour laquelle les eaux riches sont vertes, contrairement aux eaux chaudes, plus pauvres, qui sont bleues. Mais, partout où de l'eau froide remonte des profondeurs, des blooms apparaissent : ce sont de très petites zones où le plancton végétal se trouve en grande quantité et nourrit une abondance de plancton animal.

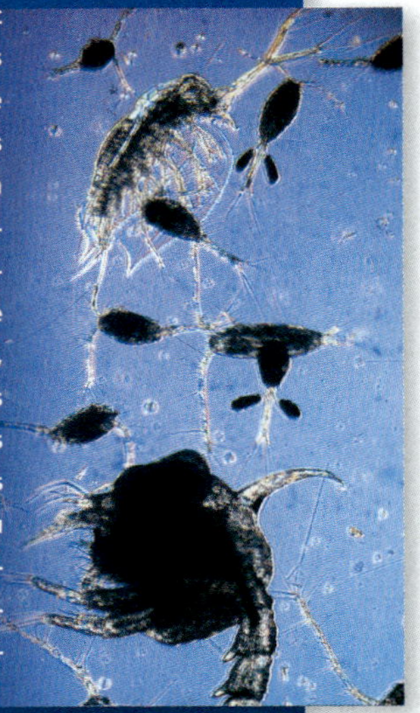

En conséquence de quoi les puces provoquent des démangeaisons et, plus grave, sont vectrices de maladies : la puce du rat a été responsable de la peste bubonique en Europe, celle du lapin est le principal vecteur de la myxomatose.

Le pou, au corps aplati, est quant à lui plutôt apparenté aux cigales et aux punaises. Il suce lui aussi le sang de ses hôtes mammifères. Il s'accroche aux poils par ses pattes griffues et peut également transmettre des maladies. La recherche de ses œufs, ou lentes, dans les cheveux des enfants fut pendant longtemps la première tâche des instituteurs. Presque tous les mammifères peuvent en être affectés. L'homme l'est principalement par quatre espèces : le pou de corps, anodin ; le pou de l'homme, qui peut transmettre le typhus ; le pou de tête – celui des écoliers –, toujours actif ; et le plus célèbre d'entre eux, le pou du pubis, ou morpion. D'autres poux, les mallophages, infestent surtout les oiseaux, qu'ils débarrassent des particules de peau et de plumes. Mais ils peuvent les tuer en les épuisant. Mauvaise fin : les poux ne survivent que trois jours à la disparition de leur hôte.

▲ *Pou du pubis. Également appelé morpion, ce cousin du pou contamine surtout des personnes jeunes, qui attrapent cet hôte malvenu lors de rapports sexuels.*

Un géant minuscule

On peut être nain, quasiment invisible… et néanmoins immense. C'est le cas des némertes. Avec leurs quelques millimètres de diamètre, ces invertébrés passent complètement inaperçus. Cachés sous un rocher, ils sont pelotonnés en tas anodins. Mais lorsqu'ils se déplient, ils atteignent plusieurs mètres de long. Le plus grand de tous, le némerte géant, mesure 60 m !

Les némertes sont des prédateurs d'une redoutable efficacité : à l'aide de leurs centaines d'yeux, dont certains sont dotés de cristallins, et de leurs organes spécifiques sensibles aux vibrations et aux odeurs, ils pistent patiemment leurs proies. Avec leur gigantesque trompe terminée par un stylet parfois aussi long qu'eux, ils attrapent de petits animaux, les emmaillotent, leur injectent un venin… et les dévorent.

Sous nos serviettes de bain

Les plages ne doivent leur stabilité qu'aux invertébrés vivant entre les grains de sable. Les labourer en profondeur pour les nettoyer les condamne à l'érosion. Parmi ces animaux grouillants mais invisibles, il y a les gastrotriches, qui ne mesurent pas plus de 0,3 mm de long. Hermaphrodites, ils perdent leur appareil génital mâle dès que les conditions de vie deviennent meilleures, et pratiquent alors la parthénogenèse (développement des œufs sans fécondation par des spermatozoïdes). Les kinorhynques sont à peine plus grands : 0, 5 mm de long en moyenne. Leur bouche rétractile attrape des débris organiques. Surtout, ils sont vivipares : comme nous, ils mettent au monde des jeunes déjà formés. Les loricifères ressemblent quant à eux à des pots de fleurs fanées, avec leurs grosses bouches entourées de tentacules. Il y a maints autres minivers, micromollusques, crustacés riquiquis ; tout un petit monde qui vit, chasse, se fait manger et meurt à l'abri des regards. Des relations existant entre ces animaux dépendent la granulométrie des plages et leur richesse en matière organique.

▼ *On a dénombré quelque 50 000 espèces d'acariens dans le monde. L'origine de ces minuscules animaux de l'embranchement des arthropodes reste énigmatique. Des chercheurs affirment l'avoir trouvée dans des vers parasites, les trématodes, aux systèmes de fixation fort semblables à ceux des acariens.*

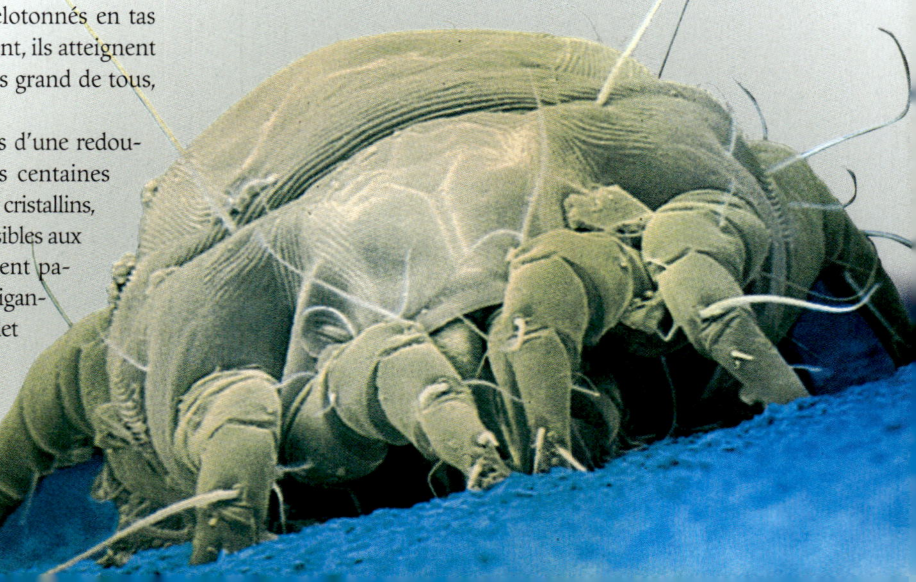

Chapitre
5

Sédentaires et migrateurs

La maîtrise de l'espace

Vol de flamants roses au-dessus du parc national du Banc d'Arguin (Mauritanie).

Nager et ne pas couler

Pour flotter et nager sous l'eau, les animaux jouent avec leur volume et avec leur densité. Leurs formes hydrodynamiques leur permettent d'avancer avec une étonnante aisance.

Le canard colvert a beau faire son poids, il ne coule pas. Il lui suffit de s'ébrouer pour que son plumage se gonfle – il est d'ailleurs imperméable – et emprisonne l'air comme le ferait une bouée. Le plumage ainsi gonflé, le colvert augmente son volume et diminue sa densité, qui est alors inférieure à celle de l'eau. Il flotte.

▲ *Ce colvert femelle flotte parce qu'il est moins dense que l'eau. La poussée d'Archimède, maximale, l'empêche de couler. Pour plonger, il lui suffit de chasser l'air de ses plumes.*

Du bon usage de la bouée

Lorsque le canard avance sur l'eau, il flotte en parfait équilibre, déplaçant exactement le volume d'eau correspondant à son poids. Un canard de 1 kg déplace 1 litre d'eau. Veut-il plonger ? D'un coup de rein vigoureux, il s'enfonce sous l'eau. La pression chasse l'air emprisonné dans ses plumes : notre canard a dégonflé sa bouée. Sa densité a augmenté et s'est rapprochée de celle de l'eau : il est presque à l'équilibre et il lui suffit d'un effort minime avec ses palmes pour se maintenir sous l'eau. Dès qu'il remonte à la surface, il gonfle ses plumes. Sa bouée à nouveau pleine, il nage sans effort.

Réglage en profondeur

Les poissons ne font pas autre chose. Ils utilisent leur vessie natatoire pour jouer avec leur volume et leur densité. Cet organe est une sorte de bouée qui se remplit ou se vide de gaz internes. À toute profondeur, les poissons peuvent ainsi régler leur volume, et donc leur flottabilité. La seiche, elle, n'a pas de vessie natatoire mais un « os » plein d'air. Quant au cachalot, il dispose d'un organe de spermaceti : c'est une grosse poche remplie d'huile située au sommet de son crâne. En la refroidissant ou en la réchauffant au moyen de son sang, le cétacé modifie le volume de l'huile et donc sa flottabilité.

À chacun sa technique

Il s'agit ensuite d'avancer. Les animaux aquatiques doivent composer avec leur force de poussée, la résistance de l'eau et leur capital énergétique. Ils se faufilent, en quelque sorte, pour nager sans s'épuiser. C'est ainsi que les poissons ont évolué de trois manières différentes. Il y a des spécialistes de la nage au long cours (les thons), d'autres de l'accélération fulgurante (les barracudas), d'autres enfin de la manœuvre (les poissons-papillons). Mais la majorité d'entre eux n'est pas spécialisée.

Le fuseau et la faucille

En terme d'efficacité énergétique, les grands pélagiques (poissons de pleine mer) sont les plus remarquables. Surtout les thons. Leur corps, aplati en forme de fuseau parfaitement symétrique, glisse dans l'eau sans résistance : il est hydrodynamique. Leur queue, une faucille très mince de grande envergure rattachée au corps par un fin pédoncule, peut les propulser à une quinzaine de kilomètres par heure pendant des jours, sans consommer beaucoup d'énergie à chaque battement. Piètres manœuvriers, mauvais sprinters, ils

▼ *La seiche est un véritable hélicoptère : son « os » assure sa flottabilité, et sa nageoire rubanée, en ondulant, lui permet de faire du sur-place.*

▲ Requin, espadon et barracuda (de gauche à droite). Trois types de chasseurs, trois façons d'utiliser l'hydrodynamisme, trois gestions de la vitesse.

▲ Les poissons-papillons vivent dans les coraux. Leur corps est un peu comme un œuf, qui bascule à la moindre poussée.

fondent sur leurs proies sans s'épuiser. Le requin mako, autre grand pélagique, est nettement moins efficace. Il nage en ondulant de presque tout le corps, alors que le thon n'agite que sa queue. Il dépense donc plus d'énergie et se déplace plus lentement, mais reste capable d'accélérations bien plus importantes.

Char d'assaut et capsule spatiale

Cela n'est rien, cependant, à côté d'un animal comme le barracuda (ou encore du brochet). Ce poisson manœuvre comme un char d'assaut, mais est capable d'accélérations foudroyantes que lui permet une queue massive reliée au corps sur une base très large : en un coup de nageoire, il a dépensé presque toute son énergie.

Le poisson-papillon vit dans le corail, milieu très complexe où il est particulièrement difficile de circuler. Son corps, de forme ovoïde, est très court et peut facilement basculer à la moindre poussée des nageoires pectorales, qui oscillent très vite autour du centre de gravité – de la même manière qu'une capsule spatiale, qui peut manœuvrer sur les trois axes sans avancer ni reculer.

110 km par heure

Tous les animaux marins, confrontés à la résistance de l'eau, ont évolué dans les mêmes directions. Les requins pélagiques, les dauphins et les baleines, mammifères de haute mer, mais aussi les manchots, ont globalement la même forme hydrodynamique. Ce sont cependant les poissons-voiliers qui se sont le mieux adaptés : pour éliminer toujours plus de turbulences lors de leurs déplacements, la mâchoire supérieure de ces poissons s'est allongée en forme d'éperon. La résistance que l'eau leur oppose est minimale et leur vitesse, maximale : plus de 110 km/h en pointe pour le marlin, et 50 de moyenne…

MARCHER SUR L'EAU

Certains animaux marchent sur l'eau : des insectes comme le gerris ou l'hydromètre et un grand lézard d'Amérique du Sud, le basilic (ci-contre), surnommé d'ailleurs lézard Jésus-Christ ! Incapables de modifier leur densité comme les poissons ou les oiseaux aquatiques, ils s'arrangent pour répartir leur faible poids sur le plus d'espace possible, ce qui diminue la pression qu'ils exercent à la surface de l'eau. Or, entre l'eau et l'air, la surface joue le rôle d'une peau ; la tension superficielle confère à la surface de l'eau une rigidité suffisante pour supporter une pression inférieure à la tension de la surface. Même un animal de poids comme le basilic parvient alors à marcher sur l'eau, grâce à ses pattes pourvues de doigts très longs qui répartissent la pression qu'il exerce.

L'espace est à eux

Voler, c'est d'abord une question d'anatomie. Et l'anatomie la mieux adaptée, c'est évidemment celle des oiseaux.

▲ *Comme tous les grands rapaces, le pygargue à tête blanche plane plus qu'il ne bat des ailes, utilisant notamment les courants thermiques ascendants.*

Là-haut, dans le ciel bleu et froid d'automne, une escadrille de grues sauvages passe en formation impeccable en claironnant. Elles filent vers le sud pour y passer l'hiver. Leurs grandes ailes alternent battements réguliers et longs planés. La grâce et l'élégance s'allient à l'efficacité. Déjà, elles disparaissent à l'horizon.

Leur vol semble si aisé. Rien à voir avec les efforts démesurés de l'homme, qui n'est parvenu à se soustraire au plancher des vaches qu'au prix d'une technologie sophistiquée. Les animaux volants, eux – et particulièrement les oiseaux –, sont naturellement dotés d'une technologie de pointe.

Os légers, muscles puissants

Pour voler, il faut d'abord être léger. Or le squelette constitue avec les muscles une part importante du poids. Les os longs des oiseaux sont pneumatisés – c'est-à-dire qu'ils sont creux à l'intérieur –, ce qui les rend légers, mais ils sont également munis d'un système « d'entretoises » qui les solidifie. Quant aux muscles, ils doivent être particulièrement puissants pour permettre le battement des ailes. C'est pourquoi les oiseaux possèdent, comme l'homme, un sternum, os triangulaire au niveau de la poitrine, mais pourvu chez eux d'une lame saillante, le bréchet, sur lequel s'insèrent les muscles pectoraux. Ce sont ces muscles qui sont responsables du vol. Quand ils se contractent, ils tirent l'aile vers le bas, puis d'autres muscles – les supracoracoïdes – se contractent à leur tour et, par un jeu de tendons, obligent l'aile à remonter.

Des bras pour voler

Les ailes de l'oiseau sont en réalité des membres supérieurs qui se sont transformés. Elles sont formées par les os du bras et de l'avant-bras, alors que chez les autres vertébrés volants (chauves-souris, par exemple), elles sont constituées par les os de la main. La longueur du bras, donc de l'humérus, varie en fonction des types de vol de l'espèce : chez les oiseaux planeurs (albatros, cigognes), cet os est particulièrement long. L'avant-bras, qui comprend le cubitus et le radius, est très développé chez les oiseaux au vol rapide tels les martinets ou les colibris.

PLANER N'EST PAS VOLER

Certaines espèces de grenouilles, de lézards, de serpents et d'écureuils, qui vivent en général dans la forêt tropicale, sont pourvues de replis de peau reliant leurs quatre membres, qui leur permettent d'effectuer des vols planés pour se déplacer. C'est grâce à ce moyen de locomotion que ces animaux passent rapidement d'un arbre à un autre. Les poissons volants, ou exocets (ci-contre), possèdent de grandes nageoires pectorales et pelviennes qu'ils déploient comme des ailes pour sauter hors de l'eau et planer sur de courtes distances. Ainsi échappent-ils aux prédateurs, comme les thons… pour devenir la proie des oiseaux.

▲ Os pneumatique (en coupe).

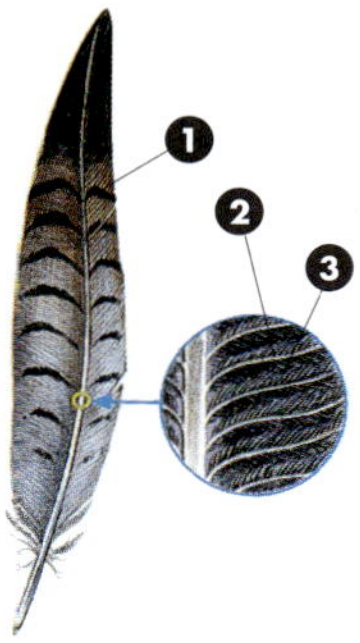

◀ De part et d'autre de l'axe de la plume ou hampe (1), les barbes (2) se ramifient en barbules (3). Ces dernières s'entremêlent pour former une sorte de nappe continue.

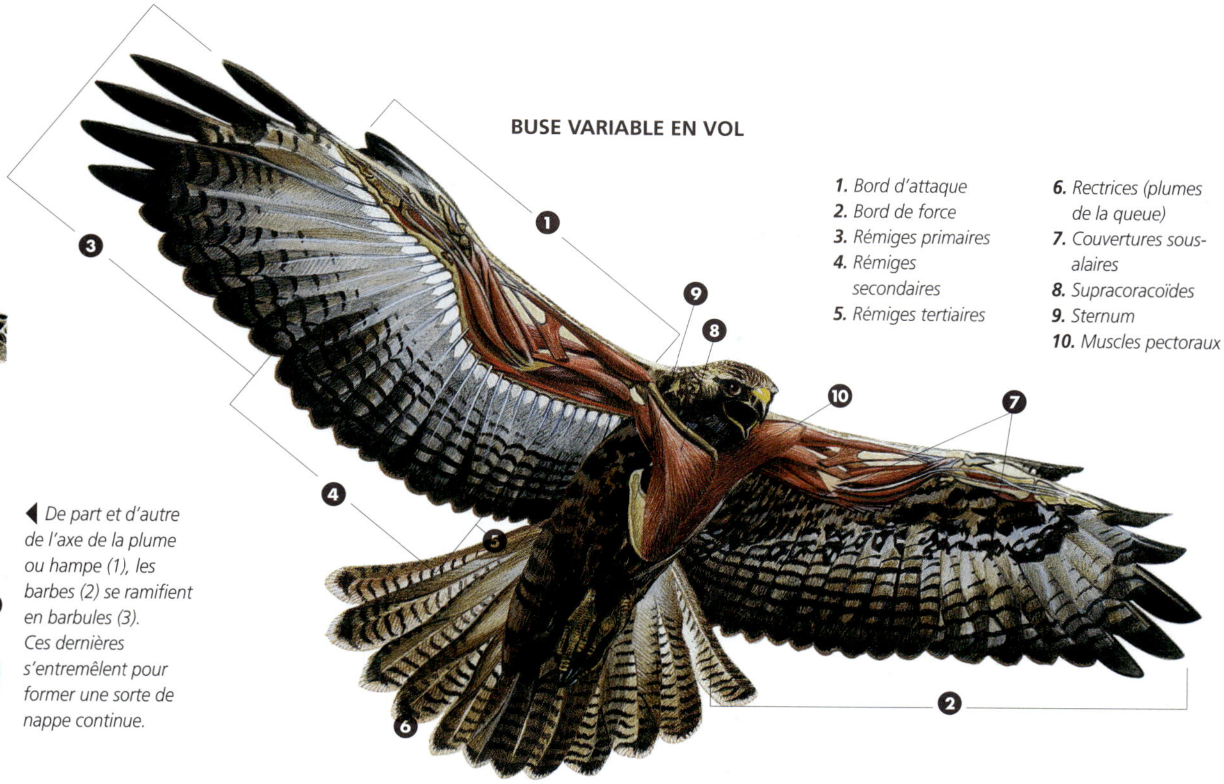

Enfin, les « doigts » jouent un rôle très important. Les os y sont en partie soudés et deux d'entre eux ont disparu (l'index et le médius). C'est sur ces doigts que s'insèrent les principales plumes du vol, les rémiges primaires.

▲ Ce murin est, comme toutes les chauves-souris, doté d'une membrane pour le vol et de deux griffes sur le pouce, à l'aide desquelles il se suspend au repos.

Plumes en tout genre

En général une dizaine de rémiges primaires (entre neuf et douze) sont implantées sur les doigts. Sur l'avant-bras sont fixées les rémiges secondaires, un peu plus petites que les précédentes. Toutes sont responsables du vol proprement dit, battu ou plané. Sur la partie antérieure des ailes se trouvent les couvertures, petites plumes imbriquées comme des ardoises sur un toit, plutôt vouées à l'aérodynamisme. Les plumes de la queue, ou rectrices, sont là à la fois pour servir de gouvernail et pour freiner l'oiseau lorsqu'il se pose.

La légèreté des plumes est également gage d'un vol aisé. Ainsi, le tuyau, ou hampe, qui constitue la partie centrale de la plume est creux. S'y attachent de part et d'autre des filaments, les barbes, ramifiées en barbules qui s'entrecroisent pour maintenir la cohérence générale de la plume et protéger l'oiseau du froid et de l'eau.

Mille façons de voler

Les ailes diffèrent selon les espèces, leur taille et leur forme étant fonction du type de vol. Plus l'aile est longue et fine, plus l'oiseau volera vite. De grosses ailes larges et rondes – comme celles des buses – permettent surtout de planer à la recherche de proies ou de migrer sans effort. Les canards sont pourvus d'ailes courtes mais pointues, d'où un vol battu très rapide.

Les colibris, ou oiseaux-mouches, quant à eux, ont des ailes très courtes, mais un métabolisme qui leur donne la possibilité de battre des ailes 90 fois par seconde et de pratiquer – un peu à la manière des libellules – le vol sur place et… en arrière !

Écureuil… vole !

Les oiseaux et les insectes ne sont pas les seuls à voler. Les chauves-souris sont des mammifères volants. Chez elles, point d'ailes, mais une membrane de peau, le patagium, qui relie les membres antérieurs aux chevilles et inclut souvent la queue, ainsi que quatre doigts très allongés qui soutiennent le patagium en vol.

Les écureuils volants, qui effectuent plutôt des vols planés, possèdent aussi un patagium, mais dépourvu de doigts.

▼ Tout pour butiner. Les colibris, originaires d'Amérique, sont les seuls oiseaux à savoir voler en marche arrière.

Ils rampent, sautent, courent

Pour qu'un vertébré puisse se déplacer à terre, il lui faut des pattes pour se soulever du sol et une colonne vertébrale pour ne pas s'effondrer sous son propre poids.

▲ *Le propithèque de Verreaux, un lémurien malgache, doit son agilité à la longueur de ses membres.*

Ichthyostega n'avait pas belle allure. Ce lourdaud fut un des premiers vertébrés à poser les quatre pattes sur la terre ferme. C'était il y a 340 millions d'années. Sa peau écailleuse, son crâne et sa longue queue rappelaient ses origines de poisson. Incapables de lutter longtemps contre la pesanteur, ses quatre membres trapus soulevaient à peine son corps. Ils ne permettaient que de courtes reptations, ventre à terre.

▲ *Pattes à ressort : ce sont celles de la grenouille. Plus longues que son corps, elles lui permettent d'avancer par bonds.*

Onduler, sauter : les amphibiens

Pour se déplacer, les amphibiens ont trouvé des solutions dès le Carbonifère (de –360 à –286 millions d'années), époque où ils régnaient en maîtres. La salamandre, par exemple, qui vit toujours parmi nous et dont les membres ne sont plus parallèles au sol, mais en position transversale : bras et avant-bras forment une équerre perpendiculaire au corps de l'animal, humérus et fémur sont parallèles au sol, tout comme la main et le pied. Seuls radius-cubitus et tibia-péroné sont verticaux. Ils soulèvent le corps, auquel ils impriment une ondulation saccadée lors de la marche. C'est efficace, commun à tous les amphibiens, mais cela ne permet pas d'atteindre des vitesses folles.

Les grenouilles se sont, elles, adaptées au saut : leurs pattes postérieures, démesurées, forment un ressort en Z. Une fois lancé, l'animal se réceptionne sur ses petites pattes antérieures, qui transmettent l'énergie de l'atterrissage à ses épaules, soudées en un solide sternum, ce qui permet d'amortir le choc. Les mustélidés (belette, putois), mammifères qui bondissent sur leurs proies, ont adopté une structure à ressort très semblable : leur squelette très long et flexible repose sur des pattes antérieures courtes, constamment repliées. Avec une telle anatomie, la belette peut se cacher au ras du sol et, en s'appuyant sur ses longues pattes postérieures, bondir en une fraction de seconde.

▼ *Membres trapus, presque rigides : tels sont les atouts de la taupe, qui font d'elle un terrassier hors pair.*

Lézards sans pattes

Tout autre est le squelette des serpents. Ces reptiles ont retrouvé l'ondulation de tout le corps propre aux poissons. Leur appareil locomoteur a disparu jusqu'aux ceintures (voir encadré ci-dessous), dont quelques traces demeurent chez les boas. Leurs ancêtres sont des lézards fouisseurs qui se sont adaptés à des niches écologiques très particulières où il s'agit, pour survivre, de se glisser dans des terrains meubles et des trous de petite taille. Au fil de l'évolution, leurs pattes ont fini par disparaître.

▲ *Dans tout milieu meuble, le mode de déplacement le plus rentable sur le plan énergétique est la reptation, qui, pour être rapide et efficace, impose de ne rien avoir « qui dépasse » : le squelette du serpent se limite à une colonne vertébrale et à des côtes, les membres ne subsistant qu'à l'état de traces.*

À la verticale, pour la vitesse

Avec les mammifères, les membres se dressent à la verticale. Fantastique innovation ! Plus libres dans leurs mouvements au niveau des ceintures, les membres dressés autorisent des déplacements plus rapides et plus longs. Les os en contact avec le sol sont orientés vers l'avant pour augmenter encore la vitesse potentielle. Les os du bassin sont soudés

UNE MÊME STRUCTURE POUR TOUS

Amphibiens, reptiles, oiseaux et mammifères ont une même structure interne : une colonne vertébrale *(1)*, deux ceintures, quatre membres ou traces de membres. Les ceintures antérieures (épaules) et postérieure (bassin) *(2)* sont chacune formées de trois os. L'un d'entre eux s'articule sur une vertèbre, les deux autres délimitent avec le premier une cavité où vient s'insérer un membre, formé de trois segments articulés entre eux. Le premier, appelé humérus (membre antérieur) ou fémur (membre postérieur) *(3)* est directement en contact avec une ceinture. Le deuxième est dédoublé : radius-cubitus pour l'antérieur, tibia-péroné pour le postérieur *(4)*. Le troisième est subdivisé en carpe (poignet)-métacarpes-doigts pour la main, et tarse (cheville)-métatarses-doigts *(5)* pour le pied.

▲ *Les impalas sont la proie des carnassiers. Heureusement, la nature les a dotés d'une vitesse de fuite moyenne supérieure à celle de leurs prédateurs.*

en un seul coccyx, qui renforce la mécanique propulsive. Les espèces taillées pour la course (lion, antilope, etc.) voient en plus leur empreinte au sol diminuer. Le but ? Limiter la surface des pattes en contact avec le sol et gagner toujours plus en vitesse. Les chiens et les félins marchent ainsi sur leurs seuls doigts tandis que les ongulés (sanglier, gazelle, cerf, buffle, etc.) s'appuient sur… leurs ongles – le cheval galopant sur un ongle seulement.

Le guépard doit sa célérité à l'élasticité de sa colonne vertébrale, qui fait office de ressort et facilite la course de l'animal tout autant que ses deux ceintures (les épaules et le bassin). Le guépard peut ainsi atteindre 110 km/h durant quelques secondes, mais, sur longue distance, il n'égalera jamais l'antilope pronghorn d'Amérique du Nord, le plus rapide des vertébrés terrestres. Beaucoup plus musclée que le guépard, elle a un cœur qui bat aussi plus vite et son sang, plus riche en hémoglobine, est alimenté en oxygène par des poumons énormes. Le pronghorn peut ainsi galoper à 65 km/h pendant une dizaine de minutes !

▲ *La fouine chasse à l'affût. Comme le crapaud, elle est dotée d'un squelette qui lui permet de faire des bonds très brusques.*

Un squelette plastique

Là ne s'arrêtent pas les capacités des mammifères. C'est parce qu'elle possède des os raccourcis et épaissis aux doigts allongés que la taupe pousse la terre si facilement. Les lémuriens bondissent grâce à leurs tarses démesurés, les kangourous ou les lapins sautent en s'appuyant sur leurs longs métatarses. Beaucoup de primates se sont quant à eux adaptés à la vie arboricole. Leurs longs bras pourvus de longues griffes et de pouces opposables leur permettent de bien saisir n'importe quelle branche. De fait, le squelette des mammifères permet toutes les adaptations possibles. Et sa plasticité explique en grande partie la réussite évolutive de ces animaux. Tout comme celle des dinosaures ; car ces derniers reposaient aussi sur des membres bien dressés…

▲ *Chez le guépard, épaules et bassin peuvent pivoter vers l'avant et l'arrière sur leur vertèbre respective. Les mouvements des pattes ne sont pas entravés : la course est facilitée.*

Loup *Ses membres sont longs, assez peu flexibles, afin qu'ils puissent bouger dans un plan parallèle à l'axe du corps, ce qui lui permet de courir vite sans trop d'efforts.*

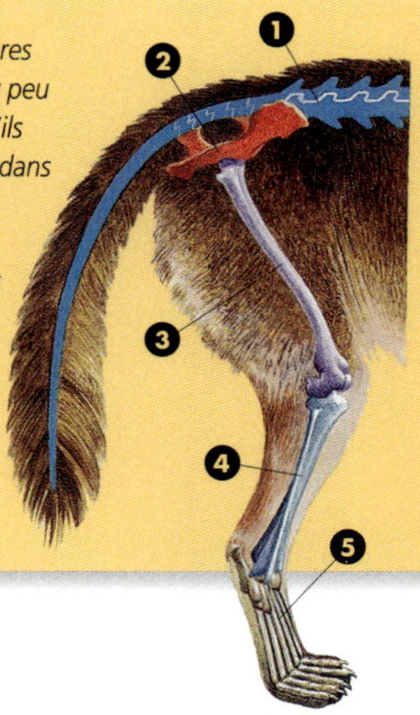

Varan *La partie supérieure de chaque membre permet à ses pattes d'être soit écartées (lorsque l'animal marche lentement), soit placées sous son corps (lorsqu'il court).*

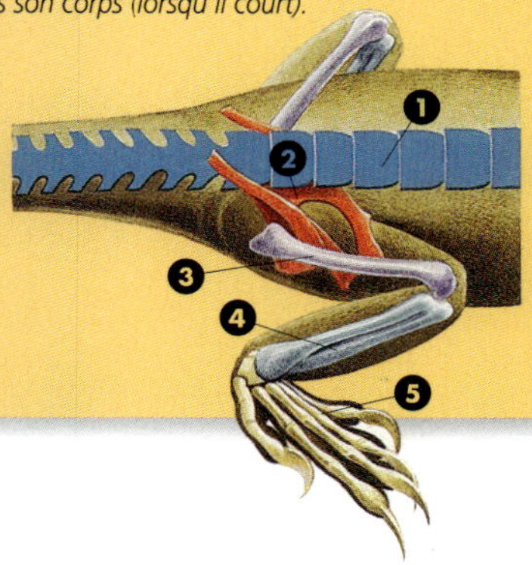

Grenouille *La flexibilité des articulations et l'allongement du tibia lui permettent de se projeter en l'air lorsque ses membres inférieurs se détendent.*

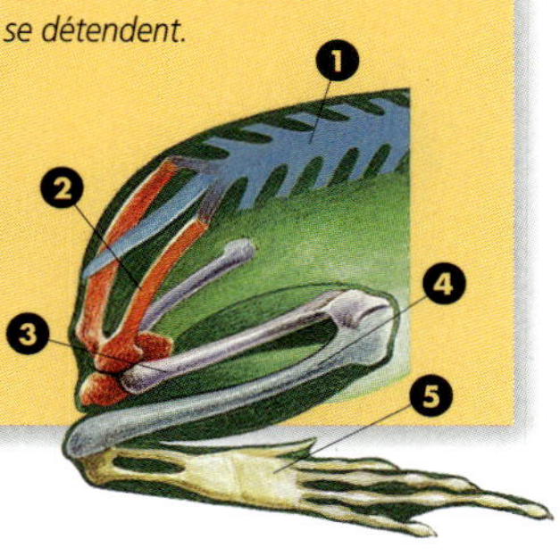

Une vie nomade

Certaines espèces ne sont pas à proprement parler migratrices, mais se déplacent de façon imprévisible pour trouver de meilleures conditions de subsistance.

▲ *Le jaseur boréal peut effectuer des déplacements de grande envergure vers l'Europe de l'Ouest si les baies dont il se nourrit viennent à manquer.*

◀ *Pour les gnous d'Afrique de l'Est, les déplacements saisonniers sont synonymes de danger : prédateurs à l'affût, périlleux obstacles comme cette tumultueuse rivière, possibilité de trouver des pacages jaunis par la sécheresse sont autant de risques mortels.*

La plaine du Serengeti est immense. Ici, en Tanzanie, même les plus blasés ne se lassent pas du spectacle : des dizaines de milliers de zèbres et de gnous courent en files ininterrompues, longues de plusieurs kilomètres, à perte de vue. Tous vont vers le nord. Nous sommes en mai, et l'herbe se fait rare. Il est temps de se rendre sur d'autres pacages, et notamment ceux du Masai-Mara.

Errances au gré des pluies

Les gnous et les zèbres, mais aussi les gazelles, sont des herbivores dépendants des périodes de pluie, qui verdissent d'un seul coup la savane de l'Est africain. Groupés en hordes immenses, ils se déplacent en permanence à la recherche des meilleurs herbages. En été, ils remontent loin vers le nord, au Kenya, puis, quand reviennent les pluies, ils redescendent vers le sud. Ces mouvements, bien que prévisibles, ne sont jamais identiques d'une saison à l'autre. Si l'année est pluvieuse, les animaux parcourront de courtes distances. En revanche, ils erreront sur des distances d'autant plus grandes que la sécheresse perdurera.

Ce périple n'est pas sans présenter de danger. Il faut traverser des fleuves, et les prédateurs – lions, hyènes et lycaons – sont constamment présents, à l'affût du moindre animal malade ou du jeune laissé seul un instant.

En Asie centrale, au printemps, les antilopes saïgas migrent de la région de la Caspienne vers le nord pour donner naissance aux jeunes. Puis les animaux redescendent, si les pluies – et l'herbe – sont assez abondantes. Dans le cas contraire, les saïgas doivent se déplacer nettement plus vers l'ouest. Des millions d'animaux entreprenaient autrefois de tels déplacements ; aujourd'hui, leur nombre a sévèrement chuté, en raison d'une chasse effrénée.

Le bison d'Amérique migrait lui aussi au gré des vertes pâtures. De nos jours, ses populations ne sont plus aussi nombreuses qu'autrefois et, surtout, les espaces lui permettant de se déplacer se sont considérablement réduits, si bien que cette espèce s'est en grande partie sédentarisée.

Échasses fantaisistes

Il est aussi des oiseaux qui vagabondent. Mais il est fort difficile de prévoir, d'une année sur l'autre, quelles zones ils auront élues pour nicher.

L'échasse à tête blanche australienne niche dans les zones désertiques. Si la pluie est au rendez-vous et couvre le désert de lagunes et de mares temporaires, des milliers de couples nichent côte à côte. On a même compté une colonie regroupant plus de 150 000 couveurs ! Mais, l'année suivante, si le sol est sec, aucune échasse ne sera présente sur cette zone. Sur notre continent, l'échasse blanche niche habituellement en Europe du Sud, mais, si la sécheresse sévit en Espagne, par

▶ *Les bisons d'Amérique se déplaçaient autrefois au gré de la pousse de l'herbe. Ils vivent aujourd'hui souvent cloisonnés dans des parcs.*

▶ *Comme les gnous et certaines gazelles, les zèbres doivent parcourir de grandes étendues pour subvenir à leurs besoins alimentaires.*

▲ *Se nourrissant exclusivement de cônes de pin, le bec-croisé des sapins peut se livrer à de véritables invasions des zones où il ne niche pas si, d'aventure, il est confronté à une pénurie de ces fruits, un phénomène cyclique.*

exemple, elle peut se déplacer nettement vers le nord et élire domicile jusqu'en Grande-Bretagne et aux Pays-Bas.

Des envahisseurs imprévisibles

Les espèces dépendant des baies, des faines ou des cônes de pin qui nichent dans le nord de l'Europe, de l'Amérique du Nord ou de la Sibérie – le casse-noix moucheté ou le geai des chênes chez les corvidés, quelques espèces de mésanges et de sittelles – peuvent effectuer des déplacements soudains, à l'automne, lorsque la fructification a été mauvaise dans leur aire normale de reproduction et que la nourriture vient à manquer. Elles migrent alors sur de grandes distances vers le sud ou l'ouest.
Les becs-croisés, petits passereaux de Scandinavie et de Sibérie, se nourrissent exclusivement de cônes de pin. Lorsque ce fruit se fait rare, ils se rendent en masse jusqu'en Europe de l'Ouest, où la nourriture est suffisamment abondante pour qu'ils puissent se reproduire en plein hiver. On pense qu'ils repartent ensuite vers leurs contrées d'origine, mais on ne sait si ce retour est systématique.
Des arrivées massives de becs-croisés bifasciés, une espèce proche, ont été également constatées jusque dans le centre des États-Unis, pour ceux qui nichent dans la forêt boréale du Canada, et jusque dans les pays Baltes, voire aux Pays-Bas, pour ceux qui nichent en Sibérie.
Les habitants des pays scandinaves, des Pays-Bas, ou d'Allemagne voient parfois soudainement apparaître des groupes de jaseurs boréaux originaires de Scandinavie et de Sibérie occidentale. En raison d'un hiver glacial, ces superbes oiseaux n'ont sans doute pas trouvé sur leurs territoires habituels les baies dont ils sont friands. Ils furent ainsi longtemps considérés comme des animaux de mauvais augure – d'où leur surnom d'oiseaux de la peste – annonçant un hiver rigoureux et son cortège de misères.

Déferlement de criquets

▲ *Les criquets pèlerins connaissent des explosions démographiques aux origines complexes. Ils effectuent alors des déplacements dans toute l'Afrique sahélienne, dévorant sur leur passage toutes les cultures, dévastées en quelques minutes.*

Le criquet pèlerin vit en général en solitaire dans les régions saharienne et sahélienne. Il est alors tout à fait inoffensif. Cependant, lorsque des pluies, associées à une certaine chaleur, permettent l'émergence de prairies naturelles, cet insecte subit une transformation particulière. D'animal solitaire, il devient peu à peu grégaire, tandis que son cycle de reproduction s'accélère. Les femelles pondent alors une à quatre fois tous les 6 jours. Chaque ponte contient entre 35 et 70 œufs. Le développement embryonnaire ne dure que 10 jours, le développement des larves 25 jours, et les adultes vivent 35 jours ; une génération nouvelle apparaît ainsi tous les 45 à 60 jours !
Les essaims se font de plus en plus importants – ils comptent parfois plusieurs dizaines de millions d'individus –, se déplacent très vite, à une altitude élevée (jusqu'à 3 000 m) et sur de longues distances en direction de l'Afrique du Nord-Ouest ou de l'Est, atteignant parfois l'Inde. Certains ont même traversé l'Atlantique et se sont retrouvés au Brésil. Ils dévorent tout sur leur passage, y compris les récoltes. Il faut souvent des moyens radicaux (insecticides) pour venir à bout de ce fléau qui revient, hélas, régulièrement.

DES COLONNES DÉVASTATRICES

Les fourmis légionnaires, notamment dans les régions tropicales – *Dorylus* et *Anomma* d'Afrique ou encore *Eciton* d'Amérique –, se déplacent sans cesse, si bien que leurs fourmilières sont toujours provisoires. Elles adoptent des formations en colonnes serrées, qui peuvent atteindre 1 km de long et 20 cm de large. Les ouvrières, aux redoutables mandibules, sont à leur tête. Aucun végétal, nul animal ne leur résiste. Après leur passage, c'est un désert…

▲ *Ces coccinelles du Sud-Ouest américain se rassemblent pour hiverner en altitude, là où le climat, plus sain et plus frais, est défavorable aux champignons qui les parasitent.*

LES MIGRATIONS DES INSECTES

L'odyssée des petites bêtes

La recherche de conditions climatiques plus clémentes ou de nourriture pousse certaines espèces d'insectes à effectuer d'importants déplacements saisonniers.

Il y a quelques années, les habitants de la péninsule Ibérique se sont découvert un nouvel hôte, un grand papillon aux belles ailes orange marquées de noir : le monarque avait franchi l'Atlantique, après avoir fait escale aux Açores et aux Canaries.

Canada-Mexique : le marathon du monarque

Ce frêle insecte est capable de parcourir des milliers de kilomètres. Pas étonnant qu'avec ces dispositions de marathonien il franchisse les océans. Le Pacifique ne l'a même pas impressionné, puisqu'il est parvenu jusqu'en Chine et en Australie.
En été, en Amérique du Nord et au Canada, les chenilles du monarque se développent sur certaines plantes, les asclépiades, dont elles absorbent la sève toxique. Les papillons éclos à l'automne se gavent de nectar, qu'ils stockent sous forme de graisse. Quand les réserves sont suffisantes, ils se rassemblent en vols importants qui descendent vers le sud : Floride, Californie et même Mexico, à 3 000 km de leur point de départ.
Ils hivernent perchés sur les arbres. En présence d'asclépiades, dans certaines régions, ils se reproduisent. Au printemps, avec les papillons nouvellement éclos, les hivernants remontent vers le nord en suivant la pousse des asclépiades. Ce long déplacement aller et retour, analogue aux migrations des oiseaux, est une exception chez les insectes.

▼ *Grandes voyageuses, les belles-dames partent d'Afrique pour le Grand Nord… où bien peu survivent à la rigueur de l'hiver.*

▲ *Les vols de monarques, spectaculaires, rassemblent parfois des millions d'individus que l'on peut voir défiler des heures durant.*

Vive la fraîcheur !

D'autres papillons remontent du sud au printemps. C'est en particulier le cas des belles-dames, qui partent d'Afrique pour atteindre le cercle polaire. Mais seules quelques-unes survivent et redescendent vers le sud à l'automne.
À cette saison, certaines libellules se dispersent aussi en vols nombreux, mais ne retournent pas ensuite à leur point de départ comme le font les monarques.
D'autres insectes, telles les coccinelles du bassin méditerranéen ou de Californie, ou encore la punaise des blés d'Asie occidentale, effectuent des migrations saisonnières aller et retour, mais sur des distances relativement courtes. Ils quittent les régions chaudes de plaine pour des terres d'altitude où le climat leur permettra peut-être d'éliminer leurs parasites.

Mouvement perpétuel

À l'exception des plantes, les espèces vivantes de la nature sont constamment en mouvement. Toute une panoplie de déplacements existe entre la stricte sédentarité du lichen ou du chêne et les migrations au long cours du martinet noir, qui parcourt un million de kilomètres dans sa vie entière : déplacements saisonniers – latitudinaux (du nord au sud ou l'inverse), longitudinaux (d'est en ouest ou le contraire) ou altitudinaux ; et déplacements nycthéméraux, c'est-à-dire en fonction du jour et de la nuit.

▲ **Voyageurs malgré eux**
Les balanes, comme les anatifes, sont de petits crustacés de la sous-classe des cirripèdes. Jeunes, ils vivent sous forme de larve mobile. À l'âge adulte, ils se fixent sur un substrat, souvent rocheux, d'où ils ne bougeront plus jusqu'à leur mort. On peut donc les considérer comme des animaux strictement sédentaires. Mais certains substrats, eux, ne restent pas en place. C'est le cas des bois flottant sur l'océan, sur lesquels les anatifes élisent souvent domicile, et des baleines, dont le dos offre un asile définitif à des colonies de balanes. C'est ainsi que ces animaux sédentaires voyagent… malgré eux.

Sédentaires à vie

Difficile d'être plus sédentaire qu'un palétuvier dans une mangrove. Chez certaines espèces, les graines que produit un pied adulte se développent en forme de pointe. Quand la graine est mûre, elle tombe au sol et va se ficher dans la vase, au pied de l'arbre dont elle est issue. Elle donnera un nouveau plant à l'endroit exact où elle est tombée. Certes, les végétaux sont tous sédentaires. Mais il n'en va pas toujours ainsi de leurs graines, parfois ailées, et qui peuvent, au gré du vent, accomplir d'immenses voyages. Les noix de coco, qui, elles, sont souvent emportées par la mer, ont ainsi colonisé la plupart des îles tropicales de notre planète.

▸ Et pourtant, elles bougent !

Dans le monde des invertébrés marins, il est des espèces que l'on croit immobiles. Ainsi en va-t-il des anémones-de-mer (ci-contre) sur leur récif corallien ou, dans les régions tempérées, des patelles, des bigorneaux ou des coquilles Saint-Jacques. Mais l'on se trompe. En cas de danger, ces animaux sont capables de se déplacer, sur de très courtes distances : les anémones-de-mer en exécutant une sorte de danse de Saint-Guy, les patelles et les bigorneaux en rampant sur leur pied unique très développé, les coquilles Saint-Jacques en « claquant du bec » (c'est-à-dire en ouvrant et en fermant leur coquille).

▾ Migrations à saute-mouton

Chez certaines espèces d'oiseaux, comme les pouillots véloces, les déplacements varient selon la concurrence entre congénères. Si les pouillots véloces nichant sur les bords

de la Méditerranée trouvent sur place en hiver la nourriture nécessaire et sont presque sédentaires, ceux de l'Europe tempérée (îles Britanniques, nord de la France…) doivent en hiver trouver des conditions meilleures : ils migrent jusqu'au bord de la Méditerranée et parfois jusqu'en Espagne et en Afrique du Nord, car les pouillots des bords de la Méditerranée occupent déjà en partie les sites d'hivernage. Enfin, les pouillots véloces d'Eurasie, qui nichent dans les forêts sibériennes ou scandinaves, effectuent en hiver de bien plus longues migrations, jusqu'en Afrique tropicale ou en Inde, pour éviter à leur tour la concurrence de leurs cousins plus méridionaux. C'est ce que l'on appelle la migration à saute-mouton !

▾ Ils descendent de la montagne

Les animaux vivant près des sommets – des mammifères et, surtout, des oiseaux – effectuent des migrations altitudinales saisonnières. En été, ils vivent à plus de 3 000 m. En hiver, avec l'arrivée du froid et surtout de la neige, ils descendent vers des zones plus tempérées.
Ainsi, les bouquetins (ci-dessous) ou les chamois quittent les pierriers pour gagner la limite supérieure des forêts, là où l'herbe est encore présente. À l'automne, le tichodrome échelette, les mésanges ou les pinsons et la plupart des oiseaux montagnards rejoignent les vallées. Certaines espèces, comme le pipit spioncelle, descendent si bas qu'on les aperçoit souvent… au bord de la mer !

▸ Voyageurs de la nuit

Dans les océans, le plancton peut effectuer des migrations dites nycthémérales, c'est-à-dire qui suivent l'alternance du jour et de la nuit. Le jour, le zooplancton (comme certains copépodes) descend dans les profondeurs marines et, la nuit, il remonte vers la surface. On a d'abord pensé que ces mouvements étaient liés à la lumière, ces animalcules préférant vivre dans un environnement où elle est de faible intensité. C'est en réalité l'alimentation qui détermine ces déplacements : les espèces zooplanctoniques remontent la nuit vers la surface, où la nourriture est plus abondante et où elles risquent moins d'être repérées, et redescendent ensuite vers les profondeurs pour éviter d'être mangées à leur tour.

Les migrations des oiseaux

La même route, chaque année

Certaines espèces d'oiseaux effectuent systématiquement, deux fois par an, à la même époque, des voyages d'une distance considérable. C'est au prix de multiples dangers qu'ils trouvent ainsi de meilleures conditions de nourriture.

▲ *Chaque automne, les hirondelles descendent d'Europe vers l'Afrique tropicale.*

C'est la fin de l'été. Dans ce village d'Allemagne occidentale, les hirondelles ont commencé à se rassembler. Étonnant spectacle que ces oiseaux agglutinés sur les fils électriques, le soir venu, et qui semblent lancés dans de longs discours ! On y distingue les jeunes de l'année et les parents, qui ont niché dans les différentes habitations du village. Dans quelques jours, un beau matin, ils auront disparu… jusqu'au printemps suivant.

À tire-d'aile par-delà mer et déserts

L'hirondelle rustique est la plus commune des hirondelles. Elle niche aussi bien en Asie septentrionale qu'en Europe et en Amérique du Nord. Toutes les hirondelles migrent, mais le voyage le plus parsemé d'embûches est incontestablement celui des espèces qui se reproduisent en Europe.

Suivons nos hirondelles allemandes. Il va leur falloir d'abord traverser une partie de ce pays, puis la France, franchir les Pyrénées, puis l'Espagne, avant de s'élancer au-dessus de Gibraltar – ou, pour les plus téméraires, traverser la Méditerranée sans passer par le détroit, parfois au prix d'une noyade due à l'épuisement – pour rejoindre le Maghreb. Voici nos hirondelles en Afrique. Il faut poursuivre et franchir le Sahara. Là, les oasis sont rares, la nourriture aussi. Et les pertes sont considérables, notamment chez les jeunes oiseaux, moins expérimentés que les adultes. Même si tous ont fait de solides provisions de graisse avant cette traversée périlleuse, il suffit qu'une tempête de sable ou des conditions météorologiques difficiles surviennent pour qu'ils soient tout à coup obli-

◀ ▲ *La sterne arctique est l'un des plus grands voyageurs du monde animal : depuis l'Arctique, où elle niche, elle hiverne… au nord de l'Antarctique.*

Albatros. Ces grands oiseaux (ils peuvent dépasser 1,30 m de long et 3 m d'envergure) sont de véritables « coureurs des mers », capables de parcourir des distances considérables au-dessus des océans.

gés de se poser n'importe où dans le désert. Et s'ils n'y trouvent pas de quoi recharger leurs batteries, c'est la mort assurée.

Un retour incertain

Pour les survivantes vient ensuite le Sahel, un peu plus accueillant. Certaines hirondelles s'y arrêtent, d'autres poursuivent plus au sud encore, jusqu'en Afrique tropicale et même au-delà de l'équateur. Des oiseaux nés en Angleterre ont été trouvés hivernant en… Afrique du Sud ! Pendant quelques mois, c'est le répit. Chaleur et insectes sont au rendez-vous sous le soleil africain.

Mais, dès la fin de l'hiver boréal, il faut songer au retour. Et les oiseaux commencent à remonter vers le nord. Même trajet, mêmes dangers. Dès février, quelques éclaireurs pointent le bout de leur bec dans le sud de l'Europe, mais le gros du contingent n'arrive qu'à partir de la fin mars et en avril. Les oiseaux qui nichent le plus au nord de notre continent passent encore sur l'Europe de l'Ouest jusqu'à la mi-mai. Cet aller-retour s'effectue au prix fort: au cours de ces migrations annuelles, la moitié de la population d'hirondelles rustiques ne survit pas.

Grands voiliers

Le long voyage du puffin fuligineux est, chaque année, une quête permanente d'eaux plus riches en ressources alimentaires. Cet oiseau marin, aux longues ailes fines, niche dans l'hémisphère Sud, du cap Horn aux îles de l'Atlantique Sud. Après la reproduction, qui a lieu pendant l'hiver austral, les oiseaux migrent vers le nord. Certains empruntent la voie du Pacifique, d'autres celle de l'Atlantique.

Les oiseaux « atlantiques » longent les côtes américaines jusqu'au sud du Groenland, puis amorcent une boucle vers l'est qui les amène au large des côtes européennes. Ensuite, en longeant ces côtes, ils descendent lentement vers le sud, prenant la direction des sites de nidification, qu'ils atteindront au mois de novembre ou décembre.

LE GRAND VOYAGE ANNUEL DES OISEAUX MIGRATEURS

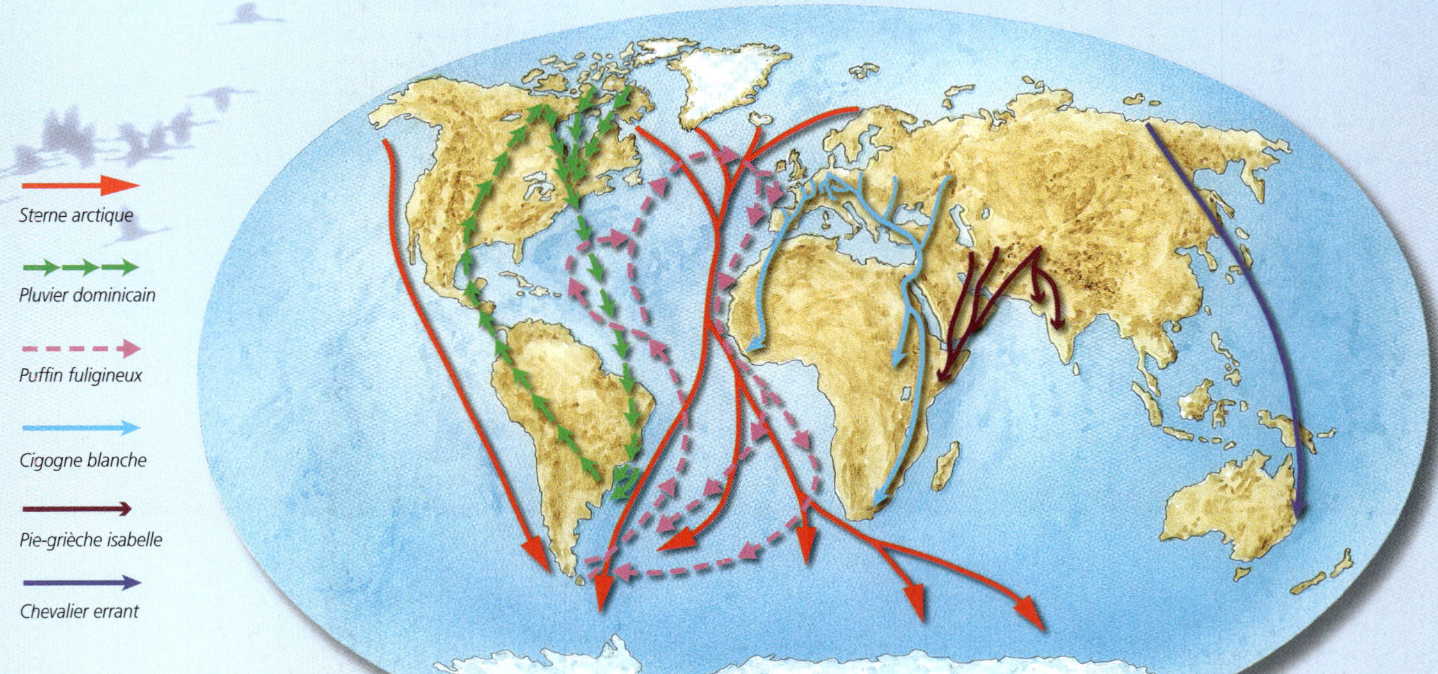

▲ *Les cigognes blanches d'Europe migrent pour la plupart vers l'Afrique du Nord dès la fin de l'été, après l'envol des jeunes.*

La sterne arctique, proche des mouettes, effectue quant à elle un voyage plus spectaculaire encore. Cet oiseau niche en été dans la région circumpolaire de l'hémisphère Nord. L'automne venu, elle file vers le sud, via le Pacifique ou l'Atlantique, selon les populations, pour rejoindre ses quartiers d'hiver, situés dans les eaux subantarctiques. Après y avoir passé la mauvaise saison (car c'est l'été au pôle Sud), notre sterne remonte vaillamment vers la toundra du Grand Nord et entame une nouvelle saison de reproduction. Résultat : jusqu'à 40 000 km parcourus au-dessus des mers, soit… le tour de la Terre !

Vol perpétuel et tour du monde

Chez les grands albatros, une fois la saison de reproduction terminée, les adultes voyagent autour de l'Antarctique pendant des mois, couvrant des dizaines de milliers de kilomètres et ne se posant sur l'eau que pour se nourrir des détritus flottant à la surface. Les jeunes connaissent une errance beaucoup plus longue, de neuf à dix ans, jusqu'à ce qu'ils soient matures – cette espèce a une espérance de vie de plusieurs dizaines d'années –, les adultes leur interdisant de rester sur les sites de naissance, qu'ils occupent en période de reproduction. Les exclus mettent d'ailleurs parfois à profit cette période pour prospecter de nouveaux sites et dénicher enfin, le temps venu, un îlot subantarctique pour se reproduire à leur tour.

▲ *Les rouges-gorges sont, selon les régions où ils habitent, migrateurs sur d'assez grandes distances ou sédentaires.*

Qui va à la chasse… perd sa place !

Mais pourquoi donc migrent-ils ? Si loin et au péril de leur vie ? Les espèces d'oiseaux insectivores quittent les régions tempérées en hiver pour des cieux plus cléments où la nourriture est présente en permanence. Les espèces herbivores ou granivores, elles, se déplacent des régions septentrionales enneigées ou gelées pour hiverner dans les contrées tempérées où la nourriture est accessible.

Des espèces aussi petites que les pouillots, les gobe-mouches, les parulines ou les rossignols accomplissent ainsi des trajets de 3 000 à 4 000 km pour rejoindre les terres tropicales. Lorsque les cigognes, les pélicans, certains rapaces quittent par exemple leurs quartiers d'été d'Europe centrale ou de Sibérie occidentale pour descendre vers le sud, viennent alors s'y installer des oies, des canards, des grues, des grives, des pinsons ou des bruants venus du nord de la Sibérie ou de la Scandinavie.

Et le rouge-gorge du jardin que l'on voit toute l'année ? Est-il sédentaire ? Pas toujours. En certaines régions, les oiseaux nicheurs quittent l'hiver leur territoire pour aller plus au sud ; mais un congénère nordique prend alors leur place ! En hiver, celui que nous prenons pour « notre » rouge-gorge est peut-être en réalité son cousin venu du froid.

MIGRATIONS INVERSÉES

La migration des oiseaux suit des lois immuables. Mais des « accidents de parcours » peuvent survenir. Ainsi, chez les jeunes oiseaux peu aguerris à la migration, on observe un curieux phénomène : au lieu de migrer dans la direction définie pour l'ensemble de l'espèce, quelques individus prennent la direction opposée. Ainsi, en Sibérie, où la plupart des passereaux migrateurs s'en vont vers le sud-est (Asie tropicale), ils partent vers le nord-ouest. Pouillots, gobe-mouches nains (ci-contre), bruants ou fauvettes sont parmi les espèces sujettes à de telles « inversions ». S'agit-il d'une erreur de codage génétique, ou ces oiseaux sont-ils des éclaireurs à la recherche de futures zones de reproduction ? Le mystère reste entier.

Des animaux qui migrent grâce à l'homme

Passagers clandestins

▲ *Équipement de voyage. La blatte protège ses œufs dans une « boîte » qu'elle transporte avec elle.*

Le transport par l'homme, à son insu, de quantité d'animaux – cafards, mollusques foreurs de coque ou moustiques vecteurs de maladies – a parfois des conséquences dramatiques.

Les villes de Narita, au Japon, Roissy, en France, et Queens, aux États-Unis, ont un curieux point commun : ce sont des zones où règne le paludisme ! Bien qu'éloignées des marécages tropicaux où sévit le plasmodium, protozoaire responsable de cette maladie, ces localités accueillent les aéroports internationaux de Tokyo, Paris et New York. Et les avions transportent confortablement, dans leurs carlingues pressurisées, les moustiques anophèles qui transmettent le parasite.

Les maladies voyagent avec eux

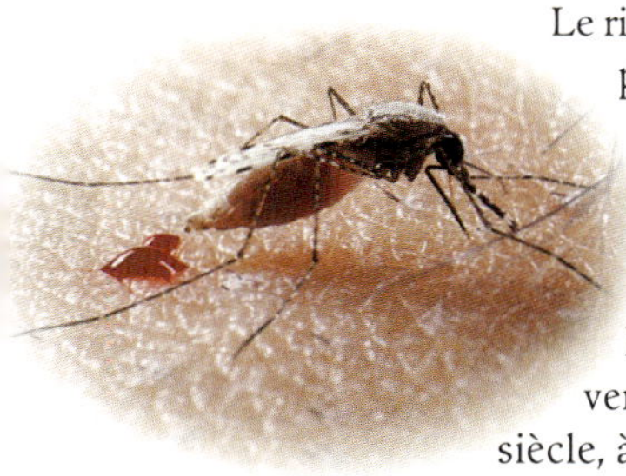

▲ *Cette femelle d'anophèle prend son repas de sang ; elle mettra plusieurs jours à le digérer. Le parasite responsable du paludisme, qu'elle transmet, résistera pourtant et pourra être transmis à la prochaine piqûre.*

Le risque de contamination dans les aéroports et les zones d'habitation qui les bordent est faible, mais réel, particulièrement lors des chaleurs estivales. Les vols en provenance des tropiques sont plus fréquents pendant les vacances et les moustiques survivent plus longtemps. En un quart de siècle, à Paris, vingt-huit cas de paludisme d'aéroport ont été identifiés, soit plus d'un cas par an. Pour limiter le danger, des consignes strictes de désinsectisation des avions sont appliquées.

Un autre voyageur involontaire causa au XIVe siècle des ravages dans toute l'Europe : le rat noir, embarqué en Asie dans la soute des navires en compagnie de sa puce et débarqué dans les grands ports d'Occident. Car cette puce, qui pique les rats comme les hommes, transmet le microbe de la peste. La peste noire tua 25 millions de personnes en Europe occidentale – le tiers de la population.

Envahisseurs sans frontières

Les cafards, ou blattes, pullulent à proximité de l'homme sur tous les continents. Impossible de savoir quel est leur berceau d'origine. Ils sont venus dans des cargaisons provenant des régions chaudes, car sous nos climats ils ne survivent que dans les immeubles chauffés, à l'atmosphère suffisamment humide.

▲ *Les tarets : des mollusques itinérants grands amateurs de bois.*

Les tarets, mollusques tropicaux foreurs de bois immergé, ont élu domicile dans les coques des navires lors des voyages vers les mers chaudes à partir de la fin du Moyen Âge. Parvenus en Hollande, ils se sont attaqués aux pieux des digues protégeant les polders. Au XVIIIe siècle, ils menaçaient de détruire les défenses patiemment élaborées par les hommes contre l'avancée des eaux.

Cette dispersion involontaire des espèces vivantes par l'homme au cours de ses voyages a de l'avenir. D'après certains scientifiques, la vie existe sur la Lune, sous forme de spores de bactéries apportées par les engins spatiaux !

▶ *On ne compte plus les naufrages de bateaux dont la coque avait été fragilisée par d'innombrables trous de tarets.*

▲ Né dans le haut Arctique canadien au début de l'été, ce jeune caribou redescendra vers le sud avec sa mère, l'automne venu, pour passer l'hiver dans des zones plus boisées.

Grands et petits voyageurs

La recherche de nourriture pousse la plupart des mammifères terrestres à migrer. Chaque année, les caribous font un immense aller-retour entre la forêt boréale et la toundra. Les éléphants d'Afrique, quant à eux, se contentent de mettre à profit la saison des pluies pour rechercher de meilleurs pâturages.

Mai dans le Grand Nord canadien. Enfin, mai au calendrier, car ici, dans la zone de la forêt boréale, c'est toujours l'hiver. Au loin, dans la plaine, une longue file ininterrompue avance à pas lents vers le nord : les caribous remontent !

1 000 km dans la neige…

La neige est encore épaisse, la nourriture se fait rare. Pourtant, les animaux sont fort ventrus. Normal, ce sont des femelles pleines qui remontent vers la toundra arctique, où elles vont mettre bas au début de l'été.

À quelques kilomètres de là, ce sont les mâles et les femelles non gravides qui migrent dans la même direction. Tous atteindront bientôt les rives de la mer de Beaufort, quelque part entre Canada et Alaska, à plus de 1 000 km.

Progresser ainsi dans la neige n'est pas chose facile. L'animal de tête est régulièrement remplacé par celui qui le suit. De temps à autre, la harde s'arrête et, grattant avec leurs sabots, les animaux mettent à nu la maigre végétation persistant sous la neige. De jour comme de nuit, les caribous marchent.

Pour deux mois d'abondance !

En juin, les terres estivales sont proches. Déjà, quelques femelles s'arrêtent pour mettre bas et restent plusieurs jours au même endroit avec le nouveau-né. Les autres continuent.

L'été sera court dans la toundra, mais les pâturages y seront denses et les plantes à fleurs en grand nombre. Une nourriture abondante et riche, bien plus favorable aux femelles et à leurs petits que les sempiternels lichens de la forêt.

◀ *Chez les caribous, c'est à la fin de l'été que commence la période du rut. Ils se trouvent alors dans les zones les plus septentrionales de leur aire de migration.*

En juillet et en août, alors que la végétation arctique est en pleine floraison, les caribous poursuivent leur quête, fuyant les zones trop infestées de moustiques ou de mouches. Des groupes se forment, car les mâles et les jeunes femelles ont rejoint les mères. Au fur et à mesure que l'été s'avance, la période devient idéale : moins de moustiques et donc plus de temps pour brouter enfin calmement.

Une quête incessante

Mais déjà il faut redescendre. En cette fin d'été, quelques groupes ont repris le chemin inverse. Avec les premières chutes de neige, la migration d'automne bat son plein. Les corridors de migration sont moins nets qu'au printemps, car la neige est moins épaisse ; l'accès à la nourriture est encore facile. Les mâles sont à leur tour très occupés : la période de rut commence. Chacun veut affirmer sa dominance, et il s'ensuit quelques joutes sans gravité. C'est aussi la période de l'année où mâles, femelles et jeunes se retrouvent tous ensemble.

▼ *Les éléphants d'Afrique se déplacent au gré des herbages et des zones d'alimentation qu'ils rencontrent.*

▲ *La longue migration des caribous est semée d'embûches : prédateurs (loups, notamment), traversées de zones tourbeuses et de fleuves gelés… ils risquent en permanence d'y perdre la vie.*

Quand reviendra l'hiver, les animaux auront rejoint les zones forestières méridionales, où la nourriture est plus accessible. Chaque année, cette migration, de la forêt boréale à la toundra – et retour –, ajoutée à leurs autres déplacements, leur fait parcourir plus de 4000 km, un record dans le monde animal terrestre.

Voyageurs de la pluie

À l'inverse des caribous, les éléphants d'Afrique ne sont pas à proprement parler des migrateurs. Ils ne se rendent pas systématiquement d'une région à une autre mais se déplacent à l'intérieur de leur secteur géographique au gré des disponibilités alimentaires. Pendant la saison sèche, les hardes (constituées de femelles et de jeunes) se regroupent autour des points d'eau. Au moment de la saison des pluies, elles se dispersent et voyagent à la recherche des meilleures pâtures.

Le sel, extrêmement important pour les éléphants, qui doivent en consommer régulièrement, est également source de déplacements. C'est aussi à la saison humide que les mâles, généralement solitaires, viennent s'accoupler. Ils vont d'un groupe à l'autre, au petit bonheur des rencontres.

Ce n'est que vingt-deux mois plus tard, et après bien des distances parcourues, que la femelle donnera le jour à un éléphanteau.

La faim et les moyens

Sans être des migrateurs au long cours, les ours peuvent entreprendre des déplacements saisonniers sur d'assez grandes distances. Record en la matière : en Amérique du Nord, un ours noir (ou baribal) a été suivi pendant quelques mois. Poussé par la faim, il a parcouru plus de 200 km afin de trouver de quoi manger, avant de s'en retourner à sa tanière préférée pour hiverner, quelques semaines plus tard.

Les déplacements de cette espèce sont fonction de son régime alimentaire – il est herbivore au printemps, puis omnivore en été et à l'automne. Mais, à la différence des caribous, il s'agit de déplacements locaux, dont l'étendue est assez imprévisible. Par ailleurs, ils concernent plus les mâles que les femelles. L'ours blanc des régions circumpolaires arctiques effectue quant à lui des déplacements concomitants de ceux de la banquise. Avec elle, il se retire vers les latitudes les plus septentrionales en été, et descend jusqu'à la « terre ferme » du nord du Canada à l'automne. Ainsi est-il capable de se déplacer sur plusieurs centaines de kilomètres.

▼ *Ours noir américain. Cette espèce se déplace au gré de ses besoins, lorsque la nourriture se fait rare.*

Voyages en mer

Beaucoup d'animaux marins migrent sur des distances considérables pour se reproduire, après s'être bien nourris ailleurs. Comment font-ils pour se repérer en pleine mer ?

▲ *C'est en juin que les tortues luths viennent pondre sur les plages de Guyane française. Elles y enterrent leurs œufs au fond de six trous de 45 cm de profondeur, ce qui leur prend une dizaine de jours. Sitôt fait, elles repartent pour un long voyage en mer.*

Mais qu'est-ce que la tortue verte, partie des côtes brésiliennes, peut bien faire sur les plages de l'Ascension, une minuscule île britannique plantée au beau milieu de l'Atlantique ? Elle pond. Pourquoi aussi loin de chez elle ? Parce que c'est là qu'elle est née. Et de nombreuses générations avant elle. Lorsque l'espèce est apparue, il y a des millions d'années, l'île de l'Ascension était bien plus proche du Brésil. Or cette île s'est éloignée des côtes brésiliennes, en raison de l'écartement des plaques africaine et sud-américaine.
Les tortues vertes ont-elles à ce point le sens du terroir qu'elles parcourent désormais 1 500 km en pleine mer pour se rendre sur leur île natale ? Le mystère reste entier…

Des réserves de graisse

La tortue verte voyage au long cours. Pour se nourrir et pour se reproduire. Comme la baleine, le carrelet ou le requin-marteau, elle se nourrit ici pour aller pondre là-bas, très loin, toujours au même endroit depuis des lustres. La reproduction exigeant une énergie considérable (recherche d'un partenaire, accouplement, formation des œufs), la recherche de nourriture est le moteur des animaux migrateurs, qui se déplacent quand elle vient à manquer ou suivent leurs proies si celles-ci se mettent à migrer. Ces réserves de graisse leur permettent ensuite d'entreprendre de plus longs voyages vers leurs lieux de ponte, en empruntant autant que faire se peut les courants, si les conditions climatiques sont favorables.

À la poursuite des méduses

La tortue caouanne est l'un des plus grands migrateurs marins. Dans le Pacifique, beaucoup naissent au sud du Japon.
Après deux à six années passées en mer, les jeunes tortues traversent le Pacifique en suivant leurs proies favorites, les méduses, le long de la limite existant entre les riches eaux froides du nord et les chaudes eaux pauvres du sud de l'océan. Là, en effet, les eaux froides, plus denses, en plongeant sous les eaux chaudes, entraînent vers le fond une quantité de plancton, dont les méduses. Le voyage terminé, les tortues se retrouvent en Basse-Californie, sur la côte ouest du Mexique, où certaines pondent. Les autres retournent vers le Japon, par la même route.
Il existe sept espèces de tortues marines, dont la tortue luth, qui sont toutes migratrices. Elles pondent en un endroit qu'elles s'empressent de quitter aussitôt, après un voyage pourtant épuisant.

UN SENS DE LA CARTOGRAPHIE ?

La mer est vaste et monotone. Mais elle est striée de courants qui portent des odeurs. En remontant ces courants, beaucoup d'espèces, dont les tortues, reviennent ainsi à la fragrance immémoriale de leur lieu de ponte. Les truites de mer repèrent de la même façon, depuis la côte, le fleuve qui les a vues naître. Mais comment retrouvent-elles le bon rivage ? Mystère. Elles possèdent vraisemblablement un schéma géographique mental dont on ne connaît pas la nature. Une carte dont semblent disposer la plupart des espèces marines migratrices. Est-elle topographique, magnétique, olfactive, visuelle… ? On ne sait. Mais il est certain qu'elle donne aux migrateurs marins un véritable « sens cartographique ».

▲ *Lors de la reproduction, les langoustes des Caraïbes se déplacent parfois à la queue leu leu, les antennes de l'une en contact avec la queue de l'autre. Des centaines d'individus parcourent parfois ainsi plusieurs kilomètres.*

Chez certaines espèces, la caouanne notamment, les jeunes reviennent sur le lieu où ils sont nés pour pondre à leur tour.

L'appel de la rivière

Les plupart des truites de mer sont également de grandes voyageuses. Éclos en rivière, les jeunes gagnent ensuite la mer, beaucoup plus riche en nourriture. Des années plus tard, ils reviennent se reproduire là où ils sont nés, puis meurent d'épuisement. Les jeunes truites de mer nées dans les cours d'eau de Grande-Bretagne descendent ainsi jusqu'en mer du Nord. De là, emportées par les courants, elles partent vers l'Islande et le Groenland. Elles reviendront se reproduire dans leurs rivières natales.

Chanter en voyageant

Presque toutes les baleines migrent. Les déplacements de la baleine à bosse sont les plus connus. Dans chaque hémisphère, ces animaux forment de vastes groupes différents les uns des autres – entre lesquels les échanges sont rares –, identifiables à leur dialecte sonore. Chacun d'entre eux effectue de longs voyages, mais, étrangement, aucun ne franchit l'équateur.

Ceux qui se nourrissent l'été en Antarctique remontent vers la Colombie, le Brésil, l'Angola, le Mozambique, le nord-ouest de l'Australie ou le sud-ouest du Pacifique pour se reproduire en hiver. Les populations de l'hémisphère Nord, quant à elles, se nourrissent en été en mer de Béring, au Groenland, en Islande, à l'est du Canada ou en mer de Norvège, avant de migrer l'hiver pour se reproduire aux Antilles, à l'ouest du Mexique, au Maroc, aux Açores ou en mer de Chine orientale.

Beaucoup d'autres animaux marins migrent, des langoustes de Floride aux seiches géantes du Pacifique et de l'océan Indien en passant par les anguilles, les requins-marteaux, les thons, les plies... Si l'on connaît les raisons de leurs déplacements, on s'interroge encore sur leur système d'orientation.

◀ *Requins-marteaux dans les eaux du Costa Rica. Peut-être recherchent-ils les eaux d'une température supérieure à 22 °C, ce qui guiderait leurs migrations.*

◀ *Certaines populations de baleines à bosse se reproduisent au nord-ouest et au nord-est de l'Australie. Elles sont alors bien grasses, s'étant nourries tout l'été en Antarctique.*

▼ *Les bélugas se rassemblent en été dans un estuaire (ici, celui de la Cunningham, au Canada) pour muer et mettre bas. Ils gagnent ensuite le sud pour se nourrir. La saison des amours se déroule au large, en eau froide, pendant l'hiver.*

▲ *Les cygnes trompettes nichent dans le Nord canadien et reviennent chaque année sur les mêmes sites d'hivernage, selon une voie migratoire immuable.*

Les mécanismes de l'orientation

Ils ne perdent pas le nord

Sens magnétique, connaissance innée ou acquise de la route, orientation par rapport au Soleil, aux étoiles, mémoire des sons, des odeurs… Les animaux, particulièrement les oiseaux, sont infaillibles dès qu'il s'agit de retrouver leur chemin.

▼ *Des expériences d'orientation ont été menées sur l'étourneau sansonnet et ont permis de mieux comprendre les mécanismes qui président à ses migrations.*

Une fine pluie et des nuages bas recouvrent la campagne. C'est un triste soir de novembre. Dans le ciel, nulle trace d'étoiles ni de Lune. Rien n'est décelable à l'œil.

Pourtant, régulièrement, de fins *ssiii* percent le silence de la nuit. Ce sont des grives mauvis qui migrent. Ces oiseaux viennent d'Europe du Nord, où ils ont niché, et se dirigent vers le sud du continent pour y passer la mauvaise saison. Comment font donc ces migrateurs pour s'orienter dans un ciel aussi sombre et avec une visibilité si réduite ?

Un sens magnétique

C'est un « sport » très apprécié des colombophiles que de capturer quelques pigeons, de les transporter loin de leurs pigeonniers et d'observer lequel rentre le premier au bercail. Pour pousser plus avant l'expérience, certains ont posé des lentilles en verre dépoli sur les yeux de pigeons, de telle sorte que ceux-ci ne puissent rien voir : les oiseaux sont quand même revenus à leur pigeonnier.

Les pigeons possèdent dans leur cerveau des cellules contenant de petites particules de magnétite. C'est parce qu'ils seraient attirés par le champ magnétique terrestre – vers le nord, dans l'hémisphère Nord, vers le sud, dans l'hémisphère Sud – que les oiseaux retrouveraient leur chemin. Mais la neurophysiologie de ce sens magnétique est encore largement inconnue.

Un « sens géographique ? »

Lorsque l'on connaît la longitude et la latitude de l'endroit où l'on se trouve et celles du lieu où l'on veut se rendre, on peut tracer la route à prendre.

C'est la navigation dite bicoordonnée ou vraie. Les marins procèdent de cette manière. Et il semblerait que certains animaux aussi. Dans les années 1960, des étourneaux nichant aux Pays-Bas furent capturés et conduits en Suisse. Une fois relâchés, les jeunes oiseaux ne prirent pas une direction nord-ouest pour rejoindre leurs quartiers d'hivernage, dans le sud de la Grande-Bretagne et l'ouest de la France, mais poursuivirent leur route vers le sud-ouest jusqu'en en Espagne et dans le sud de la France, comme s'ils partaient toujours des Pays-Bas. En revanche, les adultes se réorientèrent spontanément vers leurs quartiers d'hivernage en prenant une direction nord-ouest, comme s'ils possédaient une boussole... et une carte.

Dans les années 1980, un chercheur américain bagua un jour deux parulines (des petits passereaux américains) originaires d'Amérique du Nord, qui hivernaient dans un fourré en pleine forêt vénézuélienne. L'année suivante, il les retrouva dans le même buisson. De manière identique, nos hirondelles reviennent chaque année dans le même nid, la même maison et le même village...

L'état de nos connaissances ne nous permet pas d'affirmer aujourd'hui l'existence d'une aptitude à la navigation bicoordonnée chez les animaux. Tout au moins peut-on supposer celle d'un véritable « sens géographique ».

▲ *Munir un pigeon d'une boussole enregistreuse ou lui masquer les yeux permet d'explorer les mystères de l'orientation animale.*

NAVIGATION... ÉLECTRIQUE

Dans certains fleuves d'Amazonie et d'Afrique équatoriale aux eaux très boueuses, des poissons ont développé un étrange système d'orientation (ci-contre, des poissons-couteaux striés). Leurs tissus musculaires émettent de nombreuses décharges électriques de bas voltage, créant ainsi un champ électrique que le poisson perçoit au moyen de récepteurs situés sous la peau. Quand les ondes électriques rencontrent un obstacle, la déformation du champ qui en résulte est aussitôt perçue par le poisson : il réagit immédiatement (fuite, attaque d'une proie...).

Don inné, ou apprentissage ?

On sait que chez certains oiseaux, comme les grues ou les cygnes, la première migration des jeunes s'effectue en famille ; il y a là une forme d'apprentissage au contact des parents encore présents, qui enseignent la route migratoire à leurs jeunes.

Les hirondelles migrent souvent en groupes et l'on peut supposer que certains jeunes voyagent avec des adultes. Autrement, comment les individus nés en Europe et qui n'ont jamais fait le voyage vers l'Afrique peuvent-ils s'orienter et arriver à bon port ? Peut-être possèdent-ils une connaissance innée de la route à parcourir ?

D'autres observations plaident pour l'importance de l'inné dans les processus migratoires. Juste avant le grand départ, les oiseaux présentent une agitation particulière, dite agitation migratoire. Sa durée est étonnamment proportionnel à la distance à parcourir : si l'oiseau s'agite longtemps, c'est le prélude d'une longue route.

Lorsqu'un oiseau migrateur nocturne est enfermé dans une cage circulaire dont le fond est tapissé d'encre noire, il laisse des traces de pattes toutes orientées dans une même direction : vers le sud-

▲ *Les oies des neiges migrent en famille. Les jeunes apprennent auprès de leurs parents le chemin de la migration.*

ouest, par exemple, s'il se dirige par là quand il quitte ses quartiers d'hiver.

Les jeunes observent le ciel

De jour, les animaux migrateurs se repèrent au Soleil. Leur horloge interne leur donne l'heure, et la position de l'astre leur indique alors la direction à prendre.

Les animaux utilisent aussi des repères nocturnes. Les constellations changent de position dans le ciel, du fait de la rotation de la Terre. Un être humain se repère s'il connaît l'heure et s'il dispose d'une carte du ciel. Des expériences ont montré que de jeunes oiseaux, élevés dans un planétarium qui reproduisait la rotation de la Terre et le mouvement des étoiles, étaient capables, une fois lâchés dans le planétarium, de s'orienter correctement, grâce au repère fixe que constitue l'étoile Polaire – laquelle indique toujours le nord. On pense aujourd'hui que les jeunes encore au nid observent véritablement le ciel dans le but d'apprendre à se repérer et à se diriger lorsqu'ils entreprendront leur première migration.

▲ *Des expériences complexes sont menées sur les saumons pour explorer le déterminisme de leur retour sur leur lieu de naissance.*

Au nez ou à l'œil : repères en tout genre

Certains poissons, comme les saumons, retrouvent leur lieu de naissance grâce à ses odeurs *(voir p. 56-57)*. Celles qu'ils ont rencontrées lors de leur voyage seraient de la même manière mémorisées par les oiseaux migrateurs. Ces derniers utiliseraient aussi comme repères les sons en basse fréquence que les vents portent sur de grandes distances. Les reliefs, les mers, la topographie des régions qu'ils traversent semblent également jouer un rôle dans leur capacité à retrouver leur chemin.

Les insectes comme les abeilles ou les fourmis utilisent la lumière polarisée ou les ultraviolets – invisibles à l'œil humain – pour s'orienter. Des chercheurs ont également découvert que certaines fourmis calculaient une distance donnée en « comptant » le nombre de leurs pas.

Des expériences menées sur des insectes ainsi que sur des amphibiens suggèrent que ces animaux pourraient « voir » le champ magnétique terrestre à travers des photorécepteurs situés dans leurs yeux, ce qui leur permettrait de déceler les infimes fluctuations de ce champ.

◀ *Les pigeons ont une capacité bien connue à regagner leur pigeonnier quelle que soit la distance à laquelle ils ont été lâchés.*

Chapitre 6

ADAPTATION ET ÉVOLUTION

Le prix de la survie

Plante à fleur surgie du rocher dans le désert d'Arizona.

L'ADAPTATION AU MILIEU AQUATIQUE

Vivre dans l'eau

Pour respirer dans l'eau, où l'oxygène est rare, pour maintenir leur température dans un milieu où la chaleur se dissipe facilement, mais aussi pour y vivre sans danger avec des poumons, les animaux aquatiques ont dû adapter leur physiologie ou leurs organes.

▼ *Pour respirer et se nourrir, le requin pèlerin ouvre grand la gueule : ses branchies filtrent l'eau pour capter oxygène et plancton.*

▼ *Le brochet gobe ses proies en ouvrant brusquement son énorme gueule.*

La vie d'une morue n'est pas simple. En effet, l'oxygène est beaucoup moins soluble dans l'eau que dans l'air : on en mesure à peine 0,7 % sous forme dissoute, contre 21 % dans l'air. Et c'est pire dans les eaux très salées ou particulièrement chaudes.

Notre morue – comme tout autre poisson d'ailleurs – doit donc avaler une dizaine de mètres cubes de liquide pour capter les quelques grammes d'oxygène dont elle a besoin chaque jour ; tandis que les animaux amphibiens comme le triton se contentent de respirer quelques litres d'air.

Respirer l'irrespirable

L'eau est infiniment plus « épaisse » que l'air. Sa viscosité et sa densité, bien plus importantes, gênent la ventilation. Les espèces qui y vivent dépensent de 10 à 20 % de leur énergie pour respirer. C'est énorme ! D'autant que la molécule d'oxygène diffuse très lentement dans l'eau.

Les animaux très petits, tels certains micro-organismes du plancton, respirent grâce à la simple diffusion de l'oxygène de l'eau vers leurs cellules. Au-delà de 1 mm de diamètre, les petites espèces comme les éponges et les cnidaires (coraux, anémones, etc.) disposent d'un système de canaux qui amènent l'eau au contact de leurs cellules, où l'oxygène va pouvoir diffuser.

Un filtre pour respirer sous l'eau : les branchies

Tous les animaux marins de grande taille, tels les mollusques, les vers ou les poissons, respirent au moyen d'un organe spécifique et unique : la branchie. C'est une sorte de filtre à oxygène à mailles extrêmement fines et de grande surface.

Plus l'animal est complexe ou a besoin d'énergie, plus ses branchies sont repliées sur elles-mêmes afin d'augmenter leur surface d'absorption. Parcourues de capillaires, elles diffusent immédiatement l'oxygène capté dans le sang, qui va le distribuer aux cellules. Les mollusques bivalves font circuler l'eau sur leurs branchies au moyen de cils, les crustacés en agitant leurs appendices, les poissons et les calmars simplement en nageant.

▼▲ *Les branchies duveteuses du cyprin doré (en bas), comme celles du crabe à pinceau (en haut), sont gorgées de sang. Le tissu branchial est suffisamment fin pour laisser passer l'oxygène par simple diffusion de l'eau dans le sang.*

Sels minéraux, une affaire d'équilibre

Si d'aventure une morue se perdait dans un fleuve, elle se ferait proprement dessaler ! C'est que l'eau, comme les animaux, est caractérisée par sa concentration en ions (ou sels minéraux). Les espèces d'eau douce sont plus « salées » que leur milieu, celles vivant en mer le sont moins.

Par le simple principe des vases communicants, qui équilibre toujours les concentrations entre deux milieux en relation, les espèces d'eau douce perdent des sels et gagnent de l'eau, alors que pour

les secondes c'est l'inverse. Tout animal devant maintenir constant son milieu intérieur, il lui faut réguler ces échanges d'eau et de sels s'il ne veut pas mourir. C'est l'osmorégulation. En eau douce, la carpe, pour récupérer sa perte en sels, récupère au niveau de ses reins les ions qui la fuient, et en absorbe un peu par les branchies et beaucoup grâce à la nourriture. Son urine est, logiquement, peu concentrée.

En mer, c'est tout le contraire : les urines de la morue sont peu abondantes pour compenser les pertes d'eau, et ses branchies aident ses reins à éliminer le surcroît de sels qui est entré dans son corps.

Vivre à température ambiante

L'eau dissipe la chaleur bien plus vite que l'air. Raison pour laquelle les animaux marins sont incapables de réguler leur température interne. La morue vit ainsi autour de 11 °C, température corporelle qui lui est imposée par celle de l'eau. Seuls quelques poissons rapides, comme le thon, sont capables de conserver, au niveau du cerveau et des muscles de la nage, une température très supérieure à celle de la mer. Les grandes vitesses qu'atteignent ces poissons réclament en effet une énergie que seule une température élevée du moteur musculaire peut leur fournir. Le reste de leur corps reste néanmoins à température ambiante.

Solution antifroid : être gros et gras

Pour les mammifères marins, homéothermes – leur corps conserve une température constante –, vivre dans un milieu qui se comporte comme un absorbeur de chaleur exige de grosses dépenses énergétiques. La solution : une épaisse couche de graisse pour conserver aux organes importants leur température et une taille plus qu'imposante. Car plus ils sont gros, plus la surface de leur corps diminue par rapport à leur volume, et moins ils perdent de calories. Par unité de surface, une baleine perd moins de chaleur interne qu'un dauphin !

Quand la lumière se fait rare

À 1 m sous la surface d'une mer normalement claire, on ne mesure que 40 % de la lumière incidente ; 40 m plus bas, on tombe à 1,5 %. Face à une lumière de si faible intensité, les animaux

◀ Éponges (en haut) et ascidies (en bas) filtrent l'eau de la même façon qu'un requin pèlerin. Ces animaux se nourrissent de bactéries qu'ils engluent dans du mucus avant de les digérer.

▼ Les raies sont aplaties car elles vivent au fond de la mer. Leurs fentes branchiales s'ouvrent sur le dessus et leur bouche, sur le dessous. Elles repèrent notamment leurs proies grâce au champ électrique qu'elles émettent.

marins ne sont pas devenus aveugles pour autant. Ils ont développé d'autres organes sensoriels, qui détectent ce que l'homme est souvent incapable de ressentir ou même de mesurer. Cette évolution concerne également les poissons et les céphalopodes (poulpes, seiches et calmars), dont les yeux sont particulièrement efficaces, même à grande profondeur. Tous perçoivent leur environnement à travers ses changements infimes de pression, ses ondes vibratoires, ses champs électriques ou magnétiques, ses odeurs. Mais ce sont probablement les requins et les dauphins qui disposent de la gamme la plus étoffée d'organes sensoriels.

▲ *L'adaptation au milieu marin ne concerne pas que les animaux aquatiques. Le fulmar de Hall élimine le sel grâce à une glande située au sommet de son bec.*

Supporter la pression

Tout mammifère risque sa vie quand il plonge en apnée. D'autant qu'au cours de la descente la pression de l'air emmagasiné à la surface augmente graduellement, jusqu'à ce que ses principaux composants, l'azote et l'oxygène, deviennent toxiques. À la remontée, les gaz respiratoires dissous dans le sang peuvent former des bulles sous l'effet de la dépression (comme après l'ouverture d'un soda), et faire courir le risque d'une embolie.

Pour vivre dans l'eau en se contentant de l'air emprisonné dans leurs poumons, les cétacés et les phoques ont donc développé des capacités particulières. Pour augmenter leur temps d'apnée, ils ont diminué leurs besoins en oxygène : leur cœur bat plus lentement que celui de mammifères terrestres de même volume. Leur sang, souvent plus riche en hémoglobine, capte également beaucoup plus d'oxygène. Certaines adaptations anatomiques et physiologiques leur ont permis de limiter la formation des bulles lors de la remontée vers la surface, de résister à des taux d'azote qui seraient fatals aux autres mammifères, ou de limiter ces taux en diminuant le volume que l'azote occupe dans leurs poumons. Ce dernier est alors accumulé dans des organes – dans les bronches, par exemple, chez le phoque de Weddel – qui ne sont pas en relation avec le sang ; il n'a donc aucun effet toxique sur les tissus de l'animal. Le phoque de Weddel peut ainsi atteindre l'exceptionnelle profondeur de 500 m et rester en apnée pendant… soixante-dix minutes.

Le cachalot descend jusqu'à 2 200 m, un peu plus longtemps que le phoque. Sa taille est un atout majeur : elle lui permet de perdre moins de chaleur et, ainsi, de consommer moins d'oxygène pour faire fonctionner sa machine interne. Mais sans la poussée d'Archimède, qui annule son poids, il ne pourrait se permettre d'être aussi gros.

▼ *Plongeur en eaux froides, le phoque de Weddel est bien équipé : volumineux et gras, il perd peu de calories par unité de surface.*

▲ *Les gros yeux des beauclaires-lanternes leur permettent de chasser de nuit. Leur livrée, rouge dans la journée, prend alors une teinte argentée.*

À L'ABRI DANS L'EAU

Malgré toutes les contraintes qu'elle impose aux animaux qui y vivent, l'eau est un milieu accueillant. La vie y est apparue il y a 3,5 milliards d'années et n'en est sortie, pour coloniser la terre, que 350 millions d'années avant notre ère. Pourquoi ? Parce que H_2O est un cocon : elle arrête les destructeurs ultraviolets, sa température comme sa composition moléculaire sont très stables, et la force qu'elle exerce sur les corps, du bas vers le haut – la poussée d'Archimède – contrecarre la pesanteur. Les minéraux nécessaires à la vie, tels que les sels (ou ions) d'azote, de phosphore, de sodium, de chlore ou de potassium, y sont dissous et donc facilement assimilables.

Vivre dans une grotte

Les animaux cavernicoles vivent dans un milieu pauvre, qui ne change guère, et supportent des conditions de vie difficiles. Ils sont pourtant nombreux et bien adaptés.

▼ *Insecte des cavernes. Minuscule et sans ailes, le collembole se déplace en sautant à l'aide d'une fourche, prolongement de la queue, déployée sous l'abdomen.*

▼ *L'adaptation au milieu. Les longues pattes de l'amphypyge (en haut) l'empêchent de s'enfoncer dans la vase. Les protées (en bas) gardent toute leur vie un corps de têtard.*

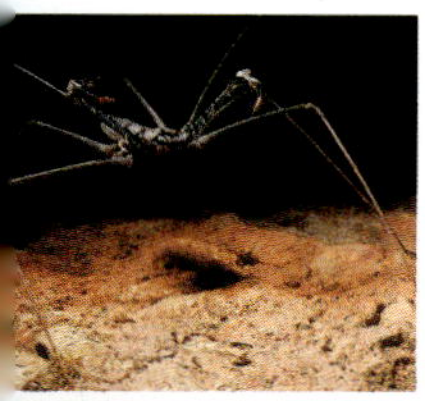

L'axolotl, une salamandre blanc rosé des cavernes mexicaines, grandit et meurt dans son corps de têtard. Pourquoi devenir adulte dans un milieu si protégé, où l'on craint moins les mâchoires des prédateurs qu'à l'air libre, où, en somme, la vie est si tranquille ? Ce phénomène, appelé néoténie, résulte d'une adaptation au milieu cavernicole.

Vivre à l'économie

Dans le milieu confiné des grottes, la température est très stable, mais le soleil n'entre jamais. Les plantes ne peuvent y pousser pour fabriquer la matière organique nécessaire au démarrage du cycle de la vie. Cette matière de base est apportée par la percolation de l'eau de surface, et, exceptionnellement, élaborée par certaines bactéries, à partir de gaz normalement toxiques pour la faune vivant à l'air libre. La nourriture est donc rare, le nombre d'espèces réduit et la concurrence faible.

Une telle sécurité – relative – explique également les curieux comportements reproducteurs des espèces animales cavernicoles. Les ovipares pondent moins d'œufs, mais de plus gros, que leurs cousines non cavernicoles. Les vivipares font des portées plus espacées. L'embryon se développe beaucoup plus lentement et naît tardivement… Car, dans un monde aussi protégé, la nécessité d'assurer une descendance se fait moins pressante.

Beaucoup de monde

Finalement, de nombreux animaux se sont accommodés à de telles conditions de vie. Chez les vertébrés, les chauves-souris sont les plus célèbres ambassadeurs de la vie cavernicole. Les salanganes, des martinets dont les Asiatiques mangent les nids, sont leur équivalent diurne en Asie du Sud-Est. Mais ces deux vertébrés ne vivent pas totalement en caverne comme l'axolotl ou son cousin, le protée. Chez les invertébrés, il y a pléthore. Presque tous les groupes sont représentés, notamment les arachnides (araignées et scorpions), les crustacés (dont le célèbre *Niphargus*, animal si sensible à la pollution de l'eau que les biologistes s'en servent pour donner l'alerte) et les insectes (les collemboles, en particulier, dont il existe 3 000 espèces). Beaucoup n'y subsistent, comme dans les abysses, que grâce à ce qui leur parvient de l'extérieur, c'est-à-dire peu de chose.

▲ *En grandissant, l'axolotl (en haut) change de nom – on l'appelle amblystome dès qu'il se reproduit – mais non d'aspect. La peau des chauves-souris (en bas) craint les ultraviolets. Aussi passent-elles leurs journées à l'abri dans des grottes.*

La drôle d'allure des cousins de l'ombre

Les espèces cavernicoles, ou troglobies, sont en majorité plus grands que leurs homologues de l'air libre parce que la faible concurrence alimentaire allonge l'espérance de vie et leur permet d'atteindre la taille adulte maximale. Dans des grottes toujours humides, le sol spongieux, vaseux ou boueux, couvert de déjections et de cadavres, oblige les arthropodes (crustacés, araignées, insectes) à marcher sur des pattes et des griffes bien plus longues que la normale. En revanche, les obstacles étant nombreux dans l'obscurité et les proies rares, voler ne sert plus à rien. Aussi les insectes perdent-ils leurs ailes.

Vertébrés et invertébrés transforment plus souvent la nourriture en graisses que leurs cousins de l'extérieur, pour pallier le manque relatif de nourriture. La lumière étant absente, la plupart sont dépigmentés et aveugles. La fonction des yeux est assurée par d'autres organes (antennes démesurées, soies sensorielles plus nombreuses, etc.) : les animaux cavernicoles sont très sensibles aux vibrations, aux courants, à la moindre différence de pression ainsi qu'aux substances dissoutes dans l'eau.

L'ADAPTATION À LA SÉCHERESSE

Vivre sans eau

Dans les déserts, où l'eau est quasiment absente, végétaux et animaux ont développé des stratégies de survie ingénieuses. En allant parfois chercher l'eau dans des endroits inimaginables.

▲ *Ce cactus « en queue de castor » de Californie est une plante dite succulente, capable de retenir l'eau, et ainsi de fleurir en plein désert.*

En plein centre du désert, en Arabie saoudite, l'on n'aperçoit pas âme qui vive. L'endroit est désertique, dirions-nous. Rien ne peut vivre dans des conditions aussi extrêmes. Quelle erreur ! Les déserts grouillent de vie. Certes, pas à midi, en plein soleil, mais dès que la température le permet, la vie sort par tous les trous, tous les terriers, toutes les racines et surgit de sous les cailloux et les roches.

▲ *Ce saguaro, variété de cactée, dressé en plein désert d'Arizona, est parfaitement adapté au milieu aride : il survit en ne recevant annuellement qu'une très petite quantité d'eau.*

Longues racines, petites feuilles

Certaines plantes, comme les melons d'eau, déploient très loin leurs racines, à faible profondeur, pour récupérer l'eau sur la plus grande surface possible. Les acacias, eux, sont pourvus de racines qui s'enfoncent très profondément (jusqu'à 30 m) dans le sol ; ils ont ainsi plus de chances d'y trouver de l'eau. Certaines plantes à fleurs peuvent subsister sous forme de graines pendant des années et ne fleurir – brièvement – qu'avec la première pluie. Le fameux welwitschia de Namibie possède de très longues feuilles fendues dans le sens de la longueur, où se condense la rosée nocturne.

Nombre de plantes du désert, comme les euphorbes et les cactus, sont dites succulentes. Leurs feuilles sont petites – parfois, il n'y en a pas du tout – et leur épiderme, épais, empêche l'évaporation de l'eau accumulée dans les tiges. Elles emmagasinent également de l'eau dans leurs racines ou dans leurs feuilles, grasses et charnues.

Protégées de l'insolation

Dans les steppes et les déserts d'Afrique et du Moyen-Orient vivent trois espèces d'oryx et une espèce d'addax. Ces animaux aux longues cornes effilées sont des mammifères ruminants proches des antilopes.

Dans le désert central d'Arabie, c'est aux heures les plus fraîches de la journée qu'ils se nourrissent de plantes grasses, de racines et de tubercules. Mais c'est à l'aube qu'ils s'abreuvent aux feuilles couvertes de rosée ou à celles, gorgées d'eau, des plantes grasses. Leur flore intestinale leur permet par ailleurs de récupérer par hydrolyse l'eau de la cellulose des végétaux, même très secs. Ce qui explique la dureté de leurs excréments. Parfois, ils creusent le sol de leurs sabots, car ils peuvent détecter de l'eau à faible profondeur.

Quand la journée avance, ils se laissent envahir par la chaleur. Mais, la nuit, ces calories excédentaires

▲ *Cactus du Pérou, verveine des sables de Californie et welwitschia de Namibie (de gauche à droite) rivalisent d'ingéniosité pour survivre au désert.*

sont évacuées par évaporation au niveau des fosses nasales, grâce au réseau capillaire développé de leur cerveau. Cela évite que leur tête ne surchauffe et les protège de l'insolation. Et l'addax peut se contenter pendant des mois de l'eau contenue dans la nourriture qu'il ingère !
Quant aux gazelles – comme la gazelle dorcas –, si elles sont moins bien adaptées à la sécheresse que l'addax, elles sont capables de se déplacer sur de grandes distances pour trouver les herbages dont elles ont besoin.

▲ *Les bonds rapides de la gerboise lui permettent de limiter le contact de ses pattes avec le sol brûlant.*

Tous aux abris

Pour les petits mammifères, comme les gerbilles, les gerboises, les souris, les renards, les fennecs ou les lièvres, le milieu du désert est particulièrement hostile. S'ils restaient exposés à la chaleur du soleil réfléchie par le sol, les petits rongeurs, par exemple, mourraient bien vite de déshydratation.
Aussi creusent-ils des terriers profonds dans le sable, dans lesquels ils restent pendant les heures chaudes de la journée, ne sortant que la nuit pour se nourrir. Il en est qui tombent même en léthargie pendant les mois les plus chauds.

Certaines espèces de gerboises ou de gerbilles sont pourvues de grandes pattes arrière leur permettant des déplacements par bonds rapides. Ainsi réduisent-ils les contacts avec le sol brûlant et échappent-ils plus facilement à leurs prédateurs. Les pattes antérieures, courtes et robustes, sont parfaitement adaptées pour creuser le sol ou décortiquer les plantes dont ils se nourrissent.

Non merci, je ne bois pas !

Certains de ces petits animaux – c'est le cas de rongeurs comme les mériones et les gerboises – sont parfaitement acclimatés à l'absence d'eau : ils ne boivent jamais. Leur organisme est capable d'extraire celle que contiennent les plantes sèches. La récupération de l'eau dans leur corps se fait à l'économie : les urines sont très concentrées et les crottes très sèches, car l'eau qu'elles contiennent est réabsorbée par le gros intestin. Et, n'ayant pas de glandes sudoripares, ils ne transpirent pas ! Dans leur terrier, ils rejettent de la vapeur d'eau en respirant, ce qui entretient une certaine humidité.
Pour se reproduire, ces petits rongeurs attendent la pluie : pendant la courte période où le désert verdit, les femelles se nourrissent de plantes juteuses, ce qui compense l'eau qu'elles perdent en

▼ *Ténébrion (insecte à gauche) et oryx du désert de Namibie vivent dans des conditions de grande sécheresse. L'eau contenue dans les plantes ou la rosée suffit bien souvent à couvrir leurs besoins hydriques journaliers.*

ADAPTER SON MENU

Dans le désert, certains carnivores sont devenus omnivores. Le fennec (ci-contre) peut se nourrir de dattes. Quant au coyote du désert américain, il peut avaler n'importe quoi pourvu que ce soit une source d'eau potentielle ! Inversement, certains herbivores sont devenus carnivores. Un rongeur de l'ouest de l'Amérique du Nord – la souris à sauterelles – dévore punaises, grillons, chenilles, sauterelles, scorpions et même des lézards et d'autres petits mammifères, qui lui fournissent un apport suffisant en eau.

allaitant. Quant aux prédateurs (fennec, chat sauvage du désert), c'est l'eau contenue dans le corps de leurs victimes qui leur tient lieu de boisson !

▼ Le mérione de Mongolie tire le plus souvent profit des plantes pour s'abreuver.

Une goutte d'eau suffit

En Namibie, la côte des Squelettes est balayée chaque matin par une brume épaisse, en raison de nuits fraîches. De fines gouttelettes d'eau se déposent sur les plantes. Il n'en faut pas plus aux insectes comme les ténébrions, aux araignées ou encore à des lézards comme les scinques pour se désaltérer pour la journée. On peut voir ainsi de gros coléoptères se déplacer dans le sable avec une goutte d'eau entre les pattes, leurs élytres – des ailes modifiées qui protègent les ailes fonctionnelles du vol – formant sur le dos une gouttière qui retient l'air et protège l'animal de la chaleur. Les invertébrés – qui souffrent rapidement de déshydratation – sécrètent généralement à la surface de leur corps une fine pellicule de matière cireuse, qui assure une certaine imperméabilité. Des poissons primitifs, comme les protoptères, sont capables de vivre dans un marigot asséché en s'enterrant dans la boue, non sans avoir produit un mucus qui, une fois qu'il a séché sur leur corps, les isole complètement. Ils vivent ainsi en léthargie en attendant le retour des pluies.

Sobre comme le chameau

Chameaux et dromadaires ont des urines très concentrées et ne perdent ainsi que 1 litre d'eau par jour. Autre atout, leur(s) bosse(s) – le chameau en a deux –, qui constitue une réserve de graisse. Par grosse chaleur, cette graisse reste intacte ; seul le reste du corps brûle des calories et dissipe la chaleur. Lorsqu'ils manquent d'eau, la graisse de la bosse est dégradée en hydrogène, qui, associé à l'oxygène de la respiration, donne de l'eau. Mais, qu'un point d'eau s'annonce, et ils boivent jusqu'à 120 litres d'un seul coup !

▼ Par grande sécheresse, les dromadaires puisent dans la réserve de graisse de leur bosse et maigrissent… jusqu'à ce qu'ils puissent se désaltérer de nouveau.

Questions dans l'évolution

On s'explique mal comment certaines mutations génétiques, qui s'effectuent d'ordinaire sur plusieurs millénaires, peuvent se produire en moins d'un siècle, voire en quelques années.

Il y a une trentaine d'années, des fauvettes à tête noire furent aperçues en hiver dans les jardins anglais. Étrange, car ce petit passereau insectivore au chant mélodieux niche dans les îles Britanniques et en Europe continentale, mais hiverne sur le pourtour méditerranéen. Afin d'éclaircir ce mystère, on bagua ces « fauvettes anglaises ». Pour découvrir qu'elles étaient originaires… d'Europe centrale ! Elles avaient donc modifié leurs voies de migration.

Changement de cap

Hivers plus doux mais aussi nourriture garantie grâce aux nombreuses mangeoires disposées dans les jardins anglais sont sans doute de bonnes raisons pour que nos fauvettes aient changé d'aire d'hivernage. D'autant qu'elles n'ont plus à aller trop loin. Aussi sont-elles les premières de retour, au printemps, et peuvent-elles choisir les meilleurs emplacements pour nicher, et mener ainsi à bien leur couvée.

Une quinzaine d'années plus tard, de jeunes oiseaux nés en Europe centrale furent placés dans des cages obscures : ils s'orientèrent spontanément vers le… nord-ouest – donc vers les îles Britanniques – alors qu'ils n'avaient jamais effectué le grand voyage. En quelques générations, la voie migratoire vers le nord-ouest s'était inscrite dans leurs gènes.

▶ *La phalène du bouleau, petit papillon nocturne d'Europe, s'est adapté à la pollution anglaise : il s'est assombri pour continuer à se confondre avec les bouleaux noircis par la suie.*

Du blanc au noir

Posé sur un tronc de bouleau couvert de lichens, la phalène du bouleau, un insecte normalement blanc moucheté de noir, est presque invisible pour les oiseaux qui s'en nourrissent.

Dès le début de l'ère industrielle, la suie des cheminées d'usine recouvrit des régions entières et les bouleaux prirent une teinte noire. En une trentaine d'années seulement, les phalènes blanches disparurent alors au profit de phalènes de couleur noire, mais de la même espèce, invisibles sur les arbres souillés. Dès que l'air redevint plus sain, les phalènes retrouvèrent leur manteau blanc.

Des changements brutaux dans l'environnement – disparition d'un écosystème, bouleversements climatiques rapides et durables… – pourraient expliquer une telle accélération de l'évolution. Certains scientifiques pensent qu'un gène antistress débloquerait dans ce cas tous les systèmes de sécurité qui, au niveau de l'ADN, empêchent les mutations.

▲ *En quelques années, certaines populations de fauvettes à tête noire d'Europe centrale ont modifié leur comportement migratoire. Elles hivernent désormais en Europe du Nord-Ouest plutôt qu'en Europe du Sud.*

Saumons des lacs, saumons d'eaux vives

En cinquante-six ans, les saumons sockeyes introduits dans le lac Washington (aux États-Unis, près de Seattle) se sont séparés en deux espèces bien distinctes : l'une vit près des bords du lac, l'autre dans la rivière qui l'alimente.

C'est du moins ce qu'affirment certains chercheurs, qui invoquent les différences développées dans la population initiale pour s'adapter aux conditions de vie du lac. Selon d'autres, les différences actuelles entre les deux espèces sont négligeables et seraient dues à des croisements entre les saumons sockeyes et les natifs du lac…

De bien étranges parentés

La notion d'espèce étant assez artificielle, les techniques nouvelles pour différencier des populations animales – notamment les analyses à partir des molécules d'ADN – donnent chaque jour un éclairage nouveau au problème… et posent de nouvelles questions. Quel rapport entre un oiseau et un crocodile ? Un hippopotame et une baleine ? Un rongeur d'Amérique du Sud et un bovidé d'Afrique ? L'outil génétique révèle des affinités jusque-là totalement ignorées entre des espèces dont la morphologie ne laisse pas supposer une quelconque parenté. À l'inverse, en vertu du phénomène de convergence écologique, des espèces totalement éloignées les unes des autres mais évoluant dans un milieu proche ont de grandes ressemblances morphologiques… Un sacré casse-tête !

◀ **Un imposant cousin**
À première vue, les damans semblent être de gros rongeurs proches de la marmotte ou du cochon d'Inde. Erreur ! Ces petits animaux de l'ordre des hyracoïdes qui vivent en Afrique et au Moyen-Orient ont pour proches cousins les… rhinocéros et les éléphants ! Comme ces derniers, ils ont en effet des ongles plats et noirs, et des incisives supérieures à croissance continue dirigées vers l'avant en petites défenses. Il y a 40 millions d'années, ils étaient fort nombreux dans les savanes africaines. Mais ils ont été repoussés vers les rochers ou les arbres par des herbivores plus récents et mieux adaptés comme les bovidés.

▼ **Un faux air de famille**
Les vautours d'Amérique (dits du Nouveau Monde), tels les condors (à droite) et les urubus, ont longtemps été considérés comme les cousins des vautours d'Afrique, d'Asie ou d'Europe (dits de l'Ancien Monde), comme le gypaète barbu ou le vautour fauve (à gauche). Or des études anatomiques poussées ont révélé qu'ils seraient plus proches des cigognes et des ibis ! En fait, ce sont leurs ancêtres qui ressemblaient aux cigognes et aux ibis. Mais leur comportement sans doute nécrophage et l'absence de vrais vautours ont dû contribuer à les faire évoluer morphologiquement pour s'adapter à ce type de régime, donc ressembler à des vautours de l'Ancien Monde.

La naissance d'une espèce ?

La mésange bleue est une habituée de nos jardins d'Europe. Or certaines populations de mésanges vivent dans des régions où elles n'ont guère de contacts avec la population continentale, comme les îles Canaries ou les zones montagneuses d'Afrique du Nord. Déjà, de petites variations de couleur dans le plumage les distinguent. Sachant que, de plus, des mutations génétiques – aléatoires – vont inévitablement avoir lieu, il arrivera un temps où chaque population isolée présentera suffisamment de divergences avec l'espèce continentale pour être considérée comme une espèce différente.
Et si jamais les deux populations entraient à nouveau en contact, elles ne pourraient plus se reproduire entre elles.

▲ Des ascendants communs

Un marigot en Afrique. De temps en temps, deux oreilles puis deux yeux émergent, et un souffle bruyant se fait entendre : un hippopotame vient respirer à la surface. À des milliers de kilomètres, dans l'océan Atlantique, un souffle projette une gerbe d'eau, puis un dos et une immense nageoire apparaissent à la surface : une baleine vient remplir ses poumons d'air avant de replonger. Quel pourrait être le point commun entre ces animaux ? Leurs ancêtres. Certains chercheurs pensent en effet qu'hippopotames et baleines ont eu des ascendants communs, des ongulés carnivores.

▶ Le crocodile, un drôle d'oiseau

On considère les crocodiles (ci-contre, un alligator américain) comme les plus évolués des reptiles. Mais font-ils bien partie de cette classe animale ? Des études morphologiques récentes et la découverte d'espèces fossiles semblent montrer que les crocodiles sont en fait plus proches des oiseaux (en bas à droite, une aigrette garzette) qu'ils ne le sont des autres reptiles. Ils bâtissent des nids (ou des ébauches), pondent des œufs, surveillent la couvaison et leur progéniture… comme leurs lointains parents à plumes. Mais il ne faut pas oublier que les crocodiles et les oiseaux – ainsi que les dinosaures – sont issus de la grande famille des archosauriens, qui vivaient il y a 225 millions d'années.

L'ADAPTATION AU FROID

Froid, moi ? Jamais !

Pour résister à des températures extraordinairement basses, les végétaux et la plupart des animaux ont réduit leur taille et adopté divers systèmes de protection et d'isolation.

▲ *Courtes pattes, petites oreilles : les extrémités réduite du renard polaire laissent peu de prise au froid environnant.*

Au mois de juin, dans la toundra canadienne, la nature se réveille à peine d'un hiver qui n'en finit pas. De grandes plaques de neige marbrent le sol, tandis que les collines alentour sont encore toutes blanches. Ici et là, la toundra se piquette de taches colorées. De petites fleurs multicolores surgissent pour un temps très court. Les arbres semblent absents. Pourtant, en se mettant à quatre pattes, on pourrait apercevoir saules nains, bouleaux nains et bien d'autres espèces quasiment microscopiques.

Un jardin miniature

Ce sont les conditions drastiques du milieu qui imposent un tel nanisme. Le froid ne permet pas aux plantes de croître normalement. Le vent, fréquent et souvent violent sous ces latitudes, empêche également le développement en hauteur de la végétation. Enfin, le sol, acide, n'est pas riche et la couche fertile se révèle de faible épaisseur : le permafrost – zone gelée en permanence – est souvent tout près de la surface. Certaines espèces de renoncules arctiques ou de saules nains doivent accumuler pendant plusieurs années des sucres et des éléments nutritifs produits par la photosynthèse avant de pouvoir donner des fleurs ! Leur cycle de vie est donc plus long que celui des espèces des latitudes tempérées.

▼ *Comme beaucoup de plantes « gazonnantes » habituées aux rigueurs du froid, les saxifrages sont de courte taille et possèdent des feuilles coriaces.*

◀ *Le saule nain est, comme son nom l'indique, de fort petite taille pour un arbre ! Il croît sous des latitudes telles qu'il doit supporter froid, neige et vent.*

◀ *Certains saules nains vivent sous des latitudes plus méridionales, en Europe tempérée. On les rencontre alors en zone montagneuse, là où le climat rappelle celui des zones arctiques.*

Les feuilles des plantes sont souvent de petite dimension pour éviter de trop grandes pertes d'eau. En effet, en été, s'il ne fait pas chaud, le temps peut être très sec. De même, tiges et feuilles sont fréquemment pourvues de cils ou de poils, destinés à emmagasiner la chaleur.
Dans de telles conditions, la croissance des végétaux s'effectue dès le début de la fonte des neiges pour se poursuivre durant l'été arctique, lorsque la durée d'ensoleillement est quasi permanente.

Aux limites de la vie

Plus au nord encore, la végétation disparaît presque complètement. C'est le domaine de la neige et de la pierre. Pourtant, sur les roches, croissent encore des mousses et des lichens. Ce sont les seuls à pouvoir survivre. À –10 °C, certaines espèces continuent leur activité photosynthétique, et on a même trouvé en Finlande un lichen – *Cetraria nivalis* – qui, à –20 °C, continue de croître.

▲ *Ce lièvre polaire aux aguets a pris son pelage d'hiver, qui lui permet de passer inaperçu, blotti dans la neige. Pendant l'été, sa fourrure est gris-brun.*

On retrouve les conditions très particulières des régions arctiques et antarctiques dans les hautes montagnes de la zone tempérée, où les plantes réagissent de façon similaire. C'est pourquoi certaines familles de plantes – saules, saxifrages, renoncules… – sont communes à ces deux types de milieu.

Plus petit pour avoir plus chaud

Bien entendu, les animaux doivent également résister au froid. Chez les espèces arctiques, la morphologie s'est adaptée à l'environnement : surface corporelle plus petite, extrémités moins développées, ce qui réduit le rapport surface/volume. Un lièvre arctique a des oreilles de petite taille, pour réduire la déperdition de chaleur. Tandis que, chez un lièvre du désert, la plus grande surface des oreilles joue un rôle d'échangeur de température en facilitant le passage de la chaleur du sang vers l'air extérieur.

Doudoune naturelle ou thermostat maison

Les animaux du grand froid possèdent souvent une épaisse couche de lard sous la peau, tels l'ours blanc et surtout les phoques et les morses. La fourrure des mammifères est plus fournie, avec des poils plus longs, d'où une bien meilleure isolation thermique. Celle dont bénéficie l'ours polaire est étonnante : une première couche de poils, blanche, l'isole de l'extérieur ; au-dessous, une seconde, noire, renvoie vers le corps une partie des calories perdues par l'animal (sous forme de rayonnements infrarouges). Il ne perd pas plus de chaleur qu'une ampoule de 200 W !

Certains animaux – c'est notamment le cas des phoques – sont capables de régler leur flux sanguin en fonction de la température ambiante. Le diamètre de leurs veines diminue par vasoconstriction afin de limiter la perte de chaleur. La circulation sanguine des organes les moins importants peut même être interrompue, ce qui augmente le volume sanguin irriguant le cerveau et le cœur.

▲ *Maître incontesté de la banquise, l'ours blanc, ou ours polaire, est merveilleusement adapté au froid. Ce poids lourd – il pèse jusqu'à 700 kg – est un excellent nageur, doté en outre d'une vue perçante et d'un odorat très fin.*

UN ANTIGEL DANS LE MOTEUR

En Amérique du Nord, certaines espèces de reptiles et de batraciens possèdent une sorte d'antigel. C'est le cas de la grenouille des bois, de la tortue peinte ou du serpent-jarretière (ci-contre), par exemple. Au printemps, il arrive qu'un sérieux coup de gel glace soudainement la nature. Le corps de ces animaux peut alors geler, mais leurs organes vitaux sont protégés. Ainsi, chez la grenouille, l'eau des cellules se fixe à l'extérieur de la membrane cellulaire et les empêche ainsi d'éclater sous le gel. Dès le redoux, les animaux reprennent une activité normale.

Disparitions annoncées

Chaque jour, plusieurs dizaines d'espèces animales et végétales disparaissent à tout jamais de la planète. Une situation alarmante dont l'homme est largement responsable.

▲ *En quelques décennies, le pigeon migrateur nord-américain, qui comptait des millions d'individus au XIXe siècle, a été totalement exterminé.*

À la suite d'un naufrage dans l'île Béring, en 1741, le naturaliste Georg Wihelm Steller découvre une espèce de « vache marine » – proche des actuels lamantins. Cet animal, la rhytine *(Rhytina stelleris)*, mesure de 6 à 9 m et pèse près de 6 t. Elle n'a sans doute jamais compté beaucoup d'individus. Steller constate qu'elle est très pourchassée. Vers 1768, l'espèce disparaît. Elle n'aura été connue de la science que pendant vingt-sept ans…

Ils sont encore dans nos mémoires

Vers les années 1830, on voyait encore en Amérique du Nord des pigeons migrateurs en grand nombre. Lors des migrations d'automne, des dizaines de millions d'oiseaux passaient sans interruption pendant plusieurs jours. En 1914, le dernier représentant de l'espèce s'éteint pourtant au zoo de Cincinnati.

La chasse acharnée de ces oiseaux, que l'augmentation des armes à feu dans les campagnes américaines a largement encouragée, est sans doute la raison principale de cette brutale disparition. Mais il est aussi probable que cette espèce, qui nichait en grandes colonies, a spontanément périclité lorsque ses effectifs ont commencé à baisser : moins stimulés pour se reproduire, les oiseaux ne cherchaient plus à nicher.

Sur l'île de Tasmanie, au sud de l'Australie, vivait encore au début du XXe siècle un curieux carnivore marsupial, rayé comme un tigre : le thylacine, ou loup de Tasmanie. Ce prédateur nocturne avait été chassé d'Australie par les Aborigènes. L'arrivée des colons sur l'île et l'élevage du mouton fut pour lui une aubaine… et un désastre. Une aubaine, car le garde-manger semblait inépuisable. Un désastre, car les fermiers lui firent une guerre acharnée. Si bien que, dans les années 1930, au moment même où était prise la décision de le protéger, il avait disparu. Certains prétendent cependant l'avoir aperçu depuis ici ou là…

Le fameux dodo, ou dronte, de l'île Maurice, ce gros oiseau de la taille d'un dindon, proche du pigeon, ne volait pas. Il n'a pas supporté l'arrivée des colons, qui l'ont pourchassé sans trêve. Il s'est éteint vers 1750. Ce que l'on sait moins, en revanche, c'est qu'il

RETROUVAILLES

La sterne d'Orient, un oiseau de mer pourtant de bonne taille, n'avait plus été vue depuis… 1937. En juin 2000, huit adultes et des jeunes ont été découverts et photographiés sur l'îlot taïwanais de Mazu, au large de la côte chinoise du Fujian. Des mesures immédiates de protection ont été prises, car les pêcheurs viennent prélever les œufs des oiseaux de mer nichant sur cette île. Mais elle n'est pas revenue en 2001…

▼ *Les feux de forêt (ici, dans le parc de Tanjung Puting, en Indonésie) constituent un danger mortel pour des centaines d'espèces animales et végétales.*

existait au moins deux espèces de dodos : celle de l'île Maurice, disparue vers 1680, et celle de l'île Rodrigues, disparue vers 1780.

▼ Le condor de Californie ne doit sa survie qu'à un important programme de reproduction en captivité.

Cherchez l'homme

Il y a quelques siècles encore, la disparition d'une espèce restait un événement ponctuel. Elle touchait souvent un animal ou un végétal à population restreinte, vivant dans un milieu plutôt confiné, comme les îles. Ces disparitions étaient quasiment toutes imputables à l'homme de façon directe – chasse – ou indirecte – introduction d'animaux domestiques entrant en concurrence avec l'espèce indigène et entraînant son élimination, ou altération des habitats naturels.

Depuis le début du XXe siècle, le développement industriel – qui fait suite à la colonisation des terres tropicales – et les pollutions diverses ne menacent plus telle ou telle espèce, mais des écosystèmes entiers. La déforestation de certaines zones tropicales, en Amazonie ou en Asie du Sud-Est par exemple, touche non seulement les plantes, mais toute une cohorte animale, des grands mammifères jusqu'aux invertébrés les plus modestes. Ce sont alors des centaines, voire des milliers d'espèces qui sont menacées ou qui disparaissent. Le même phénomène atteint bon nombre de zones humides, comme les deltas et les grands marais intérieurs.

▲ Des tentatives sont actuellement en cours pour « recréer » le zèbre quagga d'Afrique du Sud à partir d'espèces existantes. Le dernier individu avait disparu en 1878.

La liste s'allonge…

Aujourd'hui, les scientifiques avancent qu'une espèce vivante disparaîtrait de la Terre toutes les… vingt minutes.

La liste des espèces menacées, actuellement plus de 11 000, n'est qu'indicative. Car la plupart des invertébrés et des plantes – qui constituent l'immense majorité du monde vivant – nous sont encore sans doute inconnus. Chez les oiseaux, on estime à plus de 1 100 (sur un total d'un peu plus

▲ Un disparu célèbre : le dodo, qui s'est éteint peu après l'arrivée des premiers colons sur l'île Maurice et sur celle de Rodrigues.

▶ *Les oies naines ne sont plus que quelques milliers d'individus. Victimes de la chasse et de la raréfaction des zones humides, leur avenir est sombre, particulièrement en Scandinavie.*

◀ *Il ne reste à l'état sauvage que quelques dizaines d'étourneaux de Rothschild sur l'île de Bali. Le braconnage et la vente de ces oiseaux à des particuliers n'augurent rien de bon…*

de 9 000) le nombre d'espèces qui risquent de disparaître avant la fin du XXIe siècle… Chez les mammifères, plus de 1 000 espèces sont menacées sur les 4 500 recensées.

Pesticides, ultraviolets, chasse et déforestation

Les amphibiens (grenouilles, crapauds, tritons) sont eux aussi en péril. Certains chercheurs pronostiquent leur disparition totale, à plus ou moins long terme. Les pesticides ont une influence déterminante sur cette évolution, certaines substances détruisant la cholinestérase, une enzyme qui joue un rôle primordial sur le plan neuromusculaire. Les amphibiens seraient les premiers touchés. Certains scientifiques pensent également que la pénétration plus intense des ultraviolets en raison de la diminution de la couche d'ozone pourrait provoquer des altérations de la peau des amphibiens et entraîner des mutations génétiques (responsables de difformités) ainsi que la mort des embryons.

Un grand danger, à plus ou moins brève échéance, pèse sur le fameux orang-outan de Bornéo, en raison d'une déforestation galopante.

Idem pour le non moins célèbre condor de Californie, qui supporte mal l'envahissement de la campagne par les pylônes électriques et l'emploi de pesticides. Ses derniers représentants ont été capturés pour qu'ils puissent se reproduire, l'objectif (en cours de réalisation) étant de les réintroduire dans leur milieu naturel.

En Eurasie, l'oie naine, intensivement chassée, voit ses effectifs fondre comme neige au soleil, tandis que le courlis à bec grêle n'est plus représenté dans cette région que par quelques individus.

▼ *Les feux de forêt constituent un danger énorme pour les orangs-outans ; celui-ci est cerné par les flammes dans le parc de Tanjung Puting, en Indonésie.*

REQUIEM POUR LES DISPARUS

- **XVIIe siècle :** extinction des treize espèces de moas – sortes d'autruches géantes – de Nouvelle-Zélande, décimées par les Maoris.
- **1799 :** extinction d'une grande antilope, l'hippotrague bleu. Il fut sans doute le premier vertébré africain à disparaître depuis le début de l'ère historique. L'hippotrague était chassé pour sa viande, destinée aux chiens.
- **1844 :** le dernier grand pingouin de l'Atlantique Nord est tué en Islande. L'espèce nichait autrefois jusqu'en Espagne.
- **1878 :** le quagga, un curieux zèbre à moitié rayé, s'éteint en Afrique du Sud.
- **1935 :** disparition du canard à tête rose, victime de la chasse ; ce superbe oiseau vivait en Inde.
- **1954 :** extinction du phoque moine des Antilles, chassé pour sa fourrure et sa viande.
- **2000 :** le 6 janvier, mort du dernier bouquetin des Pyrénées, dans l'indifférence générale.
- **2001 :** le dernier ara de Spix, vivant en liberté au Brésil, n'a plus été revu depuis novembre 2000.

Surgies d'un lointain passé

Pour des raisons qui le plus souvent nous échappent, certaines espèces ont traversé sans encombre des dizaines de millions d'années.

▲ *Cet étrange poisson est le fameux cœlacanthe, venu du plus profond des âges et découvert il y a quelque soixante ans.*

22 décembre 1938. Un petit chalutier en poste devant l'embouchure de la rivière Chalumna, en Afrique du Sud, relève ses filets. Soudain, l'un des pêcheurs interpelle ses compagnons. Dans les mailles du filet, il vient de découvrir un poisson étrange, encore jamais vu. Cet animal massif mesure plus de 1,50 m et pèse environ 60 kg. Une sacrée prise ! Il s'agit du cœlacanthe, un poisson crossoptérygien, de l'ordre des cœlacanthiformes, dont on ne connaissait que des fossiles et que l'on croyait éteint depuis… 70 millions d'années !

Halte à l'évolution

Les crossoptérygiens étaient très communs à la fin de l'ère primaire, il y a plus de 250 millions d'années. On pense qu'un des groupes constituant les crossoptérygiens – les rhipidistiens – a donné naissance aux premiers amphibiens et, de fil en aiguille, aux mammifères et à l'homme. Le cœlacanthe est-il notre ancien cousin ? Eh bien non, car ce n'est pas un rhipidistien mais un actinistien – autre groupe des crossoptérygiens – qui n'a pas évolué. Ce poisson primitif est pourvu de nageoires pelviennes et pectorales doubles, dont il se sert en alternance comme s'il pagayait. Il possède aussi un poumon (un seul, le droit) inutilisé, mais qui rappelle que les premiers poissons osseux possédaient des branchies et des poumons.

Le troisième œil du dernier survivant

En Nouvelle-Zélande vit un curieux lézard, long de près de 75 cm, appelé tuatara ou encore sphénodon. Il est le dernier survivant de l'ordre des rhyncocéphales, qui existait à l'ère secondaire. Le tuatara vit sur quelques îlots de la côte orientale de l'île du Nord et du détroit de Cook. À la différence de tous les autres reptiles, il ne possède pas d'organe copulateur. Et il est pourvu d'un « troisième œil », constitué par une ouverture dans l'os pariétal du crâne et recouvert d'une écaille transparente ; il comporte des vestiges de cristallin et de rétine, mais on ne sait si l'animal perçoit des sensations lumineuses. Avec l'âge – ce lézard, qui n'est adulte qu'à 20 ans, vit jusqu'à 100 ans –, l'orifice se couvre d'une couche de peau opaque.

▼ *Ce lézard tuatara est l'unique représentant d'un ordre vieux de plus de 200 millions d'années.*

Un ancêtre multimillénaire

L'arbre aux quarante écus, ou ginkgo biloba, existe sur terre depuis l'ère primaire. S'il fut particulièrement répandu au jurassique (ère secondaire) – on a trouvé huit espèces fossiles –, il n'en reste plus aujourd'hui dans le monde qu'une unique espèce vivante, originaire de Chine, qui comporte des arbres mâles et des arbres femelles. Nul ne sait comment ce survivant des temps reculés a pu parvenir jusqu'à nous. Les cycas, ressemblant un peu à des palmiers, sont aussi des essences apparues il y a plus de 240 millions d'années. On en compte actuellement 90 espèces.

▲ *Les cycas sont les représentants d'une espèce qui existait déjà à l'ère primaire.*

Garder sa place au soleil

Le réchauffement du climat a de multiples incidences sur la faune et la flore. Certaines espèces élargissent leur domaine, tandis que d'autres sont menacées de disparition.

▲ *Toujours plus au nord ! Des indices concordants semblent accréditer la thèse d'une lente remontée de l'habitat de la fauvette mélanocéphale, espèce d'origine méditerranéenne.*

L'automne, les ornithologues ont coutume de se retrouver sur les îles Scilly, au large de la Cornouailles. Car ces îles accueillent tous les oiseaux migrateurs en perdition, qu'ils viennent de l'ouest ou de la lointaine Sibérie.
Depuis quelques années, des monarques, de splendides papillons migrateurs orange et noir, se joignent parfois aussi à ces rassemblements.

Le vent d'Amérique

Chaque automne, les monarques quittent l'Amérique du Nord pour rejoindre le Mexique, où ils passent l'hiver. Certains d'entre eux, cependant, sont pris dans les fortes dépressions qui naissent vers les Caraïbes, se transforment en cyclones près des côtes américaines et terminent leur course, amoindries mais encore actives, sur les rivages du Vieux Continent. Des oiseaux, surtout des petits échassiers et des passereaux, subissent aussi les conséquences de ces tempêtes et sont emportés vers l'Europe.
Les climatologues ont par ailleurs décelé une augmentation des dépressions transatlantiques automnales, conséquence possible des modifications climatiques dues notamment à l'accroissement des gaz à effet de serre. Dans les décennies à venir, nous assisterons peut-être à une présence accrue d'espèces migratrices nord-américaines en Europe – certaines d'entre elles pourraient même s'établir de ce côté-ci de l'Atlantique.

◀ *La couleuvre vert et jaune ne peuplait que l'aire méditerranéenne. Elle fait partie du cortège d'espèces qui profitent d'un climat moins froid pour gagner des territoires plus au nord.*

▼ *Depuis une trentaine d'années, le guêpier ne se contente plus du sud de l'Europe et de l'Afrique du Nord pour nicher ; on le rencontre à présent jusqu'au sud de la Scandinavie.*

Cap au nord

Ces mêmes climatologues ont également constaté une hausse des températures moyennes depuis le début du XXe siècle, qui n'a pas été sans répercussions sur la faune et la flore. Dans les régions tempérées, les scientifiques observent par exemple la remontée vers le nord de certaines espèces animales méridionales.
En Europe, des oiseaux méditerranéens nichent à présent en dehors de leur aire traditionnelle. Le guêpier d'Europe, une espèce d'origine tropicale aux couleurs chatoyantes, a ainsi progressivement colonisé le nord-ouest du continent ; certains de ses représentants nichent même dans le sud de la Scandinavie. La grande couleuvre vert et jaune, dont le territoire se limitait au midi de la France, a désormais dépassé la Loire. La mante

▲ *Le sérapias à petites fleurs gagne le nord à mesure du réchauffement.*

religieuse, associée aux milieux chauds, est régulièrement observée dans le nord-ouest de l'Europe. Les moustiques subtropicaux ont quant à eux fait leur apparition dans le sud du continent européen. Leur piqûre est particulièrement dangereuse, car ils véhiculent le paludisme. Des plantes comme certaines orchidées – les sérapias à petites fleurs –, jusqu'alors méditerranéennes, profitent aussi de températures plus clémentes pour étendre leur aire de répartition.

Des phénomènes analogues s'observent en Asie et en Amérique du Nord. Dans cette partie du monde, les chercheurs pensent que l'augmentation du nombre de mammifères subtropicaux comme le pécari à collier, qui du Mexique se répand dans le sud-ouest des États-Unis, ou encore le coati roux, est due notamment à des hivers plus doux favorisant la survie de ces animaux.

▲ *L'apollon était autrefois largement répandu, en raison d'un climat boréo-alpin plus marqué. Il faut aujourd'hui aller en altitude pour le rencontrer.*

Espèces en péril ?

En revanche, il est aujourd'hui probable que le radoucissement du climat ainsi que l'augmentation des précipitations qui en résulte auront un impact négatif sur certaines espèces. Les espèces dites boréo-alpines sont particulièrement concernées. Il s'agit souvent de reliques glaciaires, c'est-à-dire d'espèces qui habitaient l'Europe de l'Ouest lorsque ces régions étaient recouvertes de glace.

Aujourd'hui réfugiées en montagne, elles reculent à mesure qu'augmentent les températures. Ainsi en va-t-il de l'apollon, un superbe papillon des zones montagneuses d'Europe, qui disparaît des stations de montagne les plus basses. L'humidité croissante du climat fait aussi reculer d'autres espèces vers l'est, telle la pie-grièche à poitrine rose, autrefois largement répandue en Europe occidentale et dont l'habitat s'est déplacé vers l'est du continent.

Le réchauffement planétaire risque également de faire reculer la toundra au profit de la taïga, ce qui engendrerait de nombreuses modifications écologiques. Certaines espèces forestières seraient susceptibles d'en profiter, tandis que celles du Grand Nord pourraient au contraire en pâtir. Confrontées aux changements de leur environnement, ces espèces s'adapteront-elles ?

▲ *Le coati roux, petit mammifère omnivore, est l'une des espèces d'Amérique qui profitent du réchauffement climatique ; il remonte de plus en plus vers le nord.*

LES AMPHIBIENS MENACÉS

Les chercheurs sont unanimes. Les amphibiens (grenouilles, crapauds, tritons) de l'ensemble de la planète se portent mal. L'une des causes de ce phénomène est probablement le réchauffement climatique. Les mares où ils se reproduisent s'asséchant plus rapidement, la hauteur d'eau y est moindre et les rayons ultraviolets y pénètrent plus facilement. Plus exposés aux radiations, les œufs deviennent ainsi plus vulnérables à de microscopiques champignons pathogènes, qui les déciment par milliers. Un grand nombre d'espèces sont ainsi en voie de disparition…

L'ADAPTATION AU MILIEU URBAIN

Quand la nature se cache en pleine ville

▲ *Commun dans les campagnes, le vulcain se rencontre également en ville. Il n'est pas rare qu'on le surprenne à butiner les fleurs d'un balcon.*

Ils y ont trouvé le gîte et le couvert. Et une certaine protection. Plantes et animaux se sont adaptés aux grandes métropoles, parfois de façon envahissante. SCe nouvel environnement est pourtant loin de leur être naturel…

En juin, la nature brille de mille feux. Dans la ville de Londres, tout invite à rejoindre la campagne. Pourtant, il suffirait d'une journée en compagnie de naturalistes expérimentés pour y découvrir une faune et une flore que l'on ne pourrait imaginer dans une grande capitale. Comme toutes les cités des pays industrialisés, Londres accueille depuis plus d'un siècle des plantes et des animaux qui se sont adaptés à la vie citadine. Venues de la campagne – des bois, des forêts, des prairies, et même des étangs ou de la mer –, ces espèces ont exploité une niche écologique nouvelle et y ont parfois fort bien prospéré. Le rat n'est plus aujourd'hui le seul compagnon de l'homme des villes…

▲ *Ce plantain n'a besoin pour vivre que d'un peu de terre : les interstices du pavé lui suffisent !*

L'herbier de l'asphalte

Sur le trottoir pousse un brin d'herbe. C'est du plantain, une plante bien modeste mais qui a trouvé la force de s'épanouir à la jointure de deux pavés. Plus loin, une pousse de pissenlit a même défoncé l'asphalte ! Sur les vieux murs pousse aussi une jolie fleur rose, qui rappelle une petite gueule-de-loup : c'est la linaire cymbalaire, également appelée ruine-de-Rome, qui n'a besoin pour se développer que de quelques grammes de terre dans l'anfractuosité d'un mur.

À y regarder de plus près, un botaniste découvrirait sans peine quelques dizaines de plantes différentes. Et pour peu qu'en pleine ville un terrain vague apparaisse à l'emplacement d'une ancienne bâtisse, il sera bientôt colonisé par des plantes dont les graines sont arrivées le plus souvent par la voie des airs.

Onagres aux larges fleurs jaunes, vergerettes semblables à des marguerites, séneçons et autres épilobes ont tôt fait d'envahir un sol pourtant bien

◀ *Accroché à sa berge de pierre, ce pied de buddleia pousse vaille que vaille. Un bel exemple d'adaptation !*

▶ *Vigne vierge (à gauche) et glycine (à droite) ont trouvé dans ces immeubles parisiens un excellent support à leur croissance. Leur robustesse et leur relative résistance à la pollution ont fait le reste.*

pauvre en éléments nutritifs. Car elles n'ont pas besoin de plus pour prospérer ; ce sont ce qu'on appelle des plantes pionnières.

Arbres venus d'ailleurs

Arbres et arbustes sont également de la partie. Certains se développent en ville naturellement, à partir d'une plantule. Il en va ainsi du buddleia – ou arbre aux papillons –, qui possède de faux airs de lilas. Comme d'autres essences, ce n'est pas une espèce indigène ; il est originaire de Chine. Car beaucoup d'arbres venus de pays lointains ont été plantés dans nos villes, pour leur élégance et leur port majestueux. Mais c'est leur rusticité ou leur résistance qui leur ont permis de s'adapter. L'ailante, ou vernis du Japon, est un arbre robuste à croissance rapide, également venu de Chine. Il pousse sur n'importe quel recoin de mur ou tas de gravats des grandes villes d'Europe et d'Amérique, pourvu qu'il puisse fixer ses racines. Avec ses fruits, munis d'une petite aile membraneuse que le vent emporte sans peine, il colonise rapidement toute grande agglomération. D'autres arbres, comme l'érable sycomore d'Europe, mais aussi le robinier faux acacia et le catalpa, tous deux venus d'Amérique du Nord, ou encore l'asiatique pawlonia impérial, se sont parfaitement accommodés à la vie citadine. Résistance aux intempéries et surtout à la pollution atmosphérique, croissance rapide et mode de reproduction efficace (notamment graines transportées par le vent) sont les atouts principaux d'une conquête réussie.

▲ *Ruine-de-Rome. La jointure d'un mur, un peu de terre, voilà qui lui suffit pour croître.*

Microcosmos urbain

À l'ombre des plantes et des arbres s'est développée une microfaune extrêmement bien adaptée à la ville. Les terrains vagues où croissent plantes à fleurs et buddleias sont une véritable aubaine pour bon nombre de papillons. En Europe, le vulcain, le paon de jour, la petite tortue ou encore la piéride du chou fréquentent assidûment ce type de milieu et certaines espèces pondent même en pleine ville.

Dans l'anfractuosité de ce mur ensoleillé, une minuscule araignée veille. C'est une araignée-zèbre, ou saltique, espèce qui saute sur ses proies (moucherons et autres bestioles) dès qu'elles passent à proximité. Nous sommes place de la Concorde, à Paris, en bordure des Tuileries, dans un brouhaha indescriptible. Notre araignée, ignorant le bruit et la foule, vit tranquillement sa vie de prédatrice à l'abri des regards. Dans un parc urbain proche, on pourrait également découvrir une autre araignée, l'épeire diadème, qui a tissé sa toile dans un massif de rosiers…
Passons sur tous les hôtes de nos maisons – punaises, blattes, puces, mouches et

▼ *En hiver, les mouettes rieuses fréquentent les grandes villes. Les fleuves favorisent leur venue en milieu urbain.*

▲ *La nuit venue, des renards s'aventurent à présent jusqu'au cœur des villes. Les poubelles constituent pour eux d'inépuisables ressources de nourriture.*

autres mites – et arrêtons-nous sur les coccinelles, qui n'hésitent pas à faire halte sur des pots de fleurs accrochés au balcon. Dans le métro parisien, le grillon domestique pousse parfois sa rengaine. Même s'il a beaucoup régressé (à cause notamment d'un métro plus propre !), il se rencontre encore ici et là, attiré par la chaleur du sous-sol !

Passer l'hiver en ville

Les oiseaux ont aussi trouvé refuge en ville. La température moyenne y est supérieure à celle des campagnes, si bien qu'en hiver, notamment, la ville offre un havre de chaleur : on y meurt donc moins qu'ailleurs. D'autant que leurs prédateurs y sont moins nombreux.
Les étourneaux sansonnets se rassemblent parfois par dizaines de milliers en dortoirs vespéraux dans les grands arbres d'un parc urbain. Mésanges, pinsons ou merles abondent dans les métropoles européennes, tandis que diverses espèces d'hirondelles et de martinets ont envahi toutes les grandes agglomérations . La nourriture y est assez abondante, en raison des reliefs laissés par l'homme. Les moineaux domestiques ou les pigeons l'ont bien compris, mais aussi le renard roux, qui se montre de plus en plus téméraire en venant, la nuit, faire les poubelles de certaines grandes villes.

Les prédateurs arrivent

Un écosystème d'un type nouveau s'est constitué en milieu urbain. Les plantes, qui en forment le premier maillon, ont été suivies par les insectes, puis par les herbivores. Et voilà que les prédateurs commencent eux aussi à rôder : la fouine, par exemple, se rencontre régulièrement dans les combles des maisons. Le faucon crécerelle et le faucon pèlerin nichent sur les grands édifices, où ils chassent souris, moineaux et pigeons.

L'appel de l'eau

Que coule un fleuve ou que la ville abrite des plans d'eau, et ce sont d'autres espèces qui pointent leur nez. Et pas seulement des poissons.
Des oiseaux remontent aussi les fleuves, venus parfois du milieu marin comme les grands cormorans, en Europe, ou les goélands, des deux côtés de l'Atlantique. La mouette rieuse, quant à elle, s'est adaptée à la ville depuis le début du XXe siècle, et, l'hiver, elle déserte les marais intérieurs pour venir passer la mauvaise saison au cœur des villes, profitant des décharges ou simplement du pain que lui offrent les promeneurs.
Dans certaines villes du nord de l'Europe ou de l'Amérique du Nord, canaux et plans d'eau fournissent le gîte et le couvert à une quantité d'oiseaux d'eau : hérons, canards, foulques et poules d'eau viennent hiverner en toute quiétude dans les grandes métropoles.

▲ *Scènes de ville : un moineau domestique mâle nourrit son jeune sur un pare-brise (en haut) ; un oiseau se mire dans un rétroviseur (en bas).*

DES OURS DANS LA VILLE

Chaque automne, des ours polaires viennent faire du shopping à Churchill, ville du nord du Canada située en bordure de la baie d'Hudson. Car, avant d'hiberner, il leur faut constituer de bonnes réserves de graisse. Des dépotoirs à ciel ouvert leur procurent une pitance bon marché. Plusieurs dizaines d'animaux rôdent ainsi autour – et parfois à l'intérieur – de la ville. Aussi est-il préférable de sortir armé lorsque l'on entreprend de vider ses poubelles !

Chapitre
7

FORMES ET COULEURS

Spectacles de la nature

Grès érodé du canyon Antelope, près du lac Powell (Arizona).

La palette du minéral

Quand les roches ne sont pas recouvertes par la végétation, elles agrémentent les paysages de multiples couleurs. Cette variété peut découler de celle de leurs composants, mais aussi de leur propre histoire.

Rouge, rose, blanc, gris, jaune, vert, brun… Les couleurs de Painted Desert (littéralement, le désert peint), en Arizona, offrent au regard une véritable palette de peintre s'étalant sur des kilomètres et dont la gamme des teintes s'éteint ou se ravive au gré de la lumière. À la simple vue de ce paysage bariolé, gardons-nous toutefois de tirer des conclusions hâtives sur la nature des roches qui le composent. Car la couleur seule, aussi spectaculaire soit-elle, n'est qu'un indice parmi d'autres… Ainsi, des tons noirs et le gris caractérisent aussi bien des basaltes ou des charbons que certains schistes – des roches pourtant fort différentes. Painted Desert doit ses pentes zébrées de noir et de blanc à un assemblage d'argiles et de marnes plus ou moins riches en matière organique et parfois à des niveaux de cendres volcaniques.

La couleur de l'intérieur

L'origine de la couleur d'une roche est multiple : des fragments de coquilles d'animaux formés de calcite blanchâtre ou des éléments d'algues donnent par exemple à bien des calcaires et à la craie leur éclat blanc – les falaises anglo-normandes en sont une excellente illustration. La roche doit ici sa couleur à ses principaux constituants.

Mais, dans la nature, les mélanges sont fréquents. Il suffit d'un peu d'argile pour colorer différemment ces types de roches, qui peuvent revêtir alors n'importe quelle couleur entre le blanc et l'ocre. Un pourcentage, aussi faible soit-il, de sels métalliques change aussi cette coloration. Les roches rouges contiennent des oxydes de fer en très petite quantité. Ainsi, des grès, des argiles et des bauxites, quoique de composition minéralogique très différente, peuvent malgré tout présenter les mêmes teintes. La bauxite blanche, minerai d'aluminium, est très recherchée quand elle ne contient que des oxydes et des hydroxydes d'aluminium.

Roches altérées, roches bariolées

Dès l'époque de leur dépôt, il y a des dizaines voire des centaines de millions d'années, les roches sédimentaires ont pu subir des modifications de leur couleur originelle.

On observe notamment ce phénomène dans les grès du Lodévois, au sud du Massif central, lorsque, sur le même affleurement rocheux, on passe du rouge au vert le plus franc : les oxydes de fer (rouges) ont été réduits en sulfures (verts)

▼ Roses, blancs, ocre ou gris, les argiles et les grès de Painted Desert, en Arizona, doivent leurs subtiles nuances aux oxydes de fer et aux matières organiques qu'ils contiennent.

PÉTRA LA MULTICOLORE

C'est dans une roche de toute beauté – un grès grossier vieux de 500 millions d'années dont les coloris vont du jaune au mauve en passant par l'orange, le rouge, le marron, le gris, le bleu et même le noir – que furent creusés les monuments funéraires de Pétra, en Jordanie. Chaque falaise, chaque façade, voire la moindre excavation, est un curieux mélange de couleurs et de formes : bandes parfois parallèles aux lits de la roche, arcs de cercle ondulants ou en éventail se recoupant ou se superposant. On appelle anneaux ou encore bandes de Liesegang de telles structures multicolores. Elles ont pour origine la précipitation répétée d'oxydes et d'hydroxydes de fer et de manganèse dans des roches poreuses comme les grès.

▲ *Les rhyolites de Landmannalaugar, en Islande, qui tranchent parmi les basaltes sombres, doivent leurs teintes roses et ocre au travail d'altération des gaz volcaniques.*

quand ces anciens sables alluviaux ont été imprégnés d'eau suffisamment longtemps, immédiatement après leur dépôt.

De près, les argiles offrent souvent un mélange de taches ocre et roses, un subtil bariolage que les pédologues nomment marmorisation. Ces argiles sont issus des limons peu à peu décantés des eaux d'une plaine inondée ; restés à l'air libre, ils ont constitués un sol couvert de végétation. En profondeur, la répartition des sels métalliques s'est trouvée changée par la circulation des eaux.

Dans les roches volcaniques, ce sont le plus souvent les gaz volcaniques, chimiquement très actifs, qui sont responsables d'une altération et de changements de couleur ; on passe par exemple du blanc au jaune ou au rose – comme en Islande.

◀ *Profondément érodés, les ocres du Roussillon (Vaucluse) sont des sables colorés par un faible pourcentage d'oxydes de fer.*

◀ *Salar de Uyuni, en Bolivie. La couleur blanche de certaines roches est celle de leur unique constituant minéral, ici du sel.*

Patines de surface

Parfois enfouies sous des centaines de mètres d'autres sédiments, les roches reviennent à l'air libre après bien des péripéties. Elles subissent alors l'action des agents atmosphériques qui, en matière de couleur, brouillent les cartes.

Plus discrète que l'érosion qui les sculpte, cette altération leur confère une patine de couleur différente. Un coup de marteau sur un banc de calcaire jaunâtre peut détacher un éclat de teinte grise : les sels de fer se sont oxydés en surface. Très souvent aussi, la roche devient plus terne : le basalte, bien noir à la cassure, est plutôt gris à l'affleurement. Certains minéraux des roches perdent de leur éclat par simple contact avec l'eau. En ville, les effets sont encore plus visibles. Bien des roches, quand elles ne semblent pas franchement rongées, voient leur brillant se dissiper rapidement, les effets de la pollution s'ajoutant à l'altération naturelle.

Voyage au cœur des minéraux

Les pierres précieuses sont des minéraux caractérisés par la stricte organisation de leurs molécules. Leur rareté est due aux conditions de pression et de température nécessaires à leur formation, exceptionnellement réalisées dans la nature.

▼ *Ce cristal de roche, fait de cristaux géant de quartz (dioxyde de silicium cristallisant dans le système hexagonal), provient du Brésil.*

Sans joyaux, pas de couronne, sans bijoux, pas de Castafiore… Symboles de beauté et de pouvoir, les pierres précieuses fascinent. Mais qu'ont-elles donc de si précieux en dehors du regard avide que nous posons sur elles ? Après tout, le saphir et le rubis ne sont que des oxydes d'aluminium dont la formule chimique est identique à celle de l'alumine blanchâtre qui tapisse le fond des casseroles oxydées !

Diamant et charbon noir, de proches parents

Comme tous les cristaux que s'arrachent les collectionneurs, les pierres précieuses ne sont pas des roches mais des minéraux purs – les roches sont des agrégats de minéraux.

Chaque minéral correspond à une espèce chimique naturelle de composition précise et fixe. Par exemple, la formule du diamant, champion de la simplicité, est celle du carbone pur, ce qui le rend chimiquement identique au graphite et à l'anthracite. Sur les 3 000 minéraux naturels existants, tous ne sont pas précieux. Certains sont même si banals que nos chemins en sont pavés… Il suffit de se souvenir, par exemple, que le granite est constitué de trois minéraux : le quartz, le feldspath et le mica noir. Le calcaire, lui, est majoritairement constitué d'un minéral, le calcite, l'une des formes cristallisées du carbonate de calcium. Mais pour percer les secrets des minéraux, il faut avant tout comprendre leur structure à l'échelle atomique et connaître les conditions physiques qui ont permis leur formation.

▲ *Cube parfait de cristal de fluorine rose (fluorure de calcium).*

Des molécules bien organisées

La matière se rencontre soit à l'état gazeux, soit à l'état liquide, soit à l'état cristallin. C'est ce dernier qui nécessite le moins d'énergie ; toute matière minérale tend donc à l'atteindre. Dans les gaz et les liquides, la distribution des molécules est hasar-

▲ *Les couleurs et les formes des minéraux sont d'une étonnante variété.*
1. *Vandinite*
2. *Tourmaline bleue*
3. *Béryl héliodore*
4. *Corindon*
5. *Pyromophite*

deuse et change à chaque instant. Dans les cristaux, les molécules se lient les unes aux autres de manière permanente suivant un réseau tridimensionnel parfaitement régulier et fixe, dont la géométrie dépend de la nature des molécules.
Si l'on considère une direction à l'intérieur du cristal, la distribution des molécules est homogène, mais à chaque direction correspond une distribution différente : les propriétés des cristaux – comme la dureté, la résistance aux chocs, la vitesse de propagation de la lumière – sont donc variables suivant les directions. Cet arrangement atomique se concrétise par l'édification de solides réguliers : ce sont les cristaux, aux formes soit simples, comme le cristal parfaitement cubique de fluorine, soit complexes, tel le cristal à facettes. Les cristaux se regroupent en fait en sept systèmes selon leur type de symétrie.

Cristaux géants

Quelques minéraux atteignent des tailles exceptionnelles, mais ils sont très rares, leur formation étant assez particulière. Elle est liée à la présence, dans les roches, de fractures ouvertes ou de vides reliés entre eux par des fissures permettant la circulation de fluides.
Dans certaines conditions, par exemple à proximité d'une masse de magma en cours de refroidissement, ces fluides peuvent atteindre plusieurs centaines de degrés et être chargés de matières minérales dissoutes. Fractures et vides se tapissent alors de cristaux qui vont croître sans contrainte : c'est ainsi que naissent les géodes.

Limpidité, couleurs : une affaire d'impuretés

La limpidité d'un cristal est due à l'absence d'impuretés. Il ne contient donc aucun atome autre que ceux nécessaires à la construction de son réseau cristallin, ou encore aucune inclusion fluide ni gazeuse. À l'inverse, les belles couleurs de certains minéraux sont liées à la présence d'atomes étrangers : ainsi le quartz (dioxyde de silicium) est incolore et transparent lorsqu'il est pur (cristal de roche) ; mais si, au cours de sa croissance, son réseau emprisonne quelques atomes de fer, il deviendra violet (améthyste), ou d'un beau rose avec quelques atomes de titane et de manganèse. Le rouge du rubis est lié à la présence de chrome, le bleu du saphir à celle de fer et de titane, en plus de l'aluminium.

LA NAISSANCE EXCEPTIONNELLE DU DIAMANT

La cristallisation des diamants nécessite des pressions et des températures n'existant naturellement qu'à des profondeurs supérieures à 100 km, au sein du manteau supérieur terrestre. Or le carbone est stocké dans les couches superficielles de notre planète. Certains pensent que du carbone superficiel pourrait, à la faveur des grands mouvements qui affectent l'écorce terrestre, être entraîné jusqu'à ces profondeurs (au niveau des zones de subduction, par exemple) et cristalliser ultérieurement sous forme de diamant. Mais ils doivent remonter jusqu'à la surface. Ce qui ne se produit que lors d'éruptions volcaniques particulières survenant uniquement au milieu de noyaux continentaux très anciens et épais (cratons), comme ceux d'Afrique du Sud ou de Sibérie. Le magma impliqué dans ces éruptions s'appelle une kimberlite : sa signature chimique très particulière en fait le magma le plus profond (200 km au moins) de notre planète. On comprend alors mieux la rareté du diamant.

LES 7 SYSTÈMES CRISTALLINS

Système cubique
Grenat

Système hexagonal
Quartz

Système rhomboédrique
Tourmaline

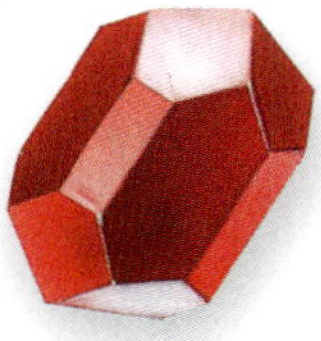

Système quadratique
Rutile

Système orthorhombique
Olivine

Système monoclinique
Hornblende

Système triclinique
Feldspath

Les couleurs des plantes et des fruits

Un arsenal de séduction

Séduire les animaux pour pouvoir se reproduire, telle est la finalité des couleurs éclatantes qu'arborent les fleurs et les fruits.

▲ *Regardez-moi ! Si la couleur des fruits mûrs, comme ces oranges, tranche sur celle du feuillage, ce n'est pas un hasard : ils doivent être vus par les animaux susceptibles de s'en nourrir et ainsi de répandre leurs graines au loin.*

Le melon a des côtes pour être mangé en famille ; l'orange est dotée d'une couleur éclatante pour que le cueilleur la voie facilement au travers des feuilles ! Voilà des affirmations bien naïves. Il faut rappeler que son auteur, Bernardin de Saint-Pierre, resté célèbre pour son roman *Paul et Virginie*, voyait dans la perfection de la nature, destinée au bien-être de l'homme, une preuve de l'existence de Dieu. Souvent moqué pour cette philosophie simpliste, il n'avait pas tort pour les oranges !

Les plantes ne vivent que d'eau, de gaz carbonique et d'éléments minéraux tirés de leur environnement. Elles fabriquent les substances complexes dont elles ont besoin grâce à l'énergie solaire. Celle-ci est captée par la verte chlorophylle. Ce qui explique pourquoi le vert est la couleur principale de la plupart des milieux terrestres.

Les nuances sont nombreuses, mais toutes les plantes supérieures, ou presque, sont à dominante verte. Seules exceptions, les fleurs et les fruits, qui arborent souvent des couleurs éclatantes et tranchées. Hasard ou nécessité ?

Les messages de la couleur

La sexualité des plantes est très différente de celle des animaux. S'il y a bien deux sexes, ils sont souvent portés par le même pied, la

◀ *Butinant une fleur de tournesol pour y recueillir le nectar dont elle se nourrit, cette abeille transporte à son insu le pollen fécondant qui permettra à la plante de produire de nombreuses graines.*

même fleur. La rencontre entre pollen mâle et ovule femelle, premier moment de la reproduction, est totalement passive, sans les raffinements des parades des animaux. Dès lors, des auxiliaires sont nécessaires pour la provoquer, mais aussi pour envoyer au loin les graines, espoir de générations futures. Les couleurs vives sont des messages adressés aux animaux, des atours destinés à séduire un entremetteur. Car sans un insecte, un oiseau ou une chauve-souris qui ira en volant d'une fleur à l'autre déposer du pollen, pas de fécondation. On pourrait voir les fleurs comme des enseignes publicitaires indiquant que la table est bien garnie.

Une fois attirés, les animaux ne s'intéresseront qu'au nectar sucré ou au pollen riche en protéines. Mais leur venue est le gage d'une bonne pollinisation, donc d'une meilleure reproduction. C'est pourquoi la sélection naturelle a favorisé ces beautés de la nature.

◀ *Le strelitzia doit son nom populaire d'oiseau de paradis à ses fleurs en éventail bleu et jaune orangé.*

▲ *Cette grosse fleur d'hibiscus est un entonnoir qui guide l'insecte vers le fond de la corolle, où se trouve le nectar. Au passage, il sera abondamment enduit de pollen par les étamines assemblées en massue.*

L'offrande des fruits

Les plantes ont inventé les fruits pour nourrir les animaux, qui en contrepartie répandent leurs graines un peu partout. Elles peuvent ainsi conquérir de nouveaux territoires. À l'automne, les oiseaux sont attirés par les fruits rouges ou orange des aubépines, des églantiers, des pyracanthas. Ils iront en semer les graines, contenues dans leurs fientes, à plusieurs kilomètres à la ronde, beaucoup plus loin encore s'ils sont migrateurs.
Si le fruit est offert à l'animal, la graine ne doit pas servir de nourriture. Lors de la digestion, l'enveloppe qui protège la graine résiste aux sucs digestifs, mais s'affaiblit néanmoins pour permettre la germination. Chez de nombreuses plantes, la graine qui n'a pas été digérée ne peut pas germer. L'enveloppe est trop dure.

▲ *Les hibiscus n'attirent pas que les insectes. Leurs grosses fleurs colorées sont traditionnellement utilisées comme parure et offrande rituelle dans les îles du Pacifique et dans toute l'Asie tropicale.*

La preuve par le haricot

La preuve est aujourd'hui faite que la couleur des fleurs et des fruits est destinée à attirer les animaux. D'ailleurs, le haricot vert, fort apprécié des gourmets, mais si difficile à distinguer du feuillage de la plante, est un fruit qui n'est pas encore mûr ; le laisserait-on parvenir à maturation qu'il deviendrait jaune. Pour faciliter la récolte au jardinier pressé, les sélectionneurs modernes ont repris la recette de Bernardin de Saint-Pierre : ils ont créé des variétés aux gousses colorées – comme Purple Teepee, à cosse violette – qui redeviennent vertes à la cuisson !
Il suffirait encore, pour se convaincre du rôle de la couleur au sein du règne végétal, d'observer les plantes qui, comme les graminées, sont pollinisées par le vent et non par les insectes. Elles ont des fleurs minuscules et verdâtres qui passent inaperçues.
Quant aux fleurs qui ne s'ouvrent que la nuit, elles sont généralement discrètes et peu spectaculaires, comme la clématite des haies. Mais elles exhalent des parfums suaves à destination des animaux nocturnes, en particulier des papillons, bien équipés pour détecter les odeurs.

▲ *Les haricots verts sont malaisés à repérer et à cueillir. Pour se faciliter la tâche, l'homme a donc mis au point une variété de haricots violets.*

LE TAMBALACOQUE ET LE DODO

En 1970, le tambalacoque était devenu très rare sur l'île Maurice. Les plus jeunes de ces arbres dataient de l'époque des dodos, gros pigeons terrestres exterminés au XVIIe siècle, qui se nourrissaient de leurs fruits. Car la graine du tambalacoque, à la peau très épaisse, ne pouvait germer qu'après être passée dans l'estomac d'un dodo – son jabot broyeur, très efficace, abrasait l'enveloppe de la graine, ses sucs digestifs la ramollissaient. La graine était de ce fait devenue fort dure. En introduisant des dindons, dont le système digestif est suffisamment puissant pour rejeter dans leurs fientes des graines aptes à germer, on a sauvé le tambalacoque !

CHEMINÉES DE FÉE, TOURELLES ET COLONNES

Des miracles d'équilibre

Cheminées de fée, colonnes, tourelles, piliers ou aiguilles : c'est à l'action de l'érosion que l'on doit ces formes étonnantes semblant défier les lois de l'équilibre.

Le spectacle de ces formes fragiles ou insolites coiffées d'un gros bloc ne laisse pas d'étonner. Protégées par un chapeau de roches plus résistantes, les cheminées de fée (ou demoiselles coiffées) d'Euseigne, dans le Valais, portent bien leur nom, car cette magie qu'offre la nature pourrait bien être l'œuvre de créatures surnaturelles…

Quand veillent les fées

C'est souvent dans les moraines que s'opère leur dégagement, car ces dépôts glaciaires contiennent aussi bien des blocs de très grande taille que de minuscules morceaux de roche : au contraire des eaux courantes, qui trient et transportent les fragments de roche, les glaciers se contentent de les charrier à la surface ou dans la masse de la glace pour ensuite les abandonner en vrac. Par la suite, le ruissellement des eaux entraîne facilement les éléments les plus fins, qui échappent à l'érosion sous l'abri des plus gros blocs.

◀ *Au bord du Grand Canyon du Colorado (Dead Horse Point, Utah) ces tourelles de roche en équilibre ne sont qu'un épisode éphémère du long travail de l'érosion.*

UNE ÉROSION SPECTACULAIRE : LES PITONS DE MONUMENT VALLEY

Les célèbres pitons de Monument Valley (ci-contre), décor de nombre de westerns, sont des buttes témoins (1), seuls restes de couches conservées ailleurs en de vastes plateaux (2). Ils sont constitués de grès d'épaisseurs très diverses, qui ne réagissent pas de la même manière à l'érosion. Des grès massifs (3) reposent sur des couches beaucoup plus minces d'argiles et de grès (4), traversées par de nombreuses fractures, alors que les grandes parois qui les dominent en sont presque indemnes. Ces buttes reculent peu à peu, parfois à la suite de l'éboulement de grands panneaux, déséquilibrés par l'affouillement de leur base , voire par des tremblements de terre.

En Cappadoce (Turquie), c'est à l'intérieur des tufs volcaniques, épais de plusieurs centaines de mètres, que le ravinement des eaux a créé à l'infini des pitons parfois coiffés d'un bloc de lave ou d'un chapeau de tuf plus soudé et plus résistant. Car les volcans fournissent aussi à l'érosion un matériau très hétérogène : de gros blocs peuvent être projetés avec des cendres, qui seront, plus tard, facilement emportées par le ruissellement. Au sein de ce relief tourmenté, l'installation d'un habitat troglodytique illustre combien ces dépôts volcaniques sont friables et faciles à creuser : les hommes y ont ménagé d'innombrables maisons et environ 400 églises et chapelles – de véritables villes souterraines.

Des colonnes à l'assaut du ciel

Mais dans des roches beaucoup plus communes se dressent des tourelles ou des colonnes qui attirent aussi l'attention. On parle à leur sujet de reliefs ruiniformes. Parmi les figures innombrables que l'érosion sculpte à la surface de la Terre, l'homme aime s'attarder sur celles qui ressemblent étonnamment à ses propres œuvres. C'est le cas des spectaculaires pitons rocheux de l'Ouest américain.

Des piliers gigantesques

La province grecque de Thessalie est célèbre pour son site exceptionnel des Météores. Une soixantaine de monolithes de 200 à 250 m de haut évoquent une forêt de pierre. Au fil des âges géologiques, la roche, dure, a été attaquée par l'eau courante et s'est éboulée par pans entiers le long de grandes fissures, d'où des parois abruptes et des précipices vertigineux. Dès le XIVe siècle, des moines se sont retirés au sommet des piliers.

▼ Cheminées de fée dans des moraines (sud du Tyrol italien, au centre) et dans des cendres volcaniques (près du Crater Lake, Oregon, États-Unis, à gauche, et en Cappadoce, Turquie, à droite).

La magie des couleurs

Tout ce qui nous entoure possède naturellement une couleur : les matières et les atomes dont est constitué notre environnement « volent » une partie de la lumière émise par le Soleil, une lampe ou toute autre source lumineuse avant de la réfléchir. Or la lumière que l'on dit blanche contient en mélange une infinité de lumières colorées. Quand les atomes de la peau d'une banane absorbent une partie de la lumière qui l'illumine, la fraction réfléchie est de couleur jaune. C'est notre cerveau qui nous le dit, une fois que nos yeux ont identifié la couleur. Et si nous empruntions les yeux de notre voisin ? Nous ne verrions sûrement pas exactement les mêmes nuances. Chaque être humain est unique, et la perception qu'il a des couleurs fait partie de son jardin secret.

Le prisme des couleurs

Une ondée tombe et, soudain, l'arc-en-ciel déploie sur tout l'horizon le demi-cerceau de sa palette : rouge-orange-jaune-vert-bleu-violet, avec une infinité de nuances entre chaque bande, immuablement ordonnancées. Il s'agit d'un pur phénomène optique, que l'on sait reproduire en laboratoire. Quand un rayon lumineux vient frapper la face d'un prisme de verre pour ressortir de l'autre côté, il se décompose en un faisceau de rayons de lumière colorée. Si l'on place une feuille de papier sur le trajet de ce faisceau, on voit apparaître des bandes rouge-orange-jaune-vert-bleu-violet : les couleurs de l'arc-en-ciel ! Dans le ciel, c'est la multitude des gouttes de pluie qui joue le rôle du prisme pour décomposer la lumière du Soleil et nous révéler ses couleurs.

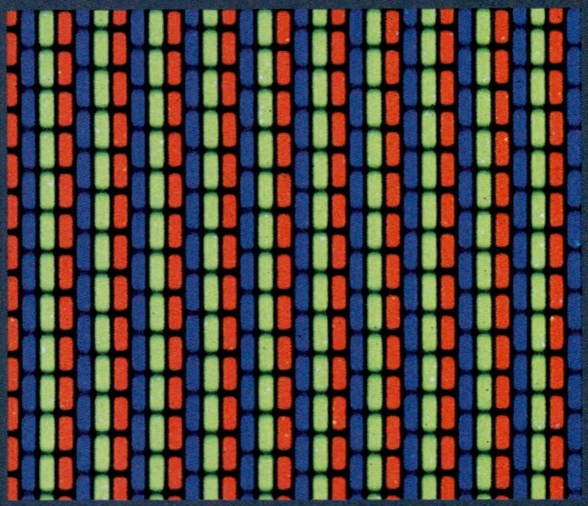

Émission de lumière et couleurs

Si l'on s'approche d'un écran de télévision représentant un champ de neige, on constate qu'il est formé d'une multitude de petits paquets composés de trois points, chaque point émettant son propre rayon lumineux – rouge, vert ou bleu. Lorsque les rouges, les verts et les bleus émettent avec la même intensité, notre œil voit… du blanc. Et si les bleus s'éteignent ? Il reste le mélange des rayons lumineux rouges et verts, qui donne… une lumière jaune ! Si les rouges s'éteignent, on crée du cyan (un mélange de rayons lumineux bleus et verts). On dit que les rayons lumineux s'additionnent. En jouant sur la proportion des rayonnements rouges, verts et bleus, on peut fabriquer n'importe quelle autre couleur. C'est pourquoi, lorsque l'on parle lumière – et non peinture –, ce sont ces trois couleurs qui sont dites primaires.

▼ Réflexion de lumière et couleur

Une banane n'émet pas de lumière. Si elle nous apparaît jaune, c'est qu'elle réfléchit la lumière. Supposons, pour simplifier, que cette dernière ne soit composée que de rouge, de vert et de bleu, puisque ces trois couleurs permettent de fabriquer toutes les autres. Si l'on voit la banane jaune, c'est que les rayons bleus ont été absorbés par la matière composant la peau de la banane, qui ne réfléchit plus que les rayons rouges et verts. De même, si le lagon nous apparaît cyan, c'est qu'il absorbe la composante rouge de la lumière du jour et ne réfléchit plus que les rayons bleus et verts. De la gouache jaune (qui soustrait la lumière bleue) mélangée à de la gouache cyan (qui soustrait la lumière rouge) ne réfléchit donc plus que… les rayons verts. En peinture, cyan et jaune font bien vert. Et quand toutes les composantes de la lumière sont absorbées, le résultat est noir.

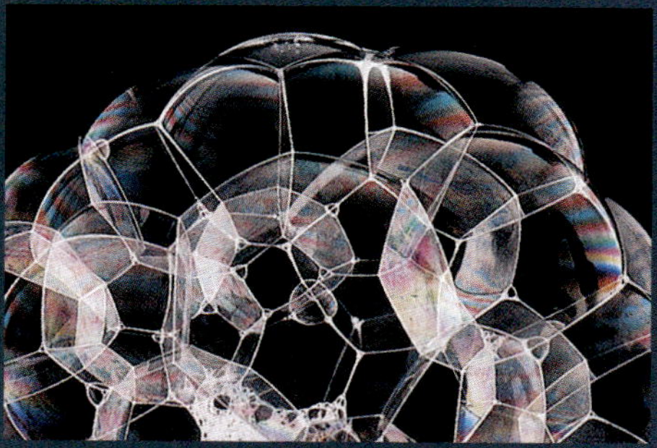

▲ Oh ! la belle bulle !

La surface d'une bulle de savon offre de merveilleux reflets irisés et changeants. D'où viennent-ils ? Quand la bulle est éclairée, ses surfaces interne et externe réfléchissent les rayons de lumière, qui, composés de couleurs aux fréquences différentes, se combinent. Dans certains cas, les vibrations lumineuses s'annihilent. On ne voit alors que du noir. Dans d'autres cas, elles se renforcent, et les couleurs apparaissent. On appelle cela des interférences. On peut les observer à la surface d'un CD-Rom, d'une coquille de nacre, d'une flaque d'huile, etc.

▶ Comment l'œil voit les couleurs

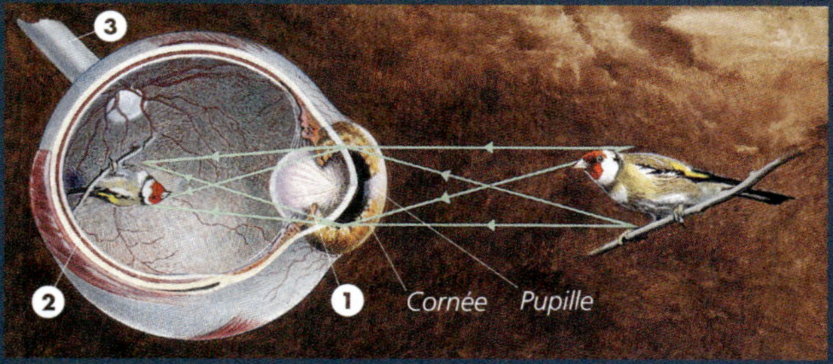

L'œil fonctionne comme un analyseur de lumière. Quand une image se présente à lui, celle d'une banane, par exemple, la lumière qu'elle réfléchit traverse le cristallin de l'œil **(1)**, qui agit comme une lentille d'appareil photo et va frapper la rétine **(2)**. Celle-ci est tapissée d'une myriade de récepteurs, les cônes, dont chacun est sensible à l'une des trois couleurs primaires. Les récepteurs du bleu ne percevant pas leur couleur, ils ne sont donc pas excités. Les récepteurs du vert et du rouge, qui sont excités, transmettent un signal au nerf optique **(3)**, qui les conduit directement au cerveau. Ce dernier traduit : c'est jaune ! Et chez les daltoniens ? En raison d'un dysfonctionnement de naissance, les récepteurs du rouge et du vert ont une sensibilité trop proche. Une pomme verte et une pomme rouge exciteront donc aussi bien les uns que les autres. Et le cerveau sera incapable de faire la différence entre les deux.

Tout est dans la fréquence

Les physiciens ont déterminé que toute lumière est une onde électromagnétique, qui vibre selon une fréquence propre. Ainsi, dans la gamme des couleurs de l'arc-en-ciel, la fréquence augmente à mesure que l'on passe du rouge au violet. Et au-delà de ces extrémités ? La lumière existe toujours, mais notre œil ne la perçoit pas, parce que ses récepteurs n'y sont pas sensibles. C'est le cas pour les rayonnements infrarouges, de fréquence inférieure à celle du rouge, et ultraviolets, dont la fréquence est supérieure à celle du violet. Ci-contre, radiotélescope.

Arches, tunnels et gouffres

Quand la nature a l'art du vide

Arches et autres ponts naturels sont fréquents dans les roches sédimentaires. Tunnels et gouffres sont l'apanage des roches calcaires. C'est à l'érosion que la nature doit cet étonnant art du vide.

▲ *Window Arch (Utah, États-Unis). Une des œuvres de l'érosion, ici à partir de grès massifs.*

Dans l'ouest des États-Unis, Arches National Park renferme des dizaines d'arches délicatement cintrées. Qui a guidé ainsi la nature pour réaliser des formes aussi parfaites que des œuvres d'art ? L'érosion. Car c'est bien elle qui partout creuse, excave, enlève et transporte.

Des arches comme des sculptures

Nous sommes ici dans des roches sédimentaires, qui réagissent différemment aux processus d'érosion selon leur nature, mais aussi suivant leur grain, leur degré de cimentation, leur homogénéité. Quand ils se présentent en bancs épais et peu traversés de fractures, les grès sont un matériau de choix. Pour autant, il est difficile de préciser par quel mécanisme une arche est née. Compte tenu de la lenteur de l'érosion, on estime qu'il a fallu plusieurs millénaires, et même parfois plus, pour creuser la roche. Une durée fort longue au cours de laquelle les climats ont changé. Un climat humide et froid favorise l'éclatement de la roche par le gel de l'eau dans ses pores et ses microfissures. Lorsqu'il est plus sec, des chutes de panneaux ou de lambeaux – la desquamation – peuvent être déclenchées par la succession des écarts thermiques ou par la cristallisation de sels dans les discontinuités de la roche. Sur une paroi de grès peu épaisse, une cavité a pu être la première étape du creusement de l'arche.

▶ *Le pont d'Arc. Une arche enjambe l'Ardèche, qui a « court-circuité » l'un de ses méandres.*

Du tunnel au gouffre

À Mammoth Cave (dans le Kentucky, aux États-Unis), la formation d'un immense réseau de galeries souterraines – plus de 500 km en ont été explorés – résulte de l'infiltration de l'eau dans les fissures des calcaires, agrandies par la dissolution des carbonates. Certains de ces tunnels sont parcourus de rivières souterraines ; ils communiquent parfois avec la surface par des gouffres et des avens. La dissolution du calcaire se développe dans toutes les directions : les galeries suivent la faible inclinaison des couches de la fin de l'ère primaire, et les puits verticaux accompagnent les fractures des roches.

▲ *Une des grandes galeries souterraines de Mammoth Cave (Kentucky, États-Unis), creusée par l'eau dans des roches calcaires.*

Certains arcs calcaires pourraient avoir été des segments de galerie souterraine, avant de s'être trouvés réduits à de simples ponts après une très longue érosion. L'arche de Vallon-Pont-d'Arc résulte plutôt de l'action de l'Ardèche, qui a creusé de part et d'autre une mince paroi de calcaire. Celle-ci était la base étroite d'un méandre, maintenant abandonné depuis que la rivière s'est frayé un chemin plus court.

À en perdre la boule…

Le granite paraît éternel. Pourtant, il subit dans la nature bien des avatars. Il s'altère à petit feu et se transforme en une arène meuble, dans laquelle l'érosion fait apparaître des blocs et des boules, parfois en déséquilibre.

Les grands pics granitiques du massif du Mont-Blanc semblent défier le temps. L'eau peut-elle endommager cette roche dont la solidité et la dureté sont si réputées ? Point n'est besoin de chercher loin pour constater que les apparences sont trompeuses : à l'échelle des temps géologiques, la belle pierre de taille utilisée en marbrerie est particulièrement vulnérable.

En équilibre dans l'arène

À la limite sud du Massif central, dans des granites âgés de près de 300 millions d'années, une tranchée de route suffit pour découvrir la noble roche réduite à s'effriter sous le doigt. Au-dessus de blocs encore distincts, elle est à peine reconnaissable ; ses cristaux sont disjoints, ternis et mélangés à de l'argile.

Cette « roche » meuble s'appelle une arène. Quand un déboisement a entraîné l'érosion du sol, elle est vite ravinée ; des boules de granite commencent à apparaître.

Grâce à l'eau qui s'est infiltrée dans les fractures du granite, certains minéraux ont perdu une partie de leurs éléments chimiques, se sont fragilisés puis transformés en minéraux argileux. Une telle altération, très lente, est facilitée quand l'eau est abondante et le climat chaud.

Si l'érosion attaque ensuite ce manteau d'arène, elle met au jour les boules de granite en voie d'altération et, plus bas, le granite traversé de fractures, mais encore sain. Dans les chaos granitiques, quelques blocs peuvent se trouver en déséquilibre.

▼ *Le long d'un ruisseau, le chaos de boules de granite du Sidobre, dans le Tarn.*

Le long voyage du granite

Comme les laves, le granite a d'abord été un magma. Celui-ci est produit par la fusion de roches de la croûte des continents. Visqueux et s'élevant difficilement au travers de roches solides, il s'arrête dans sa montée avant d'atteindre la surface du sol. Son refroidissement lent, s'étendant sur plusieurs centaines de milliers d'années, permet la formation de cristaux – feldspaths blancs ou roses, quartz à l'aspect de grains de sel, micas blancs (muscovite) ou noirs (biotite) qui se clivent en fines lamelles, etc. Puis il se solidifie ; l'érosion commence alors son œuvre et fait progressivement disparaître les kilomètres de roches qui le recouvraient. C'est pourquoi l'on peut aujourd'hui parcourir un massif de granite.

Les fractures qui le traversent et qui permettent son altération ont différentes origines : fissures de retrait au moment du refroidissement ou encore cassures dues aux contraintes subies par la croûte terrestre.

▲ *L'altération du granite* **(1)** *peut produire plusieurs dizaines de mètres d'arène* **(2)**. *Vers le bas, quelques boules de granite ne se sont pas encore transformées* **(3)**. *L'eau poursuit son travail, s'infiltrant dans les fractures de la roche. Si l'érosion fait disparaître l'arène, les boules sont dégagées et s'entassent en chaos* **(4)**, *puis les tors* **(5)**, *murailles de granite encore sain, apparaissent à leur tour.*

▼ *Devil's Marble. Dans le Territoire du Nord, en Australie, l'érosion a mis le granite au jour. Des blocs de plusieurs tonnes, ayant échappé à l'altération, se retrouvent en équilibre.*

▲ *Aven Armand (causse Méjean, Lozère). Un foisonnement de concrétions élaborées goutte après goutte.*

CONCRÉTIONS ET TRAVERTINS

L'eau, artiste et bâtisseur

L'eau dissout des sels minéraux, les transporte puis les abandonne. Dans les pays calcaires, ce travail souterrain orne les grottes de fines œuvres en aragonite et en calcite. Le chantier se poursuit à l'air libre, édifiant des barrages de travertins.

Comme en témoignent ses peintures et ses dessins, l'homme de la préhistoire est entré profondément dans les cavernes et les grottes. Était-il déjà sensible au spectacle des concrétions étonnantes qui jalonnent les cavités souterraines ? Quoi qu'il en soit, il a fallu attendre la fin du XIXe siècle pour que des précurseurs audacieux mettent au goût du jour ce genre d'exploration. À l'heure actuelle, les forêts de concrétions, très visitées, étonnent toujours par leur variété, chaque cavité ayant sa personnalité. Stalactites et stalagmites, colonnes, draperies fistuleuses, bouquets de cristaux, perles de cavernes, gours, lacs et rivières souterrains rivalisent de salle en salle. Sorties des ténèbres et mises en valeur par les éclairages, certaines de ces formes étranges ont été baptisées au gré de la fantaisie de l'imagination humaine. La patience est ici de mise. C'est grâce au gaz carbonique dissous dans l'eau que le carbonate de calcium, composant principal des calcaires, devient du bicarbonate soluble. En arrivant dans une cavité qui communique avec l'extérieur, l'eau perd une partie de son gaz carbonique et le bicarbonate repasse à l'état de carbonate. En l'abandonnant, l'eau qui suinte construit, goutte après goutte, les concrétions en cristaux d'aragonite ou de calcite.

Barrages de rêve

Merveilles touristiques de l'Afghanistan, les lacs de Band-e Amir offrent au regard de belles étendues d'eau vert turquoise qui s'étagent au long

LES RÉVÉLATIONS DES CONCRÉTIONS

Les cavités souterraines, dont les concrétions sont en quelque sorte les archives, intéressent bien d'autres domaines que celui de l'hydrogéologie. La croissance des stalactites et des stalagmites livre des informations sur la quantité d'eau qui arrive dans les cavités. L'arrêt de leur croissance correspond ainsi à des époques très sèches, notamment pendant les périodes froides de l'ère quaternaire, où l'eau gelée en surface ne s'infiltre plus dans le sous-sol. Autre indice climatique, la nature minéralogique du carbonate de calcium, de la calcite ou de l'aragonite, cette dernière se déposant plutôt quand l'alimentation en eau est réduite. Des méthodes de datation isotopique, complétant celles du carbone 14, permettent ainsi de suivre les modifications climatiques de l'ère quaternaire.

▲ *Quelques-unes des concrétions ornant les grottes : stalactites, stalagmites et piliers (grottes de Lacave, à gauche), bouquet de cristaux (grotte de Limousis, au centre), draperies en méandres (grottes de Malaval, à droite).*

d'une vallée à près de 3 000 m. Tout autour, des montagnes dénudées de toute végétation, où l'eau est fort rare. Ce sont des travertins qui jouent ici le rôle de barrages. Ces constructions, qui dépassent la dizaine de mètres de haut, résistent à la poussée des eaux, même si la roche paraît bien fragile : elle est constituée de calcaire qui s'effrite un peu sous les doigts et présente des traces de débris végétaux. Les eaux froides de fonte des neiges ont attaqué le calcaire des roches environnantes. C'est le brassage des eaux, leur réchauffement et la végétation du fond de la vallée qui ont provoqué son dépôt.

Des matériaux de construction

Dans d'autres régions calcaires du monde, les eaux souterraines alimentent des sources qui édifient à leur griffon des accumulations de travertins. La température extérieure étant en général plus élevée, elles ont en effet abandonné le calcaire restant après leur passage dans les grottes. Les rivières auxquelles elles donnent naissance sont parfois également barrées de petites digues de travertins. Lorsque les sources se sont taries, ces roches ont souvent été utilisées pour la construction. Elles sont légères, en raison des vides laissés par les végétaux autour desquels les carbonates ont précipité, faciles à tailler et constituent un bon isolant.

Dissolvant chaud

Les carbonates sont facilement dissous par les eaux froides, plus riches en gaz carbonique. Mais les eaux chaudes et profondes peuvent contenir aussi suffisamment de gaz carbonique pour attaquer les calcaires et dissoudre les carbonates. Elles les abandonnent ensuite en surface, où l'atmosphère est moins riche en gaz carbonique.

À Pamukkale, en Turquie, des eaux à 40 °C, très enrichies en carbonates et en gaz carbonique, ont construit une succession de vasques dans lesquelles elles continuent de dévaler.

Dans le parc de Yellowstone (Wyoming, États-Unis), les eaux chaudes des Mammoth Hot Springs sont responsables de l'édification de formes arrondies évoquant des dos de mammouth.

▼ *Abandonnant ses carbonates, l'eau a édifié des barrages et des vasques à Yellowstone (États-Unis, à gauche), Pammukale (Turquie, en haut à droite), et Band-e Amir (Afghanistan, en bas à droite).*

Colonnes et jeu de prismes

Lorsqu'elles se refroidissent, les laves se contractent et se figent en une structure caractéristique, dite en orgues. L'érosion va parachever ces formes et donner naissance à d'étonnantes sculptures qui semblent jaillir de terre.

▼ *Devil's Tower (Wyoming), un piton de phonolite de 183 m dégagé par l'érosion. Son origine est controversée : cœur d'un ancien lac de lave, centre d'un dôme effondré ou intrusion de lave en forme d'aiguille ?*

Les fans de Spielberg n'ont pas oublié le surprenant paysage qui fut le théâtre de célèbres *Rencontres du troisième type* : un piton volcanique cylindrique, isolé et entièrement entouré d'une falaise vertigineuse qui se découpe en un jeu de prismes verticaux s'évasant vers la base. Il s'agit de la Tour du Diable (Devil's Tower), dont les habitants du Wyoming sont si fiers. Cet étonnant assemblage de roches en tuyaux d'orgue n'a pourtant rien d'exceptionnel. Il n'est que la conséquence du débit prismatique, mécanisme qui donne forme à la lave lors de son refroidissement.

Contractions et tensions

Le débit prismatique est caractéristique des roches magmatiques qui se sont refroidies, que ce soit en surface – cas par exemple d'une coulée de lave ou d'un ancien lac de lave comme pour la Tour du Diable – ou à faible profondeur – cas d'une cheminée volcanique ou de filons d'alimentation. Ce phénomène est lié au fait que la lave, quelle que soit sa composition, occupe à chaud un volume supérieur à celui qui sera le sien une fois refroidie. On estime ainsi qu'une coulée de lave basaltique de 100 m de long, dont la température initiale est de 1 200 °C, rétrécit d'environ 25 cm au cours de son refroidissement. Cette contraction thermique fait naître au sein de la coulée des tensions extrêmement importantes.

▲ *En haut, gros plan sur un jeu d'orgues basaltiques islandais, aux prismes d'une remarquable régularité. En bas, un filon de basalte recoupant les coulées du piton des Neiges (île de la Réunion). La prismation est ici presque horizontale.*

Logique d'un refroidissement

Une coulée de lave se refroidit à la fois par sa surface, au contact de l'air, et par sa base, au contact des terrains sur lesquels elle s'épanche. Le refroidissement par l'air est de loin le plus efficace. Ainsi, la partie supérieure d'une coulée basaltique de plusieurs mètres d'épaisseur descend rapidement, lors de sa progression, à des températures d'une centaine de degrés alors que celles de sa base avoisinent les 600 °C et que celles de son cœur atteignent encore plus de 1 000 °C. Dans ces conditions, sommet et base sont déjà solidifiés – la lave basaltique se solidifie à 900 °C – tandis que le cœur

▲ *La colonnade de Svartifoss, en Islande. Les prismes, ici verticaux, sont ceux d'une coulée de basalte.*

de la coulée reste toujours fluide. C'est donc au niveau de la base et du sommet que s'accumulent les premières tensions.

Elles se résorberont par l'apparition de fractures perpendiculaires aux surfaces de refroidissement ; ces fractures se propagent en même temps vers le bas, depuis le sommet de la coulée, et vers le haut, depuis sa base, au fur et à mesure que le refroidissement gagne le cœur. Elles délimitent ces fameux prismes qui forment la structure en orgues.

Un réseau hexagonal

La formation des prismes en orgues présente par ailleurs une très grande régularité géométrique, liée au mécanisme de propagation horizontale des fractures. Une fois initiée, la fracture se propage au sein de la lave en voie de refroidissement à une vitesse croissante.

Lorsque cette vitesse atteint environ 2 km/s, la tension à la tête de la fracture devient telle qu'une seule fracture ne suffit plus à l'évacuer. Deux nouvelles fractures formant un angle d'environ 120° avec la première vont alors apparaître spontanément. Elles se propageront à leur tour de la même manière, si bien qu'elles finiront elles aussi par se dédoubler, et ainsi de suite. Au bout de trois dédoublements successifs, les fissures ainsi formées se rejoignent, créant l'ébauche d'un réseau hexagonal qui s'étend à toute la coulée en quelques fractions de seconde.

Jeu d'érosion

L'érosion et l'altération vont bien sûr utiliser ce réseau de fractures prismatiques pour progresser. Ainsi, toute falaise taillée dans de telles roches se débitera obligatoirement suivant ce jeu de prismes.

En France, le Massif central – qui a été le siège d'un important volcanisme durant les dix derniers millions d'années – offre de nombreux paysages aux magnifiques orgues basaltiques. Les célèbres orgues d'Espaly, près du Puy-en-Velay, ou encore l'étonnante coulée de Jaujac, qui s'est épanchée il y a moins de 30 000 ans dans la vallée du Lignon, l'un des affluents de l'Ardèche, sont parmi les exemples les plus spectaculaires.

▲ *Sur cette falaise de l'île de Staffa, en Écosse, la colonnade et l'entablement se distinguent parfaitement.*

COLONNADES ET ENTABLEMENT

Lorsque la coulée est très épaisse (d'une dizaine à plusieurs dizaines de mètres), on observe que les systèmes de prismes verticaux et réguliers – celui initié depuis la base, que les géologues appellent la vraie colonnade (1) et celui initié depuis la surface, la fausse colonnade (3) – sont séparés par une zone, l'entablement (2) dans laquelle la prismation est fortement perturbée. Les prismes diminuent de taille, perdent leur régularité, deviennent courbes et s'organisent souvent en éventails superposés. La coulée de l'île de Staffa, en Écosse, illustre bien cette configuration particulière. Le phénomène a probablement une double origine : d'une part, il est dû à l'interaction et à la compétition entre les deux systèmes de fractures ; d'autre part, comme la partie interne reste chaude, et donc fluide, beaucoup plus longtemps que le reste de la coulée, c'est à son niveau que se forment les tunnels de lave qui alimentent le front de la coulée pendant toute l'éruption ; la présence de ces tunnels crée des perturbations thermiques qui modifient complètement la géométrie du refroidissement.

Un arsenal pour repousser les prédateurs

Dissuader l'adversaire

Les couleurs chatoyantes que déploient bon nombre d'animaux sont en réalité destinées à mettre leurs prédateurs en garde. Tout un arsenal d'odeurs nauséabondes, jointes à des formes effrayantes, permet aussi de les repousser.

▲ *Trois exemples de grenouilles dendrobates. Hôtes des forêts d'Amérique du Sud, elles sont couvertes de glandes sécrétant un poison toxique.*

Un groupe de touristes chemine en pleine forêt amazonienne. Une jeune femme se penche vers une magnifique fleur tropicale pour saisir une petite grenouille multicolore, juchée sur une large feuille. Le guide pousse alors un cri et se rue vers elle pour l'en empêcher ! Car la peau de cette petite grenouille dendrobate sécrète une substance particulièrement toxique, qui provoque des brûlures chez l'homme. En la dévorant, un jeune prédateur pourrait en mourir. Les Amérindiens enduisent d'ailleurs de ce venin la pointe de leurs flèches.

Belles couleurs, mauvaises odeurs

Les grenouilles de la famille des dendrobates arborent une livrée chatoyante, comme beaucoup d'espèces tropicales, toutes aussi dangereuses en cas de contact ou d'ingestion. Certaines espèces sont entièrement rouge vif, d'autres jaune et noir, d'autres encore vert d'eau et orange vif, bref, un bouquet de couleurs qui tranche sur le vert monotone de la forêt.

La plupart des espèces d'invertébrés à livrée très colorée, ainsi que quelques vertébrés tout aussi rutilants, délivrent ainsi un message d'alerte : ils sont toxiques. Les manger peut coûter la vie au prédateur gourmand.

Les anneaux noirs, jaunes et rouges du serpent-corail ne disent pas autre chose : attention, piqûre dangereuse, voire mortelle. Par un étrange phénomène de mimétisme, le serpent royal commun du genre *Lampropeltis* lui a emprunté ses couleurs vives. Mais il est totalement

◀ *Le redoutable serpent-corail. Cette espèce venimeuse peuple le Nouveau Continent. On la rencontre notamment au Texas.*

inoffensif, ce que ne savent pas d'éventuels gêneurs…

La salamandre tachetée d'Europe, elle, est pourvue de glandes parotides sécrétant une substance qui, si elle n'est pas mortelle, laisse un tel mauvais goût dans la bouche du prédateur qu'il ne l'oublie pas de sitôt ! Quant aux moufettes d'Amérique du Nord, dont le pelage est bariolé de noir et de blanc, elles produisent, au niveau de la région génitale, un liquide dont l'odeur est un affreux mélange de soufre, de boule puante, d'ail et de poils roussis au feu…

Des masques terrifiants

L'arrière-train des chenilles de certains papillons, plus gros et plus épais que l'avant, revêt parfois l'aspect d'un véritable masque destiné à repousser les prédateurs : des yeux énormes, une immense bouche, voire – c'est le cas de la chenille de la phalène du Costa Rica – la tête d'un serpent !

Au repos, certains grands papillons de nuit sont gris. Mais quand ils déploient leurs ailes, à l'approche d'un oiseau affamé par exemple, de superbes ocelles, tels de grands yeux de chouette, ont tôt fait de dissuader l'agresseur.

◀ *Chez cette monstrueuse chenille de grande-queue fourchue, où est l'avant, où est l'arrière ? C'est là tout l'art de l'intimidation.*

Chapitre
8

L'EAU DANS TOUS SES ÉTATS

Tout coule...

Rivière de montagne gelée (vallée de la Bruche, Alsace).

Qu'il pleuve ou qu'il grêle

*Les nuages stockent dans l'atmosphère de gigantesques quantités d'eau…
…Pour les relâcher, un jour, sous forme de précipitations tantôt liquides, tantôt solides.*

◀ *En été, sous les tropiques (ici, en Malaisie), les anticyclones cèdent la place à des dépressions dues à l'échauffement des continents. C'est la saison des pluies. À la tombée de la nuit, les averses sont aussi violentes que soudaines, de grosses gouttes tombent en rangs serrés.*

C'est à juste titre que les Gaulois redoutaient que le ciel ne leur tombe sur la tête : sous forme de nuages ou d'air humide, les couches basses de l'atmosphère – la troposphère – retiennent une quantité d'eau tellement importante qu'elle pourrait recouvrir la surface de la Terre sous 1 m d'épaisseur. Si elle rejoignait d'un seul coup le plancher des vaches, ce qui n'est bien sûr jamais le cas. Seuls certains nuages, comme ceux de la famille des stratus et des cumulus *(voir p. 176-177)*, relâchent vers le sol pluie, bruine, neige, grêle, grésil, givre, brume…

Des microgouttes aux gouttes

L'humidité contenue dans les nuages prend la forme de petits cristaux de glace ou de gouttelettes d'eau. Tant qu'ils sont suffisamment légers, ils se maintiennent en suspension au sein des courants d'air qui parcourent les nuages.

Si ces particules sont très nombreuses, elles finissent par s'agglutiner entre elles pour en former de plus grosses. Il faut environ un million de ces microgouttes pour constituer une goutte d'eau d'un poids suffisant pour être entraînée vers le bas. Ainsi naît la pluie. C'est ce phénomène qui se produit dans les régions chaudes.

Dans les régions tempérées, tout commence par une sorte de neige. Le sommet des nuages à précipitations est presque toujours situé à une alti-

◀ *Lorsqu'il fait très froid en altitude et que l'atmosphère est agitée, les gouttes de pluie donnent naissance à des billes de glace, les grêlons redoutés des agriculteurs.*

DES NUAGES AU RAS DU SOL

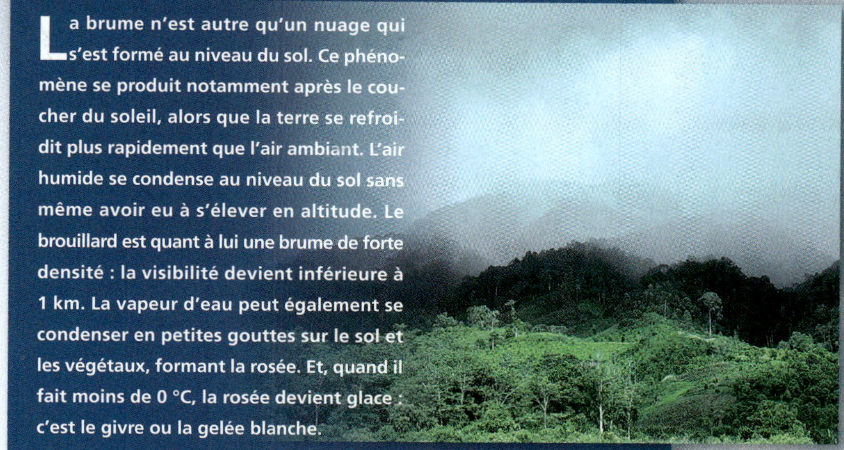

La brume n'est autre qu'un nuage qui s'est formé au niveau du sol. Ce phénomène se produit notamment après le coucher du soleil, alors que la terre se refroidit plus rapidement que l'air ambiant. L'air humide se condense au niveau du sol sans même avoir eu à s'élever en altitude. Le brouillard est quant à lui une brume de forte densité : la visibilité devient inférieure à 1 km. La vapeur d'eau peut également se condenser en petites gouttes sur le sol et les végétaux, formant la rosée. Et, quand il fait moins de 0 °C, la rosée devient glace : c'est le givre ou la gelée blanche.

tude où, la température étant inférieure à 0 °C, l'eau est présente sous forme de minuscules particules de glace. Quand celles-ci sont nombreuses, elles se regroupent et forment des cristaux de neige. À mesure que leur poids les entraîne vers le bas, ces cristaux rencontrent des couches d'air de moins en moins froides. Si la température dépasse 0 °C avant qu'ils n'atteignent le sol, ils se transforment alors en gouttes d'eau, et il pleut.

26 000 litres d'eau au mètre carré

Si le temps est calme et que le nuage n'est pas parcouru de forts courants d'air, les gouttelettes d'eau grossissent peu. Une pluie fine et serrée, la bruine, composée de gouttelettes d'un diamètre inférieur à 0,5 mm, peut alors tomber pendant de longues périodes. Elle est généralement due à la présence de stratus peu denses qui couvrent de larges étendues.

▲ *Le givre (en haut) se forme lorsque de l'air humide est en contact avec un sol froid ; la neige (en bas), lorsque les cristaux de glace d'un nuage ne peuvent pas fondre lors de leur descente.*

Dans une période d'instabilité météorologique, avec des vents forts, les nuages sont souvent denses, de type cumulus, agités par de puissants mouvements intérieurs qui facilitent la formation de grosses gouttes d'eau. La pluie qui en résulte est souvent brève, mais elle tombe en intenses rafales sur des surfaces réduites. Le frottement de l'air limite la vitesse des gouttes – pas plus de 30 km/h – mais aussi leur taille – au-delà de 6 mm, elles éclatent.

Les plus énormes cumulonimbus sont capables de déverser 4 000 tonnes d'eau par seconde sur des dizaines de kilomètres carrés. En 1952, il est même tombé en une seule journée 1 872 litres d'eau au mètre carré sur un point de l'île de la Réunion – près de deux fois la quantité que la ville de Paris reçoit en une année entière.

Mais, de mémoire de pluviomètre – ces récipients qui servent à mesurer les quantités de précipitations –, les douze mois les plus mouillés ont été enregistrés dans une région d'Inde entre 1860 et 1861 : un effarant déluge de plus de 26 000 litres d'eau au mètre carré !

Des grêlons de 1 kg

Tous les cristaux de glace du nuage à précipitations n'arrivent pas au sol sous forme de gouttes de pluie. Si ces gouttes traversent en descendant une couche d'air très froid, leur enveloppe gèle. Elles se transforment alors en petites billes translucides de moins de 5 mm de diamètre : le grésil.

Mais si le nuage est agité de très forts courants d'air, les cristaux, avant de tomber, seront repris plusieurs fois par les courants d'air ascendants pour remonter au sommet du nuage. À chaque passage, des particules de glace supplémentaires vont alors s'agglutiner aux cristaux. De couche en couche, des grêlons vont naître. Lorsque leur poids sera suffisant pour vaincre les courants ascendants, ils finiront par tomber vers le sol. Le diamètre d'un grêlon est généralement compris entre 0,5 et 5 cm. Mais d'aucuns ont pu ramasser d'incroyables « boulets » de près de 20 cm de diamètre, pour un poids d'environ 1 kg, dont la vitesse de chute avoisinait les 160 km/h !

S'il fait vraiment très froid dans le nuage et que la température est négative sur tout le parcours des cristaux de glace vers le sol, ces derniers s'agglutinent entre eux pour former des flocons de neige. Au microscope, ils présentent une infinie variété de formes, dépendant notamment de la température de l'air qu'ils ont traversé pendant leur chute. On les classe en près de cent catégories distinctes. Tous les flocons, dont le diamètre peut dépasser 2 cm, ont cependant une caractéristique commune : ils forment de superbes figures géométriques symétriques possédant, invariablement, six côtés.

▲ Trois courants marins très rapides, mis en évidence par une photo satellite : en haut, le Gulf Stream, en bas à gauche, le courant du Brésil, à droite, le courant des Aiguilles.

Des fleuves dans la mer

Grâce aux courants marins, les matières nutritives et la chaleur de l'eau sont réparties sur tous les océans de la planète. Leur influence est considérable sur les climats.

Au début du XIXe siècle, on planta des fougères australiennes dans le sud de la Cornouailles. Située à la pointe sud-ouest de la Grande-Bretagne, cette région se trouve aux mêmes latitudes que les glaciales Calgary (Canada) et Irkoutsk (Sibérie). Les fougères, venues d'un climat chaud et humide, auraient dû mourir de froid. Elles prospérèrent. Et le jardin cornouaillais d'Heligan, où les fougères voisinent avec une flore subtropicale tout aussi importée, est luxuriant. En hiver, à Calgary, on gèle ; dans le sud de l'Angleterre, on frissonne à peine. Entre les deux, il n'y a pas qu'un océan : il y a surtout un courant marin chaud, le Gulf Stream, qui adoucit le climat des côtes de l'Europe occidentale.

▼ Ce jardin tropical de Cornouailles doit son existence au Gulf Stream, courant chaud venu des Caraïbes.

Des eaux mélangées

En substance, si quelque chose esst plus abondant ici que là, un flux de ce quelque chose doit se déplacer d'ici à là pour rétablir un équilibre relatif : c'est la loi des vases communicants. En mer, ce flux s'appelle un courant.

À l'échelle de la planète, les courants majeurs naissent parce qu'il existe des différences de température ou de salinité entre les masses d'eau. Grâce à eux, la chaleur des tropiques peut gagner les hautes latitudes et la froideur des pôles rafraîchir les régions équatoriales. Sans eux, les matières nutritives des sédiments marins ne remonteraient jamais vers la surface, et l'oxygène circulerait mal dans les grandes profondeurs. Les courants permettent aux masses d'eau composant l'océan mondial de se mélanger ; ils agissent comme un thermostat, qui libère et retient les calories de la mer. D'où leur influence sur la température des masses d'air et sur le climat.

Un tapis roulant dans la mer

Les courants de densité, générés par des différences de concentration en sel et de température entre deux masses d'eau, sont peu nombreux, mais leur rôle est fondamental. Agissant comme un gigantesque tapis roulant à l'échelle de la planète, ils font circuler l'eau depuis l'Atlantique Nord jusqu'au Pacifique Nord, aller et retour, en huit cents ans environ. Ils créent une circulation globale dite thermohaline, parce qu'imposée par des différences de tem-

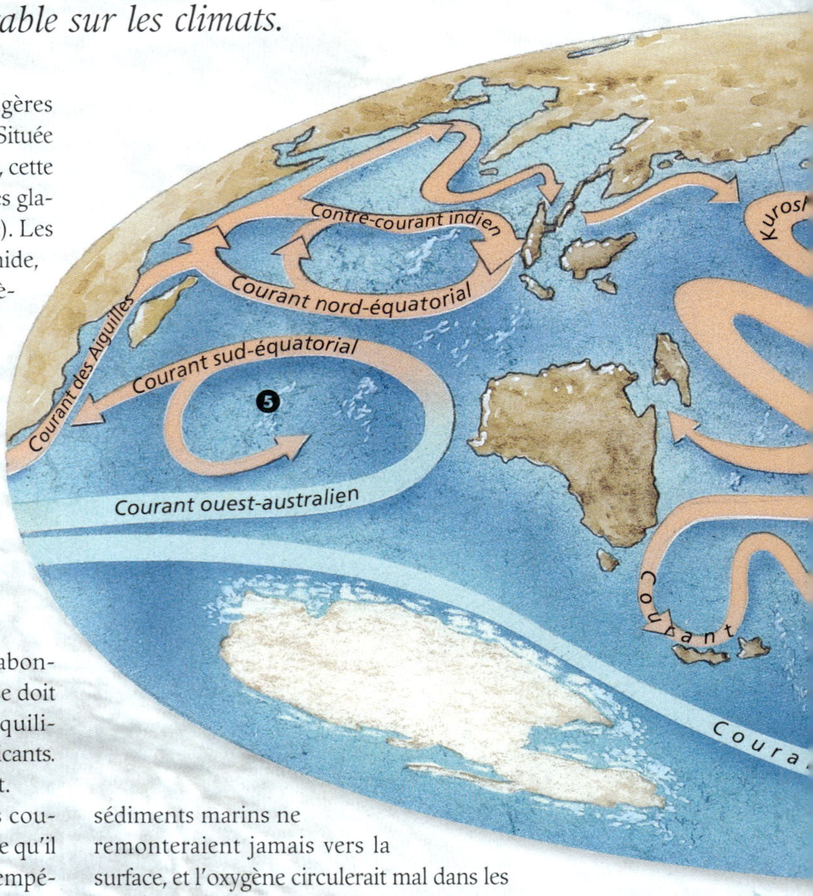

Courant froid

Courant chaud

▲ Au gré de leur parcours, les grands courants marins se réchauffent ou se refroidissent… et changent de nom.
1. Le Gulf Stream, futur courant des Canaries et courant nord-équatorial.
2. Le courant de Benguela, futur courant sud-équatorial et courant du Brésil.

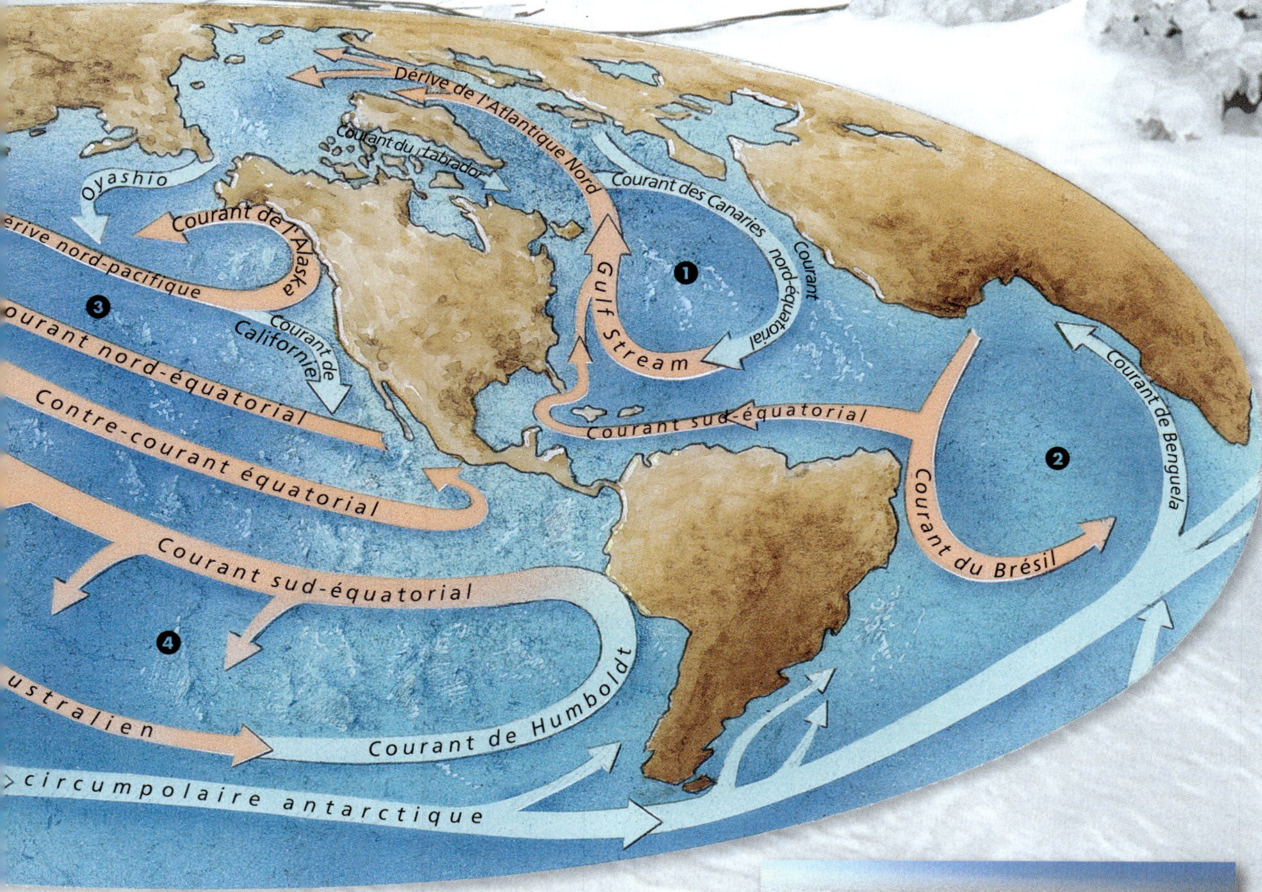

▲ Dans l'est du Canada, l'hiver est souvent traversé par une vague de froid glacial. Privé de la chaleur du Gulf Stream, le nord-ouest de l'Atlantique rafraîchit et assèche l'atmosphère du littoral nord-américain, encore refroidie par des vents froids venus de l'Arctique et que n'arrête aucun anticyclone.

3. Le courant nord-équatorial, qui deviendra le Kuroshio, la dérive nord-pacifique puis le courant de Californie.
4. Le courant sud-équatorial, qui deviendra courant est-australien puis courant de Humboldt.
5. Le courant ouest-australien, futur courant sud-équatorial puis courant des Aiguilles.

pérature (thermo) et de concentration des eaux en sel (haline).

Prenons ce courant au milieu de l'Atlantique, au niveau de l'équateur. L'eau, chauffée par le soleil, se déplace en surface vers le Groenland et le Labrador. Durant ce long voyage, elle perd lentement de sa chaleur par évaporation et voit ainsi sa teneur en sel augmenter.

Parvenue dans la mer du Labrador, elle plonge sous la banquise à cause de sa plus forte densité. En suivant le fond très accidenté de l'océan Atlantique, cette eau devenue très froide gagne l'Antarctique, où elle se refroidit encore. Elle s'est enrichie, en route, de l'eau de la Méditerranée. Celle-ci, plus dense parce que plus riche en sel, est passée sous l'Atlantique par le détroit de Gibraltar, donnant naissance à un courant de

◀ Dans le nord de la Namibie, l'air refroidi par le courant de Benguela rencontre l'air très chaud venu du désert du Namib : avant l'aube, l'humidité se condense en un brouillard qui disparaît dès le lever du jour.

moyenne profondeur. D'ouest en est, ce courant gagne à la fois, par une branche, l'océan Indien et, par une autre branche, l'Antarctique en longeant le Pacifique. C'est dans ces deux océans que ces deux rameaux du même courant se mélangent aux chaudes eaux tropicales. De moins en moins denses, ils remontent vers la surface et, après s'être

▲ *Cette bande blanche tourbillonnante n'est autre que le Gulf Stream vu depuis un satellite : c'est par sa lumière, qui se réfracte dans l'eau d'une manière particulière compte tenu de la vitesse du courant, qu'on l'identifie. Le Gulf Stream est, en somme, le fleuve le plus puissant du monde.*

rejoints au sud de l'océan Indien, peuvent alors regagner l'Atlantique par un vaste mouvement de retour est-ouest.

Quand le vent s'en mêle

Les autres courants, appelés courants d'impulsion, naissent en surface sous l'action des vents. Ceux-ci, venus de la terre, poussent l'eau vers le large. Une pente se crée alors à la surface de l'eau, immédiatement compensée par de l'eau froide remontée des profondeurs.

Riche en matières nutritives, l'eau froide permet au plancton de proliférer, ce qui entraîne l'explosion démographique de nombreuses espèces animales. Les zones où l'eau froide remonte s'appellent des upwellings. Leur importance est capitale pour la pêche.

En raison de la rotation de la Terre, l'eau mise en mouvement par les vents est déviée, sous l'action de la force dite de Coriolis, vers la droite de sa trajectoire dans l'hémisphère Nord et vers la gauche dans l'hémisphère Sud : soit d'environ 25° par rapport à la direction du vent près des côtes, et de 45° au large. Tout étant question d'équilibre, il existe, pour chaque courant, un contre-courant qui vient, loin des côtes, remplacer l'eau chassée vers la droite ou la gauche par la force de Coriolis. L'un est chaud, l'autre froid. Dans l'Atlantique, par exemple, le courant chaud du Gulf Stream, qui s'écoule depuis la Floride jusqu'aux Açores, est compensé au large du Canada par le courant froid du Labrador. Dans le Pacifique, on retrouve le même schéma avec le Kuroshio (chaud, des Philippines au nord du Pacifique) et l'Oyashio (froid) dans la mer de Béring. On obtient ainsi six grands circuits.

Le voyage des eaux de surface

L'ensemble des courants de surface a pour origine les alizés, des vents soufflant depuis le nord-est (dans l'hémisphère Nord) ou le sud-est (dans l'hémisphère Sud). Dans la zone intertropicale, ces alizés poussent l'eau vers l'ouest. En se déplaçant, celle-ci se réchauffe. Parvenue sur les rivages occidentaux de chacun des océans, elle est obligée de tourner et de longer les côtes, vers la gauche ou la droite selon l'hémisphère : au nord, elle le fait dans le sens des aiguilles d'une montre (c'est-à-dire vers le nord), au sud, dans le sens inverse (donc vers le sud).

Parvenue aux hautes latitudes, l'eau est ensuite repoussée vers le large par les vents d'ouest. C'est en rencontrant les rivages orientaux de leurs océans respectifs que les courants remontent (dans l'hémisphère Sud) ou descendent (dans l'hémisphère Nord) le long des côtes.

Ils bouclent ainsi leurs cycles.

Frictions et turbulences

En profondeur, les courants se heurtent au relief tourmenté du plancher océanique, jusqu'à s'écouler par endroits en de véritables et monstrueuses cascades sous-marines. Des tourbillons qui facilitent le mélange de volumes d'eaux de température et de salinité différentes. En surface, le mouvement des courants génère des frictions au contact des masses d'eau sur lesquelles ils se déplacent. Parmi celles-ci, les ondes de Rossby. En se déplaçant lentement d'un bord d'un océan à l'autre, les ondes se comportent comme de véritables courants. Leur influence est déterminante sur la circulation de l'eau à l'échelle mondiale.

▲ *En Nouvelle-Zélande, la remontée d'eau froide venue des abysses favorise la prolifération du plancton végétal (en bleu pâle).*

OSCILLATIONS À GRANDE ÉCHELLE

Les courants agissent sur l'atmosphère, qui les perturbe aussi en retour. Dans l'Atlantique Nord et le Pacifique équatorial, la pression atmosphérique varie d'un bord à l'autre de chacun de ces océans. Régulièrement, elle s'inverse. Le régime des vents est alors modifié et, avec lui, la température de la surface de l'eau. Ce qui entraîne un déplacement de la limite existant entre les eaux de surface et les eaux plus profondes – et plus froides. Les courants sont alors affectés et transmettent ces modifications à tous les océans du globe. Ces changements à grande échelle s'appellent des oscillations.

De la houle au rouleau

Quand la mer ondule

De profondes ondulations à la surface des océans : c'est la houle, provoquée par les vents du large, qui se brise en rouleaux sur le rivage.

▲ *Les fameux rouleaux qui déferlent sur les rivages d'Hawaii, aux États-Unis, n'ont pas besoin de vent pour exister : c'est la houle qui agite la mer au large et se propage jusqu'aux côtes, où elle se déforme.*

Tempête exceptionnelle : plongeant dans des creux profonds comme des vallées, le gros cargo d'acier ressemble à une coque de noix. Les films catastrophes et les romans d'aventures font grand profit de la houle, avec ses crêtes « hautes comme des immeubles de dix étages ».

Il ne faut pas confondre la houle avec les vagues. Elle naît toujours en mer et est la conséquence d'une dépression atmosphérique, lors de laquelle la baisse de pression, avec ses mouvements d'air ascendants et descendants ainsi que ses vents horizontaux, crée une agitation importante et désordonnée de la surface de la mer.

Trains de houle et bouillons d'écume

À mesure que l'on s'éloigne de cette zone, les mouvements de la surface s'organisent en trains d'ondulations, qui se propagent dans une direction unique et selon une séquence régulière : la hauteur de chaque ondulation – dénivelé entre la crête et le creux –, la longueur d'onde – distance qui sépare deux crêtes – ainsi que leur vitesse de déplacement sont à peu près constantes. Il est rare que l'écart entre deux crêtes excède 300 m. Quant aux hauteurs, elles peuvent atteindre 25 m, par exemple quand deux trains de houle se rencontrent et s'amplifient. Cette oscillation brasse l'eau jusqu'à environ 100 m sous la surface.

Une fois lancée, la houle persiste, même en l'absence de vent. Les fortes dépressions qui naissent au large de Terre-Neuve, par exemple, engendrent des houles qui se propagent, en trois jours, jusque dans le golfe de Gascogne, à près de 3 000 km de là.

Tout change à l'approche de la côte, quand la profondeur de l'eau diminue : les crêtes s'élèvent ; le fond marin gêne la propagation de l'ondulation, qui ralentit à sa base alors que la crête avance toujours à la même vitesse. Conséquence de ce déséquilibre : la crête s'effondre dans le creux qui la précède. C'est un rouleau, celui qu'attendent tous les surfeurs. Ils sont d'autant plus spectaculaires que le fond marin remonte brutalement à l'approche de la côte, comme dans le golfe de Gascogne, ou dans le golfe de Guinée, bien connu pour sa redoutable barre.

Les marées : de gigantesques oscillations

Phénomènes indépendants de la houle, les marées sont des mouvements périodiques de l'eau des mers, qui monte puis descend sur les côtes à raison d'un aller-retour toutes les douze heures environ. Cette gigantesque oscillation est due à la masse de la Lune, qui attire les eaux terrestres sur son passage. C'est sa période de rotation autour de la Terre qui conditionne celle des marées.

Le Soleil, beaucoup plus éloigné que la Lune mais considérablement plus massif, influe également sur ce mouvement. La plus grande amplitude de marée a été mesurée dans la baie de Fundy, au Canada, avec 19,60 m de dénivelé entre les hautes et les basses eaux.

▶ *La hauteur de la houle peut atteindre 25 m, voire plus : un record de 33,60 m aurait été enregistré dans le Pacifique Nord en 1933.*

Des réservoirs d'eau

Retenues d'eau douce ou salée, les lacs sont le reflet des grands phénomènes qui affectent notre planète. Certains sont nés après des éruptions volcaniques, d'autres sont issus du travail des glaciers, d'autres encore témoignent de la déformation de la croûte terrestre.

▲ *Le cratère du volcan Pinatubo (Philippines), célèbre pour sa dramatique éruption de 1991, est occupé par un lac.*

Faites un trou dans la terre et remplissez-le d'eau… autant de fois qu'il le faudra pour que l'eau s'y maintienne. Vous venez de reproduire le schéma de base d'un lac : un creux plein d'eau. A priori, pour qu'un lac subsiste, il faut donc qu'il y ait de quoi le remplir toute l'année. Les torrents, les rivières, d'anciens océans ou les nappes phréatiques savent ainsi profiter de la moindre dépression pour créer ces miroirs reflétant le ciel, flaques d'eau minuscules au sein des montagnes ou véritables mers intérieures.

Au cœur du volcan

Quand un lac porte le nom de Crater Lake, on peut affirmer, sans risque de se tromper, que son origine est volcanique. D'un diamètre d'une dizaine de kilomètres et d'une profondeur de 58 m, ce lac du sud de l'Oregon, aux États-Unis, occupe une caldeira, c'est-à-dire une dépression circulaire due à l'effondrement du sommet d'un volcan après une éruption.
De même, le Taal, voisin du Pinatubo sur l'île de Luçon, aux Philippines, possède un vaste plan d'eau (267 km^2) installé lui aussi dans une caldeira avec, en son milieu, un cône dont le cratère est lui-même occupé par un petit lac. Mais les cratères des volcans ne font pas toujours de bons réceptacles pour les eaux. Ils sont souvent édifiés avec des cendres ou des lapilli trop perméables.

La rencontre du magma et de l'eau

Dans le nord et le sud de la chaîne des Puys, en France, les cratères du gour de Tazenat et du lac Pavin, qui conservent des eaux de surface d'un bleu dense, sont des découpes à l'emporte-pièce formées par des explosions très violentes. La cause de ces catastrophes ? Des éruptions phréatiques qui ont entaillé profondément le sous-sol. Celles-ci se produisent lorsque les nappes d'eau souterraines sont surchauffées et vaporisées après leur rencontre avec la colonne de magma (1 100 °C). Mais les volcans peuvent aussi agir indirectement. Après avoir parcouru des dizaines de kilomètres, les coulées très fluides de basalte occupent le fond des vallées et désorganisent le réseau hydro-

▼ *Véritable mer intérieure, le lac Supérieur est d'origine glaciaire, comme les autres Grands Lacs, situés entre Canada et États-Unis.*

▲ *Quelle que soit leur latitude, les lacs constituent de grandes réserves d'eau douce qui voient souvent naître des agglomérations. De gauche à droite : une île du lac Victoria où s'est installé un village ; le lac Michigan, au bord duquel se déploie la mégapole de Chicago ; les rives sauvages du lac Baïkal.*

graphique. Elles peuvent alors barrer le cours des rivières et créer des lacs comme celui d'Aydat, toujours dans la chaîne des Puys.

Dans les cuvettes glaciaires

Plus de 83 000 km^2… Le lac Supérieur est le plus grand lac de notre planète. Entre Canada et États-Unis, les Grands Lacs, qui atteignent tous des dimensions exceptionnelles, se sont installés derrière des barrages naturels : lors de la dernière période froide de l'ère quaternaire – la nôtre –, les glaces qui couvraient la plupart du continent nord-américain ont abandonné des moraines derrière lesquelles ces immenses étendues d'eau se sont établies.
Les grands lacs d'Italie du Nord ont une origine semblable. Les glaciers du quaternaire ont d'ailleurs laissé de nombreuses traces de leur passage : le Canada et la Scandinavie regorgent de lacs occupant les cuvettes qu'ils ont creusées. Et dans les massifs montagneux, la majorité des petits lacs se sont formés au fond de cirques ou derrière des verrous, reliefs rocheux situés entre deux secteurs en creux.

Des fossés gorgés d'eau

Avec ses 62 940 m^2, le lac Victoria peut rivaliser avec les Grands Lacs américains. Témoin du mouvement incessant de notre sous-sol, il est situé dans l'Est africain, région connue pour ses volcans, comme le Kilimandjaro et le Nyiragongo, et pour sa série de lacs importants – du lac Albert, au nord, au lac Malawi, au sud, en passant par le plus grand d'entre eux, le lac Tanganyika. Ce chapelet de plans d'eau gît au fond du rift occidental. Les déplacements et les contraintes subis par les continents provoquent en effet le plissement et le jaillissement de chaînes de montagnes, mais aussi des effondrements qui peuvent créer des failles limitant des fossés ; ce sont ces fossés que l'on appelle rifts. Au Moyen-Orient, la mer Morte, dont le niveau est à 400 m au-dessous de celui de la mer, occupe elle aussi un fossé tectonique le long de la faille du Levant. Dans cette région très aride, l'évaporation intense en a fait le lac le plus salé de la planète. En revanche, le lac Baïkal, installé lui aussi dans un fossé d'effondrement, est par son étendue (30 500 m^2) et sa profondeur (1 600 m) l'un des plus grands réservoirs d'eau douce du globe.

LES ARCHIVES DE LA PLANÈTE

Comme les glaces de calottes glaciaires, les dépôts accumulés au fond de certains lacs recèlent de précieuses informations sur l'évolution des climats durant l'ère quaternaire. Notamment ceux qui, à la périphérie des régions montagneuses, reçoivent les eaux de rivières ou de torrents. Des alluvions se déposent dans le lac en suivant le rythme des saisons – les apports étant plus importants au printemps et en été, lors de la fonte des glaces, qu'en hiver. Les changements climatiques de l'ère quaternaire, avec des périodes plus froides que celles que nous connaissons, se retrouvent dans la façon dont se sont formés les sédiments. Les échantillons recueillis – des carottes – sont ainsi finement analysés en laboratoire. Grâce aux pollens qu'ils ont conservés, ils livrent également des indications sur les végétations successives qui se sont adaptées aux modifications climatiques.

Voyage d'une goutte de pluie

Le volume de l'eau sur notre planète est évalué à 1 386 millions de kilomètres cubes. C'est à la fois énorme et très peu : il y a sur notre planète plus d'eau que partout ailleurs dans l'Univers – pour autant qu'on puisse le savoir –, mais elle ne représente que 0,025 % environ de la masse de la Terre. Tandis que l'eau douce n'occupe que 2,7 % du volume total du précieux liquide. Lequel ne sert pas qu'à étancher la soif des êtres vivants, mais aussi et surtout à transmettre la chaleur du Soleil à l'ensemble de la planète. De la même manière qu'une roue transmet une force, le cycle de l'eau transporte l'énergie du Soleil des régions tropicales aux pôles, des mers aux continents, aller et retour.

2. LA CONDENSATION

En montant, la pression de l'air chaud chargé de vapeur d'eau diminue. Cette détente s'accompagne d'un refroidissement qui peut entraîner sa condensation. La vapeur d'eau réapparaît alors sous forme de gouttelettes sphériques, d'un diamètre compris entre 0,008 et 0,8 mm. En s'agrégeant, elles forment des nuages (ci-contre, ciel d'orage dans la vallée du Rift, au Kenya), dont la teneur en eau condensée n'est pas très élevée – jamais plus de 10 g par mètre cube d'air. La condensation libère toute l'énergie du Soleil accumulée par la vapeur d'eau lors de sa formation. Le léger réchauffement de l'atmosphère locale qui en résulte entraîne la formation de courants ascendants très forts. Comme l'atmosphère est aussi plus froide là où l'eau s'évapore, des courants de convection apparaissent entre zones d'évaporation (subtropicales et polaires) et zones de condensation (équateur, latitudes moyennes).

1. L'ÉVAPORATION

Sous l'effet de la chaleur du Soleil, l'eau de surface des océans s'évapore. Chaque jour, 430 000 km^3 d'eau passent ainsi de l'état liquide à l'état de vapeur et rejoignent les basses couches de l'atmosphère. Au cours de cette transformation, une part considérable de l'énergie du Soleil, emmagasinée dans les molécules d'eau, est consommée, ce qui entraîne un léger refroidissement local dans l'atmosphère. Celle-ci tire en fait près de 50 % de l'énergie qui l'anime (les vents) du cycle évaporation/condensation de l'eau. L'évaporation est maximale dans les zones tropicales, où l'ensoleillement est le plus fort (ci-dessus, faîte de la forêt dans la brume, en Guyane), ainsi que sur les continents, toujours plus chauds que les océans, et sur les pôles, très secs. Il faut y ajouter l'évaporation des lacs et des rivières, la transpiration et la respiration des organismes vivants, soit quelque 70 000 km^3 d'eau. Une fois évaporée, l'eau, moins dense que l'air qui l'environne, est véhiculée par les vents et prend de l'altitude.

3. LES PRÉCIPITATIONS

Les gouttelettes des nuages grossissent, fusionnent et finissent parfois par atteindre la taille de 0,1 mm. Ce qui leur confère une vitesse de chute d'environ 1 m/s. Les courants ascendants ne peuvent dès lors plus les soutenir : selon la température de l'air, elles tombent en pluie, en grêle ou en neige. En une année, ce sont 110 000 km^3 d'eau qui sont précipités sur les continents, essentiellement sur les régions situées autour de l'équateur ou à des latitudes moyennes (entre 35 et 55° environ). Ainsi, alors que la Chine reçoit quelque 7 % de l'ensemble des précipitations annuelles qui arrosent la planète, l'Amazonie écope du double. Si la température de l'air est trop élevée au-dessus des continents, l'eau précipitée ne parviendra pas jusqu'au sol.

4. L'INFILTRATION

L'eau précipitée au-dessus des continents est d'abord captée par la couverture végétale – sur laquelle elle peut encore s'évaporer. Ce qui en reste ruisselle sur le sol. Une partie s'infiltre dans le réseau hydrographique souterrain – rivières, nappes phréatiques, sources (ci-dessous, nappe souterraine dans la grotte du Poço Encantado, au Brésil) –, une autre s'accumule dans les dépressions et forme lacs et étangs, une autre encore humidifie le sol, la dernière retourne vers la mer en gonflant les cours d'eau. Elle peut aussi s'accumuler sous forme de glace (banquise et glaciers permanents), soit un volume de 29 000 000 km^3, la plus grosse réserve d'eau douce de la planète. Loin devant les eaux souterraines (8 200 000 km^3) et stagnantes (205 000 km^3), l'humidité du sol (70 000 km^3) et les cours d'eau (à peine 1 700 km^3).

5. LA CONSOMMATION

La dernière réserve d'eau de la planète, et la plus petite, est emprisonnée dans les êtres vivants : 1 100 km^3, presque autant que le volume total des cours d'eau. Cet élément entre pour plus de 95 % dans la masse totale d'une méduse, et pour près de 70 % dans celle d'un homme. Les cellules emmagasinent 70 % de cette eau, le reste étant réparti entre les cellules et les différents liquides corporels. L'homme doit absorber un minimum de 2,5 litres de liquide pour compenser les 2,5 litres qui sortent chaque jour de son organisme. C'est peu par rapport au coton, qui doit boire 10 000 litres d'eau pour grossir de 1 kg, et à notre consommation quotidienne (industries, agriculture – ci-contre, l'aspersion de pommiers en France –, services, hygiène...) : pas loin de 3 m^3/personne.

6. L'EAU SALIE

En divaguant dans les terres agricoles, l'eau se charge d'engrais (à base de nitrates et de phosphates), mais surtout des très toxiques pesticides, herbicides et fongicides. Les cours d'eau sont contaminés par les déchets de l'industrie et des villes : métaux lourds, solvants et substances organiques diverses, comme les dioxines. Toutes ces molécules finissent par affecter l'homme après des décennies d'accumulation dans les chaînes alimentaires. Plus grave, elles se concentrent dans les nappes phréatiques, d'où nous tirons la majeure partie de notre eau potable. Or l'eau souterraine se renouvelle très lentement, tous les 1 400 ans en moyenne, alors qu'il suffit de quelques semaines pour remplacer le volume d'une rivière. L'eau finit par arriver en mer, où toutes les pollutions se concentrent (ci-contre, marée verte sur les côtes françaises). Malgré tout, l'évaporation joue le rôle d'une station d'épuration géante en la débarrassant de presque toutes ses souillures. Ce n'est qu'au-dessus des villes que la vapeur d'eau se recharge en polluants.

Entre chaud et froid

Les eaux qui jaillissent des sources, qu'elles soient chaudes ou froides, ne sont pas différentes. Ce sont des eaux de surface infiltrées dans le sous-sol et qui reviennent à l'air libre après un parcours plus ou moins long et complexe.

Au milieu de roches volcaniques noires et déchiquetées, le Blue Lagoon offre au touriste débarquant en Islande une première occasion de se baigner et le spectacle inoubliable d'un bleu des plus purs. Les eaux sont ici suffisamment chaudes pour alimenter une centrale géothermique. Dans ce pays où nombreux sont les volcans à entrer de temps à autre en éruption, la montée du magma provoque une augmentation de la température du sous-sol. Les eaux qui s'infiltrent se réchauffent ainsi à faible profondeur et remontent facilement, jaillissant parfois en geysers.

◀ *La fontaine de Vaucluse en période de basses eaux. Dans les régions calcaires, les sources se tarissent lorsque le niveau des eaux souterraines est trop bas pour les alimenter.*

Jaillissements d'eaux chaudes...

À Yellowstone, aux États-Unis, ou à Tatio, au Chili, le volcanisme est également actif ou très récent. Les geysers y surgissent de façon capricieuse ou, au contraire, avec une régularité de métronome. Ils se déclenchent quand de l'eau froide vient abaisser la température d'ébullition de l'eau ou que des gaz facilitent sa remontée. On obtient le même résultat en versant un peu d'eau savonneuse dans la vasque du geyser ! Les eaux qui retombent sont riches en sels minéraux dissous ; ceux-ci se déposent en fines couches siliceuses ou carbonées suivant les roches traversées en profondeur.

Le phénomène des sources chaudes n'est pas l'apanage des régions volcaniques. L'eau imprègne le sous-sol rocheux sur plusieurs milliers de mètres jusqu'aux profondeurs, où la température est telle qu'elle se volatilise. Mais, auparavant, elle se réchauffe en moyenne de 3 °C tous les 100 m, à l'exception des régions volcaniques, où le degré géothermique est bien plus élevé.

◀ *Vasque d'eau chaude à Beppu (Kyushu, Japon).*

1. Puits exploitant la nappe phréatique
2. Granite
3. Alluvions
4. Puits exploitant la nappe alluviale
5. Source à la base des calcaires
6. Plateau calcaire
7. Argiles
8. Source au contact par faille avec les argiles
9. Faille
10. Forage pour atteindre la nappe profonde

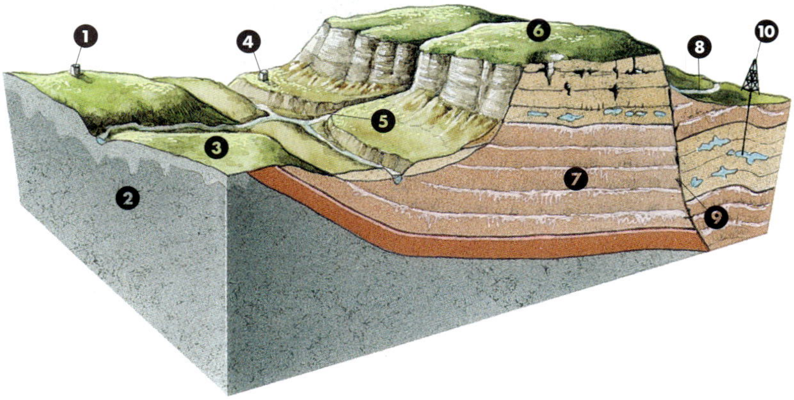

... ou gisements d'eaux froides

Selon les roches, et bien sûr suivant les climats, les eaux de pluie s'infiltrent en plus ou moins grande quantité.

Dans les régions tempérées, l'eau vient remplir les interstices des sols peu argileux ou sableux, des terrasses alluviales le long des cours d'eau et des autres formations superficielles provenant de l'érosion ou de l'altération des roches, pour former des nappes phréatiques faciles à atteindre par des puits profonds de quelques mètres. Leur trop-plein s'évacue par des sources de faible débit.

En revanche, lorsque le sous-sol est imperméable, les eaux, après des pluies abondantes, stagnent en surface, s'infiltrent et s'évaporent très lentement. Elles séjournent aussi dans des creux de la topographie sous forme de lacs, d'étangs ou de marécages.

Sous les climats plus secs, les eaux de surface se font plus rares. Les lits des rivières ne sont occupés que lors de pluies brutales et abondantes. Entre-temps, c'est là que, malgré tout, on trouvera de l'eau : les alluvions en contiennent suffisamment pour que l'on y creuse des puits ou des galeries souterraines. Et des nappes aquifères, reliquat des périodes plus humides de l'ère quaternaire, peuvent y subsister. Il faut alors se garder de les surexploiter, leur renouvellement n'étant plus assuré.

▲ *Deux modes d'utilisation des eaux provenant du sous-sol : ressource vitale obtenue par forage en Syrie (en haut) ; exploitation des propriétés géothermiques de l'eau au Blue Lagoon, en Islande (en bas).*

Rivières et sources dans les calcaires

La situation est bien différente dans les régions calcaires : les eaux de pluie disparaissent dès qu'elles touchent la surface. Les rivières sont donc rares et se maintiennent difficilement : elles peuvent subir des pertes totales et être mises à sec, leurs eaux rejoignant de véritables cours d'eau souterrains.

Ce sont les fissures des roches calcaires, agrandies par la dissolution du carbonate de calcium, qui transforment cette roche en une gigantesque éponge. Les eaux reviendront à l'air libre en quelques sources importantes, qui s'échelonnent à la base des calcaires, lorsque ces derniers reposent sur des roches imperméables, comme des argiles. Parfois, ce sont des failles, cassures de l'écorce terrestre, qui mettent en contact ces roches aquifères avec d'autres, lesquelles constituent alors un écran imperméable. Le débit de telles sources peut atteindre plusieurs dizaines de mètres cubes par seconde lorsque les pluies sont abondantes. Elles se tarissent en période de sécheresse, ou encore, comme c'est le cas de la fontaine de Vaucluse, en raison du désamorçage d'une galerie souterraine fonctionnant à la manière d'un siphon.

▲ *Castle Geyser, dans le parc de Yellowstone (Wyoming, États-Unis).*

SOURCES CHAUDES ET RÔLE DES FAILLES

Des conditions géologiques particulières sont nécessaires pour favoriser la circulation des eaux chaudes profondes. Très souvent, les sources chaudes sont placées sur le tracé – ou à proximité – de grandes failles qui servent de drain : les roches étant plus fracturées à ces endroits, la remontée des eaux chaudes, moins denses, en est facilitée. Mais toutes les failles ne jouent pas ce rôle. Les sels minéraux dissous se déposent et obturent les fissures. Il est donc nécessaire que, de temps en temps, les failles fonctionnent, même avec des séismes de très faible magnitude, pour que les fractures des roches soient à nouveau ouvertes.

De longs fleuves tranquilles

Les basses températures des hautes latitudes et des montagnes permettent à la neige de se transformer en glace. Celle-ci se déplace lentement sous l'effet de son propre poids et participe au modelage de la surface des continents par l'érosion.

Qui survolerait les glaciers de l'Alaska pourrait se croire au-dessus d'une autoroute californienne, sans les voitures ! Ou encore d'un immense fleuve, avec ses affluents, dont les flux se rejoignent puis s'écoulent sans se mélanger, tels des tapis roulants. La glace est en effet loin d'être immobile. La neige s'accumule, se tasse et, sous son poids, se transforme en glace, qui descend lentement, le plus souvent de quelques dizaines de mètres par an.

La glace à l'ouvrage : plaines, cirques et moraines

Un glacier charrie des cailloux et des blocs de toutes tailles. L'eau qui gèle dans les fissures détache des fragments de roche des parois et des pics ; ceux-ci tombent au bord du glacier pour former des moraines alignées le long de ces rubans de glace. À la confluence de deux vallées, ces moraines se retrouvent au milieu des glaces.

L'altitude et la latitude vont régler les températures qui régissent l'équilibre entre la formation de la glace et sa fusion. Au front du glacier, les eaux de fonte s'écoulent et donnent naissance à des cours d'eau, entraînant les éléments les plus fins de la « farine » glaciaire, qui leur donne une teinte blanche. Les sables et les galets sont étalés et forment des plaines, appelées *sandür* en Islande.

L'empreinte de l'érosion glaciaire est évidente dans bien des régions. Le départ de la glace a laissé des cirques glaciaires, des roches moutonnées, des vallées en auge et des moraines. Ces dernières sont ravinées par les eaux courantes, laissant de place en place des cheminées de fée, dont l'érosion n'a pu venir à bout.

▲ *Parc national de Glacier Bay, au Canada. L'écoulement irrégulier de la glace est révélé par les sinuosités des cordons sombres des moraines.*

Les pôles, des montagnes de glace

Mais les glaciers de vallée ne sont rien à côté des calottes glaciaires, près des pôles. La glace y est très épaisse (jusqu'à 4 000 m) et couvre des surfaces considérables. Ces inlandsis, au Groenland (2,7 millions de kilomètres cubes) et en Antarctique (28 millions de kilomètres cubes), masquent presque complètement les roches, qui malgré tout surgissent en pics aigus, comme le mont Vinson, qui culmine à 5 140 m non loin du pôle Sud. Du fait de son poids, la glace s'écoule vers la mer en d'immenses glaciers. De leur front se détachent des blocs

▼ *Le Vatnajökull, l'un des plus grands glaciers d'Islande, couvre des volcans en activité.*

▲ *Dans la baie du Roi-Charles (Spitzberg, Norvège), des icebergs se détachent du front du glacier Kongsbreen.*

géants, les icebergs, qui basculent dans la mer quand celle-ci n'est pas transformée elle-même en banquise. Ces montagnes de glace, dont seule une petite partie émerge, dérivent ensuite au gré des courants et de la houle vers des eaux plus tempérées, où elles fondent et disparaissent. On a tenté de remorquer les plus grands icebergs jusqu'à des régions aux faibles ressources en eau douce (Péninsule arabique) ; le projet, irréalisable, a été abandonné.

Le feu et la glace

En Antarctique, au milieu de ces immensités glacées balayées par des vents violents, un volcan avec un lac de lave permanent, le mont Erebus, vient rappeler que la dynamique profonde de la Terre est présente aussi à ces latitudes. Le mariage du feu et de la glace est ici sans conséquences. En Islande, en revanche, il peut être catastrophique. Les grands glaciers en calottes de l'Islande recouvrent une terre entièrement volcanique, déchirée par les fossés, ou rifts, de la dorsale médio-atlantique. Des volcans les parsèment, dont certains masqués par les glaces. La reprise de leur activité déclenche la fonte de la glace. D'immenses poches d'eau se libèrent brusquement et entraînent tout sur leur passage.

Quelques petits glaciers de montagne coiffent aussi des volcans. C'est le cas du Nevado del Ruiz, en Colombie, tristement célèbre par la destruction du village d'Armero, en 1985. Dévalant les pentes, les eaux de fonte de la neige et de la glace se concentrèrent dans une vallée, en érodant les flancs. Un torrent de boue s'étala alors sur les maisons et les recouvrit.

L'ÉROSION GLACIAIRE

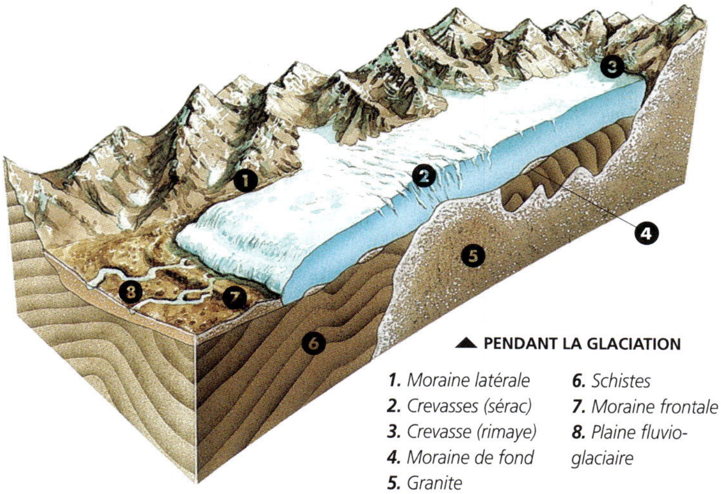

▲ **PENDANT LA GLACIATION**

1. *Moraine latérale*
2. *Crevasses (sérac)*
3. *Crevasse (rimaye)*
4. *Moraine de fond*
5. *Granite*
6. *Schistes*
7. *Moraine frontale*
8. *Plaine fluvio-glaciaire*

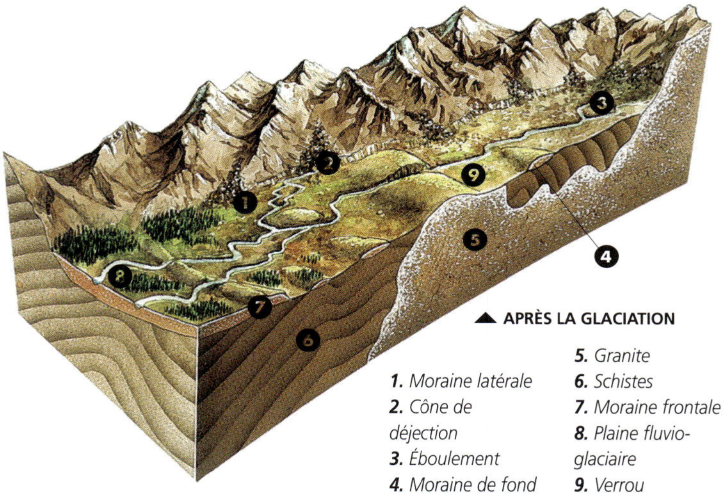

▲ **APRÈS LA GLACIATION**

1. *Moraine latérale*
2. *Cône de déjection*
3. *Éboulement*
4. *Moraine de fond*
5. *Granite*
6. *Schistes*
7. *Moraine frontale*
8. *Plaine fluvio-glaciaire*
9. *Verrou*

QUAND LA GLACE SE RACONTE

Si le recul des glaciers témoigne directement du réchauffement que l'on constate depuis une décennie, leur histoire est plus édifiante encore. C'est grâce à l'étude des carottes de glace recueillies par forage dans les inlandsis que l'on peut suivre les fluctuations climatiques depuis des millénaires. Ainsi, depuis la fin de l'ère tertiaire, il y a environ 2,5 millions d'années, des périodes froides ont alterné avec des périodes plus clémentes. Le paysage porte aussi l'empreinte des fortes glaciations de l'époque quaternaire. Témoin ces blocs erratiques, comme celui de Central Park, à New York, transporté par l'inlandsis canadien : après le départ des glaciers, l'érosion n'a pu venir à bout des blocs les plus gros des moraines.

LES FLEUVES

Les méandres de la vie

Avec les rivières, les fleuves sont les artères de la planète. Ils drainent les eaux « en surplus » jusqu'à la mer et participent activement au vaste travail de remodelage de la surface terrestre.

▲ *En Amazonie, les limites entre le fleuve et la terre s'estompent, les eaux abondantes de l'Amazone s'écoulant difficilement dans la plaine alluviale.*

Brésil. Au cœur de l'estuaire de l'Amazone, l'île Marajó est cernée par les eaux d'un fleuve qui se déverse dans l'Atlantique avec un débit de 200 000 m^3/s, soit cent fois celui du Rhône ! Même si le Nil le dépasse en longueur, l'Amazone est le premier par le volume des eaux qu'il charrie. Dix-sept affluents l'alimentent avec les eaux collectées dans toute la moitié nord du continent sud-américain (7 000 000 km^2).

Près de 7 000 km de long, souvent plus de 10 km de large, plusieurs dizaines de mètres de profondeur, remonté par des bateaux de haute mer jusqu'à 1 600 km de son embouchure, l'Amazone est bien le fleuve le plus puissant de la planète. Et au cours des siècles, il a entièrement structuré le mode de vie et les activités des populations avoisinantes.

Le fleuve de la démesure

L'Amazone est une colonne vertébrale sur laquelle se branchent des affluents qui sont eux-mêmes de véritables fleuves. Ils descendent, en grande partie, des Andes (río Negro, Purus, Madeira…). D'autres viennent du plateau central brésilien (Tapajós, Xingú…), au sud, et dans une moindre mesure du Venezuela et des Guyanes, au nord. Les jonctions entre le fleuve et l'un ou l'autre de ses affluents, comme la confluence avec le río Negro, charrient de telles quantités d'eau qu'elles forment des sortes de mers intérieures. L'Amazone est située dans une région au climat chaud et humide, à cheval sur l'équateur, où il tombe de 1 500 à 3 500 mm de précipitations par an. Aux eaux des torrents andins alimentés par la fonte des neiges s'ajoutent donc d'abondantes eaux de ruissellement, car les sols de la forêt amazonienne ne suffisent pas à absorber toutes les pluies. C'est ainsi que les eaux convergent des ruisseaux aux rivières, puis de celles-ci aux fleuves affluents de l'Amazone, l'artère de drainage principale. Celle-ci débouche sur l'Océan par un estuaire encombré d'îles, sur un front de plus de 60 km.

De l'eau… courante

L'écoulement n'a pas pour seule fonction d'évacuer les eaux des continents vers les océans. Au cours de leur périple, les eaux travaillent en remo-

▶ *Le Yangzi Jiang est l'un des plus grands fleuves du monde : il coule du Tibet jusqu'à la mer de Chine. C'est une voie navigable en Chine centrale.*

delant la surface terrestre. Un travail discret ou flagrant, continu ou épisodique, qui met en jeu des volumes énormes, se chiffrant chaque année en dizaines ou en centaines de millions de tonnes. Même les eaux les plus calmes en apparence sont actives : elles transportent des éléments en solution, comme le bicarbonate de chaux provenant de la dissolution des roches calcaires. L'eau entraîne tout ce qui est meuble ou se délite facilement : sables, argiles et sols de surface– si bien que les fleuves prennent souvent une coloration spéciale. Parmi les affluents de l'Amazone, les *ríos negros* (noirs) sont chargés de fer et de matière organique alors que les *ríos blancos* sont chargés de limons qui les rendent opaques (Madeira, Amazone). Lorsque le río Negro rencontre l'Amazone, le ruban du fleuve reste bicolore sur de nombreux kilomètres avant que les eaux ne se mélangent.

Un transport mouvementé

Ces fleuves des régions équatoriales au relief faible, qui ne transportent que des éléments fins en suspension, ne sont pas capables d'éroder

◀ *Le Colorado, ici dans Marble Canyon, a creusé des millions d'années durant pour réaliser ce trait de scie au sein de roches très anciennes, datant de l'ère primaire.*

◀ *Sur le Zambèze, les chutes Victoria illustrent l'incapacité qu'ont certains fleuves à creuser un lit en pente régulière, faute d'éléments grossiers à transporter.*

◀ *Les eaux du río Negro, colorées par de fins éléments en suspension, ont du mal à se mélanger à celles de l'Amazone, plus claires.*

▲ Entraînant des galets, les rivières (ici, la Semine, dans l'Ain) creusent des marmites de géants dans leur lit rocheux.

▲ Le delta intérieur de l'Okavango, au Botswana. Dans la plaine alluviale, le fleuve dessine des méandres dont le tracé sinueux ne cesse d'évoluer, en toute liberté.

efficacement des roches difficilement altérables. Ce qui explique que, comme en Afrique, leur cours soit souvent entrecoupé de chutes ou de rapides qui correspondent aux zones où la roche résiste le mieux à l'altération.

Le travail de l'érosion est bien plus évident dans les régions montagneuses. Le lit des torrents y est souvent encombré de gros blocs qui se déplacent, glissent et basculent en période de fortes eaux et, à force de chocs répétés avec les galets, s'usent. Lorsque les torrents débouchent dans le fond d'une vallée, tout ce matériel grossier est abandonné et forme de vastes éventails, appelés cônes de déjection. À l'arrivée dans un lac, il en sera de même : un petit delta va se constituer et se développer, première étape du comblement de la cuvette.

Les grands travaux

Profondes entailles, gorges et canyons... le travail accompli par certains cours d'eau peut être spectaculaire, même s'il s'effectue sur des milliers d'années, à un rythme imperceptible à l'échelle humaine. Ces vallées encaissées sont creusées dans des roches généralement plutôt massives. Les eaux courantes ne peuvent les attaquer qu'avec l'aide d'autres fragments de roches : sables, graviers ou galets accomplissent alors leur travail de sape par frottement. Des tourbillons suffisamment puissants entraînent les débris et, ensemble, ils creusent ce que l'on appelle les marmites de géants.

Par le même procédé, les cours d'eau usent également les berges qui les dominent et agrandissent latéralement leur lit, dessinant ainsi de vastes et beaux méandres. Toutefois, il faut l'intervention d'autres phénomènes d'érosion pour que la vallée s'évase davantage : éboulements, altération, dissolution et fragmentation des roches vont alors agrandir peu à peu le trait de scie tracé à l'origine par les eaux courantes.

Errances et captures

Les grands fleuves des vastes plaines alluviales ne sont pas fixés au fond des gorges. Ils peuvent divaguer, leurs méandres étant libres de se déplacer au sein de leur lit majeur. L'errance des rivières est parfois bien plus importante. Leurs changements de place ou même de partenaire peuvent avoir différentes causes : des mouvements du sol ou des crues les poussent à capturer leurs voisins. La rivière détourne alors à son profit une partie des eaux d'un autre cours d'eau : c'est ainsi que la Moselle rejoignait la Meuse avant de devenir l'affluent de la Meurthe...

DES FLEUVES À FLOT ET À SEC

L'Amazone ou le Congo ne connaissent pas de problèmes d'alimentation : l'étendue considérable des surfaces drainées, ou bassins versants, et les pluies abondantes des régions équatoriales leur assurent de hauts débits. Dans les régions tempérées, les cours d'eau sont suffisamment alimentés par les précipitations, même si elles sont moins importantes. Dans les zones montagneuses, la fonte des neiges et des glaciers vient compenser la relative sécheresse de l'été. Mais bien des régions souffrent de climats plus arides. Alors, la loi générale de l'écoulement des eaux jusqu'à la mer ne s'applique plus : les lits des oueds, ou *wadi*, des pays arabes (ci-contre, au Dubayy), les *fiumare* du sud de l'Italie ne voient courir des flots tumultueux que quelques fois par an. La plupart du temps, complètement à sec, ils servent de voies de communication. Les eaux des très rares pluies occupent parfois brièvement un chenal ou une cuvette avant de s'infiltrer et de s'évaporer.

Chapitre
9

Phénomènes célestes et atmosphériques

Le ciel, un monde féerique

Coucher de soleil sur la mer de Timor, au large de Darwin (Australie).

Le Soleil

Un gigantesque réacteur nucléaire

Le Soleil est l'étoile de notre système solaire. Il émet d'énormes quantités d'énergie ; et ce avec une telle intensité que nous en ressentons les effets, chaleur et lumière, à 150 millions de kilomètres !

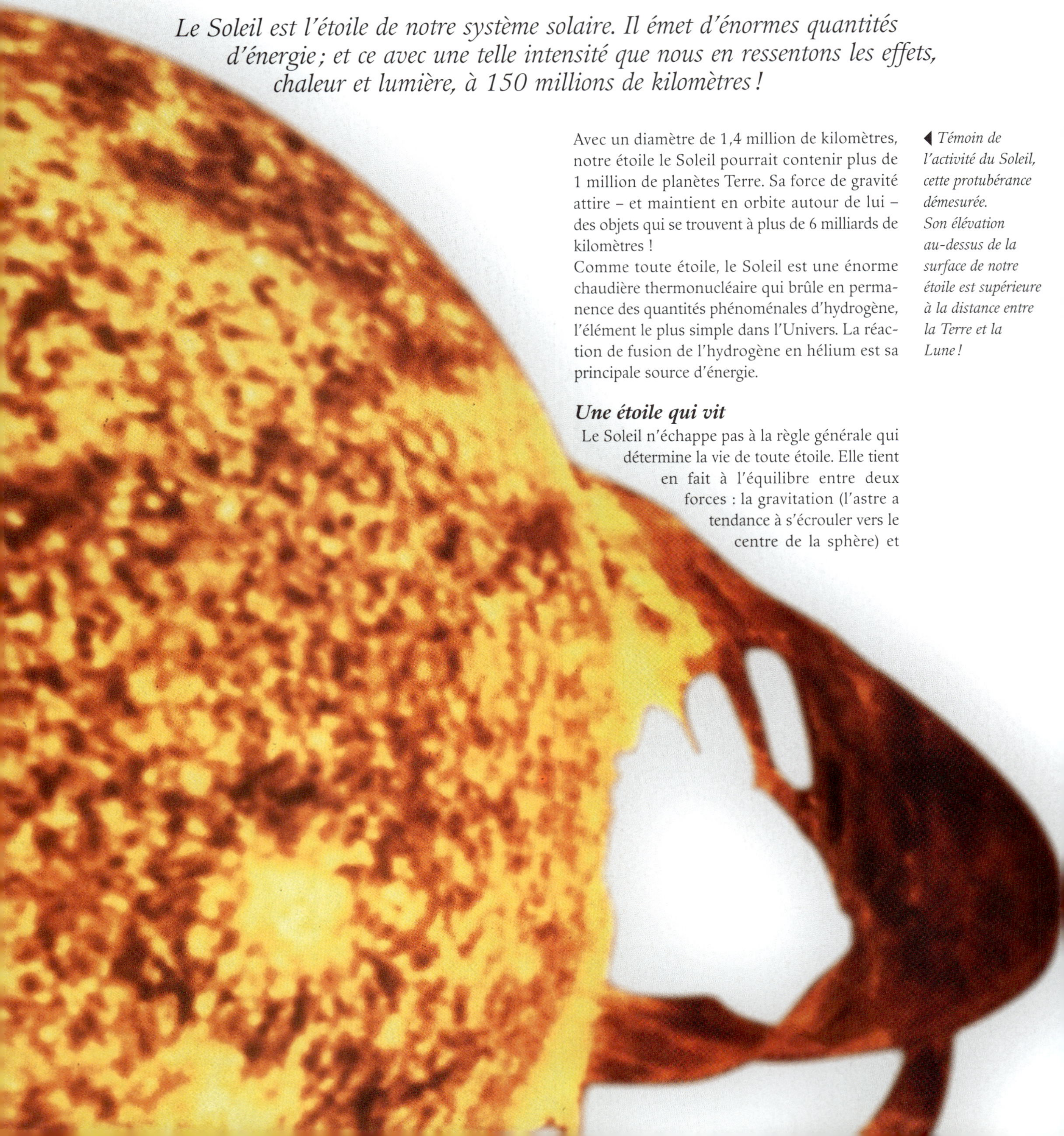

◀ *Témoin de l'activité du Soleil, cette protubérance démesurée. Son élévation au-dessus de la surface de notre étoile est supérieure à la distance entre la Terre et la Lune !*

Avec un diamètre de 1,4 million de kilomètres, notre étoile le Soleil pourrait contenir plus de 1 million de planètes Terre. Sa force de gravité attire – et maintient en orbite autour de lui – des objets qui se trouvent à plus de 6 milliards de kilomètres !
Comme toute étoile, le Soleil est une énorme chaudière thermonucléaire qui brûle en permanence des quantités phénoménales d'hydrogène, l'élément le plus simple dans l'Univers. La réaction de fusion de l'hydrogène en hélium est sa principale source d'énergie.

Une étoile qui vit

Le Soleil n'échappe pas à la règle générale qui détermine la vie de toute étoile. Elle tient en fait à l'équilibre entre deux forces : la gravitation (l'astre a tendance à s'écrouler vers le centre de la sphère) et

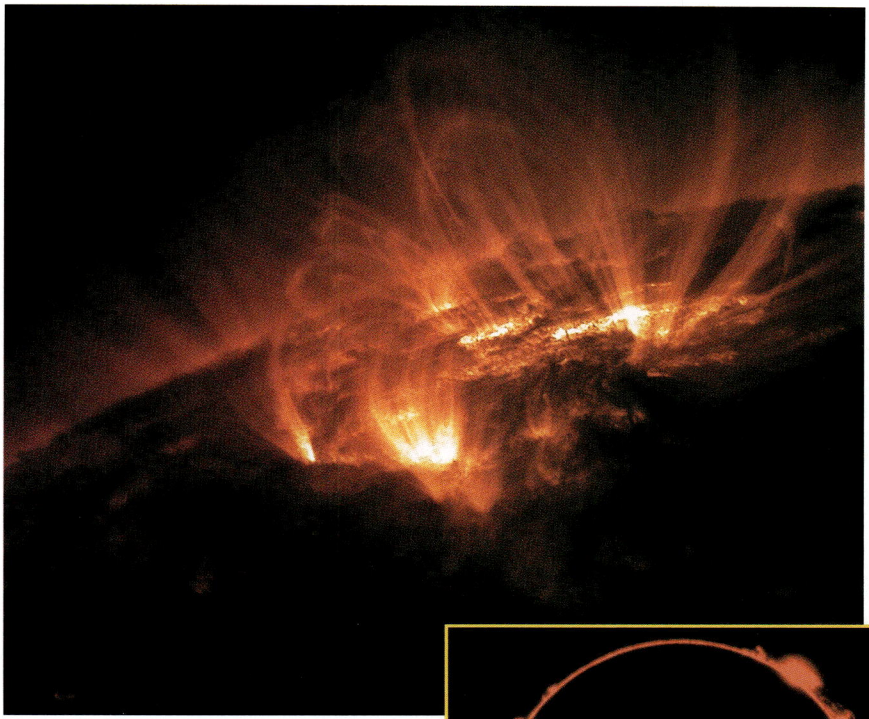

l'énergie thermonucléaire dégagée par la fusion des atomes d'hydrogène (l'astre a tendance à exploser). La seconde n'est que la conséquence de la première, elle-même contrebalancée par l'énergie de la seconde. Lorsque l'équilibre s'établit, l'étoile peut exister *(voir p. 10-11)*. Depuis 4,6 milliards d'années, le Soleil rayonne ainsi de façon relativement stable. Ses réserves en hydrogène devraient lui permettre de continuer à générer de l'énergie pendant encore autant de temps.

Un cœur qui brûle

Les conditions de température et de pression au cœur du Soleil sont impressionnantes : 15 millions de degrés Celsius et une pression équivalente à 160 fois celle que nous connaissons sur terre.
C'est au cœur de cette fournaise qu'ont lieu les réactions thermonucléaires : toutes les secondes, 500 millions de tonnes d'hydrogène sont ainsi converties en hélium et 4 millions de tonnes de matière sont transformées en énergie. Cette énergie libérée s'évacue jusqu'à la surface du Soleil et se propage d'abord dans la zone radiative entourant le cœur. Elle est ensuite transmise vers la périphérie de l'astre par l'intermédiaire de grands mouvements de brassage qui caractérisent la couche convective.

Un magnétisme puissant

La photosphère correspond à une zone de 200 km d'épaisseur environ, où la matière est peu opaque, ce qui permet au rayonnement solaire d'en sortir librement. La température moyenne y est de 6 400 °C. En observant la photosphère, on peut remarquer que sa surface est irrégulière. Elle est constituée en effet d'une mosaïque de zones fortement animées, de 1 000 à 2 000 km de large, appelées granules. Ce sont là les dernières manifestations de la couche convective. La photosphère laisse parfois apparaître des taches sombres qui correspondent à des régions de 2 000 à 3 000 °C plus froides. Là règnent des champs magnétiques dont l'intensité est 25 000 fois plus grande que celle du champ magnétique terrestre. Ces taches solaires durent en général quelques semaines, les plus grandes d'entre elles pouvant survivre plusieurs mois. Elles sont souvent entourées de facules, nuages de gaz brûlants et brillants. L'observation des taches solaires a permis de mieux comprendre les cycles d'activité du Soleil. En étudiant leur position et leur déplacement, il a été également possible d'estimer la rotation du Soleil autour de l'axe de ses pôles à trente jours environ.

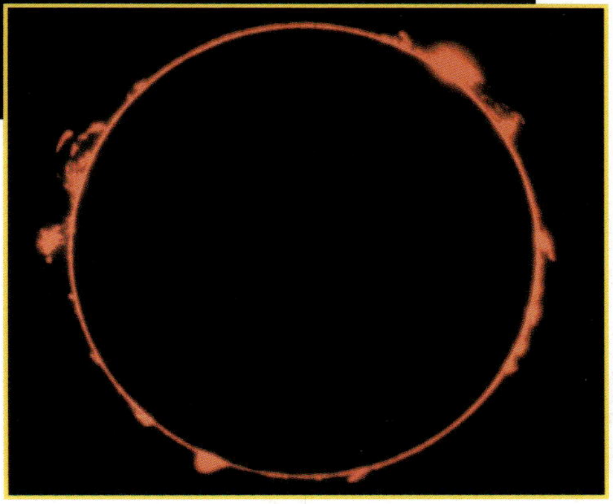

▲ *Protubérances solaires. En haut, elles sont vues à l'aide du détecteur TRACE de la NASA ; en bas, avec un instrument d'étude de la couronne solaire (coronographe).*

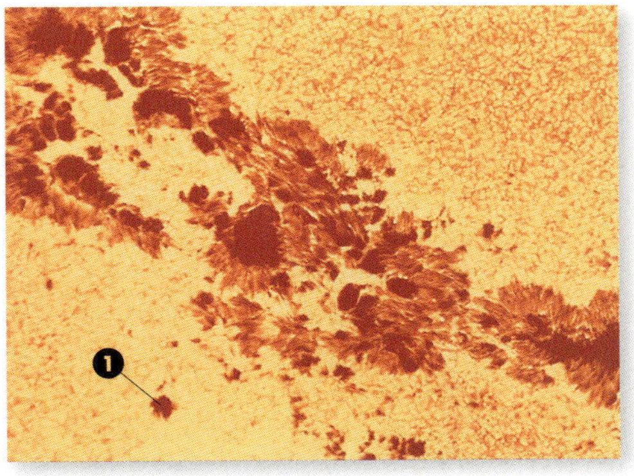

▶ *Les taches solaires, qui correspondent à des zones plus froides, prennent parfois d'importantes dimensions : la Terre tiendrait dans le « point » fléché* **(1)**.

L'astre couronné

Lors d'une éclipse totale de Soleil, il est possible de voir un anneau, comme une frange rosée, de quelques milliers de kilomètres d'épaisseur autour du disque solaire. Il s'agit de la chromosphère. On y aperçoit quelquefois de magnifiques protubérances, jets de gaz qui ont parfois l'aspect de boucles ou de buissons et sont associés aux taches solaires. Leur forme est sculptée par le champ magnétique du Soleil. Lorsqu'elles sont éruptives, elles émergent de la surface à une vitesse de près de 1 000 km/s, en dépassant à l'occasion plus de 500 000 km d'altitude.

Au-delà de la chromosphère, la couronne se déploie sur plus de 10 rayons solaires. De température très élevée, elle est parcourue de longs jets de gaz chauds. À grande distance, la couronne diffuse dans tout l'espace interplanétaire un flux constant d'énergie appelé vent solaire. Sa vitesse moyenne au niveau de la Terre est de 400 km/s. Son interaction avec l'atmosphère terrestre crée de superbes draperies, renforcées encore au moment des éruptions solaires : ce sont les aurores polaires, appelées aurores boréales dans l'hémisphère Nord et aurores australes dans l'hémisphère Sud.

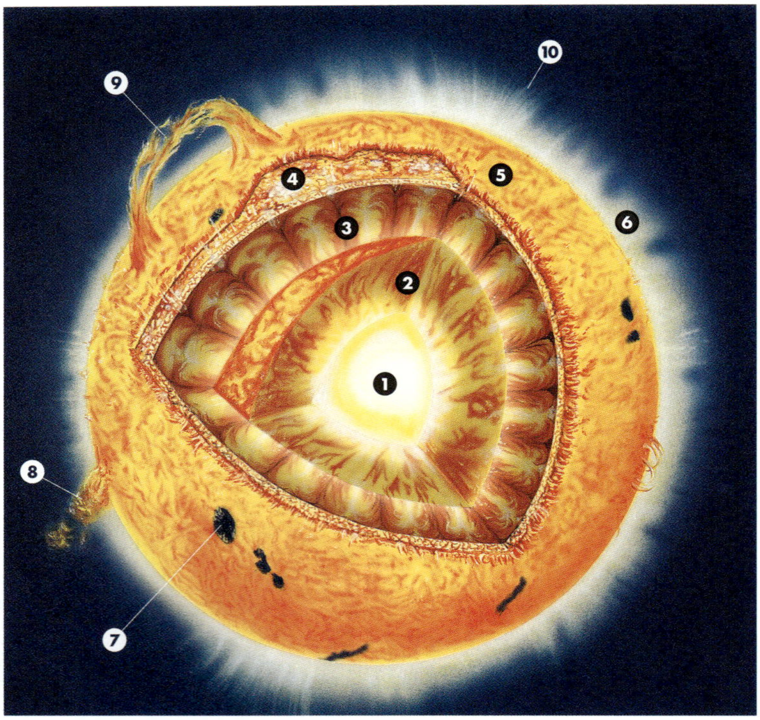

▲ *Dans le noyau **(1)** l'hydrogène est transformé en hélium. La zone radiative **(2)** favorise la transmission de cette énergie vers la zone convective **(3)**. Photosphère **(4)** et chromosphère **(5)** la filtrent vers la couronne **(6)**.*
***7**. Tache solaire*
***8**. Éruption*
***9**. Protubérance*
***10**. Plumes solaires*

Des humeurs changeantes

Le Soleil possède un champ magnétique intense qui influence la photosphère, la chromosphère et la couronne, en permanence et de manière variable selon les époques : c'est ce que l'on appelle l'activité solaire. Elle se manifeste par divers phénomènes (taches, facules, protubérances, éruptions...) et varie selon un cycle de onze ans environ. Sur cette période, le nombre de taches solaires croît de presque 0 à 100 (le maximum solaire) puis décroît de 100 à presque 0, et le cycle repart. Au maximum, les aurores sont alors très intenses et des perturbations sont parfois perceptibles jusqu'au niveau du sol terrestre.

▲ *Entre la Terre et Vénus, la sonde Soho surveille les accès de fureur du Soleil. Ici, une éruption chromosphérique vue depuis la sonde. Un écran masque le disque solaire et permet d'observer la couronne.*

La nature et la cause du cycle de onze ans constituent l'un des grands mystères de l'astronomie solaire. Alors que nous possédons de nombreux détails sur le cycle solaire et sur le processus qui le crée, il est toujours impossible de fournir un modèle qui permette de prédire la formation des taches à partir de principes physiques. Ce problème peut se comparer à notre incapacité à prévoir les tremblements de terre. C'est regrettable, car, à long terme, les irrégularités de l'activité solaire peuvent avoir des répercussions sur la Terre, provoquant même des dérèglements importants du climat. Plus que jamais, notre petite planète dépend des humeurs du Soleil...

CHRONIQUE D'UNE MORT ANNONCÉE

Étoile modeste, le Soleil a une durée de vie estimée à dix milliards d'années. Actuellement au milieu de son existence, il devrait mourir dans cinq milliards d'années environ. Tout commencera par des réactions thermonucléaires moins régulières produisant des fluctuations de la luminosité de notre étoile. Pour se stabiliser, le Soleil se mettra à grossir démesurément au point d'englober la Terre ! Après un bref sursaut durant lequel il changera de combustible, passant de l'hydrogène à l'hélium, il finira par une mort violente et très rapide : ses couches périphériques seront volatilisées et se disperseront dans l'espace à grande vitesse. Une immense bulle de matière se dilatera dans l'espace, et il ne subsistera dans la partie centrale qu'un petit résidu très brillant appelé pour cette raison naine blanche. La Terre, les autres planètes, les satellites, les astéroïdes... auront été complètement détruits ou stérilisés par cette débauche d'énergie : ce sera aussi la fin du système solaire. Ci-contre, la nébuleuse planétaire de Dumbell.

Quand la lumière nous trompe

Les mirages sont des illusions d'optique dues à la réfraction de la lumière sur des couches d'air dont l'une est beaucoup plus chaude que l'autre. Un phénomène fréquent, notamment dans les déserts et les régions polaires.

L'image est célèbre. Perdus dans le désert, accablés par la chaleur, deux hommes aperçoivent enfin une nappe d'eau, se précipitent, plongent… et se retrouvent dans le sable brûlant ! Vous aurez certainement reconnu les Dupondt dans un épisode de *Tintin au pays de l'or noir*. Cette eau, ils l'avaient pourtant bien vue. Était-ce une hallucination ? Non, juste une déformation de la réalité : un mirage.

Des flaques d'eau sur la route surchauffée

Pour comprendre ce qu'est un mirage, il faut d'abord suivre le trajet de la lumière. Dans l'espace interplanétaire, celle-ci se propage en ligne droite. Mais lorsqu'elle rencontre un milieu différent, comme l'air ou l'eau, elle change légèrement de direction. L'expérience de la cuillère dans un verre le démontre : à la limite entre l'eau et l'air, la cuillère paraît cassée.

Ce genre de situation peut se produire dans l'air, lorsque la température varie brutalement. Ainsi, l'été, sur les routes chauffées par le soleil, la couche d'air en contact avec le sol peut atteindre 10 °C de plus que la couche située quelques centimètres au-dessus. Cette variation de température change l'indice de réfraction de l'air et agit sur la lumière : les rayons lumineux provenant d'un objet situé au-delà de l'horizon vont se courber et être déviés vers le haut. Il est alors possible de distinguer au loin une nappe brillante dans laquelle certains éléments du paysage semblent se refléter. La silhouette d'un arbre, par exemple, apparaît comme détachée et inversée dans une flaque d'eau : c'est le mirage inférieur. L'eau n'est en fait qu'une image du ciel et l'arbre retourné, celle d'un arbre bien réel, situé un peu plus loin.

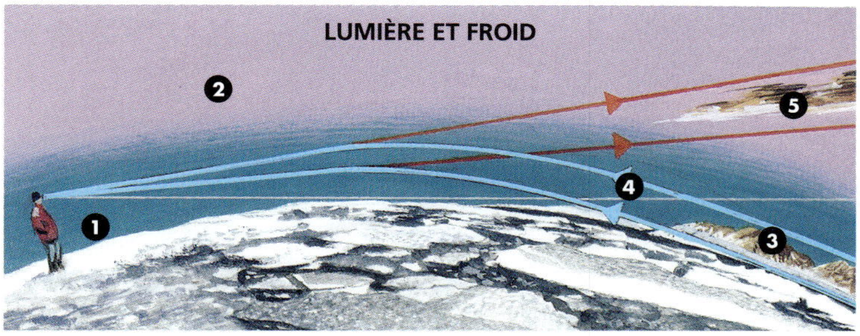

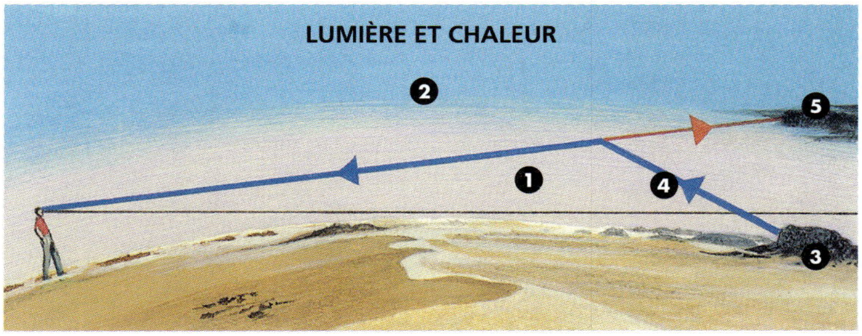

▲ **Lumière et froid**
1. Air froid
2. Air plus chaud
3. Objet non visible par l'œil
4. Rayons de lumière déviés vers le sol
5. Ce que l'on voit : un reflet à l'endroit

Lumière et chaleur
1. Air chaud
2. Air plus froid
3. Objet non visible par l'œil
4. Rayons de lumière déviés vers le haut
5. Ce que l'on voit : un reflet à l'envers

La Corse dans le ciel

Un paquebot navigue en pleine mer. Pourtant, depuis la côte, certains le voient déjà alors qu'il est encore au-delà de l'horizon. Là encore, pas d'hallucination collective. Il s'agit simplement d'un mirage dit supérieur.

En effet, dans les régions polaires ou en mer, les couches basses de l'atmosphère sont plus froides que celles qui sont situées au-dessus. La déviation des rayons lumineux se fait alors vers le bas. L'image apparaît haute et il est possible de voir des objets normalement situés au-delà de l'horizon. Les habitants de Nice sont des habitués du phénomène. Ils peuvent parfois, de leurs plages, apercevoir la Corse… ou, tout au moins, son mirage.

▼ *Des bateaux sur un lac ? Non, tout simplement des véhicules sur une route surchauffée.*

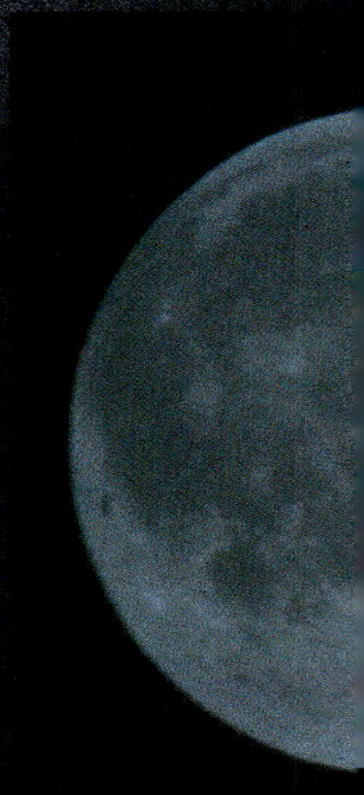

La Lune

Un astre sous influence

À première vue, tout les sépare. Pourtant, la Lune et la Terre forment un couple indissociable. L'histoire de notre satellite est en effet intimement liée à celle de notre planète.

▲ *La Lune est née lorsque les débris issus de la collision de notre Terre avec un très gros planétoïde se recombinèrent et se mirent en orbite autour de la Terre.*

Un astre mort, sans atmosphère, dont la température varie de plus de 100 °C entre ombre et lumière... Un astre dont la surface est marquée de cratères, de vallées, de chaînes de montagnes, de grandes étendues de lave refroidie... Un astre à l'aspect désolé et grisâtre qui est pourtant l'objet de toutes les attentions...

Observé depuis des milliers d'années, étudié, convoité, notre satellite est le seul corps céleste sur lequel l'espèce humaine ait marché. Entre juillet 1969 et décembre 1972, douze hommes ont eu le privilège d'y vivre, à 384 000 km de leur planète d'origine.

Une naissance explosive

Le système solaire était tout jeune, la Terre, en pleine formation. Comme les autres planètes, elle est soumise à un bombardement intense de météorites quand un corps céleste de la taille de l'actuelle planète Mars la heurte violemment. Des débris des deux astres se mêlent intimement et se mettent en orbite autour de la Terre. Peu à peu, ils s'agglutinent et forment la Lune actuelle, un satellite relativement gros puisqu'il représente environ le quart du diamètre de la Terre. Ce scénario catastrophe est confirmé par l'analyse des roches lunaires rapportées par les diverses missions (humaines ou télécommandées). En effet, la Lune est constituée d'éléments légers qui proviennent

◀ *Empreinte du pied de Neil Armstrong sur la Lune. Dans la nuit du 20 au 21 juillet 1969, cet astronaute fut le premier humain à fouler le sol de notre satellite.*

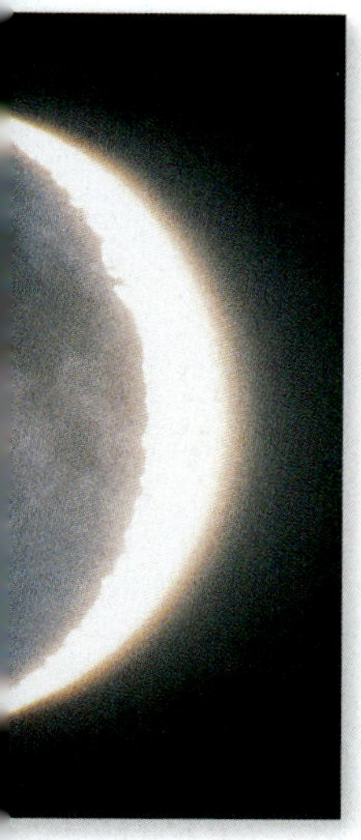

▲ Le phénomène de la lumière cendrée se produit peu après ou peu avant la nouvelle Lune. Outre le croissant, partie de la Lune directement éclairée par le Soleil, on distingue le reste de l'astre. C'est la lumière du Soleil reflétée par la Terre qui fait sortir cette partie de l'ombre.

des croûtes extérieures des deux sphères entrées en collision. Sa densité est donc un peu plus faible que celle de la Terre.

À coups de météorites…

On a rapporté sur la Terre 382 kg d'échantillons lunaires. Les renseignements fournis par ces précieux témoins ainsi que les mesures effectuées sur place (parfois par robot interposé) ont permis de mieux comprendre l'histoire de la Lune. Aujourd'hui, nous savons que notre satellite a dû connaître une période d'activité assez courte. Au début, la chaleur qui y régnait était telle qu'elle a fait fondre les roches. La Lune était donc recouverte d'un magma qui peu à peu s'est refroidi et a cristallisé. Bombardée par des pluies de météorites, la croûte s'est par endroits fracturée, laissant apparaître des écoulements de magma. Ces grandes étendues correspondent à ce que l'on a appelé des mers, qui forment les zones sombres de la Lune. Le paysage a d'ailleurs été complètement modelé par les chocs des météorites : formation de cratères, de bourrelets, de massifs… Mais, alors que la Terre voit son paysage se modifier sans cesse, la Lune n'a guère changé depuis près de 4 milliards d'années.

Jeu de billard lumineux

Bien que la Lune ne produise pas de lumière, elle est parfaitement visible de la Terre. En fait, elle reflète les rayons du Soleil. Et si sa forme semble changer, c'est que, durant sa rotation autour de la Terre, l'éclairage varie. Lorsque le Soleil, la Lune et la Terre sont alignés, nous sommes en nouvelle Lune. Sept jours après, le premier quartier est visible, et au quatorzième jour, c'est la pleine Lune, correspondant à l'alignement Soleil-Terre-Lune (dans cet ordre). Les jours suivants, la Lune est visible de plus en plus tard… jusqu'au dernier quartier. Et le cycle de vingt-neuf jours, ou lunaison, est bouclé à la nouvelle Lune suivante. Trois ou quatre jours après ou avant la nouvelle Lune, notre satellite a l'apparence d'un fin croissant ; mais le reste de la sphère est légèrement visible. Car si la Lune réfléchit la lumière solaire vers la Terre, la Terre fait de même vers la Lune. La lueur réfléchie éclaire le reste du satellite et nous permet de le voir sous cet aspect diaphane, appelé lumière cendrée.

◀ Quelques jours après la nouvelle Lune, un fin croissant lunaire est visible après le coucher du Soleil.

◀ Au septième jour, la Lune, vue de la Terre, est à moitié éclairée : c'est le premier quartier.

◀ Le jour de la pleine Lune, la Lune se lève quand le Soleil se couche : elle est alors visible toute la nuit.

◀ Ce fin croissant lumineux n'est visible que quelques jours avant la nouvelle Lune, lorsque le Soleil n'est pas encore levé.

UNE ATTIRANCE RÉCIPROQUE

La Terre et la Lune sont liées par la force de gravité. Et, si la Terre agit sur la Lune, la Lune a une forte influence sur la Terre, en particulier sur les océans. Les masses océaniques sont en effet déformées par le phénomène des marées, qui peut être très spectaculaire : le record de hauteur de marée enregistré se situe dans la baie de Funky, au Canada, avec une amplitude de plus de 17 m ! L'amplitude est liée à la position de la planète et de son satellite mais aussi au profil de la côte. L'action de la Lune s'exerce également sur la partie supérieure de la croûte terrestre : à chaque passage de la Lune, il est possible de mesurer des marées terrestres de près de 30 cm ! La Terre est plus malléable que nous ne pensons.

Dans la Cocotte-Minute atmosphérique

Le Soleil dispense sa chaleur de manière inégale à la surface de la Terre : l'équateur est plus chaud que les pôles. Pour compenser ces déséquilibres – les températures tendent à s'uniformiser au sein d'un milieu –, la planète met en œuvre de gigantesques processus de redistribution de l'énergie, en mobilisant principalement son atmosphère : flux d'air verticaux, évaporation, nuages, vents horizontaux, anticyclones, dépressions… Tous ces phénomènes, qui conditionnent les climats, se développent dans la couche la plus basse et la moins stable de l'atmosphère, la troposphère, d'une épaisseur d'environ 15 km. C'est la circulation générale atmosphérique qui, telle une énorme pompe à chaleur, assure ainsi jusqu'à 80 % du transfert de l'énergie qui circule de l'équateur vers les pôles.

▲ **1- Inégaux face au Soleil**

La Terre tourne autour du Soleil, mais aussi sur elle-même, présentant au Soleil tous les points de sa surface. Cependant, à l'équateur, le Soleil est toujours à la verticale quand sonne midi. Il y chauffe donc beaucoup plus qu'aux Pôles, où il frappe le sol de manière rasante. Par ailleurs, comme l'axe de rotation de la Terre est incliné par rapport au plan dans lequel elle effectue ses révolutions autour du Soleil, l'hémisphère Nord **(1)** est plus ensoleillé que l'hémisphère Sud **(2)** d'avril à septembre, et inversement d'octobre à mars. Résultat : le Soleil distribue sa chaleur de manière inégale à la surface de la Terre.

▲ **2- Ascendance et subsidence**

La surface de la Terre – sols et mers – capte le rayonnement du Soleil et chauffe l'air ambiant. Celui-ci se dilate et devient moins dense – plus léger – que les couches voisines. Il s'élève donc, chargé d'humidité. C'est une ascendance. Mais à mesure qu'il gagne de l'altitude, il se refroidit, d'environ 1 °C tous les 100 à 200 m. Il relâche alors son humidité, qui se condense sous forme de nuages avant de s'étaler horizontalement.

Vers 10 km d'altitude, les mouvements d'air donnent naissance à de puissants courants réguliers, dont la vitesse atteint parfois 400 km/h. Ce sont les jet-streams, qui peuvent

parcourir tout un hémisphère. De plus en plus sec, froid et dense (en bleu), l'air qui s'était élevé finit par replonger vers la surface de la Terre – c'est une subsidence –, où il se réchauffe (en orange) et se charge à nouveau en humidité, etc. Ces énormes boucles d'air, qui affectent toute la troposphère, sont des cellules de convection, qui conditionnent la circulation des principaux vents sur la planète. Elles s'organisent en fonction des latitudes, symétriquement par rapport à une ligne proche de l'équateur – la convergence intertropicale –, qui oscille entre 10° sud ou nord de latitude, selon les saisons, et où les vents sont presque nuls.

◀ 3- Trois cellules et des vents

La plus importante des cellules de convection est la cellule tropicale de Hadley **(1)**. Elle naît aux environs de l'équateur, où la chaleur alimente de puissants courants ascendants. C'est une zone peuplée en permanence d'énormes cumulonimbus, qui déversent régulièrement leurs pluies diluviennes. L'air frais et sec de la cellule redescend aux environs des 30es parallèles (sud et nord). Ce qui explique la présence à ces latitudes de la plupart des grands déserts du globe. En arrivant dans les basses couches de l'atmosphère, le flux d'air de cette cellule se divise. Une partie repart vers l'équateur, et forme des vents assez stables, les alizés **(2)**. L'autre partie file en direction des Pôles, et donne naissance au système de vents d'ouest **(3)**, dominants aux latitudes tempérées sud et nord. C'est la cellule tempérée de Ferrel, dont les masses d'air humide vont, aux environs des cercles polaires **(4)**, passer par-dessus l'air froid et sec en provenance de la cellule polaire **(5)**, et boucler leur circuit dans les hautes couches de la troposphère. Dans les deux régions polaires, les vents dominants sont d'est **(6)**.

▼ 4- Dépressions et anticyclones

En s'élevant, l'air chaud provoque une baisse de pression au niveau de la surface de la Terre et forme une dépression. La pression atmosphérique y est inférieure à la moyenne (1 015 hPa). Elle diminue au fur et à mesure que l'on approche du centre de la dépression, où elle est le plus basse (les points d'égale pression sont reliés par des lignes imaginaires ou isobares). À l'inverse, les descentes d'air frais provoquent une augmentation de la pression et engendrent des anticyclones (pression supérieure à 1 015 hPa). On trouve donc un chapelet de dépressions près de l'équateur, d'anticyclones près du 30e parallèle et de dépressions près des cercles polaires. Cette organisation est cependant perturbée par les continents. Les sols froids de Sibérie créent localement un anticyclone, et les sols chauds des déserts, des dépressions au niveau des tropiques. Ces systèmes de pression sont stables, même si leur intensité et leur localisation varient en fonction de l'ensoleillement, c'est-à-dire des saisons. Le climat européen est par exemple sous l'influence de la dépression d'Islande et des anticyclones des Açores et de Sibérie.

5- La force de Coriolis

Entre les systèmes de pression se créent systématiquement des appels d'air. Les vents sont orientés des hautes vers les basses pressions, c'est-à-dire du centre des anticyclones vers le centre des dépressions. Mais la circulation atmosphérique est aussi influencée par la force de Coriolis. Engendrée par la rotation de la Terre sur elle-même, elle dévie tous les mouvements vers la gauche dans l'hémisphère Sud et vers la droite dans l'hémisphère Nord. Son intensité, nulle à l'équateur, augmente à mesure que l'on s'en éloigne. Sous l'effet de la force de Coriolis, un vent qui soufflerait spontanément entre les centres d'une haute et d'une basse pression est dévié, et circule en réalité autour des systèmes de pression : dans le sens horaire autour d'une dépression et dans le sens contraire autour d'un anticyclone pour l'hémisphère Sud, et inversement dans l'hémisphère Nord. On retrouve ce principe dans les grands flux des cellules de convection : les alizés, par exemple, sont orientés sud-est (et pas sud) dans l'hémisphère Sud, nord-est (et pas nord) dans l'hémisphère Nord.

Une arche haute en couleur

Lorsque le Soleil éclaire un rideau de pluie, il se produit un étonnant phénomène lumineux : la formation d'un superbe arc multicolore.

Dans la gamme des effets spéciaux que nous réserve la nature, l'arc-en-ciel a toujours autant de succès. Bien qu'il soit extrêmement fréquent, connu et décrit, il émerveille encore son public. Le phénomène et les matériaux pour le réaliser – un peu d'eau de pluie et la lumière solaire – sont très simples.

L'alliance de l'eau et de la lumière

En premier lieu, pour être sûr de bien voir l'arc-en-ciel, il faut tourner le dos au Soleil et observer le rideau de pluie. Celle-ci est constituée de millions de gouttelettes d'eau dont la taille dépend des circonstances locales (température et pression dans le nuage, altitude et taille du nuage).

La lumière émise par le Soleil pénètre dans les gouttes, que l'on peut considérer comme autant de petites sphères. En passant de l'air à l'eau puis de l'eau à l'air, la lumière solaire – blanche – est dispersée. Ce qui provoque son étalement en une multitude de couleurs : du bleu sombre au rouge. Après réflexion dans la goutte transparente, cette lumière ressort avec un angle de 42° par rapport à sa direction d'arrivée et revient vers nous sous la forme d'un cercle centré sur le lieu où porte le regard.

Mais toutes les couleurs ne sont pas déviées de la même façon : le rouge l'est par exemple moins que le bleu. L'arche formée est ainsi bleue vers le centre, rouge vers l'extérieur. Spectaculaire et très lumineux, c'est un arc primaire.

Le jeu de la lumière et de l'eau peut se compliquer lorsqu'une deuxième réflexion se produit à l'intérieur de la goutte avant que la lumière n'en ressorte. La sortie se fait alors avec un angle de 52°. Ce second arc-en-ciel vient entourer le premier et la réflexion supplémentaire entraîne une inversion des couleurs de la deuxième arche : le rouge est à l'intérieur et le bleu à l'extérieur. D'intensité plus faible, il est appelé arc secondaire.

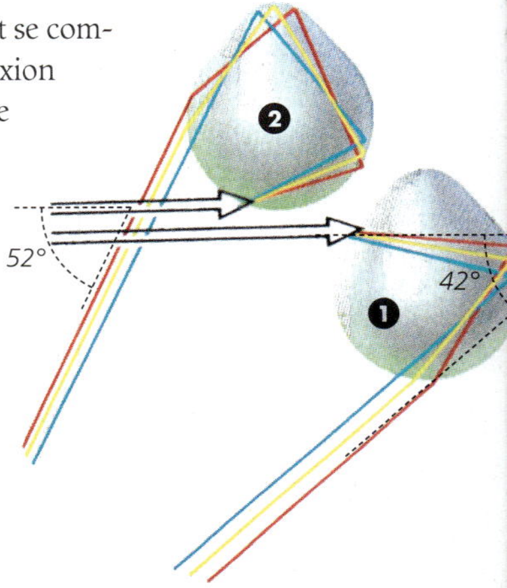

▲ *Lorsque la lumière (flèches blanches) pénètre à l'intérieur d'une goutte de pluie, une réflexion unique (**1**) produit un arc-en-ciel primaire ; une seconde réflexion (**2**) produit un arc-en-ciel secondaire.*

Quand la lumière est bonne

Comme pour tout spectacle, la qualité dépend beaucoup des intervenants. Pour que se produisent de beaux arcs-en-ciel, le Soleil ne doit pas être trop haut par rapport à l'horizon : plus il est bas et plus l'arc-en-ciel sera haut. Il se détachera donc mieux sur le fond du ciel. Et plus les gouttes d'eau seront grosses, plus grand sera l'étalement des couleurs. Celles qui atteignent 1 mm de diamètre donnent de très beaux phénomènes optiques, très brillants, alors que les microscopiques gouttelettes de brouillard forment des arcs à peine visibles. Ces arcs très peu lumineux peuvent aussi être créés par une autre source de lumière, telle celle qui est produite par la Lune : mais, moins intense que le Soleil, elle ne pourra offrir que de pâles effets.

▼ *Dans les grandes étendues désertiques et humides (ici, en Finlande), on peut observer de spectaculaires arcs-en-ciel.*

ÉCLAIRS ET TONNERRE

Le ciel en colère

Dans les nuages d'orage, de fortes tensions entre les pôles positif et négatif provoquent les éclairs tandis que l'air, en se dilatant, fait gronder le tonnerre.

▲ *Les nuages d'orage fonctionnent comme de formidables accumulateurs d'électricité statique. En cas d'accumulation excessive, c'est la décharge, et le ciel se zèbre d'un éclair aveuglant.*

On les sent bien venir, les orages des chaudes journées d'été : le temps est lourd, le vent cesse. Puis le ciel s'assombrit de gros nuages noirs. Et c'est bientôt la pluie, violente, accompagnée d'éclairs et de tonnerre.

L'air chaud et humide s'est élevé en grande quantité. À environ 15 km d'altitude, il s'est refroidi d'un seul coup. La vapeur d'eau de l'air se condense partiellement en particules de glace, formant les nuages faiseurs d'orages. Pendant leur ascension, ces particules, qui s'élèvent à une vitesse proche de 100 km/h, s'entrechoquent au sein du nuage en formation. Ces frottements provoquent l'arrachement d'électrons, de charge négative, qui gagnent les particules les plus lourdes, celles-ci étant alors entraînées vers le bas du nuage. Celles qui ont perdu des électrons, les plus légères, se retrouvent chargées positivement et sont emportées vers le sommet du nuage.

Une décharge de 100 000 ampères

Aux extrémités du nuage, les deux pôles positif et négatif s'attirent, à la manière des pôles d'un aimant. La tension devient si forte que ces particules finissent par provoquer un arc électrique : cette violente décharge est un éclair, bref courant électrique sous très haute tension. Les premiers éclairs naissent au sein même du nuage d'orage. Puis apparaissent de petites décharges, qui progressent par bonds en zigzag en direction du sol. Elles « préparent le terrain » à un véritable éclair, en rendant l'air électriquement conducteur à leur passage. Arrivées à une dizaine de mètres du sol, elles laissent place à l'éclair, franc, massif et aveuglant. En fait, celui-ci part du sol pour aller à la rencontre du nuage.

Le courant électrique qui circule pendant une fraction de seconde est d'une intensité considérable : 100 000 ampères, soit 200 000 fois plus que dans une ampoule électrique à filament, et un million de fois plus lumineux. La température locale s'élève jusqu'à… 30 000 °C ! L'air à proximité de l'éclair subit une dilatation tellement forte et violente que son expansion provoque un bruit d'explosion : c'est le tonnerre.

▲ *La foudre tombe de préférence sur les objets élevés et pointus : les arbres sont donc souvent des cibles de choix. C'est pourquoi il ne faut pas s'abriter dessous en cas d'orage.*

LA PERCHE ANTIFOUDRE DU SIEUR FRANKLIN

C'est au XVIIIe siècle que le physicien américain Benjamin Franklin met en place le premier paratonnerre sur la maison de Benjamin West (ci-contre). Comme les éclairs sont attirés par les pointes, une perche métallique d'où part un fil de cuivre qui s'enfonce dans le sol est installée sur le toit des bâtiments. Ce dernier capte les éclairs environnants et le courant électrique engendré va se perdre dans la masse énorme de la terre.

Les nuages

Ballets en altitude

La formation des nuages, qui contribuent à faire circuler l'eau sur la planète et à redistribuer de l'énergie, est un phénomène essentiel à l'équilibre des climats.

▲ *Les cumulus, les plus familiers des nuages, semblent bourgeonner à l'infini dans le ciel. Il en existe des dizaines de variétés.*

L'avion traverse d'épaisses masses nuageuses. Et semble se noyer dans des tonnes de coton. Mais cette apparente consistance est trompeuse : les nuages ne sont guère que de vastes brouillards d'altitude. Ils peuvent cependant renfermer des quantités d'eau énormes ; un cumulonimbus d'une largeur de 25 km contient ainsi près de 1 million de tonnes d'eau en suspension !

Une histoire de vapeur d'eau

Si les contemplatifs se plaisent au spectacle infiniment renouvelé du ballet des formes nuageuses, les scientifiques en ont officiellement répertorié dix grands types : cirrus, cirrocumulus, cirrostratus, altocumulus, altostratus, nimbostratus, stratocumulus, cumulus, cumulonimbus et stratus. La litanie des noms de nuages se décline en latin, la langue que l'on utilise pour la classification des végétaux et des animaux.

Traînées, nappes, voiles, moutons... Autant de types aux formes et aux caractéristiques très distinctes, dont la formation et le développement se produisent à différentes altitudes de l'atmosphère, selon les conditions de relief et de météorologie locales. Cependant, nuage de haut vol ou coton au ras des pâquerettes, tout commence de la même manière : de l'air se charge en vapeur d'eau et s'élève.

L'étonnante métamorphose des gouttelettes d'eau

Toutes les surfaces d'eau libre – mares, fleuves, lacs, mers, etc. – s'évaporent naturellement et relâchent des molécules d'eau dans l'atmosphère. Ce qui représente une production gigantesque : environ 500 millions de tonnes en une année.

Cet air humide peut s'élever sous l'effet du réchauffement du sol, mais aussi parce qu'une masse d'air plus froid (et donc plus dense) vient se glisser dessous, le poussant vers le haut. Ou

LES AVIONS, DES FAISEURS DE CIRRUS

Les avions à réaction laissent de longues traînées blanches dans leur sillage, les nuages d'altitude. Les gaz d'échappement sortant des tuyères sont fortement chargés en vapeur d'eau, qui se condense instantanément compte tenu de la température négative à cette altitude. C'est donc un mince nuage de particules de glace, semblable à ceux de la famille des cirrus, qui apparaît à la sortie de chaque réacteur. Ces traînées de condensation finissent par s'étaler et se disloquer.

▲ *De gauche à droite : les nappes de stratus constituent le brouillard, qui peut descendre jusqu'au sol, ou forment des plafonds bas et gris ; les altocumulus dessinent des bandes de coton régulières ; les cirrus flottent à haute altitude.*

bien encore parce qu'en mouvement il rencontre un relief qui l'oblige à s'élever. Or, à mesure que l'on s'élève, la pression atmosphérique et la température diminuent. Ce qui entraîne la condensation de la vapeur d'eau en de minuscules gouttelettes d'eau, ou en cristaux de glace si la température est suffisamment basse : un nuage se forme. Cette condensation ne se produit qu'en présence de particules en suspension (poussières, embruns, etc.). Si l'air était absolument pur, les nuages n'existeraient pas.

Les gouttelettes s'agglutinent ensuite entre elles au sein du nuage en formation – il en faut environ un million pour former une simple goutte de pluie ou de glace.

Lire le temps : ce que disent les nuages

Les élégants cirrus, longs filaments de particules de glace, flottent toujours dans les couches froides de la stratosphère, au-dessus de 6 km d'altitude. Ils ne perturbent que très peu l'ensoleillement, mais leur apparition signe généralement l'arrivée des pluies et la fin d'une période de beau temps.

Les cumulus joufflus moutonnent en une infinité de profils évocateurs à moyenne altitude, à 5 km du sol environ. On les voit se former lors des journées chaudes. Quand le soleil disparaît, ils s'effacent, privés de leur alimentation en air chaud et humide. Quant aux gigantesques cumulonimbus, qui s'élèvent en colonnes dont la hauteur peut atteindre 15 km, ils engendrent notamment les orages.

Les plus bas de tous les nuages, les stratus, forment des nappes à environ 500 m du sol. Avec les nimbostratus, ils nous donnent ces plafonds gris et bas à perte d'horizon et, parfois, de la neige. Ces nuages rasants descendent même parfois jusqu'au sol : c'est la brume ou le brouillard, qui se produisent en particulier les jours de froid – la vapeur d'eau de l'air humide se condense alors directement au contact du sol.

De formidables machines thermiques

Les nuages contribuent à la circulation de l'eau sur la planète en la répartissant dans l'atmosphère, qu'ils humidifient, et sur le sol, par le biais des précipitations.

Mais ce n'est pas tout : ce sont aussi de gigantesques machines thermiques. L'air chaud, transporté en altitude, relâche une partie de l'énergie qu'il a acquise dans les couches basses de l'atmosphère au cours de la condensation de sa vapeur d'eau. La formation d'un seul cumulonimbus mobilise une puissance équivalente à celle nécessaire pour assurer les besoins énergétiques de tous les foyers de la planète ! En répartissant ainsi l'énergie entre différents points de l'atmosphère, les nuages jouent un rôle de premier plan dans le système climatique terrestre. Ils contribuent également à réfléchir une partie du rayonnement solaire, ce qui limite l'effet de serre planétaire.

▼ *Nuages d'orage, les cumulonimbus accumulent des masses d'eau considérables, qui tomberont en pluies abondantes.*

Des effets très spéciaux

De nuit comme de jour, la voûte céleste est le théâtre de superbes scènes dont le Soleil est la vedette. Mais souvent le spectacle tient juste au jeu subtil des perturbations de la lumière solaire dans l'atmosphère.

◀ Éclipse totale de Soleil. À cette occasion, la couronne solaire devient parfaitement visible.

11 août 1999 : de l'océan Atlantique jusqu'en Inde, des millions de personnes réunies sur une étroite bande de territoire ont le regard rivé dans la même direction. Chaussées de lunettes spéciales, elles attendent l'événement : l'éclipse totale du Soleil. Quelques instants au cours desquels l'astre offre un spectacle fantastique… en direct !
Cependant, le ciel donne bien d'autres représentations, toutes aussi spectaculaires : elles mettent en scène le rayonnement et le magnétisme solaires ainsi que leurs effets sur la magnétosphère et l'atmosphère.

Le Soleil, un émetteur surpuissant

Le Soleil est une merveilleuse machine productrice d'effets spéciaux. À sa surface, la photosphère, composée d'atomes d'hydrogène, atteint une température de 6 000 °C.
Mais, se déployant à plusieurs millions de kilomètres au-dessus, la couronne solaire est beaucoup plus chaude : 2 000 000 °C ! Une température suffisante pour arracher les électrons des atomes échappés de la photosphère, ce qui conduit à la formation d'un plasma, dont une partie s'évade sous l'effet du très important champ magnétique solaire. C'est l'origine du vent solaire, qui atteint la Terre à la vitesse de 400 km/s. Certaines de ses particules – protons et électrons – parviennent à

◀ Aurore boréale. Les aurores se répartissent autour des pôles magnétiques terrestres, le long d'une zone en forme d'anneau large de plusieurs centaines de kilomètres.

pénétrer jusqu'aux plus hautes couches de l'atmosphère pour produire un spectacle saisissant : les aurores polaires.

Les draperies célestes

Sous l'effet conjugué de ce vent très particulier et du magnétisme terrestre *(voir p. 250-251)*, les aurores se déploient comme des rideaux lumineux accrochés au ciel. En pénétrant dans l'atmosphère, protons et électrons du vent solaire entrent en collision avec des atomes d'oxygène et d'azote ; ceux-ci passent à un état d'excitation et, en redevenant stables, émettent un rayonnement, de couleur différente selon les cas.
Ainsi, à 400 km d'altitude, l'oxygène est assez dense pour que des collisions se produisent avec des émissions vertes. À 90 km d'altitude, l'azote domine. Certains électrons, 1 000 fois plus énergétiques que ceux qui créent les aurores vertes, peuvent exciter les atomes d'azote : la désexcitation de ces atomes donne des émissions rouges. Les aurores se manifestent simultanément au niveau des pôles magnétiques nord (aurores boréales) et sud (aurores australes).

Jeux de lumière et faux-semblants

On peut parfois observer de curieux halos autour du Soleil ou de la Lune. Ces grands cercles sont dus à un phénomène optique très courant : la diffraction de la lumière par les gouttes d'eau ou par les cristaux de glace situés dans des nuages de haute altitude. D'abord, on admire une sorte d'auréole proche de l'astre, plutôt bleue au centre et plus rougeâtre à l'extérieur, un peu comme dans un arc-en-ciel. D'autres cercles peuvent s'y ajouter, avec la même répartition des couleurs : le bleu à l'intérieur et le rouge autour. La taille de ces anneaux dépend de celle des gouttes d'eau en suspension dans l'atmosphère.
Les parhélies qui apparaissent autour du Soleil, plus souvent dans le froid des régions polaires, relèvent d'un phénomène optique de même type. Ces « faux soleils » sont des points de couleur très brillants, situés de part et d'autre du vrai. Mais, attention, il peut être très dangereux de faire ces observations à l'œil nu.

▲ *De part et d'autre du Soleil, ces zones lumineuses, appelées parhélies ou faux soleils, sont des images du Soleil dues à la diffraction de la lumière.*

En pleine gloire

Peut-être avez-vous déjà remarqué, en voyageant en avion, que l'ombre portée de l'appareil sur les nuages situés en dessous est entourée d'un halo fortement coloré. C'est ce que l'on appelle une gloire. Se produisant toujours à l'opposé du Soleil, c'est, là encore, le résultat de la diffraction de la lumière solaire par les gouttelettes d'eau. Le phénomène peut aussi être observé au cours d'une balade en montagne, au-dessus d'une

QUAND LE SOLEIL SE VOILE... ET SE DÉVOILE

L'éclipse du Soleil est l'un des phénomènes naturels les plus émouvants qu'il soit possible d'observer depuis le sol terrestre. Encore faut-il être au bon endroit au bon moment. Le terme d'éclipse est d'ailleurs impropre, car nous devrions dire « occultation du Soleil par la Lune ». Durant les quelques précieuses minutes de cette occultation, on peut voir la présence d'un immense halo autour du Soleil : la couronne solaire. Invisible en temps normal, elle trahit l'existence de manifestations énergétiques dans l'espace environnant. Juste avant et après l'étape où l'occultation est totale, les derniers rayons éclairent la surface irrégulière de la Lune : des points très lumineux, les grains de Baily, apparaissent alors, formant comme un anneau de diamants. En outre, au moment de la totalité, il est possible de voir la photosphère sous forme d'un fin liseré rose d'où émergent çà et là les incroyables protubérances.

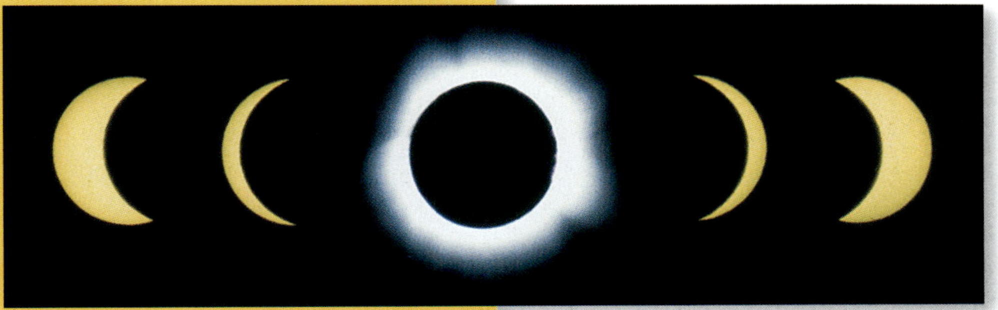

▲ *Un halo de couleur, la gloire, entoure l'ombre portée de l'avion sur la couche nuageuse inférieure.*

mer de nuages, avec le Soleil dans le dos. La silhouette du promeneur se trouve entourée de sa gloire, que l'on appelle aussi spectre de Brocken en référence à la montagne sur laquelle il a souvent été observé et décrit.

Du grand bleu au rouge flamboyant

Quand vous plongez une cuillère dans un verre d'eau, vous avez certainement constaté qu'elle n'avait plus l'air d'être droite. La cassure semble se situer à la limite entre l'eau et l'air. De la même façon, la lumière qui vient du Soleil voyage d'abord dans le vide avant d'entrer dans notre atmosphère. Les gouttes d'eau et les cristaux de glace de celle-ci jouent le rôle d'un obstacle qui dévie et diffuse le rayonnement solaire ; ils se comportent comme un prisme qui décompose la lumière. Mais notre ciel n'est pas pour autant multicolore comme l'arc-en-ciel ! Les molécules d'air diffusent en fait beaucoup plus la partie bleue de la lumière que la partie rouge. C'est pourquoi le ciel nous paraît bleu.

En revanche, au coucher du Soleil, l'astre est bas sur l'horizon et la couche d'atmosphère qui nous en sépare est plus épaisse. Avant de nous parvenir, la lumière est tellement diffusée que toute la composante bleue est perdue. Seule la couleur rouge arrive jusqu'à nous et crée la magie de ces instants. Le phénomène est bien sûr identique pour les levers et les couchers de Lune.

Le rayon vert

Avant de disparaître totalement à l'horizon, le Soleil nous réserve encore un dernier spectacle saisissant. Alors qu'il est réduit à une demi-sphère à forte coloration rouge, il est possible de le regarder sans s'abîmer les yeux. Le disque ne cesse de s'abaisser jusqu'au moment où il ne reste plus qu'un point de lumière.

Dans le dernier dixième de seconde qui précède l'extinction du rayon lumineux, une lueur verte très marquée apparaît ; c'est le célèbre rayon vert. À ce moment, c'est un peu comme si la lumière solaire provenait d'une source ponctuelle et que l'atmosphère jouait le même rôle que le prisme. En un bref instant, la lumière est décomposée : la dominante verte se trouve au niveau de la mer, tandis que l'on pourrait observer un rayon bleu foncé à haute altitude.

▲ *Au coucher du Soleil, seule la couleur rouge nous parvient, en raison d'une importante diffusion de la lumière.*

▼ *Dans le dixième de seconde qui précède le coucher du Soleil, on a parfois la chance d'apercevoir un fugace rayon vert.*

Chapitre
10

La planète en construction

Les grands chantiers de la nature

Coulée de lave dans la mer (île d'Hawaii).

Jeu de failles

Avec le volcanisme, les tremblements de terre sont l'une des manifestations majeures du mouvement des plaques à la surface de la Terre. Les plus superficiels sont provoqués par le jeu des failles, qui sont des cassures de l'écorce terrestre.

◀ Entre San Francisco et Los Angeles, la faille de San Andreas, dans la Carrizo Plain, évoque un long trait de couteau.

Algérie, 10 octobre 1980. Un tremblement de terre de forte magnitude (7,2) dévaste les alentours de la ville d'El-Asnam (aujourd'hui Chlef), déjà détruite en 1954. De nombreuses fissures et fractures apparaissent à la surface du sol, dont un escarpement, que l'on peut suivre sur 40 km. Il tranche assez régulièrement la topographie, au travers des collines et du lit des oueds, avec une hauteur de 50 cm au sud-ouest et près de 5 m au nord-est : c'est l'expression en surface de la faille qui a déclenché les secousses.

L'occasion est belle pour les géologues d'observer un processus de modification brutale de la surface de la Terre, et notamment comment surgissent failles et plis – ce qu'ils ne peuvent généralement étudier que des millions d'années après leur formation.

Quand la croûte casse

L'ébranlement de la terre, qui se propage dans toutes les directions, est en effet provoqué par le jeu brutal d'une des grandes cassures de son écorce. Soumises aux forces engendrées par le déplacement des plaques, les roches qui les composent réagissent différemment suivant la profondeur : dans la partie supérieure de la croûte terrestre, tant que les températures ne sont pas trop élevées, les roches exposées à des forces excessives cassent, alors que plus profondément elles deviennent plastiques et se déforment de manière continue. Le mouvement prend souvent naissance entre 10 et 20 km de profondeur. S'il est faible, de l'ordre d'une dizaine

LES DIFFÉRENTS TYPES DE FAILLES

▲ Faille normale.

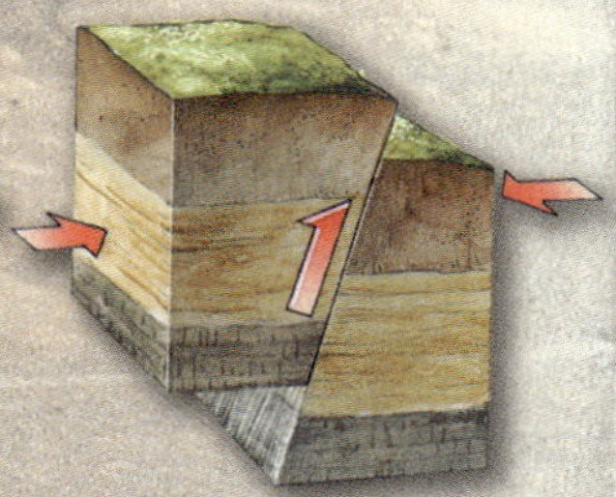

▲ Faille inverse.

▲ Faille de coulissage horizontal (décrochement).

de centimètres, il n'atteint pas la surface, provoque le départ d'ondes sismiques de petite amplitude et correspond à une faible magnitude (de l'ordre de 5 à 5,5). En revanche, un glissement qui dépasse le mètre affecte une grande surface du plan de faille et peut provoquer, comme à El-Asnam, un décalage de la topographie, que l'on appelle rupture de surface.

À la verticale…

De même que les forces auxquelles sont soumises les plaques sont variées, il existe plusieurs catégories de failles. Dans le cas d'El-Asnam, la convergence entre la plaque africaine et la plaque eurasiatique comprime cette partie du Maghreb. La faille qui a fonctionné est dite inverse : la partie au-dessus de la faille monte ou chevauche l'autre. Les mesures géodésiques ont démontré que, dans ce cas précis, le bloc ascendant s'était élevé de près de 6 m, alors que le compartiment chevauché était descendu de 70 cm au pied de la faille. D'autres failles, dites normales, provoquent au contraire l'effondrement d'un des deux blocs. Elles sont dues à des forces de traction, de règle quand les plaques lithosphériques s'écartent : ce sont les failles des dorsales océaniques et des fossés, tels les rifts africains ou islandais.

▲ *Décalage de la surface topographique engendré par la faille apparue lors du séisme d'El-Asnam (Algérie), en 1980.*

… ou à l'horizontale

Ces deux catégories de failles ont une influence dans la création des reliefs par leurs mouvements vers le haut ou vers le bas. Il en est d'autres qui déplacent le sol à l'horizontale.

La plus célèbre est celle de San Andreas. En 1906, elle fut responsable du tremblement de terre de San Francisco. La faille joua sur plus de 100 km, décalant de plusieurs mètres routes, barrières et maisons situées sur son tracé. Entre San Francisco et Los Angeles, elle avait auparavant déjà très fortement affecté la Californie en 1857, où l'on se prépare à subir le Big One, séisme d'une magnitude au moins supérieure à 8.

Depuis les entrailles de la Terre

Tous les séismes ne sont pas la conséquence du brusque jeu des failles. Certains sont provoqués par l'activité volcanique, d'autres… par l'homme (« coups de toit » lors de l'effondrement de galeries de mines, par exemple). Mais ce ne sont là que broutilles : 95 % des séismes sont dus aux phénomènes de subduction survenus en profondeur, car les plaques qui s'enfoncent obliquement doivent vaincre d'importantes forces de frottement le long des surfaces avec lesquelles elles sont en contact. Ce sont les séismes intermédiaires (jusqu'à 300 km) et les séismes profonds (de 300 à 700 km), que caractérise leur très forte magnitude (8 et au-delà). Les séismes du Chili (1960) et de l'Alaska (1964), de magnitude supérieure à 9, en sont des exemples. Fort heureusement, leurs foyers étaient éloignés de la surface, ce qui a diminué leur impact…

On pense que les séismes les plus profonds ont une autre origine : ce serait les changements minéralogiques subis par les roches qui entraîneraient des modifications de volume, ces dernières provoquant des séismes.

▲ *L'Islande est traversée de nombreuses failles « normales », qui délimitent des fossés appelés rifts, ou grabens.*

LA MESURE DES SÉISMES

Le déplacement le long d'une faille produit des ondes sismiques. Ces vibrations se déplacent à des vitesses de plusieurs kilomètres par seconde. La sismicité du globe est localisée à partir des enregistrements des stations sismiques, qui forment depuis 1960 un réseau mondial, et par des réseaux locaux. La magnitude d'un séisme est mesurée grâce aux sismomètres, qui enregistrent l'amplitude des ondes. Les ondes sismiques étant de différentes natures, il existe plusieurs échelles de magnitude suivant le type d'onde considéré (échelles de Richter, de Gutenberg-Richter…). Toutes sont indiquées en chiffres arabes. L'amplitude des ondes croît d'un facteur 10 quand on passe d'un degré de magnitude à un autre, mais l'énergie libérée est, elle, 30 fois plus forte. Ainsi, un tremblement de terre de magnitude 8 est l'équivalent de près de 1 000 séismes de magnitude 6.

En perpétuelle construction

Le mode d'édification d'un volcan et la forme qu'il adopte dépendent du dynamisme de ses éruptions et de la nature des laves qu'il émet.

C'est entre 30 et 200 km sous nos pieds que se forment les magmas, mélanges de roche fondue et de gaz. Bien que la majorité d'entre eux restent piégés sous terre, où ils cristallisent, certains – probablement pas plus de 10 % de ceux qui se forment en profondeur – parviennent à remonter jusqu'à la surface en utilisant les fissures de l'écorce terrestre. Ce sont eux qui alimentent le volcanisme de notre planète.

▲ *Le Sunset Point Volcano (Arizona, États-Unis) représente le type parfait du volcan basaltique monogénique, c'est-à-dire résultant d'une unique éruption. En contrebas du cratère, en gris foncé, on aperçoit la coulée.*

Un cône, un cratère, une coulée

Au terme de sa remontée, le magma, qui prend alors le nom de lave, est expulsé plus ou moins violemment. La durée de son émission est variable – de quelques heures à quelques mois – et détermine l'aspect du volcan.
Si l'activité cesse définitivement après une première crise éruptive, le volcan qui en résultera, qualifié alors de monogénique, sera de petite taille. Il peut être représenté par un cône de projections de quelques dizaines à quelques centaines de mètres de haut entourant un cratère, et auquel est rattachée une coulée.

Poussées de croissance

Mais, après une période de repos plus ou moins longue, l'activité éruptive reprend souvent au même endroit. Cette alternance de phases de repos et d'éruptions peut avoir lieu de nombreuses fois. L'édifice volcanique, qualifié alors de polygénique, peut atteindre plusieurs milliers de mètres de haut, et il prend une forme plus complexe. La durée d'activité de certains volcans polygéniques se mesure en milliers, voire en dizaines ou en centaines de milliers d'années. Le Stromboli, par exemple, un volcan de près de 3 000 m d'altitude (dont 2 000 au-dessous du niveau de la mer), fonctionne depuis au moins deux cent mille ans. Dans ce type de volcans, l'activité reste rarement confinée dans le cratère du sommet : des éruptions se produisent sur leurs flancs.
En Sicile, l'Etna en est un bel exemple : c'est un édifice de forme globalement conique avec des cratères à son sommet ; plusieurs dizaines de petits

▲ *Le Fuji-Yama, si souvent représenté dans l'art japonais, est un magnifique stratovolcan (constitué d'une alternance de projections et de coulées de nature variable) au cône parfaitement symétrique. Sa dernière éruption date de 1707.*

◀ *L'Etna (Sicile) est un exemple de volcan polygénique (résultant d'une succession d'éruptions). Des cônes adventifs se sont formés sur ses flancs lors de phases éruptives distinctes.*

▲ *Le Trölladyngja (1483 m), ou « château des Trolls », est un célèbre volcan-bouclier (très étalé et à pente faible) d'Islande. Il est actuellement inactif mais a émis, il y a quelque 3000 ans, près de 15 km³ de lave basaltique.*

cônes se sont formés sur ses flancs au cours d'éruptions distinctes. On qualifie ces petits cônes d'adventifs ou de satellites.

Chapeau plat…

Cependant, la forme d'un volcan dépend avant tout de la nature de la lave dominante qu'il émet. Lorsqu'elle est extrêmement fluide (ce qui est le cas des magmas basaltiques), ou que sa teneur en gaz lui donne, au moment de l'éruption, une consistance de mousse (magmas ignimbritiques), les éruptions sont plutôt effusives : les produits – coulées de lave peu épaisses mais longues et larges dans le premier cas, et nuées de ponces soudées très couvrantes dans le second – s'empilent autour du point d'émission.

L'édifice est souvent très étalé et à pente faible : on parle de volcan-bouclier. Le plus haut volcan du monde, le Mauna Loa (près de 10 000 m), dont le sommet correspond à l'île d'Hawaii, appartient à ce type.

… ou chapeau pointu

Lorsque la lave est visqueuse (magmas andésitiques et rhyolitiques), les éruptions seront essentiellement explosives : les projections, riches en cendres, s'entassent autour du cratère en formant un cône pentu : l'exemple type est le Fuji-Yama, point culminant du Japon, avec 3 776 m. Les matériaux transportés par les nuées ardentes s'accumulent sur les flancs et au pied de ces édifices. Des coulées de lave courtes, épaisses et chaotiques s'échappent parfois de fissures qui se créent sur les flancs ; mais, le plus souvent, la lave reste prisonnière du cratère où elle édifie, suivant sa viscosité, un dôme ou une aiguille.

Les très grands volcans ont toujours des formes complexes : on parle de stratovolcans, car ils sont constitués d'une alternance de projections et de coulées dont la nature change souvent au cours du temps. En effet, un même volcan peut émettre successivement des laves fluides et des laves visqueuses, si bien qu'il peut fonctionner en volcan tantôt effusif, tantôt explosif.

SUR LE FOYER, UN CHAUDRON…

Le sommet de nombreux stratovolcans est découpé comme à l'emporte-pièce, et occupé par de vastes cuvettes de plusieurs kilomètres de diamètre, à bords raides et à fond plat. Ces dépressions, les caldeiras (ci-contre, le magnifique exemple du Crater Lake, dans l'Oregon), résultent de l'effondrement sur elle-même de la partie centrale de ces édifices. En effet, à l'aplomb de ces grands volcans et à quelques kilomètres de profondeur, il existe des réservoirs, les chambres magmatiques, dans lesquels transite le magma ; il peut même y séjourner plusieurs années. Lors d'une reprise d'activité, la lave stockée dans ces chambres peut en être expulsée très rapidement. Cette brusque vidange conduit à l'effondrement du toit du réservoir, ce qui, en surface, sera répercuté par la formation d'une caldeira.

Des fabriques de plaque océanique

La surface de la Terre se renouvelle au milieu des océans, au niveau des dorsales. Le volcanisme sous-marin est la manifestation discrète de la présence d'énormes fabriques de plaque océanique.

▲ *L'ophiolite d'Oman, gigantesque morceau de croûte océanique, et des laves en coussin identiques à celles observées au fond des dorsales océaniques.*

Dans les montagnes du nord de l'Oman, en Arabie, des roches particulières font le bonheur des géologues. Sur 400 km de long, 50 km de large et 10 km d'épaisseur s'étend l'ophiolite d'Oman, un morceau de plaque océanique venu s'échouer sur le continent lorsque la plaque eurasiatique s'est rapprochée de la plaque arabique. Cette ophiolite, la plus belle du monde, est faite des laves jaillies il y a 100 millions d'années au centre d'une dorsale océanique, au fond d'un océan. Point n'est besoin donc de plonger à de grandes profondeurs, la dorsale se parcourt à pied sec !

L'œuf et sa coquille

Le manteau terrestre, constitué d'une roche extrêmement résistante, la péridotite, est animé de mouvements permanents, de l'ordre de quelques centimètres par an. Les plaques rigides qui composent la lithosphère recouvrent entièrement le manteau, à la manière d'une coquille d'œuf. Transportées passivement au gré des mouvements du manteau, elles se déplacent les unes par rapport aux autres, se regroupent ou se séparent.

Les plaques océaniques, qui portent les océans, naissent au fond de ces derniers, dans les dorsales. Ce sont des reliefs qui se suivent sur 75 000 km de longueur et dont le centre est le siège d'une activité continuelle. Des fractures s'y ouvrent sans cesse, laissant s'épancher des laves qui, en se refroidissant, s'empilent sous forme de coussins caractéristiques des éruptions sous-aquatiques et forment la partie supérieure du plancher des océans.

Des coulées de lave au fond de la mer

La dorsale se tient sous les laves qui tapissent le fond de l'océan. À 20 km à l'aplomb d'une des coulées qui s'épanchent au fond de l'océan, au sein de la péridotite du manteau, à plus de 1 000 °C, la roche solide est entraînée dans un mouvement d'ascension de quelques dizaines de centimètres par an. Issue de zones profondes, où la température est plus élevée, la roche se refroidit difficilement en raison d'une conductivité thermique médiocre.

Une fraction seulement du manteau fond – entre 5 et 20 % – en formant une multitude de gouttelettes de liquide qui fusionnent peu à peu et migrent vers le haut à la faveur de filons. La lave basaltique parvient ainsi à la base de la croûte sous la forme d'une bouillie cristalline épaisse qui forme un gigantesque chapiteau de 2 km de haut, la chambre magmatique, dont seul le sommet est complètement liquide. Sur les parois de ce chapiteau, la cristallisation de la roche, sous l'effet du refroidissement, entraîne la formation d'une couche de 2 km de roche grenue, le gabbro, tan-

▶ *Au fond de l'océan Atlantique, la dorsale médio-océanique serpente sur une longueur de 15 000 km.*

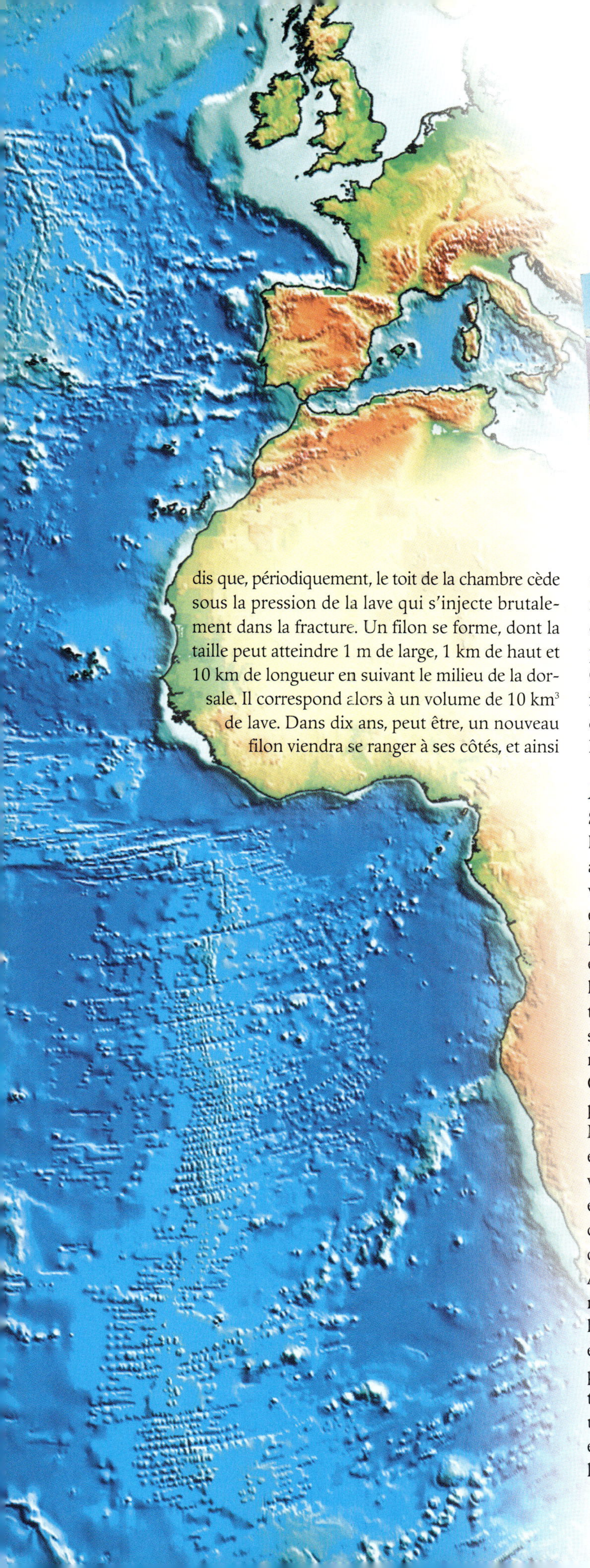

AU FOND DE L'OCÉAN, LA DORSALE

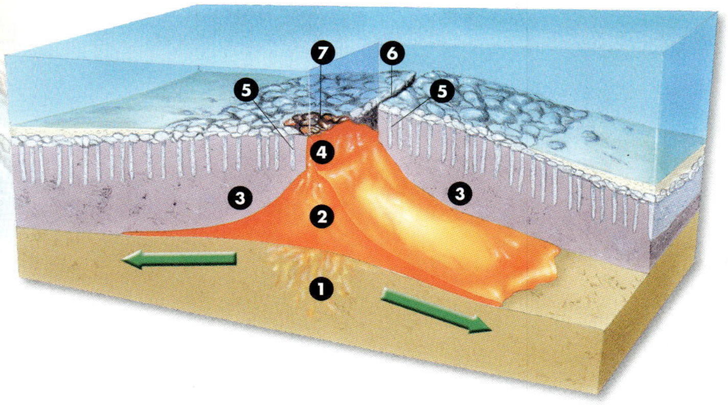

▲ *La fusion partielle du manteau* ***(1)*** *alimente en magma un vaste réservoir, ou chambre magmatique* ***(2)****, sous la dorsale. Le refroidissement des parois de cette chambre provoque la formation de gabbro* ***(3)****, alors qu'à son sommet un nouveau filon* ***(4)*** *se forme sous la pression de la lave au côté de filons plus anciens* ***(5)****. En surface, de part et d'autre du rift de la dorsale* ***(6)****, les épanchements de basalte ont revêtu une forme arrondie caractéristique, d'où leur nom de laves en coussin* ***(7)****.*

dis que, périodiquement, le toit de la chambre cède sous la pression de la lave qui s'injecte brutalement dans la fracture. Un filon se forme, dont la taille peut atteindre 1 m de large, 1 km de haut et 10 km de longueur en suivant le milieu de la dorsale. Il correspond alors à un volume de 10 km^3 de lave. Dans dix ans, peut être, un nouveau filon viendra se ranger à ses côtés, et ainsi de suite, jusqu'à constituer une couche ininterrompue de filons verticaux. Quand l'un d'entre eux atteint la surface, une coulée basaltique s'épanche au fond de la mer sous forme de coussins. Chaque année, 50 km^3 de croûte océanique sont fabriqués dans les dorsales ; l'ensemble des fonds océaniques de la planète est ainsi renouvelé tous les 200 millions d'années.

Le voyage d'une plaque

Si l'on admet qu'en moyenne un filon vient purger la chambre magmatique tous les dix ans, en mille ans, la dorsale aura fabriqué 100 m de croûte nouvelle, 100 km en 1 million d'années et 10 000 km en 100 millions d'années.

Mais cet écartement des plaques à la dorsale reste en fait assez variable, jusqu'à 15 cm par an dans le Pacifique, mais seulement 5 cm dans l'Atlantique, où l'apport de magma basaltique à la dorsale est insuffisant pour maintenir une chambre magmatique permanente.

Créée de part et d'autre d'une dorsale, la jeune plaque océanique s'en éloigne en permanence. Mince au départ, elle ne cesse de s'épaissir au fur et à mesure qu'elle se refroidit tout au long d'une vie de 200 millions d'années. Épaisse et lourde, elle finit alors par s'abîmer spontanément au sein du manteau (subduction), où elle sera recyclée en quelques centaines de millions d'années.

Ainsi, de la « nouvelle plaque » apparaît en permanence à l'une de ses extrémités tandis qu'à l'autre, la « plaque vieille » disparaît… Ce scénario est parfois nettement plus complexe puisqu'une plaque interagit forcément avec celles qui l'entourent. Une plaque océanique peut rencontrer une autre plaque, océanique ou continentale, et venir la chevaucher, comme ce fut le cas pour l'ophiolite d'Oman.

CORDILLÈRES ET ARCS INSULAIRES

Quand l'océan plonge

▲ *La cordillère des Andes (ici, en Bolivie). Cette chaîne de montagnes unique en son genre étend ses sommets de plus de 6 000 m sur une distance de plus de 7 000 km.*

Les cordillères – des guirlandes de montagnes hérissées de crêtes et de volcans – et les arcs insulaires – des chapelets d'îles volcaniques au faible relief – sont issus d'un même phénomène géologique : le titanesque travail des plaques océaniques.

Le 22 mai 1960, une gigantesque vague submerge les côtes du Chili central. Seize heures plus tard, c'est l'archipel d'Hawaii qui est touché, puis le Japon, qui connaît là le plus terrible raz de marée de son histoire. À l'origine de ces catastrophes en série, un tremblement de terre d'une magnitude de 9,5 – le tiers de l'énergie sismique libérée au XXe siècle – enregistré au large de l'Amérique du Sud. Ce double phénomène, un séisme suivi d'un raz de marée qui porte le nom de tsunami, a pour facteur déclenchant l'enfoncement (la subduction) d'une plaque océanique sous une autre plaque, le plus souvent continentale.

La montée des Andes

L'importance de ce séisme, qui a eu lieu dans la zone d'interaction entre deux plaques, est révélatrice de la puissance des énergies mises en jeu. Celles-ci sont également à l'origine de la formation des Andes. Produit de la pression exercée par une plaque océanique jeune (âgée de 40 à 60 millions d'années) en cours de refroidissement, flottant sur le manteau et résistant à son enfoncement sous le continent sud-américain, elles ont provoqué sur des millions d'années la construction de cette fascinante chaîne de montagnes. Jalonnée de sommets volcaniques culminant à près de 7 000 m, cette dernière attire aussi bien les touristes en quête de paysages grandioses que les géologues.

Ceux-ci peuvent en particulier y étudier un autre phénomène lié à la subduction de la plaque pacifique sous le continent sud-américain. Au large des côtes et à quelque 250 km des impressionnants reliefs andins se trouve en effet la fosse du Chili, profonde de 5 000 à 8 000 m, qui offre avec sa majestueuse voisine la plus spectaculaire différence d'altitude de la planète.

Des îles sous tension

On rencontre aussi des fosses océaniques, témoins d'une intense activité géophysique, à proximité des arcs insulaires. La fosse des Mariannes, la plus profonde au monde (– 11 000 m), se trouve ainsi au large de l'archipel du même nom. L'arc que décrivent ses dix-sept îles coralliennes est né de la traction exercée vers

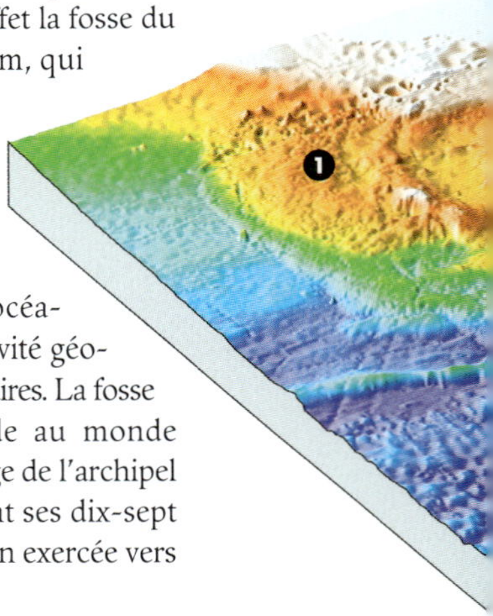

le large par une vieille plaque océanique (de 120 à 160 millions d'années), plus froide et plus dense que le manteau environnant. Ce mouvement de séparation d'avec la plaque portant l'archipel est à l'origine de l'apparition d'espaces océaniques – les géologues les dénomment mers marginales : elles ont des dimensions plus modestes que les océans et se situent toujours en bordure d'une subduction. La faible pression entre les deux plaques, voire la traction exercée par la plaque océanique, explique la faible altitude du relief des arcs insulaires, dominé par des volcans.

▲ *En 1883, l'éruption du Krakatoa (Indonésie) a engendré un tsunami meurtrier.*

Au bord des plaques

L'action des plaques océaniques est également révélée par le degré d'usure du bord (ou marge) des plaques qui les chevauchent. La marge des Mariannes, par exemple, est si inclinée que des roches s'effondrent régulièrement dans la fosse. Ce phénomène serait en grande partie provoqué par les nombreux volcans que porte la plaque en subduction située sous l'archipel. La plaque supérieure est donc progressivement grignotée, les produits de cette érosion étant entraînés par la subduction de la plaque pacifique.

À l'inverse, d'autres fosses sont à peine décelables, comme celles des Petites Antilles ou de la bordure de l'arc égéen. Dans ce cas, la plaque en subduction est recouverte de sédiments provenant de l'érosion des massifs voisins. Cette couverture lisse l'interface entre les plaques et alimente la croissance d'un bourrelet sédimentaire au bord de l'arc.

DES VOLCANS SOUS L'OCÉAN

Des dizaines de milliers de volcans tapissent le fond des océans. À l'exception des plus gigantesques d'entre eux, comme Hawaii, ils sont submergés. Ainsi, le mont O'Higgins (1), au large du Chili (2), domine la plaque Nazca (3) de plus de 3 km et s'apprête à plonger sous la marge chilienne (4). D'autres édifices volcaniques l'ont précédé, à en juger par les cicatrices laissées sur les marges de la cordillère.

ARCS INSULAIRES ET CORDILLÈRES

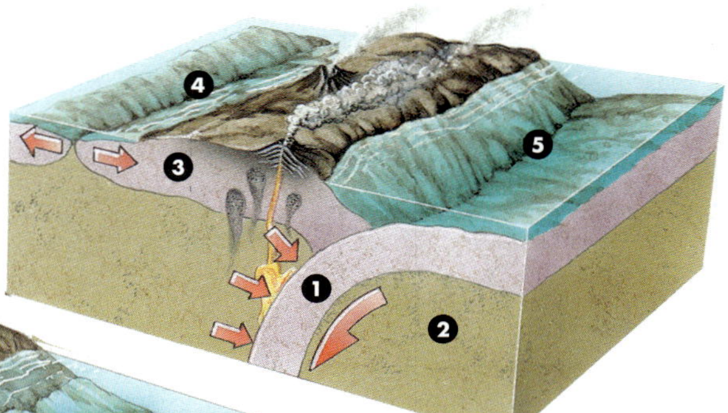

▲ **Arc insulaire**
*La traction exercée par une vieille plaque océanique **(1)**, plus froide et plus dense que le manteau **(2)**, sur la plaque supérieure **(3)** a provoqué l'ouverture d'un espace océanique **(4)**. La présence d'une fosse océanique **(5)** témoigne de cette intense activité.*

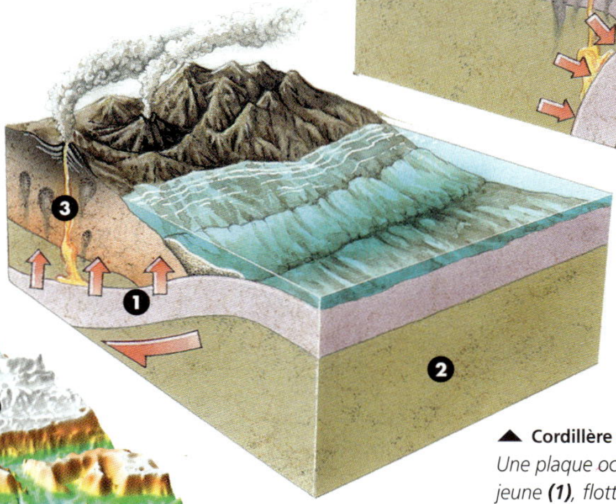

▲ **Cordillère**
*Une plaque océanique jeune **(1)**, flottant sur le manteau **(2)**, résiste à son enfoncement et exerce une pression sur la plaque supérieure **(3)**.*

L'ARC DES PETITES ANTILLES

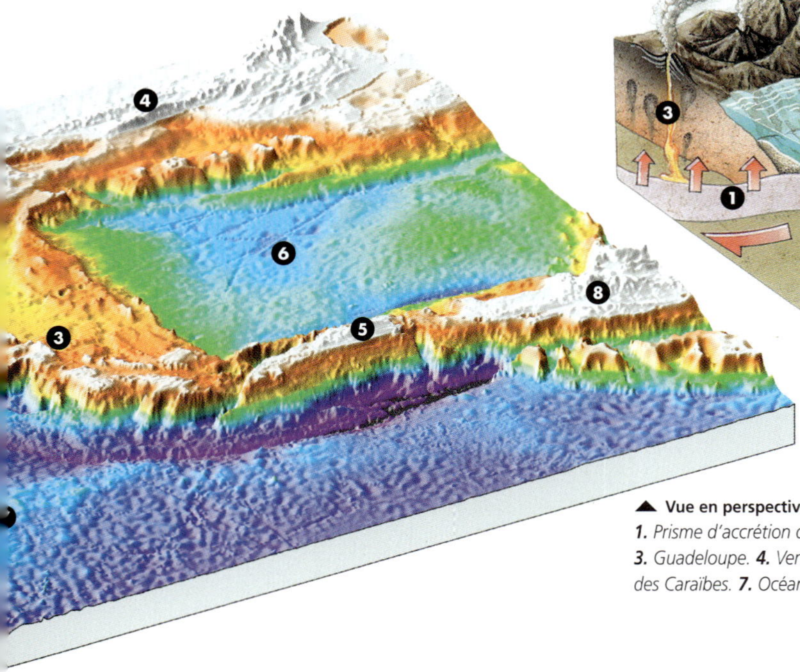

▲ **Vue en perspective depuis le nord.**
***1.** Prisme d'accrétion de la Barbade. **2.** Martinique. **3.** Guadeloupe. **4.** Venezuela. **5.** Porto-Rico. **6.** Mer des Caraïbes. **7.** Océan Atlantique. **8.** Île d'Haïti.*

L'Himalaya, une mégacollision !

De grands déplacements de plaques à la surface du globe ont entraîné la disparition d'océans et la collision des continents. Du choc entre l'Inde et l'Asie, il y a 50 millions d'années, est ainsi née une gigantesque chaîne de montagnes : l'Himalaya.

▶ *L'Himalaya vu du ciel. Sur cette image prise depuis une navette spatiale, on distingue parfaitement la plus haute chaîne de montagnes du monde. À droite, le Tibet, à gauche, l'Inde.*

Imaginons qu'un poinçon rigide emboutisse une plaque de matière plastique ; un bourrelet de matière épaissie se forme alors au front. Ce poinçon, c'est l'Inde, qui, arrivée au contact de l'Asie, continue son mouvement vers le nord et déforme la croûte asiatique. Cette formidable collision, à l'origine de la plus haute chaîne de montagnes de la planète, l'Himalaya, débute il y a 50 millions d'années, lorsque l'océan téthysien disparaît par subduction océanique sous le continent asiatique : la plaque portant la croûte océanique, plus dense que la croûte continentale trop légère, s'est enfoncée obliquement dans le manteau.

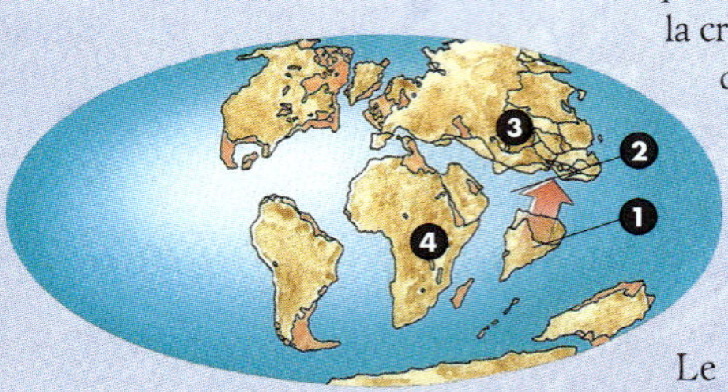

▲ *La position de l'Inde il y a 60 millions d'années* **(1)**. *Il y a 150 millions d'années, un océan, la Téthys* **(2)**, *séparait deux continents, la Laurasie* **(3)** *et le Gondwana* **(4)**. *Un peu plus tard, la plaque indienne se sépara du Gondwana, créant un nouvel océan et entamant une lente migration en direction de l'Asie à la vitesse de 15 cm par an.*

Quand l'Inde s'enfonce

Le phénomène de la subduction océanique est depuis longtemps connu. En revanche, on ne savait pas, il y a quelques années encore, que la croûte continentale pouvait aussi s'enfoncer dans le manteau, à une profondeur de plus de 100 km.

Sous l'effet de la subduction – mécanisme majeur de la tectonique des plaques faisant intervenir des forces colossales en relation avec la dynamique interne de la planète (mouvements de convection du manteau) –, le continent indien poursuit son mouvement vers le nord après la collision, forçant sa marge continentale à descendre dans la zone de subduction.

Ce processus est instable, car, de la même façon qu'un bouchon résiste à s'enfoncer dans l'eau parce que sa densité est moindre, la croûte continentale légère de l'Inde va s'opposer aux forces d'entraînement de la subduction. Lorsque la résistance à l'enfoncement (la force d'Archimède) devient supérieure à la résistance mécanique de la croûte continentale, il y a rupture.

LES TRACES DE L'OCÉAN DISPARU

Dans tout le domaine situé immédiatement au nord de la chaîne himalayenne, les géologues retrouvent aujourd'hui les traces de la fermeture de la Téthys. Des roches particulières permettent de localiser la zone de suture, contact géologique entre l'Inde et l'Asie. Ce sont des vestiges de l'océan disparu. Les roches d'origine magmatique sont typiques de la croûte océanique (basaltes en coussins, ci-contre, gabbros et péridotites). Quant aux roches sédimentaires qui les recouvraient, elles renferment des fossiles marins permettant de connaître l'âge de l'océan.

▲ *La chaîne de l'Himalaya (Manang et Annapurna), vue depuis le Népal.*

Des empilements de croûte

La croûte de l'Inde se désolidarise alors du manteau en subduction. La chaîne himalayenne commence à se former par empilements successifs de gigantesques « écailles » de croûte, ce qui provoque l'épaississement de la croûte continentale et la naissance des hauts reliefs de l'Himalaya. Dans le même temps, la partie mantellique de la plaque continue sa subduction.

Ensuite, et encore aujourd'hui, la déformation se propage vers le nord à l'intérieur du continent asiatique en formant le plateau du Tibet, dont l'altitude moyenne frise les 5 000 m. Les effets de la convergence Inde-Asie se font sentir beaucoup plus loin et sont responsables de plissements et d'un jeu de grandes failles à coulissage horizontal (décrochements) de l'Afghanistan à la Mongolie et de la Chine à l'Asie du Sud-Est.

À l'heure actuelle, l'écaille de croûte continentale la plus basse de l'édifice progresse lentement et déforme les sédiments continentaux récents des collines du pied de l'Himalaya (Siwalik), où les séismes sont fréquents. Le séisme survenu au Gujerat, le 26 janvier 2001, s'est produit en avant du front himalayen, où la croûte continentale commence à se déformer alors qu'elle n'est pas encore séparée du manteau qui l'entraîne.

Beaucoup d'autres chaînes de montagnes sont nées et naissent encore aujourd'hui suivant des processus analogues : c'est le cas des chaînes alpines d'Europe, créées plus à l'ouest de la collision entre les plaques africaine et eurasiatique. L'altitude record de l'Himalaya s'expliquerait par une vitesse actuelle de convergence plus grande, permettant la construction d'un édifice de lames de croûte plus épais.

LA FORMATION DE L'HIMALAYA

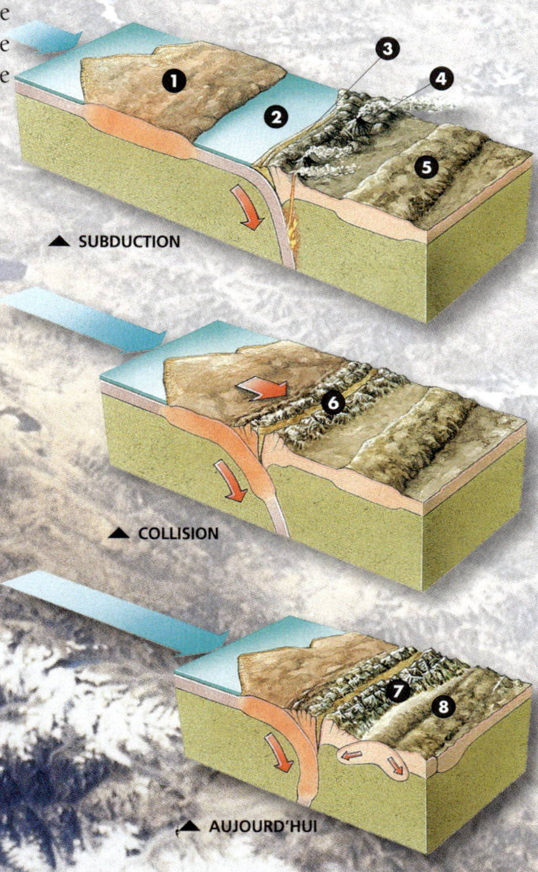

◀ Il y a entre 100 et 40 millions d'années, sous l'effet de la **subduction**, l'Inde **(1)**, remontant vers le nord, rencontre le continent asiatique **(5)**, bordé par une fosse **(3)** et une chaîne de volcans **(4)**. Sous l'effet de cette **collision**, l'océan **(2)** se ferme, créant une suture **(6)**. **Aujourd'hui**, le phénomène se poursuit, après avoir provoqué la formation de l'Himalaya **(7)** et du plateau du Tibet **(8)**.

La Terre, planète active

Rien d'immobile sur notre planète. Son enveloppe solide la plus externe, l'écorce terrestre, est divisée en plaques qui se déplacent à des vitesses moyennes se chiffrant en centimètres et parfois en décimètres par an. Toute la surface de la Terre bouge ainsi constamment sans que nous puissions le percevoir. Certaines plaques s'accroissent ou rapetissent pendant que d'autres s'affrontent et s'entrechoquent. Volcans et séismes sont les conséquences les plus évidentes de ce ballet des océans et des continents. C'est à un météorologue visionnaire, Alfred Wegener, que l'on doit la théorie selon laquelle les continents se sont déplacés au cours des temps géologiques. Constatant que les contours de l'Amérique du Sud et de l'Afrique se correspondent, il émet en 1912 l'hypothèse que ces continents étaient autrefois unis. Mais le mécanisme de leur dérive reste mystérieux, notamment le rôle des océans, que l'on pense alors être des continents effondrés.

Croissance et disparition des océans

La théorie globale de la tectonique des plaques est formulée dans les années 1960, à la suite de nouvelles études océanographiques. Le fond des océans se forme peu à peu aux dorsales, reliefs sous-marins qui se dressent au-dessus des plaines abyssales sur des milliers de kilomètres. Au milieu de ces dorsales, le volcanisme est très actif. Plus on s'en éloigne, plus les roches volcaniques sont anciennes. Cette croissance continue des océans signifie-t-elle que la Terre est en expansion ? La datation de ces roches volcaniques, et des roches sédimentaires qui s'y sont déposées, apporte alors une surprise de taille : les fonds océaniques sont tous très jeunes comparés aux continents qui les bordent. Ils ont 165 millions d'années au plus, tandis que l'âge des plus anciennes roches des continents peut atteindre des milliards d'années ! On s'aperçoit alors que l'expansion des fonds océaniques aux dorsales est compensée ailleurs : ils s'infléchissent et s'enfoncent obliquement (subduction) au niveau des fosses océaniques, ce qui entraîne, à l'aplomb de ces régions, une activité volcanique ainsi que de très grands séismes.

Plaques et miniplaques

Ainsi apparaît vite comme une évidence que toute la surface de la Terre est divisée en plaques, qui peuvent aussi bien porter des océans que des continents. Les limites de ces plaques sont en général assez aisées à repérer. Le volcanisme et l'activité sismique fréquente qui se manifestent à l'axe des dorsales océaniques, au milieu des océans, signalent l'emplacement d'une séparation entre deux plaques. Les limites se distinguent aussi clairement au niveau des fosses océaniques, où une plaque se ploie et s'enfonce obliquement sous une autre. Parfois, les plaques coulissent horizontalement le long de failles. Ce type de frontière, où les séismes sont également fréquents, traverse aussi bien des fonds océaniques que des continents. La faille de San Andreas, par exemple, qui coupe du nord au sud la Californie, marque la limite entre la plaque pacifique, presque exclusivement océanique, et la plaque de l'Amérique du Nord. Lorsque les déplacements des plaques font s'entrechoquer les continents, de vastes secteurs sont soumis à des déformations accompagnées de séismes, à l'origine de la formation de chaînes de montagnes telles que les Alpes ou l'Himalaya. La largeur de ces zones de collision est telle qu'il devient difficile de tracer la frontière entre les plaques. Ainsi a-t-on parfois été conduit à multiplier les « miniplaques ».

LES PLAQUES LITHOSPHÉRIQUES ET LEUR DÉPLACEMENT (EN CM/AN)

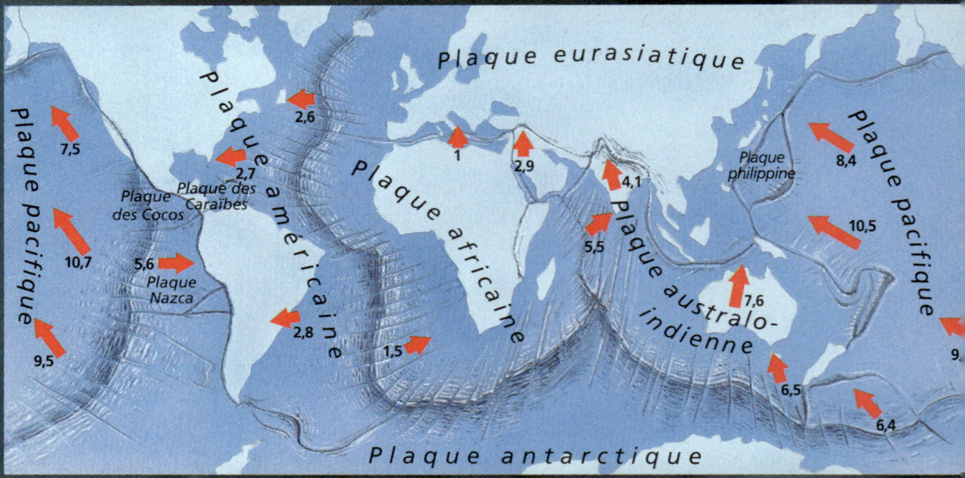

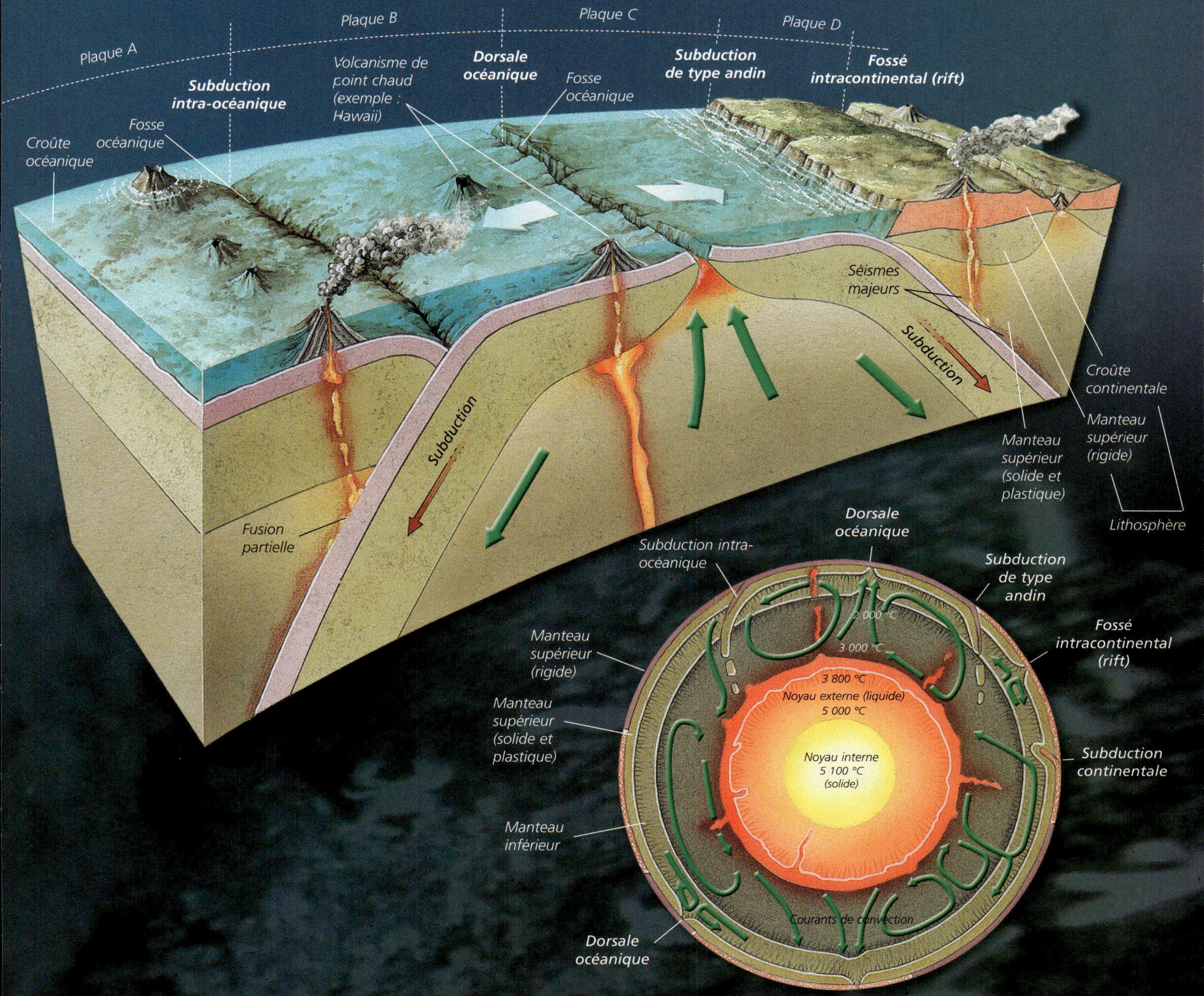

Le déplacement des plaques

La Terre est constituée de plusieurs enveloppes aux caractéristiques chimiques et physiques diverses. La plus superficielle, la lithosphère, est divisée en plaques. Son épaisseur est variable, de 70 km sous les océans à près de 150 km sous les continents. Sa composition est également changeante puisqu'elle est constituée de roches différentes selon qu'il s'agit de la croûte des continents ou de celle des océans, toutes deux reposant sur la partie rigide du manteau supérieur. Les roches du manteau supérieur (les péridotites) peuvent se déformer très lentement sous les plaques, ce qui permet à celles-ci, plus rigides, de se déplacer. Car, contrairement à une idée répandue, les plaques ne flottent pas sur un manteau liquide. Malgré les températures élevées dans le manteau (de 1 000 à 3 000 °C), les pressions sont telles que les roches qui le constituent restent solides. Le magma, qui monte et donne naissance aux volcans, n'est présent que lorsque des chutes de pression (quand les plaques s'écartent aux dorsales), des apports d'eau abaissant les points de fusion (lors d'une subduction) ou une élévation localisée de chaleur (aux emplacements des points chauds) entraînent la fusion partielle des roches. Mais, bien que solide, le manteau est le siège de courants de convection extrêmement lents. Ce sont ces mouvements dans le manteau, dus à des différences de température et donc de densité, qui seraient l'un des moteurs du déplacement des plaques.

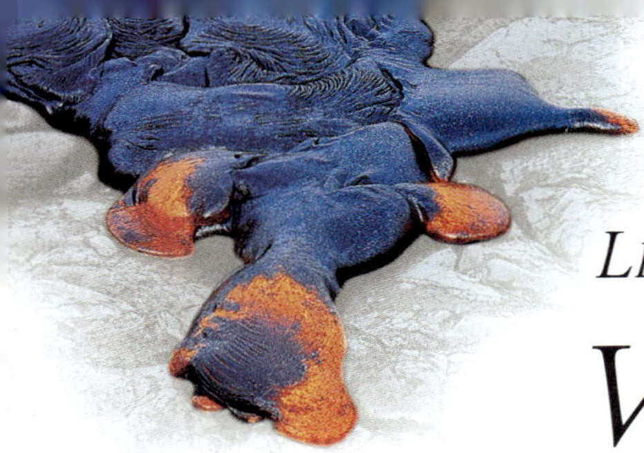

Volcans nomades

Sur des milliers de kilomètres, des alignements volcaniques : ils sont dus au déplacement d'une plaque lithosphérique au-dessus de gigantesques remontées du manteau profond.

Difficile d'imaginer l'existence d'un quelconque lien entre les atolls de rêve des îles Maldives, Maurice ou Chagos et le piton de la Fournaise. Pourtant, l'île de la Réunion et son énorme volcan actif sont la terminaison d'un alignement de reliefs volcaniques de plus de 5 000 km de long et dont le point de départ est situé dans l'ouest de l'Inde (Deccan). Curiosités géologiques de notre planète, ces alignements concernent aussi bien les continents que les océans. La plupart d'entre eux comportent, à l'une de leurs extrémités, des volcans actifs ; et plus on s'éloigne des centres d'activité, plus l'âge des laves est ancien... comme si l'activité volcanique avait migré avec le temps d'un bout à l'autre de l'alignement.

▲ *L'atoll des Maldives (en haut), maillon de la guirlande volcanique allant du Deccan (Inde) à l'île de la Réunion. De l'ancien volcan maldivien ne restent que des hauts-fonds marqués par des anneaux de coraux. En bas, le piton de la Fournaise, à la Réunion, extrémité active de la guirlande.*

Une guirlande volcanique

L'alignement volcanique le plus spectaculaire reste celui qui, dans le Pacifique Nord, court depuis la pointe sud de la presqu'île du Kamtchatka jusqu'à l'île d'Hawaii. Cette guirlande de volcans sous-marins et d'îles volcaniques de plus de 6 000 km de long est divisée en deux tronçons : le premier, la chaîne de l'Empereur, est orienté nord-sud ; le second, la chaîne hawaiienne, nord-est-sud-ouest. Cent cinq volcans éteints se distribuent le long de cette traînée ; seule l'île d'Hawaii, qui en constitue la terminaison méridionale, est actuellement active.

L'activité a débuté au nord, il y a environ 80 millions d'années, et semble s'être propagée vers le sud. En fait, ce n'est pas l'activité volcanique qui s'est propagée mais la plaque lithosphérique pacifique qui s'est progressivement déplacée (d'abord en direction du nord, puis en direction du nord-est) au-dessus d'un point particulier de la planète. Ce point fixe, profondément enraciné au sein du manteau terrestre et qui produit en permanence du magma, est appelé point chaud.

Chalumeau terrestre

Imaginons un chalumeau fixe et une plaque métallique maintenue au-dessus de lui. Qu'un opérateur déplace la plaque d'un mouvement lent et régulier, et celle-ci sera réchauffée, selon une bande dont la largeur dépendra du diamètre et de la puissance du chalumeau, de la vitesse de déplacement de la plaque et de la conductivité thermique du métal. La direction de la bande chaude correspondra bien sûr à celle du déplacement de la plaque ; et, à tout moment, c'est au-dessus de l'endroit où se trouve le chalumeau que la plaque sera la plus chaude.

C'est à peu près ce qu'il se passe lorsqu'une plaque lithosphérique se déplace au-dessus d'un point chaud : la bande réchauffée est matérialisée en surface par une traînée volcanique. Dans le cas de l'alignement Empereur-Hawaii, c'est l'île d'Hawaii qui est actuellement située au-dessus du point chaud. Plus pour longtemps d'ailleurs, puisque la plaque pacifique continue sa pérégrination vers le nord-est à une vitesse de 5 cm par an environ.

▼ *Coulée de basalte sur les pentes du Mauna Loa. Avec sa température de plus 1 200 °C et sa vitesse de progression de plus de 25 km/h, cette lave est la plus chaude et la plus véloce de notre planète.*

Des courants dans le manteau

Entre environ 100 et 700 km de profondeur, le manteau terrestre, constitué de péridotite, est appelé asthénosphère. En raison de la pression et de la température, cette couche acquiert une certaine plasticité qui lui permet de se déformer sans casser et donc de s'écouler très lentement. Des mouvements de matière, horizontaux ou verticaux, y sont alors possibles. Comme elle est beaucoup plus chaude à sa base (environ 2 300 °C) qu'à son sommet (environ

LE PLUS HAUT, LE PLUS ACTIF, LE PLUS CHAUD

Hawaii porte le plus grand volcan de notre planète. L'île, qui culmine à plus de 4 172 m (Mauna Loa), repose sur des fonds marins de – 5 000 m. Elle n'est en fait que le sommet émergé d'un gigantesque édifice volcanique sous-marin qui dépasse 250 km de diamètre à sa base et 9 km d'altitude. Son activité est également spectaculaire : pratiquement une éruption par an. La lave, de nature basaltique, y atteint des températures record de près de 1 300 °C. Aussi les laves qui s'épanchent sur les flancs des deux gigantesques volcans actifs autour desquels l'île s'est constituée – le Mauna Loa et le Kilauea – sont-elles les plus fluides du monde.

1 300 °C), des courants de convection s'y développent : les matériaux plus chauds, qui constituent la partie inférieure de l'asthénosphère, tendent à remonter vers des zones plus superficielles et donc plus froides, alors que la partie supérieure, plus froide, a tendance à s'enfoncer. Compte tenu de la viscosité de ces matériaux, les vitesses de ces courants sont donc très faibles (de quelques centimètres à quelques dizaines de centimètres par an). Les points chauds sont l'un des types de courants de convection brassant l'asthénosphère terrestre. Leur durée de vie se chiffre en dizaines de millions d'années.

POINT CHAUD ET ALIGNEMENT DE VOLCANS

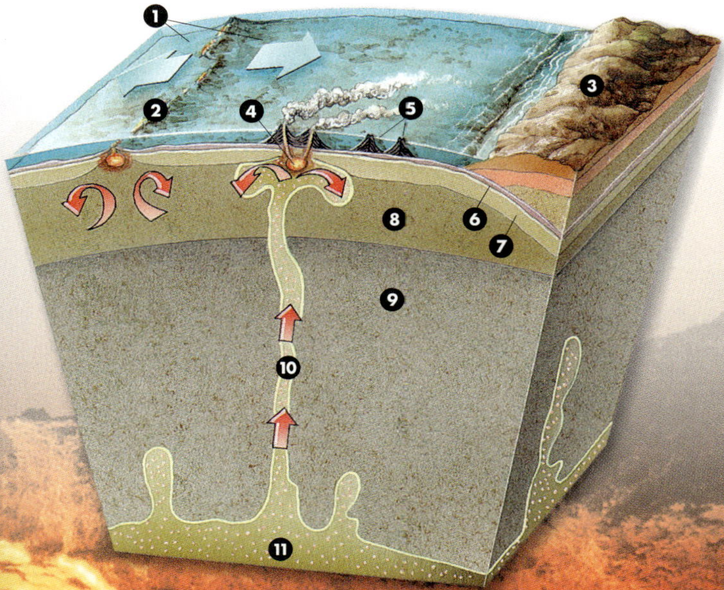

▼ *1. Croûte océanique*
2. Dorsale médio-océanique
3. Croûte continentale
4. Point chaud et volcans actifs
5. Alignement de volcans éteints
6. Lithosphère
7. Manteau supérieur
8. Manteau inférieur
9. Noyau liquide
10. Panache
11. Noyau solide

▲ *L'éruption du volcan Mauna Loa (Hawaii) en 1984. Des fontaines de lave basaltique fluide jaillissent d'un cratère creusé au flanc du volcan, une coulée s'en échappe et dévale vers l'océan : un scénario typique du volcanisme hawaiien.*

D'énormes colonnes thermiques

Ce sont en quelque sorte de gigantesques cylindres de plusieurs centaines de kilomètres de diamètre de matière chaude ascendante – les panaches –, s'enracinant pour la plupart en base d'asthénosphère ; toutefois, comme le montre la figure ci-contre, les plus gros panaches s'enracineraient plus profondément encore, à la limite du manteau-noyau (2 900 km).

Lorsqu'ils arrivent au contact de la lithosphère rigide (vers une centaine de kilomètres de profondeur), les panaches s'aplatissent à la manière d'une tête de champignon dont le diamètre dépasse parfois le millier de kilomètres. Les roches du manteau entraînées dans ce mouvement subissent une forte décompression qui provoque leur fusion partielle. Le liquide issu de cette fusion s'extrait cependant du résidu rocheux et remonte en surface, où il va faire éruption sous forme de lave. C'est ce qui explique que les points chauds alimentent simultanément le volcanisme à des endroits éloignés de plusieurs centaines de kilomètres les uns des autres. L'aire volcanique active d'Hawaii fait environ 200 km de diamètre. Elle intègre non seulement les grands édifices actifs de l'île mais également le volcan sous-marin de Loihi, actuellement en activité et situé au sud d'Hawaii.

Les deltas

Quand la terre gagne sur la mer

Les deltas sont des zones fragiles, toujours en construction, qui dépendent à la fois des charges des fleuves et des assauts de la mer. Mais le combat que livre la terre contre la mer tourne au désavantage de cette dernière.

▲ *L'immense delta du Mississippi continue de progresser dans le golfe du Mexique : le fleuve se divise en plusieurs chenaux dont la forme rappelle une patte d'oiseau.*

La zone du delta du Nil, qui s'étend sur 24 000 km^2, est parmi les plus peuplées de la planète. Tout comme le delta d'un autre fleuve mythique, le Gange. Si les hommes ont choisi d'occuper ces espaces bas entre terre et mer, c'est qu'ils étaient sûrs de pouvoir les exploiter pour vivre. Pourtant, la frontière entre les deux éléments est incertaine et bien changeante. Les bras du fleuve se déplacent parfois au gré des crues. Des bras morts sont abandonnés, des marécages et des lacs se créent… La terre ferme reste toujours à conquérir, même là où la mer a déjà reculé.

Triangle, patte d'oiseau…

C'est la plaine du Nil qui est à l'origine du mot delta. Au débouché du fleuve, en Méditerranée, elle a une forme si proche de la lettre grecque delta, majuscule et renversée, qu'au Ve siècle av. J.-C. Hérodote lui donna ce nom. En fait, on appelle delta toute avancée de terre constituée par l'accumulation de sédiments au débouché d'une rivière ou d'un fleuve, que ce soit en mer ou dans un lac. Le Rhône, par exemple, a édifié en pénétrant dans le lac Léman un delta d'une taille bien inférieure à celui qu'il forme en Camargue, à son arrivée en Méditerranée. L'aspect des deltas peut d'ailleurs être très varié : certains, comme celui du Mississippi, possèdent plusieurs bras et évoquent une patte d'oiseau, alors que la plupart dessinent un arc, comme ceux de l'Èbre ou du Pô.

Ces diverses caractéristiques dépendent tout à la fois du fleuve qui les construit et de la résistance de la mer, dont les courants viennent contrecarrer les dépôts d'alluvions ou, par un lent travail d'érosion, participer à la construction, plus loin, de flèches sableuses, comme à Venise. Une étude de la situation passée des zones littorales montre que les changements des lignes de rivage et des positions du fleuve, ainsi que de ses bras, se sont rapidement succédé, en quelques millénaires. Dans le cas du Rhône et de la Camargue, les archives permettent de suivre des avancées ou des reculs se chiffrant en kilomètres.

Constructions en série

Le delta peut aussi être le résultat de la juxtaposition de plusieurs deltas, comme le révèlent des documents satellites. Le Mississippi est un bel exemple de ce type de construction. Après un parcours d'un peu plus de 6 000 km, le fleuve vient déverser ses alluvions dans le golfe du Mexique. Celles-ci sont évaluées à 520 millions de tonnes par an ! Transporter une telle charge solide semble énorme, mais le fleuve draine plus du tiers du territoire des États-Unis, avec des affluents aussi importants que le Missouri, l'Arkansas ou la Red River. Depuis cinq mille ans, six deltas se sont accolés avant qu'un dernier, en patte d'oiseau, progresse seul en mer. En fait, un nouveau delta se forme chaque fois que le cours d'eau change de direction, abandonnant ainsi l'élaboration du précédent. Au total, le front de la construction deltaïque se suit sur 300 km, avec une largeur qui peut atteindre 150 km.

▲ *Le delta du Gange est menacé par la remontée du niveau des océans, malgré l'importance des alluvions déversées dans le golfe du Bengale.*

La qualité des matériaux

Pour construire un delta, avancer de manière significative et, à terme, gagner la partie contre la mer, le fleuve doit donc déposer un volume très important d'alluvions. Mais ce n'est pas toujours suffisant : la nature de ces dernières est tout aussi importante. Ce qui explique que l'imposant Amazone débouche sur l'océan Atlantique par un vaste estuaire et non par un delta. Il charrie une charge évaluée à 1,3 million de tonnes par jour et constituée en grande partie d'éléments fins qui vont être transportés par les courants le long de la côte, vers le nord. L'Amazone et ses affluents drainent en effet une région qui, pour le moment, produit peu de sables et de graviers, l'altération chimique étant prépondérante. Une grande partie de la charge solide du fleuve est faite de limons que la houle et les marées déplacent le long du littoral.

Mais les grands chantiers de déboisement menés pour créer un réseau routier s'attaquant à la couverture végétale de sols meubles, cela va certainement faciliter l'érosion, qui à la longue pourra modifier le contenu de la charge du cours d'eau, puis son tracé, son débit et, qui sait, transformer son estuaire en delta… À l'inverse, l'aménagement de barrages et d'installations hydroélectriques le long de grands fleuves et de leurs affluents peut diminuer les apports solides nécessaires au maintien des deltas.

L'OR NOIR DES DELTAS

La recherche pétrolière s'intéresse aux deltas, où sont réunies de bonnes conditions pour la formation du pétrole et son piégeage. L'avancée en mer s'accompagne d'une accumulation verticale des dépôts qui a souvent commencé il y a plusieurs millions d'années et qui peut dépasser 1 000 m. On y trouve des sédiments argileux riches en matière organique, car l'activité biologique est importante à l'interface entre le milieu littoral et les eaux des fleuves. La sédimentation rapide permet l'enfouissement de cette matière puis sa transformation en pétrole, que les nombreux corps sableux piègent à merveille. D'importants gisements ont été découverts dans le delta du Mississippi (comme l'atteste le derrick ci-contre) et dans celui du Mahakam, en Indonésie.

▼ *Les alluvions du Pô, en Italie, entraînées par les courants marins, ont construit, au nord du delta de ce fleuve, la flèche littorale qui isole à Venise la lagune de la mer.*

Le combat de la mer et de la terre

Les falaises sont un précieux témoin du travail de sape des vagues, mais aussi des variations du niveau des océans tout au long de l'ère quaternaire.

Après avoir quitté les côtes sombres et escarpées de Norvège, les navigateurs vikings entrant dans la Manche ont dû être surpris par la blancheur des hautes falaises de craie. Sur la côte sud-est de l'Angleterre et sur la côte normande, qui lui fait face, ces impressionnantes murailles se dressent parfois à la verticale. À leur pied, des plages de galets, faits de silex, que l'on retrouve étonnamment en lits réguliers au sein de la craie.

Quand les vagues attaquent

À marée haute, les vagues projettent les galets et creusent une encoche à la base de la falaise. Ainsi mis en déséquilibre, des panneaux de roches s'effondrent, se disloquant en nombreux blocs. Pendant quelque temps, les rochers les plus gros protégeront le pied de la falaise. Puis ils disparaîtront, ne laissant que le silex qu'ils contiennent, plus résistant à l'usure des vagues.

L'érosion de la falaise se fait par à-coups, mais on peut voir à marée basse l'étendue de son recul : la craie érodée par la mer a formé un platier assez régulier, idéal pour la pêche à pied. Les spécialistes parlent de plate-forme d'abrasion marine. La position de certaines vallées, appelées valleuses en Normandie, témoigne également de l'importance de l'érosion : elles sont maintenant pour ainsi dire perchées, débouchant sur le vide de la falaise.

▲ *Les falaises de Tropea, dans le sud de l'Italie, s'élèvent peu à peu, à mesure du soulèvement de la Calabre, qui a débuté au quaternaire.*

Fractures et cavités

Chaque roche offre une résistance plus ou moins grande au travail incessant de la mer. La craie, dont les fissures et fractures (diaclases) sont agrandies par la dissolution, est un matériau prêt à s'effondrer par panneaux entiers : la falaise recule ainsi par tranches verticales successives. D'autres roches se comporteront selon une logique différente. Ainsi, les orgues basaltiques de la chaussée des Géants, le long de la côte irlandaise, sont érodées suivant les fissures géométriques résultant de leur refroidissement *(voir p. 144-145)*. Les roches granitiques, bien plus massives, forment souvent des côtes abruptes, alors que les schistes seront plus en retrait.

Quant aux agents d'érosion, qui ajoutent leurs attaques à celle des flots, ils diffèrent eux aussi suivant la nature de la roche, sa disposition et le climat. Les roches cristallines comme le granite sont ainsi sensibles au sel véhiculé par les embruns. Les falaises des côtes granitiques de Corse et de Sardaigne sont creusées de cavités appelées taffonis, qui seraient dues à la cristallisation du sel dans les pores minuscules de la roche

▼ *Le granite des côtes du nord de la Sardaigne (ici près du capo d'Orso) est attaqué par la mer, mais aussi creusé en cavités, les taffonis, par les embruns chargés de sel.*

▲ *Les falaises de craie d'Étretat, en Haute-Normandie, sont célèbres pour leurs plages de galets de silex et leurs arches, respectées – pour un temps encore – par l'érosion.*

et la désagrégeraient peu à peu. Ailleurs, dans les régions froides, c'est l'eau qui, en gelant dans les discontinuités des roches à nu des falaises, participe aussi à leur recul en les fragmentant.

La terre victorieuse

À force de reculer et de se disloquer peu à peu du fait de l'érosion marine, les falaises devraient logiquement disparaître. Mais d'autres phénomènes vont à l'encontre de cette mort annoncée : les mouvements des plaques qui portent les continents – elles sont plus ou moins stables selon les régions du globe, certaines se soulèvent et d'autres s'effondrent – et les variations du niveau des océans pendant l'ère quaternaire, voire antérieurement. Le relief impressionnant des côtes anglo-normandes tient ainsi simplement au fait que le niveau de la mer est plus bas aujourd'hui qu'à la fin de l'ère tertiaire. Mais la région est stable. En revanche, en Calabre, où le niveau de la mer a aussi baissé – une grande partie du sud de l'Italie était encore submergée il y a 700 000 ans –, la région se soulève en moyenne de 1,5 à 2 mm par an. Près du détroit de Messine, malgré l'érosion marine, c'est donc la terre qui s'étend peu à peu. Certaines falaises sont même d'anciens escarpements sous-marins à peine exondés.

LE RECUL DES FALAISES DE CRAIE

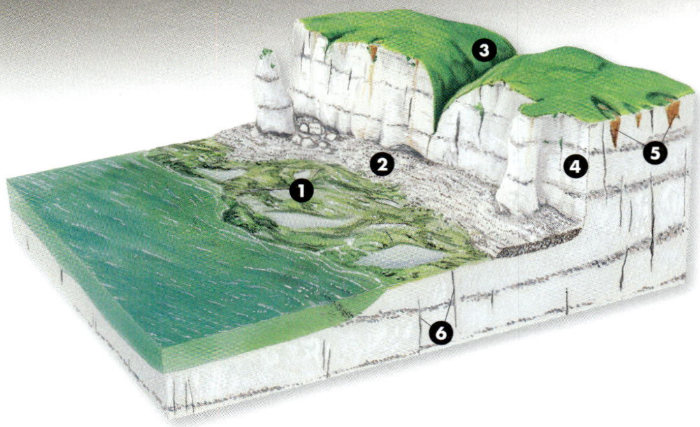

▲ **La falaise à marée basse**
1. *Platier (plate-forme d'abrasion marine)*
2. *Plage de galets*
3. *Valleuse*
4. *Falaises de craie avec lits de silex*
5. *Argiles*
6. *Diaclases (fractures de la craie)*

DES FALAISES DANS LES TERRES

Les côtes des régions qui s'élèvent fonctionnent comme le rouleau enregistreur des anciens sismomètres : les marques de l'érosion marine, commandées par les variations importantes du niveau des mers (de 120 à 150 m plus bas que le niveau actuel pendant les périodes glaciaires), s'inscrivent dans leur relief. Les replats de leur profil en marches d'escalier correspondent à autant de plates-formes d'abrasion marine, dominées par leurs anciennes falaises. C'est le cas dans le sud de la Calabre, où les plus vieilles plates-formes, qui dépassent 1 000 m d'altitude, sont maintenant à plusieurs kilomètres à l'intérieur des terres.

Récifs, barrières et atolls

Cathédrales de calcaire

▲ *L'atoll de Bora Bora (îles de la Société, Polynésie française). L'océan se brise en une frange d'écume sur le récif corallien. Derrière, un lagon parsemé d'îlots de végétation entoure les vestiges d'une île volcanique. Çà et là, le lagon communique par des passes avec l'océan. C'est ici que maraudent les gros prédateurs…*

Les récifs coralliens, de gigantesques édifices calcaires bâtis par des animaux minuscules, croissent dans des eaux chaudes et claires. Sans eux, les mers tropicales, pauvres en matières nutritives, seraient désertiques.

Au cap Nord-Ouest, en Australie, dans l'océan Indien, se déroule chaque année un étrange spectacle : entre la septième et la neuvième nuit après la pleine lune de mars, tous les coraux dispersent en même temps ovules et spermatozoïdes. La densité de cette ponte est telle que l'observateur a l'impression qu'il neige en mer ! Cette neige est une manne pour tous les animaux marins vivant dans un océan tropical pauvre en matières nutritives. Trente-six heures après la ponte, tous les œufs rescapés auront été fécondés. Si elles survivent, les larves s'implanteront sur un substrat dur pour se transformer en polypes, qui, par division, donneront des colonies, puis de nouveaux récifs.

Polypes et algues : mariage heureux

Les astronautes d'Apollo ont pu observer la Grande Barrière de corail depuis la Lune. Quand on sait que les récifs sont bâtis par de millimétriques polypes, sortes d'anémones de mer en réduction, on est pris de vertige. Ces animaux, qui appartiennent au groupe des cnidaires (lequel comprend les méduses, les anémones et les

▼ *La Grande Barrière de corail australienne, récif-barrière géant.*

gorgones), ont la particularité de s'enfermer chacun dans une gangue calcaire pour se protéger. L'ensemble de ces gangues forme un massif corallien.
D'où vient ce calcaire ? Du calcium contenu dans l'eau. Mais la réaction chimique qui le produit est très instable, et jamais totalement définitive. Sitôt formé, il se dissocie. Heureusement, les coraux accueillent dans leurs tissus des algues symbiotiques ; ces végétaux, grâce à la photosynthèse, absorbent le CO_2 produit par leur hôte et stabilisent ainsi la réaction.
Ce n'est pas tout : toujours au moyen de la photosynthèse, les algues fournissent les glucides nécessaires à la survie des coraux. En échange, en plus du gîte, les coraux leur offrent des matières azotées produites par la digestion des animaux microscopiques qu'ils capturent la nuit. Sans ces algues, les coraux ne peuvent s'entourer de leur gangue protectrice et meurent de faim.

◀ *Polype corallien. C'est à partir de ces minuscules animaux que se développent, par bourgeonnement, les colonies de coraux.*

Près des côtes : le récif frangeant

Le récif frangeant, répandu le long des littoraux tropicaux, s'élève sur le prolongement sous-marin de la côte, distante de 50 à 1 000 m. Un lagon peu profond le sépare de la côte ; l'eau y est plus chaude et plus salée que celle du large. L'érosion de la paroi interne du récif (orientée vers le littoral) fournit des débris de coraux. Réduits en sable blanc par les vagues et l'estomac d'animaux marins tels que les holothuries (concombres de mer), ils s'accumulent au fond du lagon.
Le récif frangeant ne peut croître que vers l'extérieur. Car son développement vertical est limité par le niveau moyen de l'eau et sa croissance vers la côte est freinée par les difficiles conditions écologiques régnant dans le lagon : l'eau, prisonnière à marée basse, y est trop chaude, trop chargée en sédiments et bien trop salée. De quoi tuer le moindre polype, petite bête bien fragile. Les lagons ne sont pas pour autant stériles. On y trouve souvent des herbiers formés par des plantes à fleurs sous-marines – cymodocées, herbe à tortue, herbe-éventail... – ainsi que des algues calcaires, qui servent de support à des algues filamenteuses dont aiment se repaître les poissons herbivores venus du large à chaque marée haute.
La partie extérieure du récif frangeant est bien plus riche. Du front interne au front externe du récif, la diversité des coraux augmente grâce aux vagues qui dispersent les sédiments et oxygènent l'eau.
Un peu avant le front externe, le récif s'aplatit (c'est le platier) à cause de l'action abrasive de la houle. Seuls peuvent y vivre les coraux de forme trapue ne laissant aucune prise à l'eau ainsi que des algues fabriquant aussi du calcaire, qui viennent combler les espaces entre les coraux (algues dites encroûtantes). La force des vagues crée sur ce platier des tunnels, des trous et des cratères.
Enfin, le récif plonge dans l'eau. Dans les premiers mètres fleurissent des cnidaires très primitifs, les coraux de feu, faussement appelés coraux. Ils cèdent ensuite la place à des coraux de forme branchue, plus efficaces pour capter la lumière dont ont besoin leurs algues symbiotiques.

▲ *Au sommet d'un récif (en haut), la concurrence pour la lumière est vive. Face aux côtes sableuses, des herbiers (en bas) formés de graminées sous-marines (ici, des cymodocées) remplacent souvent les coraux.*

▶ *Ce corail mou n'est pas un bâtisseur de récifs, mais il est essentiel à l'écosystème corallien : placé dans le courant, il fait barrage au plancton, comme la gorgone, dont il est concurrent.*

LES TROIS TYPES DE RÉCIFS

▶ **Récif frangeant**
1. *Côte*
2. *Lagon sableux*
3. *Récif*
4. *Océan*

▶ **Récif annulaire ou atoll**
1. *Océan*
2. *Île volcanique*
3. *Pâtés coralliens*
4. *Lagon*
5. *Récif*
6. *Communication entre océan et lagon (passe)*

▶ **Récif-barrière**
1. *Côte*
2. *Sable*
3. *Pâtés coralliens*
4. *Lagon*
5. *Récif*

Au large : le récif-barrière

Le récif-barrière peut être considéré comme une évolution du récif frangeant. Il forme à plusieurs kilomètres de la côte une longue structure linéaire reposant sur une plate-forme rocheuse et pouvant atteindre une longueur impressionnante : la Grande Barrière de corail australienne s'étend par exemple sur 2 900 km. Un récif-barrière peut devenir frangeant si le lagon qui le sépare de la côte diminue de profondeur ou de surface. Mais c'est l'évolution inverse qui est la plus fréquente : au fil du temps, le lagon du récif frangeant se creuse, s'effondre ou se trouve immergé après une élévation du niveau de la mer. Le récif devient alors barrière. Ces deux types sont souvent associés, le récif-barrière se doublant, vers le littoral, d'un récif frangeant plus récent.

Loin de la côte, le récif-barrière peut s'étendre vers elle comme vers le large. Il prend ainsi une forme rubanée ou ovale. La force des vagues et du vent étant plus forte que celle qui martèle la face externe des récifs frangeants, les récifs-barrières sont bien plus meurtris. Certains, ravagés, ont l'aspect de morceaux de ruban alignés, intercalés de canaux ou de passes lorsqu'un lagon s'ouvre derrière la face interne récifale. Profond et vaste, formé en partie de sable apporté par le vent et capté par le récif, ce lagon est parsemé de bouts de récifs et d'herbiers.

De la face interne du récif à sa face externe, les coraux augmentent de taille et gagnent en robustesse. Le platier qu'ils forment s'étend parfois sur plusieurs centaines de mètres de large. La face externe, déchiquetée par les vagues, descend rapidement vers le fond. C'est sur le platier que l'on trouve le plus grand nombre d'espèces au monde.

▲ *Les récifs coralliens offrent un très grand nombre d'habitats à la faune. Ils constituent en outre une importante source d'énergie pour l'écosystème des eaux chaudes : les polypes morts fournissent à ces eaux une bonne partie de leurs éléments nutritifs.*

En rond : l'atoll corallien

Il existe un troisième type de récif : c'est l'atoll corallien, fréquent en Polynésie notamment. Il s'élève bien souvent sur un ancien récif frangeant qui, jadis, entourait une île volcanique disparue depuis sous les eaux à la suite de son affaissement ou d'une élévation du niveau de la mer.

L'atoll se dédouble parfois en deux anneaux. Par endroits, l'accumulation de débris coralliens dans le lagon peut conduire à la formation d'îlots ensemencés de graines apportées par le vent.

Atolls, récifs frangeants et récifs-barrières couvrent plus de 60 000 km^2. Ils jouent, dans les pauvres eaux tropicales, le même rôle que les algues et le plancton dans les eaux froides. De leur bonne santé dépendent à la fois la pêche et la stabilité des côtes de nombre de pays.

LES CORAUX ONT MAUVAISE MINE

Depuis 20 ans, les coraux perdent de plus en plus leurs couleurs. C'est que les polypes sont fragiles. Que l'eau ne soit plus assez limpide pour faciliter la photosynthèse, trop salée (plus de 35 g/l) ou trop chaude (plus de 20 °C), et leurs algues partent. Ou alors c'est le polype qui, malade, les relâche. Alors, les récifs blanchissent, puis meurent en quelques mois. Une autre menace pèse sur ce fragile écosystème : la prolifération d'une étoile de mer épineuse, l'acanthaster (ou coussin de belle-mère, ci-contre), qui, par un mouvement de dévagination, fait sortir la nuit son estomac sur une colonie corallienne pour en aspirer les polypes.

Chapitre
11

LES ANIMAUX BÂTISSEURS

Un toit sur la tête

*Fin réseau de fils de soie,
la toile d'araignée est une merveille
d'inventivité et de résistance.*

L'art du cocooning

Le nid joue un rôle primordial dans la reproduction des oiseaux. Mais il n'est pas l'apanage de ces derniers, même s'ils sont passés maîtres dans l'art de sa construction.

▲ *Le nid du flamant rose consiste en un monticule de boue posé à terre, aux bords suffisamment relevés pour qu'une brusque montée des eaux ne risque pas de le noyer.*

◀ *On doit à la rémiz penduline, un passereau d'Europe et d'Asie, un nid sophistiqué et confortable. En forme de bourse, il est souvent suspendu à une branche de saule.*

Dans ce jardin de la banlieue de Stockholm, un couple de mésanges à longue queue s'affaire depuis le retour des beaux jours. Mâle et femelle participent à la construction d'un des nids les plus élaborés d'Europe. Pas question de perdre du temps, car il faudra en moyenne dix-huit jours pour arriver à ce chef-d'œuvre. Posé contre un tronc ou à la fourche d'une branche, le nid, en forme de boule ovoïde, est simplement muni d'une petite entrée latérale. Il est composé extérieurement de brindilles et de lichens auxquels se mêlent plumes, bouts de ficelle, crin, toiles d'araignées, brins de laine et parfois même morceaux de tissu ou pétales de fleurs. L'intérieur douillet est garni de plumes et de poils de toutes sortes.

Le sens du confort

Un cousin de la mésange à longue queue, la rémiz penduline, bâtit elle aussi un nid élaboré, souvent suspendu à une branche au-dessus de l'eau. Cette espèce utilise beaucoup les chatons de saule ou les graines duveteuses de typha ou de phragmite, particulièrement doux, pour garnir la paroi interne de son refuge.

Seul le mâle se charge des travaux. Entortillant d'abord des brindilles autour de la branche choisie, il réalise ensuite une sorte d'étrier avant de fermer les côtés pour obtenir un nid en forme de bourse, à l'entrée étroite et tubulaire. Les jeunes de ces passereaux vont goûter au confort dès leur naissance !

Des constructeurs minimalistes

Mais, chez les oiseaux, il y a aussi ceux qui se contentent du strict minimum. Il en va ainsi de certains petits échassiers comme les vanneaux ou les gravelots, qui nichent à terre et se contentent de creuser dans le sol une simple excavation dans laquelle ils déposeront leur ponte… Le guillemot de Troïl pond à même la falaise, souvent sur un faible escarpement. Posé sur la roche, l'œuf pourrait tomber dans le vide à tout moment. Astuce : l'œuf du guillemot étant piriforme, il ne risque pas de rouler ! Le record de

◀ *La mésange à longue queue, petit passereau d'Europe et d'Asie, élabore un nid tissé, complexe et très douillet, susceptible d'accueillir une progéniture nombreuse.*

simplicité est détenu par la sterne blanche, originaire des mers tropicales, qui dépose son œuf unique en équilibre sur la branche d'un arbre.

Rien ne se perd

La plupart des oies et des canards bâtissent un nid fait de débris végétaux, jamais situé loin de l'eau. Pour le rendre plus douillet, les femelles s'arrachent une partie du duvet qu'elles ont sur le ventre. L'eider, canard inféodé aux régions boréales, est célèbre pour son duvet, particulièrement doux et chaud, que l'on prélève dans les nids pour en faire des édredons ou des vestes chaudes d'une grande qualité.

Bon nombre de rapaces, de même que les cigognes, réutilisent le même nid d'une année sur l'autre. Si bien que certaines aires peuvent avoir plusieurs dizaines d'années et mesurer des tailles impressionnantes (jusqu'à 3 m de haut chez le pygargue à tête blanche). Quant aux cigognes, leurs grandes roues de branchages attirent de petits oiseaux comme les moineaux, qui bâtissent leur nid, assez rudimentaire, dans l'enchevêtrement même de celui de l'échassier !

◀ *Les jeunes eiders vivent à même le sol, sur un doux tapis fait du duvet que la femelle arrache de son ventre.*

Nids de groupe

Chez les espèces qui nichent en colonies, on trouve également toutes sortes de nids. Chez le manchot empereur, par exemple, le nid est constitué par… les pieds du mâle, qui, durant l'incubation, trône avec son œuf unique posé sur ses pattes et recouvert par la peau de son ventre. En Afrique tropicale, les tisserins vivent en bruyantes colonies et construisent leur nid dans les acacias de la savane *(voir p. 210)*. Toujours fait de brindilles et d'herbes sèches, celui-ci est très volumineux et même très élaboré chez certaines espèces. Chose

◀ *Nid de vanneau huppé. Il est installé dans une simple excavation, que l'oiseau a garnie de quelques petites branches ou d'herbes sèches.*

▶ *Nichant sur l'aplomb d'une falaise ou sur une corniche, le guillemot de Troïl dépose à même la roche son œuf unique et pointu – qui ne peut donc rouler ni tomber.*

extraordinaire, les tisserins – comme leur nom l'indique – sont capables de tresser des fibres et de faire des nœuds pour les maintenir entre elles. Toutes ces épissures finissent par former un édifice solide, bien souvent amarré à celui du voisin, si bien que, de loin, l'acacia couvert de nids semble n'en posséder qu'un seul, énorme.

▲ *L'hirondelle rustique construit son nid en empilant des boulettes de terre humide mêlées à des brins de paille. L'intérieur est rembourré d'herbe sèche pour le confort des oisillons.*

Des maisons de maçon

Certains oiseaux construisent leur nid avec de la terre humide ou de la boue. Nous connaissons tous les nids des hirondelles, fichés sous une gouttière ou sous la poutre d'une grange. Avec leur bec, elles maçonnent un nid en forme de coupe, avec une entrée plus ou moins grande selon les espèces. Une fois séchée, la boue est d'une solidité à toute épreuve.

Les flamants roses élaborent une espèce de monticule en boue, légèrement concave au sommet, dans lequel la femelle dépose son œuf. Les nids sont tellement serrés les uns contre les autres que les couveurs se meuvent avec peine. Mêmes mœurs chez le fou de Bassan, qui s'installe sur des îlots. En Asie tropicale, certains martinets, les salanganes, nichent par milliers dans des grottes ; leurs nids, faits de salive durcie, sont convoités par les hommes, qui les commercialisent comme mets sous le nom bien connu de nids d'hirondelle.

D'autres bâtisseurs, les sittelles des rochers, construisent des nids de terre de grande dimension contre la paroi du rocher. Mieux encore : le fournier roux. Ce petit oiseau de la pampa argentine bâtit une sorte de four sphérique dont la première chambre est séparée par une cloison de la chambre d'incubation. Cet oiseau aime avoir ses aises : la construction pèse jusqu'à 5 kg et l'architecte… 75 g.

▲ *Les gorilles dorment dans des nids qu'ils se fabriquent chaque soir, avant de se coucher. Le nid est le plus souvent installé par terre, parfois dans un arbre, à faible hauteur.*

Chacun son style

D'autres animaux construisent également des nids. Le minuscule rat des moissons se fabrique un petit berceau qui tient en équilibre entre deux épis de céréales ou de grandes herbes. Il est fait des feuilles du végétal qui le soutiennent, si bien que ces dernières ne se fanent pas et que le nid – totalement mimétique – échappe à l'œil des prédateurs. Malin, non ?

Beaucoup de petits rongeurs ou encore les lapins ébauchent des sortes de nids faits de végétaux et de poils qui permettront d'accueillir les nouveau-nés dans un environnement douillet.

Les gorilles et les chimpanzés font également des nids, non pas pour se reproduire, mais pour se reposer : le soir venu, ils édifient de larges abris faits de feuilles et de branchages, à terre ou dans un arbre, pour y passer la nuit. Ces singes n'utilisent jamais le même nid.

Dans un tout autre milieu, sous l'eau, certains labres (poissons marins) s'entourent de mucus qu'ils sécrètent pour réaliser une sorte de « nid-lit » dans lequel ils passent également la nuit. Ainsi enveloppés dans leur combinaison, ils peuvent espérer échapper à leurs prédateurs.

UNE FAUVETTE COUTURIÈRE

Les petites fauvettes du genre *Orthotomus*, originaires d'Afrique et surtout d'Asie, sont de véritables couturières, d'où leur nom. Ces oiseaux font leur nid dans une grande feuille dont ils rapprochent les bords en les cousant, grâce à leur bec, avec un filament (petite liane, herbe), créant ainsi une sorte de cornet dans lequel ils entassent ensuite des matériaux auxquels ils donnent la forme d'une coupe pour y déposer leur ponte. La feuille n'étant pas détachée de l'arbre, elle demeure verte, ce qui rend le nid parfaitement invisible.

LA RUCHE

Un HLM chez les insectes

Les cellules des abeilles sont toutes bâties sur le même modèle, à l'exception de celle de la reine. Une standardisation qui permet un gain de temps et d'espace.

▲ *La cire produite par les glandes de l'abdomen des abeilles est malaxée entre leurs mâchoires. Puis les ouvrières l'étirent en une mince couche pour construire les cellules.*

▼ *Pour agrandir les rayons, les ouvrières s'accrochent les unes aux autres et créent ce qu'on appelle des chaînes cirières.*

Prenez un paquet de cigarettes : les cylindres de tabac laissent entre eux des vides. Serrez le paquet entre vos doigts : les vides disparaissent et les cigarettes du centre prennent une forme hexagonale. Le phénomène est exactement le même dans un rayon : la cellule de l'abeille est ronde et elle devient automatiquement hexagonale quand plusieurs cellules sont accolées les unes aux autres.

Des géomètres hors pair

La cellule à six côtés signe donc le travail de cet insecte. Et qu'elles servent à élever les larves ou à stocker le miel, les cellules sont toutes bâties sur le même modèle. D'où la régularité géométrique des rayons en cire. objet de fascination pour l'homme, qui voyait dans l'abeille un architecte d'exception travaillant sans règle ni compas dans l'obscurité de la ruche.

L'apiculture a fait de grands progrès au XIXe siècle quand quelques pionniers ont compris le plan de construction des rayons de la ruche. Ceux-ci sont toujours verticaux et parallèles les uns aux autres. Les abeilles commencent à fabriquer un rayon en le fixant sur le plafond de leur abri et ajoutent de nouvelles cellules vers le bas. La taille et la profondeur des cellules varient peu autour de valeurs moyennes. L'écartement entre deux rayons procure juste la place nécessaire à la circulation des ouvrières et de la reine. Tout espace disponible est occupé par les rayons au fur et à mesure de la croissance de la colonie.

Ces règles ont permis de définir des dimensions standardisées pour la construction des ruches. Les rayons sont assemblés sur des cadres mobiles, facilitant la récolte du miel et le contrôle des colonies. L'utilisation de plaques de cire gaufrée comme ébauches de rayons accélère le travail des abeilles.

La reine en son palais

Les adultes capables de se reproduire, c'est-à-dire les reines fécondes et les mâles, ou faux-bourdons, bénéficient d'une nourriture plus riche que les simples ouvrières. Leur taille est nettement plus importante, et la cellule standardisée du peuple travailleur est trop petite pour eux. Les ouvrières leur en construisent donc de spéciales, plus vastes. Mais leurs dimensions ne s'insèrent pas dans le canevas bien régulier du rayon de base. Alors les cellules royales prennent la forme de grosses verrues greffées un peu n'importe comment dans le bas des rayons. La place n'y manque pas, mais elles n'ont aucune régularité. Notre merveilleuse géomètre semble avoir perdu ici tout son talent.

▲ *La cellule royale, greffée sur un rayon, a l'aspect d'un gros pâté informe. La géométrie ne semble tenir aucune place dans sa construction.*

Gratte-ciel dans la savane

Dans la savane africaine et dans le désert australien se dressent des termitières de plusieurs mètres de haut. Tout y est prévu pour la vie d'une colonie de plusieurs millions d'habitants, du logement à la climatisation en passant par les vigiles et la nourriture.

Un gros amas de terre sans aucune ouverture. Ainsi apparaît la termitière, véritable château fort construit pour résister aux aléas du climat et aux prédateurs. Aucun termite n'est visible. Aveugles, ces insectes ne se montrent pas au jour. Mais à l'intérieur, quelle activité ! Pour se nourrir, pour faire face à une agression, pour réparer des dégâts ou encore pour agrandir la termitière, des millions de termites se déplacent en empruntant un réseau extrêmement complexe de galeries.

Quand la reine change d'odeur…

C'est une concentration précise d'une phéromone émise par la reine qui déclenche la construction de la cellule royale. La taille de l'abdomen de la reine, qui varie beaucoup, impose qu'elle soit régulièrement ajustée. Si l'odeur est trop diluée dans l'air, l'ouvrier ne fait rien. Si elle est trop concentrée, il démolit la cellule, devenue trop petite, pour la reconstruire à l'endroit où la concentration est optimale. Deux voûtes commencées aux deux extrémités par deux groupes non coordonnés vont se correspondre presque exactement en se rejoignant. Ainsi peut-on dire que la forme parfaite de la cellule royale est due à un « gabarit odorant ».

Une ville souterraine

C'est dans le sol que ce réseau est particulièrement important. Horizontalement, il se ramifie dans les environs : la colonie se ravitaille ainsi sans problème. Verticalement, il plonge profondément dans le sous-sol. Car les ouvriers – comme leur nom l'indique, ce sont eux qui construisent la termitière – utilisent de l'argile mélangée à de la salive et à du sable pour produire un matériau très résistant. Quand l'argile n'est pas disponible à proximité, ils n'hésitent pas à se transformer en mineurs de fond et à l'extraire à plus de 10 m de profondeur. Et quand l'eau vient à manquer, les performances des ouvriers sont étonnantes : en creusant un puits au Sénégal, on a trouvé des galeries de termites descendant jusqu'à la nappe d'eau, à 52 m de profondeur !

▼ La forme en champignon de cette termitière signale une région arrosée par des pluies régulières (ici, en République centrafricaine) : le chapeau sert à protéger la termitière de l'eau.

Des étages bien ventilés

Au cœur de la termitière, un ensemble de salles voûtées aux dimensions irrégulières s'étage en deux blocs contigus construits sur des caves, pour une meilleure salubrité. Aux étages inférieurs, la chambre royale, véritable bunker, abrite le roi et la reine. Celle-ci, avec son abdomen démesuré, constitue une simple usine à œufs. Autour se

▼ Termitières en Australie. Un champ constellé d'immeubles hauts de plusieurs mètres…

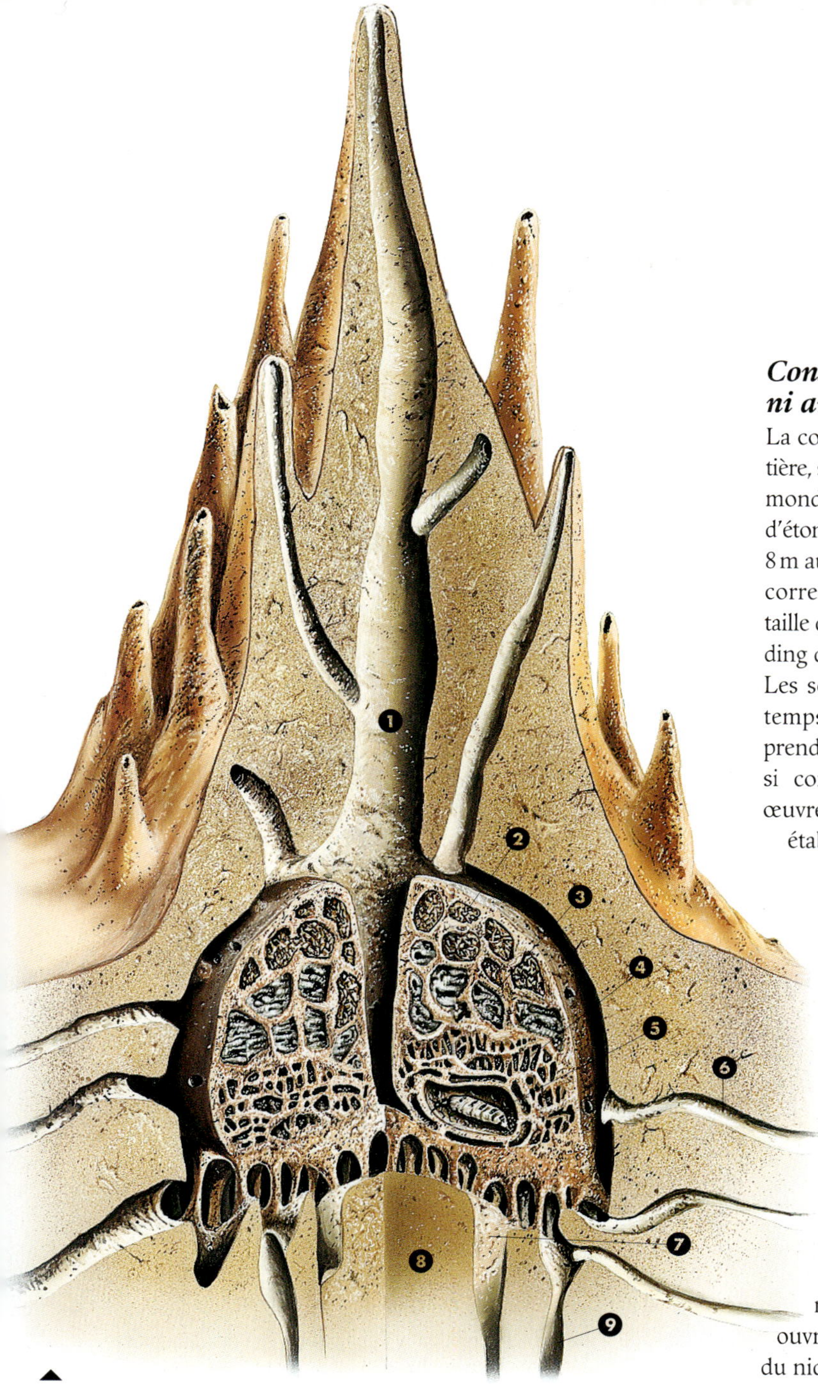

▲
1. *Cheminée d'aération*
2. *Réserves de sciure de bois pour confectionner les meules à champignon.*
3. *Meules à champignon*
4. *Chambre d'élevage des larves*
5. *Cellule royale*
6. *Galerie horizontale accédant au monde extérieur*
7. *Cave sous le socle à lamelles*
8. *Grand pilier axial soutenant la termitière*
9. *Galerie plongeant dans le sous-sol*

À L'INTÉRIEUR D'UNE TERMITIÈRE CHEZ LES TERMITES BELLIQUEUX (NIGER)

trouvent les salles du couvain, où les ouvriers soignent les jeunes larves. Plus haut, ils cultivent le champignon qui les nourrit sur des meules de matière organique pourrissante. Dans les salles les plus élevées sont stockées les réserves.
Une ou plusieurs cheminées s'ouvrent sur le haut de la termitière. Ces conduits ne communiquent qu'indirectement avec la termitière et se perdent dans les profondeurs du sol. L'air frais et humide monte du sol, ventile et refroidit la termitière. Puis, chaud et vicié, il s'échappe par la cheminée. Sans système efficace de renouvellement de l'air dans les galeries souterraines, l'oxygène serait épuisé en quelques heures.

▲ *Les ouvriers (blancs, en haut) construisent une paroi de boulettes de terre ; les soldats, aux redoutables mandibules (en bas), protègent le chantier.*

Construire sans plan ni architecte

La complexité d'une termitière, sans équivalent dans le monde animal, ne laisse pas d'étonner. Elle peut atteindre 8 m au-dessus du sol, ce qui correspond, comparé à la taille des ouvriers, à un building de 1 km de haut !
Les scientifiques ont longtemps cherché à comprendre comment un plan si complexe était mis en œuvre. Aujourd'hui, ils ont établi... qu'il n'en existait aucun. Chaque ouvrier construit pour son compte, mais quelques comportements simples coordonnent efficacement le travail : si l'ouvrier a fait une boule de terre, il ira la poser de préférence sur une autre boule, ou sur le tas le plus gros, attiré par l'odeur émise par ce dernier. Se stimulant ainsi les uns les autres, les ouvriers construisent des piliers qui s'arrondissent en voûte.

Un service de sécurité efficace

Si la reproduction incombe au roi et à la reine, et la bonne marche de la termitière aux ouvriers, c'est aux soldats que revient la défense du nid. Stériles, comme les ouvriers, mais caractérisés par leur tête et leurs mandibules très développées, ils représentent une véritable armée, toujours sur le pied de guerre.
Si la termitière est attaquée par les fourmis, terribles ennemies des termites, les ouvriers refluent vers le centre du nid, alors que les soldats se précipitent vers le lieu de l'agression. Ils « montent au front », payant leur dette à la société qui les a nourris jusque-là.

▼ *Ce n'est pas un kangourou, mais un oryctérope africain ! Appelé aussi cochon de terre, il se gave de termites, qu'il récolte avec sa longue langue collante.*

Les animaux ingénieurs

La plupart des inventions humaines se trouvent déjà dans la nature. Notre technologie n'a donc rien à envier à celle qu'utilisent les animaux. Pour se protéger et assurer la survie de leur espèce, ceux-ci sont capables de performances étonnantes et agissent souvent comme de véritables maîtres d'œuvre. Dans certains cas, l'homme s'est d'ailleurs directement inspiré de solutions utilisées par les animaux pour résoudre des problèmes techniques aussi complexes que la résistance des matériaux, par exemple. Mais il faut nous reconnaître une supériorité : nous nous perfectionnons sans cesse. Les termites, eux, fabriquent le même béton depuis des millions d'années. Chaque animal hérite en fait de son « tour de main » par voie génétique. Il ne connaît que celui qui est propre à son espèce. Aucune abeille ne sait tisser une herbe, aucun oiseau ne construit de cellules hexagonales…

◀ **L'abeille, ingénieur aéronautique**
La cire est un matériau fragile, malléable, qui fond à 65 °C. Pourtant, les 20 g de cire nécessaires à la construction d'un rayon permettent de stocker 1 kg de miel ! Le secret ? La cellule hexagonale, qui doit à sa forme d'être plus résistante à la déformation et de mieux absorber les chocs. Des qualités idéales pour construire des parois à la fois solides et légères. Les ingénieurs de l'aéronautique s'en sont donc inspirés : entre deux plaques de tôle, ils logent une structure dite en nid d'abeille, constituée de cellules hexagonales en matériau composite, ce qui allège la carlingue et la rend indéformable.

▲ **Le tisserin, artisan vannier**
Suspendus à des branches flexibles, les nids des tisserins sont protégés des prédateurs. Mais ils doivent être tout à la fois solides pour supporter le poids des petits, suffisamment légers pour se maintenir en place et très souples pour se déformer sans se briser. Extrêmement élaborée, la technique de construction adoptée par le tisserin est à la mesure de ces défis. Elle nécessite d'ailleurs un apprentissage, les jeunes mâles s'exerçant sur des nids d'essai. Entre tissage et tressage, cette technique est fondée notamment sur l'emploi de nœuds – un peu comme pour les paniers en vannerie –, les brins d'herbe et les jeunes rameaux remplaçant les brins d'osier.

▲ La guêpe, spécialiste en isolation

Pour la communauté des guêpes, rien n'est plus précieux que les larves. Pour les protéger des coups de froid de certains petits matins comme des chaleurs de l'été, elles ont tout prévu. Les frelons recouvrent le nid (ci-dessus) d'une enveloppe constituée d'alvéoles de « papier mâché » pleines d'air – en fait de la fibre de bois qu'ils ont malaxée de leurs mandibules. Ces alvéoles sont imbriquées comme des écailles. L'air emprisonné fait office d'isolant : le cœur du nid est ainsi protégé des brusques variations de température. L'isolation de nos maisons est d'ailleurs conçue selon ce principe, une couche d'air étant enfermée dans du polystyrène ou de la laine de verre.

▼ Le termite, maçon de choc

En pleine zone tropicale, les termites édifient des structures qui défient les lois de la construction. Comment ces habitats réalisés avec un matériau friable – sable et terre – peuvent-ils résister aux pluies diluviennes qui sévissent dans ces régions ? En fait,

les termites bâtisseurs utilisent un durcisseur élaboré à partir de leurs déjections et en imprègnent la paroi de la termitière. Une fois sèche, la mixture durcit au point de résister à l'érosion et à la plupart des attaques de prédateurs. En mélangeant ciment, sable et gravier pour créer le béton, l'homme n'a finalement pas fait mieux !

▼ Le castor, ingénieur en hydraulique

Dans le Montana, aux États-Unis, un barrage de près de 700 m de longueur régule depuis des dizaines d'années le cours de la rivière Jefferson. Pourtant, l'homme n'y est pour rien. Cette construction est l'œuvre de générations de castors, qui l'ont régulièrement entretenue. Pourquoi un tel ouvrage pour de si petits rongeurs ? Parce que, pour assurer sa survie, le castor a besoin, quel que soit le modèle d'habitation qu'il choisit, d'aménager ses entrées sous l'eau. Ses barrages lui permettent ainsi de réguler les débits et de créer des plans d'eau à niveau constant. Il découpe petits troncs et branches, qu'il enfonce verticalement puis colmate avec de la boue, des pierres, des roseaux, des branchages, etc.

LE NID DES FOURMIS TISSERANDES

De fil en aiguille

Pour fabriquer leur nid, les fourmis tisserandes utilisent une technique peu banale. Elles cousent des feuilles les unes aux autres en se servant d'un outil très spécial : leurs propres larves !

▲ *Première étape de la fabrication du nid : les fourmis tisserandes conjuguent leurs forces pour rapprocher les deux bords de la feuille.*

Dans l'arbre choisi par cette colonie de fourmis tisserandes, l'activité est intense. Feuilles et petites branches semblent se déplacer toutes seules... La communauté est à l'œuvre. Il s'agit de construire un nid de feuilles solidement fixées les unes aux autres par des coutures régulières ; cet abri servira de chambre aux larves. Difficile d'imaginer que ce travail minutieux – du véritable « cousu main » – a été réalisé par de petits insectes.

Les œcophylles, ou fourmis tisserandes, font partie du groupe restreint des animaux se servant d'outils – pas un objet manufacturé, mais un objet détourné de sa fonction première. Et dans ce domaine, elles font preuve d'une audace peu commune puisqu'elles utilisent leurs propres larves, qui contribuent ainsi à l'édification de l'abri où elles éclosent !

Les grands travaux

Pour se protéger à la fois des agressions climatiques et de leurs prédateurs, les fourmis tisserandes d'Afrique et d'Asie construisent un nid solide et étanche dans les arbres.

Avec un remarquable sens du travail collectif, les ouvrières s'alignent côte à côte tout au long d'une feuille. Elles s'agrippent fermement au bord avec leurs pattes arrière et attrapent le bord de l'autre feuille avec leurs mâchoires et leurs pattes avant. Puis elles tirent pour rapprocher les deux. Si les feuilles sont trop éloignées, elles constituent des chaînes aussi longues que nécessaire, de dix fourmis ou plus. Petit à petit, sous la traction conjuguée de tant d'individus, les deux feuilles finissent par se toucher. Reste à les fixer. C'est à cet instant qu'interviennent les larves, promues pour un temps machines à coudre.

À petits points

Il n'est pas question de confier ce travail aux plus jeunes. Les ouvrières ont besoin de larves proches de la métamorphose, car elles seules ont la capacité, grâce aux glandes spéciales situées dans leur tête, de filer le cocon protecteur indispensable à leur transformation. Quand deux feuilles sont rapprochées, des fourmis ouvrières vont donc chercher des larves et les saisissent dans leurs mâchoires. Celles-ci se tiennent raides, presque immobiles, instrument passif au service des adultes. L'ouvrière pose sur une feuille la tête de la larve, qui émet alors une goutte de soie. Puis elle tapote la larve avec ses antennes, ce qui déclenche l'émission d'un fil, et repose très vite la tête sur la feuille opposée. Ce mouvement dure à peine une seconde. Mais, répété des dizaines de fois par de nombreuses fourmis, il produit une solide couture de soie que ne renieraient pas les couturières chevronnées !

▼ *Deuxième étape : les larves sont mises à contribution pour fixer les deux bords de la feuille à l'aide d'une épaisse couture de soie.*

L'ARCHITECTURE DE SOIE DES ARAIGNÉES

Toiles de maîtres

Solides, élastiques, résistants… les fils de soie produits par les araignées ont de multiples qualités. Et pour utiliser ce merveilleux matériau, les idées ne manquent pas : toiles pièges, toiles pouponnières, toiles cloches… Quelle inventivité !

Habituée des maisons, la tégénaire aime y tisser tranquillement sa toile. Une simple visite dans n'importe quel grenier permet de constater à quel point ce fin réseau de fils de soie peut être solide. À l'abri des injures du vent et de la pluie, il accumule la poussière pendant des dizaines d'années sans s'abîmer. Plus résistant – à poids égal – que le meilleur des fils d'acier, gainé d'une substance antibiotique qui empêche sa dégradation par les micro-organismes, il arrive à tout supporter. Pas étonnant que ce matériau performant ait des usages aussi variés !

Une crèche très spéciale

Malgré sa renommée, la toile piège n'est pas utilisée par la majorité des araignées. En revanche, toutes les espèces tissent leur cocon, une protection pour accueillir leur progéniture. Chacune choisit son modèle en fonction de son mode de vie et de son environnement. Certains sont épais pour barrer la route aux parasites, d'autres recouverts de débris pour les camoufler, d'autres encore perchés sur une sorte de pied pour les rendre moins vulnérables aux prédateurs.

Quelques mères très prudentes préfèrent ne pas s'en séparer, comme la femelle pisaure – une grande araignée-loup qui chasse dans la végétation basse. Celle-ci transporte son cocon entre ses mâchoires ou sous elle. Quand les œufs éclosent, elle tisse autour du cocon une seconde toile, appelée pouponnière car sa seule fonction est de protéger les premières sorties des jeunes, sous le regard attentif de leur mère. Mais dès la première mue, tout ce petit monde se disperse bien vite, car les araignées ne dédaignent pas de dévorer leurs propres congénères !

▲▶ *Après avoir transporté partout son cocon plein d'œufs (ci-contre), le pisaure a tissé une pouponnière (ci-dessus) pour les jeunes qui viennent d'éclore.*

Un scaphandre de soie

La palme de l'originalité en matière d'habitat tissé revient sans aucun doute à l'argyronète, une araignée très spéciale qui vit dans les mares. Mais comment respirer sous l'eau et survivre sans matériel de plongée ?

L'argyronète a trouvé la solution en construisant une véritable cloche de plongeur. Elle fixe tout d'abord une première toile sur des plantes aquatiques, puis monte à la surface chercher de l'air, qu'elle conserve contre son abdomen, protégé dans ses poils pour qu'il ne puisse s'échapper. Elle l'évacue ensuite sous sa toile en brossant ses poils et recommence son manège. Quand la bulle d'air est d'une grosseur suffisante, elle s'en sert comme d'un gabarit pour tisser tout autour une seconde toile en forme de cloche.

Une ouverture vers le bas est prévue, qui lui permet de sortir pour chasser ou renouveler sa provision d'air frais. Elle passera toute sa vie ainsi sous sa cloche, bien à l'abri pour consommer ses proies et se reproduire.

▲ *Cette argyronète vit dans l'eau, installée dans le cocon qu'elle s'est tissé. Mais, munie de poumons, elle a besoin d'oxygène pour respirer. Elle approvisionne donc sa demeure en bulles d'air, qu'elle va régulièrement chercher à la surface.*

Les charmes de la vie à l'hôtel

Certains animaux s'installent dans des habitats qu'ils n'ont pas eux-mêmes construits. Mais il leur faut alors parfois composer avec autrui.

Des déjections qui s'écrasent sur votre épaule ou encore sur votre tête... voilà qui trahit la présence d'un nid de moineaux ou d'hirondelles installé sous une poutre ou sur le rebord d'une fenêtre de votre maison. Ce petit désagrément mis à part, il s'agit là d'une cohabitation entre espèces plutôt bien acceptée. Il en va souvent de même dans la nature.

▲ *Cet adulte de hibou moyen duc en train de nourrir ses jeunes a très probablement utilisé un vieux nid de corneille pour y élever sa progéniture.*

Le bernard-l'ermite, un ventre mou à protéger

Le bernard-l'ermite, ou pagure, est un crustacé décapode anomoure, proche parent des crabes et des langoustines. Les quelque 500 espèces de cette famille, que l'on rencontre partout sur la planète, ont presque toutes un point commun : elles possèdent un abdomen mou. Et, à la différence des crabes ou des homards, elles ne présentent pas d'exosquelette pour se protéger, ni de bouclier pour se défendre. Pour elles donc, point de salut sans un bon logis. Ce dernier revêt la forme d'une coquille vide rencontrée par hasard, le plus souvent celle d'un gastéropode. Après avoir trouvé une maison à sa convenance, le bernard-l'ermite part avec. Mais, comme il a besoin d'un toit dès son plus jeune âge et qu'il effectue des mues, il lui faut régulièrement déménager ; les derniers appendices de son abdomen lui servent à s'accrocher à ses coquilles protectrices successives. Plus surprenant encore : il peut lui-même être squatté. En effet, certaines anémones de mer se fixent sur la coquille du bernard-l'ermite et voyagent avec lui. Toutefois, ce compagnonnage n'est pas gratuit : l'anémone, grâce à ses tentacules munis de cellules urticantes, constitue une bonne défense pour le pagure, dont elle effarouche les prédateurs potentiels.

▼ *Crustacé sans carapace, le bernard-l'ermite trouve refuge dans de vieilles coquilles vides de gastéropodes.*

Juste retour des choses, le bernard-l'ermite lui procure un moyen de locomotion efficace et une nourriture régulière.

Voleurs de nids

Chez les oiseaux, le « squat » peut être un lieu déserté par ses propriétaires. Le hibou moyen duc, par exemple, utilise fréquemment un vieux nid de corneille pour y déposer sa ponte. Cette organisation lui économise du temps, et l'endroit, bien rafistolé, constitue un excellent lieu d'élevage pour sa progéniture.

Certaines espèces choisissent des terriers déjà creusés par d'autres animaux pour nicher. Le traquet à tête grise d'Afrique du Nord investit ainsi les anciens terriers de petits rongeurs. Le tadorne de Belon, gros canard bariolé qui vit sur les côtes européennes, dépose ses œufs dans un ancien terrier de lapin, situé le plus souvent sur une dune. S'il n'en trouve pas, il élira domicile dans celui d'un blaireau ou d'un renard. À l'autre extrémité de la planète, le manchot pygmée d'Australie et de Nouvelle-Zélande emprunte parfois le nid d'un pétrel. Mieux encore, il arrive que les deux espèces cohabitent pendant la saison de reproduction sans que cette promiscuité engendre le moindre heurt.

D'autres oiseaux sont beaucoup plus envahissants. C'est le cas du coucou gris en Eurasie ou du vacher en Amérique du Nord, qui ne construisent pas de nid et se contentent de parasiter celui d'autres espèces en y déposant leurs œufs. Chaque coucou femelle a une « espèce cible » favorite – on en dénombre une bonne quinzaine –, dont les œufs ont une couleur proche des leurs. L'œuf parasite passe donc inaperçu. Comme, de plus, le jeune coucou naît le premier, il expulse les œufs restants de manière à être le seul oisillon nourri par ses parents adoptifs !

▲ *Le coucou gris dépose son œuf dans le nid d'une autre espèce, bien plus petite. À charge pour les adultes squattés de nourrir le jeune géant !*

Hôtel à tous les étages

Une maison ou un appartement abritent toutes sortes d'animaux squatteurs. Invertébrés, reptiles, oiseaux et mammifères, tous profitent de l'homme pour vivre le plus discrètement et le mieux possible sous son toit.

Les champions du genre sont sans nul doute les rats et les souris, qui tirent parti du gîte et du couvert d'*Homo sapiens*. Ils sont plutôt mal tolérés, car ils entrent en concurrence directe avec leur hôte, notamment pour ce qui concerne la nourriture.

Le loir et la fouine passent plus facilement inaperçus. Comme ils sont strictement nocturnes, on ne les rencontre que rarement. Le premier recherche la chaleur de la maison pour hiberner. On peut ainsi le retrouver endormi dans un gros livre qu'il aura bien grignoté afin de s'y confectionner un lit douillet. Quant à la fouine, grand amateur de combles et de greniers, elle a la fâcheuse habitude de venir y déposer ses reliefs de nourriture et... ses crottes ; dépôts qui ont à terme le désagrément d'empuantir les étages supérieurs et de trahir sa présence.

▲ *La fouine occupe sans vergogne combles et vieux greniers. Ce qui n'est pas toujours du goût des propriétaires...*

L'ÉCUREUIL, UN SQUATTEUR SQUATTÉ

L'écureuil roux construit des nids pour s'y reproduire ou s'y reposer. Toutefois, si l'occasion se présente, il n'hésite pas à élire domicile ailleurs. Ainsi, un vieux nid de corneille fera son affaire. Mais, comme on n'est jamais aussi bien servi que par soi-même, il va améliorer ce nouveau logis avec des matériaux de son choix. Ce nid « relooké » pourra à son tour être occupé par d'autres squatteurs, comme les mésanges ou les roitelets, qui ne dédaignent pas d'y passer la nuit.

Terriers et tunnels

Pour vivre heureux, vivons cachés

Certains animaux fouissent le sol pour y creuser les terriers ou les tunnels dans lesquels ils vont passer quelques heures, quelques semaines ou toute leur existence. D'autres choisissent de s'installer dans un antre déjà aménagé.

◀ Le pic noir est capable de creuser une profonde cavité dans un arbre, sans pour autant mettre celui-ci en péril. C'est dans cet abri qu'il déposera sa ponte.

Une prairie constellée de monticules de terre brune : voilà qui trahit la présence d'une taupe. Cet insectivore, qui vit en solitaire, passe en effet son existence sous terre, creusant un réseau complexe de galeries, dont certaines peuvent atteindre 50 cm de profondeur.

La taupe remonte régulièrement la terre ainsi excavée à la surface du sol, ce qui produit des monticules. Sous la plus grande de ces taupinières, l'animal a aménagé sa chambre, tapissée de foin et de feuilles sèches.

Les galeries des femelles entourent souvent celles d'un mâle, les rencontres n'ayant lieu qu'au moment de la reproduction.

Au bonheur des fouisseurs

D'autres mammifères sont également des fouisseurs invétérés. Ainsi les campagnols, comme le campagnol terrestre, ou rat-taupier, rivalisent avec la taupe en matière de galeries. Ils rejettent aussi des monticules qui se distinguent des taupinières par une terre à la texture fine et une ouverture latérale. Contrairement à la taupe, ils n'hibernent

▼ Rois des galeries souterraines, les campagnols peuvent se mettre à pulluler… Ils retournent alors un champ en un temps record.

pas, mais élaborent souvent un réseau de galeries qu'ils fréquentent à la mauvaise saison pour se mettre à l'abri du froid.
Les lapins aussi apprécient les galeries souterraines, mais, à la différence des taupes, ils n'y vivent que sporadiquement. Au moment de la reproduction, la femelle s'isole dans une chambre spéciale, la rabouillère, où ses jeunes naîtront nus et aveugles. En Amérique du Nord, les chiens de prairie vivent également dans un véritable labyrinthe de chambres, de tunnels, de galeries et de culs-de-sac. À la moindre alerte, les individus sortis se nourrir à l'air libre détalent pour se réfugier dans leur abri.
Le blaireau est un autre expert en terriers. Il creuse un vaste gîte – qui compte plusieurs entrées, de nombreuses chambres et de multiples galeries – dans lequel la femelle donne naissance à ses jeunes. L'animal, qui apprécie la propreté, a pour habitude de déposer ses déjections dans de petits trous situés près de son habitation.
Il lui arrive parfois de partager son antre avec une famille de renards, cohabitation habituellement pacifique. Le renard élit aussi souvent domicile dans un ancien terrier de lapin, qu'il agrandit. Plus rarement, il creuse lui-même son logis.

Vivre dans un trou

Les oiseaux également peuvent montrer des talents de fouisseurs. Ainsi, certaines espèces choisissent les trous et la pénombre pour nicher. Les pics, par exemple, déposent leur ponte dans des trous d'arbre. Ils peuvent agrandir et élargir une cavité préexistante grâce à leur bec puissant, mais le plus souvent ils forent eux-mêmes l'espace destiné à accueillir leurs œufs. Le pic noir, le plus grand des espèces européennes, creuse ainsi des trous pouvant atteindre 40 à 60 cm de profondeur et 20 à 25 cm de diamètre.
La sittelle torchepot, de taille plus modeste, niche aussi dans un trou d'arbre, le plus souvent une cavité naturelle ou un trou abandonné par un pic. Mais elle en obture une partie avec de la boue, de manière à disposer d'une ouverture à sa convenance. Une fois sec, son ouvrage aura la dureté du ciment.
Chez les calaos d'Asie et d'Afrique, ce système est poussé à l'extrême : la femelle s'établit dans la cavité choisie, puis le mâle maçonne l'ouverture de telle sorte que sa compagne y soit totalement enfermée.

◀ *Cette guêpe fouisseuse creuse une galerie dans un sol sablonneux. Elle y déposera ses œufs, après avoir garni l'abri de proies qui serviront à nourrir les jeunes.*

Il la nourrira par une minuscule ouverture tout le temps de l'incubation. S'il vient à périr, la femelle ne pourra sortir seule de cette prison.
Il arrive que les poissons utilisent les anfractuosités de la roche pour y vivre ou s'y dissimuler. Ainsi les murènes se cachent-elles au fond d'un trou profond, la tête à l'entrée de la galerie. Quand une proie passe, elles se jettent dessus. Certains gobies peuvent également se dissimuler dans des trous de rocher, soit pour y dormir, soit pour y attendre leurs proies.

Des oiseaux « tunneliers »

À l'instar des lapins et de certains rongeurs, le macareux moine affectionne les terriers. Le plus souvent, il les creuse dans la terre meuble d'un îlot situé à proximité de la côte et perce une galerie lui permettant d'accéder à la chambre de ponte.
D'autres oiseaux marins, comme les pétrels et les puffins, partagent cette habitude. Creuser un tunnel représente cependant un travail de longue haleine ; aussi certains puffins et le manchot de Humboldt préfèrent-ils nicher dans les cavernes naturelles des rochers situés en bordure de mer.

▼ *Tapie au fond d'une cavité, cette murène-léopard de la mer Rouge attend patiemment qu'une proie passe à sa portée pour se ruer dessus.*

▲ *Le macareux moine creuse un terrier dans le sol meuble d'un îlot marin pour y déposer ses œufs.*

Sur les berges des fleuves et des rivières, on rencontre d'autres travailleurs d'élite. L'hirondelle de rivage aménage son nid au fond d'un petit tunnel creusé dans une falaise de sable. Quant au martin-pêcheur, il creuse des galeries dans un talus dominant un cours d'eau. Le tunnel principal, qui peut atteindre près de 1 m, aboutit à une chambre où la femelle dépose ses œufs. Dans des milieux plus secs, le splendide guêpier d'Europe procède de la même façon, creusant une falaise de sable ou de terre meuble.

Microtunnels

Les invertébrés aussi sont des adeptes du forage. Les abeilles du genre *Colletes*, par exemple, percent dans le sol de profondes galeries, où elles aménagent des cellules destinées à recevoir le nectar et le pollen avant la ponte. Celles qui appartiennent au genre *Hylaeus* agissent de même, mais elles installent leur nid dans des galeries préexistantes. D'autres abeilles solitaires, les andrènes, creusent des galeries au tracé complexe et créent des logettes pour y stocker de la nourriture et y pondre. Les petites hériades (genre *Heriades*) nichent dans des cavités minuscules pratiquées par exemple dans du bois mort par des vers, où elles pénètrent à reculons pour déposer leur pollen. Les mégachiles, quant à elles, élisent domicile dans le creux d'une tige sèche ou dans d'autres petites cavités, et garnissent les cellules de leur nid de morceaux de feuilles découpées.

▲ *Cette gracieuse figure a été dessinée par un scolyte. Cet insecte est un grand bâtisseur de galeries qui affectionne le bois, au grand dam des arbres.*

Certaines espèces de charançons creusent des galeries dans le bois. Leur virtuosité n'est cependant pas du goût de tous car ils peuvent occasionner d'importants dégâts. Les scolytes, des insectes qui leur sont proches, peuvent réduire en poussière la vieille armoire en bois dans laquelle ils sont installés.

Quant au typographe, qui n'est autre qu'une espèce de scolyte, les réseaux de galeries qu'il bâtit hébergent ses pontes. Il s'attaque au bois vivant et cause lui aussi des dommages considérables.

TERRIERS COMMUNAUTAIRES

Des mangoustes d'Afrique du Sud, les suricates, creusent des terriers destinés à abriter plusieurs familles. Cette espèce fouisseuse possède des pattes antérieures munies de griffes robustes. Les suricates sont souvent postés dressés à la verticale sur leurs pattes de derrière, pour inspecter les alentours. Si un danger menace, l'alerte est donnée et la communauté se réfugie au plus profond des terriers. Ce recours à un abri souterrain est peu fréquent chez les carnivores.

Chapitre
12

GOÛTER, SENTIR, VOIR, ENTENDRE

L'empire des sens

Les yeux à facettes d'une mouche, particulièrement sensibles aux mouvements.

LES PLANTES SENSITIVES

Douées de perception

L'une rabat ses feuilles pièges, l'autre se replie quand on la touche : les plantes dites sensitives peuvent s'animer de mouvements volontaires, visibles à l'œil nu.

Dans les marais d'une petite région des États-Unis, aux confins de la Caroline du Nord et du Sud, vit une plante extraordinaire. Ses feuilles, articulées en deux valves autour d'une nervure centrale, couvertes de poils fins et très sensibles, sont bordées de longues dents aiguës. Elles se referment brusquement dès qu'un insecte les touche : les dents se rejoignent alors, telle une véritable grille interdisant toute évasion. Ce piège à ressort, semblable à nos antiques pièges à loup, est unique dans le monde végétal.

Appâtée par le nectar sucré que sécrète cette dionée, une mouche s'y est posée. Mais gare au loup végétal ! Que l'insecte frôle les poils-gachettes, et les deux moitiés de la feuille se referment brusquement sur lui. La digestion, très lente, peut commencer.

Le piège de la dionée

Si la dionée, puisqu'il s'agit d'elle, a développé un piège aussi sophistiqué, c'est pour survivre. Dans les sols pauvres et acides où elle croît, elle ne peut trouver tous les éléments nécessaires à sa croissance. Aussi est-elle devenue carnivore.
Ses feuilles sont couvertes de glandes rouges. Au centre, des glandes digestives, à la périphérie, des glandes qui sécrètent du nectar. Pour les insectes, séduits par la couleur et appâtés par le sucre, c'est une fleur très attirante. Pour le gourmand qui s'approche et touche l'un des « poils-gachettes » au centre de la feuille, c'est la mort assurée.
La feuille se rouvrira dix jours après environ, la digestion terminée. Le squelette sera emporté à la première brise, laissant la place libre pour la prochaine victime.

Mouvements involontaires

Sous l'action d'agents extérieurs, les plantes ne restent pas immobiles. Ces mouvements, que l'on pourrait qualifier de passifs car la plante ne fournit alors aucune énergie, sont indispensables, au moment de la reproduction, pour la rencontre des cellules reproductrices mâles et femelles ou pour la dispersion des graines. Le fameux

▲ Cette bryone se meut imperceptiblement pour s'enrouler autour de son support. Un mouvement lié à sa croissance, trop lent pour que nous le percevions.

rhume des foins est provoqué par le pollen qui se trouve en abondance dans l'air au printemps. Mais les plantes ne bougent pas d'elles-mêmes : le mouvement actif, qui nécessite une dépense d'énergie, est extrêmement rare.

De nombreuses algues unicellulaires sont pourtant flagellées et peuvent donc se mouvoir dans l'eau. Une capacité qui a disparu avec l'évolution du végétal vers plus de complexité et l'émergence d'organismes multicellulaires. Les plantes ont ensuite conquis le milieu aérien et l'apparition des racines les a littéralement vissées au sol. Mais quand des conditions de vie difficiles ont rendu nécessaire une adaptation radicale – les scientifiques parlent de pression sélective –, quelques groupes de plantes, sans lien de parenté étroit, se sont montrés particulièrement inventifs !

La pudique sensitive

Les Européens qui découvrirent la sensitive au Brésil au XVIIe siècle la trouvèrent bien pudique : au moindre attouchement, elle se repliait. Un comportement qu'a conservé son nom latin scientifique, *Mimosa pudica*.

Cette plante herbacée est pourvue de jolies fleurs rosées rassemblées en inflorescences sphériques. Appréciée des jardiniers, en particulier dans les régions chaudes, elle est couramment cultivée. Ses feuilles sont composées, c'est-à-dire divisées en petits lobes ou folioles. Si l'on touche l'une de ces folioles, elle se replie sur la nervure, et le mouvement se transmet de proche en proche à toute la feuille. Si l'ébranlement est important, toute la plante – voire les plantes voisines – réagit en se contractant. Elle prend alors un aspect fané ; ses feuilles sont rétractées et pendent comme mortes le long de la tige.

Il semble que cette sensibilité au toucher résulte d'une adaptation de la sensitive pour se protéger des herbivores : en prenant presque instantanément un aspect fané, elle peut couper l'appétit à un mammifère qui s'apprêtait à la brouter !

▲ Ouverte et bien visible, la sensitive ? Que survienne le moindre choc, et les lobes de ses feuilles se replient le long des nervures.

UNE PLANTE QUI FATIGUE

Chaque feuille de la dionée peut digérer trois insectes au maximum. Comme elle développe six feuilles par bulbe, elle n'attrape même pas une vingtaine de proies par an ! Trompée par la chute d'une brindille, la feuille se ferme parfois en pure perte avant de se rouvrir rapidement. Mais fermeture et ouverture du piège consomment beaucoup d'énergie. Si cela se reproduit trop souvent, la dionée risque de mourir d'épuisement…

Aux frontières de l'animalité

La sensitive n'est-elle qu'une plante ? On pourrait en douter ! Elle est réellement anesthésiée et perd pour plusieurs heures sa capacité à refermer ses feuilles lorsqu'elle est soumise aux vapeurs d'éther ou de chloroforme. Et, fait plus étonnant encore, elle est capable, sinon d'apprentissage, du moins d'habitude.

Si l'on soumet régulièrement une sensitive à la même excitation, elle va diminuer peu à peu l'importance de sa rétractation.

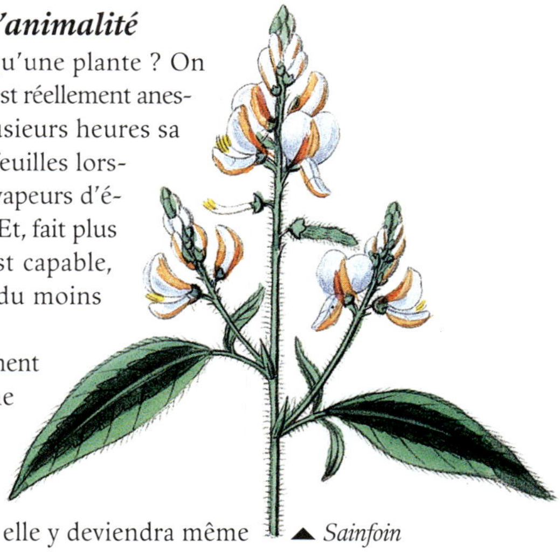

▲ Sainfoin oscillant. Ses feuilles sont découpées en trois folioles, dont les deux latérales montent et descendent jusqu'à 60 fois par minute : la feuille semble battre des ailes !

Après quelques heures, elle y deviendra même insensible. Si l'on interrompt quelque temps cette stimulation, pour la reprendre ensuite, la plante réagira de nouveau, mais moins vigoureusement. Elle garde en quelque sorte un souvenir partiel de son expérience.

Selon des chercheurs japonais, c'est à une protéine, l'actine, présente également chez les animaux, que la sensitive doit ces extraordinaires capacités, chaque effleurement entraînant alors une réaction chimique.

▲ *Ce sont d'abord les vibrations qui indiquent au requin la présence d'une proie. À mesure qu'il s'en approche, il la localise par son sens du goût (à moins de 100 m), sa vision (à 15 m environ) et son champ électromagnétique (à moins de 1 m). Enfin, il la mord : ce n'est que si son goût lui convient qu'il la tuera.*

LA GUSTATION CHEZ LES VERTÉBRÉS

Prudence avant de manger

Chez les animaux, seuls les vertébrés goûtent leur nourriture. Non pour savoir si elle leur plaira, mais pour s'assurer que l'aliment convoité n'est pas toxique pour eux. La gustation est un sens d'alerte, une ultime sécurité avant ingestion.

À grands cris, un chimpanzé appelle ses congénères. Il vient de dénicher une branche tombée de son arbre et porteuse de fruits juteux. Son groupe se rassemble autour de lui. Tous le regardent attentivement. Il commence par renifler l'un des fruits : examen positif. Il le porte alors à ses lèvres, mais le rejette violemment avec une grimace d'écœurement.

▲ *Les primates frugivores, comme ce chimpanzé, goûtent toujours avant de manger.*

Aucun d'entre eux ne viendra réitérer l'expérience. Le goûteur a bien fait son office : prévenir ses semblables de l'éventuelle toxicité d'un aliment. D'autres primates goûteront avant d'inviter leurs comparses à partager le festin ou, au contraire, ils pousseront les hauts cris pour éloigner le groupe si l'aliment n'est pas comestible.

Des bourgeons pour goûter

Les poissons disposent sur tout le corps de bourgeons gustatifs qui testent l'eau en permanence. Ce sont des cellules en forme de tonnelets, munies de cils sensoriels. Au contact des molécules dissoutes dans l'eau, les cils génèrent des impulsions électriques qui sont conduites au cerveau par l'intermédiaire de neurones spécialisés. Les bourgeons gustatifs des requins peuvent détecter une goutte de sang diluée dans le volume d'eau d'une piscine municipale !

Les bourgeons des vertébrés terrestres sont placés dans la partie supérieure du système digestif (bouche, larynx) et sur la langue, où la salive fait office de solvant. Ce qui contraint ces animaux à placer ce qu'ils veulent goûter en contact direct avec la langue ou les lèvres. Chez les mammifères, les bourgeons gustatifs sont regroupés en papilles, presque toutes situées sur la langue. Leur densité est particulièrement importante chez tous les primates… à l'exception de l'homme : contrairement à celles de nos très proches cousins arboricoles, nos papilles ne nous assurent pas une parfaite sécurité alimentaire.

GOÛTER DE L'INTÉRIEUR

Chez les mammifères, le sinus carotidien (région de l'aorte d'où partent les carotides vers le cerveau) est aussi pourvu de bourgeons gustatifs qui mesurent le pH et les taux de gaz carbonique et d'oxygène dans le sang puis en informent le cerveau. Un mammifère en apnée, par exemple, voit son taux de gaz carbonique augmenter ; dès que ce dernier dépasse le seuil tolérable par l'organisme, le cerveau déclenche le réflexe d'inspiration.

Sensibles aux vibrations

L'ouïe est un élément primordial dans la communication intra- et interespèces. Elle renseigne notamment sur la présence d'une proie ou d'un prédateur et permet de capter de brûlants messages d'amour.

Le grillon « entend par les pattes » grâce à un appareil auditif complexe. Des organes tympaniques situés sur ses tibias lui permettent de capter jusqu'aux ultrasons. Il perçoit aussi les basses fréquences au moyen d'autres récepteurs sensoriels placés au même endroit. Des organes chordotonaux, sortes de cordes de guitare tendues au niveau des articulations des pattes, des ailes et surtout des antennes, remplissent un office similaire.

▲ *Le harfang des neiges vit dans les régions arctiques et se nourrit essentiellement de lemmings. Son atout pour la chasse : une capacité auditive telle qu'il peut capturer ses proies sans les voir.*

Des récepteurs vibratoires

Le grillon n'est pas le seul à entendre de la sorte : tous les insectes sont sensibles aux vibrations. Et, à l'instar de presque tous les insectes qui émettent des sons, ses récepteurs vibratoires sont devenus de véritables organes sonores.

Car, pour entendre, il faut souvent aussi savoir émettre. Ainsi, les grillons attirent leurs partenaires sexuels en stridulant. Les criquets migrateurs, quand ils chantent, contribuent au rassemblement de leurs multiples groupes. Tous sont capables de discerner les basses fréquences émises par la marche d'un prédateur et parfois aussi de capter les ultrasons diffusés par le « radar » des chauves-souris.

Des vibrations amplifiées

Dans le monde des vertébrés, la sensibilité sonore est concentrée dans un seul organe de phonoréception. Chez les poissons, les vibrations sont transmises à l'oreille interne par les os du crâne.

Les espèces dotées d'une vessie natatoire entendent encore mieux que les autres, car cet organe bute contre les os du crâne. La vessie du hareng, par exemple, transmet les sons bien plus fidèlement que son crâne à l'oreille interne.

Cette structure est encore améliorée chez les poissons blancs de rivière, comme l'omble. Situé entre leur vessie natatoire et leurs deux oreilles internes, un système d'osselets, dits de Weber, amplifie sensiblement les vibrations sonores.

Quant aux vertébrés terrestres, leur organe de l'audition s'est sophistiqué depuis les batraciens jusqu'aux mammifères. Ces derniers sont probablement les animaux les plus sensibles aux sons, puisqu'ils possèdent un système d'osselets complexe (marteau, enclume, étrier).

Des plumes pour entendre

La vision nocturne des chouettes et des hiboux est excellente. Mais, pour ces espèces, l'ouïe est encore plus importante. Elle permet en effet, grâce aux disques de plumes placés autour des yeux qui collectent les sons, de repérer une proie (une souris par exemple) se trouvant à une grande distance, et parfois même sous la neige.

Une chouette – comme le harfang des neiges – peut donc attraper un animal sans le voir. Perchée sur un piquet, elle écoute, puis fond brusquement sur sa proie, qui évolue à 10 ou 20 cm sous le manteau neigeux.

▲ *Les « tympans » du grillon sont situés de part et d'autre de ses tibias, l'un à la face externe, l'autre, plus petit, à la face interne. C'est en frottant ses élytres (les boucliers de ses ailes) l'une sur l'autre qu'il émet ses bruyantes stridulations.*

▶ *Ses oreilles de 15 cm permettent au fennec de percevoir les déplacements de ses proies (invertébrés, lézards, petits mammifères, oiseaux) sur le sable à plusieurs dizaines de mètres à la ronde.*

Les perceptions extrasensorielles

Les animaux entendent mieux, voient mieux, reniflent mieux que nous. Ils sont aussi sensibles à des informations que nous ne percevons même pas. En fonction de leur environnement, leurs organes sensoriels se sont développés jusqu'à élaborer des récepteurs inconnus chez l'homme. Ils ont ainsi acquis la capacité d'avoir une représentation électrique, magnétique, sonore, thermique ou encore chimique de leur monde. Leurs perceptions extrasensorielles, invisibles pour nous autres humains, fascinent autant les zoologues que les ingénieurs. Les premiers se demandent encore si nous n'en posséderions pas, les seconds n'aspirent qu'à les copier.

▲ À VUE DE NEZ...
Les phéromones sont des substances chimiques produites par l'organisme qui jouent un rôle très important dans la communication. L'odorat humain n'est pas capable de les identifier, bien qu'elles puissent jouer un rôle sur notre comportement sans que l'on s'en aperçoive (phéromones sexuelles, notamment). En revanche, bon nombre d'espèces animales sont capables de « sentir » une phéromone et d'adapter leur comportement en fonction de ce signal chimique. Par exemple, chez certains papillons nocturnes, les phalènes (ci-dessus, un attacus d'Isabelle), les femelles émettent une phéromone sexuelle, le bombicol, que les mâles perçoivent grâce à des récepteurs situés sur leurs antennes. Attirés par cette « odeur », même à grande distance (parfois 1 km), le ou les mâles retrouveront vite la femelle qu'ils convoitent.

◀ CHAUD DEVANT
Certains animaux sont capables de percevoir les infrarouges – correspondant à un dégagement de chaleur –, que l'être humain ne peut pas détecter. Ainsi les serpents repèrent-ils leurs proies à ce dégagement de chaleur : ils « voient » les infrarouges de leurs victimes et, guidés par cette source de chaleur, se dirigent vers elles. Les ours blancs, sur la banquise, perçoivent également le moindre dégagement de chaleur. Par exemple, si un être humain est installé sous une tente plantée au beau milieu de la neige, l'ours le repérera malgré tout, aux seuls infrarouges émis, même s'il ne le voit pas.

Chasse à l'écho

Les chauves-souris (ci-contre, un oreillard) comme les dauphins émettent des ultrasons et chassent grâce à leur sonar. Ces ondes parcourent l'espace ; quand elles rencontrent un obstacle ou une proie, un écho leur est renvoyé, ce qui permet à l'animal d'apprécier la distance et d'identifier l'objet qui renvoie cet écho. Celui-ci est capté par les oreilles et au niveau des narines chez les chauves-souris et par la mandibule inférieure chez les dauphins. Les infrasons (sons de basse fréquence) sont également un mode de communication totalement inaudible pour l'oreille humaine. Baleines ou éléphants s'en servent pour communiquer entre eux, parfois sur des distances de plusieurs kilomètres chez l'éléphant, et de plusieurs dizaines de kilomètres chez la baleine !

Navigation à la boussole

La navigation des migrateurs nocturnes serait guidée en premier lieu par les variations du champ magnétique terrestre. En laboratoire, la modification artificielle de la direction du nord magnétique détourne des oiseaux comme les pigeons. C'est chez ces derniers qu'on a pu isoler, pour la première fois cans le règne animal, des cristaux de magnétite (un oxyde de fer). Entre cerveau et boîte crânienne, ces corpuscules se comportent comme l'aiguille de la boussole.
Ils s'orientent vers le nord et enregistrert la valeur et la direction du champ magnétique local au point de départ et à l'arrivée. On retrouve également ces cristaux dans le corps des abeilles et dans certaines bactéries. Rien n'interdit de penser que d'autres animaux disposent de telles boussoles internes pour migrer ou simplement s'orienter – les tortues marines, par exemple.

Relations électriques

Certains poissons peuvent détecter d'infimes modifications du champ électrique de l'eau. D'autres s'entourent d'un champ électrique de faible intensité qui leur sert de système de sécurité. Tous peuvent ainsi repérer des proies, des prédateurs ou des obstacles que leurs autres organes sensoriels ne leur

révéleraient pas. C'est le cas de quelques espèces des eaux douces africaines et sud-américaines, et, surtout, des requins (ci-dessus, un requin-baleine) et des raies. Le gymnote, un poisson d'eau douce, est ainsi capable de distinguer deux objets de couleurs distinctes dans l'obscurité, parce que la conductivité électrique de chacun d'entre eux est légèrement différente. Le brochet du Nil, en envoyant 300 impulsions électriques de 5 V chaque seconde, dispose d'un véritable sonar. Les requins sont quant à eux sensibles à des champs électriques dont l'intensité est inférieure à 0,005 mV/cm^2. Quelques espèces électroréceptives, comme le gymnote, sont capables d'utiliser l'électricité comme une arme.

Copier la nature

L'homme copie la nature – lorsque cela est économiquement rentable et technologiquement faisable. Car pour copier, il faut avoir une parfaite connaissance des mécanismes mis en jeu par la vie. C'est pourquoi les organes impliqués dans les perceptions extrasensorielles des animaux n'ont pas été copiés par l'homme. En revanche, nous nous en servons comme de modèles pour tenter d'améliorer ce que nous avons fabriqué. L'organe thermoréceptif des crotales (ci-dessous), par exemple, moins sensible que les capteurs infrarouges des missiles, mais doté d'un pouvoir de résolution très supérieur, guide les chercheurs pour améliorer les systèmes d'alarme; l'observation de poissons d'eau douce tropicaux équipés d'un véritable sonar à impulsions électriques nourrit les recherches des ingénieurs travaillant à de nouveaux systèmes de guidage et de détection. Des ingénieurs qui rêvent de copier les mystérieux systèmes de navigation des oiseaux migrateurs…

Comment voient les animaux

Capter la lumière

Tous les animaux perçoivent la lumière, mais il semble que très peu voient correctement. Les organes de la vision ont, quelle que soit l'espèce, la même structure. Seul change leur niveau de complexité.

▲ *Œil d'abeille. L'œil composé des insectes leur permet de voir dans presque toutes les directions, mais sans relief ni détails. Très sensible aux contrastes, il agit comme un excellent détecteur de mouvements.*

Le ver de terre ne voit pas grand-chose : du noir ou du blanc. Son corps est parsemé de cellules sensibles à la lumière. Lorsqu'elles sont excitées, celles-ci informent le lombric de la présence et de la direction de la lumière.
En l'absence de lumière, elles ne réagissent pas. C'est tout. Le lombric ne voit ni couleur, ni contraste, ni mouvement, ni forme. Il peut juste savoir s'il y a ou non de la lumière.

De la peau à l'ocelle

Le sens de la vision du ver de terre est particulièrement primitif. Ses cellules à peine spécialisées réagissent un peu comme notre peau au soleil. Elles représentent l'unité de base à partir de laquelle se sont élaborés les organes de la vision chez les espèces plus complexes.
En se regroupant avec des cellules sensorielles, ces cellules photoréceptrices (sensibles à la lumière) constituent des photorécepteurs, ou ocelles. Lesquels, à mesure que l'espèce qui les porte se complexifie, s'enfoncent sous la peau jusqu'à former un œil, fermé par un cristallin. La plupart des invertébrés ne voient leur monde qu'au travers d'ocelles. La lumière parvient sur ces demi-yeux de toutes les directions : la vision de ces animaux est donc globale. Ils ne peuvent que percevoir des niveaux de lumière, des contrastes, des formes vagues, quelques mouvements, et sont incapables de localiser avec précision une source lumineuse.

▲ *L'œil de grand diamètre de ce beauclaire lanterne capte plus de lumière que d'autres, plus petits. Il nous renseigne sur le mode de vie de son propriétaire : le beauclaire est un animal nocturne. Gros avantage que ses grands yeux lorsqu'il s'agit, le soir venu, de quitter son abri pour s'en aller chasser…*

L'œil télescope

En revanche, la plupart des arthropodes (araignées, scorpions, crustacés, acariens, insectes) voient beaucoup mieux. Comment font-ils ? Prenons une libellule. Comme tous les insectes, elle est munie de véritables yeux. Ils sont dits composés : chacun est un gros bouquet de 2 000 facettes géométriques. Sous chacune d'elles s'allonge une structure photoréceptrice, l'ommatidie, association de cellules sensibles à la lumière et de cellules sensorielles. Pointée dans une direction très légèrement différente de celle de sa voisine, l'ommatidie fonctionne comme une lunette astronomique qui ne couvre qu'une petite portion du champ de vision.
Le jour, la lumière vive inonde les yeux de la libellule. Leurs ommatidies réagissent toutes de la même manière, en fournissant, chacune, une image. La libellule voit donc le monde en couleurs

LES PIGMENTS

Beaucoup d'animaux voient grâce à plusieurs pigments (les mammifères, notamment, qui ont une vision trichromique : leurs pigments réagissent au bleu, au vert et au rouge). Qu'est-ce qu'un pigment ? C'est une association de deux molécules. L'une est identique chez tous les animaux : le rétinol, un dérivé de la vitamine A. L'autre, l'opsine, regroupe toute une famille de molécules complexes qui réagissent chacune à des longueurs d'onde bien particulières. Lorsque la lumière frappe le pigment, les deux molécules se dissocient. Ce mouvement génère des électrons qui, guidés par une cellule sensorielle, forment un influx nerveux en direction du cerveau.

▶ *La mouette verrait en quatre couleurs, alors que l'homme ne voit qu'en trichromie.*

▶ *L'abeille voit en trois couleurs : ultraviolet, bleu et vert. Elle sait aussi repérer les plans de polarisation de la lumière.*

▶ *La grenouille ne distingue ni formes ni contours, seulement les couleurs et les mouvements.*

comme un tableau pointilliste et, surtout, perçoit le moindre mouvement. La nuit, en revanche, la faible lumière est prise en charge par l'ensemble des ommatidies, et l'image formée est unique. Sans couleur, mais suffisamment contrastée pour que la libellule puisse, au moins, éviter les obstacles.

L'œil caméra

Les vertébrés voient au travers d'yeux plus complexes encore, les yeux à chambre, qui fonctionnent comme des appareils photo. La pellicule, ou rétine, est tapissée de deux types de cellules photoréceptrices : les cônes (responsables de la vision en couleurs) et les bâtonnets (sensibles aux contrastes, efficaces sous faible lumière). La cornée, recourbée, fait fonction de lentille frontale d'objectif. Le cristallin, situé juste derrière, assure la mise au point grâce à des muscles qui le déforment en fonction de la quantité de lumière qui le frappe (sauf chez les poissons et les amphibiens). Entre la rétine et le cristallin, de l'eau salée (l'humeur vitrée) assure une bonne convergence aux rayons lumineux. La paupière et l'iris sont là pour diaphragmer, c'est-à-dire pour contrôler la quantité de lumière qui traverse l'œil. La plupart des mammifères ne perçoivent pas les couleurs, car leur rétine ne comporte pratiquement que des bâtonnets. Le taureau ne voit donc pas le rouge de la cape du torero, mais l'agitation que celui-ci lui imprime et le niveau de la lumière qu'elle réfléchit. Les mammifères arboricoles (comme les primates, donc l'homme) ou frugivores, par contre, semblent tous distinguer les couleurs. Les herbivores, aux yeux peu mobiles, ont une vision moins nette que celle des prédateurs. Lesquels ont les yeux très rapproché, ce qui leur permet d'acccéder au relief : chaque œil donne la même image avec un très léger décalage, et le cerveau les superpose ; c'est la différence entre les deux qui donne la profondeur de l'image.

▲ *Cette couleuvre est surtout active pendant la nuit, et elle vit dans les arbres. Deux facteurs qui expliquent la présence d'yeux aussi gros : ils captent plus de lumière et donnent une vision plus riche en détails.*

La seiche, le calmar et la pieuvre sont très différents des vertébrés. Pourtant, à quelques détails près, leur vision est la même que la nôtre ; ils distinguent même probablement mieux les couleurs ; et, surtout, ils ont une vision en relief. Grâce à leurs yeux énormes, ils sont devenus des prédateurs autrement efficaces que bien des poissons.

Vue d'oiseau

Quant aux oiseaux, on sait qu'ils voient en couleurs mais, chez certaines espèces (mouettes, passereaux diurnes), cet univers coloré diffère totalement du nôtre. On pense ainsi qu'ils pourraient voir de façon plus nette en accroissant certains contrastes. Les migrateurs comme les pigeons sont probablement sensibles aux ultraviolets et savent détecter les plans de polarisation de la lumière. Les yeux tubulaires des rapaces, pour leur part, fonctionnent comme des télescopes. Leurs rétines comportent des zones bien particulières, les fovéas, où l'agrandissement de l'image est encore plus important.

▲ *La seiche, qui se reconnaît sans peine à ses yeux « en oméga », voit en couleurs et en relief, comme nous.*

▲ *Sentir par les pattes : c'est ce que fait la mouche, dont chaque patte (ci-dessus, au microscope électronique) est munie de cils sensoriels et d'une paire de lobes sensitifs appelés pelotes.*

L'ODORAT

Il ne suffit pas d'avoir du nez

L'odorat permet de repérer des molécules à l'état gazeux. Chez les animaux marins, il se confond avec le sens du goût. Aux animaux terrestres, il offre une palette de perceptions bien plus riche que celle fournie par la vision.

▲ *Les serpents (ici, un boa) se servent de leur langue pour analyser l'air ambiant et détecter ainsi la présence d'une proie éventuelle.*

Dans le monde entier, des récits célèbrent les toutous perdus ou abandonnés qui ont retrouvé leur logis, pourtant distant de plusieurs centaines de kilomètres. Il ne s'agit pas là de légendes.

C'est que le chien possède un odorat impressionnant, 10 000 fois plus sensible que le nôtre. Imprégnés de l'odeur de ses maîtres, ses récepteurs sensoriels peuvent le ramener chez lui s'il suit un chemin tracé par les effluves que son mufle a déjà captés.

Est-ce là un exploit ? Non, car l'odorat est, avec la vue, le sens qui fournit le plus de renseignements aux vertébrés. Chez l'homme, il a cependant énormément régressé.

Si le cochon ou le chien sont, en raison de la qualité de leur odorat, dressés à rechercher des truffes enfouies dans le sol, beaucoup de carnivores mettent aussi à profit la capacité sensitive de leurs congénères pour signaler leur présence. Les félins ou les canidés de sexe mâle, par exemple, urinent à des endroits bien précis pour marquer leur territoire. Ils émettent ainsi des phéromones – substances chimiques que l'odorat humain ne peut sentir –, destinées à prévenir une intrusion sur leur domaine.

Sentir par les pattes et les antennes

Dans le monde des invertébrés, ce sont les insectes qui possèdent l'olfaction la plus développée. Les structures anatomiques de base leur permettant de capter les odeurs sont des soies sensorielles modifiées qui forment sur leur carapace étanche de petites excroissances.

Ces organes, appelés sensilles, jouent un rôle considérable dans la vie des insectes. Le comportement reproducteur, le rassemblement en colonies ou le réflexe de fuite de nombreuses espèces sont sous la commande des substances émises par les animaux eux-mêmes. Les sensilles des papillons de nuit mâles sont ainsi capables de repérer les

LES OISEAUX ONT-ILS DU FLAIR ?

On dit parfois que les oiseaux n'ont pas d'odorat. Ce n'est pas tout à fait vrai. Les urubus (ci-contre) – ces vautours du Nouveau Monde – ont une olfaction très développée qui leur permet de repérer un cadavre de très loin. De nombreux oiseaux de mer, comme les pétrels ou les océanites, sont également capables de sentir leur repas – des reliefs de poisson ou des animalcules – à des kilomètres de distance, en pleine mer, là où l'odorat humain ne reconnaît que le bon parfum iodé de l'océan ! En revanche, les baleines et les dauphins n'ont pas d'odorat.

◀ Ce guépard marque son territoire d'un jet d'urine. Une manière de signifier à ses congénères, en faisant appel à leur odorat, que la place est prise.

◀ Les albatros sont capables de sentir des restes de poisson sur l'océan à de grandes distances, puis de se diriger sans se tromper vers la source de nourriture.

femelles à plusieurs kilomètres à la ronde. Celles des cafards ordonnent la fuite dès la réception d'un message émis par l'un des leurs. Les fourmis suivent invariablement les routes chimiques tracées par des éclaireuses.
Quant aux mouches, elles ont également des sensilles, mais « reniflent » essentiellement par les pattes. Celles-ci sont en effet dotées à leurs extrémités de cils sensoriels capables de distinguer les sucres, les sels et autres substances chimiques.

Ils ont plus d'une odeur dans leur sac

L'olfaction concerne seulement les molécules à l'état gazeux ; mais les vertébrés ne peuvent néanmoins les analyser que sous forme dissoute. Dans le monde des animaux à squelette interne, l'olfaction est donc très proche de la gustation, qui analyse aussi les substances dissoutes.
Les molécules volatiles, lorsqu'elles parviennent dans les organes dévolus à l'odorat, sont solubilisées dans un mucus. Les cellules sensorielles peuvent alors les analyser et les répartir en sucré, salé, acide ou amer.
Cet ensemble d'organes de l'odorat constitue une sorte de sac où s'accumulent les odeurs captées au préalable par une narine. À l'intérieur de celui-ci, une membrane analyse les molécules. Sa surface est constamment recouverte d'un film muqueux, fabriqué notamment par les glandes lacrymales. Il est très souvent en relation avec le pharynx par l'intermédiaire d'une narine interne, également appelée choane.
Des reptiles jusqu'aux mammifères en passant par les oiseaux, cette choane s'ouvre de plus en plus profondément dans le pharynx. Et, chez l'homme, elle s'ouvre au-dessus du voile du palais. Chez les reptiles, l'organe de Jacobson, situé entre le sac olfactif et la bouche, permet à ces animaux de sentir ce qu'ils ont l'intention de manger tout en gardant la bouche fermée. Pour ce faire, ils sortent régulièrement leur langue : elle capte des molécules qui seront ensuite analysées par ses récepteurs. Les informations ainsi recueillies leur indiquent la présence d'une proie éventuelle.

▶ Le museau particulièrement imposant de l'ours brun démontre que l'odorat est primordial pour cet animal. La petitesse de ses oreilles dénote, elle, les limites de son ouïe. Quant à sa vue, elle est faible : beaucoup d'ours sont myopes.

LE TOUCHER

À fleur de peau

Tous les animaux sont pourvus d'organes du toucher, qui leur permettent de repérer une proie ou un ennemi. Leur fonctionnement repose sur la présence de terminaux nerveux placés en contact avec la peau.

Le raton laveur, s'il n'est pas un as de la propreté – ce que contredit sa réputation –, brille par ses talents de pêcheur. Son sens du toucher, très développé, notamment au niveau du nez et des pattes avant, lui permet en effet de capturer maintes petites proies aquatiques.

Toucher n'est pas jouer

De l'éponge à l'ours, les animaux sont sensibles au moindre contact. Celui-ci peut être vécu comme une agression ou, à l'inverse, comme un geste de tendresse. Les espèces immobiles, comme les éponges, se défendent quand on les touche en se rétractant ou en émettant des substances répulsives, voire toxiques (anémones-de-mer). Les autres fuient ou attaquent. Le sens du toucher peut, par ailleurs, être sollicité pour repérer la nourriture. Les poils implantés autour de la bouche du lamantin lui donnent ainsi la capacité de toucher, avant même de les voir, les plantes sous-marines dont il se repaît.
Le sens du toucher, ou tact, est commun à tous les animaux et nécessite peu de chose pour fonctionner : quelques terminaisons nerveuses libres en contact direct avec la peau. Les corpuscules tactiles des vertébrés et leurs équivalents, les sensilles trichoïdes des arthropodes (crustacés, acariens, araignées, scorpions, insectes), présentent cette structure.

Des terminaux très performants

Chez les poissons, l'organe du toucher consiste en une ligne de récepteurs de chaque côté du corps. Cette ligne latérale, sensible aux vibrations, leur permet de « toucher » sans contact direct.
En ce qui concerne les vertébrés terrestres, l'organe du toucher est plutôt localisé au niveau de la bouche. Les corpuscules tactiles des serpents, des varans ou des caméléons ont migré sur la langue. Chez les primates, le déplacement s'est opéré vers la pulpe des doigts, la paume des mains et la plante des pieds.
Les organes du toucher gagnent en complexité dès lors qu'ils s'associent aux poils des mammifères. Certains d'entre eux, raidis, allongés, transformés en vibrisses ou en moustaches, agissent comme des diapasons qui amplifient le moindre contact.

Le rôle inattendu de l'oreille

Chez tous les vertébrés, et notamment chez les mammifères, l'oreille interne est pourvue d'organes du toucher : les canaux semi-circulaires. Lorsque la tête tourne, le mouvement du liquide qu'ils contiennent induit le déplacement d'une membrane, mesuré par les cellules sensorielles. L'utricule et le saccule, deux structures qui portent les canaux semi-circulaires, comportent des cristaux de calcite, les otolithes, dont le déplacement est également pris en compte. Le cerveau est ainsi informé en permanence de la position de la tête dans les trois dimensions – informations indispensables pour faire tenir la tête droite, se situer dans l'espace et se déplacer sans perdre l'équilibre.

▲ *En guise d'organe du toucher, les poissons, ici un hareng, sont munis d'une ligne latérale qui leur permet d'évaluer le sens et la vitesse d'écoulement de l'eau.*

▲ *Les moustaches des félins, ici un jaguar, sont de véritables organes tactiles dont la base est riche en terminaisons nerveuses.*

▼ *Le lamantin a la vue basse, mais son museau est muni de poils qui lui permettent de détecter sa nourriture avant même de l'avoir vue.*

Chapitre
13

LANGAGE ET COMMUNICATION

Cris, murmures et chuchotements

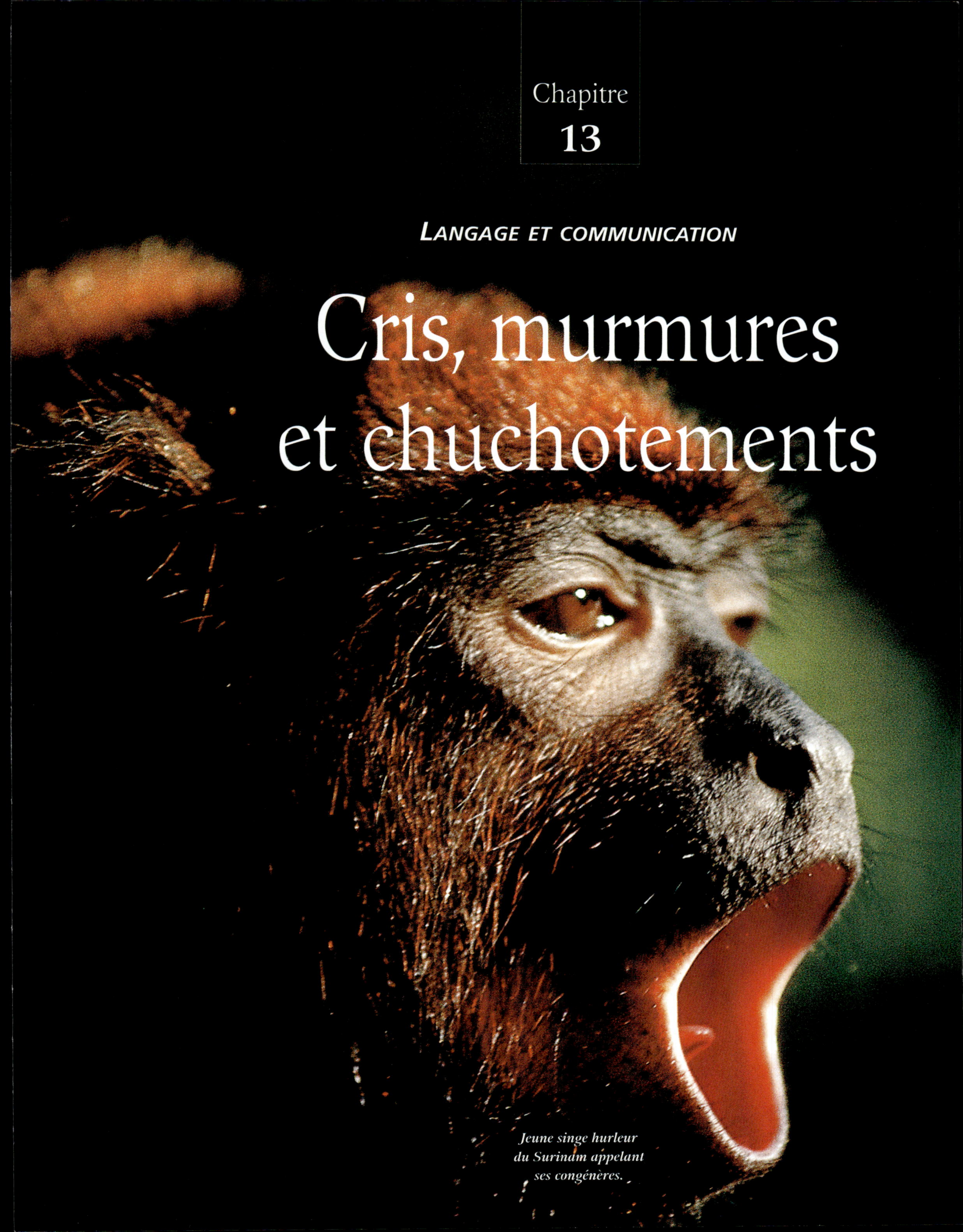

Jeune singe hurleur du Surinam appelant ses congénères.

Un langage du corps

Les animaux vivant en société doivent maintenir la cohérence du groupe. Danse, tapotements d'antennes chez les insectes, cris, mimiques, attouchements chez les singes permettent d'échanger des informations.

◀ *Ce mâle d'orang-outan fait une grimace assez terrifiante pour l'observateur humain ! Pourtant, cette mimique n'exprime pas l'agressivité, mais la peur.*

À l'intérieur d'une ruche, une abeille virevolte et s'agite frénétiquement. Du moins le croit-on à première vue. En réalité, sa trajectoire dessine des 8, son abdomen frétille selon une certaine cadence : elle se livre à une véritable danse, dont les figures se répètent dans l'air selon une chorégraphie définie.

Les abeilles dansent dans la ruche pour informer leurs sœurs de l'endroit où elles ont trouvé une nouvelle zone fleurie. Leurs circonvolutions respectent un code : leur danse est langage.

Le langage des abeilles

Lorsque l'abeille décrit un 8 sur un rayon de soleil, l'angle que fait la barre centrale de ce chiffre avec l'axe vertical du rayon indique la direction de la source de nourriture depuis la ruche. Plus vite son abdomen frétille, plus la zone fleurie est proche. Et plus la danse est rapide, plus cette source de nourriture est abondante.

Cette étonnante façon de communiquer connaît des variations selon les régions, un peu comme nos dialectes d'antan. Ainsi, la même vitesse de frétillement indique une distance moins importante pour les abeilles du sud de l'Europe que pour celles du nord. Car les butineuses du Sud ont besoin de moins se déplacer pour trouver du nectar que celles du Nord, où les fleurs sont plus rares.

Communiquer par les antennes

Les insectes sentent et goûtent par leurs antennes. Leurs mouvements et tapotements ont pour but de détecter des molécules. C'est de cette manière que les fourmis, par exemple, décryptent les odeurs émises par l'une ou l'autre d'entre elles,

DES SINGES PARLANTS ?

Entre 1966 et 1971, les époux Gardner ont appris à un chimpanzé dénommé Washoe près de 150 mots en langage des signes. Avoir une conversation simple avec cet animal est donc possible ! On s'est par ailleurs aperçu que les singes ayant assimilé un certain nombre de sons étrangers à leur langage étaient capables de les transmettre à leurs congénères.

▲ *Échange de nourriture de bouche à bouche (trophallaxie) entre deux fourmis rousses.*

en cas de danger – phéromone d'alerte diffusée dans l'air –, ou encore pour signaler une source de nourriture – traçage au sol d'une piste odorante où elles disposent régulièrement une phéromone avec l'abdomen. Ainsi a-t-on pu parler de langage antennaire. Une fourmi privée de ses antennes est incapable de communiquer avec ses compagnes.

C'est par leurs antennes aussi que les insectes quémandent de la nourriture et échangent ensuite des aliments. Or c'est via ces incessants échanges que circulent de nombreuses substances chimiques destinées à assurer l'organisation sociale, notamment en régulant l'apparition des différentes castes. Les sécrétions de la reine des abeilles, par exemple, diffusées dans toute la ruche grâce à la nourriture, bloquent la ponte des ouvrières et empêchent l'élevage de nouvelles reines. Lorsque la reine meurt, la source de cette molécule se tarit et le comportement des ouvrières change : un nouvel élevage de reines se met en place. De même, quand, chez les termites, les soldats sont en trop grand nombre, ils sécrètent une substance fortement concentrée qui empêche l'apparition de nouveaux soldats. Et c'est cette même substance qui, faiblement concentrée, favorise leur apparition pour combler les pertes après une attaque de fourmis, par exemple.

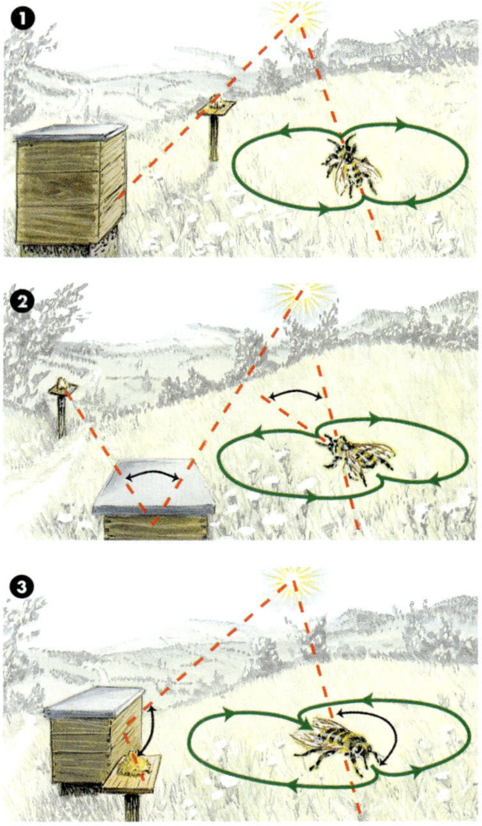

▶ **La danse des abeilles.**
1. *La source de nourriture se trouve dans l'axe du soleil : la danseuse fait la barre de son 8 en montant dans la direction du soleil.*
2. *La source est décalée de 30° à gauche par rapport à l'axe ruche-soleil : l'abeille incline d'autant la barre de son 8 dans la direction de la source.*
3. *La source est à 120° à droite par rapport au soleil : la danseuse incline la barre de son 8 selon le même angle.*

Le chimpanzé crie et grimace

On ne choquerait plus personne aujourd'hui en disant que les comportements des chimpanzés rappellent ceux de l'être humain. Dès son jeune âge, notre plus proche cousin suit fidèlement ses parents, et notamment sa mère. Il exprime sa joie, sa crainte ou ses envies tel un petit d'homme, en sollicitant la femelle par des tapotements ou des cris auxquels celle-ci répond. Lorsqu'elle refuse de céder à une demande, la mère se met à crier et n'hésite pas à administrer une tape à son rejeton s'il se fait trop pressant.

Les singes, notamment les plus grands (chimpanzé, gorille, orang-outan), disposent ainsi de multiples formes d'expression. Les mimiques, par exemple. Leur visage devient alors très éloquent et chaque grimace a une signification. Lorsqu'il s'apprête à attaquer un comparse, ou dans toute autre situation entraînant un état agressif, un chimpanzé reste silencieux et garde les lèvres serrées. Lorsqu'il sourit largement, bouche ouverte, c'est qu'il a peur ou est excité ; ce sourire est d'ailleurs souvent accompagné de cris perçants. Mais un sourire

▲ *Si la source de nourriture détectée est située entre la ruche et le soleil, l'abeille danse vers le haut ; si elle est à l'opposé, elle danse vers le bas.*

▲ Appel.

▲ Peur, excitation.

▲ Agression.

bouche fermée caractérise un animal un peu moins effrayé. Les chimpanzés ne crient pas n'importe quand ni n'importe comment. En réalité, ils vocalisent selon des codes définis.

Devant une nouvelle source de nourriture, ils informent les autres de leur découverte et les invitent à venir les rejoindre : la bouche dessine un O fermé pour prononcer une sorte de *houou*, tout en aspirant fortement de l'air ; puis elle s'ouvre plus largement pour pousser une sorte de *oua*, qui constitue la phrase finale de l'appel. C'est ce que les scientifiques appellent un hululement haletant.

En d'autres occasions, par exemple la nuit ou lorsqu'ils se déplacent, ils ont recours à des vocalisations pour garder le contact avec leurs congénères.

Les bonobos et l'amour libre

La communication entre individus peut prendre des formes plus… libres. Chez les bonobos – une autre espèce de chimpanzé –, le sexe joue un rôle majeur dans les rapports sociaux. Ils sont d'ailleurs à la fois polygynes (un mâle pour plusieurs femelles) et polyandres (une femelle pour plusieurs mâles). Masturbation, fellation, rapports incestueux ou homosexuels sont des pratiques courantes.

Elles visent à calmer l'agressivité, à resserrer les liens entre individus et à cimenter le groupe ; pour les jeunes, ce sont sans doute aussi des rites d'initiation à la vie adulte.

Chez bon nombre d'espèces de singes polygames, la période de chaleur des femelles dure plusieurs semaines et se manifeste de façon très visible par des tumescences ano-génitales rouges. Chez les mâles de certaines espèces, les testicules sont de grande taille, de couleur bleu vif, et le pénis est rouge. Ces messages visuels très prononcés, qui s'ajoutent à un dimorphisme sexuel important (les mâles sont plus grands), favorisent une sexualité exacerbée.

Les chaleurs plutôt ostentatoires des femelles incitent les mâles à des audaces peu communes, voire à des alliances stratégiques. Un mâle peut s'associer à deux autres comparses, lesquels tiennent à distance un rival plus « baraqué » pendant qu'il s'adonne aux joies de la reproduction avec la femelle convoitée !

◀ *Les grands singes (haut et bas : babouin ; milieu : chimpanzé) possèdent un large registre de mimiques, dont certaines rappellent celles de l'homme, tout en ayant des significations très différentes.*

▼ *Cette femelle et ce jeune bonobo ont recours à des mimiques et à des gestes d'apaisement qui leur permettent de communiquer sans heurt ni violence.*

LES PHÉROMONES

Des messages chimiques

Animaux et végétaux émettent et perçoivent d'étranges substances chimiques, lesquelles régissent une grande partie des échanges au sein des espèces. Tout un monde de relations… indécelable par des narines humaines.

▲ *À l'approche d'une femelle, un étalon commence par flairer l'air, puis prend une attitude spécifique, le flehmen. Cette « grimace » serait une façon d'activer les capteurs de phéromones localisés dans son nez.*

Dans ce grand parc d'Afrique du Sud, c'est le rut chez les rhinocéros. Les mâles sont assez excités et plutôt agressifs ; les femelles sont en chaleur. Pas question de venir les déranger. Mais qu'est-ce qui peut bien déclencher cet affolement des sens ? Le retour du printemps ? La pousse subite de l'herbe ? Non, simplement une sorte d'horloge interne que les rhinocéros possèdent et qui induit la sécrétion de ces curieuses substances chimiques que sont les phéromones.

Des stimuli primordiaux pour la vie

Les animaux reçoivent donc des informations à partir de stimuli chimiques extérieurs, par l'intermédiaire de leurs propres récepteurs chimiques : ces « détecteurs » répondent spécifiquement à des molécules chimiques de leur environnement.

Bien sûr, chaque détecteur peut induire des réactions différentes selon la situation. Ainsi, nous salivons en sentant une bonne odeur de chocolat dans la cuisine et avons un haut-le-cœur en passant près d'une vieille charogne.

Les animaux réagissent de la même manière. Ces signaux chimiques sont appelés phéromones ; ils sont aux relations entre individus d'une même espèce ce que sont les hormones à la communication des cellules de l'organisme entre elles. La production de ces petites molécules – des peptides – ne requiert que très peu d'énergie. Quelques-unes, soit des doses infimes, suffisent pour déclencher un comportement immédiat (phéromones dites de déclenchement, les mieux connues, dont le rôle est essentiellement sexuel) ou une suite de modifications physiologiques (phéromones dites modificatrices, encore très mal connues).

Elles sont partout

Les phéromones ne sont jamais isolées : elles agissent en bouquets constitués de plusieurs molécules. Les chimistes n'ont pu les décrire que tout récemment, car elles sont produites en concentration très faible. Ils en ont trouvé partout, aussi bien chez les bactéries que chez le singe rhésus, en passant par les champignons, les algues, les arbres, les poissons et surtout les insectes. La grande majorité permet la rencontre entre cellules sexuelles mâles et femelles, chez les champignons et les algues notamment, et peut-être aussi chez les animaux.

Les phéronomes jouent également un rôle majeur dans l'accouplement entre mâles et femelles. Un rôle qui peut être direct (attraction à distance du

▼ *Comme la plupart des animaux dits supérieurs, les rhinocéros s'accouplent en partie sous influence hormonale, mais aussi sous celle des phéromones.*

▲ *Les cafards se regroupent grâce à une « balise olfactive » qu'émet chacun d'entre eux.*

mâle par une femelle insecte, par exemple) ou indirect : de nombreuses parades nuptiales auraient pour origine la réception par les mâles de phéromones émises par les femelles.

Un arbre qui sent le danger

Les phéromones jouent également un rôle de signalisation (du territoire, des pistes, du statut social), d'agrégation (en permettant le regroupement d'individus) ou d'alarme. Cette dernière fonction a été récemment mise en évidence pour les arbres et les arbustes. On a ainsi démontré qu'un acacia « stressé » par la langue d'une girafe excrétait une phéromone qui, reçue par les acacias voisins, pouvait déclencher chez ces derniers la synthèse de molécules rendant leurs feuilles indigestes. Chez d'autres plantes, les molécules de défense ainsi produites permettent de résister quelque temps aux insectes ravageurs.

▲ *C'est par l'émission d'une phéromone que la reine des abeilles domine ses ouvrières.*

Une piste pour l'industrie ?

L'industrie agroalimentaire tente de synthétiser ces molécules de défense afin de limiter l'usage des insecticides. Sans grand succès. Elle a obtenu de meilleurs résultats avec la lutte biologique : en plaçant au centre d'un piège les phéromones sexuelles femelles des insectes responsables de la destruction de vergers, il est désormais possible de capturer les mâles, et donc de contrôler en partie la reproduction de ces animaux.

▲ *Les fourmis s'échangent des informations phéromonales d'antenne à antenne.*

Autre méthode : saturer les récepteurs sensoriels de ces insectes de phéromones sexuelles diffusées en très grande quantité, dans le but de brouiller leurs sens et, ainsi, de les empêcher de se reproduire.

Phéronomes rassembleuses

Les phéromones jouent un rôle primordial dans les sociétés animales, particulièrement chez les insectes. Le premier facteur de rassemblement au sein d'une même espèce est un stimulus chimique, une odeur spécifique qui permet à un individu de reconnaître en l'autre un congénère.

Chez les blattes, on a montré que l'extrait d'une phéromone était aussi attractif qu'un individu vivant et que, dans un labyrinthe, un animal se

◀ *Chez la femelle bonobo, l'excitation sexuelle ne passe pas inaperçue : sa vulve devient énorme, et elle émet des quantités de phéromones sexuelles… qui vont mener les mâles par le bout du nez.*

dirigeait grâce à l'« odeur » émise par cette phéromone, qui a donc déclenché chez l'animal récepteur une réponse comportementale.

Un redoutable remède à la concurrence

▲ *Les antennes des papillons de nuit sont de véritables « éponges chimiques » : elles captent la moindre molécule émise à des centaines de mètres et sont en outre sensibles à la moindre vibration.*

Mais, dans d'autres cas, la réponse peut aussi être physiologique. Chez les abeilles, la reine secrète une phéromone qui a pour but de contrarier le développement ovarien des ouvrières, donc de les empêcher d'élever de nouvelles reines en leur interdisant de construire des cellules royales à l'intérieur de la ruche. Cette phéromone, produite au niveau de glandes mandibulaires, permettra plus tard la cohésion des ouvrières autour de la reine au moment de l'envol et de l'essaimage. Ce qui illustre le rôle multiple que peut jouer une même substance chimique.

Les fourmis utilisent aussi des phéromones, soit pour tracer un chemin qui mène à une source de nourriture, soit pour battre le rappel quand un individu est attaqué. Enfin, les phéromones servent à recruter de nouvelles ouvrières.

◀ *Fait rare chez les mammifères, la reine des rats-taupes inhibe la production des hormones de reproduction chez ses sujets, à l'aide de phéromones qu'elle libère dans son urine.*

◀ *Dans les abysses, les baudroies femelles attirent les mâles par des phéromones.*

LE COUP DE FOUDRE, UNE AFFAIRE DE NEZ ?

L'homme voit très bien mais sent très mal, d'autant plus que les fragrances diverses dont il se vaporise masquent ses odeurs les plus fortes. Il est donc assez difficile de croire que nous émettons des phéromones. Voire... À l'université de Philadelphie, il y a une trentaine d'années, des chercheurs s'amusèrent à imprégner un siège de salle d'attente de la sueur d'un homme. 80 % des femmes qu'ils firent ensuite patienter s'assirent sur le siège imprégné ou les sièges voisins, et 80 % des hommes s'installèrent très loin de lui ! Pourtant, l'odeur de sueur était apparemment indécelable. Les phéromones – sexuelles dans le cas présent – existent donc probablement chez l'homme. On n'a pu encore les isoler, car elles sont certainement produites à des doses extrêmement faibles. Un nombre croissant de biochimistes avance néanmoins l'hypothèse que le coup de foudre surviendrait en partie sous la commande de phéromones. D'autres pensent même que l'infidélité serait due à une réceptivité devenue trop faible aux phéromones sexuelles du compagnon.

L'atout secret du mâle

Dans le petit monde des mammifères, l'urine est d'une importance capitale : elle renferme des phéromones. Chez celle des souris mâles, on trouve des molécules qui accélèrent la puberté des femelles juvéniles. D'autres phéromones mâles synchronisent l'ovulation des femelles sexuellement matures. Mais, dès lors que le mâle dominant est absent ou a été chassé, ses phéromones n'agissent plus sur les femelles du groupe. Celles qu'il vient de féconder peuvent même avorter dès qu'elles détectent la présence de l'urine d'un autre mâle. Toujours sous l'influence de cette dernière, elles vont ovuler à nouveau, immédiatement, afin d'être aptes à donner une descendance au nouveau dominant.

LE LANGAGE SONORE

Une bruyante carte d'identité

Le langage sonore est le moyen de communication le plus simple qui soit, et de ce fait le plus répandu dans le monde animal. Il suffit de créer des vibrations dans l'air, ce qui est possible même sans bouche ni cordes vocales.

Les loups attaquent. Sous l'autorité implacable de leur chef, ils harcèlent un vieux caribou. Se méfiant des sabots et des cornes de leur victime, ils s'emploient à la fatiguer. La curée viendra lorsque le caribou, épuisé, cessera le combat. Pendant toute la durée de la chasse (poursuite, mise à mort et enfin partage de la proie), les membres de la meute ont coordonné leurs actions en hurlant. Ils ont aussi tenu informés du déroulement de la chasse les autres loups du groupe, qui maraudaient non loin d'eux, en modulant leurs cris. De la même façon, pensent des zoologues, que les veneurs jouent du cor pour aviser tous les participants des péripéties d'une chasse à courre.

▲ *En hurlant, les loups communiquent au sein de leur groupe, mais informent aussi les autres meutes de leurs activités.*

Signal d'alarme

L'avertissement est le premier but de la communication sonore. Comme la plupart des mammifères, les zèbres de Burchell émettent des cris d'alarme. Dès que l'un d'eux a repéré à l'odeur, puis localisé du regard un prédateur, il pousse un *i-ah* ou renifle bruyamment. Toute la troupe se regroupe alors et met de la distance entre elle et le danger. Face au même stress, les chevaux sauvages poussent des hennissements parfaitement compréhensibles de leurs congénères. De même, les marmottes sont connues pour leurs sifflements. Chaque tribu a son guetteur. Dès qu'un importun a dépassé la distance de protection minimale, la sentinelle pousse un cri très aigu qui provoque la fuite de tout son groupe vers les terriers.

Chez certains animaux, il existe différents cris d'alarme, correspondant chacun à un danger spécifique. Ainsi, chez le vervet, ou singe vert, les nouveau-nés vocalisent dès qu'ils aperçoivent un phacochère, par exemple, mammifère proche du sanglier. Passé l'âge de 1 an, le vervet crie aussi en présence d'autres mammifères, de serpents ou d'oiseaux jugés inquiétants. Ce n'est qu'à l'âge adulte qu'il développe un hurlement indiquant la proximité d'un léopard, son principal prédateur.

▲ *Chez les oiseaux, comme cette gorgebleue à miroir mâle, le chant a pour fonction de marquer un territoire et d'attirer une ou plusieurs partenaires.*

Les rois des vocalises

Dans le monde animal, les oiseaux ont sans doute poussé le langage sonore au firmament de l'accomplissement ! Rien n'est plus beau en effet que le chant d'une grive musicienne ou d'un rossignol en pleine nuit. Le riche phrasé, la pureté des notes ont, de longue date, inspiré écrivains et musiciens. Pourtant le chant, au-delà de sa beauté, a une vocation toute simple : proclamer la présence de l'animal.

Chez la plupart des oiseaux, la femelle se contente de pousser les cris propres à l'espèce et seul le mâle chante. Cela surtout au moment de la reproduction, afin de faire passer un double message. Tout d'abord, pour attirer sa future compagne : il déploie alors tout le répertoire dont il est capable. Il y a de bons et de mauvais chanteurs au sein d'une même espèce. Et mieux l'on chante, plus grandes sont les chances

◀ *L'éléphant-de-mer mâle pousse des cris graves, à la fois pour réunir ses femelles autour de lui et pour prévenir toute intrusion d'un concurrent au sein de son harem.*

▲ *Singe (ici, un singe hurleur), chameau, zèbre : tous les mammifères communiquent par des sons. La période de reproduction est notamment l'occasion de chants ou d'appels propres à chaque espèce.*

de séduire ! L'autre objectif est de marquer son territoire, c'est-à-dire de signifier aux mâles des alentours : « Je suis là, c'est mon territoire, éloignez-vous ! » Ainsi le chant est-il le moyen de communication le plus élaboré chez les oiseaux pendant cette période primordiale qu'est la reproduction.

Paroles d'oiseaux

En dehors de la période de reproduction, les cris remplacent le chant. Ils sont en général à la fois simples et multiples, et peuvent être utilisés en cas de danger, pour prévenir les autres (cris de détresse) ou lors des déplacements migratoires, pour maintenir le contact et la cohérence du groupe (cris de contact). En outre, les jeunes oiseaux possèdent leurs propres cris, notamment pour réclamer leur nourriture.

Enfin, si les mâles sont en général les seuls à chanter, il existe quelques espèces chez lesquelles la femelle peut également donner de la voix. Le chant se pratique alors en duo. C'est le cas chez le grand-duc d'Europe, les colious d'Afrique (oiseaux proches des coucous) ou encore les barbus tropicaux, qui vivent en Asie et en Afrique tropicale.

Cris du cœur

Le langage sonore est indissociable des parades nuptiales. Et pas seulement chez les oiseaux. Les mâles, au moment des amours, se font entendre, chez les insectes comme chez les amphibiens par exemple. Ainsi, dès la nuit tombée, le concert des grenouilles et des crapauds mâles couvre toutes les mares du monde : les coassements ne sont que des messages d'amour.

Chez les mammifères, même scénario. En septembre-octobre, dans les forêts d'Europe du Nord, l'élan mâle pousse un gémissement sourd. La femelle qu'il convoite lui répond en hennissant. Il la poursuivra ensuite toute la nuit en beuglant. À la même saison, les cerfs sont autrement bruyants. Ils brament pour s'impressionner les uns les autres et attirer les femelles. Ces manœuvres ont lieu par nuit fraîche et claire si possible : les cris, très puissants, retentissent à des kilomètres.

▲ *La cigale émet son chant en frottant ses élytres l'un contre l'autre.*

▼ *La grenouille mâle gonfle au printemps ses sacs vocaux pour émettre ce son bien connu que l'on entend sur le bord des étangs.*

▲ *Le siamang mâle est doté d'une poche qui se gonfle d'air et lui permet de produire un son portant très loin, typique de la forêt asiatique tropicale.*

De même, plus tôt en saison (juillet-août), au moment du rut, le chevreuil se signale par un aboiement proche de celui du chien, alors qu'en temps normal le cerf et le chevreuil sont des animaux plutôt discrets.
Tout le contraire du chacal à chabraque : ce dernier est l'un des animaux les plus bruyants d'Afrique ! Il hurle, aboie, caquette et renifle à tout moment, en fonction de ses émotions. C'est la femelle qui ouvre le bal au moment des amours, en lançant un rire strident. Excité, son prétendant pousse d'interminables hurlements jusqu'à ce que l'affaire soit conclue.
Quant au chameau, il blatère lors des parades nuptiales, c'est-à-dire qu'il émet un gargouillis en refoulant à l'extérieur de sa bouche, par une forte expiration, le voile du palais. Très gracieux.

La baleine chante...

Les baleines chantent sous l'eau, c'est bien connu. Même en apnée, l'oreille humaine peut en percevoir des bribes. Mais il faut un appareillage spécial (hydrophone) pour détecter la totalité du message.
Celui-ci, comme chez les oiseaux, est utilisé par les mâles au moment des parades, mais aussi au sein du groupe pour en assurer la cohésion. Et, comme chez les oiseaux, groupes ou populations de baleines peuvent avoir leur propre dialecte.

▲ *Ce couple de chacals assure sa cohésion par des mordillements, des frottements et des cris « de contact ».*

...et le singe crie

Chez les primates, l'utilisation de l'espace est réglementée par des vocalisations. Chaque groupe social proclame ainsi l'occupation de son territoire. En forêt, les singes crient le plus souvent le matin et d'assez haut dans les arbres. C'est le cas, par exemple, des gibbons asiatiques. Leurs éclats de voix sont répétés longuement à une fréquence rarement supérieure à 1 kHz, afin qu'ils ne soient pas arrêtés par le feuillage ni couverts par la stridulation permanente des insectes.
Ce sont les singes hurleurs qui poussent les cris les plus puissants : grâce à une sorte de chambre d'écho située dans leur gorge, leurs vociférations portent à plus de 1 km. Les singes de savane comme les babouins poussent également des cris d'alarme, à la fois très stéréotypés dans leur structure et très spécifiques. Seuls les mâles, chez la plupart des espèces, vocalisent de la sorte.

UNE OUÏE ULTRAFINE

Quand un manchot empereur adulte, qui niche sur la banquise antarctique, revient vers la colonie – où se trouvent des milliers de poussins – pour nourrir son jeune, il lui suffit de pousser un cri pour que le petit lui réponde aussitôt, malgré le tintamarre général. Cela veut dire que chaque individu est capable d'émettre un cri unique que le jeune reconnaîtra. Aux oreilles humaines, tous les cris sont identiques, mais les manchots, eux, sont capables de déceler une minime altération de fréquence... qui fait toute la différence !

LA PHOTOGENÈSE

Lumière !

Pour des raisons le plus souvent mal élucidées, de nombreux animaux ont la capacité de se rendre lumineux par réaction chimique interposée.

▶ La nuit, les calmars communiquent entre eux au moyen de messages lumineux.

▶ La plupart des animaux des très grands fonds marins émettent épisodiquement de la lumière ou réagissent au moindre photon, que ce soit pour chasser, pour effrayer un prédateur ou pour communiquer.

Monsieur *Photinus pyralis*, luciole de son état, est posé sur une branche. L'abdomen pointé vers l'horizon, il s'illumine de vert pendant un fugace instant. Exactement trois secondes après, une femelle lui répond par un flash identique. L'amoureux s'envole alors immédiatement dans la direction indiquée par cet excitant sémaphore. Il se repose bientôt, recontracte ses fondements et lâche un nouveau signal. Et le manège lumineux continue ainsi jusqu'à ce que les deux fébriles se rencontrent... et plus si affinités.

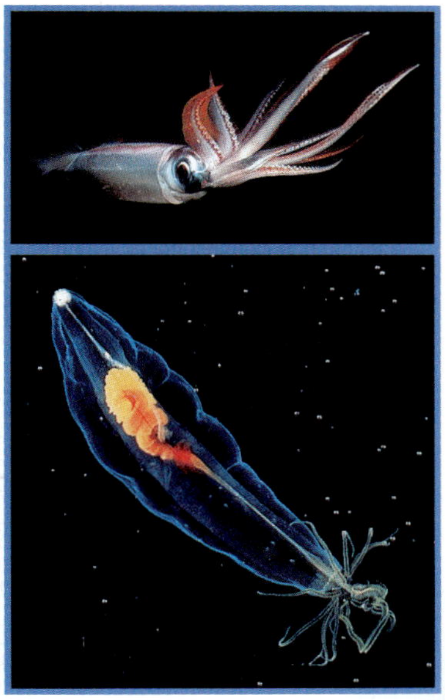

À chacun sa lumière

Un nombre étonnant d'organismes vivants émettent de la lumière : des bactéries, des champignons et beaucoup d'animaux, protozoaires, dinoflagellés (ces points qui brillent dans l'eau de mer, la nuit, au premier remous), cnidaires (la pélagie, une méduse, par exemple), vers de vase, calmars d'eaux profondes, krill (petits crustacés dont se nourrissent les baleines à fanons dans les eaux froides), vers luisants et pas mal de poissons.

La fabrication de la lumière est due à une réaction chimique entre deux protéines, la luciférine et la luciférase : en présence d'oxygène, elles émettent de l'énergie sous forme de photons, ces petits grains qui constituent la lumière. Cette synthèse est assurée par les espèces elles-mêmes ou par des bactéries vivant en symbiose avec elles (poissons-lanternes, par exemple).

Le plus surprenant est que les crustacés formant le krill, les céphalopodes et les poissons luminescents ont développé des structures émettrices de lumière fort semblables, dont l'architecture n'est pas sans rappeler l'œil d'un vertébré...

▶ Les lucioles diffusent de la lumière pour attirer un partenaire sexuel. Elles sont dotées de systèmes d'alerte qui coupent l'émission lumineuse dès qu'un prédateur s'approche.

Adaptation à l'oxygène ?

La photogenèse, ou capacité à émettre de la lumière, est trop présente chez les végétaux et les animaux pour ne pas avoir une quelconque utilité. Mais leur existence ne semble pas en dépendre.

La fonction messagère de ce phénomène est évidente chez les lucioles et chez quelques céphalopodes. L'émission de lumière de certains calmars sert à masquer leur fuite. Une sorte de canne à pêche luit au-dessus du crâne des baudroies abyssales, peut-être pour attirer les proies.

Presque toutes les autres espèces photogènes émettent de la lumière sans que l'on en comprenne la raison. Cette propriété pourrait être un stigmate du passé. Quand l'oxygène est apparu sur la Terre, les bactéries, alors uniques organismes vivants de la planète, ont dû s'adapter à cette molécule, dangereuse pour leur ADN. Certaines ont développé des réactions chimiques afin d'utiliser cet oxygène, tout en l'empêchant de pénétrer dans leurs cellules. Parmi ces réactions, la photogenèse, que l'évolution aurait conservée parce qu'elle ne l'entravait en rien.

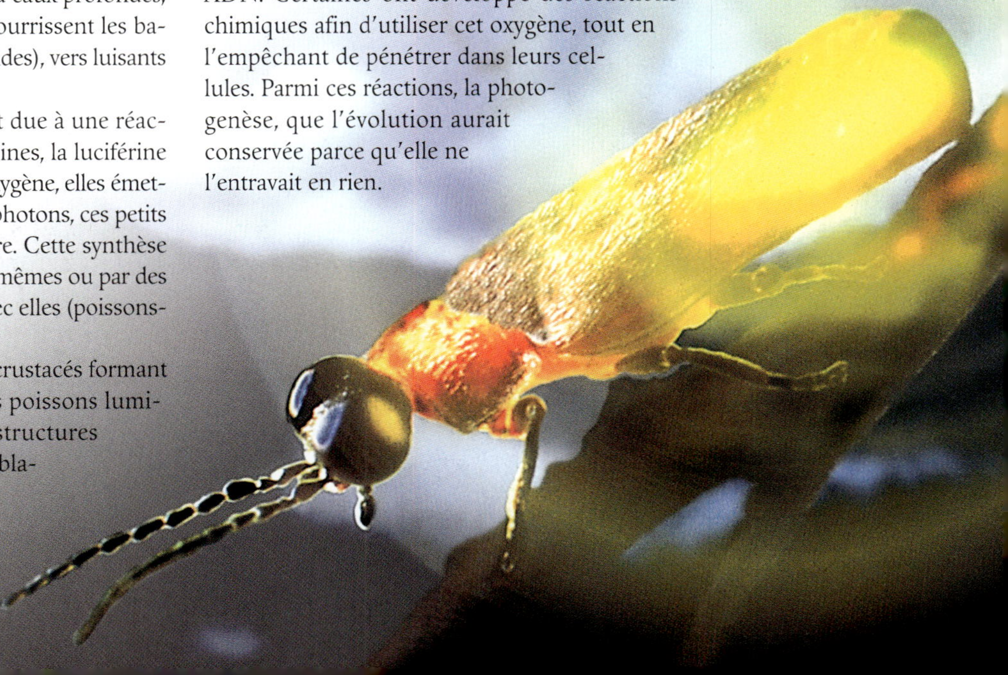

Pas de vie sociale sans communication

Tous les animaux sont des êtres sociaux. Or la sociabilité n'existe que parce que des informations, qu'elles soient visuelles, sonores, tactiles ou chimiques, sont véhiculées entre les membres d'un groupe. C'est la mise en jeu permanente de ces différentes informations qui assure la cohésion d'une société animale et la pérennité d'une population.

◀ Des chenilles communicantes

La communication n'est pas l'apanage des êtres vivants les plus évolués. Ainsi, chez la chenille processionnaire du pin, c'est un fil d'Ariane qui permet aux individus de communiquer entre eux. Quand, pour des raisons mal élucidées, un groupe de chenilles décide de quitter le sommet de l'arbre où il séjourne habituellement, chacun des individus sécrète un fil de soie, si bien qu'au final c'est un véritable ruban qui se déroule. Le déplacement se fait à la queue leu leu sous la conduite d'une seule chenille – le « chef de fil » en quelque sorte ! Outre des contacts tactiles (par les antennes) et chimiques (par les phéromones) permanents, les chenilles processionnaires ont donc un système visuel de communication : le fil de soie. Une fois la promenade terminée, le premier de cordée est également chargé de reconduire la colonie à son point de départ, en suivant le fil qu'il a tissé à l'aller. Lorsqu'il en perd la trace, il est parfois obligé de faire de grands tours pour retrouver son chemin. Si l'on prive expérimentalement le groupe de son guide, la chenille qui le suivait prend le relais sans problème.

▼ Une grammaire visuelle ?

Le manteau de la seiche est un rêve de styliste. Sa peau est constellée de papilles qui la modèlent en fonction de ses besoins : en une fraction de seconde, elle peut passer de la rugosité du roc au soyeux d'une algue. Chez certaines espèces, pendant les parades nuptiales, les mâles font paraître leur corps plus volumineux en se zébrant de rayures. Cette magicienne de la couleur intrigue les chercheurs, qui se demandent si sa peau ne servirait pas à communiquer selon une subtile grammaire visuelle. Mais aucun n'a encore d'explication. Cet invertébré, capable de mémoriser et d'apprendre, a des comportements fort complexes; c'est l'un des chasseurs les plus efficaces du monde sous-marin ; son cerveau et ses yeux ressemblent un peu aux nôtres. Alors, pourquoi pas ? Il faudrait reconsidérer les changements de couleur brutaux de la pieuvre et du calmar, proches cousins de la seiche…

▲ Des panneaux d'affichage

Les poissons des récifs coralliens sont connus pour leurs livrées chatoyantes. Celles-ci sont essentiellement revêtues par des espèces de petite taille, plus souvent proies que chasseresses, et ont avant tout un rôle de dissuasion ou de camouflage. Les contrastes violents sont souvent associés par les prédateurs à la présence de toxines ; les rayures servent à se cacher des chasseurs, et les faux yeux, à tromper l'ennemi : les prédateurs attaquant toujours là où se trouvent les yeux (faciles à repérer), l'intérêt pour une proie est de disposer de faux yeux près de la queue – l'agresseur se trompe, et sa proie a le temps de fuir. Les couleurs permettent aussi aux membres d'une espèce de s'identifier mutuellement. Enfin, pendant la période de reproduction, la compétition entre mâles se traduit par une débauche de couleurs censée impressionner les femelles.

▼ Centre d'informations

Les étourneaux sansonnets sont des oiseaux grégaires. En hiver, le soir venu, ils se rassemblent en de grands dortoirs bruyants, souvent sur les arbres ou les lampadaires d'une agglomération (les prédateurs sont moins nombreux en ville).
Des chercheurs ont montré que ce babillage continu sert notamment à échanger des informations. C'est là en effet que les oiseaux qui ont trouvé une source de nourriture abondante en informent leurs congénères. Ainsi, le lendemain matin, tous iront sur les lieux de la trouvaille.
Les mouettes tridactyles, dans leurs colonies à flanc de falaise, agissent de même pendant la période de reproduction.

▲ Dialectes de baleines

Non seulement les baleines à bosse communiquent par le chant et les cris, mais elles ne parlent pas toutes la même langue. La baleine à bosse, également appelée jubarte ou mégaptère, est un cétacé connu pour ses sauts impressionnants. Seuls les mâles chantent, pendant la période de reproduction hivernale. Un chant si puissant qu'il sème la zizanie en chatouillant les oreilles des sous-marins nucléaires : ces derniers le perçoivent en effet à plus de 180 km de distance. À basse fréquence, ce chant de longue portée est une sorte d'identité sonore propre à chaque individu. Il comporte une part d'inné et une autre d'acquis, et peut changer d'une semaine à l'autre. Il est composé de six thèmes fondamentaux bien définis, formés de phrases que l'on peut décomposer en syllabes sonores (chaque phrase est une suite de *chip* et de *yup*). Les individus d'une même population parleraient une sorte de dialecte commun, différent de celui d'autres groupes.

▼ Et si on parlait avec les mains ?

Les grands singes (orangs-outans, chimpanzés, gorilles) ont développé un système complexe de communication. Chez les chimpanzés, cette communication n'est pas uniquement vocale, elle est aussi gestuelle. Ainsi, pour apaiser un conflit, pour calmer une peur, deux chimpanzés s'enlacent et retrouvent une certaine sérénité.
De même, la cérémonie d'épouillage est précédée par des gestes qui permettent à chaque individu de se faire connaître : un animal dominé présentera son crâne pour recevoir un tapotement d'accueil qui le garantit contre un éventuel comportement agressif de son partenaire.

L'arbre qui parle à ses voisins

Leur immobilité semble interdire aux plantes de communiquer entre elles. Et pourtant… elles échangent des informations, par messages chimiques interposés.

▲ *Les koudous sont des antilopes vivant en petites hardes dans des zones boisées ; la tête des mâles s'orne de belles cornes spiralées.*

Dans la savane d'Afrique du Sud, près de Pretoria, la région du parc Kruger abrite une riche faune. Les koudous, de grosses antilopes, y prolifèrent dans de vastes enclos. Quand l'herbe manque, en hiver, elles se nourrissent de feuilles d'acacia… à leurs risques et périls.

Car ce changement de régime peut entraîner leur mort : l'arbre, pour se protéger, synthétise une molécule très toxique pour l'antilope, qui détruit son foie. Et, fait étonnant, les arbres sur lesquels les koudous n'ont pas encore jeté leur dévolu se sont mis eux aussi à produire cette molécule. Ils ont été prévenus du danger.

Quand les koudous attaquent

Arrimée au sol, la plante n'a que peu de moyens de défense. L'épine reste sa meilleure arme dissuasive. Et seul le poison lui permet d'être offensive. Dans ce domaine, le végétal est d'une inventivité inégalée. L'acacia du parc Kruger a choisi d'empoisonner les koudous grâce à du tanin. Les propriétés antiseptiques de cette molécule sont bien connues. Tirée également de l'écorce du chêne, elle est utilisée depuis la nuit des temps pour la conservation des peaux, d'où le nom de tannage donné à cette activité.

Le tanin est produit par l'acacia lorsque les koudous ou les gazelles viennent le brouter, mais également lorsqu'il perçoit le message chimique de l'un de ses voisins en mauvaise posture. Ce message est transmis par l'air. En étudiant la teneur en tanin des arbres entourant un acacia brouté, on a constaté que ceux qui étaient sous le vent, donc directement soumis à l'action des molécules transportées par l'air, réagissaient plus vite et produisaient un tanin plus concentré que les autres.

La riposte des acacias

En temps ordinaire, le feuillage de l'acacia contient peu ou pas de tanin, molécule très complexe dont la production exige des ressources et de l'énergie. Le fait qu'un herbivore le broute déclenche la production du poison ; mais il faudra un certain temps pour que ce dernier atteigne un degré de concentration efficace.

Or, il n'y a d'intérêt pour la plante que si elle peut anticiper l'attaque et produire du tanin en quantité suffisante, juste avant d'être broutée : les antilopes auront moins d'appétit pour le feuillage dont le goût est modifié et seront empoisonnées plus vite. En détectant le message chimique émis par un congénère attaqué, l'acacia prend l'avantage sur le koudou.

Un arbre ne « prévient » ses voisins qu'en cas d'attaques répétées. Ainsi, le tanin, à la production si coûteuse, n'est-il pas utilisé en cas de fausse alerte. Mais dès que le message est perçu, il ne faut guère que de cinq à dix minutes pour que la concentration en tanin des arbres voisins grimpe jusqu'à 15 %. Aucun organisme animal ne peut résister à cette dose, et la mort du koudou est certaine. Les acacias se préviennent du danger en

L'ÉTHYLÈNE ET LES FRUITS

L'éthylène est bien connu pour son rôle de déclencheur du mûrissement des fruits. Une seule banane bien mûre ou pourrissante déclenche, par son émission d'éthylène le mûrissement de tout un régime. Il faut donc toujours retirer un fruit gâté d'une corbeille de fruits sains, sous peine de les voir pourrir rapidement à leur tour.

▲ *En matière de ressources, la girafe n'a aucun concurrent : son très long cou en fait le seul grand herbivore à pouvoir accéder aux branches hautes des arbres.*

émettant de l'éthylène. C'est un gaz assez simple (une molécule de carbone et deux molécules d'hydrogène), bien connu des chimistes et facile à synthétiser par les plantes avec de l'eau, du gaz carbonique et de la lumière.

La communication des plantes entre elles (au sein d'une espèce, ou entre espèces), et même entre plantes et animaux, est pour la science un nouveau champ d'investigations, que seul permet un appareillage fort complexe. La preuve est aujourd'hui faite que plusieurs espèces d'arbres ainsi qu'une plante comme le maïs émettent des molécules en cas de danger. Le monde végétal connaît donc une forme de communication régulière.

Communiquer en liberté

Les koudous sont élevés dans des ranchs, enfermés dans des parcs clôturés. Ils ne peuvent se déplacer librement, et le manque de ressources les conduit à s'empoisonner. Dans ce contexte, la défense des acacias est aisée.

Les girafes du parc naturel voisin, en revanche, vivent en liberté, se déplacent fréquemment et ne broutent donc pas plusieurs arbres au même endroit. Elles s'abstiennent de s'attaquer à un arbre se trouvant sous le vent de celui dont elles viennent de manger les feuilles. Ainsi évitent-elles les risques d'empoisonnement par le tanin. Communiquer avec ses semblables n'est alors guère utile à l'acacia.

Dans des conditions naturelles, la communication entre arbres voisins ne semble donc pas entraîner l'empoisonnement des herbivores, mais plutôt leur dispersion sur une plus vaste surface. La répartition des ressources alimentaires se fait mieux, pour le plus grand profit des arbres et des animaux. C'est la captivité qui fausse le jeu et, en empêchant les koudous de s'éloigner des endroits déjà broutés, provoque leur mort.

▶ *La savane boisée est une vaste prairie parsemée d'arbres, souvent des acacias, soumise à une importante saison sèche.*

ULTRASONS ET INFRASONS

Des codes confidentiels

Certains animaux émettent et perçoivent des sons très bas ou très aigus qui échappent à l'oreille humaine. Une capacité qu'ils utilisent notamment pour se déplacer sans danger ou se nourrir.

◀ *Les éléphants communiquent en émettant des sons à basse fréquence, inaudibles pour l'oreille humaine. Ils échangent ainsi des informations à grande distance, sans se voir ni se sentir.*

Sur les bords d'une mare évolue un groupe d'éléphants. Les petits boivent, les grands veillent. Soudain, l'un d'eux lève la tête et se fige. Les oreilles plaquées, il bouge d'abord une patte avant, puis l'autre. À chacun de ses mouvements, il change légèrement de position. D'autres ne tardent pas à l'imiter. C'est que, à une vingtaine de kilomètres de là, un autre groupe de leurs congénères vient de se mettre en route. Les éléphants de la mare perçoivent son approche grâce aux vibrations qu'il imprime au sol.

Communiquer par infrasons : sur terre…

Un éléphant est ainsi capable, en marchant, d'envoyer des messages infrasonores, qui, d'après des expériences très récentes, pourraient parcourir plus d'une trentaine de kilomètres sans se déformer. En changeant de patte, les éléphants de la mare agissent comme lorsque nous tendons tout d'abord une oreille, puis l'autre, pour chercher à déterminer l'origine d'un bruit confus. Captées par ses pieds, les vibrations du sol (des infrasons) remontent le long des os de ses pattes, puis sont amplifiées par ceux du crâne pour être finalement captées par les osselets de l'oreille moyenne, qui sont, chez lui, très développés.

L'éléphant perçoit donc les infrasons, c'est-à-dire les très basses fréquences, inaudibles pour l'homme. Depuis une vingtaine d'années, on sait aussi qu'il en émet au niveau des fosses nasales. D'une fréquence très basse, comprise entre 14 et 35 Hz, ces ondes ont une faible énergie, mais une longue portée. Elles permettent aux éléphants d'informer leurs congénères de la présence d'eau ou de l'imminence d'un danger. Grâce à elles, les femelles avertissent les mâles, des solitaires errant souvent très loin d'elles, qu'elles sont en chaleur. Ce message sexuel est en outre confirmé, à mesure que les mâles se rapprochent, par l'émission de phéromones.

Cette sensibilité aux infrasons, à la fois tellurique (par le sol) et aérienne (par les fosses nasales), expliquerait que les éléphants se dirigent sans hésiter vers une zone orageuse, le tonnerre générant des ondulations dans l'atmosphère. Une fois dans la bonne direction, leur trompe leur confirme ou non la présence de pollens émis par des plantes fraîchement arrosées ; la zone convoitée est parfois située à plus de 150 km de leur point de départ.

… et dans l'eau

Les insectes, les araignées, les scorpions, les amphibiens, les reptiles, certains rongeurs et d'autres mammifères de taille nettement plus respectable émettent et perçoivent des infrasons. En contractant les muscles de sa gigantesque gorge, l'hippopotame est capable d'en faire vibrer la peau comme un tambour. Il émet de cette manière des messages à basse fréquence qui seront transmis très vite et très loin par l'eau de la mare

▲ *L'alligator émet des infrasons en contractant les muscles de sa gorge.*

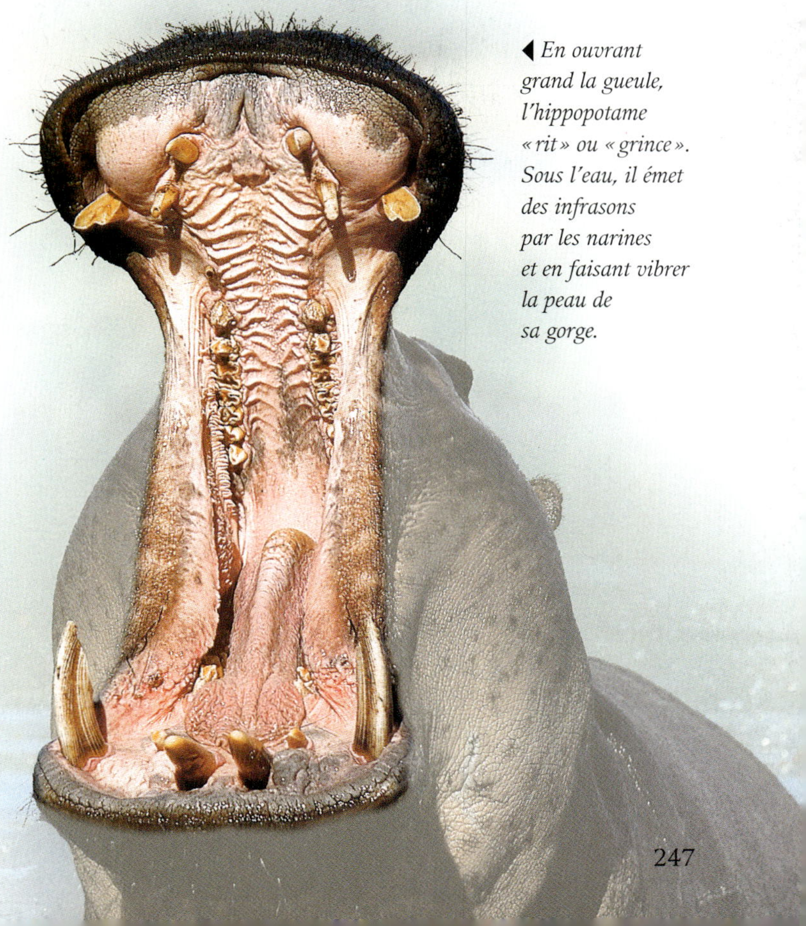

◀ *En ouvrant grand la gueule, l'hippopotame « rit » ou « grince ». Sous l'eau, il émet des infrasons par les narines et en faisant vibrer la peau de sa gorge.*

▲ *Les dauphins peuvent assommer de petites proies en émettant des ultrasons. Ce « laser sonore » fait parfois même éclater la vessie natatoire de certains poissons.*

où il évolue. Les crocodiles seraient capables des mêmes performances. On sait par ailleurs que les alligators de Floride – notamment les mâles en rut – sont très perturbés par les infrasons produits par le décollage des navettes au cap Canaveral.

Les cétacés émettent aussi des infrasons, faculté particulièrement bien adaptée puisque les ondes de basse fréquence sont nettement mieux transmises par l'eau que par l'air. Des groupes de baleines peuvent ainsi parfaitement communiquer, même à plusieurs centaines de kilomètres de distance.

Des ultrasons qui tuent

Les mammifères marins émettent par ailleurs des hautes fréquences, les ultrasons. Les dauphins, par exemple, produisent généralement deux types de sons à haute fréquence. Les premiers sont des sifflements d'une demi-seconde, exprimés sur des fréquences d'onde de 7 à 15 kHz. Perceptibles par l'homme, ces émissions sonores ne sont donc pas rigoureusement ultrasoniques. Elles assurent une permanence des échanges et s'apparentent ainsi à une sorte de langage.

Les seconds sont les *clics* qu'émettent tous les cétacés. Il s'agit de véritables ultrasons, émis de cinq à plusieurs centaines de fois par seconde sur des fréquences comprises entre 20 et 250 kHz. L'animal s'en sert pour repérer proies et obstacles par écholocation, et aussi pour tuer ou tout au moins assommer ses victimes. C'est le traitement que subissent les bancs de morues dont les orques se repaissent l'hiver.

Melon savant

Pour émettre ces ultrasons tueurs, les dauphins sont dotés d'un organe répondant au joli nom de melon, sorte d'amas de graisse situé à l'avant de leur crâne ; les ultrasons émis par le melon se propagent dans l'eau à grande distance et permettent de localiser proies et obstacles. Ces derniers renvoient un écho jusqu'à l'animal, qui le perçoit grâce à sa mandibule inférieure – la partie postérieure de celle-ci se trouve en contact avec l'oreille interne. L'écho capté est alors immédiatement analysé par le cerveau.

▼ *Les chauves-souris ont inventé le radar bien avant nous. Comme les cétacés, elles se repèrent en émettant des sons à très haute fréquence, dont elles analysent les échos.*

J'entends, donc je vois

Les chauves-souris pratiquent elles aussi l'écholocation. Leur nez dirige à loisir les ultrasons qu'elles émettent, et ceux-ci se propagent dans l'air jusqu'à ce qu'ils rencontrent un obstacle ou une proie. L'écho qui est alors renvoyé est capté par des oreilles au pavillon très développé. D'après les modifications subies par l'onde à la suite de sa rencontre avec un corps étranger, les chiroptères sont capables d'analyser la distance qui les sépare de celui-ci, mais aussi de l'identifier. Les chauves-souris émettent en général des « trains » de sons, dont le nombre varie de 20 à 80 par seconde. Inaudibles pour l'oreille humaine, ils sont en revanche très puissants comparés au faible écho renvoyé par les insectes dont nos mammifères ailés se nourrissent en vol. Cette technique est tellement efficace qu'une chauve-souris est capable de se diriger dans une pièce tendue de fils et plongée dans le noir le plus complet sans en heurter aucun !

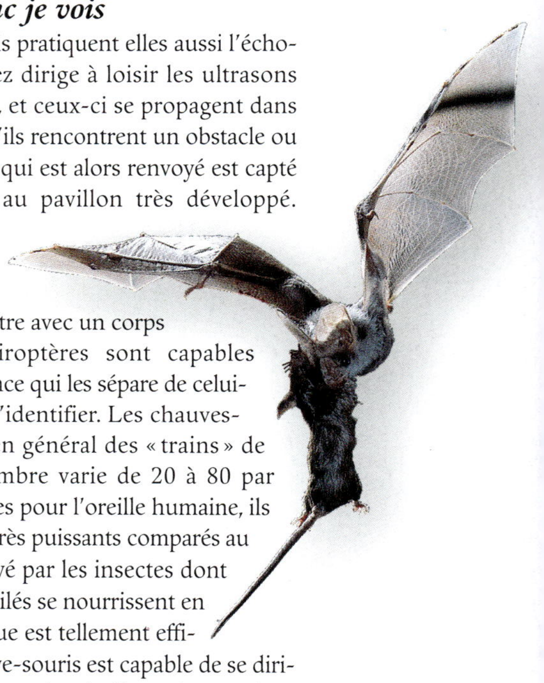

DE MYSTÉRIEUX ÉCHOUAGES

La presse se fait régulièrement l'écho d'échouages massifs de cétacés sur les côtes. Le globicéphale, un cétacé grégaire de bonne taille, est particulièrement sujet à ce genre d'accident. Comment expliquer que ces animaux, dont l'écholocation est particulièrement développée, puissent se fourvoyer de la sorte ? Selon certaines hypothèses, des troupeaux auraient suivi leur « leader » malade, devenu incapable de se déplacer correctement sous l'eau. Selon d'autres, des interférences électriques sur les côtes auraient perturbé le système sonar des cétacés. En réalité, on ignore encore les véritables causes de ces mystérieux échouages.

Chapitre
14

NATURE QUI PROTÈGE, NATURE QUI GUÉRIT

Bienfaits de la nature

Les feuilles du ginkgo – jaune doré à l'automne –, connues pour leurs propriétés anti-inflammatoires.

L'ATMOSPHÈRE

Au bon air de la Terre

Notre planète est protégée par une fine enveloppe gazeuse répartie régulièrement autour du globe. Cet air que nous respirons, lui-même façonné par la vie, est essentiel à notre existence.

▼ *Des ballons-sondes (ici, l'un d'entre-eux, prêt à s'envoler) permettent de renseigner en temps réel sur les fluctuations de l'atmosphère.*

Confinés dans leur habitacle, les voyageurs de l'espace savent qu'ils ne pourront sortir de leur vaisseau qu'avec un équipement protecteur : sans combinaison ni une bonne provision d'air, c'est la mort assurée.

Ainsi, les hommes se sont si bien habitués à l'atmosphère terrestre qu'elle est aujourd'hui indispensable à leur survie. Pourtant, après la formation de notre planète, l'ambiance était plutôt irrespirable !

La bonne formule

Mélange, entre autres, de dioxyde de carbone, d'azote, de vapeur d'eau et d'un peu de méthane, l'atmosphère primitive n'était pas vraiment accueillante. Il manquait un ingrédient qui allait bouleverser la donne : l'oxygène.

Ce dernier entre en scène un peu après les débuts de la Terre, quand divers bouleversements provoquent la disparition d'une grande partie du dioxyde de carbone et que les premières formes de vie se manifestent, bien à l'abri dans les océans. L'oxygène, si déterminant pour notre survie, a justement été apporté par ces premiers organismes vivants. Alors qu'il constitue à l'origine un poison pour la matière organique, la vie a dû l'isoler avant d'apprendre à l'utiliser pour son propre développement. Aujourd'hui, notre atmosphère est composée en grande partie d'azote (77 %), d'oxygène (21 %) et d'eau (1 %).

L'ozone, protecteur de la vie

Peu après l'oxygène, un nouveau venu fit son apparition : l'ozone. Ce composé de l'oxygène joue un rôle majeur dans la protection de la vie. En effet, il absorbe certains des rayonnements ultraviolets qui sont émis par le Soleil : extrêmement nocifs, ceux-ci pourraient empêcher le développement de tout organisme vivant.

L'ozone est concentré dans une bande d'atmosphère située à 25 km d'altitude. Mais l'activité industrielle humaine et les gaz émis par les voitures ou les avions ont tendance à en diminuer la quantité. La surveillance de cette précieuse protection est plus que jamais nécessaire.

Entre le sol et le vide interplanétaire

Avec ses 80 km, l'atmosphère semble bien mince par rapport aux 6 300 km qui séparent la surface de la Terre du noyau. Mais le passage vers le vide interplanétaire se fait progressivement et il n'existe pas de véritable frontière : ainsi les aurores boréales, phénomène en grande partie atmosphérique (interaction entre des particules chargées issues du vent solaire et certains atomes de notre atmosphère comme l'azote et l'oxygène), se produisent jusqu'à 400 km d'altitude.

On distingue dans l'atmosphère plusieurs couches que différencie leur température : ce sont respectivement, de la plus proche de la surface de la Terre à la plus éloignée, la troposphère, la stratosphère, la mésosphère et la thermosphère. La température est plus basse dans les deux premières couches que dans les deux dernières. De grandes variations de température sont à l'origine des perturbations qui brassent en permanence l'atmosphère terrestre, favorisant ainsi

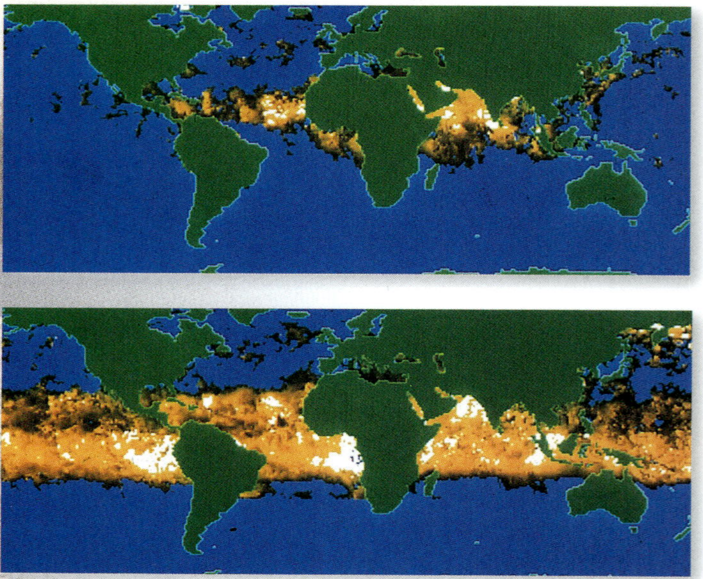

▼ *Quand la Terre gronde, l'atmosphère en porte la trace ; voici, en fausses couleurs, les effets sur celle-ci de l'éruption du Pinatubo : juste après l'éruption en haut, quelques mois plus tard en bas.*

▲ *La télédétection permet une surveillance depuis l'espace des phénomènes atmosphériques. Ici, mise en évidence en fausses couleurs de la diminution de la concentration de l'ozone au-dessus de l'Antarctique.*

les échanges entre les régions polaires et équatoriales. Ces phénomènes agissent surtout sur la base de l'atmosphère, à basse altitude.

Quel temps sur Vénus ?

L'atmosphère du vaisseau spatial Terre a bien l'air unique dans le système solaire. Une première distinction apparaît entre les quatre planètes les plus proches du Soleil et les plus lointaines : les premières ont un sol sur lequel il est possible de se poser, les autres (les planètes géantes) sont constituées d'un matériau gazeux de densité variable. Elles ont eu une évolution très différente et ne possèdent pas toutes une atmosphère. Et si l'on compare Mercure, Vénus, Mars et la Terre, on observe déjà des écarts de température considérables. Sur Mercure, qui ne dispose pas d'une atmosphère, la température varie de 350 °C dans les zones exposées au Soleil à –150 °C à l'ombre. Sur Vénus, l'effet de serre a transformé l'atmosphère en véritable fournaise de près de 490 °C ; quant à la pression, elle est telle – 90 fois supérieure à celle de la Terre – que nous ne pourrions nous poser sur cette planète sous peine d'être immédiatement écrasés !

LA PREUVE PAR LE FER

Avant de pouvoir s'accumuler dans l'atmosphère, l'oxygène libéré par les premiers êtres vivants a d'abord oxydé, il y a deux milliards d'années, une grande partie des roches qui affleuraient à la surface de la Terre. Ces roches sont en partie l'image de l'évolution progressive de l'atmosphère. Peu à peu, des sols moins oxydables ont recouvert l'ensemble de la planète et, faute de réactions, l'oxygène s'est accumulé dans l'atmosphère.

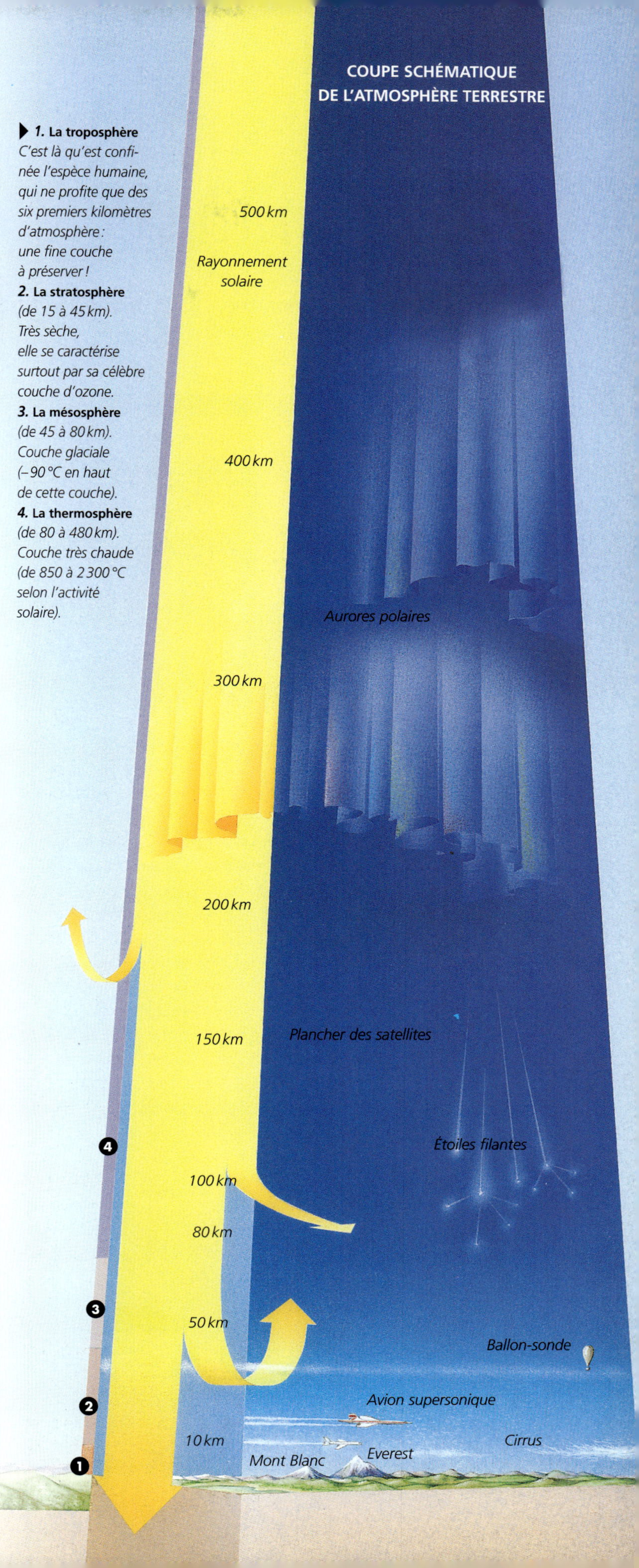

La magnétosphère

Un formidable filtre solaire

À 150 millions de kilomètres du Soleil, la Terre, en orbite, reçoit de plein fouet des flux de rayonnements très énergétiques. La magnétosphère les repousse efficacement.

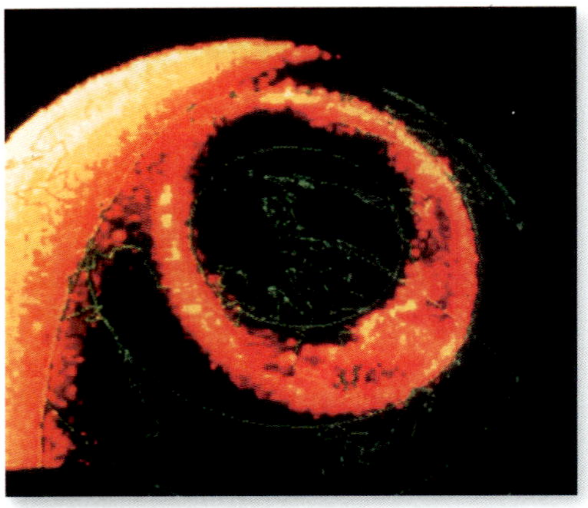

▶ *Vu depuis un satellite, un superbe cercle auroral rougeoie au-dessus de la Terre. À gauche, la face de notre planète éclairée par le Soleil ; à droite, la face dans l'ombre.*

Prenez une boussole… L'aiguille se positionne instantanément pour indiquer la direction du nord magnétique : vous venez de constater par vous-même l'existence d'un magnétisme terrestre. En étudiant le phénomène d'un peu plus haut, dans l'espace, les satellites nous apprennent que la Terre est comme un barreau aimanté avec un pôle Nord et un pôle Sud. L'axe nord-sud magnétique n'est pas tout à fait aligné avec l'axe de rotation de la Terre. À partir de 1 000 km d'altitude, une immense structure se déploie autour de cet axe magnétique : il s'agit de la magnétosphère.

Cette enveloppe qui nous protège des ardeurs du Soleil n'est d'ailleurs pas une sphère : du côté de l'astre, elle est écrasée et s'étend jusqu'à 5 rayons terrestres alors que de l'autre elle s'allonge en une sorte de queue sur plusieurs milliers de rayons terrestres.

Les fureurs du Soleil

Le Soleil fonctionne comme une énorme usine productrice d'énergie. Sous l'effet combiné des températures élevées et d'un champ magnétique très important, des portions de gaz hydrogène dissociées en particules élémentaires sont éjectées à près de 400 km/s. D'autres manifestations, qui se développent au niveau de la photosphère, peuvent aggraver ce phénomène en produisant des vents beaucoup plus violents et moins réguliers. Ainsi, les trous coronaux laissent fuir la matière à 800 km/s, les brefs sursauts solaires provoquent un vent de 1 000 km/s, tandis que de rares mais violentes éjections dans la couronne poussent en direction de la Terre des vents à la vitesse de 2 000 km/s *(voir p. 166-167)*.

Sauver les planètes

Ces déchaînements pourraient être extrêmement dangereux pour notre planète, mais la magnétosphère est là pour nous en protéger. Cependant, la Terre n'est pas seule concernée : l'interaction du vent solaire avec un champ magnétique planétaire est fréquente dans l'Univers, et en particulier dans le système solaire. La planète Mercure, par exemple, a une magnétosphère plus petite que celle de la Terre ; les géantes Jupiter, Saturne, Uranus et Neptune disposent elles aussi de champs magnétiques, tous très différents.

▼ *L'image impressionnante d'une aurore se déployant dans la haute atmosphère, vue depuis une navette spatiale.*

▲ *La bulle de la magnétosphère terrestre, écrasée côté Soleil* **(1)** *et déformée de l'autre* **(2)**, *protège la Terre des vents solaires* **(3)**. *Mais elle présente des zones de faiblesse* **(4)** *au niveau des pôles.*

Des failles dans le système

La bulle déformée du champ magnétique terrestre dévie habituellement le vent solaire, mais si certaines conditions sont réunies, notamment si un des phénomènes décrits précédemment se produit, des particules peuvent pénétrer la magnétosphère. Elle présente des faiblesses à la limite entre la face tournée vers le Soleil et la face arrière : là, le champ magnétique est presque nul et les particules de vent solaire en profitent. Des électrons mais aussi des protons y sont piégés et se déplacent de façon périodique autour des lignes de force du champ magnétique dans des zones bien précises : les ceintures de Van Allen. Une partie de ces particules se précipite vers les hautes couches de l'atmosphère terrestre dans une sorte de mouvement devenu quasi circulaire.

Une étrange luminosité

Entre 1 000 et 100 km d'altitude, électrons et protons interagissent avec les éléments présents, essentiellement des atomes d'azote et d'oxygène, et créent un phénomène lumineux appelé ionisation. Une vaste lueur ovale semblable à une aurore est alors visible depuis l'espace. Au sol, elle prend la forme d'un arc facilement observable par les habitants des régions situées le plus au nord ou au sud de la Terre. On peut affirmer qu'une aurore se produit en moyenne à 100 km d'altitude avec une épaisseur de 1 km. Vu de la Terre, c'est un superbe spectacle à dominante verte et rouge.

PANNES D'ÉNERGIE SUR TERRE

Depuis sa naissance, le Soleil a des manifestations de fureur régulières. Elles sont parfois si violentes qu'il a été possible de ressentir les effets de ces émissions énergétiques sur certains équipements installés sur terre. En effet, notre technologie est de plus en plus basée sur l'électricité, et les composants électroniques sont de fragiles objets sensibles aux champs énergétiques. Ainsi, le 2 août 1972, un transformateur de 230 000 V a explosé en Colombie-Britannique… Et le 13 mars 1989, au moment d'un maximum d'activité solaire, le réseau complet de la compagnie Hydroquébec s'est effondré, laissant sans énergie pendant neuf heures une grande partie du Québec. L'activité solaire peut aussi provoquer des pannes brutales de satellites de télécommunication ou, pire encore, transformer les vols spatiaux habités en voyages à haut risque.

▲ *Cette affiche de 1930 vante les mérites des eaux thermales de la station suisse de Ragaz-les-Bains. Filtrées par les roches alpines, celles-ci sont réputées particulièrement pures.*

L'EAU QUI SOIGNE

Prendre les eaux

L'eau, qui peut rester pendant des millions d'années au contact de couches géologiques profondes, est capable de dissoudre de nombreux sels minéraux et autres oligoéléments. Ce qui lui donne des propriétés médicinales utilisées depuis des millénaires.

L'eau pure n'existe pas sur la Terre. Ce n'est pas une constatation désabusée devant la pollution, mais une réalité physico-chimique : l'élément H_2O – la formule chimique de la molécule d'eau – dispose d'une telle propension naturelle à se lier avec d'autres espèces chimiques qu'il est peu probable de le rencontrer dans sa pureté originelle, sinon en laboratoire.

Des profondeurs de la Terre

Toute eau est donc accompagnée d'une multitude de molécules. Passons sur les indésirables – nitrates, métaux lourds, pesticides, déchets organiques, etc. – et penchons-nous sur les éléments chimiques de certaines eaux souterraines dont les cures font grand profit.

Au contact de différentes couches géologiques, ces eaux ont en effet dissous des sels minéraux ou des oligoéléments. Elles résident dans des nappes fossiles profondes, formées lors d'épisodes volcaniques, quand des roches en fusion ont libéré l'eau qu'elles emprisonnaient, ou à la suite d'infiltrations lentes. Elles ressurgissent à la surface après des séjours souterrains de plusieurs centaines à plusieurs millions d'années.

Ces eaux minérales se réchauffent à grande profondeur et jaillissent en sources dites thermales quand leur température de surface est supérieure à 20 °C. Cette appellation est cependant souvent utilisée pour qualifier l'ensemble des eaux à caractère médicinal.

Plus de 40 éléments dissous

Le thermalisme, mot qui désigne les soins pratiqués à l'aide des eaux thermales, est une technique thérapeutique qui remonte au moins à l'Antiquité romaine, où on lui prêtait toutes les vertus. Pour autant, si l'on s'intéresse aux seuls effets des éléments chimiques dissous dans l'eau – au-delà des effets thermiques ou mécaniques (poussée d'Archimède, viscosité, pression) –, les résultats de ces traitements sont souvent empiriques et leurs mécanismes, mal connus.

Il existe en France près de 1 000 sources d'eau minérale, dont certaines renferment plus de 40 éléments différents. Une centaine d'entre elles sont utilisées pour des cures médicinales – principalement dans les régions Auvergne, Rhône-Alpes et Midi-Pyrénées – par près de 700 000 personnes chaque année. On estime qu'environ 10 millions de patients dans le monde suivent annuellement une cure d'eau médicinale.

Bicarbonatées, chlorurées, sulfurées

On peut classer les eaux minérales selon leurs constituants minéraux dominants et les effets constatés sur l'organisme.

▼ *La tradition des bains publics est répandue depuis des siècles dans beaucoup de pays – hormis là où l'Église en a fustigé la fréquentation, supposée contraire à la moralité. Elle continue à réunir de nombreux adeptes à travers le monde. De gauche à droite : sources chaudes et bains de boue au Japon ; les bains Szecheny de Budapest, en Hongrie.*

LES BIENFAITS DE L'EAU DE MER

L'eau de mer est la première des eaux médicinales. On la considère comme la plus riche et la plus complète de par la gamme des sels minéraux qui y sont dissous ; sa composition reste presque constante, indépendamment des variations de concentration selon les océans et les latitudes. En moyenne, 1 litre d'eau de mer contient 35 g de sels minéraux : 27,3 g de chlorure de sodium (le sel de cuisine), 3,4 g de chlorure de magnésium, 2 g de sulfate de magnésium, 1,3 g de chlorure de calcium, 0,6 g de chlorure de potassium et 0,1 g de carbonate de calcium.
Les cures d'eau de mer, ou thalassothérapies, sont généralement indiquées pour le traitement des problèmes articulaires ou moteurs et en rééducation. Elles ont des effets sur les affections cutanées et certaines allergies respiratoires, mais aussi sur les troubles du développement chez l'enfant.

Diane au bain (mosaïque du IVe siècle). Les Romains portèrent les bains au rang d'institution. Certains établissements pouvaient accueillir des milliers de personnes.

– Les eaux bicarbonatées, où domine le bicarbonate, libèrent du gaz, notamment carbonique, quand elles débouchent à la surface. Certaines d'entre elles, naturellement pétillantes, sont vendues comme boissons. Elles facilitent la diurèse et la digestion, diminuent la pression artérielle et possèdent des vertus dermatologiques.
– Les eaux chlorurées ont acquis leur haute teneur en sel en dissolvant des couches de sel gemme déposées par des mers anciennes. D'une composition proche de celle de l'eau de mer, elles sont utilisées contre les affections respiratoires, neurologiques et gynécologiques. En raison de leur importante densité , elles sont indiquées pour la rééducation motrice.
– Les eaux sulfurées, qui contiennent du soufre sous une forme chimique directement utilisable par l'organisme, stimulent la circulation sanguine et le système nerveux. Certaines sont des sources chaudes. Elles sont préconisées en dermatologie et en rhumatologie, ou dans le traitement des problèmes locomoteurs.
– Les eaux sulfatées, qui contiennent du soufre sous forme de sulfates (peu solubles et donc présents en petites quantités, généralement en association avec d'autres éléments chimiques), ont une action sur les articulations et la peau. Les eaux sulfatées calciques complètent le traitement des affections urinaires et métaboliques. Les eaux sulfatées sodiques agissent sur le foie et la vésicule biliaire. Ce sont des eaux froides, données comme boisson dans une cure parfois complétée par des bains et des douches locales.
– Les eaux oligométalliques ne contiennent presque pas de sels minéraux mais sont en revanche riches en oligoéléments (fer, cuivre, arsenic…). Les eaux ferrugineuses interviennent sur le métabolisme du fer et le transit intestinal.
Par ailleurs, toutes les eaux minérales sont plus ou moins radioactives au débouché de la source. Cette propriété est exploitée dans certaines cures. Sans danger pour la santé, bien sûr, car leur radioactivité reste faible.

La pharmacie de la nature

Des remèdes de bonne femme. Quel mépris dans cette expression ! Pourtant, on écrivait auparavant « de bonne fame », du latin *fama*, réputation. Mais la médecine moderne a tendance à remiser dans les brumes de l'archaïsme toute connaissance qui n'est pas issue de la science officielle. C'est tirer un peu vite un trait sur des dizaines de milliers d'années d'observation et d'utilisation des ressources de la nature. Des médicaments essentiels et courants de la pharmacie moderne sont tirés de plantes ou d'animaux des cinq continents ; des usages empiriques remontant à la nuit des temps préfigurent certaines techniques chirurgicales et thérapies actuelles. Les recettes des premiers hommes n'étaient certes pas toutes efficaces, mais nous profitons encore aujourd'hui de nombre de leurs découvertes.

▲ **L'eucalyptus d'Australie : contre le rhume et la toux**
Grand arbre au tronc gris-bleu et au feuillage persistant, l'eucalyptus des régions sèches d'Australie est un géant du monde végétal. Il peut atteindre 100 m de haut. Les Aborigènes utilisaient traditionnellement ses feuilles pour traiter les fièvres et les infections. Son feuillage, très odorant, renferme une huile essentielle. Composée jusqu'à 80 % de cinéol, elle est antiseptique et dilate les bronches. Grâce à ces propriétés puissantes, c'est un médicament largement employé dans le traitement des rhumes, de la toux et des maux de gorge. Qui n'a jamais sucé un bonbon à l'eucalyptus ?

▼ **Une radiothérapie thermale**
Dans les régions volcaniques (ci-dessous, le Sakurajima, au Japon), nombreuses sont les sources thermales ou minérales à posséder des vertus thérapeutiques. Beaucoup d'entre elles, vénérées au temps des religions primitives, furent ensuite utilisées par de grandes civilisations, comme celles du Japon ou de l'Empire romain, pour traiter certaines maladies. Ce sont généralement les minéraux dissous dans l'eau qui agissent ; pourtant, certaines sources très peu minéralisées ont une indéniable efficacité. On sait aujourd'hui que, en passant dans les roches chaudes, l'eau se charge de gaz rares et de traces de corps radioactifs, qui leur confèrent cette action thérapeutique.

▲ L'éphédra de Chine : antiasthmatique

Poussant dans les zones désertiques de la Chine du Nord, ce petit arbuste aux tiges étroites et très ramifiées possède un feuillage persistant. Utilisé dès 5000 avant J.-C. par les Chinois sous le nom de *ma-huang*, il traitait les refroidissements, la fièvre, les troubles respiratoires. L'éphédrine qu'il contient a des propriétés hypertensives, antiasthmatiques et psychostimulantes ; en sont issues trois lignées de médicaments de synthèse inspirés du modèle naturel, en particulier des molécules parmi les plus efficaces pour soigner l'asthme et les célèbres amphétamines, dont l'action stimulante sur le cerveau a malheureusement parfois été détournée à des fins qui n'ont rien de médical.

◀ Le sceau d'or du Canada, un anti-inflammatoire végétal

Plante vivace discrète – elle ne dépasse pas 30 cm de haut –, le sceau d'or porte un seul fruit rouge non comestible au sommet de sa tige. Originaire des régions montagneuses boisées d'Amérique du Nord, il est devenu rare dans la nature mais est largement cultivé. Les Indiens l'utilisaient en lotion pour guérir ulcères, irritation des yeux, inflammations et blessures. Antibactérien et resserrant les tissus, il est prescrit comme anti-inflammatoire et pour soigner les muqueuses. C'est en particulier un stimulant efficace de l'utérus lors des grossesses difficiles.

▲ La fourmi d'Amazonie : une bonne infirmière

Les terribles fourmis légionnaires déferlent dans la jungle et dévorent tout sur leur passage. Ces insectes voraces sont équipés de mâchoires extrêmement puissantes. Les Indiens d'Amazonie les utilisent, en guise de points de suture, pour fermer une plaie ouverte : ils rapprochent les deux bords de la blessure et y posent une fourmi légionnaire, qui referme ses redoutables mandibules sur la zone à suturer. Puis ils la décapitent, et elle reste bloquée dans cette position. La cicatrisation se fait dans les meilleures conditions, et les têtes finissent par tomber quand la plaie est guérie.

▼ Les vertus anticoagulantes de la sangsue médicinale

Ce gros ver vit dans l'eau et se nourrit du sang des mammifères qui viennent y boire. Grâce à plusieurs produits que la sangsue injecte dans la plaie, sa morsure est totalement indolore et le sang ne coagule pas. Les médecins romains y avaient déjà recours. Aujourd'hui, la sangsue vivante est utilisée en microchirurgie pour rétablir une bonne circulation sanguine après une greffe. Mais la science s'intéresse surtout au véritable réservoir à enzymes qu'elle représente : elle synthétise une vingtaine de substances, dont l'hirudine, le plus puissant anticoagulant connu.

▲ *Dans les grottes kényanes de Kitum, près du mont Elgon, des éléphants viennent chercher le sel indispensable à leur survie.*

Pharmacie pour bestiaire

L'homme n'est pas le seul être vivant à savoir se soigner. Les animaux font parfois montre d'une grande ingéniosité dans ce domaine. D'ailleurs, dans certains cas, les êtres humains les ont copiés après les avoir observés...

Ce chat qui se prélasse sur la pierre chaude est un prédateur, un carnivore, c'est-à-dire qu'il se nourrit essentiellement de viande. Même si, parfois, il ne dédaigne pas une petite coupelle de lait. Voici à présent qu'il se lève, s'étire, se gratte et se lèche, puis se dirige tranquillement vers la pelouse. Et commence à manger de l'herbe ! Après les vaches que l'on nourrit de protéines animales, voici le chat brouteur : c'est le monde à l'envers... Dans le cas du chat, pas tout à fait. Tout comme les chiens d'ailleurs, les chats ont régulièrement besoin de manger de la verdure (de l'herbe notamment). Cela leur permet de purger leur tube digestif, tout comme manger de la salade améliore chez l'homme le transit intestinal. Manger de l'herbe provoque en effet chez le chat une vive démangeaison au niveau de l'œsophage et un réflexe vomitif, véritable purge salvatrice. Ce n'est du reste pas pour rien si une graminée aux feuilles coupantes et râpeuses, particulièrement prisée des chiens, s'appelle le... chiendent.

La route du sel

La plupart des animaux ont besoin d'apports complémentaires, qu'il s'agisse de protéines ou de sels minéraux. C'est pourquoi l'on voit souvent, dans les prairies, de gros blocs de sel destinés au bétail.

DENTISTE FAUSSAIRE

Il y a des rumeurs qui ont la vie dure dans le monde animal. On représente souvent des crocodiles, bouche béante, en train de se faire « laver les dents » par un petit échassier, le pluvian d'Égypte. On prête en effet à cet oiseau la capacité de nettoyer les dents du saurien pour le débarrasser des débris alimentaires et d'éventuels parasites. Les observations scientifiques ont montré qu'il n'en était rien et que si parfois on voit des pluvians près et même sur des crocodiles, ces oiseaux joueraient plutôt le rôle d'avertisseur de danger que celui de chirurgien-dentiste.

▶ *La crevette rouge du genre* Stenopus *est habile dans l'art du nettoyage. Elle débarrasse ici un mérou de Sonnerat de ses parasites.*

Cet apport en sel est primordial pour ces animaux domestiques, comme pour tous les herbivores en général. En forêt également, on dispose parfois de tels blocs, à l'intention des cervidés cette fois-ci. Mais comment font les animaux sauvages ? Chez l'éléphant d'Afrique, par exemple, la recherche du sel, indispensable à la vie, peut nécessiter de longs parcours. C'est ainsi qu'au Kenya les éléphants vont jusqu'à s'aventurer dans des grottes profondes pour aller lécher les parois des cavernes recouvertes de sel. Ils pénètrent notamment dans les galeries d'anciens volcans, et vont chercher le sel jusqu'à plus de 150 m de profondeur dans l'antre de la montagne !

Les éléphants de forêt, qui vivent surtout en Afrique centrale, creusent quant à eux le sol pour en extraire les sels minéraux dont ils ont besoin.

On déparasite gratis !

Se soigner, rester propre, telles sont les règles d'or pour tout être vivant. Chez certains, la peau, la plume ou le poil sont, hélas, le refuge d'animaux parasites. Ça pique, ça démange, et, bien souvent, ces satanées bestioles ne sont pas accessibles. Comme la nature fait bien les choses, des espèces jouent alors le rôle de « déparasiteurs ».

Sous l'eau, le maître en la matière est sans nul doute le labre nettoyeur. Ce poisson excelle dans son travail, qui consiste à se nourrir en débarrassant d'autres poissons de parasites ou de moisissures fixés sur leur peau. Dans un premier temps, il exécute devant le poisson une sorte de danse qui a pour but de le rendre passif. Ensuite, il fait son travail et nettoie la peau du « client ». On a même observé de véritables processions de poissons qui attendaient d'être pris en charge par un labre nettoyeur.

Il en est de même chez certaines crevettes nettoyeuses des genres *Paraclimenes* et *Stenopus*, qui sont des nettoyeuses hors pair de parasites fixés sur la peau des poissons. Elles attirent ces derniers en agitant leurs longues antennes du fond des crevasses récifales.

Bien propre sur soi

Il n'y a pas qu'en mer que l'on fait place nette pour éviter les parasites et les maladies dont ils sont parfois vecteurs. Chez les vertébrés terrestres, on déparasite également. Les pique-bœufs sont passés maîtres dans cette pratique ; en Afrique tropicale, ils se nourrissent presque exclusivement sur le dos des grands herbivores sauvages (éléphants, buffles, etc.) et domestiques (vaches), qui les tolèrent parfaitement puisqu'ils les débarrassent des parasites et des mouches.

▼ *Le colobe rouge de Zanzibar s'est spécialisé dans le chapardage du charbon de bois, qui l'aide à digérer certaines feuilles, délicieuses mais toxiques…*

Des singes qui savent comment guérir

Les singes, parce qu'ils sont en haut de l'échelle de l'évolution, utilisent des procédés remarquables pour se soigner. Prenons l'exemple du colobe rouge de Zanzibar. Ce petit singe mange fréquemment des feuilles d'amandier ou de manguier. Un délice pour son palais, mais qui peut lui donner de sérieux maux d'estomac. Or, dans la forêt où vit cet animal, travaillent des hommes qui fabriquent

▼ *Un petit labre nettoyeur s'active autour d'une murène de Java, sans crainte des redoutables dents de sa cliente.*

▶ *Bain de poussière. Une pratique qui permet à ce moineau femelle de se débarrasser des parasites enfouis dans son plumage, parfois vecteurs de maladies.*

du charbon de bois en laissant des bûches se calciner – et le charbon de bois est connu depuis la nuit des temps pour soigner les maux de ventre, car il absorbe les toxines.
Au fil des ans, les singes ont découvert qu'il les soulageait efficacement. Si bien qu'aujourd'hui, dès qu'un homme a le dos tourné, un ou plusieurs singes s'approchent prestement du foyer pour dérober un morceau de charbon. Une fois refroidi, il fera un excellent antidote contre les maux d'estomac que le singe, assis sur un arbre, sucera lentement. Grâce à ce « médicament », les colobes peuvent s'en donner à cœur joie avec les feuilles dont la consommation leur était auparavant nocive.
Chez les gorilles, on mange certaines feuilles pour lutter – efficacement – contre la diarrhée. De même, on a remarqué que les chimpanzés pratiquaient la phytothérapie en utilisant les plantes pour se débarrasser d'infections parasitaires. Et les babouins femelles consomment même certaines plantes pour juguler la douleur des règles. Enfin, les singes pratiquent allègrement l'épouillage, qui consiste à se débarrasser mutuellement des parasites installés dans leur pelage.

Empoussiérage et fumigation

Certains oiseaux, tels les moineaux, prennent des bains de poussière pour se débarrasser des parasites.
D'autres, comme les corvidés, et notamment le choucas des tours, ont recours à des « bains de fourmis ». Les oiseaux s'installent près d'une fourmilière et étalent leurs ailes afin que les fourmis puissent s'incruster dans leur plumage. Mais les fourmis piquent en sécrétant une substance bien particulière, l'acide formique. Alors pourquoi un tel masochisme de la part du choucas ? Simplement parce que cet acide a la propriété de tuer les bactéries et les parasites.
De même, on a déjà observé des choucas et d'autres corvidés se livrer à de véritables fumigations autour d'un feu allumé dans la nature. Là encore, la fumée libérerait les oiseaux de leurs parasites.
Sangliers, phacochères et buffles pratiquent quant à eux les classiques bains de boue. Ce qui leur permet également de se débarrasser de leurs parasites. De plus, la croûte ainsi formée les prémunit, du moins pendant un temps, contre une nouvelle attaque.

▼ *Chez les phacochères d'Afrique, rien ne vaut un bon bain de boue pour se débarrasser un temps des mouches et des parasites qui recouvrent leur peau, surtout par forte chaleur.*

Des piliers de la médecine moderne

Qu'ils soient utilisés depuis des temps immémoriaux ou depuis peu, saule, quinquina, pavot, digitale, moisissures et autre pervenche constituent les substances de base d'une bonne partie des médicaments de la pharmacopée contemporaine.

Le saule pousse le pied dans l'eau et possède des rameaux très souples ; il est donc recommandé pour soigner les refroidissements et les rhumatismes. Cette théorie, dite des signatures, qui établit une relation entre l'aspect d'une plante et ses vertus curatives, est due à un médecin de la Renaissance haut en couleur – et charlatan pour certains –, Paracelse. Ce professeur de médecine à Bâle scandalisa son époque car il abandonna le latin pour enseigner en allemand et prétendit réformer la médecine en jetant Hippocrate, Galien et Avicenne aux orties. L'explication – la théorie des signatures –, à vrai dire tirée par les cheveux, est une tentative après coup pour justifier des usages immémoriaux : le saule était connu depuis l'Antiquité pour soigner la fièvre.

La fièvre de la connaissance

En Mésopotamie déjà, à l'époque des Assyriens, on utilisait l'écorce du saule contre les fièvres, fréquentes dans ce pays de marécages. Cet usage populaire s'est maintenu tout au long des âges. En 1829, le pharmacien français Leroux en isole un extrait, qu'il appelle salicine, d'après le nom latin de la plante, *Salix*. Peu après, son collègue suisse Pagenstecher isole par distillation des fleurs de reine-des-prés, autre plante des marais soignant les refroidissements, une substance très proche : l'aldéhyde salicylique. En 1853, le Français Gerhardt obtient l'acide acétylsalicylique.

En 1899, c'est Hoffmann, chimiste du laboratoire allemand Bayer, qui réussira à préparer cet acide à l'état pur et stable. S'inspirant du nom latin de la reine-des-prés, *Spirea*, il baptise sa découverte *Aspirin*. Le premier médicament moderne, le plus utilisé au monde, vient de naître. Plus d'un siècle après, il est toujours au box-office des ventes en pharmacie.

▼ *Arbre d'Europe à fleurs jaunes poussant dans les bois humides et sur les berges, le saule blanc fut utilisé dès l'Antiquité pour ses propriétés fébrifuges.*

▲ *Les grandes fleurs de la digitale pourpre, dans lesquelles les doigts entrent sans peine, lui ont valu son nom populaire de gant de Notre-Dame.*

Une affaire de cœur

Les auteurs de romans policiers du début du XXe siècle affectionnaient les meurtres à la digitaline. Cette substance, prise à haute dose, provoque une crise cardiaque qui a toutes les apparences d'un accident naturel. Seule l'analyse des tissus permet de confondre le coupable, ce qui a donné cours à de belles pages en matière de médecine légale.

Grande plante aux longs épis de grosses fleurs pourpres tubulaires, la digitale prospère sur les terrains acides d'Europe occidentale. Son usage comme plante médicinale est attesté dès le Moyen Âge – même si l'on ne sait pas très bien quelles vertus on lui reconnaissait à cette époque. C'est un médecin anglais qui, à la fin du XVIIIe siècle, révéla son efficacité pour soutenir les cœurs fatigués. En 1828, le principe actif de la digitale, la digitaline, est isolé ; il demeure depuis lors l'un des médicaments les plus efficaces dans sa catégorie.

Aucune découverte n'est survenue jusqu'à présent en cardiologie ou en pharmacie pour remettre en question l'usage de la digitaline. Mais, si elle est utilisée en médecine, les effets mortels d'un surdosage font classer la plante parmi les toxiques dangereux, à ne prendre que sur prescription et sous contrôle médical.

L'autre or du Pérou

Pour certains, le plus beau trésor découvert dans les Andes par les conquistadors ne fut pas l'or de l'Inca, mais bien l'écorce de quinquina. Connues des Indiens depuis longtemps, ses propriétés contre la fièvre lui ont valu son nom indigène de *quina-quina* – écorce des écorces. Elle permit de soigner efficacement les conquérants espagnols atteints de malaria.

En Europe, le nouveau médicament ne devient un remède à la mode qu'à la fin du XVIIe siècle. Il est pris macéré dans du vin : de cette époque datent de nombreuses recettes de boissons au quinquina, dont certaines sont encore consommées aujourd'hui en apéritif. En 1820, son principe actif, la quinine, est isolé. Les armées européennes engagées dans la colonisation de l'Afrique et de l'Asie en généraliseront l'emploi pour lutter contre le paludisme, qui tuait souvent plus de soldats que l'ennemi ! De nos jours, la quinine reste l'un des meilleurs médicaments antigrippe, et est encore largement utilisée contre le paludisme.

Opium, fumée de rêve…

Le pavot est une belle fleur proche du coquelicot. C'est le latex s'écoulant de la capsule incisée qui, une fois séché, donne l'opium. On a commencé à utiliser cette plante il y a au moins trois mille ans, d'abord dans un cadre religieux, en raison de ses effets stupéfiants, puis pour ses propriétés curatives : hindous et Assyriens de l'Antiquité connaissaient ses remarquables vertus contre la douleur. Sa réputation s'est vite étendue de la Chine à l'Europe.

L'opium est longtemps entré dans la composition des drogues calmantes des apothicaires. Aujourd'hui, on utilise ses principes actifs, des alcaloïdes comme la codéine, qui soigne la toux, ou la morphine, qui atténue la douleur. Si la morphine,

◀ *Pavot somnifère* (Papaverum somniferum). *C'est de cette variété de pavot qu'on extrait l'opium. Cette plante fait l'objet d'une culture clandestine alimentant le trafic international des stupéfiants.*

◀ *Le quinquina est un arbre à feuilles persistantes originaire des forêts tropicales d'Amérique du Sud. C'est son écorce qui contient la quinine.*

et surtout son dérivé l'héroïne, est une drogue illicite aux effets d'accoutumance dramatiques, elle reste indispensable pour calmer les douleurs des grands malades, notamment des cancéreux en phase terminale.

La moisissure de l'espoir

Lors de la grande boucherie de la Première Guerre mondiale, les équipes médicales furent mises à rude épreuve ; les mauvaises conditions de soin entraînaient de nombreux décès par infection. Fleming, jeune médecin britannique, en ressortit avec la volonté de trouver un médicament qui pourrait lutter contre les bactéries infectieuses. À la fin des années 1920, ses recherches aboutirent à la découverte des propriétés bactéricides d'une moisissure du genre *Penicillium*. Fleming baptisa le principe actif qui en est extrait pénicilline : ce fut le premier antibiotique mis sur le marché.

Il y a encore un siècle à peine, certains paysans du sud de la France enduisaient les blessures d'un peu de fromage de Roquefort. La médecine traditionnelle combattait ces pratiques, les jugeant inefficaces sans tenir compte de leurs bons résultats, quitte à aggraver l'infection. Et ce jusqu'à la découverte de Fleming, qui expliquait tout, car la moisissure du roquefort s'appelle… *Penicillium roqueforti*. Aujourd'hui, les divers antibiotiques demeurent indispensables à la médecine moderne pour lutter contre les maladies infectieuses, même si les bactéries développent une fâcheuse tendance à leur résister.

▲ *Culture test de bactéries. La résistance des bactéries aux antibiotiques est devenue un problème médical majeur. Ici, une bactérie,* Escherichia coli, *a été soumise à six antibiotiques différents. Quatre d'entre eux combattent efficacement sa prolifération (cerne sombre).*

Une jolie fleur malgache contre le cancer

Sur les plateaux du sud de Madagascar pousse une jolie fleur rose à cœur pourpre, cousine de la fragile pervenche de nos jardins.

Utilisée par la médecine traditionnelle malgache, la pervenche de Madagascar *(Catharanthus roseus)* a attiré l'attention des chercheurs dans les années 1950. Plusieurs de ses alcaloïdes ont la propriété de bloquer la division cellulaire. Sachant que les tumeurs cancéreuses sont dues à la division anarchique des cellules malades, on comprend tout l'intérêt de ces substances. Aujourd'hui, les médicaments extraits de cette pervenche ou synthétisés à partir de substances de la plante sont parmi les plus efficaces contre certains cancers. Star moderne de la botanique pharmacologique, la pervenche de Madagascar poussait trop rarement à l'état naturel pour suffire aux besoins de la médecine. Elle est aujourd'hui cultivée à grande échelle, en Hongrie notamment.

▲ *La pervenche de Madagascar fait l'objet d'une culture intensive, exclusivement à des fins médicales.*

UN REMÈDE TROP CATHOLIQUE

Les jésuites du Pérou comprirent vite la valeur du quinquina et obtinrent le monopole de son exploitation. Ils l'introduisirent en Europe au début du XVIIe siècle. Dans ces temps troublés par les luttes tant religieuses que politiques, le quinquina se vit ainsi affublé d'une fâcheuse étiquette. On dit que Cromwell le protestant refusa ce remède des jésuites lors de la maladie qui l'emporta. Mais, après la guérison de quelques grands de ce monde à la cour de Charles II d'Angleterre et de Louis XIV de France, ses vertus furent définitivement reconnues par les deux camps.

Des thérapeutiques d'avenir

Moins de 1 % des plantes poussant sur la Terre ont jusqu'à présent été exploitées par l'industrie pharmaceutique. Elles constituent pourtant une réserve de médicaments potentiels, tout comme les insectes et les animaux marins.

▶ *La germandrée petit-chêne, couramment utilisée en médecine traditionnelle, est commune dans les bois et sur les coteaux secs d'Europe. Elle fleurit du milieu du printemps à la fin de l'été.*

La germandrée petit-chêne est une modeste plante des zones sèches européennes utilisée depuis longtemps en médecine populaire, notamment contre les inflammations et la douleur. Son usage est si inoffensif qu'elle entre traditionnellement dans la composition de la liqueur de Chartreuse ou dans celle de vins apéritifs.

Pourtant, la vente libre de gélules contenant de la poudre de germandrée a provoqué des hépatites aiguës chez des personnes qui en prenaient régulièrement. Des études ont ensuite montré que la substance incriminée n'était soluble ni dans l'eau ni dans l'alcool – ce qui explique que les tisanes et les boissons alcoolisées à base de germandrée soient sans risque pour la santé.

Les plantes, matière première de l'industrie pharmaceutique

Des plantes considérées comme banales peuvent donc encore receler bien des secrets : chacune des substances chimiques qu'elles renferment possède des propriétés particulières. Pour élaborer de nouveaux médicaments, les chercheurs disposent actuellement d'environ 400 000 espèces végétales, contenant chacune plusieurs dizaines de substances différentes. Le nombre de combinaisons envisageables est donc vertigineux.

Un matériel sophistiqué faisant appel à un automatisme poussé et à une informatique de pointe permet d'extraire et d'analyser les molécules végétales. Des batteries d'examens effectués sur des cibles biologiques précises (enzymes, cellules en culture...) sont effectuées à haut débit pour repérer les produits les plus intéressants. Les candidats sélectionnés font alors l'objet de recherches plus précises, portant sur leur action thérapeutique, leurs effets secondaires et les produits dérivés qu'on est susceptible d'en tirer. À ces épreuves, il y a beaucoup de recalés et peu d'élus. Mais seule une sélection rigoureuse permettra de trouver de nouvelles « têtes de série ».

Ce terme, qui appartient au jargon des chercheurs, désigne les produits chimiques extraits de plantes qui, par le biais de légères modifications, peuvent donner une série de médicaments aux actions différentes. La cocaïne – tirée de la coca sud-américaine, traditionnellement employée pour couper la faim ou lutter contre la fatigue – est, par exemple, l'une des plus fameuses têtes de série. Ses nombreux dérivés constituent de précieux anesthésiants locaux, très utilisés notamment en chirurgie dentaire.

Une ligue contre le cancer

La pervenche de Madagascar a fourni au milieu du XXe siècle les premiers médicaments contre le cancer. Dans les années 1970, les chercheurs se sont intéressés aux propriétés de nombreuses autres plantes : des arbres tro-

▼ *Fini le temps des cueillettes artisanales ! Si l'industrie pharmaceutique s'intéresse de très près à l'usage ancestral des plantes, elle est prête à investir des sommes considérables pour produire de nouveaux médicaments.*

▲ *De gauche à droite, if, ricin, pin blanc du Japon et millepertuis perforé. Les deux premiers sont utilisés pour lutter contre certains cancers. Les propriétés antivirales des deux derniers sont encore à l'étude.*

picaux comme le jacaranda et l'ochrosia, des espèces des pays tempérés comme l'if et le gui ou des plantes cultivées comme le ricin. Aucune des substances découvertes n'agit sur la totalité des tumeurs. En revanche, chacune d'entre elles permet de traiter des cancers précis, tels les leucémies, la maladie de Hodgkin, le cancer de la peau ou celui du sein.

La recherche continue, bien sûr, car la maladie est loin d'être vaincue, et les médicaments utilisés aujourd'hui, qui ont apporté un réel progrès thérapeutique, provoquent des effets secondaires très importants. L'avenir appartient aux dérivés des molécules actuelles, qui présenteront la même efficacité avec beaucoup moins d'effets secondaires.

Des armes antivirus

Les antibiotiques ont permis de maîtriser les maladies infectieuses causées par des bactéries. Mais les virus, qui sont à l'origine de nombreuses affections – du rhume au sida –, y sont insensibles.

Pour lutter contre ce fléau qu'est le sida, les savants étudient les propriétés de la châtaigne australienne – jadis utilisée par les Aborigènes pour fabriquer le poison dont ils enduisaient leurs flèches – ainsi que celles du pin blanc du Japon.

En Europe, le millepertuis perforé, une belle fleur jaune, est traditionnellement employé comme cicatrisant, ce qui lui a valu le surnom d'herbe-aux-piqûres. Mais il intéresse aussi la science pour ses remarquables propriétés antivirales et son efficacité contre les dépressions légères ou la fatigue d'origine nerveuse, si répandues dans nos sociétés modernes.

Des hormones pour la vie

De nombreuses fonctions du corps humain sont coordonnées par des messagers chimiques, les hormones. Si celles-ci viennent à manquer ou si, au contraire, elles sont trop abondantes, il va se produire un dysfonctionnement. Ainsi, de nombreux spécialistes estiment qu'un dérèglement hormonal accompagne le vieillissement. Les futurs médicaments antivieillesse feront sans doute en grande partie appel aux hormones.

C'est pourquoi les chercheurs s'intéressent beaucoup aux plantes contenant des substances proches des hormones humaines. La plus recherchée d'entre elles est aujourd'hui l'igname sauvage du

▼ *L'igname (ici,* Dioscorea villosa) *est une importante ressource alimentaire dans les régions tropicales, mais aussi une source d'hormones irremplaçable pour les laboratoires.*

▲ *Animaux primitifs vivant en colonies, les éponges sont aujourd'hui exploitées par l'industrie pharmaceutique. Une espèce méditerranéenne est célèbre pour son squelette souple, utilisé dès l'Antiquité comme éponge de toilette.*

▲ *Deux végétaux aux propriétés prometteuses : l'agave (à gauche), qui fournit traditionnellement la fibre de sisal, et la châtaigne australienne (à droite).*

Mexique. Cousine de la patate douce, elle a fourni les bases chimiques nécessaires à la confection des pilules contraceptives. Elle a ensuite permis la production en masse de la cortisone, une hormone susceptible de soulager les rhumatisants.

Actuellement, l'igname sauvage est utilisée pour fabriquer la DHEA, la fameuse hormone anti-vieillissement – dont l'efficacité reste discutée dans la communauté médicale. L'agave et certaines pervenches se sont d'ores et déjà révélées de prometteuses sources de molécules, aux formules chimiques proches des hormones humaines.

Nos amies les bêtes

Deux pistes prometteuses s'ouvrent encore à la science. En premier lieu, l'étude des insectes, dont on recense aujourd'hui plus de 750 000 espèces qui constituent autant d'usines chimiques sur pattes.

Les sécrétions, venins, enzymes et autres hormones produits par leurs glandes offrent ainsi des séries de mécanismes au fonctionnement instructif et de vastes gammes de produits potentiels. Or les médecines traditionnelle et moderne ont aujourd'hui très peu recours à ces animaux. La mouche d'Espagne, par exemple, fut un temps utilisée pour confectionner des remèdes destinés à soulager des lésions cutanées, tandis que le venin d'abeille et des préparations à base d'asticots étaient réputés pour lutter, le premier contre les rhumatismes, les secondes contre certaines formes de gangrène – ils ont d'ailleurs encore des adeptes aujourd'hui.

Le milieu marin représente une autre terre de mission pour les laboratoires. Si la flore, par l'intermédiaire des algues, constitue une ressource d'une grande richesse, c'est surtout la faune qui intéresse actuellement les chercheurs. Il est en effet plus probable de trouver des molécules proches de celles qui sont synthétisées par l'organisme humain (hormones ou enzymes, par exemple) chez des animaux que chez des végétaux.

Des espèces comme les éponges et les coraux fournissent déjà des médicaments utilisés contre la leucémie et les troubles nerveux. Le recensement des produits actifs se poursuit, alimentant de nombreux espoirs.

▲ *Au XVIIe siècle, la poudre de cantharide, un coléoptère, était un aphrodisiaque à la mode.*

LA PRODIGIEUSE DIVERSITÉ DU VIVANT

Aujourd'hui, environ 1 600 000 espèces vivantes ont été décrites. Mais les scientifiques estiment qu'il en existe peut-être 10 à 20 fois plus. Ainsi, on connaît 5 000 bactéries, mais elles seraient 100 fois plus nombreuses. Les insectes, avec environ 750 000 espèces recensées, sont de loin le groupe vivant le plus important. Certains avancent même le chiffre de 20 millions d'espèces ! Mais cette diversité, qui se concentre surtout dans les zones tropicales, est menacée par la déforestation, la pollution marine et l'exploitation intensive des ressources naturelles. Combien de réserves de médicaments potentiels ont ainsi déjà disparu ?

Chapitre
15

CHASSEURS ET CHASSÉS

La faim et les moyens

Couleuvre aquatique s'emparant de sa proie.

C'est pour mieux te manger…

Tous les prédateurs ne fondent pas sur leur victime aussi brutalement que le lion sur l'antilope. Le monde animal dispose de mille stratagèmes moins spectaculaires mais tout aussi redoutables…

Dans la forêt malgache, des drames minuscules se jouent en permanence. Perché sur sa branche, ce caméléon a l'air de dormir. Pourtant, ses yeux se déplacent dans toutes les directions. L'animal lève très lentement une patte, puis la repose, semble-t-il avec hésitation ; son corps est animé de curieux mouvements d'avant en arrière. Comment un animal aussi lent peut-il se nourrir d'insectes ?

La langue de belle-mère du caméléon

L'instant suivant nous fournit la réponse : soudain, le caméléon détend une langue immense et la ramène aussi vite à sa gueule. Un insecte est collé au bout ; il est immédiatement englouti. Le tout a duré une fraction de seconde. Et l'animal reprend son lent cheminement sur la branche…

Les caméléons possèdent une langue aussi longue que leur corps, qu'ils tiennent enroulée au fond de leur gueule. Leurs yeux, très mobiles et indépendants l'un de l'autre, leur permettent d'évaluer avec une grande précision la distance qui les sépare de leur proie. Et les grosses espèces, comme le caméléon d'Oustalet, qui atteint 60 cm, peuvent même capturer des oiseaux avec leur langue gluante !

◀ *Aussi longue que son corps, la langue du caméléon est capable d'attraper un insecte posé à distance de l'animal, ce qui lui permet de se dissimuler parfaitement pour chasser.*

Mortels crochets

Certains serpents possèdent des armes redoutables, voire mortelles : les crochets. Implantés dans la mâchoire supérieure, ceux-ci renferment, sur toute leur longueur, un canal relié à une glande contenant du poison. Sitôt la proie saisie, le venin est inoculé et l'animal capturé ainsi paralysé. Plus encore que la capacité de préhension des crochets, c'est donc le venin qui constitue l'arme fatale.

Les crochets sont en général situés à l'avant de la gueule, si bien que l'animal capturé est très vite tué. Cependant, certaines espèces ont des crochets placés tout au fond. C'est le cas de la couleuvre de Montpellier, dont le venin est fort dangereux mais que l'homme n'a pas à craindre : même si cette cou-

◀ *Chez les boas, point de piqûre mortelle, mais un art de l'étranglement tout aussi efficace : cet opossum est en train de périr étouffé sous la constriction d'un boa émeraude.*

▶ *Comme d'autres poissons des abysses, cette lamproie du genre* Melanocetus *est dotée au-dessus de la bouche d'une sorte de « canne à pêche » qu'elle agite devant sa proie.*

leuvre nous mordait, à la main ou à la cheville par exemple, les crochets, implantés trop en arrière, seraient dans l'impossibilité d'atteindre la zone mordue.

Étreinte fatale

Les serpents non venimeux ont une arme tout aussi redoutable que le poison : la constriction. Boas et pythons l'utilisent avec succès. Une fois la proie saisie entre leurs crocs, ces grands serpents s'enroulent autour d'elle et l'étouffent en faisant lentement jouer les muscles constricteurs de leur corps. L'animal, incapable de respirer, finit par succomber.

Mais la mort n'est pas aussi rapide que par le venin. Le serpent sent les battements du cœur de sa victime et ne relâche son étreinte que quand celui-ci a cessé de battre… Sachant qu'un anaconda, par exemple, peut dépasser 10 m de long et peser 500 kg, on comprend que certaines de ses proies soient de grande taille (jusqu'à des jaguars et des caïmans !).

Drame sous la mer

Dans les profondeurs des océans, certains poissons comme les baudroies utilisent pour capturer leurs proies une véritable canne à pêche : elles possèdent un appendice près de la gueule, prolongé par une sorte de fil au bout duquel se trouve une petite excroissance de chair. Que passe un petit poisson et la baudroie, bien dissimulée sur le fond marin, commence à agiter son « hameçon » comme un pêcheur lance son fil. Si un poisson fait mine d'attraper l'excroissance, la baudroie rejette le fil en arrière et ouvre tout grand sa gueule. Et la proie est aspirée par son meurtrier sans issue de secours !

Les baudroies qui vivent dans les grandes profondeurs (espèces abyssales), là où la lumière fait défaut, possèdent également une canne à pêche, mais l'extrémité est biolumiscente. Quel raffinement !

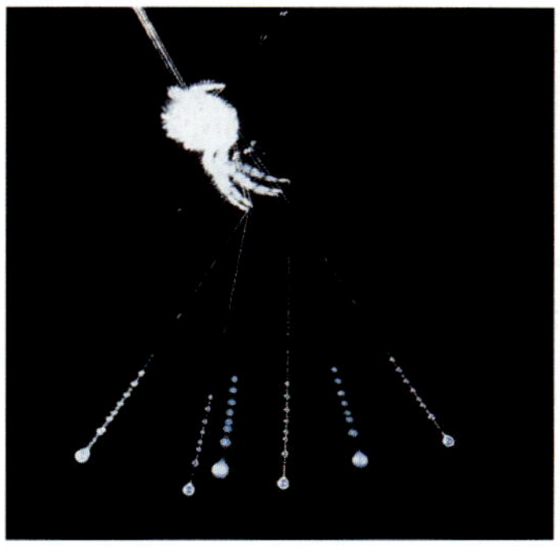

▲ *L'araignée bola tient un filet au bout duquel un liquide collant pourra engluer une mouche ou tout autre insecte.*

Capture au lasso

Chez les invertébrés, l'imagination n'est pas en reste. Les araignées tropicales du genre *Dinopis*, retenues à leur toile par leurs pattes postérieures, tiennent entre leurs pattes avant une sorte de filet, qu'elles lancent au passage d'une proie.

D'autres araignées, comme les *Mastophora* américaines, utilisent un fil de soie dont elles se servent comme d'un

DRÔLE DE PÊCHE AU HARPON

En milieu marin, même les animaux primitifs disposent de pièges redoutables. Les cônes sont des gastéropodes des eaux tropicales. Ces superbes coquillages possèdent un organe appelé radula, sorte de râpe terminée par un harpon barbelé. Celui-ci est relié à une glande dont le venin est, dit-on, aussi puissant que le curare… Au passage d'une proie (ver, escargot, poisson), le cône, grâce à un siphon respiratoire, projette son harpon sur elle et la tue instantanément.

lasso : celui-ci possède à son extrémité une boulette d'un liquide gluant qui fixe le moucheron imprudent. Quant à la plupart des araignées dites tisseuses de toile, elles utilisent cette toile comme simple piège passif. Certaines restent dissimulées près de leur ouvrage, une patte posée dessus : à la moindre secousse, elles se ruent sur l'insecte emprisonné.

▲ *La mante religieuse chasse à l'affût. Celle-ci dévore vivante une sauterelle.*

▼ *Cette araignée du genre* Dinopis *étale sa toile et la fait tournoyer à la manière d'un lasso, prend une mouche et l'emmaillote avant de la dévorer.*

À coup de fourchette ou de feu clignotant

Les mantes religieuses, avec leur corps filiforme et le plus souvent vert, se confondent parfaitement avec la végétation, ce qui leur permet de chasser à l'affût. Les insectes ne les voient pas, et ne voient surtout pas leurs terribles pattes antérieures. Celles-ci sont, au repos, repliées sur l'abdomen. Fémur et tibia couverts d'épines forment une pince qui s'abat tout d'un coup sur la malheureuse proie et la maintient tandis que la mante la mange vivante. Il est trop tard pour le criquet qui avait pris cette dévoreuse pour une simple brindille…
Les insectes ont développé quantité d'armes plus terribles les unes que les autres, tels les perce-oreilles (ou forficules) et leurs pinces caudales. Inoffensives pour l'homme, elles servent, chez le forficule des rivages par exemple, à maintenir la proie qu'elles ont attrapée avec leurs pattes antérieures pendant qu'elles la dévorent. Une fourchette de choix, en somme !
Les larves des libellules, également grandes carnassières, déploient leurs pièces buccales, appelées masque, jusqu'à 2 cm devant elles. Ainsi, sans avoir à bouger, capturent-elles un petit insecte qui se sentait probablement en sécurité en passant non loin de la prédatrice.
Sous les tropiques, les vers luisants ou lucioles sont légion. Chaque espèce a sa propre fréquence de clignotement, ce qui permet, au moment de la reproduction, aux mâles et aux femelles d'une espèce de se retrouver. Chez certaines lucioles carnivores, la femelle imite le clignotement d'autres espèces pour les faire venir jusqu'à elle et ainsi mieux les… croquer !

▲ *Trop tard pour la fourmi ! Elle vient de se faire prendre par un fourmilion enseveli dans le sable.*

L'entonnoir de la mort

Le fourmilion est un insecte aux allures de libellule, essentiellement carnivore. Sa larve se sert d'un piège terrible. Elle creuse dans un sol sableux un entonnoir où elle s'enfouit, laissant ses redoutables mandibules affleurer à la surface. Une fourmi vient-elle à passer sur ce sol apparemment anodin ? Elle s'enfonce subitement et disparaît dans l'entonnoir… où l'attendent les mortelles mandibules.
Il existe plusieurs espèces de fourmilions. Les larves de certaines d'entre elles ne creusent pas d'entonnoir, mais s'enterrent à faible profondeur, ne laissant dépasser que la tête. Dès qu'une proie s'approche, elles bondissent et la saisissent de leurs énormes mandibules.

Les plantes carnivores

Des ogresses vertes

Certaines plantes vivent sur des sols si pauvres en matières azotées qu'elles ont développé un comportement très original pour survivre : elles se nourrissent de petits animaux.

▲ *Les feuilles de la sarracénie pourpre copient celles d'une fleur. Les veines violacées guident les insectes vers le nectar présent au fond de l'urne, mais des poils dirigés vers le bas interdisent toute remontée à ces derniers. La digestion de l'insecte peut commencer…*

Dans la forêt tropicale, une fourmi se promène sur une liane, appelée népenthès, qui enlace étroitement le tronc d'un arbre. L'insecte s'approche d'une sorte d'urne à couvercle fleurant bon le sucre, parvient au bord… et glisse brusquement le long d'une paroi cireuse pour se retrouver irrémédiablement engluée au fond.

La plante va alors produire des enzymes chargées de digérer cette proie. Les précieuses matières azotées fournies par la fourmi seront absorbées par la paroi de l'urne. Cette dernière est en fait une feuille d'un genre très spécial, capable de se transformer par la sécrétion de ses glandes à nectar en un piège paré de bien des charmes, puis par celle de ses enzymes en une sorte d'estomac.

Des protéines pour survivre

Les plantes carnivores sont présentes dans le monde entier, mais on les rencontre surtout sous les tropiques. Elles poussent toujours sur des terrains très pauvres en azote : fourche des arbres, tourbières, sols granitiques ou eaux douces. Leur survie dépend donc de leur capacité à emprisonner, puis à assimiler de petits animaux. Leurs méthodes de capture et les armes qu'elles utilisent sont très variées : urnes chez les népenthès ou les utriculaires, pièges à glu chez les droséras ou les grassettes, piège à ressort chez la dionée. Les plus gros népenthès de la forêt tropicale peuvent capturer des petites grenouilles et des souris, mais leur ordinaire se compose essentiellement d'insectes, d'araignées, de vers ou de crustacés.

C'est Darwin qui, à la fin du XIXe siècle, parvint à expliquer cet étonnant phénomène. La plante a commencé par se défendre, en particulier des insectes, en sécrétant une glu collante. Les cadavres ainsi piégés, accumulés autour de leur prédateur végétal, enrichissaient la terre, qui nourrissait alors de mieux en mieux cet hôte vorace par l'intermédiaire de ses racines. Des micro-organismes ont ensuite décomposé les animaux à l'endroit où ils avaient été capturés. Les substances ainsi obtenues ont pu être assimilées directement à travers la paroi des feuilles. La plante a ensuite sécrété ses propres enzymes, se dotant d'un « appareil digestif » autonome. Dans le même temps, ses pièges se sont perfectionnés et des nectaires sont apparus, chargés de sécréter le nectar destiné à appâter les victimes. Des milieux très pauvres en matière organique ont ainsi pu être conquis par ces plantes au métabolisme original.

▶ *La gourmandise, péché mortel. Pour capturer ses proies, le népenthès s'est doté d'une urne à la délicieuse odeur de sucre, piège fatal aux insectes par l'odeur alléchés.*

▶ *Les feuilles du droséra sont couvertes de poils englués qui lui permettent de capturer de petites proies : elle a inventé le papier tue-mouches bien avant nous !*

De solides défenses

Le meilleur moyen de se défendre contre un agresseur est de lui opposer une protection susceptible de neutraliser ses armes. Des mammifères aux acariens, le blindage est un système de dissuasion propre à de nombreux animaux.

Quel rapport existe-t-il entre les coccinelles, les scarabées, les hannetons et les charançons ? Toutes ces petites bêtes sont des insectes de l'ordre des coléoptères. Ce nom, inventé par le philosophe grec Aristote, signifie littéralement « aile en étui », car les ailes antérieures des coléoptères se sont transformées en étuis rigides, appelés élytres.

Ces insectes ont donc en commun d'être nés blindés. Et cela leur a réussi, puisqu'on compte environ 350 000 coléoptères sur 1 600 000 espèces vivantes connues, bactéries, plantes et animaux confondus.

Les plus gros insectes du monde sont d'ailleurs des coléoptères, comme le goliath africain (12 cm) ou le titan amazonien (15 cm et plus), qui atteignent couramment 100 g.

▲ *Le bénitier, coquillage géant répandu dans les mers chaudes de l'océan Indien et du Pacifique, a connu une vogue inattendue… dans les églises européennes. Le nom lui est resté.*

L'armure, une pesante protection

Tous les insectes et leurs cousins crustacés, mille-pattes et araignées sont dotés d'un squelette externe. Ils ne possèdent donc pas d'os ni de colonne vertébrale interne comme nous, mais leur enveloppe est plus ou moins dure.

Les coléoptères ont encore accentué ce caractère, allant jusqu'à se couvrir d'un véritable blindage. Ce dernier fonctionne comme une armure, puisqu'il comporte des plaques rigides mais articulées, ce qui permet les mouvements.

Le poids de cette cuirasse interdit en revanche toute souplesse ; les gestes sont donc lents et limités. Mais les coléoptères sont moins vulnérables aux prédateurs que d'autres espèces. La recette de leur succès a d'ailleurs été largement utilisée par de nombreux autres animaux.

La coquille, un camp retranché

Les mollusques, comme leur nom l'indique, ont le corps mou. Ils se sont facilement adaptés à leur milieu originel, la mer, car l'eau soutient les tissus. Mais leur particularité anatomique rendait la tâche des prédateurs trop simple. Alors comment survivre quand on est si vulnérable ?

En inventant la coquille. L'eau de mer contient du calcium ; par réaction chimique, certains êtres vivants précipitent ce calcium en calcaire. Les coraux, par exemple, élaborent de cette façon leur squelette et leurs récifs. Mais la plupart des mollusques construisent un refuge. On en distingue deux types : l'un présente un cône ouvert, souvent enroulé sur lui-même, comme chez les ormeaux et les escargots ; l'autre une coquille à deux valves fermées par des muscles puissants, qui ne laissent aucun espace par où s'insinuer, comme chez la moule ou le bénitier.

LE DÉFAUT DE LA CUIRASSE

Les buprestes sont de superbes coléoptères aux riches couleurs métalliques et au squelette très dur. Ils ont cependant un point faible : leurs articulations, qui permettent les mouvements. Au XIXe siècle, le grand entomologiste Jean Henri Fabre a montré qu'ils sont fréquemment capturés par une guêpe, le cercéris, qui les pique avec son dard à l'articulation du thorax et leur injecte un venin qui les paralyse. Ils finissent alors leur vie dans un terrier, lentement dévorés vivants par la larve de leur agresseur.

▲ *Le goliath, géant de la forêt africaine, est un proche parent de la cétoine dorée de nos jardins, commune mais beaucoup plus petite.*

Des plaques de protection

Les vertébrés ont trouvé une autre solution pour se protéger : assembler des plaques osseuses. Les poissons-coffres des mers tropicales, les tortues ou les tatous bénéficient de cette défense. Chez les tortues, les plaques sont soudées et forment une véritable boîte. Mais comme la tête et les pattes doivent rester mobiles pour permettre le déplacement et l'absorption de nourriture, cette boîte comporte des trous, qui rendent cette protection imparfaite. De plus, l'ensemble est bien lourd à porter pour ces animaux particulièrement lents. Les tatous ont quant à eux opté pour un système de plaques articulées. Un bouclier couvre la tête, un autre l'avant du corps, qui s'articule avec un troisième bouclier abritant l'arrière-train grâce à plusieurs bandes de petites plaques. Seul leur abdomen, recouvert de poils, n'est pas protégé, ce qui les oblige à se mettre en boule pour préserver cette partie vulnérable. Après avoir adopté cette position, ils n'offrent aucune prise aux dents de leurs prédateurs.

◀ ▲ *Cousin africain du tatou américain, le pangolin se roule comme lui en boule pour n'offrir à son agresseur que la barrière de ses écailles osseuses.*

◀ *Les épines de ce porc-épic d'Afrique du Sud sont dirigées vers l'arrière. Aussi attaque-t-il… à reculons.*

Une carapace d'épines

Certains animaux ont préféré adopter un blindage résolument offensif. Les épines protègent bien évidemment leur propriétaire, mais blessent aussi l'éventuel agresseur. C'est l'atout des oursins, chez les invertébrés, et des diodons, chez les poissons.

Les rascasses ont quant à elles relié leurs épines creuses à une glande à venin, qui laissera un douloureux souvenir à celui qui leur marchera dessus. Les hérissons de l'Ancien Monde (des insectivores) et les porcs-épics d'Afrique et d'Amérique (des rongeurs) ont pour leur part endossé une panoplie de piquants. Les premiers se contentent de se rouler en boule à l'approche d'un danger pour se protéger le ventre, tandis que certains porcs-épics africains se montrent nettement plus vindicatifs. Attaqués, ils ne fuient pas mais courent à reculons vers leur agresseur. Celui-ci risque fort de se retrouver avec de longs piquants fichés dans le corps, alors que le porc-épic sera indemne.

▶ *La plupart des espèces de tatous se distinguent par le nombre de bandes articulées qui séparent le bouclier de l'avant du corps et celui de l'arrière. Celui-ci en a onze.*

Ingénieux prédateurs

Toute espèce qui n'est pas herbivore est, peu ou prou, chasseresse. Pour que chacune puisse se procurer de la nourriture, la nature a prévu de nombreuses stratégies, bien adaptées à chaque cas.

▲ *Comme le héron, la couleuvre à collier a la patience pour meilleure alliée. Cette grenouille en fera les frais.*

Une lionne qui rampe dans les hautes herbes du Serengeti, en Tanzanie... Un aigle qui décrit des cercles dans le ciel des Rocheuses... Un héron figé comme une statue au bord d'un marais de Camargue... Un groupe de loups qui galope dans la taïga sibérienne... Autant de scènes ordinaires de la vie sauvage. Leurs protagonistes, si différents soient-ils, sont réunis par une seule préoccupation : trouver une nourriture carnée. Pour satisfaire ce besoin, les insectivores, carnivores et autres piscivores ont tous recours au même moyen, la chasse, quelle que soit la technique employée.

▲ *Parfaitement immobile, le héron attend que passe un poisson. Il détend alors brusquement le cou pour s'en saisir de son bec acéré.*

Patience et longueur de temps

N'exigeant pas beaucoup d'énergie, la chasse à l'affût requiert en revanche une bonne dose de patience. Cette stratégie, commune à de nombreux prédateurs, nécessite une grande aptitude à rester immobile, un pelage ou un plumage relativement neutre pour se fondre dans l'environnement, une détente hors du commun pour s'abattre sur la proie au moment opportun, et une excellente vue qui permettra de déceler le moindre signe trahissant la présence de nourriture. L'affût, c'est en premier lieu savoir se dissimuler. Les grands félins au pelage moucheté ou rayé se confondent merveilleusement avec la végétation, particulièrement forestière, d'autant que les parties pâles et sombres de leur fourrure imitent les zones d'ombre et de lumière de la forêt. Bien dissimulée dans l'anfractuosité d'un vieux mur, l'araignée saltique, elle, ressemble à un petit caillou. Si un moucheron passe par là, la voilà qui saute pour capturer sa proie et lui injecter un venin mortel.

Dans un tout autre environnement, la murène a pour habitude de se tapir dans un trou situé non loin de la côte, ne laissant dépasser que sa tête aux dents acérées. Qu'un poisson survienne à portée de mâchoire, et hop ! d'une seule détente, elle se précipite sur lui, la gueule grande ouverte.

L'art d'être immobile

C'est également une exceptionnelle capacité de détente qui propulsera en un éclair le long cou du héron vers un petit poisson nageant en surface. Cet échassier ne peut certes se confondre avec son environnement, mais, à force de se tenir immobile, il finit par se faire oublier de ses proies.

Perché au bout d'une branche, le gobemouche gris, petit passereau d'Europe, attend aussi patiem-

ment qu'un insecte passe près de lui. Sa victime repérée, il déploie brusquement les ailes, la happe en vol, puis regagne son poste d'observation.

Les kodiaks – grands ours bruns d'Alaska –, juchés sur un rocher au milieu du torrent, ont aussi pour habitude d'attendre qu'un saumon saute hors de l'eau pour le saisir adroitement dans leur gueule.

Courir pour attraper son repas : rapide, mais fatigant !

Pour certains animaux, chasser c'est avant tout courir. La performance du guépard, le plus rapide des félins, poursuivant une gazelle à la vitesse de 110 km/h est étonnante… mais épuisante. Et, à moins d'attraper sa proie dans les quelques secondes qui suivent son démarrage, le guépard risque fort de se retrouver bredouille. Son sprint exige en effet tant d'énergie qu'il ne peut le poursuivre longtemps.

Dans les airs, la vitesse est plus facile à tenir que sur terre. Ainsi le faucon pèlerin capture-t-il des oiseaux, notamment des pigeons, en plein vol, après des piqués vertigineux pouvant atteindre 170 km/h. Sa tactique consiste à s'élever assez haut pour repérer sa proie sans l'alerter et fondre dessus en la prenant par surprise.

Dans l'univers subaquatique, les thons et les marlins sont également d'excellents chasseurs ; leur rapidité ne laisse aucune chance de survie aux petits poissons dont ils s'alimentent. Toutes ces espèces comptent sur leur grande vitesse de déplacement pour surprendre leur proie dans une course-poursuite qui sera, le plus souvent, aussi brève que fatale.

Partage obligatoire

Quand on est plusieurs à chasser, on accroît considérablement ses chances de réussite. Mais toute médaille a son revers : il faut ensuite partager. Les lionnes en savent quelque chose *(voir p. 318-319)* : avant de savourer le produit de leur chasse, elles doivent céder la place aux lions. Quant aux jeunes, ils seront servis en dernier.

La chasse en groupe est également pratiquée chez les canidés tels les lycaons d'Afrique, célèbres pour leur endurance et leur persévérance, qui partent en chasse après un long cérémonial – jappements,

▲ *Le balbuzard pêcheur est un rapace piscivore qui chasse au-dessus de l'eau. Sa vue perçante est un merveilleux atout.*

▼ *À la chasse, la stratégie des lionnes est un modèle du genre : elles repèrent une proie (ici, un gnou), l'isolent, la harcèlent et la fatiguent avant de la mettre à mort.*

LE RENARD, UN CONSOMMATEUR PRAGMATIQUE

Le renard est un chasseur opportuniste. Il peut se lancer dans une impressionnante course-poursuite avec un lapin de garenne, comme attendre patiemment qu'un campagnol veuille bien pointer le bout du museau hors de sa galerie. Il est également assez éclectique dans son alimentation, n'hésitant pas à se nourrir de baies quand la faim se fait pressante.

léchages, marques de soumission… – destiné à affirmer la cohésion du groupe. Leur stratégie consiste à se déployer en phalange, puis à s'approcher d'un troupeau d'herbivores. Lorsque celui-ci se met à courir, ils isolent l'un de ses membres, de préférence une bête jeune ou plus faible. Ils lui donnent la chasse jusqu'à l'épuiser grâce à une course-relais basée sur la vitesse, certains prenant un raccourci chaque fois que leur victime change de direction… Zèbres ou gnous sont leurs proies favorites. À l'inverse de ce qui a cours chez les lions, ce sont ici les jeunes qui mangeront en premier.

Les hyènes, qui sont des chasseurs nocturnes, dispersent tout d'abord le troupeau pour isoler un animal vieux ou malade, qu'elles vont ensuite poursuivre en le mordant pour l'épuiser puis l'achever. Elles doivent alors dévorer leur repas le plus rapidement possible, sous peine de se faire dérober leur prise par les lions. Les anciens se mettront à table les premiers, avant de laisser la place aux jeunes.

Gourmets solitaires

Quand on n'aime pas partager, mieux vaut chasser seul. C'est la méthode du tigre : il compte sur l'effet de surprise puis sur son poids pour faire tomber sa victime et la tuer en l'étouffant entre ses mâchoires. C'est aussi celle d'un gros phoque lisse et agile, le léopard de mer, redoutable prédateur qui, en Antarctique, attend que les manchots remontent à la surface après une longue plongée pour pouvoir s'emparer de l'un d'entre eux et, si c'est un jeune, l'avaler tout rond !

L'hermine arpente la campagne à pas menus, en quête de petits rongeurs ou d'oiseaux. Elle trotte, s'arrête, hume l'air, regarde à droite et à gauche, puis repart. Au gré de ses déambulations, elle trouvera de quoi calmer sa faim et, si la chasse est bonne, elle rapportera à manger à ses petits.

Chez les serpents, enfin, on chasse aussi en solitaire, et exclusivement pour soi : il n'y a pas de jeunes bouches à nourrir. Leur venin leur permet d'immobiliser des proies beaucoup plus grosses qu'eux. Le cobra, par exemple, attaque en jetant la tête en avant pour injecter à sa victime des neurotoxines, substances chimiques qui affectent le système nerveux, entraînant la paralysie puis l'étouffement final.

▲ *Le léopard de mer est un chasseur hors pair qui se nourrit aussi bien de manchots que de jeunes phoques.*

▼ *Les remous que provoque une baleine (ici, un rorqual) quand elle pêche attirent souvent les goélands, car les turbulences font remonter à la surface poissons et microplancton.*

▲ *Service d'entretien. Les épines de cet acacia comportent à leur base des renflements destinés à attirer les fourmis, hôtes bienvenus qui les débarrassent de leurs champignons et d'éventuels insectes.*

LA DÉFENSE PASSIVE CHEZ LES PLANTES

Épines et autres artifices

Pour se défendre, les plantes ont intérêt à être armées : posséder des épines, héberger des hôtes dévoués ou recourir à l'art subtil du camouflage.

Le désert de pierres qui jouxte la région du Cap, en Afrique du Sud, semble privé de vie et voué au seul règne minéral. Mais soudain, comme posées sur un tas de cailloux, de superbes fleurs jaunes attirent l'œil du promeneur. Elles viennent d'un lithops, plante-caillou ainsi trahie par cette lumineuse floraison. Soumise à toutes les convoitises dans un environnement pauvre en ressources, cette plante a modifié ses feuilles ; dépourvues de tiges, celles-ci sont devenues vert sombre et particulièrement épaisses afin de mieux retenir l'eau et de se confondre au maximum avec les cailloux qui les entourent.

▼ *Plante-caillou. Grâce à ses feuilles, qui ressemblent à des pierres, le lithops se fond parfaitement dans le paysage. Sauf quand il est en fleur !*

Cacher sa vraie nature

Le camouflage est cependant exceptionnel chez les plantes. Comme elles composent la toile de fond de la plupart des paysages naturels, ce sont au contraire les animaux qui les copient afin de mieux se dissimuler. Mais, dans l'ambiance minérale des régions désertiques, se déguiser en caillou est, pour une plante, un bon moyen de se préserver. L'arachide a pour sa part choisi un mode de camouflage encore plus original pour ses fruits : elle les enterre. Sa fleur, une fois fécondée, se fane et la tige qui la porte se recourbe vers le sol, de telle sorte que le fruit, la cacahuète, s'y enterre. Dans sa coque, bien à l'abri, se développeront deux à quatre graines très riches en huile, l'une des principales richesses agricoles des régions chaudes du globe.

Des fourmis gardes du corps

De nombreuses plantes, depuis les cactus des déserts jusqu'aux rosiers des jardins, sont pourvues d'épines très efficaces contre les curieux, qu'il s'agisse d'hommes ou de bêtes. Ainsi, en Afrique, les éleveurs ceinturent les parcs à bétail de barrières de branches épineuses.

À cet arsenal de piquants, certaines plantes ajoutent ou préfèrent les mandibules des fourmis. Elles ménagent en effet dans leurs tiges ou dans leurs feuilles des abris destinés à ces insectes, et vont même jusqu'à exsuder un nectar sucré pour les nourrir. En échange, les fourmis soignent leur hôte comme les plus zélés des jardiniers. Elles enlèvent les spores des champignons, détruisent ou expulsent les insectes qui voudraient dévorer le feuillage ou en pomper la sève et dissuadent, par leur seule présence, les gros mammifères de venir brouter trop près. A-t-on jamais connu mercenaires plus efficaces ?

▲ *Politique de l'autruche. Après fécondation, les fleurs de l'arachide, futures cacahuètes, s'enfouissent et se développent sous terre.*

L'éducation des jeunes prédateurs

Chasser ne s'improvise pas. Comme chez les humains, l'expérience est primordiale pour être un bon prédateur, mais l'éducation joue aussi un rôle. C'est pourquoi, chez certaines espèces au moins, les adultes enseignent à leurs jeunes les techniques de chasse. Cet apprentissage, qui passe par le jeu, l'observation et le mimétisme, peut aussi nécessiter des exercices longuement répétés. C'est toujours un moment crucial de la vie du jeune prédateur, qui entre alors peu à peu dans le monde des adultes. De l'habileté et de la maîtrise ainsi acquises dépendra sa survie : une fois livré à lui-même, il n'aura d'autre choix que l'emporter ou mourir.

▼ **Apprendre en jouant**
Alors qu'ils tètent encore leur mère, les lionceaux s'amusent souvent avec les pattes ou la queue des grands. Tapis contre le sol, ils bondissent soudain sur un adulte au repos, comme s'il s'agissait d'une proie. À l'évidence, c'est par le jeu que les jeunes lions acquièrent les techniques de la chasse. Les jeunes chats ne procèdent pas autrement lorsqu'ils sautent sur une balle ou un bouchon.

▲ **COMBAT AMICAL**
Lorsque de jeunes léopards se chamaillent, leurs griffes sont rentrées et leurs crocs, bien qu'acérés, ne serrent pas bien fort l'encolure du partenaire. En s'exerçant à saisir, à maintenir, à résister et à avoir le dessus, ils apprennent à avoir la patte agile et le coup de dent prompt. Avant d'entamer ces joutes, sous le regard d'un adulte, les félins se montrent amicaux et, même au plus fort du combat, ne manifestent aucune agressivité.

▲ FAUSSE POSTURE D'ATTAQUE
L'art du combat est un prélude nécessaire à la maîtrise de la prédation tant chez les félins que chez les canidés, notamment les loups et les renards. Ces renardeaux roux d'Europe adoptent une posture singulière : pattes avant jointes et repliées, arrière-train dressé. La bagarre qui s'ensuit n'est pas feinte, mais crocs et griffes ne sont pas pour autant utilisés avec violence. Chacun teste – et perfectionne – son agilité et sa rapidité.

▼ ACHEVER UNE PROIE
Lorsqu'une lionne capture une gazelle, elle n'achève pas la bête : c'est aux jeunes que revient ce rôle. La femelle guépard, elle aussi, capture de petites proies et les place vivantes devant les pattes de ses rejetons (ci-dessous). Si ceux-ci en laissent échapper une, la femelle s'en empare derechef et la rapporte jusqu'à ce que ses élèves parviennent à leurs fins. Ce premier contact avec la proie initie un long apprentissage. Des mois, voire des années, s'écouleront avant qu'un jeune adulte réussisse sa première capture.

▲ PLONGER DANS LE GRAND BAIN
En Amérique australe, les otaries rapportent à leurs jeunes des poissons vivants. Les petits apprentis se font alors la main sur des proies déjà affaiblies par la capture : il leur faut apprendre à plonger pour rattraper le poisson qui se fait la belle et acquérir dans l'eau l'agilité nécessaire pour enfin s'en emparer.

Plongeon réflexe

Le grèbe huppé, oiseau piscivore, plonge pour trouver ses proies. Dès leur plus jeune âge, alors qu'ils sont encore nourris par leurs parents, les poussins font de même… et reviennent, bien sûr, bredouilles. Mais le réflexe est acquis. Leur apprentissage consistera à attraper des proies dont la taille croîtra à la mesure de la leur. Si bien que, une fois en âge de se nourrir seuls, ils auront acquis la technique de pêche des adultes.

Regarder pour apprendre

Les jeunes vanneaux quittent le nid dès qu'ils viennent au monde : l'espèce est nidifuge. Et, comme les parents (ci-contre un vanneau huppé) ne nourrissent pas leurs petits, ceux-ci n'ont d'autre ressource que de les suivre pour apprendre à se sustenter. Si le fait de picorer est inné, repérer les emplacements où se cachent larves et insectes et les dénicher, tout cela s'apprend en observant les aînés.

Le jeune huîtrier pie, qui a, lui, la rare chance d'être nourri par ses parents, les imitera aussi, mais un peu plus tard, pour capturer les vers de terre dont cette espèce se nourrit. Dans ces deux cas, l'apprentissage passe donc par le mimétisme. L'expérience et le temps feront le reste.

Exercices en plein ciel

C'est au terme de fulgurants piqués que le faucon pèlerin attrape les oiseaux au vol. La parfaite maîtrise du ciel de ce grand prédateur, capable de pointes de vitesse vertigineuses, est le résultat d'un long apprentissage. Le jeune attrape d'abord des proies faciles, comme des insectes, avant de s'attaquer aux oiseaux. L'aide de ses parents est alors capitale. L'adulte capture une proie et la laisse tomber afin que le jeune apprenne à s'en emparer en plein vol. En cas d'échec, l'adulte n'aura, lui, aucune difficulté à la rattraper ; puis il se placera de nouveau au-dessus du jeune et relâchera la proie.

▲ **Transmission de connaissances**
Rares sont les espèces qui s'aident d'outils pour parvenir à leurs fins. Les chimpanzés utilisent des baguettes de bois pour attraper des fourmis à l'intérieur de leur fourmilière, ou encore des pierres pour lapider les singes colobes, qu'ils vont ensuite dévorer.
Nos chercheurs s'interrogent aujourd'hui sur la transmission dans le monde animal d'un savoir-faire acquis par une génération à celle qui la suit, car se servir d'un instrument n'a rien d'inné : les parents doivent montrer aux jeunes comment s'y prendre. Et ces derniers bénéficient d'une longue pratique aux côtés de leurs géniteurs avant d'acquérir la même maîtrise dans les stratégies d'encerclement et de poursuite. Pour certains primatologues, il y a véritablement là une forme de culture…

▼ **Les risques du manque d'expérience**
Les manchots se nourrissent de poissons. Mais, dès que les jeunes sont en âge de s'émanciper, ils doivent soudain se débrouiller tout seuls. Le comportement alimentaire ne résulte pas ici d'un apprentissage parental. C'est pourquoi on constate parfois chez cette espèce une forte mortalité dans les premières semaines qui suivent l'émancipation, les jeunes oiseaux étant incapables de s'alimenter correctement, d'autant que la nourriture est parfois rare. Seul avantage : lorsqu'ils quittent leurs parents, les jeunes manchots sont si dodus – ils sont parfois plus gros que leurs géniteurs ! – qu'ils peuvent vivre quelque temps sur ces réserves de graisse.

Tromper l'adversaire

De nombreuses espèces animales utilisent habilement leurs couleurs et leurs formes pour se fondre dans leur environnement et passer inaperçues aux yeux d'un prédateur ou d'une proie… au point d'avoir parfois l'air déguisées !

Le poisson-papillon n'avait d'autres soucis que d'aller brouter un polype corallien. À quelques centimètres au-dessus du sédiment, il passa devant un gros caillou. Qui l'avala. En quelques millièmes de seconde, un poisson-pierre, parfaitement camouflé, avait ouvert sa gueule et l'avait refermée sur lui.

Le poisson-pierre est un maître de l'homochromie. Grâce à sa forme ronde, relativement aplatie, et à sa peau de couleur terne, couverte de lambeaux, il se confond aisément avec un rocher parsemé d'algues. Posé sur le sédiment, immobile, il est quasi invisible. En mer comme sur terre, nombre d'animaux pratiquent ce type de camouflage. Leur teinte, uniforme, correspond exactement à celle de leur milieu de vie. Les engoulevents, des oiseaux nocturnes de couleur brune, se confondent ainsi avec les écorces sur lesquelles ils se reposent ; les lièvres variables, blancs en hiver, se dissimulent facilement sur la neige.

Invisible vu d'en haut et d'en bas

D'autres espèces animales ont une double homochromie : leur dos est sombre, leur ventre clair. Vues du dessus, elles se confondent avec le sol ; vues du dessous, elles sont difficilement visibles sur fond de ciel lumineux. La plupart des poissons prédateurs de pleine eau, tels que les espadons ou les requins, possèdent un dos gris argenté alors que leur ventre est blanc. Ce n'est qu'à faible distance, et lorsque l'animal est de profil, que les deux couleurs sont visibles simultanément. En général, le plumage des oiseaux est également beaucoup plus terne sur le dos que sur le ventre. Vus de loin, ils semblent plats. Ce qui leurre un temps leurs prédateurs, qui repèrent plus facilement les proies de gros volume.

Mais la plupart des animaux terrestres et des poissons affichent des livrées aux dessins compliqués. Les rayures du zèbre, les taches du guépard, les chevrons du poisson-ange empereur n'ont qu'une utilité : briser la forme de l'animal, le dissocier en

Dans le clair-obscur du sous-bois, les rayures du tigre se mêlent aux taches de lumière. Le félin peut ainsi approcher ses proies à une longueur de saut et mieux les surprendre.

▲ *Ce caméléon du désert namibien a pris la teinte de la pierre. Un camouflage parfait, allié à une totale immobilité pour mieux leurrer les rapaces, sensibles au moindre mouvement.*

plusieurs parties afin de tromper le prédateur ou la proie. Se fondre dans son environnement : c'est ce à quoi parvient le tigre, véritablement indiscernable grâce à ses rayures, qui se confondent avec la végétation des sous-bois dans lesquels il maraude.

Changement de costume

Caméléons, poulpes, poissons plats et crevettes sont tous homochromes. Mais ils sont en plus capables d'adapter à tout moment leur livrée à la couleur, aux formes et même aux textures de leur milieu. Cette faculté repose essentiellement sur des cellules appelées chromatophores, sortes de sacs contenant des pigments. Lorsque les chromatophores ne sont pas excités par un influx nerveux ou hormonal, les pigments demeurent au centre de chaque cellule, qui prend alors une teinte claire. Dans le cas contraire, les pigments se répandent plus ou moins dans le volume de la cellule, dont la teinte s'assombrit.
La vitesse à laquelle un chromatophore passe d'un état à l'autre n'est pas la même en fonction des espèces. Varie aussi la célérité de l'information qui commande le changement de camouflage depuis le cerveau – ou depuis les quelques ganglions qui en font office chez les invertébrés. Pour beaucoup d'espèces, ce changement est commandé à la fois par le système hormonal et par le système nerveux. C'est le cas des poissons plats (turbot, sole…). Quelques espèces comme les céphalopodes (calmar, pieuvre…) ne possèdent qu'une commande nerveuse, nettement plus rapide que la commande hormonale, car elle véhicule ses informations à la vitesse du courant électrique. Il ne leur faut que quelques fractions de seconde pour se camoufler. À titre de comparaison, il faut plusieurs secondes au caméléon, dont le camouflage est sous commande purement hormonale, pour modifier ses couleurs.

▲ *De ce poisson-pierre totalement immobile, on ne distingue que la marque de la gueule. Il ne se déplace d'ailleurs que rarement, en s'appuyant sur ses nageoires pectorales, situées de chaque côté de la tête et bordées de jaune.*

De la branche à l'épine

Les phasmes, insectes des milieux tropicaux, ressemblent à de petites branches. Posés dans la végétation, ils sont d'autant plus difficiles à repérer que, dans la journée, ils ne bougent quasiment pas. C'est la nuit que ces insectes se meuvent et s'activent. Mais à cette heure-là, leurs prédateurs dorment.
Chez les papillons nocturnes, les notodontes montrent de remarquables capacités de dissimulation. Posé dans un arbre ou sur un tapis de brindilles et de feuilles mortes, le bucéphale, par exemple, revêt la forme d'une branchette brisée, dont l'arrondi est conféré par les ailes enroulées sur le corps.

BLUFF EN TOUT GENRE

Le poisson-coffre (ci-contre) peut, en cas de stress, s'enfler subitement et paraître beaucoup plus gros qu'il ne l'est en réalité. Sur terre, le lézard à collerette (un agame australien) déploie soudainement un grand pli de peau autour de sa tête et semble tout à coup énorme et monstrueux, d'autant qu'il ouvre tout grand sa gueule. Quant au crache-sang, un coléoptère d'Europe, ou à certaines mantes religieuses africaines, ils font sourdre, de leur bouche ou de leurs pièces buccales, un liquide rouge qui ressemble à s'y méprendre à du sang. Ce qui, semble-t-il, fait fuir les prédateurs.

▶ *Brindille, feuille racornie ? Même géant, ce phasme d'Asie est invisible dans la végétation dont il se repaît.*

▶ *Vues d'en dessous, les ailes du citron ressemblent à des feuilles. Une ressemblance encore accrue quand ce papillon bat des ailes, comme si les feuilles étaient agitées par le vent…*

▶ *En s'agrégeant, ces punaises forment une sorte d'excroissance florale, dont les couleurs renforcent encore l'anonymat.*

▶ *Même déguisé en brindille, ce phasme doit se garder de ses prédateurs, qui connaissent bien son déguisement. Une seule solution : garder une totale immobilité.*

Chez les reptiles, les caméléons sont passés maîtres dans l'art de la dissimulation. Les crocodiles et les caïmans imitent parfaitement un billot de bois flottant à la surface d'un marigot. Ils se laissent ainsi dériver lentement pour s'approcher d'une proie qui vient boire. Mais les jeunes crocodiles se servent aussi de cette faculté pour échapper à certains oiseaux prédateurs !

En Afrique, des punaises tropicales se collent à une branche et imitent de façon parfaite les épines d'un rosier. Chez d'autres insectes homoptères de la famille des membracidés, les adultes se rangent à la queue leu leu le long de la branche pour imiter des épines. Les jeunes, eux, se placent en dessous, sur la face inférieure, et ressemblent alors à une sorte d'écorce rugueuse !

De l'art d'être une feuille

Le citron est un papillon commun en Europe. En vol, sa couleur jaune vif permet de le repérer aisément. Mais, lorsqu'il est posé, la face inférieure de ses ailes repliées a la couleur des feuilles. Suspendu à l'une d'entre elles, le citron passe alors totalement inaperçu.

Autre championne de l'invisibilité : la mante religieuse d'Amérique du Sud, du genre *Choeradodis*. Elle vit sur les troncs d'arbre et voisine avec une petite plante grimpante aux feuilles rondes auxquelles elle ressemble à s'y méprendre. Active de nuit, elle se colle aux feuilles dans la journée pour se confondre avec elles.

Chez les vertébrés aussi on pratique le déguisement. La grenouille cornue (Asie du Sud-Est) fréquente la litière, parmi les feuilles sèches. De couleur brune, elle possède de fines crêtes dorsales, qui simulent les nervures d'une feuille desséchée, et des appendices latéraux qui surmontent ses yeux et ressemblent à des pointes de feuille. Sous ces appendices, deux grosses taches noires imitent une ombre, cachant ainsi les yeux énormes du batracien.

On nomme homotypie ces étonnantes ressemblances avec un élément de l'environnement ou, encore mieux, avec une autre espèce. Ainsi, des insectes comme les syrphes – il s'agit d'une variété de mouches – ont revêtu la robe des guêpes ou des abeilles, dont ils imitent le comportement. Déguisés ainsi, ils ne craignent pas de croiser ceux qui redoutent leur piqûre, l'homme en premier lieu !

Pour échapper au chasseur

Les animaux utilisent bien des stratégies pour repousser leurs agresseurs : faire le mort, se regrouper, projeter des substances répulsives ou, plus simplement, fuir.

▲ *Simulant une aile cassée, un œdicnème criard tente d'attirer un prédateur loin de son nid. Ce dernier essaiera ainsi en vain de l'attraper… se désintéressant de la couvée.*

▼ *Perché au sommet d'un épineux, ce suricate (petite mangouste africaine) est chargé de la surveillance du territoire de son groupe. Qu'il donne l'alerte, et tous fileront vers leurs terriers.*

Un opossum en quête de nourriture furète près d'une rivière de l'Arizona. Soudain, un coyote surgit d'un fourré. Le marsupial l'aperçoit, mais il est déjà trop tard pour fuir. Pas question non plus de s'engager dans un combat inégal ou de plonger dans l'eau… En désespoir de cause, il a recours à une feinte. Il s'allonge sur le flanc, la bouche ouverte, et demeure parfaitement immobile. Le coyote s'approche, le secoue avec l'une de ses pattes antérieures, le remue, le retourne et le renifle. Rapidement, il se désintéresse de cette proie morte, fait demi-tour et s'éloigne, tandis que l'opossum, ressuscité, s'empresse de déguerpir.

Un sommeil salvateur

Le comportement des poules rappelle celui des opossums, mais il n'est pas spontané. Phénomène surprenant, c'est lorsqu'on les place sur le dos, les pattes en l'air, qu'elles ne bougent plus. Cette particularité vaut aussi pour certains oiseaux sauvages, comme les pigeons, les vanneaux ou les huîtriers. Une fois retournés, ces animaux ont un réflexe paralysant qui les rend immobiles. Mais celui-ci est annulé si l'on tape des mains ou que l'on fait du bruit. Cette curieuse tétanie, qui s'apparente à l'hypnose, constitue néanmoins un bon moyen de défense contre un prédateur qui renverserait sa proie sur le dos par inadvertance. Considérée comme morte, celle-ci aurait alors de fortes chances d'être dédaignée.

La course ou la vie

Pour certaines espèces, la fuite est la seule arme. Mais il ne s'agit pas nécessairement d'une course éperdue sans but précis. Quand les marmottes des Alpes ou les suricates d'Afrique du Sud aperçoivent un prédateur, ils détalent vers leurs terriers respectifs, à l'instar des lapins ou des chiens de prairie. Cependant, contrairement à ces derniers, ils possèdent un système de vigilance élaboré. Chez les marmottes, un guetteur monte la garde et siffle au moindre danger afin que ses congénères se mettent à l'abri. Chez les suricates, qui constituent une espèce très grégaire, le système de veille est également sophistiqué et repose sur des guetteurs répartis sur l'ensemble de leur territoire.

▲ *Aux aguets, cette marmotte alpine prévient ses congénères par un sifflement strident dès qu'elle perçoit un danger.*

Les oiseaux parasols

Cette capacité à donner l'alerte a conduit certains oiseaux à jouer, bien malgré eux, un rôle de protecteurs. Ces espèces, dites parasols, ne tirent en effet aucun bénéfice des avantages qu'elles procurent à d'autres espèces : défendant âprement leur territoire, elles offrent une certaine sécurité à des oiseaux plus timorés. C'est le cas du bécasseau

DERNIER RECOURS, L'ATTAQUE

Il peut arriver que tous les moyens de défense mis en œuvre soient inutiles et que le prédateur ne renonce pas. Lorsqu'il est acculé, un animal qui ne peut s'enfuir va jouer sa dernière carte et attaquer. Phacochère fonçant sur des hyènes, buffle sur des lionnes (ci-contre)… L'issue du combat est très rarement favorable aux plus faibles. Épuisé, poussé par son seul instinct de survie, un animal qui se sent condamné va jeter ses dernières forces dans une unique tentative ; à cette occasion, il se montrera particulièrement agressif et dangereux, y compris pour l'homme. La majorité des attaques d'animaux sur l'être humain sont en effet des réflexes de défense désespérés.

variable, un oiseau plutôt timide qui, dans la toundra arctique, niche souvent près du pluvier doré, lequel donne l'alarme dès qu'un prédateur pénètre dans son territoire. En Europe tempérée, les nombreuses et bruyantes colonies de mouettes rieuses attirent facilement d'autres espèces plus discrètes, comme le grèbe à cou noir ou le canard chipeau. Ces derniers, qui élisent domicile au cœur même d'une colonie de mouettes, y trouvent la meilleure protection contre leurs prédateurs.

Esprit de corps

L'instinct pousse souvent les animaux à se regrouper pour se défendre. Cette coalition reste cependant passive. Elle est destinée à faire peur aux agresseurs, et, de fait, les perturbe souvent. Les bancs de sardines – elles sont des milliers – se déplacent comme un seul individu. Lorsque, par exemple, une otarie à fourrure d'Afrique du Sud s'approche d'un banc, ce dernier s'enfonce pour rétablir la distance de sécurité. Il peut même se scinder en deux, voire encercler l'otarie. En son sein, les sardines deviennent insaisissables : les poissons, qui évoluent en rangs serrés, semblent former un seul et même « superpoisson » qui réagit comme une sardine et, selon certains, en adopterait les comportements. Il leur est, en outre, plus facile de nager dans le groupe, car chacun d'entre eux profite de la légère dépression créée par le déplacement du voisin. La seule chance pour l'otarie d'attraper une proie est donc de multiplier ses attaques : à la longue, une sardine finira par tarder à suivre le mouvement général, signant ainsi sa perte.

Bases arrière

Chasseuse, l'otarie peut aussi être chassée. Ainsi, en Afrique du Sud, elle constitue une proie de choix pour le grand requin blanc. Pour se protéger, elle se déplace en petits groupes très mobiles,

▼ Groupés « en tortue », ces bœufs musqués font corps contre l'attaque d'une meute de loups. Les jeunes se trouvent au centre du groupe.

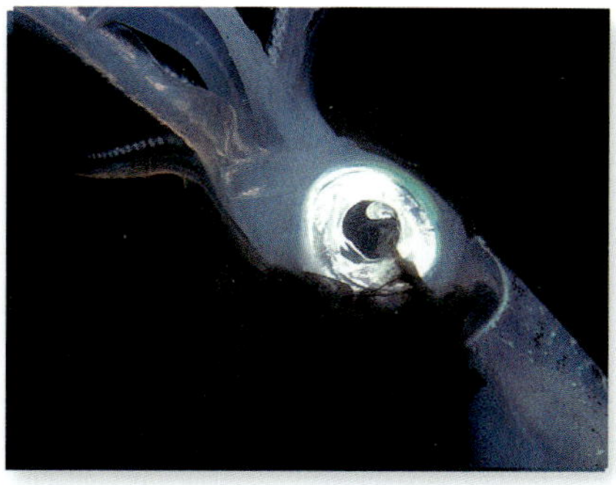

▲ *Pour masquer sa fuite, le calmar (en haut) s'échappe dans un nuage de liquide sombre produit par sa poche du noir. L'anguille électrique (en bas) préfère l'électrocution ; à l'occasion, son agresseur, paralysé, finit dans son estomac.*

qui évoluent dans le sillage du prédateur. Ne pouvant voir derrière lui, ce dernier se retourne sans cesse, mais il ne peut le faire vivement qu'au prix d'un gros effort. Qu'une otarie réagisse trop lentement et elle risque fort de connaître le destin des sardines dont elle se nourrit.

Solidarité entre générations

Chez les zèbres, comme chez les gnous, les troupeaux ont pour fonction de protéger les plus jeunes. Le plus souvent, ces derniers gambadent à proximité de leurs mères, séparés des prédateurs par des rangées d'adultes. Mais, en cas d'attaque, c'est la loi du chacun pour soi qui l'emporte. Cette dernière connaît cependant quelques exceptions, comme chez le bœuf musqué. Ce ruminant d'Europe du Nord vit en petits groupes l'été et en vastes troupeaux l'hiver. En présence d'un loup agressif, les adultes forment un cercle très compact afin de protéger les plus jeunes. Il est alors rare que le loup attaque, d'autant plus qu'un bœuf peut le charger, dans un suprême effort de dissuasion.

Des armes chimiques

Certaines proies possèdent un autre moyen de protection quasi radical : susciter le dégoût de leur prédateur. Le putois, tout particulièrement, excelle dans ce registre. Des glandes situées de chaque côté de son anus fabriquent et émettent un musc dont la pestilence suffit en général à repousser le prédateur le plus motivé. La même technique dissuasive est employée avec plus ou moins de succès par les autres membres de la famille des mustélidés : la belette, le vison, le blaireau ou la moufette.

Le bombardier est lui aussi très performant. Cet insecte éjecte par l'anus un liquide bouillant et très volatil, qui laisse de cuisants souvenirs à ses agresseurs. Les fourmis se défendent de la même manière en projetant sur l'animal qui les inquiète de l'acide formique, une substance extrêmement corrosive. Cette technique est employée par des espèces animales venimeuses, comme les poissons-scorpions, les scolopendres et certains oursins, qui injectent leurs toxines à leurs proies ou à leurs prédateurs, quand elles ne les projettent pas avec vigueur.

Quelques poissons utilisent aussi leur arme comme un bouclier. Le gymnote, une véritable pile vivante, décharge ainsi son électricité pour tenter de mettre en fuite un animal qui l'approcherait de trop près.

Quant aux céphalopodes – pieuvres, calmars, seiches –, ils sont connus pour projeter un nuage d'« encre » noire destiné à masquer leur fuite.

▲ *Les fourmis déversent de l'acide formique sur leurs agresseurs. Une solution très efficace pour éloigner les oiseaux.*

▲ *Tous aux abris ! Pour se protéger, cette moufette va projeter un liquide nauséabond.*

Des toxines meurtrières

▲ *Les oursins piquent au moyen de pédicellaires, sortes de pinces équipées de boutons sensoriels et de dents, par lesquels le venin est injecté. Ces pédicellaires leur servent aussi et surtout à nettoyer la surface de leur test, la coque qui les protège.*

Chez les animaux, poisons et venins constituent une arme redoutable. Mais de nombreuses plantes, soumises à l'appétit insatiable des animaux, produisent également des substances toxiques.

Le triton, un mollusque marin prédateur, est cinq fois plus gros que le cône, mais ce dernier ne recule pas pour autant. Il va se faire pulvériser ! Non : c'est le petit mollusque qui va terrasser le gros ! À quelques centimètres de son gêneur, le cône déploie sa trompe. Au bout, un dard. Dans le dard, du venin : un liquide blanchâtre contenant de toutes petites protéines, des peptides. Injectées dans le triton, elles viennent boucher les récepteurs de ses membranes cellulaires musculaires. L'influx nerveux ne peut dès lors plus passer entre neurones et muscles. Le triton est choqué. Quatre coups de harpon venimeux de plus, et il est brièvement paralysé. S'il ne fuit pas bientôt, il va mourir sous la piqûre d'un énième coup de dard. Le cône a gagné : le gros mollusque qui le gênait change finalement de route.

▶ *Le cône strié a sorti son harpon, long de plus de 1 cm. C'en est fait de sa victime, ici un petit mollusque.*

Mortelles couleurs

Dans l'univers des récifs coralliens, où se côtoient de nombreuses espèces, l'espace vital est réduit et la nourriture assez rare. La concurrence est rude. Pour ceux qui n'ont pas les moyens de fuir rapidement ou d'attaquer pour se défendre, reste la dissuasion chimique. Aussi certaines espèces coralliennes sont-elles devenues venimeuses, et leur livrée très colorée a d'ailleurs valeur d'avertissement : c'est ainsi qu'est prévenu le gêneur des risques qu'il encourt. Dans les mers tropicales, celui qui ne fuit pas et arbore une robe peu discrète est probablement venimeux…

C'est le cas du cône, magnifique petit gastéropode très prisé des collectionneurs ainsi que de nombre d'échinodermes. Les oursins et les étoiles de mer,

▲ *De gauche à droite : le ver de feu porte des soies urticantes ; le ptéroïs est équipé d'épines venimeuses dorsales très longues et acérées ; la chimère ponctuée pique avec un seul aiguillon, implanté à l'avant de sa nageoire dorsale ; la petite vive est pourvue d'épines venimeuses.*

par exemple, comptent, dans la plupart des mers du globe, des représentants toxiques. Dans la zone intertropicale, les oursins-diadèmes, aux longs piquants, ou ceux du genre *Toxopneustes*, aux couleurs chatoyantes, sont réputés pour leur grande venimosité. Il suffit de frôler le ver de feu pour ressentir une vive douleur ; mais sa faible toxicité n'engendre que des irritations. Dans le groupe des cnidaires (méduses, coraux, gorgones, anémones de mer…), seules les méduses sont réellement venimeuses, et les superbes cuboméduses sont pour leur part mortelles pour l'homme.

Le venin des tropiques

Il existe des espèces venimeuses dans tous les groupes d'animaux aquatiques, marins ou terrestres, y compris chez les mammifères et les oiseaux. La « fonction venimeuse », comme l'appellent les chercheurs, est néanmoins très localisée à l'intérieur de la zone intertropicale. Et, les animaux venimeux n'étant pas de grands randonneurs, ils sont nombreux à rechercher des proies dans des biotopes où la faune est riche à foison, telles les forêts humides ou les steppes.

Leur toxicité dépend parfois de la température et de la saison. La plupart de ces espèces sont prédatrices : elles injectent du venin dans leur proie pour en faciliter la capture ou le répandent sur l'animal pour le digérer plus facilement. Le venin de certaines espèces – comme celui du cobra – a ainsi la propriété de dissoudre les tissus.

▲ *Veuve noire. C'est l'une des très rares araignées dangereuses pour l'homme.*

Pierre qui dort…

Raies pastenagues, aigles de mer, chimères, silures, murènes, vives, poissons-globes, poissons-porcs-épics ou encore rascasses (scorpionidés) sont venimeux. Tous sont des poissons sédentaires vivant cachés. Ils piquent pour se défendre, rarement pour attraper une proie. Le pire de tous est, pour l'homme comme pour presque tous les animaux susceptibles de l'attaquer, le poisson-pierre. S'il se sent agressé, le poisson-pierre déploie brutalement sa nageoire dorsale, à l'avant de laquelle les trois premières épines ont été modifiées pour pouvoir injecter un venin incroyablement toxique. Même les requins s'en méfient…

Des ennemis jurés de l'homme

Les scorpions sont des invertébrés proches des araignées, qui piquent pour tuer leur proie ou se protéger d'un agresseur, mais n'injectent pas systématiquement de venin. Ce dernier est un neurotoxique puissant qui peut entraîner de graves complications chez l'homme – sur 1 400 espèces, une trentaine, de la famille des buthidés, sont réellement dangereuses.

Avec les serpents, c'est une autre affaire : 5 millions de morsures chaque année, 200 000 morts, principalement dans les terres agricoles. Et 550 espèces sur 2 400 environ présentent un danger pour l'homme. Entre autres, les élapidés (cobras, mambas, bungares, serpents corail) et les vipéridés (vipères, crotales). Les plus redoutables demeurent, de loin, le cobra forestier et le mamba vert. Leur venin bloque le fonctionnement du cerveau, de la moelle épinière, des muscles et du cœur. Il déclenche également hémorragies, nécroses, hypotension et une dégradation générale des tissus.

Sur les 40 000 espèces que comptent les araignées, bon nombre sont venimeuses, mais une dizaine seulement sont dangereuses

▲ *Ainsi dressé, capuchon déployé, le cobra de Samar signifie à son agresseur qu'il va bientôt frapper.*

▲ *Le scolopendre est un cousin assez primitif de l'insecte. Il pique ses proies au niveau de la tête, grâce à une paire d'appendices tranchants, les forcipules. Son venin, semblable à celui des araignées et des scorpions, n'est pas très dangereux pour l'homme.*

pour l'espèce humaine. Parmi elles, une seule mygale, l'*Atrax* d'Australie, et les veuves noires. Les autres animaux terrestres venimeux sont les insectes hyménoptères (femelles adultes de fourmis, de guêpes, d'abeilles et de frelons, entre autres), l'ornithorynque, un mammifère d'Australie et de Tasmanie, les hélodermes, les myriapodes (ou mille-pattes), les musaraignes et presque tous les amphibiens.

En revanche, les insectes buveurs de sang (moustiques, punaises, taons, puces et poux) et les tiques, s'ils peuvent transmettre des maladies virales ou bactériennes, ne sont pas venimeux.

Des plantes dissuasives

Le gendarme, cette punaise noire et rouge si courante dans les jardins et dont l'élevage est aujourd'hui aisé, sert de cobaye à la science. Dans les années 1930, en effet, un laboratoire américain tenta d'en pratiquer l'élevage. Sans succès : les larves n'arrivaient jamais au stade adulte. On s'aperçut alors que la présence dans la cage de papier journal fabriqué à partir de sapin baumier bloquait la mue des larves : cet arbre, qui ne croît que dans le nord des États-Unis, sécrète en effet une substance très proche de l'hormone juvénile des insectes, les condamnant à rester éternellement jeunes, et à ne pas se reproduire !

Les poisons fabriqués par les végétaux sont pour la plupart destinés à repousser les animaux herbivores plutôt qu'à les tuer. Seuls les animaux domestiques sont parfois intoxiqués. L'animal sauvage dédaigne rapidement les plantes toxiques, car il leur trouve mauvais goût.

La défense des plantes n'est cependant jamais absolue. La substance urticante des orties, si cuisante pour les mammifères, est par exemple sans effet sur les nombreuses chenilles qui dévorent leurs feuilles. En revanche, la substance sécrétée par le sapin baumier n'a d'effet que sur les insectes ; mais certains ont déjà détourné les pièges des plantes. Ainsi, la chenille du monarque, un papillon nord-américain, vit sur l'asclépiade, qui est hautement toxique. Elle n'en est pourtant nullement incommodée, bien au contraire, puisqu'elle recycle le poison végétal dans son organisme pour se protéger à son tour : les oiseaux ne l'apprécient guère et la laissent en paix.

▲ *La juvabione, substance fabriquée par le sapin baumier, a le même pouvoir sur les larves des punaises que l'hormone juvénile qu'elles sécrètent et empêche ainsi leur métamorphose en adultes, donc leur reproduction.*

CE VENIN QUI TUE

Le venin est un liquide complexe qui comprend certes des substances toxiques, mais aussi des enzymes, des hormones, des ions, des protéines et des antibiotiques. Ces molécules, normalement sans danger, atteignent dans le venin des concentrations telles qu'elles en deviennent nocives. Le venin peut être transmis par simple contact passif ou, le plus souvent, au moyen d'un appareil inoculateur – sa forme rappelle une poire à lavement chez certains, une seringue à piston chez d'autres – pourvu à son extrémité d'un dispositif permettant l'injection dans la proie : aiguille, pointe de harpon ou simple mâchoire. Ci-contre, un frelon.

Chapitre
16

Quand les éléments se déchaînent…

Les grandes colères de la nature

Les célèbres rouleaux des côtes californiennes, ici à Santa Cruz.

Collisions cosmiques

▲ *L'astéroïde Ida. Même les petits corps non sphériques du système solaire ont un immense pouvoir de destruction.*

Depuis le début de la formation du système solaire, des milliers de corps errants percutent les planètes qu'ils rencontrent sur leur trajectoire, creusant d'immenses cratères à leur surface.

▲ *La collision d'un asréroïde avec la Terre serait une catastrophe : en effet, la puissance d'un tel choc équivaudrait à plusieurs milliers de bombes atomiques.*

En juillet 1994, les observateurs assistent en direct à une catastrophe spatiale : des fragments de la comète Shoemaker-Levy viennent de percuter Jupiter. Le choc libère une grande quantité d'énergie : des fragments de 1 km heurtent la planète à 60 km/s, laissant des cratères impressionnants de près de 10 000 km de diamètre ! Des phénomènes de cette importance sont aujourd'hui très rares. Pourtant, des milliers de blocs, gros et petits, sillonnent encore l'espace et aucune planète n'est définitivement à l'abri de ces impacts.

Cicatrices de naissance

Les collisions ont été très nombreuses aux premiers temps du système solaire, avec en particulier la chute de très gros corps. Ces chutes s'expliquent par la violence des phénomènes liés à la création des planètes : lorsqu'elles se constituent, de nombreux planétésimaux (éléments de base des planètes) continuent à percuter les objets rencontrés dans leur course vers le centre attractif qu'est le Soleil. Toutes les planètes, tous leurs satellites, tous les astéroïdes ont dû subir ces agressions extérieures, dont ils conservent d'importantes cicatrices. Les immenses cratères d'impact sur la Lune laissent imaginer les colossales quantités d'énergie qui ont été libérées lors de leur formation.

La Terre bombardée

Dans le passé, la Terre a elle aussi reçu des chocs violents, provoqués par des objets dépassant parfois 1 km de long. Les quantités de matière soulevée dans l'atmosphère sont alors telles que l'ensoleillement et, par conséquent, le climat en sont affectés. Un événement de ce genre pourrait expliquer la disparition d'un grand nombre d'espèces (dont les dinosaures) à la fin du crétacé, il y a 65 millions d'années. Peu de traces subsistent de ces collisions : les cratères ont disparu à cause de l'activité géologique incessante de notre planète. Parmi celles qui sont encore décelables, les plus anciennes ont été retrouvées au Québec, à Clearwater Lake, où deux cratères d'impact de 32 km et 27 km de diamètre proviendraient d'une météorite entrée dans l'atmosphère il y a 300 millions d'années.

Des étoiles filantes explosives

Aujourd'hui, on estime à plus de 100 000 tonnes la quantité de matière qui entre chaque année dans notre atmosphère à des vitesses de 10 à 70 km/s. Petits grains ou blocs plus gros, cette pluie de poussières est en partie libérée par les comètes attirées par le Soleil. Sur leur orbite, elles croisent parfois la trajectoire de la Terre. Des morceaux de matière pénètrent dans l'atmosphère ; leur course est alors freinée, ce qui provoque un échauffement. L'énergie qui en résulte donne une traînée lumineuse : ce sont les étoiles filantes. Ces corps sont en majorité détruits au cours de leur pénétration dans l'atmosphère mais il peut arriver, très exceptionnellement, que des blocs de plusieurs dizaines de mètres de diamètre heur-

◀ *Meteor Crater, en Arizona, est exceptionnellement bien conservé, car il est récent et situé dans une région où l'érosion est faible.*

▶ *Sur Miranda, satellite d'Uranus, un choc est à l'origine de cet escarpement de près de 20 km de haut (1).*

▶ *Bien que protégée par une épaisse atmosphère, Vénus a également subi les assauts des corps célestes.*

tent la Terre. La fréquence de cet événement est inversement proportionnelle à la taille de l'objet. Il y a 40 000 ans, une météorite métallique de 25 m, ce qui correspond à une masse de 65 000 tonnes, a creusé un cratère de 1,2 km de diamètre et de 150 m de profondeur en Arizona, le célèbre Meteor Crater. Le 30 juin 1908, un noyau cométaire de 40 m, pesant 30 000 tonnes, a explosé à quelques kilomètres d'altitude au-dessus de la Toungouska, en Sibérie centrale. Aucun cratère n'est visible mais, dans une zone de 40 km, les arbres ont été arrachés, et leurs troncs projetés à l'opposé du point d'explosion.

Un jour, peut-être ?

Si un objet massif devait percuter la Terre, il créerait des dégâts considérables. Au-delà des destructions directes provoquées sur le lieu d'impact ou par l'onde de choc associée, il faut imaginer les milliers de tonnes de matière répandues dans la haute atmosphère et distribuées tout autour de la planète. L'obscurcissement serait tel que la végétation, privée d'énergie solaire, dépérirait. Les êtres humains, en bout de chaîne alimentaire, disparaîtraient par millions. Mais la fréquence d'un tel événement est rare : on estime en effet que de très gros corps ne frapperaient notre planète que trois fois par million d'années, et que seul l'un d'entre eux pourrait atteindre une surface continentale !

▲ *En 1609, Galilée observe pour la première fois la Lune à la lunette astronomique et en dessine les cratères.*

▼ *Les cratères de la Lune. Aujourd'hui, des sondes permettent d'observer de près ces témoignages de chocs titanesques.*

DES CUVETTES ET DES BASSINS

L'étude des cratères, des points d'impact, de la qualité des sols peut donner de précieux renseignements sur l'histoire de la formation des planètes et sur leur structure, mais aussi sur la nature et l'origine des objets qui les ont percutées.
Les cratères dont le diamètre est de quelques kilomètres revêtent la forme d'une cuvette peu profonde – de 10 à 20 % de leur diamètre. Le choc a provoqué ici une éjection de matière et créé un bourrelet tout autour.
Les cratères dont le diamètre se situe entre 20 et 150 km sont révélateurs d'un choc beaucoup plus important. Ils présentent un piton central, résultant d'un rebond, ainsi que des parois internes abruptes où se forment des glissements de terrain, construisant peu à peu des terrasses concentriques.
Dans les cratères d'un diamètre supérieur à 200 km, ou bassins, les énergies libérées lors de l'impact ont été telles que l'on peut y observer de nombreux rebonds successifs, formant alors un anneau à l'intérieur du cratère.

Quand la montagne éclate…

Les volcans regroupés autour de l'océan Pacifique sont extrêmement dangereux. Les caractéristiques de leur lave rendent leurs éruptions particulièrement explosives et dévastatrices.

Le 9 juin 1991, le Pinatubo, volcan des Philippines situé à 100 km de Manille, entre en éruption. Le 15 juin, une formidable explosion secoue la montagne. Le sommet du volcan, qui culminait à 1 745 m, est pulvérisé et perd d'un seul coup 300 m de hauteur. Les débris sont projetés jusqu'à 40 km d'altitude ! Alors que certains volcans, comme ceux d'Hawaii ou de la Réunion, ont une activité faiblement explosive, ceux de la « ceinture de feu » du Pacifique sont de véritables bombes en puissance.

▲ *L'île de Montserrat, l'une des Antilles britanniques. Une nuée ardente dévale les pentes de la Soufrière lors de l'éruption de 1995.*

Des gaz coincés dans le magma

S'il parvient à déjouer les mécanismes susceptibles de le bloquer et de le conduire à cristalliser en profondeur, le magma remonte vers la surface chargé de gaz. À partir d'une certaine profondeur, ces gaz commencent à former des bulles (vésiculation). Plus le magma est riche en gaz et plus la profondeur à laquelle se développe la vésiculation est grande. Compte tenu de leur très faible densité, ces bulles ont tendance à remonter à une vitesse supérieure à celle du magma. En se réunissant, elles grossissent et, sous l'effet de la décompression, remontent de plus en plus vite. Mais la croissance et l'ascension de ces bulles peuvent être freinées par la viscosité du magma. S'il est fluide et pauvre en gaz, comme à Hawaii, les bulles naissent à faible profondeur et atteignent rapidement la surface. En revanche, si le magma est visqueux et riche en gaz, elles se forment à plus grande profondeur et restent coincées dans la colonne de magma. La pression qu'elles y exercent finit par dépasser la résistance du milieu. Toute la colonne connaît alors une rupture explosive qui se propage jusqu'en surface et se traduit par une éruption souvent catastrophique. Le gaz et les projections atteignent des vitesses d'éjection de plusieurs centaines de mètres par seconde et jaillissent jusqu'à une altitude de plusieurs dizaines de kilomètres. La violence du phénomène est telle qu'une partie de l'édifice volcanique peut même être pulvérisée. Le jet est propulsé d'abord verticalement, constituant une colonne dite plinienne, puis il s'étale en formant une masse bulbeuse turbulente.

Nuées retombantes…

Quelques dizaines de secondes plus tard, le bulbe et la partie la plus externe de la colonne commencent à s'écrouler, alors même que sa partie interne continue à s'élever. Un mélange de fragments solides en cours de dégazage et en suspension dans du gaz surchauffé retombe et s'écoule

▲ *Une colonne plinienne, jet vertical de gaz et de cendres, jaillit du cratère du mont Saint Helens durant l'éruption de 1980.*

UNE CATASTROPHE ANNONCÉE

Le mont Saint Helens – dans l'État de Washington, aux États-Unis – était endormi depuis cent cinquante ans. Durant les deux mois qui précédèrent l'éruption cataclysmique du 18 mai 1980, de très nombreux séismes annoncèrent une reprise d'activité. Parallèlement, le flanc nord se soulevait progressivement, sous l'action d'un dôme de lave se gonflant à quelques centaines de mètres de profondeur. Quand cette montée dépassa 150 m, le déséquilibre devint tel que tout le versant s'effondra d'un seul coup, provoquant un gigantesque glissement de terrain. Ce glissement fit brusquement diminuer la pression à l'intérieur de l'édifice volcanique et des milliers de mètres cubes d'eau s'y infiltrèrent. L'eau arrivant au contact du dôme de lave se vaporisa et provoqua une série de déflagrations latérales expulsant un mélange de blocs, de cendres et de vapeur qui souffla les forêts avoisinantes. Les gaz du magma se libérèrent alors de façon explosive, ce qui généra une vague de nuées ardentes descendantes… Résultat de cet enchaînement catastrophique : le flanc nord du mont Saint Helens a été entièrement emporté et son sommet, décapité de 350 m.

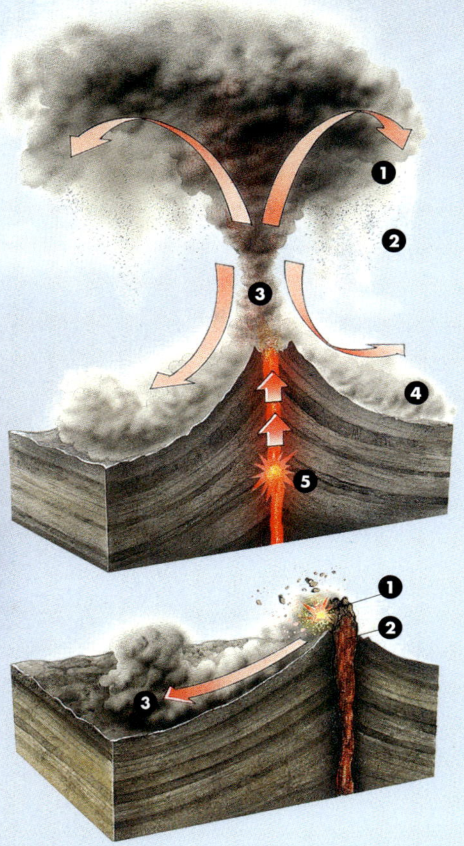

◀ **Nuée retombante**
1. *Bulbe d'expansion*
2. *Pluie de cendres*
3. *Colonne explosive*
4. *Nuée ardente retombante*
5. *Explosion de la colonne de magma*

◀ **Nuée descendante**
1. *Explosion d'une partie de l'aiguille sous l'effet de la pression des gaz*
2. *Aiguille de lave*
3. *Nuée ardente descendante*

LES DEUX TYPES DE NUÉES ARDENTES

sur les flancs du volcan. Ainsi se forment les fameuses nuées ardentes retombantes. Leur vitesse de progression (5 à 40 m/s) et leur température (plusieurs centaines de degrés) les rendent redoutables, d'autant qu'il est souvent difficile de prévoir les chemins qu'elles emprunteront. Lors de leur progression, des gaz s'en échappent, entraînant les particules les plus fines, et constituent, au-dessus des nuées ardentes, un nuage cendreux turbulent qui peut atteindre plusieurs centaines, voire plusieurs milliers de mètres de hauteur. Ce panache échappe à tout contrôle : capable de remonter les pentes, de sauter les reliefs, il est totalement imprévisible. Et, même s'il est peu chargé en débris solides, la température des gaz y atteint encore plusieurs centaines de degrés et sa vitesse est souvent supérieure à 50 m/s. L'onde de choc et de chaleur qui le précède est extrêmement destructrice.

... et nuées descendantes

Dans certaines éruptions, la lave est si visqueuse qu'elle est pratiquement solide en arrivant à la surface, tout en ayant conservé sa charge gazeuse. Poussée par la pression interne du magma, une extrusion, en forme de dôme ou d'aiguille, se constitue à l'emplacement de la cheminée volcanique. Dans ce scénario, les gaz stockés dans la colonne de magma, souvent à des pressions de plusieurs milliers d'atmosphères, finissent toujours par se frayer un chemin jusqu'à la base de l'extrusion. Ils s'en échappent alors en pulvérisant une partie de celle-ci. L'explosion est dirigée horizontalement et cette nuée descendante est bien plus dévastatrice que la nuée retombante : sa température est proche de celle de la lave (autour de 800 °C) et elle dévale les pentes à des vitesses qui peuvent atteindre 200 m/s. Le 8 mai 1902, en Martinique, une nuée ardente de ce type déferla sur Saint-Pierre, après avoir parcouru en un peu plus d'une minute les 9 km qui séparent la ville de la montagne Pelée... En quelques secondes, la commune fut anéantie.

▲ *Plymouth, 1997. La capitale de l'île de Montserrat a été dévastée par les nuées ardentes. Seules demeurent quelques ruines.*

Des secousses meurtrières

La gravité d'un tremblement de terre ne dépend pas uniquement de la violence des secousses. D'autres éléments renforcent leurs effets dévastateurs. Faute de méthodes de prévision précises à court terme, la prévention est plus que jamais indispensable dans les régions à risque.

13 janvier 2001. Un violent séisme (près de 7,9 de magnitude) dévaste une partie du Salvador. Une semaine après, le 26 janvier, à 8 h 46 heure locale, un nouveau tremblement de terre de magnitude 7,7 endeuille le Gujerat, dans le nord-ouest de l'Inde, une vaste plaine au pied des premiers reliefs himalayens. Plusieurs villes et villages sont détruits ; il y aurait eu près de 100 000 morts dans cette région déjà frappée par une catastrophe de même importance en 1819. Bien que les causes de tels séismes soient connues – dans ce dernier cas, il s'agit de l'affrontement des plaques lithosphériques de l'Inde et du continent eurasiatique –, il est encore difficile de les prévoir et d'en maîtriser les effets.

Quand le sol se liquéfie

Plusieurs facteurs peuvent aggraver les effets d'un tremblement de terre. Il sera évidemment très meurtrier dans des régions peuplées ou lorsque les constructions sont de mauvaise qualité. Mais son impact est d'autant plus grave que l'amplitude et la durée des ondes sismiques sont élevées. Leur effet dépend de la profondeur du foyer : si celui-ci est peu profond, une dizaine de kilomètres ou moins, les ondes ne sont pratiquement pas atténuées lors de leur court trajet. La nature du sous-sol et du sol près de la surface a également une grande importance. Les secousses peuvent être amplifiées dans un terrain constitué d'alluvions ou de sédiments récents, peu consolidés, qui, souvent gorgés d'eau, se liquéfient alors complètement, perdant toute leur cohésion. Ainsi, en Inde, les effondrements du sol et l'apparition de véritables volcans de sable et de boue témoignent de ce phénomène. Le terrain n'est alors plus en mesure de soutenir les constructions, comme ce fut le cas lors du tremblement de terre de Kobe, au Japon, le 19 janvier 1995. Ce phénomène est fréquent dans les zones littorales : le

▼ *La ville japonaise de Kobe après le violent tremblement de terre de janvier 1995.*

LES EFFETS D'UN TREMBLEMENT DE TERRE

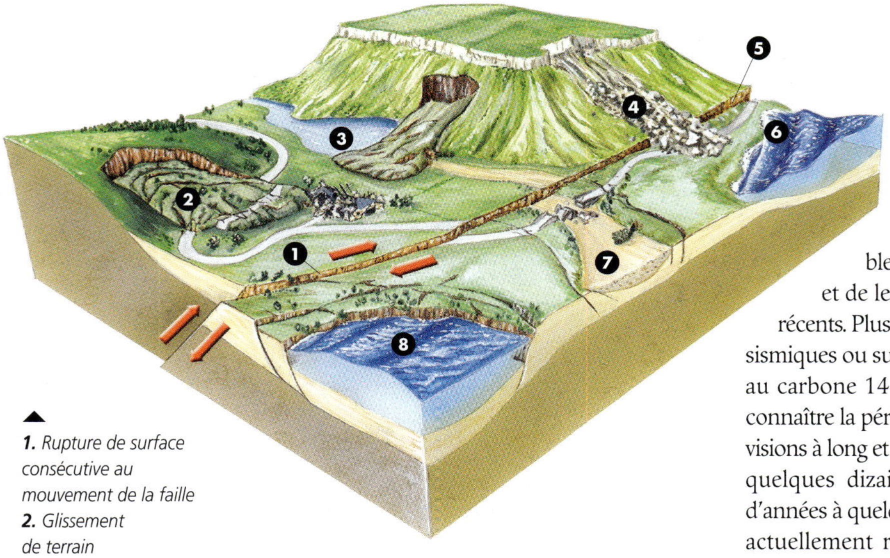

▲
1. Rupture de surface consécutive au mouvement de la faille
2. Glissement de terrain
3. Inondation (lac de barrage dû à un glissement de terrain)
4. Éboulement
5. Rupture de surface
6. Raz de marée (tsunami)
7. Liquéfaction et effondrement (vallée alluviale)
8. Liquéfaction et effondrement du littoral

28 décembre 1908, le long du détroit italien de Messine, plusieurs kilomètres de plages sableuses et leurs abords se liquéfièrent et s'effondrèrent en mer, emportant routes et maisons…

La terre en folie

Les régions affectées par les séismes connaissent d'autres bouleversements tout aussi destructeurs que l'effondrement des sols. Dans les argiles, des glissements de terrain de grande ampleur se mettent en mouvement. Ils peuvent alors constituer des barrages dans les vallées, créant des retenues d'eau : plus de deux cents lacs ont pris ainsi naissance lors du séisme de 1783 en Calabre. Quand les roches sont pleines d'eau, elles s'étalent en coulées boueuses : au Salvador, trois cents habitations furent recouvertes et détruites à 10 km de la capitale. Les secousses telluriques déclenchent également des éboulements ; les blocs de roche qui s'écroulent atteignent parfois plusieurs dizaines de mètres cubes, comme cela fut le cas dans le nord de l'Italie, en 1976, sur le village de Braulins. Si le séisme est peu profond et très violent, le mouvement de la faille se propage jusqu'à la surface du sol *(voir p. 182-183)*. Il provoque alors des ruptures de surface qui déplacent, verticalement ou horizontalement, le relief et toute construction se trouvant sur leur tracé. Ce qui peut résister aux secousses est alors coupé en deux !

Prévenir plutôt que prédire

Si l'on veut vraiment éviter ces scénarios catastrophe, il faut localiser les zones dangereuses et chercher à diminuer le risque. Aujourd'hui, les régions les plus exposées sont bien connues. Pour celles où les séismes majeurs sont plus espacés (plusieurs milliers d'années), il faut remonter dans le passé. Les témoignages écrits permettent de localiser des tremblements de terre destructeurs anciens et de les comparer à des événements plus récents. Plus encore, en étudiant le tracé de failles sismiques ou suspectées de l'être grâce à la datation au carbone 14 des différentes couches, on peut connaître la période de retour de l'activité. Les prévisions à long et moyen terme (de quelques dizaines de milliers d'années à quelques siècles) sont actuellement réalisables. Mais celles à court terme (appelées aussi prédictions) sont bien plus complexes, car il s'agit de déterminer à la fois le lieu, l'instant et la magnitude d'un séisme.
Des animaux sont parfois sensibles à certains signaux. Pour détecter comme eux des phénomènes annonciateurs de séismes, il faudrait que toutes les régions à risque puissent bénéficier d'équipements aussi perfectionnés que ceux dont dispose la Californie, traversée il est vrai par l'une des failles majeures de la planète. Faute aussi de méthodes fiables à 100 %, il faut surtout compter sur la prévention. Elle revêt des aspects variés : du comportement à tenir lors des tremblements de terre à l'organisation des secours ; de la localisation des habitations aux techniques de construction… En fait, tout ce qui permet de ne pas aggraver l'impact des secousses telluriques.

▲ *Les habitations traditionnelles n'ont pas résisté aux secousses du séisme du Gujerat, en Inde, qui aurait fait plus de 100 000 victimes début 2001.*

LA MESURE DES DÉGÂTS

Plusieurs échelles ont été proposées depuis celle de Mercali, en 1902, pour mesurer l'intensité d'un tremblement de terre. Elles sont établies à partir des observations ou des témoignages recueillis après la catastrophe. Presque toutes sont graduées de I à XII, toujours en chiffres romains.

Les premiers degrés (de I à V)	• effets ressentis par les personnes • déplacement de certains objets (vibration des portes, tintement des cloches, arrêt des pendules, etc.)
Les degrés à partir de VI	• dégâts dans les constructions (des fissures à la ruine à peu près totale de tous les types de constructions) • modifications topographiques du sol (fissures, glissements de terrain, liquéfaction, etc.)

L'intensité décroît quand on s'éloigne de l'épicentre, situé en surface à la verticale du foyer. Il ne faut pas confondre ces échelles avec celle de Richter, qui mesure la magnitude – donc l'énergie – des tremblements de terre.

Les sumos des mers

Ces énormes vagues provoquées par de gigantesques tremblements de terre sous-marins sont les plus puissants des cataclysmes naturels terrestres.

Un tsunami déferle sur Sissano (côte nord de la Nouvelle-Guinée, État de Papouasie-Nouvelle-Guinée) le 22 juillet 1998.

26 et 27 août 1883. Journées d'apocalypse. La petite île indonésienne volcanique de Krakatoa, située entre Java et Sumatra, est détruite sous l'effet d'une terrible explosion. Des cendres sont projetées jusqu'à 80 km d'altitude. En s'effondrant, le volcan déclenche une onde de choc qui provoque sur les côtes avoisinantes une série d'énormes vagues, dont la plus haute atteint 36 m. Près de 36 000 personnes périssent dans ce raz de marée.

Les Japonais l'appellent tsunami : *tsu* pour port, *nami* pour mer, « la grande vague dans le port ». C'est en effet au Japon – à Awa, en 1703 – que fut localisé le tsunami le plus meurtrier de l'Histoire : il aurait fait 100 000 victimes. Depuis un demi-siècle, on estime que les tsunamis ont provoqué la mort de 50 000 personnes sur les côtes du Pacifique.

D'énormes tremblements de terre sous-marins

Les tsunamis sont des monstres engendrés par les entrailles de la mer. À des milliers de mètres de profondeur, le plancher océanique est périodiquement agité d'énormes convulsions : éruptions volcaniques sous-marines, glissements de terrain… De ces phénomènes telluriques, les plus redoutables sont les tremblements de terre sous-marins, qui naissent dans les zones particulièrement agitées où s'affrontent les plaques tectoniques terrestres et océaniques. Ces dernières, plus denses, ont tendance à glisser sous les plaques

Tsunami dans le Pacifique : un raz de marée dévaste les côtes de l'île d'Oahu (archipel des Hawaii).

terrestres, provoquant un brutal soulèvement du plancher océanique sur d'immenses étendues. Le 22 mai 1960, ce sont 20 000 km² de fonds sous-marins qui s'effondrent brusquement au large de Concepción, au Chili. L'énorme tsunami qui en est issu a balayé les deux rives du Pacifique.
Le pourtour de cet océan, avec sa « ceinture de feu », périmètre au volcanisme très actif, est le berceau de prédilection de ce type de phénomène. Les principaux tsunamis trouvent leur origine dans trois des régions les plus instables de la planète : la fosse océanique Chili-Pérou, la fosse Alaska-îles Aléoutiennes et la fosse Kamchatka-Kourile-Japon. L'Atlantique, bien qu'étant une zone de contact entre plaques tectoniques, est beaucoup moins concerné.

À la vitesse d'un avion à réaction

La secousse initiale à l'origine d'un tsunami se produit à moins de 50 km sous le plancher océanique avec une magnitude au moins égale à 6,5 sur l'échelle de Richter. Le mouvement des plaques met alors en mouvement une énorme masse d'eau. Mais l'onde de choc qui naît au fond de l'océan, dotée d'une énergie fantastique, ne laisse presque rien apparaître en surface : à peine un train de petites vagues, de moins de 1 m de haut, indétectable dans n'importe quelle mer un peu agitée. Les caractéristiques de cette onde sont, en revanche, mesurables : la distance entre deux fronts de vagues est comprise entre 100 et 200 km, soit environ mille fois plus importante qu'entre deux lignes de crêtes de vagues normales. Et sa vitesse de déplacement, sans commune mesure avec celle des classiques vagues de surface – de l'ordre de 30 km/h –, peut atteindre 900 km/h.

Des murs d'eau de 100 m de haut

Le tsunami, créature abyssale étonnamment véloce, ne surgit des profondeurs qu'à l'approche des côtes : l'onde déclenchée par le tremblement de terre sous-marin se heurte alors au fond océanique. Ce frottement ainsi que la diminution de la profondeur d'eau provoquent l'émergence brutale de vagues monstrueuses, qui se dressent alors sur une hauteur de 5 à 10 m, et parfois bien plus – jusqu'à 100 m. Les vagues se succèdent ensuite à intervalles d'un quart d'heure à une demi-heure, pendant environ deux à trois heures pour les plus violents tsunamis. L'énorme énergie transportée par le phénomène lui permet de voyager, sans se dissiper notablement, sur des distances de plusieurs milliers de kilomètres. Le tsunami provoqué par le séisme de 1960 au Chili a atteint en moins d'une journée les côtes du Japon, éloignées de 17 000 km.

▲ *En 1755, un tsunami, l'un des plus terribles de mémoire d'Européen, atteignit les côtes portugaises. Les images ci-dessus en simulent la propagation. De gauche à droite : une minute, quinze minutes, trente minutes et quatre heures après le séisme qui en déclencha la naissance.*

UN SYSTÈME D'ALERTE INDISPENSABLE

Les tsunamis sont généralement indétectables avant qu'ils abordent la côte. D'où l'importance cruciale de l'International Tsunami Warning System (ITWS), basé à Honolulu (Hawaii). Ce réseau spécifique de veille et d'alerte sismique, mis en place par 25 pays de la côte pacifique à la suite du tremblement de terre de 1960 au Chili – le plus important jamais enregistré dans l'hémisphère Sud –, croise les informations recueillies à différents endroits (ci-contre, sismomètre). Dès que la présence d'une secousse est enregistrée, le parcours et la vitesse de propagation de l'onde et des vagues qui pourraient en résulter sont immédiatement calculés. Pour être sûr qu'il s'agit bien d'un tsunami, on relève également les informations du réseau de marégraphes des côtes du Pacifique, qui mesurent le niveau de la mer. Si celui-ci présente des variations anormales, l'évacuation du littoral est rapidement ordonnée. Mais la science des tsunamis est complexe. Certaines alertes se montrent finalement injustifiées, le séisme n'engendrant sur les côtes que de modestes vagues, sans que l'on ne comprenne toujours pourquoi.

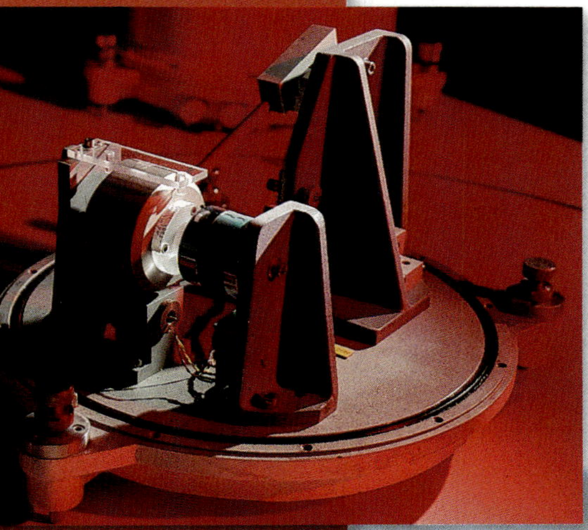

Cycles et dérèglements climatiques

Sous les latitudes tempérées, notre vie est réglée depuis des millénaires par les quatre saisons. Hormis les variations liées à la latitude et la longitude, elles sont plutôt bien distinctes. C'est du moins l'impression que l'homme moderne avait jusqu'alors. Or, depuis la fin du xxe siècle, on parle de plus en plus de dérèglement climatique, de réchauffement global et l'on s'inquiète, non sans raison, du rôle des gaz à effet de serre sur le devenir de notre environnement. Néanmoins, le climat que nous connaissons n'a pas toujours été le même. Il a été marqué par des réchauffements et des glaciations et les régions tempérées de la planète ont tantôt évoqué des zones tropicales, tantôt été recouvertes de glace ou, à tout le moins, ont fortement ressemblé à la toundra ou à la forêt de type boréal.

▲ **Quelques outils**
À l'échelle de l'humanité, il est difficile de connaître les variations climatiques ; à celle de la planète, les imprécisions sont encore plus grandes. Quelques indices nous permettent toutefois de connaître l'état du climat et de l'environnement bien avant l'apparition de l'homme : les bulles d'air emprisonnées dans les glaces des pôles – des carottages effectués au pôle Nord jusqu'à près de 3 000 m ont fourni des informations sur le climat de notre planète il y a environ 150 000, voire 400 000 ans ; la forme et l'épaisseur des cernes de croissance de troncs d'arbres fossilisés (dendrochronologie) comme les conifères du genre *Fitzroya* d'Amérique du Sud, qui vivaient il y a 50 000 ans. Ci-dessus, la conservation de carottes glaciaires dans une chambre froide.

▶ **Étudier le climat : un défi**
On peut définir le climat comme la série des états de l'atmosphère au-dessus d'un lieu, dans leur succession habituelle. L'homme, qui n'en perçoit que les conséquences, accumule surtout des données – pression atmosphérique, vents, températures, humidité – à l'échelle de plusieurs dizaines d'années. Le climat d'une région est le produit d'une interaction complexe entre le sol, l'air et la mer, même si celle-ci en est éloignée. Son étude est empirique : les climatologues constatent plus qu'ils ne prévoient. D'autant que le rôle du moteur climatique planétaire, l'océan, qui met en mouvement les masses d'air et initie le cycle de l'eau, est mal connu. Les modèles d'évolution des « grands » climats régionaux (tropicaux, tempérés, arides, froids, polaires, de montagne) sont donc fragiles – dans une moindre mesure pour les climats locaux et les microclimats, qu'il est plus facile de suivre. Ci-contre, paysage montagneux dans le Vorarlberg, en Autriche.

▲ Glaciations et interglaciations du quaternaire

L'homme apparaît sur la Terre à l'ère quaternaire. Au cours de cette période (entre – 1,8 million d'années et aujourd'hui), notre planète a connu quatre glaciations entrecoupées de phases plus chaudes, ou interglaciations. Les glaciations, qui durent en général de 100 000 à 500 000 ans, sont dues notamment à des modifications de l'inclinaison de l'axe de rotation de la Terre. Les glaciers recouvrent alors les régions tempérées et l'on assiste parallèlement à un phénomène de régression marine, c'est-à-dire un retrait de la ligne du littoral lié à une baisse du niveau marin. Les périodes interglaciaires, plus courtes, se caractérisent par un climat plus doux et plus humide, avec une élévation du niveau des mers (phénomène de transgression) et une progression des forêts sur terre. Ci-dessus, lac glaciaire en Islande.

▶ Le réchauffement postglaciaire

Le réchauffement (augmentation des températures et de la pluviométrie) qui fait suite à la dernière période glaciaire, entre – 10 000 et – 6 000 ans, se manifeste par une avancée de la forêt aux dépens de la steppe, qui couvrait jusqu'alors une grande partie de l'Eurasie et de l'Amérique centrale. Les espèces des climats froids trouvent refuge en zone arctique ou en haute montagne. D'autres encore, comme le rhinocéros laineux ou le mammouth, ne survivront pas. Sur le pourtour méditerranéen, où l'évolution du climat a été bien étudiée, le réchauffement entraîne une évolution des milieux ouverts (pâtures, bocages, littoraux…) vers des formations forestières. Vers – 8000 débute une période d'équilibre climatique durant laquelle s'installe une forêt dense, dominée notamment par les chênes. Les hommes se regroupent en communautés d'agriculteurs. Vers – 6000, un phénomène de déforestation est déjà perceptible. Ci-contre, garrigue dans le Luberon (France).

▲ Les fluctuations naturelles

Un climat est la moyenne d'une somme de fluctuations naturelles allant du plus froid au plus chaud, du moins pluvieux au plus humide, etc. Lorsqu'une de ces fluctuations domine, et se traduit par exemple par l'apparition de fleurs en plein désert, on a l'impression que le climat est bouleversé. En réalité, ces périodes dites anormales n'en sont que les fluctuations extrêmes. On ne peut considérer que le climat a changé que lorsque ces extrêmes apparaissent de plus en plus souvent et que, les biotopes ayant été modifiés, les espèces vivantes sont durablement perturbées dans leur mode de vie. Il y a bouleversement lorsque la faune et la flore sont remplacées par des espèces typiques d'un autre climat et que les paramètres fondamentaux du climat (température, pression atmosphérique, précipitations) affichent des moyennes sensiblement différentes. Mais seules des observations accumulées durant une très longue période permettraient de s'en rendre compte.

▲ Ce que disent les historiens

Les trois grandes périodes de croissance économique qu'a connues l'Europe préindustrielle à partir de l'an 1000 sont dues, pour l'essentiel, à l'installation sur notre continent d'un climat plus chaud, favorable à l'agriculture. Entre 1000 et 1300, les températures moyennes s'élèvent partout de 1 à 2 °C et l'humidité diminue. Les rendements du blé atteignent, par endroits, des niveaux proches de ceux du début du XXe siècle en France. Mieux nourris, les hommes vivent plus vieux, et la mortalité infantile baisse. De 1300 à 1480, les rendements céréaliers chutent, et avec eux la courbe démographique – une crise qui trouve en partie son origine dans le climat, devenu plus humide dans le nord-ouest du continent. De la fin du XVIe siècle au milieu du XIXe, le climat européen connaît des soubresauts réguliers et quelques extrêmes. Les années 1692-1694 en sont un exemple : la famine qui ravage la France provoque près de 2 millions de morts. Ci-dessus, *Vieux Pont de Londres durant les grands froids de 1795-1796*, tableau de Daniel Turner.

▼ Grande sécheresse au Sahel

Entre 1968 et 1988, la région sahélienne, située entre le Sahara et la zone tropicale, a connu des années de grande sécheresse, avec des précipitations quasi nulles.
Les marigots et le couvert végétal, fait de buissons et d'acacias, ont disparu au profit du désert saharien, qui a progressé vers le sud, tandis qu'en Guinée la ceinture sahélienne a gagné sur la forêt (ci-dessous, l'oasis de Tichit, en Mauritanie). Ces périodes de sécheresse ont provoqué des diminutions drastiques de la production agricole, que les invasions de criquets sont venues encore réduire.
Un certain nombre d'espèces d'oiseaux migrateurs, comme l'hirondelle de rivage, la fauvette grisette ou le phragmite des joncs, venus d'Europe passer la mauvaise saison dans ces zones buissonnantes, ont vu leurs effectifs fondre. Peu d'entre eux sont revenus nicher en Europe.

▼ L'effet de serre

Les couches les plus élevées de l'atmosphère réfléchissent une grande partie des rayons du soleil dans l'espace. Le reste est absorbé par l'ozone, la vapeur d'eau et le dioxyde de carbone (CO_2) ainsi que par la surface terrestre. Une partie de cette énergie est restituée sous forme de rayons infrarouges, c'est-à-dire de chaleur qui est absorbée par la vapeur d'eau des nuages, le dioxyde de carbone et le méthane. Et l'atmosphère se réchauffe. C'est l'effet de serre, sans lequel la température moyenne de la Terre serait très inférieure à zéro. Depuis 1850, le taux de CO_2 a crû d'un peu plus de 25 % en raison de la combustion du pétrole et du charbon. Celui de méthane a également fortement augmenté à la suite de l'explosion du nombre de têtes de bétail (méthane des flatulences) et de l'extension des rizières dans le Sud-Est asiatique (ci-dessous, l'île de Bali, en Indonésie) – après la récolte, leur remise en eau entraîne une fermentation intense, productrice de méthane. L'effet de serre a donc augmenté. Cela suffit-il à expliquer un réchauffement de l'atmosphère ?

L'homme, responsable ?

La température moyenne du globe a augmenté d'environ 1,5 °C depuis le début de l'ère industrielle. Les différences entre les saisons s'atténuent. Mais, partout, depuis une dizaine d'années, les spécialistes enregistrent le retour des extrêmes de chaque climat (sécheresses, pluies torrentielles, cyclones, etc.), en fréquence comme en intensité, et répartis sur chaque saison. Sachant qu'il faut des milliers d'années pour modifier le trajet et la température moyenne d'une masse d'air ou d'un courant marin, n'a-t-on pas là aussi affaire à des fluctuations naturelles des climats ? Et quel est le rôle exact de la mer : absorbe-t-elle plus de dioxyde de carbone qu'elle n'en rejette ? Quoi qu'il en soit, l'activité humaine peut modifier les microclimats, très sensibles aux variations de l'environnement : il suffit d'une cheminée d'usine pour créer des nuages, et les villes sont en moyenne plus chaudes de 2 à 3 °C que les banlieues qui les environnent ! Ci-dessous, le parc du château de Versailles, dévasté par la tempête exceptionnelle de décembre 1999.

Quel climat pour demain ?

Il est difficile de modéliser avec précision les impacts du réchauffement planétaire. L'augmentation de la température moyenne du globe entraînerait une fonte des calottes glaciaires, une élévation du niveau des mers (entre 9 et… 88 cm) et une modification de la circulation des courants marins. En Europe de l'Ouest, par exemple, l'augmentation du volume d'eau douce dans l'océan Atlantique provoquerait la « plongée » des eaux salées en profondeur, dont le Gulf Stream, qui ne réchaufferait plus le continent européen. Lequel pourrait alors se retrouver avec un climat proche de celui qui règne en hiver à Montréal. Plus généralement, la modification du trajet de certains courants marins *(voir p. 148-150)* aurait une influence notoire sur le climat de toute la planète, notamment en contribuant à l'augmentation du phénomène des cyclones en région tempérée. Ci-dessus, image satellite d'un incendie de forêt en Indonésie.

Un bouleversement climatique naturel : El Niño

La région orientale du Pacifique **(1)** se trouve sous un système de hautes pressions. C'est l'inverse dans la région occidentale – l'Indonésie **(2)**. Les vents alizés **(3)** soufflent donc vers l'ouest, ce qui entraîne, à la surface du Pacifique, la formation d'un courant marin chaud **(4)** dans la même direction. Sous l'action de ce courant, de l'eau s'accumule à l'ouest de l'océan, et de l'eau « manque » à l'est. Un courant inverse, froid **(5)**, se forme donc sous le premier, pour compenser la perte d'eau à l'est. Par ailleurs, la couche d'eau chaude étant de faible épaisseur sur les côtes du Pérou et du Chili, de l'eau froide remonte (upwelling, **6**), riche en matières nutritives, et alimente la faune piscicole dont dépendent ces pays. En quelques années, ce beau schéma peut s'inverser : c'est le phénomène El Niño. La dépression indonésienne se déplace vers le centre du Pacifique **(7)** en même temps que les hautes pressions sud-américaines s'atténuent. Les alizés, ainsi affaiblis, sont repoussés par les vents d'ouest **(8)**, qui inversent le courant chaud de surface **(9)**. Dès lors, tout est bouleversé : même la mousson est perturbée sur l'océan Indien, ce qui se traduit par des déluges en Inde et des sécheresses en Afrique orientale. Cyclones en Polynésie française, incendies en Indonésie et à Bornéo, tempêtes de sable en Australie, déluges en Amérique du Sud : ces événements ont un lien, El Niño. Ce dernier n'est pourtant qu'une oscillation naturelle du système pacifique.

Situation normale

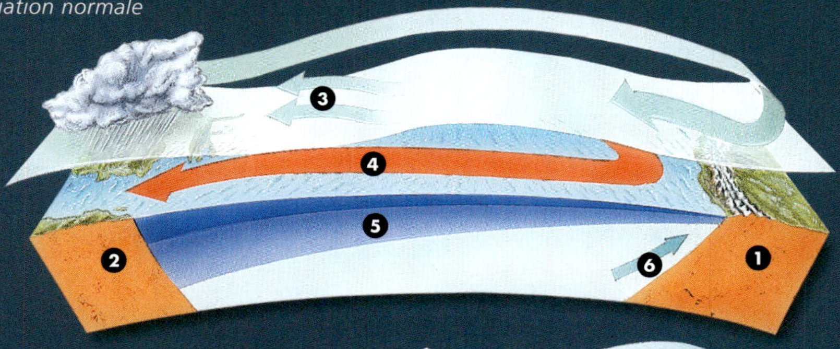

El Niño

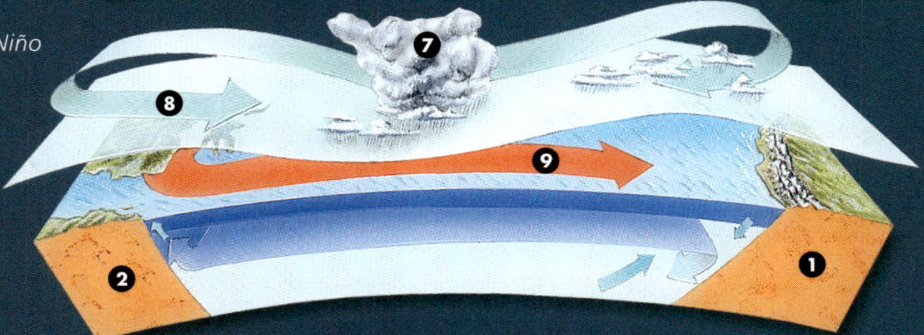

Tempêtes, cyclones, tornades

Les maelströms de l'atmosphère

Sous l'effet des différences de chaleur entre les régions chaudes et les régions froides de la planète, l'atmosphère fomente de terrifiants objets tourbillonnants.

Le 26 décembre 1999, la France se réveille abasourdie. De mémoire de météorologue, jamais le pays n'a subi de tempête aussi violente… et le cauchemar se répète deux jours plus tard. Certaines rafales ont soufflé jusqu'à 210 km/h. Bilan : près de 100 morts et plus de 100 milliards de francs de dégâts.

En hiver, il naît en moyenne une tempête par vingt-quatre heures dans l'Atlantique Nord. Ce phénomène météorologique des latitudes tempérées résulte de l'association entre un courant-jet – vent violent et régulier qui naît vers 9 à 10 km d'altitude au large de Terre-Neuve et qui peut souffler jusqu'à 400 km/h vers l'Europe de l'Ouest – et une dépression. Les dépressions se créent en permanence au point de rencontre entre les masses d'air chaud et humide venues des tropiques et les masses d'air froid issues des pôles. L'air froid, plus dense, glisse sous l'air chaud, qui s'élève, provoquant une diminution de la pression en surface.

▲ *La tempête qui a ravagé la France le 26 décembre 1999 s'est montrée d'une violence exceptionnelle. Elle a abattu des millions d'arbres. Ici, la forêt du Der, en Champagne.*

Dépression et courant-jet, un couple infernal

Bien qu'elle opère près de la surface, la dépression commence à interagir avec le courant-jet d'altitude. Suivant son trajet vers l'est comme sur un rail, elle se nourrit de l'énergie du courant-jet pour alimenter le moteur des vents qui s'enroulent autour de son centre *(voir p. 173)*, dans le sens inverse des aiguilles d'une montre. Tout d'abord modéré, le phénomène se transforme en une énorme soufflerie. Au sud de la dépression, ses vents viennent renforcer le système des vents

▼ *Les cyclones représentent un tel danger que les services météorologiques mettent en œuvre des moyens considérables pour les repérer, les suivre et, surtout, les prévoir.*

d'ouest, dominant à ces latitudes ; au nord, en revanche, ils s'y opposent.
La tempête atteint son paroxysme à l'extrémité est du courant-jet : le phénomène d'amplification de la dépression est à son maximum, la pression tombe (rarement au-dessous de 980 hectopascals, cependant) et les vents se renforcent brusquement, avant que la dépression ne s'effondre rapidement. Cette phase explosive se produit généralement au large des côtes européennes. Mais, le 26 décembre 1999, le courant-jet se prolonge anormalement jusqu'en Allemagne. Et la tempête est arrivée à pleine maturité en traversant la France. Ces tempêtes de latitudes tempérées, qui ne durent que quelques dizaines d'heures, contribuent, par les échanges thermiques qu'elles mettent en jeu, à compenser le déficit de chaleur entre les régions chaudes et froides. Elles sont plus violentes dans l'hémisphère qui se trouve en hiver, car le travail de redistribution d'énergie y est plus important que dans l'hémisphère opposé, où c'est l'été.

La faute au réchauffement planétaire ?

Les tempêtes singulières de décembre 1999 sont-elles un signe du dérèglement des climats provoqué par les activités humaines ? L'augmentation de l'effet de serre provoque une élévation des températures ainsi qu'une accentuation des déséquilibres énergétiques : autant de travail supplémentaire pour les tempêtes, qui devraient, en toute logique, être plus nombreuses et plus violentes pour faire circuler les excédents de chaleur entre points chauds et points froids…
Même soupçon du côté des cyclones, qui jouent un rôle identique dans la machine climatique : à peine 3 % de l'énergie qu'ils libèrent sert à assurer leur fonctionnement. Tout le reste, c'est de la chaleur qu'ils redistribuent en direction des pôles via la haute atmosphère.

L'énergie d'une bombe atomique

Cyclone (océan Indien), baguio (Philippines), hurricane ou ouragan (Caraïbes), typhon (Extrême-Orient), willy-willy (Australie)… Des noms différents pour un même phénomène. On n'en compte qu'une cinquantaine par an, mais, les cyclones se multipliant et gagnant en violence, il y a de quoi s'inquiéter : ces monstres climatiques sont les plus puissantes manifestations engendrées par l'atmosphère. Toutes les secondes, un cyclone – qui couvre plusieurs milliers de kilomètres carrés – libère une énergie équivalente à celle de cinq bombes d'Hiroshima… Les vents peuvent y souffler à 320 km/h, record enregistré au sein d'Allen, dans le golfe du Mexique, en août 1980. Ils sont synonymes de déluge : Hyacinthe, en 1980, a déversé près de 6 m d'eau par mètre carré en dix jours sur la Réunion. Et les vagues qu'ils provoquent dépassent 10 m de haut, provoquant des raz de marée catastrophiques sur les côtes.

Dans l'œil du cyclone

Car le cyclone est un monstre purement marin. Et tropical. Il puise son carburant dans les eaux chaudes. Il lui faut une mer à plus de 26 °C, sur

▲ *Le cyclone Fran approche des côtes de Floride, aux États-Unis (image satellite). Les monstres atmosphériques que sont les cyclones enroulent leur spirale de nuages sur des milliers de kilomètres.*

▼ *En novembre 1998, le cyclone Mitch a détruit 80 % des habitations de Mangrove Bight, au Honduras.*

UN ASPIRATEUR TOMBÉ DU CIEL

La tornade est l'un des plus impressionnants phénomènes atmosphériques. C'est une longue colonne de moins de 400 m de diamètre, autour de laquelle des vents tourbillonnent jusqu'à plus de 500 km/h ! En son centre, la pression s'effondre, si bien que la tornade fonctionne comme un monstrueux aspirateur : elle projette en l'air arbres, toits, animaux, voitures, puis les relâche lorsqu'elle s'affaiblit.

La spirale, oscillante et capricieuse, peut stationner un instant, puis se déplacer à la vitesse de 70 km/h sur des distances dépassant 200 km.

Le phénomène, fréquent au centre des États-Unis, se produit lorsque les masses d'air humide et chaud du golfe du Mexique entrent en contact avec l'air froid et sec descendant des montagnes Rocheuses. L'air chaud s'élève et provoque, à la base d'un cumulo-nimbus très dense, la naissance d'un entonnoir tourbillonnant qui descend vers le sol. Il naît ainsi chaque année près de 500 tornades aux États-Unis. Elles peuvent également se développer au-dessus de l'eau, et portent alors le nom de trombes.

▼ *Les tornades emportent tout sur leur passage. Ces violents tourbillons sont chaque année responsables de considérables dégâts et c'est en Amérique du Nord qu'elles sont le plus fréquentes.*

une profondeur d'environ 100 m et sur une superficie supérieure à 15 fois celle de la France.

Si une dépression se forme à cet endroit, une formidable cheminée se met à l'ouvrage. Elle soutire toutes les secondes des tonnes de vapeur d'eau à l'océan pour former d'énormes colonnes nuageuses qui grimpent à 15 km d'altitude. Il suffit que cette mégapompe se développe à une latitude excédant 8° pour que la force de Coriolis – due à la rotation du globe et qui dévie la trajectoire des vents et des courants marins – se mette à faire tourner les vents autour, dans le sens des aiguilles d'une montre dans l'hémisphère Sud, en sens contraire dans l'hémisphère Nord.

D'immenses écharpes nuageuses s'enroulent alors en spirale autour d'un étroit cylindre central : l'œil du cyclone, étrange zone d'à peine 30 km de diamètre où le ciel est pur, le vent presque nul, mais où la pression chute à des valeurs incroyablement basses – on a enregistré 870 hPa un jour d'octobre 1979 au large des Philippines, au cœur du cyclone Tip, alors que la pression moyenne au niveau de la mer est de 1015 hPa –, en provoquant d'énormes houles.

Des raz de marée catastrophiques

Au début d'une vie qui peut durer vingt jours, ces folles toupies de vents et de trombes d'eau se déplacent avec lenteur – 30 km/h –, et d'est en ouest dans les deux hémisphères. Les cyclones suivent une trajectoire parabolique qui s'incurve vers le nord, puis vers l'ouest. Ils atteignent alors les latitudes tempérées. Par manque d'eau chaude, leur moteur thermique commence à avoir des ratés, et le cyclone se délite sous forme d'une « simple » tempête. Même sanction s'ils abordent un continent, qui les prive de leur carburant. Cette belle théorie est cependant parfois prise en défaut. Le terrible Mitch, qui a ravagé le Honduras en 1998, a survécu à plusieurs jours de divagation au-dessus de l'Amérique centrale.

Ce sont les côtes qui ont le plus à redouter des cyclones. En abordant les eaux peu profondes, la houle cyclonique soulève des vagues de plusieurs mètres de haut qui emportent tout sur leur passage. Le golfe du Bengale, au ras de l'eau et surpeuplé, en sait quelque chose : en novembre 1970, un cyclone a tué 300 000 personnes au Bangladesh ; en novembre 1999, l'État indien d'Orissa a déploré 15 millions de sans-abri et des dizaines de milliers de morts.

Quand la neige est perfide

En quelques secondes, une énorme quantité de neige se met à glisser sur la pente, balayant tout sur son passage : c'est une avalanche.

▶ *Les chiens d'avalanche sont d'irremplaçables auxiliaires pour aider les sauveteurs à retrouver les personnes ensevelies sous la neige.*

Il suffit parfois d'un rien, du passage d'un skieur, et, soudain, la montagne s'ébranle. Le manteau neigeux immaculé se transforme en quelques secondes en un tapis roulant infernal, qui dévale la pente dans un grondement de tonnerre.
L'avalanche s'est déclenchée. Précédée d'un énorme souffle, la masse de neige grossit au fur et à mesure qu'elle progresse. Elle emporte et ensevelit tout sur son passage, arbres, roches, cabanes… En 1998, un groupe de trente-deux skieurs a ainsi trouvé la mort dans la région de Gap. De telles catastrophes naturelles tuent chaque année des dizaines de personnes.

Coupables : poudreuse, vent, redoux…

En montagne, le manteau neigeux est trompeur. Ses courbes molles et son aspect lisse lui donnent l'apparence d'une grande stabilité. Il n'en est rien. Selon la pente et les conditions climatiques, il peut d'un seul coup perdre toute adhérence et s'effondrer sur plusieurs centaines de mètres vers le fond de la vallée, à une vitesse pouvant atteindre 300 km/h.
Les avalanches se déclenchent de préférence sur des pentes dont la déclivité est comprise entre 30 et 45°. En deçà, le manteau glisse difficilement ; au-delà, la neige dévale avant d'avoir pu former un manteau consistant.
Certaines circonstances météorologiques sont susceptibles d'engendrer des avalanches. Les chutes très importantes de neige poudreuse, tout d'abord : le manteau formé sur la couche de neige précédente est très instable malgré une apparence uniforme. Les avalanches de poudreuse sont extrêmement rapides et destructrices.
Le vent, ensuite : en balayant les cristaux de neige, il les brise et les agglutine en plaques dures – les « plaques à vent ». Il suffit d'un manque de cohésion avec la couche sur laquelle elles reposent et d'une surcharge parfois très faible pour qu'elles se mettent à glisser.
Enfin, la pluie ou le redoux : les grains de neige, en se mouillant, provoquent des modifications importantes des équilibres qui maintiennent le manteau en place. La neige humide, très dense, dévale les pentes bien plus lentement que la poudreuse, mais sa puissance de destruction et d'érosion n'a rien à envier à cette dernière.

▲ *Avalanche sur la station de ski de Telluride, dans le sud-ouest du Colorado, aux États-Unis. La neige poudreuse peut dévaler les pentes à la vitesse de 300 km/h.*

COMMENT PRÉVENIR LES AVALANCHES ?

Pour tenter d'empêcher le déclenchement d'une avalanche, on a recours à des palissades ou à des filets disposés en travers des couloirs à risque, afin de retenir le manteau neigeux. Mais les arbres sont encore la protection naturelle la plus efficace. Au-dessus d'une certaine altitude, des murs ou des galeries peuvent dévier la trajectoire de l'avalanche et la freiner. Quand le risque est avéré et les protections insuffisantes, il faut envisager un déclenchement préventif, à l'aide d'explosifs (ci-contre).

Quand les rivières sortent de leur lit

Les crues et les inondations sont à l'origine d'environ 40 % des morts provoquées par les catastrophes naturelles dans le monde. Un tragique bilan qui pourrait être réduit par une meilleure protection des zones à risque.

▲ *L'Ouvèze en crue à Vaison-la-Romaine (septembre 1992). De soudaines et très fortes pluies entraînent l'augmentation du débit des cours d'eau, d'autant plus brutale que le terrain est en pente, défriché ou très construit.*

Septembre 1992. Des trombes d'eau se déversent sur le sud-est de la France, en particulier sur le Vaucluse. L'Ouvèze, une petite rivière qui descend des Baronnies, connaît une crue subite et entame une course furieuse, provoquant la mort de 38 campeurs installés sur ses berges à Vaison-la-Romaine.

Violence des crues éclairs

Un phénomène d'une violence comparable s'était produit à Nîmes en octobre 1988, ravageant en quelques heures le centre-ville. De telles crues, dites crues éclairs, surviennent quand des pluies brèves mais fortes ne laissent pas à l'eau le temps de s'infiltrer. Les ruisseaux enflent alors brutalement et gonflent très rapidement la rivière qu'ils rejoignent, provoquant une brusque augmentation de son débit. Ces crues éclairs peuvent se produire en montagne, dans des gorges, sur des terrains en pente ou très construits. Elles peuvent apparaître en à peine quelques heures, comme à Nîmes ou à Vaison-la-Romaine.

Violentes, les crues éclairs emportent souvent de la terre, des arbres et des matériaux de toutes sortes sur leur passage. Elles peuvent détruire des ponts et des maisons construites à proximité du lit mineur (la zone d'écoulement habituel) de la rivière, et causer la mort de ceux qui s'aventurent par forte pluie sur ses berges ou qui tentent de franchir des passages à gué.

Les inondations lentes

En plaine, les crues provoquent des inondations dites lentes. Les pluies tombent en général plusieurs jours de suite, suscitant une montée progressive des eaux. La rivière sort alors de son lit mineur pour inonder de vastes superficies de terrain. Ce phénomène peut être aggravé par une remontée de la nappe phréatique, par un ralentissement de l'eau en aval dû à un entretien défectueux des berges, par l'obstruction d'ouvrages de franchissement et, dans les zones maritimes, par des marées exceptionnelles qui freinent l'évacuation de l'eau vers la mer. En Chine, on a dénombré, au cours des 3 500 dernières années, près de 1 500 inondations majeures du fleuve Jaune à l'origine du décès de millions de gens. Des crues générées par des cyclones dévastent régulièrement le Bangladesh. Celle de 1991 a ainsi provoqué la mort d'environ 150 000 personnes.

▼ *Dacca, capitale du Bangladesh, septembre 1998. Une jeune femme traverse les rues inondées du quartier de Rampura en emportant ce qu'elle a pu sauver de ses biens.*

▲ *Village inondé au Bangladesh. Un quart seulement des terres du pays se trouvent à plus de 3 m au-dessus du niveau de la mer. En cas de cyclone, la surface de l'océan s'élève sous l'effet des basses pressions et des vents très violents. C'est l'inondation assurée.*

◀ *Zones urbaines inondées au Bangladesh. Dans ce pays pauvre et très peuplé, les tempêtes et les inondations catastrophiques qu'elles génèrent font des victimes par milliers.*

Une ampleur prévisible

Les modèles de simulation informatique de l'écoulement des rivières permettent de reproduire les crues et les inondations catastrophiques, en intégrant des facteurs comme le climat, le relief et l'état d'occupation des sols. On sait que la déforestation, le remembrement de parcelles agricoles ou l'imperméabilisation des zones urbaines par la construction d'habitations, de routes et de parkings diminuent l'infiltration de l'eau et accélèrent son ruissellement.

Par ailleurs, des chercheurs estiment que le réchauffement de la planète devrait conduire dans certaines régions à une augmentation de la fréquence des fortes pluies. On peut donc apprécier le degré de gravité d'inondations ou de crues susceptibles de se produire selon une fréquence moyenne donnée, alors qu'il est impossible de prévoir quand elles surviendront.

Quelles mesures de prévention ?

La première d'entre elles consiste à cartographier soigneusement les zones à risque. Si celles-ci ne sont pas occupées, il faut en interdire ou en contrôler strictement la construction. Dans le cas contraire, il convient de créer en amont des bassins de rétention, de contenir l'écoulement de l'eau dans le lit mineur par des digues et de faciliter son évacuation en aval. Des réseaux d'alerte spécifiques, entraînant le déclenchement rapide de plans de secours, doivent également être mis en place. Ces systèmes d'annonce de crue prennent en compte les risques de forte pluie, les conditions d'écoulement et de débordement des rivières, ainsi que la vulnérabilité des zones concernées en fonction de la densité de population, des infrastructures et des biens.

S'il est ainsi possible de réduire le risque, il faut néanmoins admettre que les crues et les inondations demeureront toujours l'un des phénomènes naturels les plus dévastateurs.

RUISSELLEMENT ET INFILTRATION

L'eau de pluie est en partie absorbée par le sol : c'est l'infiltration. Lorsque le sol est saturé, elle ruisselle en surface et forme de petits ruisseaux qui alimentent eux-mêmes des rivières, lesquelles peuvent aussi recevoir l'eau provenant de la fonte des neiges ou des nappes souterraines.

1. Zone urbaine
2. Fortes précipitations
3. Zone déforestée
4. Fort ruissellement latéral
5. Faible infiltration
6. Zone d'inondation
7. Alimentation par les nappes d'eau souterraines
8. Zone agricole remembrée

Quand la terre se déplace

Une grande variété de mouvements de terrain modifie le relief terrestre. Les plus spectaculaires déplacent plusieurs millions de mètres cubes de roches.

En 1970, sous l'effet d'un tremblement de terre de forte magnitude, une masse de roches et de glace s'effondre d'un sommet andin, le Huascarán (Pérou, région de la Cordillère blanche), puis se met à glisser, entraînant de la neige et arrachant débris et blocs à des moraines. L'ensemble dévale plus de 3 000 m de dénivelé et parcourt près de 15 km, venant ensevelir la ville de Yungay et ses habitants sous une couche d'une dizaine de mètres d'épaisseur. On pense que cette avalanche de débris mélangés à de la glace et de l'eau a pu atteindre une vitesse de 300 km/h. Elle a même remonté des pentes et sauté des obstacles, si bien que l'on a envisagé qu'elle se déplaçait sur… coussin d'air.

▼ En 1970, au Pérou, une vallée très peuplée de la Cordillère blanche a été complètement dévastée par un éboulement.

Pentes dangereuses

L'instabilité de grandes masses de roches dépend de bien des facteurs. Elle est plus fréquente dans les régions montagneuses escarpées. Les anciennes vallées glaciaires présentent notamment des parois raides qui ne sont plus soutenues par la glace. Le 9 octobre 1963, plusieurs villages furent détruits lors de la catastrophe du Vajont, dans les Dolomites italiennes : un pan de montagne entier avait glissé brusquement dans un lac de barrage, provoquant le départ d'une sorte de raz de marée qui avait déferlé sur la vallée du Piave, emportant tout sur son passage.

Toute la chaîne des Alpes porte les cicatrices de ces grands éboulements. Souvent, des barres de calcaire s'écroulent, formant d'immenses chaos de blocs, comme au plateau d'Assy, face au massif du Mont-Blanc.

L'argile en mouvement

L'eau alourdit les roches argileuses et facilite leur glissement. Elles se mettent alors facilement en mouvement, même en dehors des régions montagneuses, car une pente faible leur suffit. Dans les régions au climat équatorial ou tropical humide, où de grandes épaisseurs de roches (jusqu'à une centaine de mètres) sont altérées en argile, les séismes peuvent déclencher des mouvements de terrain parfois catastrophiques. Ceux qui firent suite au tremblement de terre du Salvador, en janvier 2001, provoquèrent l'engloutissement du village de Santa Tecla.

Quand le glissement des roches argileuses est limité à de petites surfaces et à une faible épaisseur de terrain, il peut être contrôlé après des travaux de stabilisation (drainage des eaux, soutènement). Ce n'est hélas pas possible le long de la côte normande du Calvados, où la mer entretient le phénomène en creusant les argiles de la base du glissement. Ainsi, entre Honfleur et Deauville, le glissement du cirque des Graves, qui s'étend jusqu'à la plage, ne peut s'arrêter de lui-même, et le littoral continue à s'effondrer.

▲ Au Salvador, un glissement de terrain déclenché par le séisme du 13 janvier 2001 a enseveli quelque 300 maisons et provoqué la disparition de plusieurs centaines d'habitants du village de Santa Tecla.

Chapitre
17

Associations et coexistence entre les espèces

Trêves, alliances et solidarité

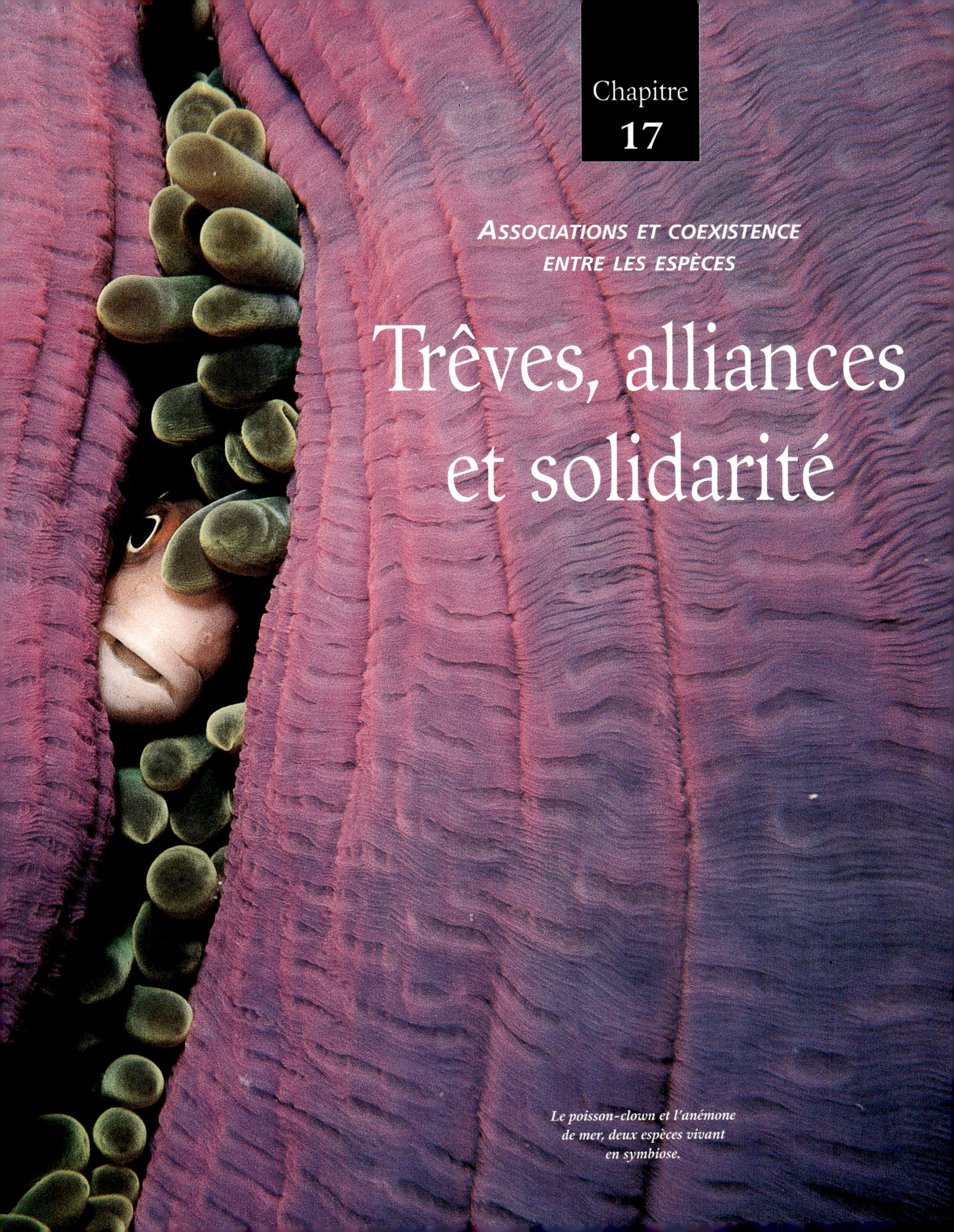

Le poisson-clown et l'anémone de mer, deux espèces vivant en symbiose.

◀ *Les oiseaux buveurs de nectar, tel ce soui-manga du Sénégal, sont particulièrement attirés par les fleurs de couleur rouge ou orange. Ils sont munis d'un bec assez long pour atteindre le fond de l'étroite corolle.*

Les plantes à fleurs et les animaux pollinisateurs

Une collaboration fructueuse

Pour assurer leur reproduction, les plantes doivent faire transporter le pollen, qui contient leurs cellules mâles, vers d'autres fleurs. Beaucoup utilisent les animaux comme convoyeurs en exsudant à leur intention un délicieux nectar sucré.

Asie tropicale. Un nectarinien, petit oiseau buveur de nectar, volette autour de bouquets de gui à fleurs explosives. Au passage, il pique le bouton floral aux couleurs vives. Sous la pression, le bouton éclate, projetant du pollen qui couvre le plumage de l'oiseau tandis qu'il plonge le bec dans la corolle pour en boire le suc. Sans cette intrusion, la fleur ne pourrait s'ouvrir et dégénérerait en restant stérile… Cela vaut bien quelques gorgées de nectar !

Échange de bons procédés

Colibris d'Amérique, sucriers des Antilles, soui-mangas d'Afrique et d'Asie, méliphages d'Australie, dicées d'Asie du Sud-Est, oiseaux à lunettes de Nouvelle-Zélande, les oiseaux butineurs sont nombreux, surtout dans les régions tropicales. Ils trouvent dans la corolle des fleurs de quoi satisfaire leur appétit : nectar et petits insectes.

Et, tout en passant de fleur en fleur, ils transportent et déposent le pollen, participant ainsi sans le savoir à la reproduction de la plante. Mais ils ne sont pas toujours indispensables – sauf dans le

cas des guis explosifs –, car les insectes ou le vent peuvent eux aussi jouer le rôle de pollinisateurs. L'étroite collaboration des oiseaux et des végétaux à fleurs est pourtant une histoire ancienne : les espèces les plus primitives de nombreuses familles de plantes sont fécondées par les oiseaux ; et ceux-ci – ou leurs ancêtres – pollinisaient déjà les premières fleurs. Puis les chauves-souris et surtout les insectes ont à leur tour servi d'intermédiaires efficaces. Dans les régions tempérées, ces derniers sont d'ailleurs les seuls animaux à garantir le transport du précieux pollen, sauf en Amérique du Nord, où existent quelques colibris.

Des partenaires en harmonie

De grande taille, à corolle profonde, souvent rouges ou orange, les fleurs qui attirent les oiseaux possèdent même des tissus résistant aux coups de bec peu subtils. Car chaque plante est adaptée à son pollinisateur. Ainsi, les fleurs à chauves-souris ou à papillons de nuit exhalent des odeurs capiteuses ; celles qui séduisent les insectes sont en général plus petites et intègrent une couleur que nous ne percevons pas, l'ultraviolet.

De leur côté, leurs partenaires ont évolué pour être le plus performants possible : pas question d'avoir une langue trop courte qui ne permettrait pas d'atteindre le nectar !

Les parfums de la nuit

Sous les tropiques, la nuit. Attirées non par les couleurs, mais par le parfum enivrant des corolles, de petites chauves-souris au vol léger s'accrochent de leurs griffes aux fleurs, plongent le nez dans l'amas des étamines et lèchent le nectar. Leurs mâchoires atrophiées, leur nez allongé pourvu d'excroissances, leur longue langue râpeuse munie de poils pour ramasser pollen ou nectar révèlent leur adaptation à ce régime alimentaire particulier. Le pollen s'accroche aussi sur la fourrure du dos ou de la tête de l'animal lors de son passage.

L'avenir du baobab d'Afrique, du calebassier d'Amérique, du kapokier d'Asie, du cactus-cierge du Mexique dépend ainsi de ces petites chauves-souris floricoles.

Une affaire de spécialistes

Oiseaux ou chauves-souris ne prennent guère soin de leur garde-manger. Après leur visite, les fleurs sont abîmées ou déchirées... Un tel sans-gêne peut se retrouver chez certains insectes peu spécialisés comme les perce-oreilles, les punaises ou les coléoptères.

Mais la plupart des insectes, qui représentent la majorité des pollinisateurs, sont bien adaptés et ont chacun une spécialité. Les mouches et les petites guêpes ont un faible pour les minuscules fleurs

▲ *Le museau allongé et la longue langue de cette chauve-souris lui permettent de lécher le nectar des fleurs ou la chair sucrée des fruits.*

▼ *De gauche à droite : un bourdon a rempli de pollen les fossettes de ses pattes arrière, petites poches qui lui permettent de le transporter ; le moro-sphinx butine les fleurs en vol stationnaire ; la longue et fine trompe de ce papillon soufré lui permet de visiter presque toutes les fleurs ; la cétoine dorée mange les étamines des fleurs ; son corps est trop lisse pour retenir beaucoup de pollen.*

▲ *L'orchidée ophrys miroir adopte la forme et l'odeur d'une femelle d'abeille solitaire. Pour renforcer l'illusion, certaines zones de la fleur réfléchissent les ultraviolets – invisibles à nos yeux mais perçus par les insectes.*

rassemblées en capitules (famille des marguerites) ou en ombelles (carotte, par exemple). Les abeilles, munies d'une longue langue, et surtout les papillons, à la trompe déroulante, préfèrent se cantonner aux fleurs plus grosses dotées d'une corolle profonde. L'interdépendance entre la fleur et son pollinisateur peut être extrêmement étroite : ainsi, en 1862, Darwin décrivit une orchidée de Madagascar dont la corolle, de 29 cm de profondeur, contenait 4 cm de nectar. Il en déduisit l'existence d'un insecte muni d'une trompe de 25 à 30 cm de long. Tournée en ridicule par certains, sa théorie fut vérifiée en 1903 après la capture d'un papillon de nuit, un sphinx, dont la trompe mesurait 25 cm...
L'abeille domestique, qui ne consomme que du nectar et du pollen de sa naissance à sa mort, porte les marques de sa dépendance : les pièces de sa bouche se sont modifiées pour former une langue capable de lécher le nectar ; ses pattes sont munies de peignes et de brosses pour recueillir le pollen, et d'une corbeille armée d'une forte épine pour y fixer les pelotes qu'elle confectionne.

Charmes et traquenards

Avec ses magnifiques fleurs blanches marbrées de rouge de plus de 40 cm de diamètre, la stapélie d'Afrique tropicale est d'une surprenante beauté. Tout aussi déroutant est son parfum. Elle exhale en effet une douce odeur... de viande en décomposition ! Précisons qu'elle a choisi de se faire polliniser par des mouches vivant sur les cadavres... Vous avez donc peu de chances d'en trouver chez votre fleuriste. La rafflésie de Sumatra – la plus grande fleur du monde, avec près de 1 m de diamètre – ou les arums ont opté pour la même stratégie. Les mouches se retrouvent même souvent piégées dans une chambre fermée, le temps de s'enduire de pollen avant de recouvrer la liberté.
Certaines orchidées, comme les ophrys, préfèrent tromper les insectes plutôt que les nourrir. Par sa forme et sa couleur, la fleur copie plus ou moins bien la femelle de l'abeille en visite.
Mais, surtout, la plante synthétise une odeur qui mime la phéromone d'attraction sexuelle émise par la femelle pour attirer les prétendants. Les mâles, affolés d'amour et trompés par ce travesti végétal, viennent s'accoupler aux fleurs. Ils repartent avec du pollen collé sur le corps, prêts à féconder la prochaine fleur qui subira leur assaut.

Fruits et légumes sous dépendance

Savez-vous que, sans les insectes, les étals de fruits et légumes seraient bien peu fournis ? Leur rôle a, en effet, été particulièrement bien étudié par les agronomes. Par exemple, 60 % des fleurs donnent un fruit sur les pommiers visités par les abeilles, contre 5 % seulement dans les pommiers isolés des insectes. Et ces rares fruits sont moins bien formés que les autres.
La pollinisation de certaines fleurs fermées, comme celles des légumineuses (pois, luzerne, trèfle), est impossible sans les insectes. La culture de la vanille, orchidée du Mexique, n'a pu se développer hors de sa région d'origine que lorsque l'homme eut compris qu'il lui fallait la féconder à la main, en l'absence de son pollinisateur naturel.

LES ACROBATES AÉRIENS

Chaque fleur contenant peu de nectar, les animaux pollinisateurs sont contraints d'en visiter plusieurs par repas. Alors, pourquoi perdre son temps à se poser puis à redécoller ? Certains, comme les sphinx, les chauves-souris glossophages, les oiseaux-mouches ou ce papillon *Pharmacophagus*, se ravitaillent en vol. Ils sont capables de faire du sur-place, voire de voler à reculons ou latéralement. Pour pomper le nectar, ils déroulent une trompe, allongent une langue démesurée ou plongent un long bec recourbé au cœur de la corolle.

Des hôtes indésirables

Le parasitisme est très répandu, que ce soit chez les bactéries, les champignons et les animaux. Différent de la prédation dans son mode de recherche de la nourriture, il est, dans ses mécanismes, d'une incroyable complexité.

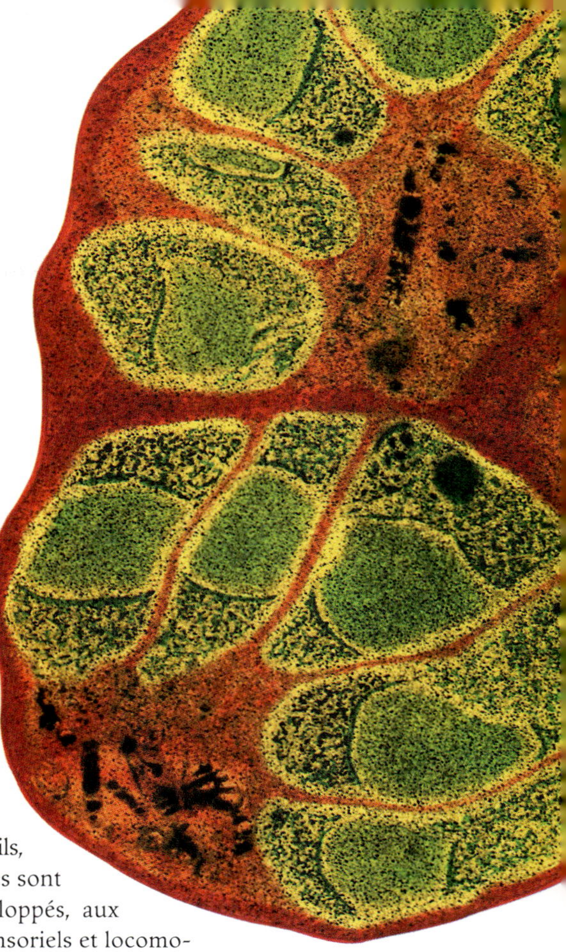

C'est une aubaine : les gammares, dont le goéland brun raffole, ne se cachent même plus. Normalement enfouis dans le sédiment, ces petits crustacés sont remontés en surface et s'agitent comme des fous. Le goéland se jette sur eux. Mais en les avalant, l'oiseau se condamne à tomber malade. Car la folie de ses proies a été déclenchée par un parasite. Il s'agit d'un ver rond, plus précisément un trématode nommé *Microphallus papillorobustus*, qui s'est fixé dans leur système nerveux. Auparavant, il était hébergé par un mollusque. En perturbant le gammare, son second hôte, il est parvenu à attirer l'attention de son hôte final, où il va pouvoir terminer son développement.

▲ *Le planorbe (en haut) est l'un des hôtes du schistosome, l'agent de la bilharziose. La larve du parasite s'y transforme en une sorte de têtard susceptible de contaminer l'homme. Le mildiou (en bas) est un champignon ravageur de cultures, dont celle des pommes de terre.*

Se nourrir sans se fatiguer

Moins violents et brutaux que les espèces qui chassent, les parasites se nourrissent et se développent sournoisement aux dépens d'un autre organisme, qu'ils maintiennent en vie aussi longtemps qu'il leur est nécessaire : la prédation offre la table, le parasitisme ajoute le gîte. Il en existe trois grands types : il y a ceux qui vivent sur le tégument de leur hôte (tiques, sangsues) ; ceux qui s'installent à l'intérieur dans des organes ouverts sur l'extérieur comme l'intestin et le système uro-génital (ténia, amibes responsables de la dysenterie) ; ceux, enfin, qui vivent dans des organes ou des tissus isolés de l'extérieur tels les muscles, les nerfs, les ganglions et le sang (plasmodium du paludisme, schistosome de la bilharziose).

Des ventouses et des clones

Si l'on compare un parasite avec une espèce voisine, non parasite mais du même genre, on s'aperçoit que le premier est en moyenne plus long que la seconde. C'est qu'il n'y a pas de concurrence alimentaire dans ou sur un hôte, ce qui permet aux parasites d'atteindre leur taille maximale. Par ailleurs, les organes de fixation (crochets, poils, ventouses) des parasites sont particulièrement développés, aux dépens des organes sensoriels et locomoteurs, ce dernier point étant surtout vrai pour les parasites internes.
Très fertiles, ces espèces savent aussi se reproduire par division asexuée. La plupart passent par plusieurs hôtes avant de se fixer, pour se reproduire sexuellement dans un hôte final : il en va ainsi du plasmodium (qui infeste l'homme par le biais d'un moustique, l'anophèle) et du schistosome (qui parasite un mollusque d'eau douce, l'homme se contaminant au contact de l'eau contenant les larves).

▲ *Le plasmodium, vecteur du paludisme, se développe dans les cellules sanguines jusqu'à les faire éclater.*

◀▼ *En les mordant, les tiques peuvent injecter à leurs hôtes les agents de maladies infectieuses.*

La symbiose

Vivons joue contre joue

Dans la nature, l'altruisme est inconnu. Mais, parfois, des relations équilibrées s'établissent entre deux espèces, chacune dépendant de l'autre pour sa survie : c'est la symbiose, une situation beaucoup plus rare que le parasitisme.

▲ *La symbiose avec un arbre est une condition sine qua non de survie pour les champignons dits mycorhiziens comme ce bolet.*

C'est « la saison » dans le Lot. Chiens et cochons spécialisés reniflent le sol. Leur truffe est en quête de truffes. Ces champignons dégageant de fortes fragrances, les animaux n'ont pas grand mal à les découvrir.

Toutefois, ils n'en trouvent que sous de vieux chênes : il n'y en a pas ailleurs. Il y en a même beaucoup sous les chênes pubescents, ce qui se remarque à l'œil nu : il n'y a plus d'herbe autour de ces arbres. Pourquoi la truffe vit-elle sous un chêne ? Pour se nourrir. Et pourquoi le chêne la laisse-t-il faire ? Pour s'alimenter.

Des champignons et des racines qui font ami-ami

Chênes et truffes sont liés par une sorte de contrat alimentaire appelé symbiose. Le champignon reçoit de l'arbre la majorité de son énergie et lui fournit en retour des éléments minéraux (phosphore, azote, etc.). Plus précisément, la truffe, comme tous les champignons dits mycorhiziens (les bolets et les amanites en sont aussi), ne sait pas digérer les débris de végétaux en décomposition dans le sol. Contrairement aux autres champignons, elle est donc incapable de trouver elle-même les matières carbonées (les sucres ou les vitamines, par exemple) qui lui sont indispensables. En insinuant ses très longs filaments mycéliens dans l'écorce des racines, elle trouve ce carbone à profusion, fabriqué par les feuilles de l'arbre au moyen de la photosynthèse et véhiculé par la sève.

L'arbre, quant à lui, profite aussi de la truffe : les filaments mycéliens augmentent la surface d'absorption de ses racines. Celles-ci captent ainsi plus de sels minéraux et d'eau.

En outre, la truffe, à l'instar de tous les champignons, sait fabriquer des molécules telles que les acides aminés, utiles au fonctionnement des arbres.

▲ *L'orobanche, cousine de l'orchidée, est incapable d'activité photosynthétique ; elle dépend totalement de ses hôtes pour se nourrir, mais ne leur apporte aucun service en échange : il ne s'agit plus de symbiose, mais de parasitisme.*

De discrets profiteurs

Tous les arbres d'Europe vivent en symbiose avec des champignons. D'autres plantes également. Chez certaines, la symbiose est tellement efficace qu'elles ont perdu presque toute activité photosynthétique. L'apport alimentaire de leurs champignons racinaires est tel que leurs feuilles sont réduites à de petites écailles. C'est le cas des gentianes, des bruyères et des orchidées.

◀ *Poisson-clown et anémone de mer ont établi une symbiose véritable. Chacun trouve son compte dans cette relation et pourrait difficilement vivre sans l'autre.*

▶ *Une vingtaine d'espèces de poissons de la famille des carapidés vivent à l'intérieur du tube digestif d'invertébrés ; celui-ci a élu domicile dans une holothurie. Il s'agit de parasitisme plus que de symbiose, car l'animal « squatté » ne tire a priori aucun bénéfice de cette association forcée et ne peut rien tenter contre.*

Mais les champignons concernés tirent-ils un bénéfice de cette association ? Apparemment, non. Comme souvent, la symbiose s'est muée en quasi-parasitisme au seul profit de la plante.
La famille des orobanches est quant à elle totalement passée au parasitisme : dépourvues de chlorophylle, sans aucun champignon pour les aider à se nourrir, ces plantes proches des orchidées parasitent totalement d'autres végétaux en se fixant sur leurs racines pour en pomper la sève. Il y a l'orobanche du trèfle, celle du thym, du lierre, etc.

Symbioses animales

La symbiose existe également entre les animaux. La plus connue est celle qui s'est établie entre le poisson-clown et l'anémone de mer. Le poisson vit en couple entre les tentacules de l'anémone et, garanti par un mucus contre leur toxicité, se protège ainsi de ses prédateurs. De plus, il se nourrit des reliefs de repas de l'anémone, et l'empêche ainsi de mourir étouffée.
D'autres poissons ont opté pour une protection plus rapprochée encore. Certains carapidés, *Caropus apus* par exemple, vivent dès le début de leur vie d'adulte à l'intérieur d'holothuries ou d'étoiles de mer. Ils s'y protègent de leurs prédateurs et s'y reproduisent. L'intérêt pour l'invertébré est limité, voire quasiment nul. Là encore, il s'agit davantage de parasitisme que de symbiose.

Le parfait équilibre, une rareté

Les exemples de symbiose parfaite (également appelée mutualisme) sont en fait assez rares. C'est que les conditions nécessaires ne sont pas faciles à réunir : la symbiose est, par définition, une association entre des organismes vivants dont les relations s'équilibrent, pour chacun d'eux, entre les pertes et les profits. Chacun doit y trouver son compte, gagner beaucoup sans rien perdre. Souvent, la symbiose est vitale pour les espèces qui l'entretiennent : elles ne sauraient survivre longtemps sans elle.

▲ *Le lichen est la quintessence de la symbiose. L'algue et le champignon qui la forment sont physiologiquement totalement interdépendants. Très sensibles à la pollution, les lichens servent d'indicateurs de la qualité de l'air.*

Un des très rares exemples de symbiose parfaite, peut-être même le seul, est celui du lichen. Il s'agit d'un organisme formé par l'association d'une algue et d'un champignon. L'union de ces deux formes de vie est telle que le lichen est considéré comme un organisme unique, au même titre que toute autre plante. Les lichens vivent dans des milieux où leurs champignons et leurs algues ne pourraient vivre seuls. Ils fabriquent aussi des molécules que n'élaborent pas leurs symbiotes. Et ne se reproduisent pas sexuellement.
Comment les lichens ont-ils pu alors s'adapter et évoluer au fil du temps ? Mystère. Tout comme l'origine de cette symbiose miraculeuse.

LES ALLIÉS MASQUÉS DE L'INTESTIN

Nombre de symbioses existent à l'intérieur même des organismes. Dès notre naissance, par exemple, notre intestin absorbe des bactéries, des protozoaires et des levures qui, en se développant, facilitent notre digestion. C'est une symbiose. Elle est particulièrement efficace chez les ruminants : sans les bactéries et les protozoaires de leur panse, les vaches seraient incapables d'assimiler l'indigestible cellulose des feuilles qu'elles broutent. Idem pour les termites, qui ne pourraient manger de bois sans les protozoaires flagellés qu'ils entretiennent dans leur intestin. Autre association bénéfique : les poissons-phares (ci-contre) hébergent des bactéries phosphorescentes dans des poches situées sous leurs yeux – l'idéal pour attirer les proies !

L'union fait la force

Chasser ou pêcher en groupe est pour certaines espèces animales un moyen efficace de trouver de la nourriture et d'améliorer ainsi les chances de survie de chaque individu.

▲ *Les pélicans blancs chassent en groupe. Ils encerclent les poissons (en haut) puis, d'un seul coup, basculent en avant pour les attraper (en bas).*

Au-dessus d'un grand lac du delta du Danube, des pélicans blancs tournent lentement. Soudain, ils piquent vers l'eau et se posent. Ils forment alors un demi-cercle et se mettent à pêcher, le bec grand ouvert et les ailes déployées, pour faire de l'ombre et éviter d'être gênés par les reflets de la lumière. Rapidement, ils cernent leurs proies. Pris au piège, les poissons ne pourront s'échapper et finiront dans l'impressionnante poche de leurs prédateurs.

Plus on est de fous…

Le pélican brun, qui vit en Amérique, pratique la même pêche que le pélican blanc. Mais il peut aussi piquer du bec, cou tendu comme une flèche, directement dans les eaux bleues du Pacifique, parfois même d'une grande hauteur.
Cette dernière technique s'observe également chez le fou de Bassan, un oiseau marin de l'Atlantique. Après avoir repéré un banc de poissons, il plonge droit sur lui et, du bec, saisit sa proie. Ce manège n'échappera pas à un congénère, qui se hâtera de le rejoindre. Ce sera ensuite le tour d'un autre, puis d'un autre encore… Si bien qu'au bout de quelques minutes, ce seront parfois plusieurs centaines de fous – ou de pélicans – que l'on apercevra, occupés à pêcher au même endroit. Un rassemblement de cette importance peut également attirer des goélands, des labbes ou des pétrels, voire des dauphins ou des thons, friands de petits poissons… ou même un bateau de pêche, l'équipage connaissant bien les causes d'une telle concentration animale.

Sur terre et sous la mer, des tactiques élaborées

Sous la mer, les dauphins chassent également en groupe. Plus évolués que les oiseaux marins, ils communiquent entre eux – tout en poursuivant un banc de poissons – par des sons, des clics et des sifflements, mais aussi en restant à portée de regard. Toute cette effervescence sonore contribue à stimuler chaque membre du groupe.
Les orques, ou épaulards, développent également des stratégies d'attaque et d'encerclement très élaborées, qui leur permettent non seulement de faire presque toujours bonne chasse, mais aussi de jeter leur dévolu sur des proies plus grosses qu'eux, comme les baleines.
La tactique des loups consiste à épuiser la proie pourchassée, puis à l'encercler. Chaque animal prend le relais à la tête du groupe de poursuite. Là aussi, les aboiements ont une fonction stimulante et permettent de garder le contact. Face à la meute des poursuivants, la victime a bien peu de chances d'en réchapper. Elle peut, là encore, être d'une taille bien supérieure à celle de ses prédateurs, comme dans le cas d'un vieux renne ou d'un élan mâle.
Les lionnes opèrent aussi en groupe mais encerclent leur proie en silence. Pendant qu'une ou deux femelles poursuivent la victime, les autres,

▼ *Les orques ne chassent pas qu'au large. Il leur arrive de se laisser échouer sur une plage, seuls ou à plusieurs, non loin d'un groupe d'otaries… et de fondre soudain sur un animal qui ne s'est pas éloigné assez vite du bord.*

▲ *Autour d'une charogne, le bal des vautours suit des règles de hiérarchie à la fois strictes et complexes : la dominance n'est pas systématiquement liée à l'âge ou au sexe.*

▲ *Comme les lionnes, les loups chassent en groupe. Ils tentent ici de séparer un individu du groupe de bœufs musqués qu'ils poursuivent.*

après s'être approchées avec la plus grande discrétion, se tiennent en embuscade, prêtes à bondir sur le pauvre gnou ou le zèbre imprudent. Les hyènes ont des techniques de chasse nocturne assez similaires *(voir p. 274-276)*.

Les signaux du vautour

Nécrophages, les vautours ne tuent pas leurs proies. Ils se nourrissent soit de carcasses d'animaux occis par d'autres espèces, soit de cadavres de bêtes ayant succombé à une maladie ou à un accident. Ils consacrent ainsi les heures chaudes de la journée à planer à la recherche de leur repas. Quand l'un d'eux a repéré de la nourriture, il décrit de grands cercles dans le ciel en descendant progressivement, et ne se pose que quand il est sûr qu'aucun danger ne le menace. Ce manège attire d'autres vautours, parfois venus de très loin, qui le rejoignent sur le lieu du festin. Lors de la curée, chaque animal accédera à la proie en fonction de son rang hiérarchique.

Comme ils bénéficient d'une bonne vision de loin, c'est de cette façon que les oiseaux repèrent en général les sources de nourriture. Cette technique éprouvée leur permet de pratiquer une fructueuse politique de coopération alimentaire.

RENDEZ-VOUS SUR LA TOILE

Les araignées américaines du genre *Mallos* tissent une toile collective. Dès qu'un insecte est pris, tous les membres du groupe se pressent pour le festin. Et, phénomène remarquable, il n'y a pas de confusion des genres : les araignées ne s'attaquent pas entre elles et se ruent toutes sur la proie. Il est probable qu'elles émettent alors une phéromone « sociale » qui les empêche de s'entre-tuer.

Rapts chez les amazones

▲ *Les fourmis esclavagistes emploient des fourmis captives à des travaux domestiques.*

Les fourmis esclavagistes, également appelées fourmis amazones, effectuent de véritables razzias chez d'autres espèces. Périodiquement, elles quittent leur repaire, individus « indicateurs » en tête, et se dirigent vers quelque fourmilière voisine. Après en avoir mis en déroute les occupants, les fourmis esclavagistes s'emparent des cocons de leurs victimes et les rapportent chez elles.

Après leur nymphose, les captives seront employées à tous les travaux domestiques de la fourmilière. Les fourmis esclavagistes sont en effet bien adaptées au combat mais répugnent à s'occuper de leur couvain, attitude qui explique cette énergique stratégie de recrutement forcé.

Dans la toundra : le cycle des lemmings

Une chaîne alimentaire fonctionne en théorie selon un schéma pyramidal : un superprédateur en occupe le sommet ; en dessous se succèdent diverses espèces, chacune étant la prédatrice de celle qui la suit. Dans la réalité, les choses sont parfois plus complexes. Dans la toundra arctique, par exemple, la fluctuation des effectifs de lemmings – petits rongeurs d'environ 10 cm de long, assez proches des campagnols et vivant en groupes – affecte certes les espèces prédatrices qui les précèdent dans la chaîne alimentaire. Mais aussi d'autres proies de ces mêmes prédateurs, que rien ne lie aux lemmings.

▼ **1 - Portrait de lemming**

En hiver, quand la neige recouvre le sol, les lemmings se protègent du froid en se réfugiant dans des terriers et des galeries creusés jusqu'à 90 cm de profondeur. À l'arrivée du printemps, ils quittent leurs quartiers d'hiver en quête de nourriture. Dès le mois de juillet, les animaux, mâles en tête, retournent vers leurs terriers hivernaux. Les lemmings peuvent se reproduire à des vitesses impressionnantes toute l'année et leur maturité sexuelle est particulièrement précoce. Mais leurs prédateurs sont nombreux : le renard polaire, l'hermine et certains oiseaux comme le faucon gerfaut, le labbe (sorte de mouette) et le harfang des neiges (grande chouette blanche).

2 - Années fastes… mais à haut risque

Tous les trois à quatre ans, les populations de lemmings explosent : on passe d'une densité d'environ un animal par hectare à près de deux cents ! Les raisons d'une telle prolifération sont multiples : faible nombre de prédateurs cette année-là ; hiver clément qui permet une bonne reproduction ; végétation luxuriante l'été. Plus étrange, tous les trente à quarante ans, cette densité atteint des sommets, avec environ deux mille individus par hectare. La compétition pour l'espace et la nourriture se fait rude, les animaux deviennent agressifs. Contraints de s'exiler, ils entreprennent des déplacements parfois considérables qui peuvent les conduire en masse au bord de plans d'eau (ci-contre, dessin du XIXe siècle) – fleuve, lac, voire mer –, dont la traversée leur sera fatale. Ainsi a-t-on parlé, un peu hâtivement, de suicides collectifs car des colonies entières de lemmings disparaissent lors de ces migrations. Les effectifs redescendent alors à des niveaux très bas.

3 - Le bonheur des prédateurs

Habituellement, les effectifs des prédateurs (ci-contre, un harfang des neiges) restent modestes. Mais ils augmentent lors des années de surpopulation des lemmings : une abondance de nourriture ne peut que favoriser la reproduction et permettre aux adultes d'élever correctement leurs jeunes, dont la mortalité diminue. En fin de saison, ces effectifs deviennent très élevés. Le nombre de prédateurs est alors en étroite corrélation avec celui des proies.

4 - Les échassiers à l'abri

Dans la toundra nichent de petits échassiers – pluviers, bécasseaux (ci-dessous), gravelots, barges et tournepierres – et des bernaches (oies marines). En temps normal, les jeunes sont la proie des prédateurs. En période d'explosion démographique chez les lemmings, renards et faucons délaissent les échassiers pour les petits rongeurs, dont la capture s'avère plus aisée. Les oiseaux peuvent se reproduire sans encombre et assurer l'élevage de leur nichée, ce qui entraîne l'augmentation de leurs effectifs.

5 - La boucle est bouclée

Le printemps suivant l'une de ces fameuses années cycliques, les lemmings sont peu nombreux. Les prédateurs (ci-dessous, des renards polaires) trouvant difficilement leur pitance, leurs rangs s'amenuisent. Ils se rabattent alors sur les oiseaux revenus nicher dans l'Arctique après un hiver passé en Europe du Sud et de l'Ouest. Les poussins sont ardemment convoités, peu de jeunes arrivent à l'âge adulte. Les effectifs diminuent… jusqu'à ce que les lemmings pullulent à nouveau.

Vivre en copropriété

Des espèces proches peuvent aisément cohabiter au sein d'un même milieu, à condition de l'exploiter différemment.

▲ *Bien que toutes voisines sur le plan morphologique, chaque espèce de « pinsons » des Galápagos de Darwin a développé une forme de bec particulière. Chacune se nourrit ainsi dans des milieux bien définis, ce qui réduit la concurrence, potentiellement importante en zone insulaire.*

En étudiant l'entomofaune (le monde des insectes) de la forêt tropicale péruvienne, un scientifique a récemment découvert pas moins de 650 espèces de coléoptères établies sur un même arbre. Grâce à l'étude d'autres cohabitations, il est permis d'avancer que chacune de ces 650 espèces a trouvé sa propre niche écologique, de sorte qu'un régime alimentaire, des horaires et des lieux de repas différents autorisent chacune à vivre en bonne intelligence avec les autres.

Gérer l'espace

Les arbres de la forêt sud-américaine hébergent bien d'autres habitants, telles les grenouilles arboricoles. Certaines d'entre elles vivent à leur pied, dans la litière, d'autres dans les branches, d'autres encore sur les rameaux, d'autres enfin sur les troncs. On en observe aussi à la cime des arbres – la canopée –, qui ne descendent jamais à terre. Les nombreux insectes dont s'alimentent les grenouilles ont également élu domicile dans des parties distinctes de l'arbre.

Ce partage du territoire résulte du fait que les grands arbres de la forêt tropicale, soumis à des variations microclimatiques entre la base et la cime, offrent des micromilieux différents, auxquels s'adapte une faune diversifiée, mais non concurrente.

Cette cohabitation entre espèces proches ne s'est pas faite sans une adaptation particulière qui a permis à chacune d'exploiter de façon optimale une partie d'un habitat et d'un écosystème. Toujours dans le but de ne pas entrer en concurrence. Et lorsqu'il arrive qu'elles vivent ensemble, leurs proies ne sont évidemment pas les mêmes.

▼ *Cette grenouille arboricole d'Amazonie vit à la cime des grands arbres tropicaux et n'en descend qu'au moment de la ponte. Ainsi, elle ne fait guère concurrence aux espèces de grenouilles qui habitent les étages inférieurs.*

S'adapter pour s'entendre

Les îles Galápagos abritent des « pinsons » – en fait des géospizinés, espèces de passereaux – dont l'observation a permis à Darwin d'élaborer sa théorie de l'évolution. Ces espèces sont morphologiquement très proches les unes des autres et fréquentent des milieux similaires. Au fil du temps, leurs becs ont adopté des formes variées qui leur permettent d'accéder à des ressources alimentaires différentes. Ce processus évolutif, plutôt que d'éliminer certaines espèces par la concurrence, leur a au contraire permis un épanouissement exceptionnel.

Dans ce milieu confiné, une même espèce fondatrice en a ainsi donné quatorze autres, suivant un processus de radiation adaptative. Il en va de même pour certains oiseaux de la famille des drépanididés, aux îles Hawaii. Selon leur espèce et la forme de leur bec, ils sont nectarivores, granivores, frugivores ou insectivores, ce qui leur permet d'exploiter en bonne intelligence un même milieu. Suivant le même processus, les chauves-souris, exclusivement insectivores, seraient, d'après certains scientifiques, devenues nocturnes pour ne pas entrer en concurrence avec d'autres animaux, comme les hirondelles ou les martinets, eux aussi consommateurs d'insectes. Cette hypothèse est notamment confortée par le fait qu'aux Açores, où elles ne rencontrent aucune concurrence, les chauves-souris sont à la fois très nombreuses et diurnes.

ÉLEVAGE ET CULTURE CHEZ LES FOURMIS

Des sociétés d'agriculteurs

Pour se nourrir, certaines sociétés complexes de fourmis ont développé d'étonnantes techniques d'élevage et de culture.

▲ *Ces grosses baudruches suspendues ne sont autres que des fourmis pots-à-miel, à l'abdomen gorgé de substances sucrées destinées à nourrir leurs congénères, lesquelles les nourrissent à leur tour.*

Le rosier est plein de pucerons. Un coup d'insecticide, et en voilà le jardinier débarrassé. Mais sait-il qu'il vient de mettre à mal un formidable élevage ? Car les pucerons produisent une déjection sucrée dont les fourmis raffolent et qui n'est autre que de la sève pompée par les pucerons et en partie digérée. Ainsi les fourmis sont-elles les gardiennes scrupuleuses de troupeaux de pucerons, tuant tout prédateur de ces derniers qui oserait s'aventurer sur leurs terres. Et, tels de bons fermiers, les fourmis traient régulièrement leurs « bienfaiteurs » pour en extraire le précieux miellat : il leur suffit de tapoter l'abdomen des pucerons avec leurs antennes pour que l'anus de ces derniers exsude cette gouttelette sucrée.

▲ *Cette fourmi rouge est en train de « traire » un puceron : elle en extrait du miellat, substance liquide et sucrée dont elle se délecte.*

Fourmis à miel…

Chez les fourmis pots-à-miel d'Amérique du Nord et d'Australie, un certain nombre d'ouvrières vivent en permanence suspendues, immobiles, dans la fourmilière. Le miellat dont cette espèce se nourrit n'étant sécrété par les pucerons que pendant une brève période, des ouvrières font office de garde-manger pour la colonie en stockant dans leur abdomen une sorte de miel que leurs congénères peuvent consommer lorsque la nourriture se fait rare. En retour, ces dernières n'omettent pas d'alimenter leurs secourables nourrices.

… et fourmis champignonnistes

En Amérique du Sud, les fourmis champignonnistes du genre *Atta* sont capables de créer une véritable champignonnière, dont elles contrôlent toutes les étapes de maturation. Les ouvrières passent leurs journées à découper les feuilles d'un arbre ou d'une plante. Elles peuvent ainsi mettre à sac une plantation entière. Ensuite, d'autres fourmis hachent menu ces feuilles entre leurs mandibules avant de les étaler à terre afin d'enrichir l'humus. Sur cet amas plus ou moins spongieux, elles déposeront des fragments d'un champignon microscopique, qui vont se développer et finir par recouvrir complètement le terrain choisi. L'heure de la « moisson » venue, les fourmis *Atta* se nourrissent de ce champignon en même temps que de la sève des feuilles malaxées.

▼ *Des fourmis* Atta *rapportent à la fourmilière le matériel nécessaire pour faire croître les champignons microscopiques dont elles se repaissent.*

LES ANIMAUX GRÉGAIRES

L'union fait la force

L'agrégation d'individus d'une ou de plusieurs espèces assure avant tout une meilleure protection contre les prédateurs. Elle facilite aussi les déplacements et la recherche de nourriture.

▲ *Chez les oiseaux (ici, une colonie de manchots), l'une des raisons de la reproduction en colonie est la diminution du risque individuel de prédation. Fondu dans la masse, chaque individu a statistiquement moins de risques de tomber sous la griffe ou la serre d'un prédateur.*

Dans l'air flotte une odeur de guano. Un brouhaha incessant guide les pas et s'amplifie à mesure qu'on approche. Du sommet de la colline, soudain, on la découvre : l'immense colonie de manchots s'étale sur plusieurs hectares.
Paradoxalement, une telle concentration d'animaux donne une impression de fragilité ; car un accident météorologique pourrait, en un instant, anéantir toute la colonie ! Pourtant, les manchots réunis dans cette île subantarctique de l'océan Indien ont de bonnes raisons de se rassembler.

Le groupe, moins dangereux pour se reproduire…

Lorsque des animaux se regroupent pour se reproduire – comme c'est le cas des manchots –, la protection de tous à l'égard de chacun des membres de la communauté, contre les prédateurs notamment, est essentielle. Mais elle est passive : nul n'est chargé de la défense de ses congénères ; simplement, il y aura toujours plus de paires d'yeux pour détecter la menace et donner l'alerte. Et plus d'individus pour faire face à l'assaillant.
Une espèce qui se reproduit en solitaire devra consacrer une partie importante de son temps à la surveillance du nid ou du territoire, ce au détriment de la recherche de nourriture ou de l'élevage des jeunes. Alors que, en groupe, le temps alloué à la surveillance est réparti entre la totalité des animaux adultes.

◀ *Les chauves-souris, comme ces vespertilions, se rassemblent pour hiverner, mais aussi, protection du groupe oblige, pendant la période de reproduction.*

… et plus simple pour se nourrir

Par ailleurs, la colonie est un centre de communication : lorsque les parents reviennent avec de la nourriture pour leurs petits, ils informent leurs congénères sur les sites d'alimentation les plus riches. On a récemment mis en évidence ce comportement chez la mouette tridactyle, qui niche sur les falaises de part et d'autre de l'océan Atlantique. C'est peut-être là l'un des intérêts majeurs du grégarisme pour les oiseaux marins. À l'intérieur des terres, celui des mouettes, des flamants roses ou des corbeaux freux est sans doute aussi en grande partie d'ordre alimentaire.
De même chez de nombreux mammifères, comme les lapins, les chiens de prairie, mais aussi les otaries et les phoques, qui se regroupent également pour mieux détecter les prédateurs. Quant aux

▼ *Ces otaries à fourrure partent pêcher. Elles conservent entre elles de courtes distances, ce qui leur permet de maintenir un contact vocal permanent et de signaler, au besoin, la présence d'un danger.*

lions, aux babouins et aux cervidés, c'est aussi pour se nourrir qu'ils pratiquent parfois des regroupements familiaux.

Des règles pour le groupe

Chez les otaries, des harems tenus par des mâles dominants se regroupent en colonie pour se protéger de leurs ennemis (orque et léopard-de-mer principalement), mais chacun vit à peu près à sa guise et se nourrit quand il le veut. À terre, les femelles ne connaissent qu'une règle : ne pas sortir de l'espace délimité par le mâle. En revanche, chez les chauves-souris, la colonie obéit pour se nourrir à une stricte réglementation horaire. Ainsi, à la tombée du jour, tous les individus vivant dans la même grotte s'envolent pour aller chasser. Tous s'en reviendront à l'aube.

Les oiseaux des estuaires (canards, petits échassiers), soumis au rythme des marées, se dispersent sur les vasières à marée basse à la recherche de nourriture. C'est chacun pour soi. Mais sitôt que le flot remonte, tous se regroupent sur des lieux émergés – appelés reposoirs – pour se toiletter ou dormir. Faisant ainsi masse, ils dissuadent les prédateurs.

Grégaires, mais pas trop

Entre les animaux qui se rassemblent en groupes immenses (comme les tisserins, des passereaux africains) et ceux qui vivent en solitaire, c'est-à-dire sur un territoire qui leur est propre et où ils ne tolèrent aucun congénère (comme les ours), les animaux adoptent de nombreux comportements intermédiaires. Ainsi parle-t-on parfois d'espèces semi-coloniales. Il s'agit d'animaux qui vivent en colonies plus ou moins lâches, c'est-à-dire jamais très loin les uns des autres, mais pas non plus à touche-touche. Chacun garde son territoire, mais la proximité d'individus de la même espèce est déjà une sécurité. Chez les oiseaux, de petits échassiers comme les vanneaux, les échasses ou les avocettes en sont de bons exemples.

Voyage en groupe

Certes, pour échapper à l'attaque d'un prédateur, rien de tel qu'un groupe compact. Mais l'union lors de la migration a d'autres intérêts : les individus non expérimentés peuvent apprendre le trajet connu des adultes ; et il est probablement plus facile de repérer les sources de nourriture à plusieurs que tout seul.

Ainsi en va-t-il des baleines. De même que de beaucoup d'oiseaux migrateurs, qui pratiquent un grégarisme migratoire et restent en groupe pendant l'hiver alors que, pendant la reproduction, chacun a tendance à rester dans son coin. C'est le cas des cigognes, des hirondelles et de rapaces comme les aigles ou les milans. Hors reproduction, les individus présentent des comportements moins agressifs – physiologiquement, les gonades diminuent de volume : la défense du territoire n'est plus primordiale.

▲ *Le travailleur à bec rouge (à gauche) est, dit-on, l'oiseau le plus commun au monde : ses rassemblements, notamment autour de points d'eau de la savane africaine, peuvent atteindre plusieurs millions d'individus. Quant à l'échasse à tête blanche (au centre) et au guillemot de Troïl (à droite), ils sont totalement dépendants des conditions favorables du milieu pour nicher, et se regroupent par milliers.*

LES DANGERS DU GRÉGARISME

Au-delà d'un certain seuil, l'effet de groupe, qui protège les individus, laisse place à un effet de masse, menaçant leur survie. La présence d'animaux en trop grand nombre peut entraîner une forte mortalité, une diminution de la fécondité des femelles, un ralentissement de la croissance des jeunes… Une régulation s'opère alors jusqu'à ce qu'une densité moindre permette la réinstauration d'un grégarisme favorable au maintien de l'espèce. Ce phénomène se constate chez les criquets migrateurs et, dans une moindre mesure, chez les lemmings (ci-contre).

Alliances animales

S'allier avec une autre espèce pour se défendre, se soigner ou se nourrir, pourquoi pas ? Lorsque chacune des deux parties tire profit de cette association, on parle de mutualisme.

▲ *Selon une belle histoire qui a ses détracteurs, le ratel, friand de miel et de larves d'abeille, aurait contracté une alliance bénéfique avec l'indicateur, oiseau censé le conduire à la ruche.*

Dans la savane boisée d'Afrique du Sud, au sein du concert général des oiseaux, une oreille experte peut distinguer un sifflement aigu qui retentit de temps à autre : un indicateur trace sa route dans les frondaisons. Cet oiseau menu, assez proche parent des pics, est un grand amateur de miel, et il a repéré un gros couvain d'abeilles sauvages. Il est pourtant bien incapable d'en venir à bout. Un problème ? Pas vraiment, car, tandis que là-haut il progresse en sifflant, au sol un mammifère le suit à l'oreille.

C'est un ratel, mustélidé assez proche du blaireau européen. Lui aussi aime le miel. Pour le trouver, il suit l'indicateur. Quand ce dernier arrive sur place, il pousse un cri particulier. C'est le moment pour le ratel de passer à l'action : de ses griffes puissantes, il extrait les rayons gorgés de miel. Quand le mustélidé aura fini, l'indicateur se servira à son tour ; car le ratel lui laisse toujours une part du butin. En Afrique du Sud, les hommes ont également appris à suivre l'indicateur. Eux aussi laissent son obole à l'oiseau-miel !

Cette belle histoire a ses détracteurs. Certains scientifiques pensent en effet que ce comportement est trop complexe pour se passer d'apprentissage. Or l'indicateur est un oiseau parasite élevé par des parents d'espèces différentes qui n'ont absolument pas ce comportement. Plus prosaïquement, d'autres chercheurs avancent que l'indicateur ne ferait que profiter des reliefs du repas du ratel. Mais cette hypothèse n'a pas été vérifiée non plus…

Chez les fourmis, restauration à toute heure

Les fourmis produisent nombre de déchets au sein de leur fourmilière. Pour s'en débarrasser, elles ont recours à des femmes de ménage. Elles laissent pénétrer dans leur antre une foule de petites bestioles : acariens, araignées, collemboles, qui se nourrissent des débris laissés par les fourmis… et trouvent, outre la bonne chère, une protection sans pareille au sein de la fourmilière, puisqu'elles s'y installent à demeure.

D'autres fourmis ouvrent leurs portes à des chenilles bien particulières, celles des azurés, petits papillons bleus. Ces dernières reçoivent également

▼ *La chenille de l'adonis bleu est une véritable vache à lait pour les fourmis, qui se délectent des substances aromatiques qu'elle sécrète.*

▲ *Quand il s'agit de faire la toilette du requin, rémoras, labres et poissons pilotes se mettent au travail !*

gîte et couvert et, en retour, elles produisent des gouttelettes de substances aromatiques dont les fourmis sont très friandes. En région tropicale, c'est à des guêpes que les fourmis de Guyane permettent de s'installer. Là encore, les déchets (larves mortes par exemple) rejetés par les guêpes sont appréciés des fourmis.

En Malaisie, le marché se conclut exclusivement entre la fourmi *Dolichoderus cuspidatus* et une cochenille du genre *Malaicoccus*. Les fourmis, nomades, transportent régulièrement les cochenilles du nid vers les « pâturages » – de jeunes rameaux gorgés de sève –, et inversement. Elles ne vivent que du miellat des cochenilles, sans lequel elles dépériraient. En contrepartie, les cochenilles, très lentes de nature, ont besoin des fourmis pour les transporter et les défendre contre leurs prédateurs. Sans elles, elles ne tarderaient pas à disparaître.

▲ *Indicateur. Cet hôte des forêts tropicales se rencontre surtout en Afrique, dans une moindre mesure en Asie. C'est bien le seul oiseau à être capable de digérer la cire !*

Service blanchisserie

Les poissons pilotes du genre *Naucrates* accompagnent les requins dans leurs déplacements. On a longtemps pensé qu'ils les guidaient vers d'éventuelles proies. En fait, ils se nourrissent des reliefs de leurs repas et les débarrassent par la même occasion de leurs parasites, voire de leurs excréments.

Le rémora, qui vit le plus souvent fixé par une ventouse à un requin (mais aussi à une baleine, une tortue ou un dauphin), joue également les infirmiers en nettoyant régulièrement son hôte des parasites que sa peau abrite : il y gagne un repas… ainsi qu'une protection rapprochée. Et le requin ne manque décidément pas d'aides de camp. Le labre se promène dans sa gueule grande ouverte, d'où il extirpe toutes sortes de parasites.

Dans les milieux coralliens, où vivent des dizaines d'espèces, d'autres labres ne chôment pas : on a compté jusqu'à 300 poissons ainsi nettoyés en six heures. Quant à certaines crevettes des genres *Paraclimenes* et *Stenopus*, elles se nourrissent des parasites des poissons et attirent le client en agitant leurs antennes du fond d'une crevasse au sein d'un récif.

Poisson d'aveugle

Les crevettes du genre *Alpheus* sont aveugles. Mais le gobie de Luther, un poisson qui vit sur le fond marin, lui, ne l'est pas. Et tous deux ont besoin de se nourrir et de trouver un gîte.

Qu'à cela ne tienne : la crevette a des qualités de fouisseuse et, tant qu'à faire, elle peut inviter le gobie dans le trou qu'elle vient de creuser. En échange, ce dernier accompagne la crevette quand elle sort et la guide vers des sources de nourriture. À l'extérieur, la crevette garde le contact en permanence avec le gobie grâce à ses antennes, qui touchent les nageoires du poisson. Gîte contre nourriture, le marché est honnête.

Spécialité : chasseurs de bestioles

Dans la savane, où la chaleur est permanente, les tiques, taons et autres mouches ne manquent pas. Les grands mammifères (buffles, girafes, éléphants, hippopotames, rhinocéros…) doivent sans cesse y faire face.

▼ *Ce gobie guide une crevette vers une source alimentaire. Les gobies peuplent esssentiellement les fonds des mers tempérées ou chaudes.*

Heureusement, il y a *Buphagus africanus* : ce passereau (appelé communément pique-bœuf) de la taille d'un gros étourneau a pour spécialité de se nourrir de tous les parasites qu'il trouve en abondance sur la peau des grands animaux. On voit ainsi de petits groupes de pique-bœufs parcourir et fouiller de toutes parts le corps d'une girafe ou d'un éléphant, voire d'un zébu, cherchant âprement leur nourriture, tandis que ces derniers les laissent faire à leur guise sans esquisser le moindre mouvement d'agacement. Leurs hôtes se sentent parfois si bien qu'ils dorment et vont même jusqu'à s'accoupler sur les quadrupèdes !

◄ Ce rhinocéros laisse, avec la plus grande placidité, des pique-bœufs lui chatouiller les narines. C'est qu'ils le débarrassent des taons et autres parasites…

Aux Galápagos, ce sont certains pinsons de Darwin qui jouent le rôle de nettoyeurs auprès des iguanes marins.

Bétail nourricier

Les grands mammifères ont aussi besoin d'auxiliaires dans les régions tempérées d'Eurasie et d'Amérique. On y voit parfois des étourneaux et même des pies perchés sur le dos des vaches ou des moutons, à la recherche de parasites à déguster.

Mais cet apport en nourriture peut se faire sur un mode plus passif. Quand le bétail paît, il soulève des quantités d'insectes posés dans les herbes. Une aubaine pour certains oiseaux comme les hérons garde-bœufs ou les petites bergeronnettes, qui trouvent entre les pattes des chevaux ou des vaches une alimentation abondante et, surtout, facile à capturer.

LES TALENTS CACHÉS DU RAT

Le rat est sans doute le plus grand commensal de l'homme, c'est-à-dire l'espèce qui a le mieux su tirer parti d'une autre. Depuis des siècles, il vit près de nous et à nos dépens. Même si le rat a longtemps été un vecteur de maladies graves, et même si l'homme lui livre une guerre acharnée, il n'en demeure pas moins qu'il joue un rôle important d'éboueur. D'après les chercheurs, si les rats n'existaient pas à Paris ou dans d'autres grandes métropoles du monde, le sous-sol serait saturé de déchets et d'ordures en tout genre…

Chapitre
18

RECORDS EN TOUT GENRE
DU RÈGNE ANIMAL ET VÉGÉTAL

Les champions du monde de la nature

Fourmi champignonniste transportant vers son nid un fragment de tige.

Des colosses aux pieds d'argile

Être gros et grand ne présente pas que des avantages dans la nature. Une grande taille, souvent associée à un organisme complexe, interdit toute adaptation rapide à un changement brusque de l'environnement.

Sur la côte pacifique de l'Amérique du Nord, les séquoias, qui peuvent atteindre 110 m, sont les plus hauts arbres du monde. Leur longévité est également extraordinaire : de nombreux spécimens dépassent allègrement le millénaire et certains pourraient avoir 3 000 ans ! Cependant, ces arbres apparus il y a 65 millions d'années sont aujourd'hui en voie de disparition, en raison, entre autres, de déforestations anciennes et d'une pollution récente.

◀ *Le séquoia géant, qui ne pousse à l'état naturel qu'en Californie, croît rapidement quand il est jeune. Mais son bois, mou et peu résistant, n'est pas utilisé.*

Démesure du végétal

Dans la série des records végétaux, la rafflésie décroche la palme de la plus grosse fleur du monde : sa corolle rouge mesure parfois 90 cm de diamètre et pèse jusqu'à 7 kg. Cette plante, qui vit en Asie du Sud-Est, parasite des espèces proches de la vigne sauvage. Signe particulier : elle exhale à la floraison une délicate odeur de... viande pourrie. Les populations locales ont cru qu'elle

▼ *La rafflésie, la plus grande fleur du monde, est victime de ses supposées vertus médicinales : elle se fait rare aujourd'hui .*

▶ *La raie manta est pourvue de nageoires pectorales qui peuvent atteindre 7 m d'envergure ; elle peut peser jusqu'à 3 tonnes. Chaque jour, son immense bouche aspire des quintaux de plancton.*

avait des vertus médicinales – jamais démontrées –, ce qui a contribué à sa raréfaction dans la nature. Si elle avait été moins visible, elle aurait été certainement moins exploitée... Le géant des cactus, le saguaro, pousse, lui, en Arizona et au Mexique. Il atteint facilement 5 à 6 m de haut, mais on en a répertorié un de plus de 17 m. Ses bras en candélabre sont caractéristiques des paysages désertiques du Sud-Est américain.

▲ *La grenouille-taureau pèse un bon kilo. Originaire d'Amérique du Nord, elle a été introduite en Gironde en 1980, et se plaît tellement en France qu'elle menace les amphibiens locaux.*

De tout petits géants

Du côté des animaux, on rencontre des géants, même chez les espèces généralement de petite taille. Certaines grenouilles goliaths avoisinent le kilo. On en a même capturé une de 3,6 kg en Guinée ! Chez les scarabées, le goliath peut atteindre 11 cm pour un poids de 70 à 100 g, mais le record de taille appartient à un habitant d'Amérique centrale du genre *Dynastes*, qui mesure 20 cm. Quant au phasme géant d'Indonésie, il atteint 33 cm de long.

190 tonnes sous les mers

C'est avec les dinosaures que le règne animal est entré dans le gigantisme, mais le plus gros animal ayant jamais existé est le rorqual bleu, ou baleine bleue. En général, ce cétacé mesure de 24 à 27 m de long et pèse entre 100 et 120 tonnes, mais on a identifié un spécimen atteignant une longueur de... 33,50 m et pesant environ190 tonnes ! Quel est l'intérêt d'être aussi gros ? Une énorme bête doit beaucoup manger. Certes, mais elle intimide ses prédateurs – grands requins et surtout orques. Et, avantage enviable, être volumineux permet de conserver sa chaleur interne – on perd moins de chaleur par mètre carré de peau. Sous l'eau, la poussée d'Archimède, en s'opposant à la pesanteur, a permis aux squelettes de grandir sans se briser... jusqu'à une certaine limite physique, sans doute atteinte par le rorqual. Le problème est différent pour les invertébrés ; dénués de squelette interne, ils peuvent atteindre des tailles bien supérieures : 50 m de long, tentacules compris, pour certains calmars géants !

▼ *Cette araignée géante d'Australie, de la famille des araignées-loups, ou lycoses, se distingue par sa taille, mais aussi par ses trois paires d'yeux.*

▲ *Les araignées de mer du genre* Macrocheria *peuvent dépasser 3 m d'envergure de l'extrémité d'une patte à une autre. Ces hôtes des côtes japonaises vivent en groupe dans la vase et se nourrissent de déchets organiques.*

Des géants mangeurs de nains

Les requins sont également bien placés dans la course au gigantisme. Le plus grand de tous est le requin-baleine : de 13 à 18 m de long. Cet animal se nourrit de plancton. Compte tenu de la taille millimétrique de celui-ci et de son faible pouvoir nutritif, tout animal marin doit en avaler chaque jour des quantités considérables – en rapport avec sa taille. D'ailleurs, la structure interne de chacun détermine un volume minimal et maximal de nourriture. L'ancêtre du requin-baleine était grand ; ses descendants ont pu développer un appareil digestif solide et volumineux permettant une bonne digestion : ils sont devenus énormes pour profiter encore mieux du modeste plancton ; ainsi peuvent-ils tout le temps en manger des quantités considérables ! Les aïeux du maquereau étaient petits ; ils n'ont pu grossir que faiblement. Chez les espèces prédatrices, les tailles maximales sont bien inférieures. Leur organisme dépense une telle énergie pour chasser et se nourrir qu'elles s'épuiseraient si elles étaient plus grosses, même en s'alimentant en permanence. Raison pour laquelle le requin blanc et le requin-tigre, infatigables prédateurs de l'océan, ne dépassent que très rarement 7,50 m.

Grossir pour manger des feuilles

Sur terre, où la poussée d'Archimède n'entre pas en jeu pour s'opposer à la pesanteur, les animaux sont moins gigantesques : au-delà d'une taille limite, ils s'effondreraient sous leur poids. L'éléphant de la savane africaine est sans conteste le plus gros. Il peut atteindre 4 m de haut et peser 5 tonnes. Les ongulés régnaient en maîtres lorsque ses ancêtres sont apparus. Ces derniers n'ont pu survivre qu'en se nourrissant des végétaux les plus coriaces délaissés par les autres espèces. Or digérer des feuilles dures et des tiges fibreuses est difficile. Il faut au système digestif beaucoup de temps pour les attendrir, jusqu'à ce qu'elles libèrent le peu d'éléments nutritifs qu'elles contiennent. La sélection naturelle a donc poussé les espèces successives d'éléphants à grossir pour accueillir des intestins de plus en plus longs et à porter de puissantes mâchoires broyeuses.

Et les dinosaures ? Les géants, tous des herbivores, pesaient jusqu'à 80 tonnes. Une telle masse les rendait quasiment invulnérables, mais surtout, à l'époque chaude où ils vécurent, elle leur permettait de réguler leur température interne. La sélection naturelle joua donc en leur faveur, les petits reptiles n'étant pas homéothermes et les mammifères étant trop petits pour rivaliser. Ils ont dominé le monde animal jusqu'à la survenue d'un cataclysme dont l'ampleur et la soudaineté n'ont pas laissé à ces gros animaux le temps de s'adapter.

DES GÉANTS POURCHASSÉS

Lorsqu'ils vivent dans des milieux où ils sont peu menacés par les prédateurs en raison de leur taille, les géants de la nature ne peuvent s'adapter suffisamment vite à la pression que représente l'homme. Les mammouths ont disparu après la dernière glaciation, mais ils étaient déjà menacés par les chasseurs. Mieux valait en effet abattre un mammouth qu'un chevreuil pour se nourrir.

Pour les mêmes raisons, chez les siréniens – lamantins et dugongs –, c'est le plus gros, la rhytine de Steller, aussi appelée vache de mer (7 m de long), qui a disparu en premier. Chez les oiseaux, le moa de Nouvelle-Zélande ou l'æpyornis de Madagascar (sortes d'énormes autruches), qui mesuraient jusqu'à 3 m de haut (ci-contre, œuf d'æpyornis), furent victimes d'une chasse effrénée. Ils ont disparu respectivement à la fin et au début du XVIIe siècle. Quant aux dodos des îles méridionales de l'océan Indien, leur grande taille, proche de celle d'un dindon, leur inaptitude au vol et le fait de vivre dans un milieu insulaire leur ont été fatals.

HERCULES DE LA NATURE

Une force peu commune

▲ *La puissancce des insectes (ici, un scarabée-rhinocéros) tient à la surface et à la solidité de leur carapace.*

Être un hercule ne suppose pas nécessairement que l'on soit un colosse. Dans la nature, des tout-petits sont en effet capables d'accomplir de véritables exploits.

Le plantain est une étonnante créature. Cette herbe d'apparence modeste est en réalité une fieffée opportuniste, capable de vivre au cœur même des villes et de se développer n'importe où, y compris sur le macadam des trottoirs. Elle peut même faire éclater le goudron afin de pointer le bout de sa tige à l'air libre. Quelles forces met-elle donc en œuvre pour parvenir à un tel résultat ? On suppose que la pression de l'eau dans les tiges et les racines, qui s'insinuent dans le moindre trou, est à l'origine de cette performance.

▲ *C'est la pression de l'eau qui s'exerce dans la tige du plantain qui lui donnerait sa vigueur et rendrait la plante capable de pousser à peu près n'importe où.*

De grandes puissances

Loin des villes, dans les forêts tropicales, vivent les ficus étrangleurs, qui appartiennent à la famille des figuiers. Ils ne peuvent se développer qu'en s'accrochant à un arbre : la graine du ficus germe sur un tronc ou une branche et, au fil de sa croissance, ses racines finissent par atteindre le sol. Mais les ficus étrangleurs s'enroulent autour de leur support et croissent avec une telle vigueur qu'à terme ils étouffent les plus gros des troncs. L'arbre salvateur finit par mourir sous la pression de cet hôte envahissant. Juste retour des choses, ce dernier va lui aussi disparaître, privé de son précieux tuteur !

Dans la famille des haltérophiles, le superchampion est sans conteste le scarabée-rhinocéros, capable de transporter sur son dos environ 850 fois son poids. Pour accomplir la même performance, un homme de 75 kg devrait soulever près de 64 tonnes ! Beaucoup d'insectes sont d'ailleurs coutumiers de ce genre d'exploit. Ce prodige est dû à la dureté de leur carapace, qui leur donne une grande résistance mécanique, et à leur faible consommation d'énergie, qu'ils réservent à l'accomplissement de travaux de force.

Les raisons des plus forts

Chez les « gros bras », le rhinocéros blanc et l'éléphant de savane africain tiennent le haut du pavé. Aucun obstacle ne peut les arrêter très longtemps. Les charges du rhinocéros sont connues tant pour leur rareté que pour leur extrême violence. Ce deux-tonnes lancé à près de 40 km/h renverse ou pulvérise tout obstacle – pourvu qu'il soit moins solide qu'un baobab.

Quant à l'éléphant d'Afrique, qui peut atteindre 5 tonnes, il est réputé pour bien entretenir son territoire. Il déracine les arbres, non seulement pour s'en nourrir, mais aussi lorsqu'il les juge trop gros ou trop nombreux et qu'ils le gênent dans ses déplacements. Par ses simples allées et venues, un troupeau d'éléphants peut ainsi créer des chemins dans les zones boisées et creuser des trous d'eau dans l'argile épaisse.

▼ *Dans les forêts tropicales, l'espace au sol est compté, à tel point que nombre d'arbres en parasitent d'autres. C'est le cas du ficus étrangleur.*

Petits mais vaillants

Si l'adaptation aux conditions du milieu a entraîné chez certaines espèces animales une réduction de taille, les plus petites d'entre elles jouent pourtant souvent un rôle fondamental dans l'équilibre des écosystèmes.

▲ *Collembole broutant une jeune mousse. Les collemboles sont peut-être les plus vieux insectes du monde. Ils n'ont pas d'ailes, ne se métamorphosent pas et passent leur vie à la surface du sol. Leur taille oscille entre 0,5 et 0,55 cm.*

Qui, en parcourant les allées de la grande forêt berlinoise, se douterait du petit carnage qu'il provoque ? À chaque pas, le pacifique promeneur écrase – ou pour le moins perturbe – un écosystème minuscule.

C'est qu'au sein des feuilles mortes qui jonchent le sol vivent une faune et une flore invisibles au regard, mais dont le rôle est essentiel. Les vers de terre, par exemple, grands avaleurs de terre, dont ils digèrent les particules organiques, participent activement à la décomposition de l'humus. Sur 1 km^2 de forêt, la biomasse (masse des organismes vivants) des grands mammifères est de 220 kg, celle des souris de 500 kg et celle des vers de terre de… 100 tonnes !

▼ *Comme toutes les musaraignes, le pachyure étrusque est un mammifère très vorace. Insectivore, parfois carnivore, il chasse de jour comme de nuit, dans les buissons et les galeries de petits mammifères. Ses longues moustaches lui servent de radar.*

De tout petits mondes

Les animaux minuscules vivent en surnombre dans des milieux où les proies sont de petite taille, l'habitat réduit – il faut donc occuper la moindre niche écologique – et, paradoxalement, les dangers importants : plus on est petit, plus il est facile de se cacher pour se protéger. Le nanisme est alors un avantage.

C'est le cas dans tous les biotopes où la matière organique est dégradée (litière des sous-bois, espace entre les grains de sable…) : des animaux détritivores comme les acariens et les vers s'y nourrissent de particules microscopiques. Chaque animal dégradant la matière organique dont il s'alimente et la rendant toujours plus microscopique, la taille des espèces diminue au fur et à mesure que l'on descend dans le réseau alimentaire d'un biotope.

D'autres détritivores, tels les crabes, élisent domicile entre les tentacules des anémones de mer ou parmi les polypes coralliens et se nourrissent des reliefs de repas de leurs hôtes et des sédiments qui pourraient les gêner. Sur les plantes sous-marines se fixent également une multitude d'animaux minuscules, qui filtrent l'eau sur ces promontoires. C'est le cas en particulier d'invertébrés comme les hydraires et les bryozoaires.

Des nains chez les musaraignes

Les vertébrés ont aussi leurs nains. Sur terre, le plus petit d'entre eux est une musaraigne, le pachyure étrusque. Cet insectivore vit en Europe du Sud. Il

▶ *L'hydre d'eau douce est ce qu'il y a de plus simple chez les cnidaires, animaux à tentacules. Haut de quelques millimètres, ce prédateur efficace peut se couper en quatre pour se reproduire.*

▶ *Le trombidion, adulte de l'aoûtat, mesure 1 mm de long. C'est un parasite particulièrement tenace qui pique la peau des mammifères pour se nourrir de leur sang.*

est vorace, avec un long museau poilu, mesure 3,5 cm de long (sans la queue) mais ne pèse que… de 1,5 à 2 g ! Comment imaginer un squelette de mammifère, un cœur, une tête dans un si petit volume ? Et pourtant, le pachyure farfouille et chasse aussi bien que les autres musaraignes. Mais il vit sans doute un peu moins vieux que les autres parce que son métabolisme est plus rapide. En raison d'un rapport élevé entre la surface de son corps et son volume, la musaraigne perd beaucoup de chaleur interne : elle doit fournir sans cesse de nouvelles calories. Son cœur bat donc plus vite. À plus d'une centaine de battements par minute, celui-ci se fatigue plus rapidement que celui d'un éléphant, qui ne se contracte que vingt fois pendant les mêmes soixante secondes…

Dans les airs, le pachyure a un homologue : c'est la chauve-souris thaïlandaise, appelée nez-de-cochon, qui pèse à peu près le même poids. Fort rare, elle n'a été découverte qu'en 1973.

Des nains dans toutes les familles

On pourrait multiplier les exemples de nanisme dans toutes les familles animales. Citons simplement quelques cas remarquables. Ainsi, un serpent des Antilles, *Leptotyphlops bilenata*, ne mesure que 10 cm de long, ce qui en fait le plus petit serpent du monde.

La grenouille de Cuba ne dépasse pas 1,2 cm et une araignée, la patu des Samoa, atteint péniblement la taille de 0,43 mm.

De même, le colibri d'Helen, qui vit à Cuba, est le plus petit oiseau du monde : il mesure moins de 6 cm pour un poids de 1,6 g. Sa taille lilliputienne est le fruit de la concurrence entre espèces. Confronté à la lutte pour la vie face à des congénères avec lesquels il partageait l'exploitation d'un milieu – tous les colibris se nourrissent du nectar des fleurs –, le colibri d'Helen a progressivement rapetissé, sa seule chance de survie étant de devenir nain : son minuscule bec lui permet ainsi d'accéder au nectar de très petites fleurs que les autres espèces de colibris ne peuvent atteindre. Devenu plus petit, un animal peut ainsi exploiter certaines ressources du milieu que ses voisins ont délaissées ou parce qu'elles leur sont inaccessibles.

LA REVANCHE DES MAMMIFÈRES

C'est leur taille qui a sans doute sauvé les premiers mammifères. Du temps des dinosaures, qui régnaient en maîtres sur la planète Terre, les mammifères étaient pour la plupart nocturnes, et surtout petits. Se dissimulant facilement des prédateurs, qu'ils intéressaient d'ailleurs probablement peu en raison de cette petitesse, ils se sont adaptés plus vite à l'environnement hostile qui a précédé la disparition des dinosaures et de beaucoup d'autres animaux, voici 65 millions d'années. Ainsi ont-ils survécu et connu le développement que l'on sait.

▲ *Le colibri d'Helen peut aller chercher le nectar dans les plus petites fleurs de l'Amérique tropicale. Pour ce faire, il doit rester en vol stationnaire : ses ailes, qui battent 78 fois par seconde, agissent comme les pales d'un hélicoptère.*

Une résistance à toute épreuve

Certaines espèces animales et végétales, qui résistent particulièrement bien aux changements de leur environnement, peuvent s'implanter dans n'importe quel milieu.

Le trois-mâts qui, le 23 novembre 1746, quittait Bordeaux pour les îles du Pacifique Sud transportait à son bord, outre l'équipage et des vivres, quelques chèvres, deux vaches, des poules, des cochons, cinq chats et autant de chiens.
C'était là du moins la liste officielle, car dans les cales s'étaient installés quelques voyageurs clandestins : des rats noirs. Quelques mois plus tard, ces derniers allaient débarquer sur le rivage enchanteur d'une île polynésienne et y faire tranquillement leur vie.
Anodine à première vue, cette introduction involontaire allait bouleverser l'équilibre biologique de ce coin de terre, le rat se révélant un redoutable concurrent pour les espèces indigènes.

◀ *À la fin du XIXe siècle, des étourneaux, passagers clandestins de bateaux, posaient pour la première fois leurs pattes sur le sol du Nouveau Monde. Ils sont aujourd'hui présents dans toute l'Amérique du Nord.*

Le meilleur ami de l'homme

Le rat (le rat noir – *Rattus rattus* – ou le surmulot – *Rattus norvegicus* –, deux espèces distinctes) a suivi l'homme dans presque toutes ses pérégrinations à travers le monde. Clandestinement de préférence, car il n'a jamais eu bonne presse. N'est-il pas le vecteur commun des épidémies de peste, de typhus et de rage ? On lui doit par exemple les grandes épidémies de peste qui ravagèrent l'Europe entre le XIVe et le XVIIIe siècle. La seule peste noire, partie d'Asie centrale vers 1330, aurait ainsi fait près de 70 millions de morts. Car le rat transporte avec lui des puces, qui inoculent la maladie à l'être humain lorsqu'elles le piquent.
Depuis, le rat a fidèlement continué sa route avec l'homme. Il a ainsi quitté les villages pour les villes, s'installant dans les bas-fonds – caves, égouts, tunnels de métro –, où il parvient à se nourrir en passant inaperçu. Omnivore parfait, excellent nageur, doué d'une fécondité remarquable et

▼ *Champion de l'adaptation, le rat a suivi l'homme – qui lui mène une guerre acharnée – au fil de toutes ses pérégrinations.*

▲ *Les quelques œufs pondus par cette mouche bleue suffisent à créer une nouvelle population. C'est ainsi que, embarquées dans les différents moyens de transport humains, les mouches ont colonisé la planète entière.*

d'une maturité rapide, il possède tous les atouts d'un champion de l'adaptation. La meilleure preuve est qu'il a appris – depuis trois mille ans pour le rat noir et trois cents seulement pour le surmulot – à coexister avec l'homme, quelles que soient les circonstances.

Aujourd'hui, le rat participe à toutes sortes d'expériences médicales. Sans lui, les grands progrès thérapeutiques des dernières décennies n'auraient sans doute pas été réalisés.

Des colonisatrices nées

Les mouches aussi ont d'étonnantes capacités d'adaptation. Dans la carlingue d'un gros Airbus qui s'envole de New York pour Dubayy, deux d'entre elles ont discrètement pris place. Sitôt arrivées à destination, elles prennent leur envol sans la moindre hésitation ; en outre, s'il s'agit d'un mâle et d'une femelle, elles vont s'assurer rapidement une descendance. C'est grâce à cette exceptionnelle vitalité qu'on trouve aujourd'hui des mouches dans le monde entier. Au cœur du Sahara ou du désert de Gobi, loin de tout, une mouche viendra visiter l'automobiliste qui roule fenêtres ouvertes et fera quelques dizaines de kilomètres en sa compagnie. C'est ainsi que l'on colonise à peu de frais la planète entière !

Les champions de la survie

Les tardigrades sont peut-être les plus extraordinaires de tous les animaux. Minuscules (de 0,1 à 1 mm de long), ils vivent en mer comme en eau douce. Ils ressemblent à la fois aux vers annelés (comme le lombric) et aux arthropodes (insectes, arachnides, crustacés…). En cas de danger, ils commencent par rentrer leurs pattes télescopiques, puis se fabriquent une seconde peau, ou cuticule, dans laquelle ils vont s'enfermer. Ces précautions étant prises, ils se laissent dessécher. Ils peuvent alors supporter des températures allant de −272 °C à 150 °C et résister à l'alcool pur, à l'éther et à la radioactivité, cas unique dans le monde animal.

Ainsi calfeutrés, réduits en apparence à de la poussière, les tardigrades se laissent emporter par le vent. Environ un siècle plus tard, ils se réveilleront dans l'Himalaya, au Groenland ou encore dans un herbier…

▲ *Invisibles à l'œil nu (ils mesurent de 0,1 à 1 mm), les tardigrades sont les surdoués de l'adaptation. Froid, chaleur, alcool, radioactivité : ils supportent tout !*

UNE ALGUE TUEUSE… ET ENVAHISSANTE

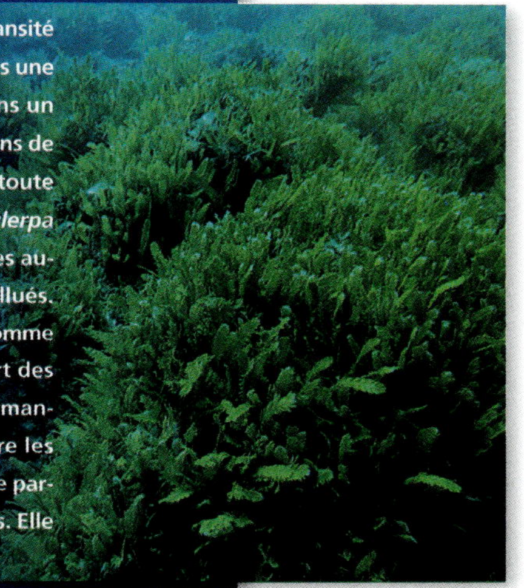

Venue des Caraïbes, l'algue *Caulerpa taxifolia* a transité par plusieurs aquariums d'Europe, où elle a acquis une incroyable capacité d'adaptation, avant de finir dans un bassin de l'aquarium de Monaco. En 1984, quelques-uns de ses brins furent rejetés dans la Méditerranée. Contre toute attente, ils ont survécu dans ses eaux froides. Car *Caulerpa taxifolia* est une « mutante », qui croît plus vite que les autres algues et s'accommode des biotopes les plus pollués. En outre, elle se nourrit à la fois comme une algue et comme un champignon ; par ailleurs, toxique pour la plupart des herbivores méditerranéens, elle ne risque pas d'être mangée. Enfin, elle a également appris à ne pas craindre les hivers frais. C'est ainsi qu'elle peut s'implanter presque partout et coloniser rapidement les fonds marins pauvres. Elle a aujourd'hui envahi 2 000 ha entre Gênes et Nice.

Plus vite, plus haut, plus loin…

Certains animaux voyagent loin, longtemps et ne se ménagent guère. D'autres sont de prodigieux sprinters – mais qui, parfois, s'essoufflent vite.

▲ *Squelette élastique, volumineuse cage thoracique, muscles puissants, pattes fines, articulations très libres, cœur et poumons performants : voici le guépard, champion du monde de la vitesse de pointe avec 110 km/h.*

Sous les yeux de touristes attentifs, deux magnifiques athlètes se livrent à un impressionnant ballet de la mort : un guépard, lancé à 110 km/h, et un impala, non seulement rapide à la course, mais aussi capable de bonds prodigieux. Alors que le félin commence à montrer des signes de fatigue, l'antilope échappe in extremis aux dents de son poursuivant, prêtes à se refermer sur son jarret.
La vitesse, la détente et l'endurance sont des atouts majeurs pour survivre dans la nature. Cette constatation vaut aussi bien pour la proie, qui cherche à échapper à son prédateur, que pour ce dernier, soucieux de remplir son estomac.

Athlètes de haut vol et bolides des airs

Dans les airs, la voltige s'allie à la vélocité. Certaines espèces d'oiseaux en jouent à leur gré. Le faucon pèlerin et le faucon sacre, par exemple, sont de puissants bolides que leurs ailes pointues prédisposent à la vitesse. C'est grâce à elle qu'ils sont capables de pourchasser d'autres oiseaux et de les attraper en plein vol après des piqués dépassant les 150 km/h. Certains recordmen atteignent même des pointes de 300 km/h. On comprend que ces prouesses ne laissent guère de chances, par exemple, à de malheureux pigeons !

Les vautours et les aigles ont un autre atout. Leur extraordinaire adaptabilité respiratoire leur permet d'endurer des conditions atmosphériques extrêmes : ils planent fréquemment entre 3 000 et 4 000 m au-dessus des cimes, et parfois même beaucoup plus haut encore.
Mais le roi des airs, l'athlète parfait du grand ciel, est sans conteste le martinet noir. Corps fuselé, ailes en faux, pattes très courtes, tout concourt chez lui à l'aérodynamisme le plus accompli. Et ce petit oiseau passe sa vie entière en vol – il parcourt près d'un million de kilomètres par an, notamment lors de ses migrations –, dort et s'accouple même en l'air, ne se posant que pour se reproduire dans les zones tempérées où il vient nicher. En hiver, sous les latitudes équatoriales de la forêt africaine, il passe des semaines et des mois à voler. Mais il excelle aussi dans le domaine de la vitesse. Pendant la période de reproduction se déroulent d'étonnantes courses-poursuites au cours desquelles il peut exécuter des piqués de 200 km/h.

◀ *S'il est effrayé, le springbok, une antilope d'Afrique australe, peut atteindre 90 km/h et entrecouper sa course de sauts de 15 m de long.*

◀ *En cas d'alarme, le jeune springbok siffle puis part d'un trot bondissant qui se mue en un galop allongé – lequel lui donne 90 % de chances de se sortir d'affaire.*

Les vautours de Rüppell sont des athlètes de haut vol : l'un d'eux, se déplaçant sans effort sous l'effet d'un courant aérien très rapide, a déjà été croisé à plus de 11 000 m d'altitude par un avion de ligne.

Les jeux Olympiques des animaux

S'il existait des jeux Olympiques réunissant toutes les espèces animales, l'homme serait bon dernier dans toutes les épreuves. Les meilleurs haltérophiles, par exemple, soulèvent environ trois fois leur poids, le record du monde de 1998 étant de 205 kg. Un gorille mâle, dont le poids moyen est de 300 kg, est en théorie capable de soulever 1,6 tonne, sa puissance musculaire étant huit fois supérieure à la nôtre ! Cette performance est toutefois ridicule comparée à celle de la fourmi, capable de soulever cinquante fois son poids. Rapporté à l'homme, cet exploit impliquerait que nos spécialistes puissent porter 3 tonnes à bout de bras. Le saut à la perche permet à l'homme de se hisser le plus haut possible en faisant appel à sa force. Dans cette discipline, nos champions dépassent la barre des 6 m, soit environ trois fois et demie leur taille. À titre de comparaison, l'oréotrague, un ongulé africain deux fois plus gros qu'un lièvre, saute jusqu'à 9 m, c'est-à-dire quinze fois sa hauteur au garrot, pour échapper à un prédateur. Pour parvenir à un résultat équivalent, l'homme devrait effectuer un bond de 28 m ! Nous serions également en queue de classement en ce qui concerne la vitesse pure. Les plus grands sportifs courent

Les pattes puissantes de l'autruche agissent comme des bielles, de part et d'autre d'un corps qui reste remarquablement stable pendant la course. Ainsi, l'autruche enchaîne d'amples bonds plus qu'elle ne court.

▲ *Aucun vertébré ne descend plus profondément sous l'eau que le cachalot. Des sonars en ont détecté un à près de 2 300 m. Une performance, car ce cétacé plonge en apnée, comme tout mammifère.*

un cent mètres en 9,85 secondes environ, atteignant ainsi une vitesse maximale de 36 km/h. Piètre performance au regard des 72 km/h de l'autruche et des 110 km/h du guépard.
Aucun espoir de podium non plus pour nos nageurs. Avec un cent mètres nage libre parcouru en quelque 48 secondes, les athlètes de haut niveau se déplacent dans l'eau à 7,5 km/h. De quoi se traîner même derrière le plus lent des poissons et a fortiori derrière le manchot papou (35 km/h), le dauphin (50 km/h) et le plus grand sprinter du monde aquatique, le marlin, médaille d'or incontestée avec ses 110 km/h !

Quelques lieues sous les mers

Aidé par un poids pour descendre et par un parachute gonflable pour remonter, un bon apnéiste peut aller à plus de 100 m sous l'eau. Sans cet équipement, il peut atteindre 60 m à la seule force de ses palmes. Il est par ailleurs capable de retenir sa respiration pendant 6 minutes. Performance très honorable, comparable à celle de la loutre marine, à cette différence près que cette dernière dépasse quotidiennement les 90 m de profondeur sans avoir besoin de la moindre préparation physique et mentale.
Le manchot empereur, qui vit en Antarctique, se passe lui aussi de tout entraînement. Bien qu'il soit un oiseau, il descend régulièrement à 265 m pour capturer les poissons. Un aller-retour lui prend en moyenne une quinzaine de minutes.
Ce résultat reste moins impressionnant que les performances du rorqual commun – 355 m de profondeur et 20 minutes d'apnée – ou du grand dauphin – 540 m mais en 5 à 7 minutes seulement. À ces distances, il reste peu de concurrents : le phoque de Weddell, par exemple, peut-être la plus fabuleuse machine à plonger du règne animal, qui est capable de passer près d'une heure à chasser dans la zone des 600 m.
L'éléphant de mer septentrional descend lui vers 900 m, mais pour moins longtemps (45 minutes). Ses prouesses sont cependant totalement dépassées par celles du cachalot, un cétacé de 18 m de long qui se nourrit essentiellement de calmars géants. Ces derniers vivant dans les abysses, le cachalot doit aller les chercher entre 1 200 et 2 250 m de profondeur, là où la pression est deux cent vingt-six fois supérieure à celle qui règne à la surface de l'eau. Cette situation ne le gêne manifestement pas, car il peut rester près de 90 minutes sans respirer !

LES REINES DU SAUT EN LONGUEUR

On ne peut parler de sauts prodigieux sans évoquer la puce. Son dernier record connu est de 33 cm. Rien de très spectaculaire a priori, mais, pour un animal de 1,5 mm, il s'agit quand même d'une prouesse étonnante, puisque ce saut représente deux cent vingt fois sa taille. À titre de comparaison, un homme de 1,76 m devrait faire un bond de 385 m pour atteindre un résultat équivalent. Placé en compétition avec la gerboise, qui saute allègrement 4,50 m, et la grenouille, qui franchit 3 m, il devrait réussir des bonds de 80 m et de 17,50 m pour pouvoir rivaliser avec ses adversaires.

Glossaire

A

Acariens Ordre de minuscules animaux invertébrés faisant partie des arthropodes, menant une vie libre (dans la poussière, par exemple) ou parasite.

Accrétion En astronomie, agrégation, sous l'effet de la gravitation, de particules de matière.

Acrosome Partie antérieure du spermatozoïde, contenant des enzymes qui permettront à ce dernier de pénétrer dans l'ovule lors de la fécondation.

Actine Protéine des cellules animales capable de se contracter, présente par exemple dans les cellules musculaires.

Actinistiens Ordre de poissons dont le seul représentant non fossile est le cœlacanthe.

ADN (acide désoxyribonucléique) Molécule support de l'information génétique, composée d'unités appelées nucléotides, qui sont les « lettres » du code génétique.

Affouillement Creusement d'une berge ou d'une côte par le courant.

Alcaloïde Substance d'origine végétale dont la molécule contient au moins un atome d'azote.

Alluvions Matériaux (sables, boues, graviers...) déposés par un cours d'eau sur le fond ou les bords de son lit.

Altocumulus Nuage blanc ou gris de moyenne altitude, formé de gros flocons blancs ou se présentant en nappe.

Altostratus Nuage d'altitude moyenne formant un voile gris.

Alumine Oxyde ou hydroxyde d'aluminium.

Année-lumière Distance parcourue par la lumière en un an, soit 9 461 milliards de kilomètres.

Anomoures Du grec *anomos,* anormal, et *ouros,* queue. Sous-ordre de crustacés à l'abdomen de forme irrégulière. Ex. : bernard-l'ermite.

Anticyclone Zone de hautes pressions atmosphériques.

Antiparticule Par référence à une particule donnée, particule de même masse, mais de charge électrique opposée.

Aquifère Ensemble de terrains poreux et perméables dont les interstices sont remplis d'eau.

Aragonite Variété de roche composée de carbonate de calcium cristallisé.

Archéobactéries Groupe de bactéries d'origine probablement très ancienne, aux caractéristiques distinctes de l'ensemble des autres bactéries.

Arène Sables grossiers provenant de l'altération de roches cristallines comme les granites, les gneiss et les diorites.

Arthropodes Du grec *arthron,* articulation, et *podos,* pied. Embranchement d'animaux invertébrés aux pattes articulées, représentés par les insectes, araignées acariens, scorpions, mille-pattes et crustacés.

Atmosphère Couche de gaz entourant la Terre et d'autres astres (planètes ou étoiles).

Aven Gouffre s'ouvrant à la surface d'un plateau calcaire et communiquant souvent avec des galeries souterraines.

B

Bactéricide Qui tue les bactéries.

Bassin-versant Ensemble des terres drainées par un fleuve et ses affluents.

Biocénose Communauté d'êtres vivants habitant de façon permanente et équilibrée dans un milieu donné, ou biotope. Ex. : ensemble des animaux et des végétaux vivant dans une mare.

Biomasse Masse de l'ensemble des êtres vivants présents à un moment donné dans un milieu délimité.

Biosphère Ensemble des écosystèmes développés au sein des mers et à la surface des continents.

Biotope Portion d'un milieu naturel aux caractéristiques stables, servant d'habitat à une communauté d'êtres vivants, ou biocénose. Ex. : une mare.

Boson Nom donné à toute particule obéissant à une loi de physique atomique dite de Bose-Einstein. Les gluons, par exemple, sont des bosons.

Bourgeon gustatif Amas de cellules spécialisées dans la perception des informations sur le goût.

Bryozoaires Du grec *brion,* mousse, et *zoos,* animal. Petits animaux invertébrés aquatiques vivant en colonies fixées qui ressemblent à des mousses.

C

Calcite Variété de roche composée de carbonate de calcium cristallisé, dont sont formées, par exemple, les stalactites et les stalagmites.

Caldeira Grand cratère à peu près circulaire, à bords verticaux, formé par l'effondrement de la partie centrale d'un volcan.

Canopée Étage supérieur des forêts tropicales correspondant à la cime des arbres.

Capitule Ensemble de petites fleurs serrées sur un renflement de la tige (le réceptacle), ressemblant souvent à une fleur unique. Ex. : marguerite.

Carbonate de calcium Minéral composant les roches calcaires, existant principalement sous trois formes : aragonite, calcite et dolomite.

Carbonifère Dernière période géologique de l'ère primaire, allant de – 360 à – 286 millions d'années.

Cavernicole Se dit d'un organisme qui vit en permanence dans des grottes ou des cavernes. Par extension, qualifie aussi un oiseau qui niche dans une cavité.

Cellule germinale Cellule impliquée dans la reproduction sexuée.

Centrosome Petite structure cellulaire jouant notamment un rôle dans les phénomènes de division des cellules.

Chambre magmatique Cavité de la croûte terrestre, sous les volcans, dans laquelle se concentre le magma et où débute une éruption volcanique.

Champ magnétique Domaine où s'appliquent des forces magnétiques. Le champ magnétique, qui enveloppe la Terre, passe par des pôles légèrement éloignés des pôles géographiques.

Chiroptères Nom scientifique donné à l'ordre des chauves-souris.

Chlorophylle Pigment végétal de couleur verte, qui capte la lumière solaire nécessaire à la photosynthèse.

Chromatophore Cellule pigmentaire du derme de certains animaux (seiches, caméléons), permettant des variations de la couleur de la peau.

Chromosome Élément de la cellule constitué d'une molécule d'ADN enroulée autour de protéines spécialisées.

Chromosphère Couche de l'atmosphère d'une étoile, entre la photosphère et la couronne.

Cirrocumulus Nuage d'altitude formant de petits flocons blancs alignés.

Cirrostratus Nuage d'altitude formant des voiles légers et blanchâtres.

Cirrus Nuage de très haute altitude striant le ciel de traînées blanches.

Cnidaires Embranchement de petits animaux invertébrés aquatiques, pour la plupart marins. Ex. : coraux, méduses.

Coléoptères Du grec *koleos,* étui, et *pteron,* aile. Ordre d'insectes possédant une paire d'ailes antérieures coriaces, les élytres, qui forment un étui protégeant au repos les ailes du vol. Ex. : scarabée.

Commensalisme Association entre deux espèces différentes, dont l'une se nourrit des reliefs des repas de l'autre.

Coriolis (force de) Force due à la rotation de la Terre, qui dévie la trajectoire des vents et des courants marins vers la gauche dans l'hémisphère Sud et vers la droite dans l'hémisphère Nord.

Cosmologie Étude de l'Univers, de sa formation et de son évolution.

Couche convective Zone du Soleil située sous la photosphère.

Courant de convection Courant qui se forme dans une masse d'air sous l'effet de différences de température entre deux zones.

Courant-jet Courant atmosphérique d'altitude, régulier, qui peut souffler jusqu'à 400 km/h. Synonyme : jet-stream.

Couronne En astrophysique, couche externe, très peu dense, de l'atmosphère d'une étoile.

Craton Portion très ancienne de croûte continentale, épaisse et stable.

Crétacé Dernière période géologique de l'ère secondaire, de – 135 à – 65 millions d'années.

Crossoptérygiens Sous-classe de poissons dotés de nageoires charnues portées par un pédoncule, majoritairement fossiles, et comprenant les actinistiens et les rhipidistiens. Seul représentant actuel : le cœlacanthe.

Cumulonimbus Gros nuage sombre de forme boursouflée à développement vertical, produisant orages et chutes de grêle.

Cumulus Nuage blanc, plat à la base et bourgeonnant au sommet.

Cuticule Chez les animaux invertébrés du groupe des arthropodes, couche externe rigide et imperméable constituée de chitine et de protéines.

D

Datation isotopique Détermination de l'âge d'une couche géologique par l'étude de la radioactivité de certains éléments comme le carbone 14, dont la proportion diminue avec le temps.

Décapodes Ordre de crustacés dont le thorax porte cinq paires de pattes marcheuses. Ex. : écrevisse, crabe.

Delta Zone d'accumulation de sédiments à l'endroit où un cours d'eau débouche dans la mer ou dans un lac.

Dendrochronologie Méthode de datation basée sur l'étude des cernes de croissance des arbres.

Dépression En météorologie, perturbation atmosphérique correspondant à une zone de basses pressions.

Détritivore Qui se nourrit de détritus animaux ou végétaux.

Diaclase Fissure qui traverse une roche sans provoquer de dénivellation.

Diapause Chez les animaux invertébrés, période d'arrêt du développement d'un œuf, d'un embryon, d'une larve, etc.

Dimorphisme sexuel Ensemble des différences morphologiques entre les deux sexes d'une même espèce, en dehors de celles des organes sexuels eux-mêmes.

Dinoflagellés (ou péridiniens) Classe d'organismes unicellulaires aquatiques dotés de deux filaments mobiles, les flagelles.

Diptères Du grec *dipteros,* à deux ailes. Ordre d'insectes possédant une seule paire d'ailes. Ex. : mouche, moustique.

Dorsale Alignement de hauteurs sous-marines jalonnant les zones de divergence des plaques lithosphériques dans l'axe duquel s'épanchent des laves basaltiques. Cet axe est occupé par un fossé d'effondrement.

E-F

Écholocation Mode d'orientation de certains animaux (cétacés, chauves-souris) fondé sur l'émission d'ultrasons et la réception de leurs échos, renvoyés par les obstacles ou les proies.

Écosystème Ensemble intégrant une communauté d'êtres vivants (biocénose) et le milieu dans lequel ils vivent (biotope).

Élapidés Famille de serpents venimeux des régions tropicales de l'Ancien Monde. Ex. : cobra, mamba.

Électron Particule élémentaire de charge électrique négative.

Élytres Paire d'ailes antérieures coriaces des coléoptères (scarabée par ex.) et des orthoptères (grillon, sauterelle...) qui, au repos, recouvre la paire d'ailes membraneuses servant au vol.

Entablement Saillie rocheuse horizontale dominant une falaise ou une pente.

Entomofaune Partie de la faune formée par les insectes.

Enzyme Protéine dont le rôle est d'accélérer les réactions chimiques qui se produisent dans les organismes vivants.

Épicentre Point de la surface du sol situé à la verticale du foyer d'un séisme.

Espace interstellaire Espace situé entre les étoiles d'une galaxie.

Estuaire Embouchure d'un fleuve subissant les mouvements des marées.

Étamine Élément mâle des fleurs qui fabrique et libère le pollen.

Exondé Se dit d'un lieu découvert par le retrait des eaux.

Exosquelette Squelette externe et rigide de nombreux animaux invertébrés. Ex. : carapace du crabe.

Exuvie Ancienne «peau» abandonnée par un animal après la mue.

Facule Région chaude et brillante observée sur la photosphère, surface visible d'une étoile.

Faille Cassure de l'écorce terrestre avec déplacement des parties séparées l'une par rapport à l'autre.

Faine Fruit du hêtre.

Fongicide Qui tue les champignons microscopiques.

Fumerolle Émission de gaz et de vapeur d'eau à haute température produite par un volcan.

G

Gabbro Roche cristalline de même composition que le basalte ayant cristallisé lentement en profondeur.

Gastéropodes Classe de mollusques aquatiques ou terrestres capables de ramper grâce à un pied musculeux et possédant généralement une coquille spiralée. Ex. : escargot.

Gène Portion d'ADN portant une information génétique correspondant à la synthèse d'une protéine.

Géode Roche sphérique creuse dont la paroi interne est tapissée de cristaux.

Géodésie Science qui étudie la forme et les dimensions de la Terre.

Géophysique Discipline de la physique qui étudie la Terre.

Géothermie Énergie produite par la chaleur de la Terre.

Geyser Source d'eau chaude jaillissant à intervalles plus ou moins réguliers.

Gluon Particule élémentaire assurant les interactions entre les quarks.

Gneiss Roche à structure feuilletée où alternent des lits de micas sombres et des lits de feldspaths et de quartz plus clairs.

Gonade Organe mâle ou femelle fabriquant les cellules sexuelles (gamètes). Ex. : testicule.

Gour En Auvergne, petit lac situé dans un cratère volcanique ; petite dépression circulaire consécutive à une explosion volcanique.

Granulométrie Mesure de la taille des différents grains ou particules constituant un sédiment meuble (sable) et de leurs proportions relatives.

Grésil Précipitation constituée de gouttes d'eau dont la surface est gelée.

Griffon En géologie, ouverture d'où jaillit une source.

H

Harde Groupe de ruminants sauvages.

Hercynien Se dit d'un plissement géologique formé à l'ère primaire.

Homéotherme Se dit d'un animal qui maintient constante sa température interne, quelle que soit la température extérieure. Ex. : mammifères, oiseaux.

Homochromie Identité de couleur entre un animal et le milieu dans lequel il vit.

Homoptères De *homos,* semblable, et *pteron,* aile. Ordre d'insectes possédant deux paires d'ailes identiques et se nourrissant de la sève des plantes. Ex. : puceron.

Homotypie Identité de forme entre un animal et un élément de son milieu.

Hormone Substance fabriquée par une glande et qui, libérée dans le sang et transportée jusqu'à un organe-cible, modifie l'activité de celui-ci.

Hydraires Ordre de petits animaux invertébrés, pour la plupart marins et vivant en colonies. Ex. : hydre.

Hydrogéologie Partie de la géologie concernant les eaux souterraines.

Hydrographique Relatif à l'hydrographie (ensemble des réserves d'eau d'une région ou étude géographique des mers et des cours d'eau).

Hydrolyse Décomposition par l'eau d'une molécule.

Hyménoptères Du grec *humên,* membrane, et *pteron,* aile. Ordre d'insectes possédant deux paires d'ailes membraneuses. Ex. : abeille, guêpe.

I-J-K

Infrarouge Rayonnement lumineux dont la fréquence, située hors du spectre visible par l'œil humain, est inférieure à celle du rouge.

Infrason Son dont la fréquence est trop basse pour être audible par l'oreille humaine.

Ionisation Phénomène de transformation de particules neutres en ions (chargés électriquement).

Jet-stream *Voir courant-jet.*

Jurassique Période géologique de l'ère secondaire, de – 205 à – 135 millions d'années.

Kimberlite Roche magmatique pouvant contenir du diamant.

L

Lapilli Très petites projections volcaniques au diamètre inférieur à 6 cm.

Légumineuses Ordre de plantes dont les fruits sont des gousses. Ex. : pois.

Lépidoptères Nom scientifique de l'ordre des papillons.

Limon Dépôt de fines particules, plus petites que les grains de sable, apportées soit par les eaux, soit par le vent.

Lithosphère Du grec *lithos,* pierre. Enveloppe externe rigide de la Terre, constituée par la croûte terrestre et la partie supérieure du manteau.

M

Macromolécule Molécule de grande taille telle que l'ADN.

Macroplancton Partie du plancton composée des espèces visibles à l'œil nu, telles les méduses.

Magma Masse de roches en fusion issue du manteau de la Terre.

Magnétite Oxyde naturel de fer.

Magnétosphère Zone enveloppant la Terre et placée sous l'influence du champ magnétique terrestre.

Magnitude Énergie libérée par un séisme. Il existe différentes échelles de magnitude (dont celle de Richter), selon le type d'onde utilisé pour la calculer.

Mandibules Pièces buccales situées en avant des mâchoires chez les animaux invertébrés du groupe des arthropodes.

Mangrove Forêt caractéristique des eaux saumâtres des régions tropicales composée en grande majorité de palétuviers.

Manteau Couche interne de la Terre, entre la croûte et le noyau.

Marégraphe Instrument qui mesure le niveau de la mer.

Marge continentale Bordure immergée d'un continent où se fait la jonction avec les fonds océaniques.

Marmorisation Mélange de couleurs dans les argiles, rappelant l'aspect du marbre.

Melon En zoologie, amas de graisse situé dans le front des cétacés et qui joue un rôle dans l'émission des ultrasons.

Méristème En botanique, tissu formé de cellules aptes à se diviser.

Mésosphère Couche de l'atmosphère située entre la stratosphère et la thermosphère.

Mésozoïque *Voir secondaire (ère).*

Métamorphisme Transformation profonde de roches à l'état solide, sous l'action d'une élévation importante de la température et de la pression.

Métamorphose En zoologie, modification complète de la forme et de la structure de certains animaux (insectes et amphibiens notamment), qui permet le passage de l'état larvaire à l'état adulte.

Métatarse Ensemble des os de la plante du pied.

Microplancton Partie du plancton composée des espèces de taille microscopique (algues unicellulaires, larves de crustacés, de mollusques, etc.).

Miellat Substance liquide et sucrée produite par les pucerons à partir de la sève des plantes qu'ils parasitent.

Mollusques Embranchement d'invertébrés au corps mou, le plus souvent protégé par une coquille. Ex. : escargot, moule, seiche.

Monotrèmes Sous-classe de mammifères très primitifs, pondant des œufs, confinés à l'Australie-Tasmanie-Nouvelle-Guinée. Seuls représentants actuels : ornithorynque et échidné.

Moraine Ensemble de matériaux rocheux transportés ou déposés par un glacier, ou tombés sous forme d'éboulis.

Mustélidés Famille de mammifères carnivores de taille moyenne ou petite, aux pattes courtes, et dotés de glandes anales produisant une sécrétion plus ou moins malodorante. Ex. : belette, putois.

Mutation En génétique, modification du matériel héréditaire d'un être vivant, spontanée ou provoquée (par des rayonnements, par exemple), et transmissible à la descendance.

Mutualisme Association durable entre deux espèces vivantes, chacune en tirant profit.

Mycélien Du grec *mukês,* champignon. Relatif au mycélium, appareil végétatif des champignons constitué de filaments très fins généralement souterrains.

Mycorhizien Du grec *mukês,* champignon, et *rhiza,* racine. Relatif à la mycorhize, symbiose entre le mycélium d'un champignon et les racines d'une plante.

Myriapodes Du grec *murias,* dix mille, et *podos,* pied. Nom scientifique de la classe des mille-pattes.

N

Nappe phréatique Nappe d'eau souterraine proche de la surface du sol et alimentée par les précipitations.

Nébuleuse Amas interstellaire de gaz et de poussières ayant un aspect nuageux ; principal composant des galaxies avec les étoiles.

Nécrophage Animal qui se nourrit de matière organique morte.

Nécrose Mort d'un tissu (ensemble de cellules) animal ou végétal.

Nectaire Organe végétal sécrétant du nectar.

Néoténie Capacité à se reproduire d'un animal présentant encore des caractéristiques physiques larvaires.

Neurone Cellule spécialisée dans la transmission des influx nerveux.

Neutralino Particule qui serait l'un des principaux composants de l'Univers mais dont l'existence n'est à l'heure actuelle pas encore démontrée.

Neutrino Particule élémentaire non chargée électriquement et de masse généralement nulle.

Neutron Particule élémentaire non chargée électriquement et qui, avec les protons, forme les noyaux des atomes.

Niche écologique Ensemble des conditions de vie d'une espèce animale ou végétale. Les espèces vivant dans un même habitat exploitent généralement des niches écologiques différentes (par exemple, ils ne mangent pas la même chose).

Nidicole Se dit d'une espèce dont les oisillons, après l'éclosion, restent quelque temps dans le nid, où ils sont nourris par leurs parents.

Nidifuge Se dit d'une espèce dont les oisillons quittent le nid quelques heures à peine après l'éclosion.

Nimbostratus Nuage bas formant une couche grise et donnant des précipitations durables.

Nymphe Chez les insectes, forme immobile, parfois protégée par un cocon, que prennent les larves pour subir la métamorphose qui les transformera en adultes. Chez les papillons, la nymphe est aussi appelée chrysalide.

O

Ocelle 1) Œil simple des invertébrés. 2) Tache ronde simulant un œil sur le plumage ou la peau d'un animal.

Oligoélément Élément, métallique ou non, présent en quantités infimes dans l'organisme des animaux et des végétaux mais indispensable à son bon fonctionnement.

Ombelle Ensemble de fleurs dont les pédoncules, de longueur sensiblement égale, partent du même point sur la tige. Ex. : fleur de persil.

Ommatidie Du grec *ommatos,* œil. Chacune des unités formant les yeux composés des arthropodes.

Ongulés Nom donné aux mammifères herbivores à sabots. Ex. : cheval, éléphant, rhinocéros.

Ophiolite Ensemble stratifié de roches provenant, pense-t-on, de la lithosphère océanique, mais se trouvant aujourd'hui sur un continent.

Organite Chacune des structures, délimitées par une membrane, présentes à l'intérieur des cellules des organismes eucaryotes (dont l'ADN est enfermé dans un noyau). Ex. : mitochondrie.

Ozone Gaz dont chaque molécule est composée de trois atomes d'oxygène. L'ozone présent à l'état naturel dans la haute atmosphère absorbe une grande partie du rayonnement ultraviolet du Soleil.

P

Parasite Animal ou plante vivant sur ou dans un autre être vivant et qui se nourrit à ses dépens.

Parhélie Point de couleur très brillant apparaissant à côté du Soleil, dû à la réflexion de la lumière sur les cristaux de glace. Synonyme : faux soleil.

Parthénogenèse Du grec *parthenos,* vierge, et *genos,* naissance. Mode de reproduction au cours duquel un embryon se développe à partir d'une cellule sexuelle femelle (ovule) non fécondée.

Passereaux Vaste ordre d'oiseaux généralement de petite taille, percheurs et chanteurs, comprenant la majorité des oiseaux actuels. Synonyme : passériformes. Ex. : mésange, rouge-gorge.

Patagium Membrane dont sont dotés certains animaux (ex. : écureuils volants), s'étendant le long des flancs entre les pattes avant et arrière, et permettant le vol plané.

Pélagique Se dit d'un organisme qui vit en haute mer.

Percolation Infiltration de l'eau dans un terrain poreux.

Péridotite Roche magmatique de la partie supérieure du manteau de la Terre.

Permafrost Partie d'un sol gelée en permanence. Synonyme : pergélisol.

Permien Période géologique de l'ère primaire, de –290 à –250 millions d'années.

Phéromone Substance chimique produite par un animal et susceptible d'être détectée à distance par un individu de la même espèce.

Phonoréception Réception des ondes sonores.

Photogenèse Production de lumière par certains êtres vivants. Synonyme : bioluminescence.

Photon Particule élémentaire véhiculant la lumière.

Photorécepteur Cellule spécialisée de la rétine, qui capte la lumière et la transforme en influx nerveux.

Photosphère Surface visible d'une étoile, située sous la chromosphère (couche moyenne).

Photosynthèse Processus par lequel les plantes fabriquent de la matière organique à partir de l'eau et du gaz carbonique de l'air, en utilisant l'énergie solaire.

Phytoplancton Partie du plancton composée d'organismes végétaux.

Pierrier En montagne, zone couverte de cailloux ; souvent au bas d'une pente.

Plancton Nom donné à l'ensemble des animaux et végétaux flottant dans les mers ou les eaux douces et ne se déplaçant que sous l'effet des courants.

Planétésimaux Éléments dont l'agrégation aboutit à la formation des planètes.

Planétoïde Planète en cours de formation. Synonyme : protoplanète.

Plaque lithosphérique Chacun des morceaux composant la surface de la Terre (lithosphère), en mouvement constant les uns par rapport aux autres.

Plasma En physique, fluide composé de molécules de gaz, d'ions et d'électrons, ayant des propriétés différentes des gaz naturels.

Pôle magnétique Point d'intersection de l'axe magnétique de la Terre avec sa surface, légèrement éloigné du pôle géographique.

Pollen Poudre produite par les étamines des fleurs et composée d'une multitude de grains contenant les cellules reproductrices mâles.

Pollinisateur Agent assurant le transport du pollen d'une fleur à une autre. Les principaux pollinisateurs sont les animaux qui se nourrissent de nectar (oiseaux, insectes, etc.), le vent et l'eau.

Polype Petit animal invertébré marin sécrétant souvent une enveloppe calcaire rigide, et qui vit fixé sur un support, seul ou en colonies (récifs de corail).

Précambrien Période géologique qui s'étend de la formation de la Terre (vers −4,6 milliards d'années) à l'ère primaire (vers −570 millions d'années).

Prion Particule infectieuse, de la nature des protéines, dont l'accumulation provoque des lésions au cerveau. Le prion est incriminé dans la maladie de la vache folle et celle de Creutzfeldt-Jakob.

Prisme Solide à plusieurs faces, présentant deux bases de forme identique parallèles entre elles, séparées par des faces latérales en forme de parallélogramme.

Protistes Organismes vivants unicellulaires comprenant les protozoaires et les protophytes (algues).

Proton Particule de charge électrique positive qui, avec les neutrons, forme les noyaux des atomes.

Protozoaires Embranchement d'êtres vivants unicellulaires appartenant au règne animal.

Pulsar Source céleste dense, fortement magnétique, émettant à intervalles très réguliers divers types de rayonnements.

Pupe Nymphe des insectes diptères telles les mouches.

Q-R

Quark Particule entrant dans la composition des hadrons (famille de particules élémentaires tels les neutrons).

Radiation adaptative Phénomène d'adaptation qui, à partir d'un ancêtre commun, conduit à une grande diversité d'espèces exploitant chacune une niche écologique distincte.

Réaction thermonucléaire Interaction de noyaux atomiques au cours de laquelle sont produites de grandes quantités d'énergie par formation de noyaux plus gros (fusion).

Rémige Grande plume rigide de l'aile d'un oiseau, servant au vol.

Rhipidistiens Du grec *rhipidos,* éventail, et *istion,* voile. Superordre de poissons fossiles ancêtres des tétrapodes (vertébrés à quatre pattes) aux nageoires en éventail.

Richter (échelle de) Échelle de mesure de la magnitude d'un séisme, graduée de 1 à 9.

Rift Succession de fossés d'effondrement continentaux ou océaniques s'étendant sur plusieurs centaines ou milliers de kilomètres de long.

S

Schistosité Feuilletage présenté par certaines roches, comme les schistes.

Secondaire (ère) Ère géologique qui s'étend de −225 à −65 millions d'années. Synonyme : mésozoïque.

Sensille Récepteur sensoriel de certains animaux invertébrés (arthropodes), à fonction gustative, olfactive ou tactile.

Serre (effet de) Restitution par l'atmosphère, sous forme de chaleur, d'une partie de l'énergie que la Terre rayonne.

Spermaceti Huile transparente contenue dans un réservoir de la tête du cachalot. Synonyme : blanc de baleine.

Stratocumulus Nuage gris de basse altitude apportant des pluies occasionnelles.

Stratovolcan Volcan dont le cône s'est formé par l'alternance de projections et de coulées de lave.

Stratus Nuage uniforme et bas formant une couche grise.

Subduction Enfoncement d'une plaque lithosphérique sous une autre.

Subsidence Mouvement descendant d'une masse d'air.

Supernova Stade bref et très lumineux par lequel passent certaines étoiles lorsque, leur combustible nucléaire étant épuisé, leur équilibre se rompt en produisant une explosion gigantesque.

Symbiose Association permanente, voire obligatoire, entre deux êtres vivants, dont chacun tire un bénéfice.

Symbiote Chacun des organismes impliqués dans une symbiose.

T-U

Tarse Chez les vertébrés, ensemble des os formant la partie arrière du pied. Chez les insectes, extrémité de la patte.

Tectonique des plaques Déplacement à la surface de la Terre des plaques qui constituent la lithosphère.

Tellurique Adjectif signifiant « de la Terre » et « sur le modèle de la Terre » (planète tellurique).

Télomère Chacune des deux extrémités d'un chromosome.

Téthys Ancien océan qui, il y a 150 millions d'années, séparait les deux continents de la surface terrestre, la Laurasie et le Gondwana.

Thermosphère Partie de la haute atmosphère s'étendant de 80 à 1 000 km environ. Synonyme : ionosphère.

Tibia Chez les insectes, un des segments composant la patte.

Topographie Configuration du relief d'un lieu, d'une région.

Toundra Végétation buissonnante et herbacée des régions entourant les zones polaires arctiques.

Travertin Dépôt calcaire formé de concrétions grises ou jaunâtres se présentant en couches régulières.

Trématodes Ordre de vers parasites de forme aplatie et portant des ventouses. Ex. : douve du foie.

Troposphère Couche la plus basse de l'atmosphère.

Troglobie Animal qui vit dans les cavernes. Synonyme : cavernicole.

Trombe Tornade se formant au-dessus de l'eau.

Trou noir Zone de l'espace où la gravitation est telle que la lumière ne peut s'en échapper.

Tsunami Onde provoquée par un tremblement de terre sous-marin, affectant la surface de la mer et occasionnant un raz de marée.

Ultrason Son de fréquence supérieure à 20 000 hertz et inaudible par l'oreille humaine.

Ultraviolet Rayonnement lumineux, invisible pour l'œil humain. Dans le spectre résultant de la décomposition de la lumière, il est situé au-delà du violet (longueur d'onde plus petite que celle du violet).

Upwelling Remontée d'eau froide, issue des profondeurs, à la surface des océans.

V à Z

Vasière Endroit au fond vaseux.

Vent solaire Flux de particules s'échappant de l'atmosphère solaire.

Vessie natatoire Sac rempli de gaz existant chez la plupart des poissons et leur permettant de flotter.

Vibrisse Long poil tactile particulier à certains mammifères. Ex. : moustache du chat.

Vipéridés Famille de serpents venimeux tels les vipères et les crotales.

Viroïde Micro-organisme de taille inférieure à celle des virus et responsable de maladies infectieuses des plantes et des animaux.

Vivipare Animal dont l'œuf se développe à l'intérieur de l'utérus maternel et dont les petits naissent sans enveloppe, à l'inverse de l'ovipare, qui pond des œufs.

Volcan-bouclier Volcan au cône aplati et très étendu, formé par des coulées de lave basaltique très fluide.

Zooplancton Partie du plancton composée d'organismes animaux.

Index

Les chiffres en gras **(207)** renvoient aux sujets développés et illustrés, ceux en italique *(233)* aux légendes des illustrations et ceux accompagnés d'un astérisque (57*) aux textes des petits encadrés sur fond couleur. Le tiret remplace le mot de l'entrée.

CRÉDITS PHOTOGRAPHIQUES

Abréviations : g = gauche, d = droite, m = milieu, h = haut, b = bas, c = centre.

Couverture : fond : G. ZIESLER ; mgh : JACANA/Müller ; mg : JACANA/NITS ; bg : STOCK IMAGE ; d : NATURAL EXPOSURES. INC./D. J. Cox.

5h : MINDEN PICTURES/F. Lanting ; 5mh : O. GRÜNEWALD ; 5mb : BIOS/D. Halleux ; 5b : COSMOS/EYE OF SCIENCE/GELDERBLON ; 6h : COSMOS/NPHA/Hellio & Van Ingen ; 6mh : SUNSET/FLPA ; 6mb : O. GRÜNEWALD ; 6b : BIOS/Ph. Henri ; 7h : COSMOS/WILDLIGHT/P. Jarver ; 7mh : O. GRÜNEWALD ; 7m : BIOS/Cavagnaro ; 7mb : JACANA/A. Larivière ; 7b : MINDEN PICTURES/F. Lanting ; 8h : BIOS/G. Lopez ; 8mh : BIOS/O.S.F/P. De Oliveira ; 8m : BIOS/O.S.F/S. Winer ; 8mb : BIOS/H. Hall ; 8b : BIOS/R. Amann ; 9 : MINDEN PICTURES/F. Lanting ; 10g : COSMOS/S.P.L ; 10bd : COSMOS/S.P.L/T. & D. Hallas ; 11hg : COSMOS/S.P.L/Royal Observatoire, Édimbourg ; 11hd : COSMOS/S.P.L/European Southern Observatory ; 12h : COSMOS/S.P.L ; 12b : E. BALL ; 13h : HOA QUI/IMAGES ET VOLCANS/Krafft ; 13bg : Ph. BOURSEILLER ; 13b : HOA QUI/Ph. Bourseiller ; 14h : MAP/A. Guerrier ; 14b : BIOS/F. Bruemmer ; 15h : BIOS/O.S.F/S. Kuribayashi ; 15mg : BIOS/J. J. Alcalay ; 15mhd : JACANA/H. Cong Hoang ; 15mdc : BIOS/W.W.F/M. Rautkari ; 15mb, 16hg : BIOS/O.S.F/S. Kuribayashi ; 17hd : SUNSET/HORIZON VISION ; 17bg : SUNSET/D. Perrine ; 18 (fond) : CIEL ET ESPACE/NASA/STBCI ; 19h : COSMOS/S.P.L/D. A. Hardy ; 19b : COSMOS/S.P.L/NASA ; 20md : BIOS/G. Martin ; 20bg : BIOS/J. C. Munoz ; 20/21hd : PHONE/R. Valter ; 21hd, bd : BIOS/M. Gunther ; 21bg : BIOS/Y. Tavernier ; 22h : BIOS/T. Thomas ; 22b : BIOS/O.S.F/R. Kuiter ; 23h : BIOS/M. & C. Denis-Huot ; 23mh : BIOS/M. Harvey ; 23mg : SUNSET/R. Maier ; 23bd : PHONE/AUSCAPE/J. M. La Roque ; 24 : BIOS/STILL PICTURES/SHORT/UNEP ; 25hd : PHONE/R. Valter ; 25hg : BIOS/FOTONATURA/M. Harvey ; 25bg : BIOS/OKAPIA/R. Philips ; 25bd : BIOS/C. Guihard ; 26hd : BIOS/D. Heuclin ; 26m : BIOS/P. Rismiller ; 26b : BIOS/J. J. Alcalay ; 27 : O. GRÜNEWALD ; 28hg : BIOS/D. Delfino ; 28mb : PHONE/R. Valter ; 28b : BIOS/Klein-Hubert ; 28/29h : PHONE/P. Goetcheluck ; 29mhd : BIOS/J. P. Delobelle ; 29mbd : BIOS/J. M. Prévot ; 30md : BIOS/B. Marielle ; 30mc : BIOS/D. Heuclin ; 30/31 : BIOS/J. M. Prévot ; 31hd : BIOS/F. Gilson ; 31md : BIOS/J. Mayet ; 32hg : JACANA/F. Danrigal ; 32bg : JACANA/P. Pilloud ; 32hd : BIOS/D. Bringard ; 32hdm : PHONE/P. Goetcheluck ; 32bd : JACANA/Y. Gladu ; 33 : J. M. DAUTRIA ; 34hg : BIOS/L. Bengt ; 34md : SUNSET/G. Lacz ; 34/35hd : HOA QUI/P. Reimbold ; 35bg : BIOS/G. Lopez ; 35hd : JACANA/Ch. Favardin ; 35bd : JACANA/H. Dalton ; 36b : BIOS/Klein-Hubert ; 36/37h : BIOS/M. Denis-Huot ; 37hd : BIOS/J. L. Moigne ; 37b : BIOS/G. Lacoumette ; 38hg : RAPHO/J. Pickerell ; 38b : BIOS/M. Rapilliard ; 39 : EURELIOS/L. Bret ; 40hg : COSMOS/S.P.L/SPACE TELESCOPE SCIENCE INSTITUTE ; 40bg : COSMOS/S.P.L/NASA/SPACE TELESCOPE SCIENCE INSTITUTE ; 41h : COSMOS/S.P.L/Hester & Scowen ; 42 : JACANA/W. Wisnieski ; 43hg : MAGNUM/E. Arnold ; 43hd : COSMOS/S.P.L/K. Lounathaa ; 43bd : SUNSET/F. Stock ; 44hg : JACANA/T. Walker ; 44hd : C.N.R.I/PHOTOTAKE/Dr D. Kunkel ; 45 : BIOS/D. Halleux ; 46hg : PHONE/Ch. Courteau ; 46bg : BIOS/J. L. Rothan-P. Arnol ; 46md : PHONE/C. Carre ; 47 : BIOS/FOTONATURA/V. Visniewski ; 48h : BIOS/J. M. Prévot ; 48mg : BIOS/A. Compost ; 48bdh : BIOS/P. Pernot ; 48bd : BIOS/Klein-Hubert ; 49hd : C. RIVES ; 49b : BIOS/G. Dif ; 50hg : BIOS/O.S.F/R. Packwood ; 50bd : BIOS/G. Martin ; 51hg : COSMOS/S.P.L/A. Pasieka ; 51mg : C. RIVES ; 51d : JACANA/S. de Wilde ; 52b : BIOS/O.A.S/Y. Tomokazu ; 53hg : BIOS/G. Dif ; 53hd : HOA QUI/P. Reimbold ; 53m : BIOS/Ch. Decout ; 53bd : BIOS/PANDA PHOTO/J. Watt ; 54mh : JACANA/PHOTO RESEARCHERS ; 54hd : SUNSET/A.N.T ; 54hd : JACANA/E. Sipp ; 54b : SUNSET ; 55bg : BIOS/C. Ruoso ; 55d : BIOS/M. & C. Denis-Huot ; 56b : BIOS/M. Roggo ; 56hd : BIOS/SCIENCES PICTURES ; 56/57mdb : BIOS/M. Roggo ; 57hd : BIOS/P. Arnold - S. Kaufman ; 57md : BIOS/C. Guihard ; 57bd : BIOS/G. Blondeau ; 57/58h : BIOS/M. Roggo ; 58hg : BIOS/D. Watts ; 58hd : BIOS/O.S.F/D. Cox ; 58b : BIOS/R. Seitre ; 59h : BIOS/D. Watts ; 59hg : BIOS/R. Seitre ; 59md, bg : BIOS/Klein-Hubert ; 60g : BIOS/G. Martin ; 60bg : PHONE/R. Valter ; 60bd : PHONE/J. Collection ; 61hg : JACANA/P. Lorne ; 61hd : BIOS/O.S.F/R. Kuiter ; 61bg : BIOS/M. Harvey ; 61bd : BIOS/D. Watts ; 62h : PHONE/J. M. Labat ; 62b : PHONE/AUSCAPE/G. Robertson ; 63 : COSMOS/EYE OF SCIENCE/GELDERBLON ; 64 (fond) : CIEL ET ESPACE/AAO/D. Malin ; 64bd : COSMOS/S.P.L/CFH/J. C. Cuilandre ; 65hd : COSMOS/S.P.L/NASA ; 65bg : COSMOS/S.P.L/NASA/SPACE TELESCOPE SCIENCE INSTITUTE ; 65bm : CIEL ET ESPACE/AAO/D. Malin ; 65bd : COSMOS ; 67 : COSMOS/S.P.L/NASA ; 68hg : COSMOS/S.P.L/NASA ; 68hm : COSMOS/S.P.L/NASA ; 68md : CIEL ET ESPACE/USGS ; 68bd : COSMOS/S.P.L/NASA ; 69h : NASA/JPL/Collection Photothèque planétaire d'Orsay ; 69b : COSMOS/S.P.L/D. Haroy ; 70h : CIEL ET ESPACE/W. K. Hartmann ; 70b : COSMOS/WOODFIN CAMP/J. Blair ; 70/71m : CIEL ET ESPACE/FOTOSMITH/R. Haag Coll. ; 71hd : COSMOS/S.P.L/NASA ; 71md : I.S.Williams/The Australian National University, Canberra ; 72md : CIEL ET ESPACE/NASA/ESA ; 72bg : COSMOS/S.P.L/CERN ; 72/73, 73bd : COSMOS/S.P.L/ARSCIMED ; 74/75 : COSMOS/S.P.L/CFH Télescope/J. C. Cuillandre ; 74b : COSMOS/S.P.L/ARSCIMED ; 74b : EURELIOS/Ph. Plailly ; 74b : C.N.R.I ; 75h : COSMOS/NASA/SPACE TELESCOPE SCIENCE INSTITUTE ; 75mh : NASA ; 75h : METEO FRANCE ; 75b : COSMOS/NASA ; 75b : C.N.R.I/Phototake ; 75 : A.K.G PARIS/CAMERAPHOTO ; 76mg : COSMOS/S.P.L/Dr Gopal Murti ; 76bd : C.N.R.I/Pr S. Cinti, université d'Ancône ; 76/77 : COSMOS/S.P.L/A. B. Dowsett ; 77 : COSMOS/S.P.L/D. Scharf ; 77 : COSMOS/S.P.L/Dr J. Burgess ; 78hg, hm : C.N.R.I ; 78hd : C.N.R.I/R. M. Tektoff ; 78b : BIOS/F. Bavendam ; 79hg, hm, hd : C.N.R.I ; 79mg : COSMOS/S.P.L/A. & H. Frieder Michler ; 79bd : COSMOS/S.P.L/M. Kage ; 79 (fond) : PHOTONONSTOP/B. Morandi ; 80 : BIOS/G. Martin ; 81hg : BIOS/M. Gilles ; 81hd : BIOS/J. M. Prévot ; 81bg : BIOS/J. P. Theron ; 82hg : PHONE/C. G. Phone ; 82hd : PHONE/C. C ; 82b : BIOS/O.S.F/Science Gallery ; 83 : COSMOS/NPHA/Hellio & Van Ingen ; 84hg : JACANA/E. A. Soder ; 84bg : BIOS/C. Ruoso ; 84/85bd : PHOTOCEANS. COM/A. Rosenfeld ; 85hd : PHOTOCEANS. COM/R. Rinaldi ; 85mdb : PHOTOCEANS. COM/F. Sarano ; 85mg : BIOS/Y. Lefevre ; 85bd : SUNSET/NHPA ; 85/86hg : PHOTOCEANS. COM/A. Nachoum ; 86mg : SUNSET/J. Warden ; 86hg : SUNSET/Brake ; 86hd : SUNSET/T. Leeson ; 86b : BIOS/O.S.F/P. Parks ; 86/87m : BIOS/WILDLIFE PICTURES/B. Odeur ; 87bd : BIOS/O.S.F/M. Fogden ; 88hg : BIOS/FOTONATURA/M. Harvey ; 88mg : HOA QUI/ZEFA ; 88bg : BIOS/J. L. Le Moigne ; 88hd : BIOS/FOTONATURA/Montford ; 89hg : BIOS/O.S.F/H. Pooley ; 89mg : BIOS/FOTONATURA/D. Nill ; 89hd : BIOS/M. Harvey ; 90 : BIOS/G. Martin ; 91hd : BIOS/P. Arnold - T. Mangelsen ; 91md : COSMOS/INTERNATIONAL ST./T. Murphy ; 91bd : BIOS/M. &. C. Denis-Huot ; 92hg : JACANA/A. Ducrot ; 92md : PHONE/J.F. Hellio - N. Van Ingen ; 92b : BIOS/J. Ch. Vincent ; 93h : BIOS/E. Bruemmer ; 93mdh : SUNSET/NPHA ; 93md : PHONE/F. Gohier ; 93bg : BIOS/T. Moreau ; 94h : BIOS/J. Ph. Delobelle ; 94b : BIOS/R. de La Harpe ; 95h : BIOS/F. Bavendam ; 95mg : BIOS/M. Duquet ; 95md : PHONE/C. C ; 95bd : SUNSET/ANIMALS ANIMALS ; 96h : BIOS/D. Bringard ; 96md : BIOS/D. Halleux ; 96bd : BIOS/Klein-Hubert ; 97hd : BIOS/R. Seitre ; 97md : BIOS/N. Gasco ; 97/98 (fond) : BIOS/G. Lopez ; 98hg : BIOS/G. Lacoumette ; 98hd : BIOS/J.M. Lenoir ; 98b : BIOS/M. Duquet ; 99hd : SUNSET/HOLT STUDIOS ; 99md : JACANA/R. Konig ; 99mg : BIOS/D. Heuclin ; 99bd : RAPHO/E. Philippotin ; 100hg : BIOS/B. Fischer ; 100md : BIOS/O.S.F/M. Breiter ; 100/101b : BIOS/P. Arnold - D. Blell ; 101h : BIOS/F. Bruemmer ; 101md : JACANA ; 102hg : O. GRÜNEWALD ; 102/103h : BIOS/O.S.F/H. Hall ; 103h : SUNSET/ANIMALS ANIMALS ; 103md : PHONE/J. F. Ferrero ; 103bg, b : JACANA/G. Ziesler ; 104h : SUNSET/ALASKA STOCK ; 104b : BIOS/R. Seitre ; 104/105 : COSMOS/J. W. Warden ; 105hd : BIOS/P. Kobeh ; 105mg, 106h, md : BIOS/P. Arnold - J. L. Amos ; 106bg : BIOS/J. L. & F. Ziegler ; 107 : SUNSET/FLPA ; 108hg : BIOS/P. Kobeh ; 108bg : BIOS/WILDLIFE PICTURES/Henno ; 108md : BIOS/F. Gilson ; 108bd : JACANA/J. P. Saussez ; 109/110 (fond) : JACANA/Grinberg ; 109hg, mg : BIOS/H. Ausloos ; 109md : BIOS/J. L. Rotman ; 109b : BIOS/O. Gautier ; 110hg : BIOS/F. Bavendam ; 110hd : BIOS/Th. Thomas ; 110b : BIOS/PANDA PHOTO/Allan ; 111hd : COSMOS/NHPA/S. Dalton ; 111mhd : BIOS/T. Crocetta ; 111hg : BIOS/G. Martin ; 111bhg : BIOS/D. Heuclin ; 111bg : BIOS/B. Pambour ; 112hg : O. GRÜNEWALD ; 112m : BIOS/P. Arnold - J. Kieffer ; 112/113bg : BIOS/J. D. Nigel ; 113hg : BIOS/J. Alcalay ; 113hc : O. GRÜNEWALD ; 113hd : BIOS/Klein-Hubert ; 113mg, bd : BIOS/M. Gunther ; 114hd : BIOS/D. Heuclin ; 114mg : BIOS/Klein-Hubert ; 114b : JACANA/R. Tercafs ; 115h : BIOS/Ch. Meyer ; 115b : BIOS/T. Lafranchis ; 116g : BIOS/M. Nicolotti ; 116m : BIOS/H. Van den Berg ; 116bg : BIOS/E. Boyard ; 116bd : BIOS/R. Puillandre ; 117hg : BIOS/M. & C. Denis-Huot ; 117hd : BIOS/O.S.F/D. Cox ; 117hd : BIOS/D. Delfino ; 117bm : SUNSET/G. Lacz ; 117bd : SUNSET/R. Maier ; 118hg, hd, bdm : BIOS/Klein-Hubert ; 118bg : BIOS/J. L. Zimermann ; 118/119h : BIOS/P. Arnold - T. Mangelsen ; 119hg : BIOS/Klein-Hubert ; 119hd : BIOS/WILDLIFE PICTURES ; 119b : BIOS/H. Ausloos ; 120hg : JACANA/G.I. Bernard ; 120mbd : WILD BIRD FEDERATION TAIWAN/Gr. Chang Show-hua ; 120/121 (fond) : BIOS/STILL PICTURES/T. Bangum ; 121hg : BIOS/P. Arnold - T. Schiffman ; 121mbg : BIOS/R. Seitre ; 121hd : JACANA/G. I. Bernard ; 122hg : BIOS/H. Ausloos ; 122hd : JACANA/VISAGE/Varin ; 122bg : BIOS/STILL PICTURES/W.W.W/T. Bangum ; 123hd : JACANA/J. Stevens ; 123md : BIOS/R. Seitre ; 123bg : JACANA/P. Wild ; 124hg : BIOS/M. Lane ; 124hd : BIOS/J. Roche ; 124bg : BIOS/G. Bortolato ; 124bd : BIOS/T. Stoeckle ; 125h : BIOS/Th. Montford ; 125mg : BIOS/G. Lopez ; 125b : BIOS/M. Roggo ; 126g : PHONE/A. Le Toquin ; 126hd : BIOS/E. Barbelette ; 126md : BIOS/M. Gunther ; 127hg, hd : PHONE/A. Le Toquin ; 127bg : BIOS/P. Guinchard ; 127bd : JACANA/Rouxaime ; 128hg : SUNSET/NHPA ; 128hd : BIOS/WILDLIFE PICTURES/Henno ; 128dhb : BIOS/Th. Montford ; 128bd : SUNSET/ANIMALS ANIMALS ; 129 : O. GRÜNEWALD ; 130bd : HOA QUI/E. Valentin ; 130/131b : COSMOS/S.P.L/T. Craddock ; 131h : BIOS/B. Marcon ; 131md : PHOTONONSTOP/C. Moirenc ; 131bd : HOA QUI/San Bughet ; 132bg : COSMOS/S.P.L/R. de Gugliemo ; 132bd : N. Bariand ; 133hg : L. D. BAYLE ; 133hm : COSMOS/S.P.L/R. de Gugliemo ; 133hmd, hd, mb, bg : L. D. BAYLE ; 134hg : BIOS/J. L. Lemoigne ; 134hd : JACANA/J. P. Thomas ; 134b : JACANA/R. Konig ; 135hg : JACANA/D. Legay ; 135hd : JACANA/G. Hofer ; 135bg : HEATHER ANGEL ; 135bd : BIOS/G.P.L/S. Harte ; 136 : BIOS/Klein-Hubert ; 137h : O. GRÜNEWALD ; 137bg : BIOS/J. Ph. Delobelle ; 137bm : BIOS/OKAPIA/G. Zimmert ; 137bd : HOA QUI/N. Cuvelier ; 138 (fond) : COSMOS/S.P.L/D. Parker ; 138bg : COSMOS/TV VIDEO ; 139hd : COSMOS/WOODFIN CAMP ; 139b : COSMOS/S.P.L/J. Mead ; 139/140 : G. DAGLI ORTI ; 140h : O. GRÜNEWALD ; 140hd : SUNSET/ANIMALS ANIMALS ; 140bg : HOA QUI/C. Valentin ; 141mg : PHOTONONSTOP/J. D. Sudres ; 141b : O. GRÜNEWALD ; 142h : HOA QUI/Th. Perrin ; 143hg : PHOTONONSTOP/A. Le Bot ; 143hm : IMAGES/Carlier ; 143hd : IMAGES/J. Nogrady ; 143bg : BIOS/Klein-Hubert ; 143bhd : BIOS/D. Bringard ; 143bd : RAPHO/R. & S. Michaud ; 144bg : COSMOS/H. T. Kaiser ; 144hd : O. GRÜNEWALD ; 144bd : MEDIALP/Fournier ; 145h : BIOS/M. Acquarone ; 145 : J. M. DAUTRIA ; 146hg : JACANA/I. Arndt ; 146mhg : JACANA/W. Layer ; 146bhg : BIOS/D. Heuclin ; 146hd : BIOS/J. Dani ; 146b : BIOS/H. Pfletschinger ; 147 : BIOS/Ph. Henri ; 148g : BIOS/C. Ruoso ; 148bd : SUNSET/FLPA ; 149hd : BIOS/Th. Thomas ; 149mgh : HOA QUI/J. Hagenmüller ; 149mgb : HOA QUI/D. Repérant ; 150hg : COSMOS/S.P.L/NASA ; 150bg : G. LEVEQUE ; 151hd : CORBIS-SYGMA/P. P. Poulain ; 151b : O. GRÜNEWALD ; 152h, md : COSMOS/S.P.L/NASA ; 153hg : VANDYSTADT/S. Cazenave ; 153d : PÊCHEUR D'IMAGES/Ph. Plisson ; 154hg : HOA QUI/LE MONDE ; 154/155b : ALTITUDE/J. Wark ; 155hg : ALTITUDE/Y. Arthus-Bertrand ; 155hm : PHOTONONSTOP/D. Ball ; 155hd : HOA QUI/C. Sappa ; 156h : ALTITUDE/Y. Arthus-Bertrand ; 156bg : O. GRÜNEWALD ; 156/157b, hd : BIOS/M. Rapilliard ; 157md : BIOS/M. Gunther ; 157bd : BIOS/P. Bertrand ; 158g : HOA QUI/IMAGES & VOLCANS/Krafft ; 158d : PHOTONONSTOP/C. Moirenc ; 159hd : O. GRÜNEWALD ; 159hg : RAPHO/E. Kashi ; 159bg, 160h, 160/161b : O. GRÜNEWALD ; 161h : BIOS/J. L. Zimmermann ; 162h : ALTITUDE/Y. Arthus-Bertrand ; 162/163 : CORBIS-SYGMA/D. Conger ; 163hd : CORBIS-SYGMA/T. Bean ; 163md : PHOTONONSTOP/A. Even ; 163bd : ALTITUDE/M. Gootschalk ; 164hg : MEDIALP/Moiroux ; 164hd : RAPHO/G. Gerster ; 164bd : HOA QUI/E. Beracassat ; 165 : COSMOS/WILDLIGHT/P. Jarver ; 166, 167h : COSMOS/S.P.L/NASA ; 167md : CIEL ET ESPACE/OMP/J. L. Leroy ; 167bg : COSMOS/S.P.L/NOAO ; 168md : COSMOS/S.P.L/NASA ; 168b : COSMOS/S.P.L/R. Royer ; 169 : BIOS/P. Fagot ; 170b : COSMOS/S.P.L/NASA ; 170/171h : COSMOS/S.P.L/F. Espenak ; 171d : COSMOS/S.P.L/J. Sanford ; 172 (fond) : METEO France ; 174 : COSMOS/S.P.L/S. Fraser ; 175h : BIOS/A. Compost ; 175hd : BIOS/L. Thouzeau ; 175bd : CORBIS-SYGMA/BETTMANN ; 176h : COSMOS/S.P.L/P. Parviainen ; 176hd : ALTITUDE/Y. Arthus-Bertrand ; 176bd : BIOS/R. Seitre ; 176/177 : JACANA/F. Zuardon ; 177hg : METEO FRANCE ; 177mh : COSMOS/S.P.L/G. Post ; 177hd : BIOS/Klein-Hubert ; 177bd : BIOS/F. Suchel ; 178 (fond) : COSMOS/S.P.L/P. Parviainen ; 178hd : COSMOS/S.P.L/J. Ourst ; 179hd : COSMOS/S.P.L/S. Fraser ; 179b : COSMOS/S.P.L/Dr F. Espenak ;

180hg : B. PELLEQUER ; 180hd : COSMOS/S.P.L/T. Craddock ; 180b : COSMOS/S.P.L/P. Parviainen ; 181 : O. GRÜNEWALD ; 182 : HOA QUI/IMAGES & VOLCANS/Krafft ; 183hd : GAMMA ; 183mg : J. C. BOUSQUET ; 184hg : ALTITUDE/M. Gottschalk ; 184bd : ALTITUDE/G. Rossi ; 184/185 : ALTITUDE/M. Sekido ; 185h : J. M. DAUTRIA ; 185b : RAPHO/G. Gerster ; 186g : E. BALL ; 186/187 : GEOSPACE OBSERVATOIRE D'ANIANE/A. Deschamp ; 188 : HOA QUI/NF/Escudero ; 189 : ALTITUDE/Ph. Bourseiller ; 190bd : C.N.R.S/S. Guillot ; 190/191 : COSMOS/S.P.L ; 191h : COSMOS/ASPECT/G. Hellier ; 192hg : PHOTOCEANS. COM/A. Rosenfeld ; 192/193 (fond) : COSMOS/S.P.L/Dr K. Mac Donald ; 194hg : O. GRÜNEWALD ; 194mhg : ALTITUDE/Y. Arthus-Bertrand ; 194mbg : HOA QUI/IMAGES & VOLCANS/J. Durieux ; 195hg, 195/196b : HOA QUI/IMAGES & VOLCANS/Krafft ; 196h : CORBIS-SYGMA/DIGITAL IMAGES ; 196hg : ALTITUDE/M. Gottschalk ; 197hd : ALTITUDE/Y. Arthus-Bertrand ; 197mg : COSMOS/S.P.L/Earth Satellite Corporation ; 197b : ALTITUDE/Y. Arthus-Bertrand ; 198bg : PHOTONONSTOP/G. Simeone ; 198hd : ALTITUDE/G. Rossi ; 199/200h : ALTITUDE/D. Philippe ; 200md : BIOS/J. L. Rotman ; 200bd, 200/201h : ALTITUDE/Y. Arthus-Bertrand ; 201hd : PHOTOCEANS. COM/P. Kobeh ; 201md : BIOS/P. Kobeh ; 201bd : BIOS/F. Bavendam ; 202hd : BIOS/A. Chicurel ; 202bg : BIOS/P. Kobeh ; 203 : BIOS/Cavagnaro ; 204g : BIOS/F. Feve ; 204hd : PHONE/J. F. Hellio - N. Van Ingen ; 205hd : BIOS/J. Mayet ; 205mhd : BIOS/M. Gilles ; 205bdm : BIOS/F. Frédéric ; 205bg, bd : BIOS/A. Pons ; 206hg : BIOS/D. Delfino ; 206hd : PHONE/AUSCAPE/Parer & Parer-Cook ; 206b : JACANA/G. Ziesler ; 207h : BIOS/G. Meilhac ; 207md, bg : BIOS/D. Bringard ; 208md : BIOS/D. Halleux ; 208bg : BIOS/M. Gunther ; 208b : BIOS/M. Harvey ; 209hd : BIOS/J. Ch. Vincent ; 209bhd : PHONE/P. Goetgheluck ; 209b : BIOS/B. Fischer ; 210hd : BIOS/L. Renaud ; 210bg : BIOS/R. Cavignaux ; 211hg : COSMOS/NHPA/Y. Lanceau ; 211bd : SUNSET/F. Georges ; 211bg : PHONE/C. Jardel ; 211 (fond) : BIOS/B. Marcon ; 212h : BIOS/R. Cavigneaux ; 212b : BIOS/O.S.F/D. Clyne ; 213hd : C. NURIDSANY - M. PERENNOU ; 213bhg, bd : BIOS/J. Ch. Vincent ; 214hd : BIOS/A. Fatras ; 214b : BIOS/Y. Hubert ; 215h : BIOS/F. Deschandol ; 215md : BIOS/D. Heuclin ; 215bg : BIOS/A. Leclerc ; 216g : BIOS/A. Beignet ; 216bhd : BIOS/Ch. Testu ; 216b : BIOS/H. Chelle ; 217h : BIOS/M. Rausch ; 217b : BIOS/O. Gautier ; 218hg : BIOS/D. Halleux ; 218hd : BIOS/D. Heuclin ; 218b : BIOS/J.D. Nigel ; 219 : JACANA/A. Larivière ; 220h : BIOS/J. Ch. Vincent ; 220b : C. NURIDSANY - M. PERENNOU ; 221hg, hd : BIOS/P. Arnold - E. Reschke ; 221mg : MAP/A. Breuil ; 221bd : M.N.H.N, Paris Museum Bibliothèque centrale ; 222h : PHOTOCEANS. COM/A. Rosenfeld ; 222b : BIOS/M. Gunther ; 223hd : BIOS/J. J. Étienne ; 223mg : JACANA/VISAGE/Varin ; 223bd : JACANA/Pya ; 224hd : BIOS/G. Lopez ; 224b : BIOS/A. Fatras ; 225h : BIOS/WILDLIFE PICTURES/B. Odeur ; 225m : BIOS/PANDA PHOTO/J. Watt ; 225bg : BIOS/Ph. Gicquel ; 225bd : BIOS/Th. Montford ; 226hg : BIOS/M. Ribette ; 226hd : BIOS/J.L. Rotman ; 227hg : SUNSET/D. Cordier ; 227mhg : BIOS/J. J. Étienne ; 227bg : BIOS/F. Deschandol ; 227hd : BIOS/D. Heuclin ; 227bd : BIOS/Ph. Gicquel ; 228hg : JACANA/VISAGE/Varin ; 228hd : JACANA/J.P. Saussez ; 228b : BIOS/R. Cavignaux ; 229h : BIOS/M. & C. Denis-Huot ; 229m : BIOS/N. Gasco ; 229b : SUNSET/G. Lacz ; 230h : PHOTOCEANS. COM/A. Rosenfeld ; 230md : BIOS/Th. Montford ; 230b : BIOS/WILDLIFE PICTURES/Henno ; 231 : MINDEN PICTURES/F. Lanting ; 232 : BIOS/C. Ruoso ; 233h : C. NURIDSANY - M. PERENNOU ; 233b : JACANA/PHOTO RESEARCHERS ; 234hg : BIOS/Ch. Meyer ; 234mhg : BIOS/O.S.F/C. Browhall ; 234mbg : BIOS/M. & C. Denis-Huot ; 234b : BIOS/C. Ruoso ; 235h : BIOS/D. Halleux ; 235b : BIOS/M. & C. Denis-Huot ; 236hg, mg : BIOS/D. Bringard ; 236b : C. NURIDSANY - M. PERENNOU ; 236bd : JACANA/J. & P. Wegner ; 236/237h : SUNSET/NHPA ; 237h : BIOS/P. Arnold - A. Odum ; 237bd : BIOS/O.S.F/C. Browhall ; 239hg : BIOS/P. Weimann ; 239bd : BIOS/WILDLIFE PICTURES ; 239b : BIOS/F. Bruemmer ; 240hg : BIOS/Th. Montford ; 240hd : JACANA/Mero ; 240hmg : BIOS/V. Den Berg ; 240md : BIOS/M. Duquet ; 240b : BIOS/M. Denis-Huot ; 240hg : BIOS/C. Ruoso ; 240md : BIOS/B. Fischer ; 240bg : BIOS/F. Vasseur ; 241h : BIOS/J. L. Rotman ; 241m : BIOS/P. Arnold/SEA STUDIO ; 241b : BIOS/O.S.F/W. Taylor ; 242gh : BIOS/D. Heuclin ; 242hd : BIOS/R. A Ma'Ary ; 242bd : BIOS/F. Bavendam ; 243h : BIOS/R. Seitre ; 243bg : BIOS/G. de Fracisio ; 243bd : BIOS/M. Gunther ; 244h : BIOS/M. & C. Denis-Huot ; 244b : BIOS/P. Weimann ; 245hg, 245 : BIOS/M. & C. Denis-Huot ; 246 : PHONE/J. P. Ferrero - J. M. Labat ; 247hd : BIOS/M. Harvey ; 247bd : BIOS/R. Du Toit ; 248hg : BIOS/R. Seitre ; 248bd : COSMOS/NHPA/S. Dalton ; 249 : BIOS/G. Lopez ; 250g : EURELIOS/Ph. Plailly ; 250bd : COSMOS/S.P.L/NOAA/R. M. Carey ; 251hg : COSMOS/S.P.L/ESA ; 252h : NASA/JPL ; 252/253 : CIEL ET ESPACE/NASA ; 253h : COSMOS/S.P.L/D. H. Hardy ; 254hg : A.K.G, Paris ; 254bg : PHOTONONSTOP/R. Mazin ; 254bm : HOA QUI/C. Boisvieux ; 254d : G. DAGLI ORTI/Musée archéologique, Timgad ; 254/255bd : HOA QUI/S. Grandadam ; 256hd : JACANA ; 256b : Ph. BOURSEILLER - J. DURIEUX ; 257hg : J. C. LAMONTAGNE ; 257bd : BIOS/O.S.F/J. A. L Codie ; 257bg : M.N.H.N, Paris Museum Bibliothèque centrale ; 257bd : BIOS/Ch. Vechot ; 258h : BIOS/O.S.F/C. Browhall ; 258b : JACANA/J. Robert ; 259hg : BIOS/F. Bavendam ; 259md : BIOS/M. Gunther ; 259bd : BIOS/P. Kobeh ; 260hg : SUNSET/S.T.F ; 260bd, b : BIOS/M. & C. Denis-Huot ; 261hd : SUNSET/Ph. Moulu ; 261b : BIOS/Klein-Hubert ; 262hg : J. C. LAMONTAGNE ; 262bd : THE BRIDGEMAN ART LIBRARY ; 263hg : JACANA ; 263hd : COSMOS/S.P.L/J. Durham ; 263bd : HORIZON FEATURES ; 264m : HORIZON FEATURES/M. Viard ; 264/265b : REA/P. Allard ; 265hg : HORIZON FEATURES/M. Viard ; 265mh : MAP/J.Y. Grospas ; 65hd : F. MERLET ; 265bd : BIOS/O.S.F ; 265/266h : COSMOS/S.P.L/D. Nunuk ; 266hg : BIOS/R. Al Ma'ary : 266mh : HORIZON FEATURES/M. Viard ; 266hd : MAP/A. Descat ; 266md : BIOS/D. Heuclin ; 266bd : BIOS/M. Gunther ; 267 : BIOS/O.S.F/P. De Oliveira ; 268hg : BIOS/J. Sauvagnet ; 268hd, bdm : BIOS/G. Meilhac ; 269hd : JACANA/N. Wu ; 269md : BIOS/O.S.F ; 269bg : PHOTOCEANS. COM/K. Amsler ; 270h : BIOS/D. Bringard ; 270hd : BIOS/Ch. Vechot ; 270bg, bm, bd : BIOS/O.S.F ; 271hd : BIOS/J. Y. Grospas ; 271mg : BIOS/G. Martin ; 271bg : BIOS/G. Blondeau ; 272mg : BIOS/O.S.F/D. Fleetman ; 272bd : SUNSET/P. Lorne ; 272/273h : BIOS/M. Gunther ; 273h : SUNSET/Dennis ; 273mdc, mb : BIOS/D. Nigel ; 273bd : BIOS/FOTONATURA/M. Gunther ; 274mg : MINDEN PICTURES/K. Wothe ; 274hd, hbd : BIOS/O.S.F/P. De Oliveira ; 274/275b : MINDEN PICTURES/M. Iwago ; 275hd : BIOS/G. Schulz ; 276h : BIOS/F. Cahez ; 276hd : BIOS/O.S.F/D. Allan ; 276b : BIOS/P. Arnold — Chessman ; 277h : BIOS/M. Gunther ; 277hd : SUNSET/ANIMALS ANIMALS ; 277bg : HORIZON FEATURES/M. Viard ; 277bd : BIOS/B. Borrell ; 278b : BIOS/M. & C. Denis-Huot ; 278md : BIOS/M. & P. Surv ; 279hg : JACANA/M. Danegger ; 279hd : PHOTOCEANS. COM/R. Rinaldi ; 279b : JACANA/F. Polking ; 280h : BIOS/FOTONATURA/W. Meinderts ; 280m : BIOS/R. Cavigneaux ; 280b : BIOS/PANDA PHOTO/De Meo ; 281h : B. COLEMAN/W. Bayer ; 281b : B. COLEMAN/E. & P. Bauer ; 282g : BIOS/R. Seitre ; 283hg : BIOS/R. de la Harpe ; 283hd : BIOS/P. Arnold — Aitken ; 283b : PHOTOCEANS. COM/P. Kobeh ; 284h : BIOS/D. Bringard ; 284mhg : BIOS/C. Fischer ; 284mbg : BIOS/FOTONATURA/J. Vermeer ; 284b : BIOS/Th. Montford ; 285h : BIOS/A. Fatras ; 285bg : BIOS/D. Nigel ; 285bd : BIOS/A. E. Lapîed ; 286h : JACANA/A. & M. Shah ; 286/287b : BIOS/F. Bruemmer ; 287hg : BIOS/D. Simeonidis ; 287hbg : BIOS/D. Heuclin ; 287h : BIOS/J. Ch. Vincent ; 287md : PHONE/F. Gohier ; 288h : COSMOS/NPHPA/A. Bannister ; 288bg : HOA QUI/Ph. Bourseiller ; 288/289hd : SUNSET/NHPA ; 289hg : PHOTOCEANS. COM/P. Kobeh ; 289hm : BIOS/J.P. Sylvestre ; 289hd : BIOS/D. Halleux ; 289bg, b : BIOS/D. Heuclin ; 290h : BIOS/J. M. Prévot ; 290hd : SUNSET/P. Lorne ; 290md : SUNSET/FLPA ; 290b : JACANA/R. Dulhoste ; 291 : BIOS/O.S.F/S. Winer ; 292hg : CIEL ET ESPACE/APB/S. Numazawa ; 292hd : NASA/JPL ; 292bd : ALTITUDE/J. Wark ; 293hg : CIEL ET ESPACE/NASA ; 293mg : CIEL ET ESPACE ; 293hd : Bibliothèque nationale, Florence ; 293bd : COSMOS/S.P.L/NASA ; 294hg : GAMMA ; 294bd, 294/295 (fond) : HOA QUI/IMAGES & VOLCANS/Krafft ; 295bd : GAMMA ; 296b : CORBIS-SYGMA/H. Yamauchi ; 297 : AFP ; 298g : SIPA/SYDNEY HERALD/Mohahn ; 298b : CORBIS-SYGMA/CONTRACT PLACE HOLDER ; 298/299 (fond) : COSMOS/INTERNATIONAL ST/R. Brown ; 299h : EURELIOS/LDG/C. Munoz-Yague ; 300hg : EURELIOS/C. Munoz-Yague ; 300b : HOA QUI/Ph. Roy ; 301h : JACANA/W. Wisniewski ; 301md : BIOS/M. Gunther ; 301b : BIOS/P. Bertrand ; 302h : THE BRIDGEMAN ART LIBRARY/*Vieux Pont de Londres durant le froid 1795-1796,* D. Turner (1782-1817)/Guildhall Art Gallery, Corporation of London, Londres ; 302md : HOA QUI/P. De Wilde ; 302b : ALTITUDE/Y. Arthus-Bertrand ; 303hg : CORBIS-SYGMA/P. Le Segretain ; 303hd : COSMOS/S.P.L/NOAA ; 304b : SUNSET/WEATHER STOCK ; 304hd : BIOS/P. Bourguignon ; 304/305 (fond), 305h : COSMOS/S.P.L/NASA/Hasler & Pierce ; 305b : CORBIS-SYGMA/U. Ilkkas ; 306 : SUNSET/PICTURESQUE ; 307h : MEDIALP/D. Givois ; 307d : BIOS/STILL PICTURES/R. Parkin ; 307b : MEDIALP/Ngo Din-Phu ; 308hg : CORBIS-SYGMA ; 308/309b : BIOS/STILL PICTURES/S. Noorani ; 309h, m : ALTITUDE/Y. Arthus-Bertrand ; 310hd : AFP/O. Sierra ; 310mg : CORBIS-SYGMA/C. & J. Lenars ; 310b : CORBIS-SYGMA/L. Cluff ; 311 : BIOS/H. Hall ; 312g : BIOS/J. Dennis Nigel ; 312bd : COSMOS/S.P.L/J. Burgess ; 312/313b : BIOS/B. Fischer ; 313hd : BIOS/PANDA PHOTO/M. D. Tuttle ; 313bg : C. NURIDSANY - M. PERENNOU ; 313bd : BIOS/B. Dubreuil ; 314hg : BIOS/P. Pernot ; 314bd, 315hg : BIOS/D. Heuclin ; 315mbg : BIOS/H. Lemain ; 315hd : COSMOS/S.P.L ; 315mb : BIOS/R. Cavigneaux ; 315bd : BIOS/T. Vanbaelinghen ; 316hg : J. C. LAMONTAGNE ; 316hd : BIOS/B. Pambour ; 316b : PHOTOCEANS. COM/P. Kobeh ; 317h : HORIZON FEATURES/C. Rives ; 317md : BIOS/F. Bruemmer ; 317bg : BIOS/NAUSICAA/Tavernier ; 318hg, bgm : SUNSET/HORIZON VISION ; 318/319b : BIOS/STILL PICTURES/M. Carwardine ; 319hg : SUNSET/G. Lacz ; 319hd : MINDEN PICTURES/J. Brandenburg ; 319md : SUNSET/ANIMALS ANIMALS ; 320hd : EXPLORER/MARY EVANS PICTURE LIBRARY ; 320b : PHONE/R. Valter ; 321hd : PHONE/Hellio-Van Ingen ; 321md : PHONE/R. Valter ; 321/322 (fond) : JACANA/S. Cordier ; 322hd : JACANA/A. Guerrier ; 322md : JACANA/PHR/M. Castro ; 322bg : COSMOS/S.P.L/H. Read ; 323hd : SUNSET/ANIMALS ANIMALS ; 323mg : BIOS/B. Borrell ; 323b : SUNSET/NHPA ; 324h : BIOS/F. Bruemmer ; 324m : BIOS/F. Marquez ; 324/325b : BIOS/R. Bergerot ; 325hg : BIOS/M. Harvey ; 325mh : SUNSET/Woldendorf ; 325hd : BIOS/Klein-Hubert ; 325bg : SUNSET/Brake ; 326hd : SUNSET/HORIZON VISION ; 326b : BIOS/O.S.F/J. P. Theron ; 327hd : BIOS/R. Seitre ; 327mg : BIOS/J. Dennis Nigel ; 327bd : BIOS/F. Bavendam ; 328g : BIOS/R. Valarcher ; 328bd : BIOS/D. Heuclin ; 329 : BIOS/R. Amann ; 330g : O. GRÜNEWALD ; 330bd : BIOS/G. M. Gutierez ; 331hd : PHONE/F. Gohier ; 331mg : PHONE/C. Jardel ; 331bd : JACANA/R. Konig ; 332hg : JACANA/OASIS INC./K.Ita ; 332bd : BIOS/R. Bergerot ; 333hd : SUNSET/FLPA ; 333mg : BIOS/J. Mayet ; 333bd : BIOS/Mafart – Renodier ; 334hd : BIOS/O.S.F ; 334bg : BIOS/J. Thouzeau ; 334/335b : BIOS/J. C. Vincent ; 335hg : COSMOS/PHOTORESEARCHERS/T. Branch ; 335mg : BIOS/B. Borrell ; 335hd : BIOS/O.S.F/R. Tyrell ; 336hd : BIOS/C. Ruoso ; 336b : BIOS/D. Halleux ; 337hg : COSMOS/S.P.L/J. Burgess ; 337md : COSMOS/S.P.L/D. Scharf ; 337bg : SUNSET/Pakiela ; 338hg : BIOS/O.S.F/D. Cox ; 338md : BIOS/Nicolotti ; 338bd : BIOS/J. D. Nigel ; 339hd : BIOS/M. & C. Denis-Huot ; 339b : BIOS/Joffe - A. Dragesco ; 340h : PHOTOCEANS.COM/A. Nachoum ; 340b : COSMOS/NHPA/S. Dalton.

Les Prodigieux Secrets de la nature
est publié par Sélection du Reader's Digest

Première édition
Premier tirage

Photogravure : Dry, Bobigny
Impression : MAURY, Malesherbes
Reliure : BRUN, Malesherbes
Achevé d'imprimer : octobre 2001
Dépôt légal en France : octobre 2001
Dépôt légal en Belgique : D-2001-0621-104

Imprimé en France
Printed in France